Über dieses Buch

»Bei uns ist es nicht üblich, die Vergangenheit anders denn als Sammelsurium von Schlachten zu erleben. Wir blicken nicht zurück, weil ja die Katastrophe von 1945 unvorbereitet und rein zufällig über uns hereinbrach. Hitler war eine Panne, ein, freilich kostspieliger, Betriebsunfall.
Nun, das war er, unter anderem. Aber die beiden Weltkriege, die Vertreibung aus Ostdeutschland, die Amputation eines runden Viertels deutschen Staatsgebietes, die Teilung Rest-Deutschlands, hat das vielleicht mit Friedrich zu tun?«

Der Autor

Rudolf Augstein, geb. 1923, ist Herausgeber des Nachrichtenmagazins Der Spiegel.

Rudolf Augstein

Preußens Friedrich und die Deutschen

Erweiterte Neuausgabe

Fischer
Taschenbuch
Verlag

»Wer die Vergangenheit nicht verstanden hat,
bleibt dazu verurteilt, sie zu wiederholen.«

Hans Christoph Buch

Fischer Taschenbuch Verlag
Mai 1981

Umschlagentwurf: Jan Buchholz / Reni Hinsch
Foto: Bildarchiv Preußischer Kulturbesitz

Fischer Taschenbuch Verlag GmbH, Frankfurt am Main
Lizenzausgabe mit freundlicher Genehmigung
des S. Fischer Verlages GmbH, Frankfurt am Main

Gesamtherstellung: Clausen & Bosse, Leck
Printed in Germany
980-ISBN 3-596-25088-9

Inhalt

Zur Neuausgabe: »Il principe«

Das Königtum repräsentiert den Glauben an einen ganz Überlegenen, einen Führer, Retter, Halbgott.
Friedrich Nietzsche, Aus dem Nachlaß

Der erste Satz in der Einleitung des Standard-Buches »Preußen in der deutschen Geschichte«, herausgegeben von Professor Dirk Blasius, lautet: »Rudolf Augsteins Aphorismus ›Der Geist von Potsdam starb in Potsdam‹ konnte wohl nur Ende der sechziger Jahre formuliert werden.« Blasius, Professor für Sozial- und Wirtschaftsgeschichte an der Universität Essen, hat die Preußen-Forschung mit den von ihm gesammelten und kommentierten Beiträgen sichtbar auf den neuesten Stand gebracht.

Meine Behauptung stand auf der letzten Seite des hier wiederaufgelegten Buches »Preußens Friedrich und die Deutschen«: »Der Weg von Roßbach und Leuthen nach Königgrätz und Sedan endete, wann immer der Zug entgleist sein mag, in Versailles und Stalingrad. Der Geist von Potsdam starb in Potsdam.« In Potsdam nämlich, wo die Anti-Hitler-Koalition 1945 ihre letzte Gipfelkonferenz abhielt, während der von ihr gegründete Alliierte Kontrollrat sich konstituierte, eben jener Alliierte Kontrollrat, der den Staat Preußen in einer reichlich albern-tragischen Geste auch formal für erledigt erklärte.

Es mag wohl sein, daß in der allgemeinen Preußen-Schwemme mit Blick auf die so wunderbar terminierte Preußen-Ausstellung in Berlin (West) solche Sätze weniger gefunden werden können als blinde oder absichtsvolle Lobpreisungen. Im Gegenteil, da es mit Preußen inzwischen wirklich zu Ende ist, und da wir von seinen guten und schlechten, seinen eingebildeten und echten sogenannten »Eigenschaften« für unsere westdeutsche Politik heute tatsächlich nichts mehr lernen können, schreibt sich der Satz noch leichter. Preußen ist Vergangenheit. Soviel Nostalgie die Erinnerung an Preußen auch noch wecken mag, es fehlt der Betrachtung die Leidenschaft. Das Verhältnis zwischen Preußen und der sogenannten Geschichte hat sich abgekühlt.

Damals im »tollen Jahr« 1968, als ich das kleine Werk über den berühmtesten preußischen König schrieb, war das noch nicht ganz so. Und trotzdem ging es mir nicht und kann mir auch heute nicht darum gehen, Friedrich und seine Taten zu verurteilen. Das Umgekehrte, die Verklärung, war aber damals durchaus die Attitüde der noch kontinuierlich deutschnationalen Geschichtsschreibung.

So wollte der Altmeister dieser Geschichtsschreibung, Gerhard Ritter, mit Blick auf die Eroberung Schlesiens Friedrichs »Tat als gerechtfertigt vor der Geschichte« gewürdigt wissen, weil sie Preußens »Größe« begründet habe.

Ich mochte und möchte nicht irgendwelche Taten »vor der Geschichte« gerechtfertigt oder verdammt wissen. Jenes oberste Revisionsgericht, das die »Fälle« der Reiche, Staaten und Völker, der Zivilisationen und Kulturen, Staatsfiguren und Staatsverbrecher endgültig abhakt und ihnen den geschichtlichen Rechtfertigungsschein ausstellt oder verweigert, mag es in der Poesie Dantes geben. Wir aber werden wohl bis zum Jüngsten Tag darauf warten müssen. Die Posaune, die uns zur Urteilsverkündung ruft, werden weder wir selbst hören können noch irgendwer von unseren Nachkommen. »Geschichte«, soviel haben wir gelernt, ist »Geschichteschreibung«, etwas recht Wechselhaftes und Changierendes mithin.

»Ist Zukunft machbar, solange die Vergangenheit nicht denkbar wird?« fragte ich 1968 optimistisch bis zur Torheit. Der Mensch will sich mit Hegels Postulat – oder ist es eine Erkenntnis? – nicht abfinden: »Was die Erfahrung aber und die Geschichte lehren, ist dieses, daß Völker und Regierungen niemals etwas aus der Geschichte gelernt und nach Lehren, die aus derselben zu ziehen gewesen wären, gehandelt haben.«

Da aber dieser sonderbare Rechtfertigungsgedanke zumindest die populäre Kiste des Preußen-Rummels füllen wird, sei an einem hübschen Beispiel vorweg belegt, wie sich die Rechtfertiger selbst ihre geschichtliche Instanz vorstellen und ruinieren.

Gerhard Ritter schrieb 1936, damals war Führer und Reichskanzler ein gewisser Hitler: »Er [Friedrich] hat damit den Grund für die Größe Preußens gelegt; und so ist seine Tat vor der Geschichte gerechtfertigt.« Es ging, wie gesagt, um den Raub Schlesiens.

1954 (der gewisse Hitler hatte sich umgebracht) hieß dieselbe Passage bei Ritter etwas anders: »Er [Friedrich] hat damit den Grund für die Größe Preußens gelegt; und solange dessen Aufstieg dauerte, konnte seine Tat als gerechtfertigt vor der Geschichte erscheinen.«

Konnte erscheinen, und nur so lange, heute also nicht mehr. Das klingt so rührend wie bedauerlich. Rührend, weil »die Geschichte« offensichtlich gar keine höchstrichterlichen und rechtsgültigen Urteile ausfertigt; sie schielt, wie eine Kokotte, nach dem jeweils erfolgreicheren Freier. Sie hat Kafkasches Format.

»Die Geschichte«, so scheint es, ist überhaupt gar keine Instanz. Sie besteht, sich selber unbewußt und blind, aus dem, was passiert. Ob sie die Meldung des Adolf Hitler in Wien 1938 »vor der Geschichte«, er habe seine Heimat Österreich heim in sein Reich geführt, überhaupt zur Kenntnis genommen hat?

Jedenfalls, hätte der Hitler seinen Krieg gewonnen, wäre dem Fried-

rich sein Rechtfertigungszertifikat nicht wieder weggenommen worden. Das eben ist das Rührende.
Aber bedauerlich muß Ritters neuer Passus den »Goldrähmchen«-Erzählern vorkommen (der Ausdruck geht auf den Bielefelder Professor Wehler zurück). Sie, die Rähmchen-Erzähler, kriegen von ihrem Großmeister so nebenbei bezeugt, was die Altmeister und die Neumeister wie Joachim Fest beharrlich bis heute leugnen: eine »Kontinuität des Irrtums« in der preußisch-deutschen Geschichte zwischen 1713 und 1945.
Oder auch, umgekehrt, eine »Kontinuität des Erfolgs« mit ungewöhnlich rascher und abrupter Katastrophe, an deren Ende dann, Tod ohne Verklärung in der Reichskanzlei, der Satz des Tacitus stehen könnte: »Noch nie hat jemand eine auf verbrecherische Weise erworbene Herrschaft mit anständigen Mitteln ausgeübt.«
Gott Dank bin ich mit meinem polemisch angelegten Werkchen damals von den richtigen Leuten, meinen Gegnern nämlich, auch richtig verstanden worden. Mit Haffner – auch er ein »Goldrähmchen«-Erzähler? – konnte ich mich im Fernsehen (»Die Neue Bibliothek«) nicht wirklich streiten, da er wußte, daß ich, und ich, daß er recht hatte.
Joachim Fest hingegen in der »Frankfurter Allgemeinen« meinte, ich hätte die »Verbindungslinie zwischen Hitler und Friedrich ausgezogen«, und das ist buchstäblich so, wenn man die Namen austauscht: die Linie von Friedrich zu Hitler. Denn nach menschlichem Ermessen kann ja der Hitler nichts dafür, daß es den Friedrich gegeben hat.
Fest nennt das »Genealogien-Spielerei«. Er meinte weiter, und hier wird's komisch, ich sei (man verzeihe die vielen Ich-Zitierungen) der nationalsozialistischen Propaganda noch nachträglich auf den Leim gegangen, weil ich Hitler in diese Tradition »gezwängt« hätte.
Nicht Hitler also hat sich der Preußen- und Friedrich-Tradition bis zum Exzeß bedient. Nein, ich habe ihn nachträglich in diese Tradition »gezwängt«. So kann man es auch sehen, ja nur kein Spritzer auf die gloriose Vergangenheit.
Heute nicht mehr bestreitbar ist, daß die nationalsozialistische Propaganda (und nicht nur sie, sondern Hitlers Vorstellungswelt überhaupt) von der preußischen Überlieferung der Friedrich, Moltke, Bismarck und Hindenburg gelebt hat, von Friedrich mehr als von allen anderen zusammen. In welchem Ausmaß, das hatte ich bei Abfassung des Buches 1968 nicht einmal geahnt. Erst seit dem fast gänzlich unbemerkten Aufsatz von Konrad Barthel »Friedrich der Große in Hitlers Geschichtsbild«, erschienen 1977, weiß ich vollends Bescheid.
Ja, noch einmal, auf den Hitler bezogen: »Was können die Vaters davor«, darf man mit Friedrichs königlichem Vater Friedrich Wilhelm fragen, als der Generalleutnant von Katte um das Leben seines 26jäh-

rigen Sohnes bat, des Leutnants Hans Hermann von Katte. Beide seien eben Schurken, nur, der eine mußte sterben, der andere leben. Friedrich, soviel meine selbst ich zu wissen, hat zwar oft nach den Enzyklopädisten in Paris geschielt, aber nicht nach seinem Ufa-Nachbild Otto Gebühr. Wie er kein Bismarcksches Reich wollte, so auch keinen Hitler, beides lag nicht in seiner Vorstellung.
Er kann sowenig für Hitler wie Bismarck konnte, ja, noch um ein Stück weniger, wenn diese Steigerung ausnahmsweise erlaubt ist. Aber man darf doch fragen, warum er sich für Hitlers Propaganda und Selbstbespiegelung nicht erst bei Roosevelts Tod gegen Kriegsende – »wieder ist die Zarin gestorben« –, sondern vom ersten Tag an eignete.
Und nicht nur er, auch Otto von Bismarck. Haffner hatte mir 1969 in unserem Fernseh-Disput gutgebracht, Friedrich sei in meinen Augen zwar »nicht der Vorbereiter der Bismarckschen Gloria« gewesen, wohl aber der Vorbereiter des Hitlerschen Ruins. Ich muß 1969 in meiner Bismarck-Verehrung noch auf einem Auge blind gewesen sein. Denn erst recht, so weiß ich heute, war Friedrich der Vorbereiter der Bismarckschen Gloria, mehr noch als der des Hitlerschen Ruins, weil in jeder Hinsicht näher dran.
Das ständige Roulettespielen mit unzureichenden Mitteln; das Hasardieren; das Alles-auf-eine-Karte-Setzen; das Glück-haben-Müssen; der ständige Gedanke an Gift und Dolch, wenn's schiefgeht*; die Eroberungsideologie à tout prix; die permanente Überanstrengung: Wie sollten dazu nicht die personifizierten Leitbilder gut gewesen sein? Die »Kontinuität des Irrtums« besteht ja nicht ausschließlich und vielleicht nicht einmal vornehmlich im Handeln einzelner wichtiger Protagonisten, sondern sie offenbart sich gesellschaftlich umfassend, eine den Alt- und Neu- und Kleinmeistern anscheinend nicht zu vermittelnde Erkenntnis.

Aber das Wort »Vorbereiter« ist von mir schon damals moniert worden. Vorbereiten kann man nur, was man als Ziel vor Augen sieht, sonst ist man ein unabsichtlicher Wegbereiter. So höre ich mich denn entgegnen, zwar könne man den Friedrich nicht verantwortlich machen für das, was 1945 passiert sei:

> Aber wahr ist wohl doch, daß die Initialzündung, die er der deutschen Geschichte gegeben hat, und daß das, was dann andere aus dieser Initialzündung für sich und die deutsche Geschichte hergeleitet haben, am Ende zu einem ziemlich traurigen Ergebnis geführt hat ... Am Ende dieser Entwicklung steht der Zusammenbruch eines Staates, der doch eigentlich so zusammengebrochen ist, wie er entstand.

* Bismarck stellt die wohltuende Ausnahme. Als die Armee des Kronprinzen bei Königgrätz partout nicht auftauchen will, denkt er an Zuflucht in Amerika.

Höchste Zeit, wie man sieht, von dieser personenbezogenen Betrachtungsweise abzurücken, wie auch von »der Geschichte« als dem obersten Revisionsgericht der Menschheit oder des Weltalls. Wenn der Angeklagte Bucharin 1938 in Moskau das Schiller-Gedicht »Resignation« mit dem Spruch zitierte: »Die Weltgeschichte ist das Weltgericht«, dann ist er vielleicht etwas altmodischer als wir heute. Er meinte es doch wohl aber in dem Sinne, daß nur der Erfolg »richtet«, wie auch Gerhard Ritter nach dem Zusammenbruch des Dritten Reiches nichts anderes mehr im Sinn gehabt hat. Den Bucharin muß man so lesen: »Koba«, so nannten die alten Kämpfer ihren Stalin, du wirst schon sehen, wo du noch endest.
Damals ein Irrtum Bucharins, Stalin siegte fast absolut. Aber heute immer noch ein Irrtum, angesichts der Ereignisse in Polen? »Kontinuität des Irrtums« vielleicht auch hier? Oder gar kein Irrtum mehr, weil die Weltgeschichte mahlt und mahlt, ohne Sinn, Zweck und Ziel. Schon die Saurier mit ihren Kleinsthirnen waren ihr nicht gewachsen. Weil die Menschen nach Orientierung suchen, wollen sie sich selbst anhand »der Geschichte« vergewissern. Dagegen ist nichts zu sagen, weil der Mensch sich derart besser erkennen kann. Aber »die Geschichte« bleibt Fiktion; alle Stunde oder jedes zweite Jahrtausend revisibel, ohne faßbares Ergebnis, rieselnder Sand in den Händen. Und so sagte ich damals im Fernsehen:

> Ich stelle gar nicht die Frage, war Friedrich ein großer Mann. Daß er einer der außerordentlichsten Männer oder sagen wir Leute, denn es gab ja auch große Frauen, dieses Zeitalters war, das unterstelle ich ja, und das steht ja auch fest. Und er hat ja mich weiß Gott nicht nötig als Staatsanwalt und Richter. Es geht mir eben überhaupt nicht um diese personenbezogene Betrachtungsweise, die Sie, Herr Haffner, wenn ich Sie richtig lese, bevorzugen. Sondern ich will Zusammenhänge aufzeigen zwischen einer Figur und ihren Folgen, und dabei wird, wenn überhaupt etwas angeklagt wird, zumindest nicht die Person Friedrich angeklagt, sondern es wird hingewiesen auf Zusammenhänge, aus denen man vielleicht etwas lernen kann, oder wenn man nichts daraus lernen kann, doch etwas lernen sollte. Insofern auch, wenn Sie so wollen, ein pädagogisches Buch.

Dem Haffner leuchtete das nicht ein. Daß aber Margret Boveri, diese bedeutende Frau und mir Freund wegen meiner damals gesamtdeutschen Aktivitäten, das Buch in der FAZ besprochen hat, vier Spalten lang, erschien mir wie eine unverdiente Ehre. Bei solch einer Rezensentin kann man sich auch nicht die Zuflucht erlauben, einfach »mißverstanden« worden zu sein. Vielleicht hat ja der Autor sein Buch mißverstanden?

Und wieder trägt die ehrenvolle Besprechung den Titel »Gerichtstag über Friedrich den Großen«. Ich muß nun jedem Leser dieses Ta-

schenbuches anheimgeben, sich von der Richtigkeit oder Unrichtigkeit des Stichworts zu überzeugen. Wenn »Gerichtstag«, dann sollte er nicht über eine Jahrhundert-Figur, sondern über die minderen Legenden-Erfinder und -Verbreiter gehalten werden.
Es kam mir, so dachte ich jedenfalls, nicht darauf an, den Friedrich selbst zu »debunken«, wie das die Angelsachsen nennen, ihn zu entlarven und zu entzaubern, ihn auszuziehen bis aufs Hemd, auch nicht einmal, die ihm bis ins Lächerliche zugeteilte Anekdotengröße zu nehmen.
Nein, er sollte als Ausgangsperson einer im Ende recht schauderhaften Katastrophe sichtbar werden, und dazu gehörte nun einmal, die Ruhmreden der Berufshistoriker und die Legenden der Stocknägelverkäufer zu zerstören. Beim Schreiben merkte ich wohl, die Aufgabe ist so ähnlich, als sollte man ein Spiegelei braten, ohne das Ei zu zerschlagen: alles vor dem Hintergrund des gewiß nicht exklusiven Spruchs von Oswald Spengler: »Das Preußentum ist exklusiv.« Ein Schwachsinn mehr. Denn ebenso kann man mit dem emeritierten Kieler Ordinarius Erdmann sagen: »Es gab keine preußische Idee, mit der dieser Staat in die Welt hätte hinauswirken wollen.«
Die Staatsidee ist die Staatsidee ist die Staatsidee, wir kommen noch darauf. Wogegen man sich in Preußen ja wappnen muß, wenn man den alten, abgelebten Geschichtsbegriff unter der Erde halten will, zeigt uns ein »Plädoyer für die Preußen« aus der Feder von Oswalt von Nostitz, der kein Preuße ist, aber ein Preußen-Sympathisant.
Er beschreibt die Wege Preußens unter Bismarck und auch jene »entscheidende Wendung«, wie er sagt, die »schließlich zu seinem Untergang führte« – aha. Aber er setzt hinzu: »Allerdings war es, so scheint mir, eine von der Geschichte gebotene und geforderte Wendung«, dies in Klammern. Ja, was glauben denn diese Preußen, was »die Geschichte« uns noch alles gebieten, was sie noch alles von uns fordern wird? Wenn sie sich bei uns Preußen – meine Eltern waren Rheinhessen – vielleicht noch damit begnügt hat, unseren Staat zu vernichten, wird sie dann künftig vielleicht auf den Weltuntergang erpicht sein? Die Geschichte verlangt Unglaubliches. »Wir Bayern«, sprach der Vorsitzende Strauß, »dürfen uns nicht scheuen, die letzten Preußen zu sein, wenn die Historie dies von uns verlangt.«
Frau Boveri wundert sich, daß ich eine Parallele ziehe zwischen der ersten Teilung Polens und der heutigen Oder-Neiße-Grenze. Das habe ich getan, ja, siehe unten*. Nur, ist das denn falsch? Wer hat die Initiative ergriffen, Polen zu zerstückeln, wer war »die am wirksamsten treibende Kraft« (Anton Böhm im »Rheinischen Merkur«)? Der

* »Wenn die Nemesis 1945 zu hart zurückgeschlagen hat, so doch gewiß nicht ohne den triftigsten Grund. Die Rache der Sachsen, symbolisiert durch Walter Ulbricht, mag man, je nach Einstellung, für unverdiente Strenge nehmen.«

kleinste der drei Teilungsstaaten unter seinem Großen Friedrich, wie heute unstreitig ist. Wer hat sich bei den nächsten Stückelungen dabei übernommen, oder, im Sinne meines Buches, »überanstrengt«?
Joachim Fest in der FAZ suggeriert uns die listige Frage, warum denn Frankreich noch ungeteilt existiere, obwohl es doch einen Ludwig XIV. und die beiden Bonapartes habe überstehen müssen oder dürfen, je nach Blickpunkt.
Hier wird eines unserer Themen berührt. Weil Frankreich nicht »toujours en vedette« war; weil Überanstrengung der Kräfte und Militarismus nicht zu seinen Grundelementen gehörten, jedenfalls vergleichsweise nicht, und »Vabanque« nur ein einziges Mal, unter dem ersten Napoleon. »Unsere preußische Geschichte«, schreibt der Hohenzollern-Historiker Otto Hintze, »ist eine eminent politische Geschichte. Kulturfragen spielen in ihr eine verhältnismäßig untergeordnete Rolle«, bis zum Beginn des 19. Jahrhunderts. Nicht so in Frankreich. Und muß man ausdrücklich erklären, daß ein etablierter Großstaat sich mehr leisten kann als ein mittlerer Ehrgeizling*? Was die Verweichlichung der welschen Rasse angeht, so wollen wir nur am Rande feststellen dürfen, daß es bei der idiotischen Schlächterei um Verdun keine besseren Soldaten gegeben hat als die französischen, und keine schlechteren.
Ich zitiere soviel Kritik von damals, weil die Kritik von heute nur in einem einzigen, später noch zu behandelnden Punkt anders läuft. Man wollte und will nicht wahrhaben, daß beharrlicher Größenwahn seinen Preis hat, und ebensowenig, daß die gesellschaftlichen Verhältnisse den sogenannten großen Mann notabene, solange er reüssiert, größer, und wenn seine »Schöpfung« untergeht, kleiner machen.
So bescheinigt mir Karl Kupisch, auch ein Kenner, im »Sonntagsblatt«:

> Augsteins Buch ist keine »Denkmalsschändung«, wie manche argwöhnen werden. Sein Blick richtet sich eigentlich mehr auf den Sockel, gebildet von den Barden des »ewigen« Preußen, seinen Solisten, Choristen und Komparsen aller Art. Sie werden schrittweise aus ihrem borussischen Tempeldienst entlassen. Die Gewänder, die sie zurücklassen, werden tüchtig ausgeschüttelt, bevor sie in die Spinnstoffsammlung kommen.

Keine Angst, die Komparsen aller Art schwingen schon wieder das Weihrauchfaß. Aber aus Sentimentalität möchte ich noch einen gar nicht so sehr lobreichen, wohl aber in mehrerlei Hinsicht kenneri-

* Berühmtes Beispiel: Ludovico il Moro, Herzog von Mailand, wurde wegen seines Verrats an Frankreich von König Ludwig XII. auf Lebenszeit eingesperrt und starb in einem Verlies der Burg Loches. Lösegeld hätte er gehabt, aber darum ging es Ludwig nicht. Ein Mittel-Potentat mußte bestraft werden. Nur ein ebenbürtiger König hätte den Verrat begehen und sich aus Gründen königlicher Solidarität loskaufen können.

schen Artikel des Hans-Werner Graf Finck von Finckenstein in der »Welt« zitieren, wo es dann heißt:

> Dabei darf man Rudolf Augstein ruhig unterstellen, daß er eigentlich nichts anderes wollte, als eben falsche Farben vom Bild zu kratzen, nationale Patina herunterzuspachteln und so den Blick deutlicher auf eine außergewöhnliche Gestalt zu richten. Vielleicht sogar war der Ansatzpunkt des Autors eher romantisch als nur historisch. Freimütig bekennt er, daß ihn »die außerordentliche Figur«, der »einzig wichtige und interessante Hohenzoller« gereizt habe. Aber mit der Kruste des Intellekts allein, mit der Schärfe der Logik, mit dem Seziermesser der Ratio sind außergewöhnliche Figuren eben nicht zu erfassen. Welcher Reiz bliebe der Historie, wenn sie nicht auch und irgendwo das Gemüt berührte? Was bliebe überhaupt an der Darstellung großer Männer, wenn sie nicht auch Leidenschaften entfesseln, Sentiments und Ressentiments in Bewegung zu setzen vermag.

Dieser Finckenstein wird kaum einen Krieg anzetteln. Er ist gegenwärtig Protokollchef des Auswärtigen Amts und seit seiner Geburt Ur-Ur-Ur-Ur-Enkel jenes Jugendfreundes und Kabinettsministers, dem Friedrich 1759 nach der Schlacht von Kunersdorf, für ihn fast sein Stalingrad, geschrieben hatte, auf französisch: »Überleben werde ich den Untergang meines Vaterlandes nicht.« Und: »Adieu pour jamais! Federic.«

Außerdem ist der Bonner Protokollchef der Ur-Ur-Ur-Enkel jenes Präsidenten der Neumärkischen Regierung in Küstrin, der aus Anlaß der Willkürjustiz des Königs im Fall des Müllers Arnold ohne Gehör abgesetzt und entlassen wurde. Nach des Königs Tod rehabilitiert, nahm er kein Amt mehr an, weil er sich für »inhabil« im Dienste der Könige von Preußen hielt. Wenn es kein »exklusives Preußentum« gab, so vielleicht doch gelegentlich »exklusive Preußen«, reiche Preußen, versteht sich. Da lobende Kritiken uns hier nichts einbringen, verlasse ich die Kritiker eines Buches, das als Speerspitze gegen die »Zunft«, gegen ihre Alt- und Neumeister gedacht war, und das seinen Zweck damals erfüllt hat.

Oder halt, schieben wir noch eine indirekte FAZ-Kritik aus der Feder des Fachhistorikers Manfred Schlenke (Jahrgang 1927) nach. Er ist derzeit Spiritus rector der Preußen-Ausstellung in Berlin und ihr wissenschaftlicher Leiter. 1973 besprach er in der FAZ die Studie des Fachhistorikers Walther Hubatsch »Friedrich der Große und die preußische Verwaltung«.

Das Buch als Einzeluntersuchung (Schlenke: »Eine Teilantwort auf Augsteins niederreißende Thesen«) enthält fast sensationelles Aktenmaterial und entwirft vom Verwaltungsdrang des großen Königs ein auch mich überraschendes, manchmal überzeugendes Bild. Preußen

war im 18. Jahrhundert gewiß nicht, wie Haffner und Martin Greiffenhagen unisono behaupten, der »modernste Staat Europas«. Ja, wenn Modernität im »Verlust religiöser Bindung« gründen könnte (Greiffenhagen)! Aber der betraf nur Friedrich. Der König verwaltete seinen Staat 46 Jahre lang als eine vollendete Ein-Mann-Regierung, ohne Kollegien und Konferenzen, vielmehr aus dem »Kabinett« heraus, oft genug aus seinem Schlafzimmer, in dem er ohne Frauen, aber mit seinen Hunden hauste. Seine Minister sahen ihn kaum.
Nur, die »historische Dimension«, deren Fehlen mir von Margret Boveri und anderen Zeitkritikern angekreidet wurde, die brachte Walther Hubatsch, der »Bonner Borusse« (Wehler), eben auch nicht. Laut dem Historiker-Kollegen Karl Otmar von Aretin ist er »einer der letzten Meister der nationalen Phrase«. Hubatsch hat ein Standardwerk über Friedrichs Verwaltung geschrieben, aus dem ich als »Privathistoriker« (Karl-Heinz Janßen in der »Zeit« was lernen und abschreiben könnte. Er hält sich aber durchweg im Rahmen unkritischer Heldenverehrung. Vergleiche zu außerpreußischen Herrschaften fehlen völlig, so daß überhaupt keine Dimension sichtbar wird, weder zeitgenössisch noch perspektivisch.
Es war mir nun wundersam, kürzlich ein Interview der »Welt« mit eben jenem Professor Schlenke der Preußen-Ausstellung zu lesen. Die »Welt« fragte ihn, warum er die Ausstellung nicht 1871 mit der Gründung des Deutschen Reiches (eine bei allem Respekt kuriose Frage), sondern erst 1947 mit dem Preußen-Vernichtungsgesetz des Alliierten Kontrollrats habe enden lassen. Er antwortete:

> Wir haben lange darüber nachgedacht, wo wir den Schlußpunkt setzen. Es wären auch 1918 – Flucht des Kaisers – oder 1932 – Papens Staatsstreich in Preußen – möglich gewesen. Aber die Nationalsozialisten haben sich von ihrer frühesten »Kampfzeit« an auf Preußen berufen. Und es gibt keine bessere Definition des Preußentums als die von Goebbels im preußischen Wahlkampf von 1932. Hitler nahm als einzigen Schmuck für den Führerbunker ein Portrait Friedrich des Großen mit. Und wir wissen, wie er im Namen Friedrich des Großen seine Generalität abgekanzelt hat.
> An unzähligen Beispielen ließe sich aufzeigen, wie eine Preußen-Propaganda ohnegleichen die ganze NS-Zeit durchzieht. Damit hat man führende Schichten des deutschen Volkes, der Reichswehr bzw. der Wehrmacht, des Beamtentums, der Lehrerschaft gewonnen. Preußen war nicht nur ein zufälliges Propagandamittel. Die Berufung auf Preußen spielt für die Durchsetzung des Nationalsozialismus in Deutschland eine Rolle, die man im vollen Umfang noch gar nicht erkannt hat.

Bei aller Nicht-Bescheidenheit, ich kenne kein früheres deutsches Buch aus der Zeit nach 1945 als das hier neuerdings wieder vorliegende, das sich solide, und als solides Buch angefeindet, mit dem von Schlenke beklagten Mangel auseinandergesetzt hat. Aus der Zunft ist es jedenfalls nicht gekommen, und darum auch seine von Schlenke beobachtete »ausführliche Würdigung in den großen deutschen Tages- und Wochenzeitungen«, bei geringer Beachtung seitens der Fachwissenschaft. Die hätte ihre eigenen Worte von früher ja umdrehen oder gar essen müssen, und dazu fehlt ihr erfahrungsgemäß der Appetit: Geschichtsschreibung als Weltgericht. Wenn nicht Friedrich, so hat ja zumindest die Friedrich-Geschichtsschreibung zu Deutschlands Verderben beigetragen.

Wie gut, wenn man sich selber nun nicht mehr loben oder zum Schein tadeln muß! Es geht hier ja nicht nur um Preußens Friedrich, sondern um Friedrichs Preußen. Und da gibt es nun kompetente Urteile von Fachwissenschaftlern und Erkenntnisse, die den meisten von uns bisher verschlossen waren, weil die Sozialwissenschaften zu lange vor der Tür stehen mußten.

Was war Brandenburg-Preußen, als man zum erstenmal von ihm Kenntnis nahm, anläßlich des schon zu seinen Lebzeiten sogenannten Großen Kurfürsten (Regierungszeit 1640–1688)? Ein in Deutschland gelegener Mittelstaat, dessen Schwäche seinen Regenten während des Dreißigjährigen Krieges drastisch eingebleut worden war. Der Kurfürst Friedrich Wilhelm, auf Vergrößerung seiner versprenkelten Staaten bedacht, ohne Prinzipien gegen oder für Frankreich, gegen oder für Kaiser und Reich; ein protestantischer Staat mit zwei einander bekämpfenden Richtungen, Lutheranern und Reformierten.

Als einer unter acht Kurfürsten wählte der Landesherr den Habsburger Kaiser, unter bestimmten Kautelen, versteht sich; im späteren Ostpreußen gehörte ihm ein Gebiet von 37000 Quadratkilometern, das seinem Hause 1618 durch Erbschaft zugefallen war.

1713, mit der Herrschaft seines Enkels Friedrich Wilhelm I., beginnt die aus früheren Schulbüchern bekannte »preußische Geschichte«. Ich will die herausragenden administrativen Fähigkeiten dieses Königs nicht würdigen, mit Ausnahme einer einzigen: Er hatte mehr Soldaten in seinen Diensten, relativ zur Bevölkerung seiner Staaten, als alle anderen in Europa. Er hatte die physisch größten (im Krieg gewiß nicht tüchtigsten) Soldaten der Welt.

Wenn er an der Gicht oder an anderen schrecklichen Krankheiten litt, ließ er diese meist gekauften, ihm geschenkten oder von ihm gestohlenen »langen Kerls« durch sein Zimmer paradieren, etliche auch von Künstlern zeichnen. Er selbst besorgte bei dem Bild »Der Lange Kerl« das Kolorieren, während er sonstige Soldaten und Bauern allein malte. Unter etliche Bilder schrieb er: »In tormentis pinxit«, in Schmerzen hat er, der Pinsel-Schwinger, sie gemalt. Den Sohn wird er verprügeln, wenn er eine lateinische Grammatik bei ihm entdeckt.

Seit 1725 trug König Friedrich Wilhelm I., anders als andere Herrscher, nur noch Soldaten-Uniform. Der, vor Beginn seiner Ministerpräsidentschaft, »Landwehr-Leutnant« und Charakter-Major Bis-

marck wird nach 1871 bei offiziellem Anlaß fast nur noch in Generalsuniform auftreten.
Über diesen im deutschen Schullesebuch »Soldatenkönig« Genannten heißt es, kaum verschlüsselt, bei Montesquieu in dessen »Größe und Niedergang Roms« schon im Jahre 1734:

> Man sagt, es gebe auf der Welt einen Fürsten, der seit fünfzehn Jahren darauf hinarbeitet, in seinem Staate die bürgerliche Regierungsform abzuschaffen und dafür eine Militärregierung zu errichten. Ich will nicht gehässige Betrachtungen über diesen Plan anstellen, sondern sage nur, daß, nach der Natur der Dinge, 200 Gardesoldaten das Leben eines Fürsten beschützen und sichern können, nicht hingegen 80000, abgesehen davon, daß es viel gefährlicher ist, ein bewaffnetes Volk zu unterdrücken als ein unbewaffnetes.

Nicht, um die heute kaum abendfüllende »Kontinuität des Irrtums« zu begründen, sondern um unserer Geschichte ein Konzept zu unterlegen, muß man wohl sagen dürfen, daß es während dieses 18. Jahrhunderts keinen so spinnerten Soldaten-Fex gab wie Friedrich Wilhelm I., Zar Peter III. ausgenommen, den seine Frau, die große Katharina, rechtzeitig von dieser Welt beurlauben ließ. Wahr ist, des Großen Friedrich Vater stand, anders als der großväterliche Kurfürst, mit seinem unverhältnismäßig großen Heer auf seiten des Kaisers und des Reiches. Ein »ungerechter Krieg«, gar gegen das Kaiserhaus in Wien, lag nicht in seiner Vorstellung. Dem Nachfolger band er auf die Seele: »An Euch, mein lieber Nachfolger ist es, was Eure Vorfahren angefangen haben, zu erhalten und die Länder, auf die Ihr Anspruch habt, herbeizuschaffen, da sie unserem Hause von Gott und Rechts wegen zustehen.« Damit meinte er nicht Schlesien und die Grafschaft Glatz, sondern, ausdrücklich, Jülich, Berg, Ostfriesland und Mecklenburg.
Wenn wir so lesen, was Preußens Tüchtigkeit von je ausgemacht habe, so kann man sich angesichts dieses Soldatenkönig-Staates nur mokieren. Altpreußische Strenge, Mannhaftigkeit und Zucht, Pflichttreue, Strebsamkeit, Nüchternheit und eine gewisse Achtung des Allgemeinwohls – ja, in welchem zivilisierten protestantischen Staat soll es denn derlei nicht gegeben haben? Oder besser, in welchem hätte es das gegeben? Wo gab es denn damals den beispiellos pflichtbewußten, den um seine Interessen unbekümmerten preußischen Beamten? Sie stahlen überall, auch in Preußen, bis ins 19. Jahrhundert hinein. Wo gab es, laut Schoeps, »Freiheit, Recht und Ordnung«, wo?
Zeitungen, die den Aufwand lohnten, mußte man sich in London, Hamburg und in den Niederlanden besorgen, in Preußen gab es keine Neuigkeiten zu lesen. Henri Brunschwig noch heute: »Die Pressefreiheit war dort immer voll garantiert«, erst Friedrichs Nachfolger habe sie »auf eine recht kurze Zeit« einzuschränken versucht, vergeblich; weh, o weh! Ordnung, ja freilich, die gab es; immer zu Gunsten der

Obrigkeit. Vom Recht dürfen wir bis zu Friedrichs Regierung schweigen.
Und was die religiöse Toleranz angeht, so hatte sie, wo sie bestand, ihre Gründe schon vor dem nicht gerade ausgeprägten Christenmenschen Friedrich. Wo gab es ein besseres Mittel, um handwerkliche Eliten ins Land zu ziehen, wo ein schlechteres, gute Leute durch religiöse Fickfackereien zu verscheuchen?
Nur soll man sich da nicht täuschen. »Text und Geist des Generaljudenreglements von 1750 ... waren noch ganz mittelalterlich orientiert. Die Toleranz war nur innerchristlich gemeint.« Mirabeau nannte dies Stück »würdig eines Kannibalen«, obwohl der alte wie der junge Fritz weder jüdisch noch christlich waren. Erst 1812 wurden die Juden formal gleichgestellt.
Und wie stand es um des Königs innerchristliche Toleranz? So, laut Friedrich: »Kann man das Volk bei seiner Gewissensfreiheit packen und ihm beibringen, daß es von den Pfaffen und Frömmlern bedrückt wird, so kann man sicher auf seinen Beistand rechnen ... In einem protestantischen Land wie Sachsen, spielt man die Rolle des Beschützers der lutherischen Religion und sucht in den Herzen des gemeinen Volkes, das in seiner Einfalt leicht zu betrügen ist, den Fanatismus zu schüren. In katholischen Ländern redet man nur von Toleranz, predigt Mäßigung und wirft auf die Priester alle Schuld an der Erbitterung zwischen den christlichen Sekten.«
Sparsamkeit ja, der König der »langen Kerls« und eines kleinen Landes hatte für ein Schloß wie in Versailles kein Geld; nicht so aber sein prestigehungriger Sohn, der sich gönnte, was er nur mochte, das unnütze »Neue Palais« etwa nach sieben Jahren Krieg. Die Schlösser der Dohna, Finckenstein, Dönhoff und Lehndorff standen hinter denen außerpreußischer Standesherren nicht zurück. Clausewitz, 1780 geboren, kann nur preußisches Herrenleben vor Augen gehabt haben, als er nach seiner Koblenzer Zeit (1815 bis 1818) in einem Fragment über die französische Revolution schrieb:

> Aus unserer Jugend erinnern wir uns noch der Schar von Bedienten, der Pracht in Livreen, Kleidern und Geräten, ohne welche ein adeliges Haus nicht bestehen zu können glaubte, und erst in den neuesten Zeiten sehen wir die Edelleute ihre Güter auf eine industrielle Weise bewirtschaften und sich, wo es sein muß, zum Fabrikanten und Handelsmann landwirtschaftlicher Produkte herablassen.

Noch in der Katastrophe von 1806 führte ein preußisches Infanterie-Bataillon bis zu zehnmal soviel Troß mit sich wie eine vergleichbare französische Einheit.
Die »unbestechliche Verwaltung und unabhängige Justiz«: bis zu Friedrichs Tod unbekannt, jedenfalls nicht bekannter als in Sachsen

und Baden; die »strenge preußische Ordnung und Redlichkeit« (Haffner) dito, so wenig wie anderswo.
Preußens »aufgeklärte Bildung«: dem König Friedrich als eine französische vorbehalten, von deutscher Bildung hielt er nichts. Und was die »trockene preußische Liberalität und Gedankenfreiheit« (wiederum Haffner) angeht, so will ich denn doch hoffen, daß er nicht den friderizianischen Staat, sondern dessen Nachfolger gemeint hat; auch da saßen Heine in Paris, Marx in Brüssel und London, der Mecklenburger Fritz Reuter sieben Jahre in preußischen Gefängnissen; auch da war Hoffmann von Fallersleben von seinem Lehrstuhl in Breslau entlassen und des Landes verwiesen.
Preußen, dies fällt auf, scheint in den Augen der Preußen-Spezialisten der Staat mit den meisten Tugenden gewesen zu sein, obwohl die Schulmeister aus Sachsen auch in Friedrichs Augen die besseren waren. Und obwohl die westlichen Teile Deutschlands wie auch Preußens den östlichen Kernlanden, was politische Zivilisation anlangt, bis 1918 überlegen waren. Ich glaube, man muß lange suchen, um einen Staat zu finden, dem von seinen Verehrern solche Eigenschaften, wie man sie gemeinhin Menschen attestiert, in derart verschwenderischer Fülle zugeschoben werden, Gottfried Benn sprach von den »ethischen Aufdringlichkeiten« des Preußentums. Staatliche Gebilde mit menschlichen Attributen auszustatten, mag aber keine ausschließlich deutsche Vorliebe sein.
Was macht denn nun dies wie ein Weihnachtsbaum mit leuchtendem Glitzerkram nachträglich behängte Staatswesen zum »modernsten Staat Europas« im 18. Jahrhundert? Vielleicht, daß es in einer Kanonenkugel ausgebrütet wurde, wie der scharfäugige Sondergesandte Graf Mirabeau 1786 nach Paris gemeldet haben soll? Nicht doch, dieser Vergleich führt in die Irre. Der Große Friedrich, immerhin ein Schlachtenlenker, verkannte die Bedeutung der Artillerie bis zuletzt, obwohl doch der florentinische Stadt-Sekretarius Machiavelli, der nur Pisa eingenommen hatte, sich schon 250 Jahre zuvor eben dieser Sünde schuldig gemacht hatte.
Nein, verlassen wir die Füllhörner guter und böser Dinge, was Preußen angeht. Stellen wir fest, daß seine Identität mit sich selbst erst im Jahre 1740 begann, als Preußens Friedrich den Thron bestieg. Ohne ihn hätte der Staat, wie der Kenner Hannsjoachim W. Koch schreibt, »als ein Konzept nicht existiert«. Preußen, wie alle Staaten, hat eine Vorgeschichte. Aber das Preußen, bei dem der Funke der Selbstidentifikation bis beinahe heute noch aufleuchtet, störte den Schlaf der Welt erst 1740, mit einem Thronfolger, der kein Staatskonzept hatte, aber selbst eines verkörperte.
Sehr bezeichnend, daß der jugendliche Kronprinz als sein bis dato bekanntestes Werk den »Antimachiavell« geschrieben hatte, dessen Drucklegung 1740 so zur Unzeit erfolgte, daß der 28jährige junge König, in Gedanken schon auf dem Kriegspfad nach Schlesien, halb hei-

ter, halb griesgrämig, feststellen konnte, er liege mit dem Buch etwas schief, seine Unternehmungen könnten dem Werkchen verhängnisvoll werden.

Die Ironie des nicht durchweg unreifen Pamphlets, dessen Grundsätzen er ab da mit solcher Lust und Konsequenz strikt zuwiderhandelte, war ihm natürlich aufgegangen. Und so können wir es denn anderen überlassen, ob sie in Preußen ein »Kunstgebilde« oder ein »Kunstwerk« sehen wollen. Wir sollten im friderizianischen Preußen die Verkörperung jener Staatsidee sehen, die der »Principe« so unübertroffen ausdrückt. Friedrich (und nicht seine schlechte Voraus-Kopie Cesare Borgia) ist die Verkörperung jenes Fürsten, den der Machiavelli in seinem Buch vom Fürsten vor Augen gehabt hat. Friedrichs Preußen ist der Staat des Machiavelli schlechthin.

Der »Principe« des Machiavelli, 1513 geschrieben und so modern wie sonst nur die zeitgenössischen Werke der Astronomen, behandelt zwar gleichermaßen den angestammten Fürsten, der seine Herrschaft erbt, wie auch den Usurpator und Aufsteiger, dem seine ganze Liebe gilt.

Friedrich war beides, Erbe und Usurpator. Er hatte von seinem Vater einen Mittelstaat samt 83 000 Soldaten geerbt; und er starb als der absolute Herrscher einer Großmacht, die 195 000 Mann unter Waffen hielt: »Großmacht« in Anführungsstrichen, denn Preußens Machtstellung war, wie Bielefelds Koselleck richtig sagt, seit Friedrichs Tod eher eine Herausforderung als eine politische Wirklichkeit. Nur halb im Scherz meinte der König 1781 bei Tisch, Preußen sollte als Ordenstier einen Affen haben, »denn wir äffen die Großmächte nach, ohne es zu sein«.

Die Armee war altmodisch-klapprig, aber nach Kopfstärke relativ immer noch ungleich größer als die der konkurrierenden Staaten mit mehr Bevölkerung. »Beim Vergleich dieser Ziffern«, schreibt der dem Friedrich wohlgesonnene Franzose Pierre Gaxotte in seiner Friedrich-Biographie, »möchte man glauben, daß Preußen nur dazu geschaffen ist, nur darum lebt und arbeitet, um ein Heer zu erhalten, das zugleich dieses Staates höchstes Ziel und das Werkzeug seiner Größe ist.« Man darf das getrost glauben, denn es war so.

»Das Land zu peuplieren«, und sei es mit »Türken und Heiden«, war Friedrichs Grundgesetz, nicht weil er Türken und Heiden im Land, sondern weil er mehr Macht wollte. Zwei Drittel der Staatseinnahmen wurden unter dem »Soldatenkönig« und seinem Sohn für die Armee ausgegeben, meint die DDR-Historikerin und Friedrich-Biographin Ingrid Mittenzwei. Die Ziffer wird nirgends bezweifelt. Mittenzwei registriert sogar »eine relativ sparsame Verwaltung von Mitteln«.

Lesen wir nun den »Principe«, so sehen wir deckungsgleich eben dieses Prinzip:

Ein Herrscher soll also kein anderes Ziel, keinen anderen Gedanken haben und sich keiner anderen Kunst widmen als der Kriegskunst, ihren Regeln sowie der militärischen Disziplin; denn dies ist die einzige Kunst, deren Beherrschung man von dem erwartet, der die Befehlsgewalt hat.

Worauf es dem Machiavelli ankam, ist somit ein überzeitliches, kein überholtes, ein recht heutiges Prinzip: Erringung der Macht, Ausdehnung der Macht, Expansion um jeden Preis, allerdings mit der einen Einschränkung: um jeden eben noch erschwinglichen Preis. Und nun Friedrich in seinem ersten politischen Testament von 1752:

Eine gut geleitete Staatsregierung muß ein ebenso fest gefügtes System haben wie ein philosophisches Lehrgebäude. Alle Maßnahmen müssen gut durchdacht sein, Finanzen, Politik und Heerwesen auf ein gemeinsames Ziel steuern: nämlich die Stärkung des Staates und das Wachstum seiner Macht. Ein System kann aber nur aus einem Kopfe entspringen; also muß es aus dem des Herrschers hervorgehen.

Der Fürst ist demnach der oberste Maschinenmeister, und einzig so verstanden der »erste Diener seiner Untertanen«, wie sich Federic als Kronprinz etwas leichtsinnig nannte. Er zuerst entwirft und bedient nach eigenem Plan die Maschine des Staates. Auf ihn, die Person des absoluten Herrschers, kommt alles an.*

Wie alle seine Untertanen ist er in die Pflicht genommen, der Vergrößerung des Staates zu dienen, denn der Staat ist – für Preußen endgültig seit Friedrich II. – Selbstzweck, nicht mehr irgendeiner »Willkür«, oder den Privatinteressen der Dynastie unterworfen. Der »siegreiche Krieg« wird unter Friedrichs Nachfolgern zum »sozialen Ideal« hochstilisiert.

Der rationale Kalkül von Politik und Krieg dient allein dem Staat, um seine Macht durch die Stärke der Armee, der Finanzen und der merkantilistisch-dirigistischen Ökonomie zu mehren, seine äußere und innere Sicherheit zu festigen. Was dem Staat dient, wird erörtert allein im Kopf des diese Maschinerie bedienenden Maschinisten und Despoten.

Der Fürst handelt nicht um sittlicher, moralischer oder religiöser Prinzipien willen, die benutzt er, allenfalls. Er handelt, um seine Staaten zu vergrößern und dadurch mehr Macht zu gewinnen. Die Vergrößerung nutzt er, um den Zugewinn abzusichern und weiteren Machtgewinn vorzubereiten. Je mehr Bevölkerung, desto mehr Macht. Je mehr Eroberung, desto mehr Bevölkerung.

Dazu ist ihm jedes Mittel recht, die Ehrlichkeit wie die Verstellung, die Toleranz wie die Grausamkeit, die Gerechtigkeit wie der gröbste

* »Im Dienste des Vaterlandes verzehre ich mich« (»Patriae inserviendo consumor«) war der Wahlspruch Bismarcks. Aber wehe dem Sterblichen, und sei es sein Kaiser und König, der ihm diesen Selbstverzehr hätte abnehmen mögen!

Undank. Zuviel Unzufriedenheit der Untertanen schwächt die Staatsmaschinerie.

Ob er sein Ziel mit Gewalt oder List, ob er es mit Lug oder Trug erreicht, spielt keine Rolle, Hauptsache, er gewinnt. Rechnet er falsch, oder ist er zu gutherzig, oder zu leichtgläubig, oder zu grausam, so fährt er mit Recht in den Orkus. Sogenannte gute Eigenschaften, die von den Zeitgenossen gepriesen werden, darf er sich leisten, solange sie ihn nicht von seinem Hauptziel ablenken und seinem Hauptziel in keiner Weise schaden, auf das Hauptziel bezogen vielmehr »wertneutral« sind.

Dies ist die Lehre des Machiavelli, die nur ein uns bekannter Herrscher, eben Friedrich, mit Glück und Erfolg bis zu seinem seligen Ende beherzigt hat.

Noch einmal, wir wären schlecht beraten, sie auf das Zeitalter der italienischen Stadtstaaten und Condottieri zu beschränken. Selbstverständlich, wenn man heute aus ihr Gewinn ziehen will, muß man sie auf unsere Herrschafts- und Gesellschaftsformen übertragen, ein anderes Thema, nicht unser Thema hier.

Friedrich sagt selbst, in seinem »Antimachiavell«, der Herzog Ludovico Sforza (»Il Moro«) von Mailand, der in der Burg Loches sein Leben nach acht Jahren Kerker aushauchte, habe Ursache gehabt, sich bloß auf den Krieg zu verlegen, »weil er andern das ihrige mit Unrecht genommen hatte«: »Seit Friedrichs des Großen Diebes Tagen«, kommentiert hier Nietzsche, die Eroberung Schlesiens im Blick.

Würde man dem Machiavelli die Geschichte nach seinem Tode bis heute per Zeitmaschine oder Zauberspiegel vor Augen geführt haben, so hätte er sich, um seine Lehre zu prüfen, mit ziemlicher Sicherheit folgende Figuren herausgepickt: Wallenstein, Napoleon und Hitler, die dem Nichts entstiegenen »Söhne des Glücks«, gehobene Figurationen des Cesare Borgia, allesamt wie jener elendiglich gescheitert und nur noch in der Legende zu beleuchten. (Ich bedaure den armen Tric-Trac spielenden Sekretarius, daß er in seinem Dörfchen San Casciano vor den Toren von Florenz nicht voraussehen durfte, was wir wissen.)

Auch Karl XII. von Schweden hätte er in seine Galerie eingelassen, obwohl dieser angestammte Herrscher sich nur als ein Abenteurer beglaubigte, gewiß eine Nummer größer als der Papst-Sohn Cesare, und dem Friedrich als gefürchtetes Anti-Vorbild oft vor Augen. (In der Mühle von Gadjatsch, wo Karl, vor der entscheidenden Niederlage von Poltawa, 1708 auf 1709 sein Weihnachtsquartier hatte, habe ich sechs Wochen lang als Gefreiter gedient und diniert.)

Dem Machiavelli bleiben jetzt nur noch zwei, mit denen er sein Werk hätte erproben können: Gustav Adolf (»Gierzerfressen und selbstsüchtig, schlangenklug und kaltherzig«, Egon Friedell), mit 38 Jahren bei Lützen (1632) gegen Wallenstein nur deshalb nicht siegreich, weil er fiel.

An diesem Herrscher hätte Machiavelli vielleicht das religiöse Muckertum auszusetzen gehabt, vielleicht aber auch nicht. Er hält nämlich von der Religion, nur nicht von der des Papstes in Rom, große Stücke. Sie ist in seinen Augen eine der wichtigsten Stützen des Staates, wenn nicht gar die wichtigste. Kein kluger Herrscher wird es verabsäumen, sich ihrer zu bedienen, siehe den »Choral von Leuthen«, wie auch den »deutschen Gott« oder die Vorsehung Bismarcks, Wilhelms, Ludendorffs und Hitlers.

Daß Gustav Adolf seinem Glauben mit echten Gefühlen anhing, ist demnach eine »wertneutrale«, wenn nicht gar eine seiner Macht förderliche Eigenschaft.

Auch Preußens Friedrich, der letzte Erfolgreiche in dieser historischen Probierstube, leistete sich solch eine wertneutrale Mucke; er verachtete die christlichen Religionen all seiner christlichen Untertanen gleichermaßen, traktierte das Volk aber nicht mit seinem Nichtglauben.

Zwar wäre Friedrich nach Kunersdorf seinen zu abenteuerlichen Berechnungen beinahe so erlegen wie der abenteuernde Karl XII., aber eben nur beinahe. Er hielt stand, und er hatte Glück. Er stritt und ritt in fünfzehn Schlachten und kam in keiner um, wurde nicht einmal ernstlich verwundet.

Nach 46 Jahren ununterbrochener Regierungszeit starb er einen nicht gewaltsamen Tod, nachdem er sein Herrschaftsgebiet mit den ihm eigenen Mitteln fast verdoppelt und die Bevölkerungszahl auf das Zweieinhalbfache ausgedehnt hatte: der letzte geborene König, der sein alleiniger oberster Befehlshaber im Felde war. Ich finde keinen anderen Fürsten in Fleisch und Blut seit 1513, keinen erfolgreichen jedenfalls, auf den das Bild des »Principe« so deckungsgleich paßt, nur unseren Friedrich; der Machiavelli selbst hatte bis 1513 ja auch keinen gefunden, und mußte sich darum den Cesare Borgia zurechtschneidern, den er freilich selbst erlebt hatte.

Daß wir den bösen Friedrich trotz seiner abstoßenden Eigenschaften so lieben, erklärt sich doch nicht zuletzt daraus, weil er nicht glaubte, daß er durch »Gottes Ordnung« regiere (wie sein Nachfahr Friedrich Wilhelm IV.). Der »Principe« Friedrich hielt ohnehin nichts von papiernen Konstitutionen, deren Natur er sich nicht einmal vorstellen konnte. Hätte man ihm aber gesagt, einer seiner Nachfolger würde solch ein Papier als eine »zweite Vorsehung« sich eindrängen sehen, er hätte wohl nur eine Prise Schnupftabak genossen.

Unsere modernen Atomkriege hat Machiavelli nicht vorausgesehen, und so ging er im »Principe« von den Fürsten seiner Zeit aus. Es schadete nichts, wenn ein Fürst die Kunst und die Wissenschaften förderte, wie Lorenzo der Prächtige, den er nicht im »Principe«, wohl aber in seiner florentinischen Geschichte lobt. Ein Fürst wie Lorenzo durfte auch mit Philosophen umgehen, ja, sogar seine Bankgeschäfte links liegenlassen. Nur, seine Hauptbestimmung durfte er nicht vernachläs-

sigen, und das hat Lorenzo ja nun vielleicht getan, nämlich das Heerwesen zu stärken und der erste Stratege seines Landes zu sein. Kunstsinn und Wohlleben sind dazu nicht immer förderlich, wie die Geschichte des Stadtstaates Florenz den Staatssekretär Machiavelli lehrte.
Der Fürst des »Principe«, so darf man sagen, ist nichts weiter als ausgeübte expandierende Macht, wobei es so scheint, als habe der Machiavelli, obwohl Florentiner, die Ökonomie nicht zielsicher genug im Blick gehabt.
Daß der Fürst die Streitmacht, für deren Stärkung er unablässig sorgt, im Ernstfall auch selbst befehligt, scheint im »Principe« selbstverständlich. Aber auch die Diplomatie muß er in seinem Kopf allein, möglichst geheimnisvoll, leiten. Ich wüßte kaum einen nennenswerten Fürsten, außer der Kunstfigur des in Wahrheit ja von fremden Mächten abhängigen und demgemäß positiv stilisierten Cesare Borgia, auf den alle diese Forderungen zuträfen. Sie treffen allerdings zu auf die gescheiterten Emporkömmlinge Napoleon und Hitler, und sie treffen zu auf unseren Alleinherrscher Friedrich.
Welch ein Unglück für Machiavelli, daß er seinen eigentlichen Helden, diesen Lügner und Betrüger, diesen Sieger und Besiegten, diesen Schauspieler und von seinem eigenen Schauspiel Hingerissenen, dieses Urbild seines »Fürsten« nicht kennenlernen durfte. Vermutlich hätte er dann nicht sein glänzendes, weil vor unterdrückter Sehnsucht nach Macht brennendes Buch geschrieben, sondern eine brave Biographie, wie sie uns für das Jahr 1986, den 200. Todestag des großen Machiavellisten Friedrich II., ins Haus steht (keine Angst, nicht von mir).
Von Friedrich gilt, was Goethe über Napoleon zu Eckermann sagte: »Liebes Kind, ein Name ist nichts Geringes. Hat doch Napoleon eines großen Namens wegen fast die halbe Welt in Stücke geschlagen!« Die politisch interessanteste Figur des 18. Jahrhunderts war Friedrich, wie Napoleon die des 19. und, bei aller Widerwärtigkeit, Hitler für das 20. Jahrhundert.
Der große Ranke erzählt uns mit gravitätischem Ernst: »Zu den Eroberern, die die Welt mit ihrem Kriegsruhm zu erfüllen streben und nur immer weiter um sich greifen, kann er [Friedrich] überhaupt nicht gezählt werden.«
Das erste ist nachweisbar falsch, das zweite richtig, nur: Er hatte sich und sein Land 1763 über Gebühr verausgabt, war dem elenden Scheitern nur mit nicht vorhersehbarem Glück entgangen, durch den Tod seiner Erzfeindin in St. Petersburg. Soll das allein nun Grund sein, ihn für seine Selbstbescheidung zu loben? Er hat alles eingesteckt, was nur irgend in seiner Reichweite lag, mehr war, bei Strafe des Untergangs, nicht drin.
Friedrich als Person hinterließ seinen Nachfolgern einen relativ geordneten Staat, aber kein übertragbares Regierungssystem, wie später

auch Bismarck nicht. Er hinterließ ihnen den gesamten »militärpolitischen Komplex«, der Preußens und Deutschlands Schicksal bis 1945 bestimmt hat.
Er hinterließ ihnen das »Mirakel des Hauses Brandenburg«, das Hoffen auf ein Wunder in letzter Stunde. Er hinterließ ihnen das Roulette, die berühmte Lotterie, in der noch einmal gegen Österreich-Ungarn zu spielen Bismarck bis 1866 nicht müde wurde. Er hinterließ ihnen als Prinzip die »defensive Offensive«, die sich 1870 bei der Annexion Elsaß-Lothringens so verhängnisvoll auswirkte wie nach Sarajewo 1914. Er hinterließ ihnen die Neigung zum Präventivkrieg und zu wahnwitzigen Kriegsplanungen, siehe den Schlieffen-Plan vor 1914* und den Eroberungstaumel bis 1918.
Hatte er selbst den »Primat der Politik« in seiner einzelnen Person noch garantieren können, so mußte bei einer Vielfalt von Personen und Institutionen alles Militärische der Politik den Rang ablaufen, trotz aller, im übrigen auch doppeldeutigen, Lehren des Clausewitz. Sogar Bismarck, der mit den Militärs hart hatte rangeln müssen, dekretierte ein Jahr vor seiner Entlassung, am 21. März 1889 im Reichstag (und sogar Gerhard Ritter sah hier eine »förmliche Abdikation« der Zivilgewalt in den wichtigsten Fragen des Militärwesens):

> Eine Einmischung des Reichskanzlers in das Kommando der Armee und Marine halte ich als das sorgfältigst zu Verhütende, weil der Reichskanzler eben vom Reichstage in einer gewissen Abhängigkeit ist und eine Einmischung des Reichstages in die geltende Macht des Kommandos die größte Gefahr für die staatlichen Verhältnisse bedeuten würde.

»Primat der Politik« war vor 1914 schon deswegen nicht möglich, weil die »Zivilisten«, den Reichskanzler eingeschlossen, mit dem Chef des Generalstabs so wenig koordiniert werden konnten wie dieser mit der dem Kaiser allein unterstehenden Flotte. Der Krieg 1914–18 ist nicht zuletzt dank der antidemokratischen und deshalb undurchsichtigen Strukturen des preußischen Erbes der Friedrich und Bismarck verloren worden. Für den speziellen Wahnwitz des Führers Adolf Hitler konnte Friedrich nichts, wohl aber stand er Pate für Seeckts »Truppe schießt nicht auf Truppe« während des Kapp-Putsches 1920.
Denn Friedrich hatte sich aus der Hinterlassenschaft seines Vaters einen Mamelucken-Staat geschaffen, dessen Tradition von den privilegierten Familien bis mitten in Hitlers Krieg hochgehalten wurde, solange der Diktator erfolgreich schien. Es ist gewiß kein Zufall, daß der alte Bismarck dem jungen Kaiser, dem er doch feind war, kurz vor

* Dem Generalfeldmarschall Graf Schlieffen war ganz selbstverständlich, daß Deutschland außer gegen Rußland, Frankreich und Belgien auch gegen England und Holland antreten solle. Kurz vor seinem Tod verfaßte er 1912 noch eine Denkschrift, in der es hieß: »Ganz Deutschland muß sich auf seinen Gegner werfen, auf denjenigen, der der stärkste, mächtigste, und gefährlichste ist, und das kann nur Frankreich-England sein.« Nicht nur die belgische, auch die niederländische Neutralität wollte Schlieffen mißachten.

seinem Tode in beider letztem Zusammentreffen das preußische Offizierskorps als die wichtigste Stütze künftiger Unternehmungen ans Herz legte.
Und hier dürfen wir den Heldenkult von Einzelpersonen verlassen. Wir kommen auf die Struktur der damaligen Gesellschaft in preußischen Landen, auf die Struktur der in Preußen tonangebenden Junker-Schichten.
Natürlich hat auch Friedrich die Gesellschaft, in der er als König regieren sollte, schon vorgefunden, er konnte sie sich nicht aussuchen, er hat sie nicht geschaffen. Aber typisch ist doch, daß er den gesellschaftlichen Strömungen der Zeit überall da, wo keine Mode im Spiel war, widerstrebte, sehr im Gegensatz zu seinem Vater.
Hatte sein Vater mit einer Art Minister-Kollegium regelmäßig gearbeitet, so wußte Friedrich, als religiös indifferenter und aufgeklärter Despot, wenn nicht alles, so doch alles besser, und natürlich alles allein besser. Allenfalls sein Kutscher Pfund durfte gelegentlich mit ihm schlagfertig räsonieren, wofür er allerdings manchmal auch schlagfertig bedient wurde.
Nicht nur Friedrich, schon sein Vater, wie auch der Große Kurfürst, hatte die Landbesitzer und Adels- und Offizierskaste in Rechnung setzen müssen, trotz mancher Scharmützel und starker Drohgebärden. Man wird von einer Art Doppelherrschaft sprechen dürfen, die der Große Kurfürst begründet hatte, als er 1653 dem grundbesitzenden Adel der Kurmark die Herrschaft über die Bauern und deren Schollengebundenheit ausdrücklich konzedierte. Im Gegenzug gab der Adel seinen Widerstand gegen das stehende Heer auf und bewilligte die notwendigen Gelder. Der »Soldatenkönig« schonte seine Leute nach dem einleuchtenden Grundsatz: »also ich meine officier und diener sutteniren muhs woferne ich selber mir sutteniren will.« Aber er hatte die Macht der Junker doch eingeschränkt und den Bürgerlichen den Zutritt zum Offizierskorps und zu den oberen Verwaltungsrängen eröffnet. Sein Sohn machte Letzteres rückgängig, darin seiner bedeutenden Zeitgenossin Katharina in Sankt Petersburg ähnlich, die alle Ansätze Zar Peters des Großen zur Reform des Leibeigenen-Krebsschadens gedankenlos, wenn nicht frivol, zerstörte*.
Die Anläufe seines Vaters, sich das aufstrebende Bürgertum auch in Staat und Offizierskorps zunutze zu machen, liquidierte er. War Frieden, so durften nur bei der Artillerie Bürgerliche als Offiziere dienen. Er verachtete die Artilleristen und die Pioniere. Die Artillerie war eine Maschine eigenen Rechts, eine mit Intelligenz-Anforderungen, ihre

* Der französische Diplomat J. Castéra, Zeitgenosse der Katharina, hat eine Aufstellung gemacht, derzufolge 16 ihrer notorischen Liebhaber Abfindungen und Geschenke in Höhe von 84,3 Millionen Rubel bekommen haben. Inbegriffen sind dabei jene 850000 Leibeigenen, die mit den verschenkten Gütern den Besitzer wechselten; der Groß-Favorit Fürst Potemkin allein bekam laut dem Katharina-Biographen Ian Grey binnen zwei Jahren 37000.

Angehörigen hatten Beziehungen zu bürgerlichen Fabrikanten. Artilleristen durften keine Gewehre tragen, einen Federbusch am Hut schon gar nicht. Unter dem Artilleristen Napoleon rückte die Artillerie an die erste Stelle, dann kamen die Pioniere, dann die Infanterie und zum Schluß erst die Kavallerie.

Jene bürgerlichen Offiziere, die ihm geholfen hatten, den Siebenjährigen Krieg zu überleben, verabschiedete Friedrich, wenn sie nicht Artilleristen waren, unmittelbar nach Kriegsende 1763*. Denn, so der Vielschreiber Fischer-Fabian, »er konnte die Rechte des Adels nicht nach Belieben antasten«. Andere Despoten konnten das.

Der aufgeklärte Friedrich hingegen, mit Seitenblick auf seine Lobredner in Paris, nannte die Landwirtschaft »die erste der Künste, ohne die es keine Kaufleute, Könige, Poeten und Philosophen geben würde«. Wie nun mit dieser ersten aller Künste verfahren? Das zeigt sich dann in der Praxis, wenn Friedrich im Jahre 1777, nach 37 Regierungsjahren, über die bäuerliche Schollengebundenheit zu Papier bringt:

> Von allen Lagen ist dies die unglücklichste und muß das menschliche Gefühl am tiefsten empören. Sicherlich ist kein Mensch dazu geboren, der Sklave von seinesgleichen zu sein. Mit Recht verabscheut man diesen Mißbrauch und meint, man brauche nur zu wollen, um die barbarische Unsitte abzuschaffen. Dem ist aber nicht so; sie stützt sich auf alte Verträge zwischen den Grundherren und den Ansiedlern.

Diese Verträge würde man gern einmal sehen. Es waren Knebelungsverträge zwischen Krone und Adel zu Lasten Dritter. Im Nachtext meint Friedrich denn auch, der Ackerbau sei nun einmal auf die Frondienste der Bauern zugeschnitten. Würde man diese widerwärtige Einrichtung mit einem Schlage abschaffen, so würde man die ganze Landwirtschaft über den Haufen werfen. Und der Adel müßte dann für einen Teil der Verluste, die er an seinen Einkünften erleide, Entschädigungen erhalten. Von wem? Vom Staat, und deshalb ging es nicht.

Dies war im Jahre 1777 keine sehr aufgeklärte Sicht, als die besseren Köpfe sich bereits im klaren waren, wieviel Reibungsverluste die bäuerliche Schollengebundenheit mit sich brachte. Bei Friedrich durfte sich kein Bürgerlicher über den Kauf eines Ritterguts eine Offiziersstelle erschleichen, sein Geld blieb dem Handel und den Manufakturen vorbehalten. Kein Adelsgut durfte zugunsten des Staates eingezogen werden. Der Edelmann sei es, »Deßen Söhne das Landt Defendiren und die Racce davon so guht ist, daß sie auf alle art meritiret,

* Solch ein Mohr, der seine Schuldigkeit getan hatte, scheint auch der Vater des Kriegsphilosophen Carl (von) Clausewitz gewesen zu sein, der nach dem Siebenjährigen Krieg 1763 als Offizier seinen Abschied nehmen mußte und einen mittleren Posten in der Steuerverwaltung bekam. Sein berühmter Sohn behauptet, der Vater sei Edelmann gewesen und habe wegen einer Verletzung der rechten Hand den Dienst quittieren müssen. Dies scheint nach allem nicht glaubhaft. 1927, fünf Jahre vor seinem Tod, wurde dem Generalmajor und Direktor der Allgemeinen Kriegsschule sein Adelsanspruch offiziell bestätigt. Er wußte, was es hieß, ein bürgerlicher Offizier zu sein.

Conserviret zu werden«. Schließlich habe er selbst erlebt, wie mehrere Male ein couragierter Oberst das Schicksal des Staates entschieden habe.

Man muß nicht Friedrich-Gegner und nicht einmal Marxist sein, um sich angesichts der Erlanger Feststellungen von Hans-Joachim Schoeps zu wundern, mit diesen Privilegien hätte sich »kein materieller Vorteil«, sondern nur soziales Prestige verbunden. Irgendwo muß mit der Witzemacherei der altgeborenen historischen Zünftler auch mal Schluß sein.

Christian Graf von Krockow, Urenkel des preußischen Innenministers und Sozialistenfressers Robert von Puttkamer (dessen Entlassung war die einzige bedeutsame Handlung des Hundert-Tage-Königs und -Kaisers Friedrich III.), schreibt in seinem 1981 erschienenen Buch »Warnung vor Preußen«:

> Auch die Versorgung kam keineswegs zu kurz. In den hohen Rängen überstieg sie bei weitem, was man in vergleichbaren Rängen heute für angemessen halten würde ... Aber auch der Offizier, wenn er es erst zum Kompanie-Inhaber gebracht hatte, war zu beneiden. Denn bis zum Zusammenbruch des alten Staates 1806/7 wurden ihm alle Mittel für den Unterhalt seiner Soldaten pauschal überwiesen.

Der Kompaniechef als Kriegsunternehmer wurde in Preußen nach 1721 eingeführt. Das verlockte mithin zu einer »einträglichen Mißwirtschaft« (Krockow). Hermann von Boyen, 1814 als Nachfolger Scharnhorsts zum preußischen Kriegsminister ernannt, 1819 mit Humboldt der Reaktion erlegen, beschrieb die Mißwirtschaft so: »Anstatt daß ein solcher Vorgesetzter als der Vater seiner Soldaten erscheinen soll, bekam er hier die Stelle eines wuchernden Krämers.«

Der Adel, dies unsere marxistische Schlußfolgerung, ließ sich seine früheren ständischen Mitregierungsrechte abkaufen, sobald er sich ökonomisch und »standesgemäß« befriedigt sah. Keine soziale Schicht paßte fügsamer in den absoluten Staat Friedrichscher, in den halb-absoluten Staat Bismarckscher Prägung.

Nach dem tollen Jahr 1848 wurde im Juli 1849 eine Notverordnung erlassen, deren Disziplinarbestimmungen fatal dem sogenannten »Radikalen-Erlaß« ähneln. Danach konnte ein Beamter aus dem Dienst entlassen werden, wenn er »den Mut, den sein Beruf erfordert, nicht bestätigt oder sich einer feindseligen Parteinahme schuldig gemacht« hatte. Mit Ausnahme des »Mut«-Paragraphen blieb dies preußische Beamtengesetz bis zum Reichsbeamtengesetz vom Jahre 1937 in Kraft.

Robert von Puttkamer ließ den König von Preußen in einem Erlaß vom 4. 1. 1882 verfügen:

> Für diejenigen Beamten, welche mit der Ausübung meiner Regierungsrechte betraut sind und deshalb ihres Dienstes nach dem Disziplinargesetz enthoben werden können, erstreckt sich die durch den Diensteid beschworene Pflicht auf die Vertretung der Politik meiner Regierung auch bei den Wahlen.

Im Reichstag sogar wagte dieser preußische Innenminister den Wunsch seiner Regierung auszudrücken, es sollten die Beamten innerhalb der Schranken des Gesetzes ihre Regierung bei der Wahl nachdrücklich unterstützen. Die so handelten (wie wollte er das wohl feststellen?), sollten des Dankes und der Anerkennung der Regierung sicher sein, ja sogar, »was mehr wert ist«, des Dankes ihres kaiserlichen Herrn. Der Dank Kaiser Friedrichs blieb aus. Wegen Einmischung in die Wahlen wurde dieser Staatsminister von dem einzigen liberalen Preußenkönig entlassen. Er hatte seinen Bruder in einem westpreußischen Wahlkreis allzu skandalös »begünstigt«.
Sich von seinem »Civilkanzler« Ratschläge in der militärischen Krise von 1914 geben zu lassen, lehnte der Kaiser verächtlich ab, tat es aber doch. Wandte Bethmann Hollweg, dessen Großvater erst 1840 preußisch nobilitiert worden war, einen seemännischen Ausdruck falsch an, so schnaubte der Kaiser nur »dieser Zivilist«.
»Ein Mann von hoher Abkunft, der nicht Soldat ist, ist nur ein elender Kerl«, dekretierte der Große Friedrich. Kontinuität, Kontinuität. Bismarcks Ansichten über die ländliche Volksschule fußen recht sehr auf den Maximen des Königs: Gehorsam, fromm, ungebildet.
80 Prozent der preußischen Bevölkerung lebten noch im Jahre 1800 auf dem Lande. Die Bauern, wie auch die übrige nicht-adelige Bevölkerung und gelegentlich sogar Adelige, liefen statistisch unter »Canaille«. Das Wort begegnet 1860, als Bismarck von seinen Standesgenossen verdächtigt wird, in »politischer Kanaillerie« Karriere machen zu wollen, Politik also mit dem aufstrebenden Bürgertum, nicht etwa mit der Unterklasse. Wie ging es nun diesen ländlichen 80 Prozent der Bevölkerung, auf deren körperlicher Überanstrengung die Überanstrengung des Staates sich vollziehen konnte, unter Friedrich dem Großen?
Wir haben einen erstklassigen Zeugen, den fachmännisch exzellenten Hofhistoriker der Hohenzollern, den Professor Otto Hintze. Er verstand etwas von Verfassungs- und Verwaltungsgeschichte. Und er schreibt 1915:

> Der Druck der Lasten ist bei diesem System der politischen Arbeitsteilung nach der ständischen Gliederung nicht ganz gleich verteilt; die einen zahlen mehr mit dem, was sie leisten, die anderen mehr mit dem, was sie sind. Die schwerste Last drückte auf den erbuntertänigen Bauernstand; aber sie bestand in Leistungen für den Staat, die auf die Dauer die

Wirkung haben mußten, auch die Bauern zum Rang gleichberechtigter Staatsbürger zu erheben. Die staatlichen Pflichten des Adels zeigen die Neigung, sich in Privilegien umzusetzen; aber die scharfe dienstliche Zucht der friderizianischen Epoche hat doch stets zu verhindern gewußt, daß die dem Adel vorbehaltenen Stellen nicht zum Polster der Trägheit wurden; er schätzte und begünstigte den Adel nur, soweit er sich im Staatsdienst auszeichnete: dadurch unterscheidet sich die Vorzugsstellung des Adels in der friderizianischen Epoche von der der ständisch-territorialen Zeit.

»Nicht ganz gleich verteilt«, so kann man's ausdrücken. Mehr sein als leisten. Einen viel pragmatischeren, wenn auch nicht gänzlich unparteiischen Zeugen haben wir in dem Junker Otto von Bismarck, der 1865 seinem Preußischen Abgeordnetenhaus erklärte:

Die Könige von Preußen sind niemals Könige der Reichen vorzugsweise gewesen; schon Friedrich der Große als Kronprinz sagte: Quand je serai roi, je serai un vrai roi des gueux: ein König der »Geusen«*. Er nahm sich den Schutz der Armut vor. Dieser Grundsatz ist von unseren Königen auch in der Folgezeit bestätigt worden.

Man liest mit Hochachtung, der Hund an Friedrichs Tischchen saß, daß Friedrich seine Untertanen schlimmer als Hunde, sich selbst aber nicht besser als einen Hund behandelt habe (Hannsjoachim W. Koch). Auch dem Bismarck tat ja nicht leid, daß er seinen ältesten Sohn Herbert zerbrochen, sondern eher, daß er seinen Hund »Sultl« vor dessen Tod noch tüchtig durchgeprügelt hatte. Es entfällt da allerdings der Unterschied zwischen der Peitsche und dem Gepeitschten.
Diese preußischen Hunde in der Armee, zur Hälfte »Landeskinder«, zur anderen Hälfte Kriegsgefangene, Galgenvögel und gekidnappte Europäer aller Staaten und Rassen, desertierten in Massen. Allein im zweiten Schlesischen Krieg, der nicht sehr lang und blutig verlief (1744–1745), waren es 17000. Für wen oder was hätten diese Kerle sich wohl schlagen sollen? Und wo hätten sie sich besser oder schlechter geschlagen als ihre vielleicht schlechter geführten »Gegner«?
Von dem preußischen Husaren-General Karl Emanuel von Warnery stammt die Bemerkung, Friedrich habe seine Soldaten als Zitronen betrachtet, »die man auspreßt und dann wegwirft«. Für die Invaliden, soweit sie nicht Schulmeister wurden, mag das gelten; Inländer durften betteln, sie bekamen dazu eine Lizenz (»König der Bettler«), Ausländer wurden abgeschoben. Sonst aber gibt es bis heute keinen Unterschied zwischen ausgepreßten Zitronen und Kanonenfutter. Immerhin, das Regiment Jung-Braunschweig (Nr. 39) verlor im Sieben-

*»Geusen« = »Bettler«: Ehrenname des aufständischen Adels der Niederlande 1566.

jährigen Krieg allein durch Desertion 1650 Mann, dies war seine Gesamtstärke im Frieden.

Ich muß nicht ganz bei Trost gewesen sein, als ich 1968 schrieb: »Der Dienst im Heer drückte die Bürger nicht.« Aber so steht das auch nur in der »Rheinischen Post«. Geschrieben habe ich: »Der Dienst im Heer drückte *die Bürger* nicht, deren Wohlstand entgegen mancherlei administrativer Beschränkung wuchs.«

Der Dienst im Heer drückte die Soldaten so sehr, daß sogar das piekfeine Potsdamer Garderegiment zwischen 1740 und 1800 durch Desertion drei Offiziere, 93 Unteroffiziere, 32 Musiker (!) und 1525 Mann verlor, nicht gerechnet die 130 Selbstmörder, die 29 Hingerichteten und die ungezählten Spießruten-Toten.

Trost oder nicht, Karl Dietrich Erdmann kann seinen nicht bei sich gehabt haben, als er in einem, gemessen an früheren Arbeiten, um Vorurteilslosigkeit bemühten Beitrag unter dem 29. Februar 1980 in »Die Zeit« schrieb: »Denn das ganze Denken Friedrichs durchzieht ein spannungsreicher Widerspruch zweier Gedanken, elementarer Machtwille und humanitäre Vernunft.«

Das eben nicht. Wo immer der elementare Machtwille auf das Hindernis der humanitären Vernunft stieß, gab es auch keine Spannung mehr. Die Vernunft wurde niedergewalzt wie ein MG-Nest von einem Panzer. Nur »unschädliche« Vernunft konnte zu etwas dienlich sein, siehe Karl Marx, siehe Machiavelli.

Zudem, Friedrich, der vom Vater Geprügelte, war persönlich ein Sadist, ob er nun dem (oft tödlichen) Spießrutenlaufen seiner Soldaten zuschaute, oder ob er seine ihm ergebenen Tisch-Schmarotzer und sogar seine Freunde mit Worten bitterster Verachtung quälte. Heimzahlen konnten sie ihm ja nicht, nur, wie Voltaire, abreisen. Vor allem für Friedrich galt Golo Manns Spruch aus dem Jahr 1968: Der preußische Staat sei nicht für die Menschen und die Gesellschaft dagewesen, sondern »für den Staat und die Größe des Staates«.

Die Humanität beschränkte sich auf zwei wichtige Bereiche: Friedrich schaffte die Folter ab – eine wirkliche Tat – und auch »unschädlich« im Sinne des Staatsinteresses, denn Deserteure mußte man zwar schnappen, aber nicht überführen. Weiter wirkte er, wie allerdings andere Fürsten seiner Zeit auch, ohne wesentliche Änderung der Gesetze auf Milde in der Strafpraxis hin. Strafurteile konnte er kassieren, mildern und schärfen, wie es ihm beliebte. Gelegentlich hat er auch verschärft. Dies beides waren gewichtige Fortschritte. Nur erreichten sie nicht die Masse der Bevölkerung.

Man freut sich ja ganz ungemein, in der FDJ-Zeitung »Forum« 1978 zu lesen, das »dynamische Staatswesen« Preußen habe insbesondere im 18. Jahrhundert eine ausgeprägte Fähigkeit besessen, »die alten Feudalverhältnisse den neuen bürgerlichen Entwicklungsbedingungen anzupassen«.

Das wäre etwa so, als wollte man dem Bismarck-Reich zugute bringen, es habe bemerkenswert flexibel auf die liberalen und konstitutionellen Forderungen der Zeit, des Bürgertums also, reagiert. Geschichtsschreibung in der DDR ist oft lehrreich. Lehrreich aber auch manchmal darum, weil man lernen kann, wie die Geschichte zu Gunsten neuer Konstellationen manipuliert werden kann. Sie wollen uns Westdeutschen, Gott strafe uns und helfe ihnen, die große Preußen-Schau stehlen, und darum grüßt der Alte Fritz von Christian Daniel Rauch jetzt auch wieder »Unter den Linden«, und die Oper »Montezuma«, Libretto von Friedrich, wird neu einstudiert.
Denn gerade die DDR, angeblich einem »materialistisch-dialektischen Bild von der preußischen Geschichte« verpflichtet, hätte ja auch herausfinden können, was die bürgerlichen Historiker in dem neuen Blasius-Band »Preußen in der deutschen Geschichte« entdeckt oder wiederentdeckt haben.
Auch sie hätten herausfinden können, daß es in Preußen »kein eigenständiges, wirtschaftlich starkes und entsprechend selbstbewußtes Bürgertum« (Krockow) gab. Bis ins 19. Jahrhundert hinein gab es nur die beiden beherrschenden Bürgerstädte Berlin und Königsberg, allenfalls Breslau. Friedrich II. verwehrte dem bürgerlichen Kapital bewußt den Einkauf in die Rittergüter.
Statt dessen versteift sich die Geschichtsschreibung der DDR darauf, dem König Friedrich gutzubringen, sein Zwiespalt zwischen Theorie und Praxis gehe auf »objektive Gründe zurück« und nicht etwa auf einen Hang zur Heuchelei oder andere subjektive Eigenschaften des Königs (so Professor Schilfert). Diese Allerwelts-Entschuldigung könnte man jedem Individuum auch ohne Studium des Marxismus gutbringen.
Das »persönliche ›Aufklärertum‹ Friedrichs II.«, so Professor Schilfert, ist darum »in letzter Instanz der subjektive Ausdruck der objektiven Situation der Feudalklasse«. Wie gut, daß Marx gelebt hat und daß seine Theologen nun ihr Auskommen haben.
Im Klartext könnte man dazu sagen: Männer machen keine Geschichte (mehr). Soweit ja nicht so schlecht. Alexander hat noch Geschichte gemacht, aber heute scheint es damit zu Ende. Nur, kann man so en passant die Tatsächlichkeit des Geschehens zwischen 1740 und 1940 ohne den bestimmenden Einfluß der drei sehr unterschiedlichen Schlüsselfiguren Friedrich, Bismarck und Hitler beiseite fegen?
Sollen diese drei nur Popanze und Charaktermasken einer unberechenbaren und ins Abseits führenden Entwicklung gewesen sein, weil letztere noch nicht ihre marxistisch-emanzipatorischen Weihen empfangen hatte?
Gesellschaftlich betrachtet, war Friedrich teils ein unerheblicher Exekutor – so hat man ihn zu seiner Zeit nicht gesehen –, teils ein Reaktio-

när, wie er sich mit Rückstrahler beleuchtet durchaus präsentiert. Die Fülle der Wahrheit ist damit naturgemäß nicht ausgeschöpft. Aber man muß ja aufmerken, wenn man aus Beamtenmund (Oberpräsident Theodor von Schön, 1773–1856) hört, nicht Friedrich, sondern sein Vater, der fromme Sadist Friedrich Wilhelm I., sei der »größte innere König« Preußens gewesen.

Ist es wohl Zufall, fragt Gerhard Ritter, daß sowohl Friedrichs als auch Bismarcks Reich den Gründer nicht länger als zwanzig Jahre überlebt haben? Wohl kaum. Auch bei Friedrich, wie bei Bismarck aus der Feder von Nostitz, findet sich schon die verräterische Formel »mußte untergehen«, so die Friedrich-Biographin Ingrid Mittenzwei aus der DDR. Wieso können die »Schöpfungen« dieser Gründer den Tod der Gründerfiguren immer nur um zwanzig Jahre überleben? Da muß doch etwas verkehrt sein?

Die Literaten schreiben die Geschichte, und so ist Friedrich ein »Aufklärer«. Aber gesellschaftlich war er mehr Dunkelmann als Aufklärer. Wahr ist, daß er den Kartoffelanbau wirksam gefördert hat, und das war ein großes, den meisten Untertanen zugute kommendes Verdienst. Aber man muß sich doch wohl weigern, ihn dafür zu feiern, daß er normale Zivilisationsarbeit (Stichwort Oderbruch) getrieben hat, wie viele Fürsten seiner Zeit auch? Was, zum Himmel, sollte er denn sonst tun, wenn er sich nicht zu Tode langweilen und wenn er seinen Staat »peuplieren« wollte?

Wahr ist weiterhin, daß seine Wirtschaftspolitik insgesamt nach dem Siebenjährigen Krieg zu einem »immer größeren Hemmnis« wurde, so nicht nur die DDR-Historikerin Ingrid Mittenzwei. Preußen war 1815 ein unterentwickeltes Land, erst der Wiener Kongreß bescherte ihm mit den Gebieten an Rhein und Ruhr die Großmachtpotenz. In der Landwirtschaft, dem immer noch entscheidenden Wirtschaftszweig, erging es dem König wie mit dem unter seiner Herrschaft vorangetriebenen preußischen Landrecht: Von ihm nicht berücksichtigte Verhältnisse nahmen weg und machten zunichte, was der König als Person verbal und gesetzlich zu geben schien oder auch nur zu geben glaubte (siehe den Schah von Persien).

Die Beseitigung der Feudalverhältnisse auf dem Lande, die Freisetzung der kapitalistischen Antriebe für das ganze Preußen, sie waren objektiv geboten, lagen aber außerhalb des Horizonts, vielleicht der Möglichkeiten dieses Despoten. Was den Friedrich angeht, so kann sich die Geschichtsschreibung der DDR mit den Historikern der Bundesrepublik durchaus konkurrierend vergleichen: beide noch nicht frei von ideologischer Verzerrung.

Und was Preußens Stellung in Europa angeht, so müssen wir erwägen, daß Friedrich, fußend auf den Mitteln seines Vaters, die Norddeutsche Tiefebene, wenn auch ohne diese bewußte Blickrichtung, gegen Rußland abgesichert hat, dessen ausgreifende Interessen und Möglichkeiten damals noch nicht so sichtbar waren wie unter dem Sowjet-Imperialismus heute.

Aber Friedrichs Mittel wurden Bismarcks Mittel, und beider Mittel wurden Hitlers Mittel, alle drei gegen den vernünftigen Zeitgeist, ohne daß Friedrich für Bismarck und Hitler, und ohne daß Bismarck für Hitler eine unmittelbare Verantwortung zugeschoben werden könnte.

Nur: Die Russen sitzen, ganz ohne den direkten Willen von Friedrich, Bismarck und Hitler, in Berlin. »Eine einfache Monarchie«, riet Clausewitz, »in welcher das politische Leben des Bürgers nicht durch Teilnahme an den öffentlichen Institutionen hervorgerufen wird, muß von Zeit zu Zeit Krieg haben, oder es muß wenigstens die Regierung in einer kriegerischen Stellung überall keck vorschreiten, überall mit Ehre und Erfolg auftreten, gefürchtet, geachtet, im Besitz des Vertrauens ihrer Klientschaft sein, damit dem Stolz und Selbstgefühl des Bürgers geschmeichelt werde.«

Die mittelbare Verantwortung der Mittel besteht, indem Preußen-Deutschland politisch hinter seinen ökonomischen und kulturellen Möglichkeiten zurückblieb. Statt dessen bediente es sich in den Kitschläden der Heroen-Verehrung. Dazu Fontane 1897: »Daß Staaten an einer kühnen Umformung, die die Zeit forderte, zu Grunde gegangen wären, – dieser Fall ist sehr selten. Ich wüßte keinen zu nennen. Aber das Umgekehrte zeigt sich hundertfältig.«

Auch die preußischen Reformer der Jahre 1806–1812 waren keineswegs Protagonisten der aufstrebenden Klassen. Sie hatten nicht so sehr die Reform von Staat und Gesellschaft im Sinn wie die Reform der Armee, die 1806 als eine »gedingte, gedanken-, kraft-, willenlose Maschine« (dies Herders Beurteilung 1774) zusammengekracht war.

Offenbar hatte die Französische Revolution die nationalen Kräfte entbunden und zum Siege geführt. Offenkundig war der Nationalgeist, in Preußen die Feindschaft gegen Frankreich, dem »esprit de corps« der preußischen Offizierskaste überlegen. Kaum ein nennenswerter Reformer entstammte dem preußischen schloßgesessenen Adel.

Scharnhorst, der Chef der Heeresreform, schrieb dem Freiherrn vom Stein, er halte es für »unumgänglich nöthig, die Völker in das Interesse zu ziehen«. Gneisenau entschuldigte die schlesische Landwehr, da sie »ohne alles Eigenthum und daher ohne alle Anhänglichkeit an ihr Vaterland« sei.

Er sah, daß die Revolution die gesamte Stärke des französischen Volkes mobilisiert hatte. Den Kaiser Napoleon wollte er am liebsten hingerichtet sehen. Scharnhorst und Gneisenau bestanden gegenüber dem König auf dem Oberbefehl für den 71jährigen Blücher*, dessen Heldenstatur noch am wenigsten angekratzt war.

* Der spätere »Marschall Vorwärts«, Gebhard Leberecht von Blücher, hatte schon 1805 in den »Gedanken über die Formierung einer preußischen National-Armee« gefordert, jeder Preuße müsse Soldat, die Dienstzeit kurz, die Behandlung besser werden. Dieser 1742 geborene Mecklenburger war vom alten Fritz für

Clausewitz wollte den Krieg, weil er ihn für nötig hielt und um über Schlachtfelder nach oben zu kommen, wie er seiner Frau schrieb. Er wähnte, jene friderizianischen Zeiten seien vorbei, »wo das eitle Geld der Nerv des Krieges und der Nationen war«. Geld wurde gleichwohl gebraucht. Der Freiherr vom Stein erstrebte für die Kriegsführung eine hohe Inflation, damit der preußische Grundbesitz von seinen hohen Schulden befreit werden konnte. Und wieder Scharnhorst, der organisatorische Kopf: »Man muß der Nation Selbständigkeit einflößen, man muß ihr Gelegenheit geben, daß sie mit sich selbst bekannt wird, daß sie sich ihrer selbst annimmt.«

Man sieht, wir sollten uns schon im Hinblick auf unsere Selbsterkenntnis weigern, in dem preußischen Staat »die beispielhafte Verkörperung selbstloser Pflichterfüllung und das Gegenstück zu einer angeblich nur interessenbestimmten bürgerlichen Gesellschaft« zu sehen, wie der amerikanische Historiker und Hindenburg-Biograph Andreas Dorpalen uns recht eindringlich warnt. Dies mag die DDR besorgen, die das noch nicht einmal tut, wir jedenfalls sollten das nicht.

Preußen, das war der Staat, in dem der Junker Bismarck noch 1848 die schon ausgehöhlte Patrimonial-Gerichtsbarkeit erhalten wissen wollte, vergebens. Den Gedanken, die gutsherrliche Polizeiherrschaft und Polizeigerichtsbarkeit abzuschaffen, nannte er einen »ausschweifenden Unsinn« jakobinischen Zuschnitts. Erst 1872 wurde beides, nun allerdings unter dem preußischen Ministerpräsidenten Bismarck, abgeschafft. Noch 1838 wurde der Gutsbesitzer-Gerichtsbarkeit ausdrücklich zugestanden, Vergehen – nicht Verbrechen – auch dann »in eigener Person zu untersuchen und zu bestrafen, wenn mit dem allgemeinen ihr persönliches Interesse zusammentrifft«. Die Rittergutsbesitzer, Inhaber der Polizeigewalt, durften Streitigkeiten zwischen sich und ihrem Gesinde »schlichten«, was mit einschloß, »notfalls das entlaufene Gesinde wieder einzufangen« (Koselleck).

Um die Mitte des 19. Jahrhunderts belief sich der Anteil der Bürgerlichen unter den Rittergutsbesitzern und ländlichen Großunternehmern in Preußen auf bereits ungefähr vierzig Prozent, wie man bei dem Hamburger Historiker und Spezialisten Jens Flemming nachlesen kann; Bürgerliche waren also im Sinne einer einheitlichen Klasse nun auch »Junker« geworden.

Die 1810 erlassene »Gesindeordnung für sämtliche Provinzen der preußischen Monarchie« galt bis zum November 1918 in den Provinzen Westfalen, Brandenburg, Sachsen, Posen, Ost- und Westpreußen und Schlesien, überdies in Teilen Pommerns. Ihr gemäß konnten Ge-

ein dreiviertel Jahr in Arrest geschickt und anschließend verabschiedet worden. Er hatte sich, als Stabsrittmeister bei der Beförderung übergangen, mit folgenden Worten an seinen König gewandt: »Der von Jägersfeld, so kein anderes Verdienst hat, als der Bankert des Markgrafen von Schwedt zu sein, ist mir vorgezogen.« Daß dieser Spieler, Trinker und Psychopath nach dem Willen Scharnhorsts Napoleon besiegen sollte, kränkte die Hofkreise um den König.

sindeleute wegen »geringer Tätlichkeiten« seitens ihrer Herrschaft keine gerichtliche Genugtuung fordern. Solchen Mißhandlungen seitens der Herrschaft durften sie sich nur tätlich widersetzen, wenn ihr Leben oder ihre Gesundheit »in gegenwärtige und unvermeidliche Gefahr gerät«.

Wer den Dienst »ohne gesetzmäßige Ursache« verließ, konnte durch polizeiliche »Zwangsmittel«, die bis 1872 den Junkern selbst oblagen, zur Fortsetzung des Dienstes angehalten werden. Der Gerichtsherr konnte auf Antrag der Herrschaft Gefängnis bis zu drei Tagen, und im Wiederholungsfalle immer wieder, verhängen. Um der »Frivolität«, der »Genußsucht« und dem »Müßiggang« des Gesindes und der ländlichen Arbeiter entgegenzuwirken, wurde durch Gesetz von 1854 jede Verabredung zu gemeinschaftlicher Arbeitseinstellung zwecks Erlangung höherer Löhne und besserer Arbeitsbedingungen mit Gefängnis bis zu einem Jahr bedroht. Die präventive Wirkung dieses bis 1918 gültigen Gesetzes liegt auf der Hand.

Wohl muß berücksichtigt werden, daß auch nicht-preußische deutsche Länder ähnliche Bestimmungen und Gesetze hatten, so daß Friedrich Naumann über das Reich mit Recht sagen konnte, es beherberge ein »Industrievolk im politischen Kleide des Agrarstaates«. Aber nirgends hielten sich die Strukturen so hartnäckig wie in Preußen. Erst 1927, acht Jahre nach der Novemberrevolution, wurde die Institution der selbständigen Gutsbezirke als Verwaltungseinheiten abgeschafft, in denen der Gutsherr zugleich als Arbeitgeber und als vom Landrat und vom Kreisausschuß bestätigter Vorsteher der örtlichen »Selbstverwaltung« amtierte. Die wirtschaftlich ohnehin abhängigen »Hintersassen« wurden so auch politisch geknebelt.

Die Verschränkung moderner Arbeitsmethoden und rückwärts gewandter Abhängigkeiten der Land- und Gutsarbeiterfamilien nannte Lenin 1907 den »preußischen Weg«. Ihm hielt er, immer mit Blick auf die Entwicklung des Kapitalismus in Rußland, die Evolution nach amerikanischem Typ entgegen. Es lohnt, die Gegenüberstellung in Lenins Worten auszuführen:

> Entweder Evolution nach preußischem Typ: der Gutsbesitzer, der Fronherr, wird zum Junker. Die gutsherrliche Macht im Staate ist für Jahrzehnte gefestigt. Monarchie. Ein »mit parlamentarischen Formen verbrämter Militärdespotismus« an Stelle von Demokratie. Größte Ungleichheit unter der ländlichen und unter der übrigen Bevölkerung. Oder Evolution nach amerikanischem Typ. Beseitigung der gutsherrlichen Wirtschaft. Der Bauer wird freier Farmer. Volksherrschaft. Bürgerlich-demokratische Ordnung. Größte Gleichheit unter der ländlichen Bevölkerung als Ausgangspunkt und Voraussetzung für den freien Kapitalismus.

Im ersten Falle, im preußischen, sieht Lenin Jahrzehnte »qualvoller Expropriation und Knechtschaft«, im zweiten, dem amerikanischen Fall, »das Hinüberwachsen des patriarchalischen Bauern in den bürgerlichen Farmer«. Daß es den bäuerlichen Wanderarbeitern im Südwesten der Vereinigten Staaten heute schlechter geht als vielleicht sogar der bäuerlichen Unterschicht des preußischen Ostelbien im Jahre 1913, steht auf einem anderen Blatt.

An der Bundesrepublik vermißt auch der Kölner Historiker Theodor Schieder Tugenden wie Ordnung, Tüchtigkeit, Unbestechlichkeit, das »Mehr-sein-als-Scheinen«, kurz, einen »Schuß von Preußentum«, ganz im Sinne jenes Legendenstaats Preußen, den Hubatsch, Haffner, Erdmann, Fest u. a. uns ausgeschmückt haben.

Aber Schieder schränkt seine Sehnsucht auf recht bemerkenswerte Weise ein. Er will nämlich klargestellt wissen, daß es »sich nicht um das alte Preußen handelt«. Um das Preußen Friedrichs also nicht? Es soll sich auch nicht handeln um das alte Preußen »mit seiner starren, ständischen Abgrenzung, wie sie vor allem im 19. Jahrhundert sich zu Ungunsten der deutschen Entwicklung ausgewirkt hat. Sondern um ein offenes System, bei dem die äußere Fassade der Ordnung nicht nur einen Staat verbirgt, in dem es nur Untertanen gibt, sondern einen Staat, in dem Bürger frei leben können.«

Mithin: Auch Schieder will ein Preußentum wieder beleben, das es nie gegeben hat. Statt dessen gab es, jedenfalls für den Zeitraum dieses Buches, ein Friedrich-Preußen, über das Zeitgenossen ebenso zugespitzt wie zutreffend geäußert haben, hier halte sich nicht ein Staat eine Armee, sondern eine Armee einen Staat. Mirabeau als offiziöser Kundschafter soll sich 1788 so geäußert haben. Verbürgt ist die Briefstelle des dänischen Staatsministers Graf Bernstorff an den französischen Außenminister Duc de Choiseul 1759 während des Siebenjährigen Krieges, Friedrich sei ein Fürst, »der aus seinen Staaten ein Lager und aus seinem Volk ein Heer gemacht hat«.

Man braucht aber weder den Mirabeau noch den Bernstorff, denn dies ist die Quintessenz des »Principe« vom Machiavelli, endlich konsequent durchgespielt.

Sogar der Kronprinz schrieb *vor* Abfassung des »Antimachiavell«:

> Der stehende Grundsatz der Herrscher ist, sich zu vergrößern, soweit ihre Macht es gestattet. Die Art der Vergrößerung ist zwar Modifikationen unterworfen und wechselt unendlich, je nach der Lage des Staates, den Kräften der Nachbarn und der Gunst jeweiliger Umstände. Gleichwohl steht das Prinzip als solches fest, und die Fürsten lassen es nie fallen. Ihr angeblicher Ruhm steht auf dem Spiel – kurz, sie müssen sich vergrößern.

Preußen seit Friedrich hat, wo immer es handlungsfähig war, danach gehandelt. Und obwohl Preußen gewiß nicht die einzige militärische Macht der Geschichte oder auch nur seiner Lebzeiten war, und auch nicht der einzige Staat, der durch sein Heer entstanden ist, so gilt doch ebenso, »daß die spätere politische Entwicklung Preußens und Deutschlands in weit größerem Maße als in anderen Ländern von der Organisation der Armee, ihrem Verhältnis zum Souverän und dem Willen ihrer Führer abhing« (Gordon A. Craig).

Der preußische Militarismus, auf eine Kurzformel getrimmt, hat Deutschland dahin gebracht, wo es jetzt ist. Da alles Militärische absolut gesetzt wurde, gibt es kein militärisch handlungsfähiges Deutschland mehr, sondern nur noch die militärisch abhängigen Staaten Bundesrepublik und DDR. In keinem zeitgenössischen Staat der Welt war der Militarismus gesellschaftlich so nachweisbar ausgebildet wie in Friedrichs Preußen.

Was immer kulturell Erhebliches geschah, der Große Friedrich hatte nichts damit im Sinn. Nichts mit Lessing, nichts mit der Universität Halle, nichts mit Moses Mendelssohn und Nicolai und Jacobi, nichts mit Kant in Ostpreußen, auch nicht einmal, nach Sachsen grenzüberschreitend, mit Johann Sebastian Bach. Musik und Malerei nach dem Rokoko-Geschmack der Zeit, Drama à la française, das war's. Von all seinen Bauten blieb nur das herrliche Schlößchen Sanssouci als Ausdruck eines persönlichen Lebensstils. Friedrich, so darf man zusammenfassen, hat die kulturelle Entwicklung in seinen Landen weder gefördert noch, allerdings, behelligt.

Preußen war auch nicht gerade eine Pflanzstätte für Staatsmänner, bedenkt man seine immerhin beachtliche Ausdehnung. Warum, so könnte man ja mit dem Heiligenschein-Fabrikanten Hubatsch fragen, sind dem König nur so wenige begabte Leute gefolgt (er nennt da namentlich außer den beiden Militärs Winterfeldt und Seydlitz vier Zivilpersonen, unter ihnen den uns schon bekannten Friedrich-Freund Finckenstein). Nun, Hubatsch weiß die Antwort: Die anderen begabten Leute konnten die Staatsauffassung des Königs »nicht wirklich verstehen«. Und warum nicht? Hubatsch, sicher unabsichtlich, gibt die Antwort eine Seite später, indem er den Freiherrn vom Stein zitiert, der 1780 in die Dienste des Königs trat. Stein, Reformer nach dem totalen Zusammenbruch 1806, lobt die inneren Zustände unter Friedrich, bemängelt aber:

> Nur war alles auf Selbstregierung berechnet, keine ständische Verfassung, kein als Vereinigungspunkt dienender, tätiger Staatsrat, keine Einrichtungen, wo sich Gemeingeist, Übersicht des Ganzen bilden, gewisse feste Verwaltungsmaximen sich entwickeln konnten; alle Tätigkeit erwartete den Anstoß von oben, nirgends Selbständigkeit und Selbstgefühl ...

Hubatsch tut so, als sei Friedrich seinen Mitarbeitern mit seiner Staatsauffassung voraus gewesen, so daß diese den großen Mann nicht wirklich verstehen konnten. Wo er vor aller Augen hinter ihnen herhinkte! Gott erhalte uns solche Ikonenmaler wie den Hubatsch.
Der Militärstaat Preußen des 18. Jahrhunderts ist unter allen Staaten seiner Zeit einzigartig, weil er eine gesellschaftliche Verzahnung, eine »Vermaschung von Militärsystem und Sozialleben« (Dirk Blasius) aufwies, wie sie wirksamer und gesellschaftlich rückständiger zugleich nicht gedacht werden kann.
Der Bauer war ja nicht etwa nur Untertan des Königs. Er war, wenn er nicht gerade als Soldat diente, Erbuntertan seines Rittergutsbesitzers, schollengebunden und frondienstpflichtig.
Der Junker und Rittergutsbesitzer des ostelbischen Deutschlands wirtschaftete, anders als im westlichen Deutschland, selber, er übte Befehls- und Kontrollgewalt »über die mehr oder weniger schollenpflichtig und erbuntertänig gewordene Einwohnerschaft des Gutsherrschaftsgebiets aus« (Hans Rosenberg), schon um 1600 herum. Das Junkertum war »eine eigenberechtigte Klasse von Herrschaftsträgern«. Wo die Bauern während des Mittelalters in Teilen Preußens keine Leibeigenen gewesen waren, wurden sie es noch unter dem Großen Kurfürsten.
Der den Junkern ausgelieferte Bauernstand nun wieder war, wie Friedrich selbst erkannte, für den Staat »sehr wichtig«. Er bildete »seine Grundlage«, er trug »seine Last«. Er hatte »die Arbeit«, und es hatten »andere den Ruhm«. Dies alles ipsissima verba. Der Agrarstaat Preußen lebte von der Arbeit seiner Bauern, der überwältigenden Mehrheit der Bevölkerung also, zwischen 1740 und 1800 niemals unter 70 Prozent, meist darüber.
Man darf nach allem, was Friedrich geäußert hat, annehmen, daß ihm jeder quasi soziale, jeder kritische Blick auf die Vergangenheit verstellt war. Daß »schloßgesessene Räuber und Erpresser« (Hans Rosenberg) in ihren stattlichen »Herrenhäusern« dem Gros der einheimischen Bevölkerung lange vor seiner Regierung »rechtliche und soziale Degradierung« zugefügt hatten; »politische Entmannung, moralische Rückgratverkrümmung sowie Vernichtung der Selbstbestimmungschancen der Gutsuntertanen«: All dies unter tätiger Mithilfe der gutsabhängigen Luther-Pastoren und in einem nennenswerten Gegensatz zu den westelbischen Teilen Deutschlands und sogar Preußens – dies alles ist ihm wohl nie zu einem Problem gediehen, dem er mehr als Alibi-Worte widmen mußte.
Mit dem Munde nicht faul, bezeichnete er die Bauern als »diejenige Klasse von Leuten, welche die mehreste Achtung verdienen«. Warum? Weil sie für die Vermehrung der Bevölkerung sorgen (»Peuplierung«); weil sie der Armee einen großen Teil der Rekruten stellen; weil sie den ganzen Staat mit Lebensmitteln und »Bedürfnissen« ver-

sorgen; kurz, weil sie zu den Lasten des Staates »das Mehreste« beitragen.
Friedrichs Vater hatte 1733 eine Besonderheit eingeführt, die sein großer Sohn in ihrer Bedeutung gar nicht voll verstanden zu haben scheint, vielleicht, weil sie in seiner Sicht so unproblematisch funktionierte: Das sogenannte »Kantonal-Reglement« oder »Kantonal-System«. Die Offiziere des Regiments, dem der jeweilige Kantonsbezirk zugeordnet war, hatten bis 1763 Gewalt, nach 1763 Mitgewalt auch über die ländliche untertänige Bevölkerung.
Es gab hier eine Doppelherrschaft über den altpreußischen Bauern, soweit er »enrolliert«, das heißt als potentieller Soldat eingeschrieben und somit Kantonist war. Die »Enrollierung« währte vom zehnten Lebensjahr bis zum Tode.
Der Gutsherr war in seinem Bezirk der absolute Souverän des nicht diensttuenden Bauern, allein die Todesstrafe war ihm verwehrt. Mit sonstigen Strafen, wie er sie als Offizier auf dem Exerzierfeld und im Krieg eingeübt hatte, durfte er seine Bauern traktieren. Also etwa: »In den Stock spannen«, »auspeitschen«, den »spanischen Mantel tragen« und »auf dem scharfen Esel reiten« lassen; die Bilder sprechen für sich.
Der Kantonist, dies »unglückliche Mittelding zwischen Bauer und Soldat«, so der zeitgenössische Major a. D. von Berenhorst, genoß allerdings das Privileg, daß militärische Belange den zivilen Interessen und Launen seines Gutsherrn vorangingen. Dies war ein zweischneidiges Vergnügen.
Der Kantonsoffizier erhob von ihm unzulässige Gebühren für Trauscheine, was Friedrich schärfstens untersagte, um die »Peuplierung« nicht zu gefährden, oft und wie so oft vergeblich. Wie aber, wenn nun der Gutsherr oder gar der Landrat das Heiraten behinderten, der Gutsherr etwa, weil er eine ledige Magd behalten wollte? Dagegen gab es erwiesenermaßen kein Kraut. Im Kriege war es außerdem Sitte, daß die Regimenter die Justizvergehen der bäuerlichen Untertanen militärisch abstraften, ob diese nun Soldaten waren oder nicht, »enrolliert« waren oder nicht.
Der Kantonsoffizier in seiner preußischen Redlichkeit erpreßte in aller Regel für jede Art von Kriegsdienstbefreiung Geld, zuweilen mehrmals, obwohl doch der Kriegsdienst wie die Befreiung auf »lebenslänglich« angelegt war. Die Kantonsoffiziere verlangten Geld für die Niederlassung eines Einwanderers in ihrem Kanton. Sie nahmen Geld, wenn es darum ging, die Marktpreise in den Garnisonsstädten zu bestimmen. Sie konfiszierten das Eigentum nicht nur, wenn ein »unsicherer Kantonist« von seinem Regiment desertiert war, sondern auch wenn sich jemand, der nur »enrolliert« war, außer Landes begab, womöglich in der Absicht, bald zurückzukehren.
Wollte ein Soldat seinen Abschied, kostete das in aller Regel Geld. Der

für den Soldatendienst Nicht-Taugliche, der »Nicht-Enrollierte« also, mußte für seinen Heiratskonsens gleichermaßen zahlen, obwohl das Regiment nur für die Trauscheine der diensttuenden oder beurlaubten Soldaten zuständig war. Es kam auch vor, daß eingezogene Soldaten gar nicht zu ihrem Regiment stießen, sondern auf den Gütern der Rekrutierungsoffiziere privat dienstverpflichtet wurden, was ihnen nicht übel gefallen haben mag.
Für den einzelnen hatte die »Doppelherrschaft« des Gutsherrn wie des Kantonsoffiziers, zu denen sich als dritter der Landrat gesellte, gelegentlich auch »emanzipatorische« Vorteile, weil er Reibereien zwischen den Instanzen ausnutzen konnte. Aber im ganzen gilt wohl, was der Fachhistoriker Otto Büsch 1962 so umschrieb:

> Die Verhältnisse in den westlichen Landesteilen der Monarchie mit ihrer von den östlichen Provinzen abweichenden ländlichen Verfassung zeigten, daß dasselbe Militärsystem – unbeschadet seiner augenscheinlich ähnlichen Wirkungen – in der gleichen Form dort nicht bestehen konnte. Das Militärsystem als soziales System war unlöslich verflochten mit der in den östlichen Landesteilen bestehenden Agrarverfassung, die mit Gutsherrschaft verbunden auftrat. Die Verschmelzung beider Systeme zu einem einzigen, die sich unter Friedrich Wilhelm I. vollzog, bildete den Prozeß einer sozialen Militarisierung ihrer Träger, deren einer der Bauer war, und bezeichnete den Beginn »preußischer« Lebensform.

Es wäre demgemäß ungerecht, Friedrich allein den Mißständen seines Heerwesens zu konfrontieren. So wie er seine Aufgabe sah, ließ er es bei scharfen Belehrungen bewenden, weil er nichts tun wollte oder konnte, was sein Junker- und Militärsystem erschüttert hätte.
Die Bauern hatten ja nicht nur Frondienste für ihren Gutsherren, sondern auch, mit Vorrang, Geld- und Dienstleistungen für die Armee zu leisten. Es handelte sich um »unermeßliche Vorspannung beim Marsch sowohl als auch bei den Fourage-, Montierungs- und Rekrutentransporten« (Schwartz, 1926).
Demgemäß wollte Friedrich die Zahl der bäuerlichen »Landeskinder«, »seiner blauen Kinder«, in seinem Heer auf ein Drittel herunterdrükken. Zwar neigten die »Landeskinder« aus einleuchtenden Gründen weniger zur Desertion. Aber auch die angeworbenen und zum Dienst gepreßten Ausländer konnte man ja binden, indem man sie zum Heiraten anstiftete. Trotz all seinen Bemühens kam der König immer nur auf ein Verhältnis eins zu eins.
Freie Bauern gab es in Ostelbien kaum, meist waren es zugewanderte, denen man das Privileg zugesichert hatte, nicht immer hielt man sich daran. Überblickt man die Kontributionen, die einem sogenannten Kossäten, einem Kätner mit unterschiedlichen Abhängigkeiten vom Grundherrn, abverlangt wurden, und nimmt man die uns überliefer-

ten Zahlen ernst, so versteht man nicht, wie das System überhaupt funktionieren konnte. Dazu der Fachmann Otto Büsch:

> Um 1740 mußte ein Kossät im Magdeburgischen von seinem kleinen Häuschen mit Garten an Kontribution und Kavalleriegeld zusammen 4 Taler zahlen, ein Aufkommen, das seiner ganzen Miet- und Pachtsumme gleichkam. Um 1756 zahlte ein Bauer in einem hinterpommerschen Kreis jährlich 18 Taler Kontribution und Fourage-(Kavallerie-)geld von einem Hof, der ihm höchstens 22 Taler eintrug. Aus solchen Beispielen, wie sehr sie auch während des Jahrhunderts zeitlich und innerhalb der Monarchie nach Provinzen unterschiedlich gewesen sein mögen, geht schon hervor, daß die Geldleistungen für militärische Zwecke – das ganze Aufkommen ging, wie erwähnt, an die Kriegskasse – das Dasein im bäuerlichen Haushalt weitestgehend bestimmten.

Der Große Kurfürst hatte das »stehende Heer« eingeführt. Solange die Kavallerie, seit 1655 war das Usus, auf dem platten Land einquartiert wurde, mußten Roß und Reiter vom Bauern in Naturalien verpflegt werden. Schon dafür wurde er nicht hinlänglich entschädigt. Als aber die Kavallerie unter dem »Soldatenkönig« in die Städte verlegt wurde, hatte der Bauer eine Geldabgabe zu entrichten, die höher war als der bereits zu gering entschädigte Naturalaufwand.

Mit der jeweiligen Vermehrung der Kavallerie unter Friedrich stieg, wie selbstverständlich, das sogenannte »Kavalleriegeld«, wohingegen die Steuersumme per Hufe (rund 17 Hektar) konstant blieb.

Für den diensttuenden Soldaten konnte Friedrich die jährliche Übungszeit im Frieden von drei Monaten auf zwei Monate herabsetzen, den Rest des Jahres wurde er für die Landarbeit oder für die Manufakturen freigestellt. Der erbuntertänige Bauer wurde, so er tauglich war, Soldat. Der Sohn eines freien »kölmischen« Bauern, eines Sonderstandes in Ostpreußen, hatte die Fuchtelrute des Unteroffiziers praktisch schon in der Tasche. Der Gutsherr wurde durchweg Offizier. Streitigkeiten zwischen einem Beamten und einem Offizier wurden zugunsten des Offiziers entschieden.

Es kann kein Kossät, es muß ein Bürger unserer Tage gewesen sein, der diese preußische Militärmaschinerie zu dem »am besten verwalteten Staat seiner Zeit« beförderte (Peter Gralla im »Tagesspiegel«). Schriftliche Klagen bäuerlicher Landeskinder, ob frei oder unfrei, gab es beim Tode des Großen Friedrich noch nicht, es konnte ja der erwachsene Bauer in aller Regel nicht schreiben. Allenfalls gab es die Eingaben der Gutsbesitzer und Landräte, die *ihre* Beschwerden vorbrachten, zu Lasten der Bauern.

Das ländliche Preußen östlich der Elbe, soviel darf man sagen, war eine riesige Kaserne. Nur hausten die diensttuenden Soldaten nicht in Kasernen, sondern in den Häusern der Garnisonsstädte.

Nach einer von Kurt Hinze 1927 aufgestellten Tabelle machte das Mi-

litär einschließlich der Frauen und Kinder während des gesamten 18. Jahrhunderts zwischen 20 und 24 Prozent der Berliner Bevölkerung aus, unter Einbeziehung der Beurlaubten zwischen 40 und 42 Prozent. Die Belegung einer kleinen oder mittleren Stadt mit Garnisonstruppen mochte ein zweifelhaftes Vergnügen gewesen sein, aber es war, wie sich von selbst versteht, keineswegs nur ein Mißvergnügen. Nennenswerte Dienstleistungen kamen den Bürgern zugute.
Das »persönliche Verhältnis zum König«, das der einfache Soldat sich durch Zwangsmitgliedschaft in der Königlichen Armee erworben hatte, darf man allerdings nicht sehr hoch veranschlagen. Soldaten durften sich an ihren König wenden, aber sie konnten selbst nicht schreiben. Wandte sich ein Bauer ausnahmsweise direkt an seinen auf der Reise rastenden König, so wurde er grob abgewiesen und nicht etwa angehört: »König der Bettler«. Adolph von Menzels Gemälde »Die Bittschrift« aus dem Jahre 1849, bei Walther Hubatsch Fritzens Gloria vorangestellt, hat mit der tristen Wirklichkeit nichts zu tun.
Seinen Offizieren ließ Friedrich strikt einschärfen, sich des Umgangs »mit gemeinen Leuten und Bürgern« zu enthalten. Nur mit ihresgleichen oder höhergestellten Offizieren sollten sie Umgang pflegen. So wirkte denn in die Zukunft, und zwar bis tief in die Hitlerzeit hinein, Friedrichs Auffassung vom Offizierskorps als einer bevorrechtigten Klasse, wo ein Leutnant mehr zählte als ein noch so verdienter Kammerherr. Diese Auffassung hat sich in Köpenick auf komische, in Zabern auf eine tragikomische, im Ersten Weltkrieg und während des Kapp-Putsches auf eine recht unkomische Art bewährt.
Die Bundesrepublik, in geringerem Maße die DDR, ist fast frei von friderizianischen, Bismarckschen und sonstigen preußischen Nachwehen, soviel läßt sich wertfrei, sei es unter Tränen, sei es mit Genugtuung, sei es mit gemischten Gefühlen, feststellen. Bewunderung und Liebe und Haß können sich nur noch rückwärts wenden. Preußen als Modell für irgendwas, »Preußentum exklusiv«, Preußen ohne Staatsidee, »mit der dieser Staat in die Welt hätte hinauswirken wollen«, Preußen als »Kunstwerk« oder als »Kunstgebilde«: damit ist nun Schluß. Das persönliche Beispiel des Königs wie auch die von ihm in 46 Regierungsjahren gefestigten Strukturen fanden spätestens in der Katastrophe von 1945 ihr totales Ende. Wo, wie in der DDR, versucht wird, an Früheres (»Ahnenerbe«) anzuknüpfen, wirken die Versuche allenfalls anheimelnd, so lobenswert die Restaurationen der Bauten des genialen Schinkel auch sein mögen.
Vom »preußischen Pflichtgefühl«, vom »Pflichtgefühl des preußischen Offiziers und Beamten«, von all diesen gloriosen Eigenschaften spüren wir keinen Hauch. Statt dessen sehen wir das Parlament des Öffentlichen Dienstes und der Beamten wie der Gewerkschaften, statt Finckenstein, der sich seinen Stolz leisten konnte, Kluncker und Krau-

se. Und wenn es denn »preußische Pflichterfüllung« sein sollte, die den Bundeskanzler Schmidt im Amt hielte (ich glaube nicht recht daran, das wechselt bei diesem Hamburger zu oft), wenn nur noch »Pflicht und Schuldigkeit«: so müssen wir uns daran erinnern, daß der Nicht-Preuße George Washington 1777/78 im befestigten Lager von Valley Forge ausgehalten hat wie Friedrich 1761 im befestigten Lager von Bunzelwitz; wie die Finnen 1940 vor der Mannerheim-Linie; wie die Russen in Leningrad 1941/43; wie die Juden in Masada anno 73.

Die »Pflicht und Schuldigkeit«, die unsereiner im Frieden tut, hat den unschätzbaren Vorteil, daß sie den von ihr Befallenen vor dem größeren Übel der Langeweile bewahrt, und im übrigen, daß sie eine Selbstlegende der Offiziere und Beamten nährt, wie in Preußen früher, wie in der Bundesrepublik heute. Kein selbständiger Unternehmer, kein Werkmeister und kein Facharbeiter würde heute noch auf solch eine absurde Idee verfallen.

Kommen wir noch einmal zurück auf unseren »Principe«-Friedrich. Ein aufgeklärter Despot kann er genannt werden, weil er die Leute in Frieden ließ, solange sie seinem Willen, den Staat zu vergrößern und sein Heer zu vermehren, gehorchten. Seinem als absolut gesetzten Despoten-Willen durfte keiner zuwiderhandeln. Aber »aufgeklärt« in dem Sinne, daß er sich aus der »selbstverschuldeten Unmündigkeit« seiner Vorurteile hätte befreien mögen, war er keinesfalls.

Zwar war er kein Monarch »von Gottes Gnaden«, dafür denn doch zu aufgeklärt. Kein Papier konnte sich als »zweite Vorsehung zwischen Unseren Herr Gott im Himmel und dieses Land« schieben, wie Friedrich Wilhelm IV. meinte, denn diesen Herrgott gab es für ihn nicht. Es gab nur ihn selbst und eine ihm unbekannte Vorsehung, die sich in seine Händel nicht einmischte. Die »Vorsehung« à la Bismarck und Hitler hatte bei Friedrich noch keinen speziellen Bezug, es gab bei ihm weder einen preußischen noch einen deutschen Gott.

Gottesgnadentum und Selbstherrschaft kehrten aber unter seinen Nachfolgern zurück, je weniger beides in einer Person zu vereinen war, und zwar bis 1918. Noch 1847 sagte Friedrichs dritter Nachfolger, der später geistesgestörte Friedrich Wilhelm IV., dem von ihm widerwillig einberufenen Landtag, so als sei er der Selbstherrscher aller Reußen, nur ein Wille könne in Preußen gebieten, die Geschicke des Landes könnten, »soll es nicht augenblicklich von seiner Höhe fallen, nur von Einem Willen geleitet werden«.

Heute können wir recht unbefangen mit dem großen Ranke spekulieren, »wie die Dinge im Jahre 1740 und nachher gegangen sein könnten, ohne ein Preußen und einen Friedrich II.«. Ranke kam 1847 zu dem für einen Historiker seines Schlages recht strikten Ergebnis: »Die deutschen Staaten wären von der einen oder anderen Partei mit fortgerissen worden; ein deutsches Interesse wäre nirgends erschienen.«

Ob sich historische Entwicklungen post festum und ante festum so genau bestimmen lassen, wird man bezweifeln dürfen. Auch der große Ranke war kein Kiebitz, der seinem Herrgott ins Blatt gucken konnte.
Wir dürfen natürlich mit Otto Hintze auf der Habenseite verbuchen, daß die unerträglichen Leiden der ganz überwiegend ländlichen Bevölkerung Preußens während des 18. Jahrhunderts (Hintze: »Lasten nicht ganz gleich verteilt«) dazu geführt haben, daß es den deutschen Bauern 1913 recht erträglich ging; auch daß sie »gleichwertige Staatsbürger« sein durften, in Preußen zwar nicht als politische Wähler, außerhalb Preußens aber doch in den Schützengräben. In der Europäischen Gemeinschaft geht es den Bauern so gut wie noch nie. Aber die DDR-Bauern wären da vielleicht anderer Meinung.
Wir können uns fragen, und überschreiten damit die Grenzen der so gerade noch erlaubten Spekulation, ob die Bundesrepublik deswegen eines der am besten regierten Gemeinwesen unter allen vergleichbaren Staaten ist, weil es einst Friedrichs Preußen gab oder Preußen und seinen Friedrich. Wer hier ja sagt, muß auch für möglich halten, daß Preußen die deutsche Spaltung und die Spaltung Europas auf dem Buckel hat, und somit die Neutralisierung der nicht zu Sowjet-Rußland gehörenden europäischen Staaten.
In einem erstaunlich ausgewogenen Aufsatz hat Anton Böhm 1973 geschrieben, im katholischen »Rheinischen Merkur«:

> Wir kennen, anders als die Verfertiger seiner (Friedrichs) Legende, das Unheil, das seiner Revolution von oben folgte und schließlich, mit der letzten Wirkungswelle, in die Spaltung Deutschlands hineinführte. Das ändert die wertende Perspektive.

Die »Revolution von oben« sieht man bei Friedrich zwar nicht.* Aber Wilhelm von Humboldt, 1767 in Potsdam geboren und Freund seines Königs Friedrich Wilhelm III., 1819 mit dem Kriegsminister von Boyen wegen seiner Abneigung gegen die reaktionären »Karlsbader Beschlüsse« und wegen seines Drängens auf eine Verfassung als Minister entlassen, suchte die politische Einheit der Nation nicht in einem einheitlichen Nationalstaat, sondern in einer mit dem übrigen Europa verklammerten Konförderation der deutschen Staaten. Deutschland als deutscher Einzel- und Einheitsstaat, so sah dieser Gründer der Berliner Universität richtig voraus, werde dann auch ein erobernder Staat sein, »was kein ächter Deutscher wollen kann« (tatsächlich hat Deutschland den 1914 abrupt zerrissenen kulturellen Verbund zu den

* Der Begriff »Revolution« wäre hier allenfalls nach den Kriterien von Ferdinand Lassalle und Henry Kissinger angebracht, Revolution als »Umsturz« der bestehenden Konstellation der Mächte, ohne jeden innenpolitischen Bezug. So Lassalle 1858: Friedrich habe in seiner Auflehnung gegen alle historischen Machtverhältnisse, gegen Kaiser und Reich, »wie ein ächter, auf sich selbst gestellter Revolutionär« gehandelt.

zivilisierten Nationen des Westens bis heute noch nicht wieder knüpfen können, allem bemühten Lobpreis der Kulturschulterer zum Trotz).

Von Humboldt, der 1853 starb, stammt der Entwurf zum Deutschen Bund, dessen Reformbedürftigkeit im Revolutionsjahr 1848 kaum noch bestritten war. So richtig Humboldts Diagnose: Niemand könnte uns sagen, wie diese notabene großdeutsche Konföderation ohne Entlaubung der K. u. K.-Monarchie hätte entstehen und wie sie sich ohne Kriege hätte befestigen können. Das deutsche Nationalgefühl drängte ebenso wie die Ökonomie auf Verwirklichung in einem zentralen neuen Staatswesen, fatalerweise in einem »Reich«.

Wir sehen, was wurde, aber keine Phantasie reicht aus, sich auszumalen, was hätte werden können. Es war gewiß nicht der böse Junker Bismarck allein, der die oder irgendeine friedliche »großdeutsche« Lösung verhindert hat. Und Friedrich in seiner Potsdamer Gruft konnte auch nichts mehr dafür.

Aus der »Verpreußung Deutschlands« nun wiederum, von Bismarck zuwege gebracht, könne man, so sagt uns der DDR-Historiker und Preußen-Fachmann Helmut Bleiber 1977, »alle negativen Seiten der folgenden deutschen Geschichte einschließlich des deutschen Faschismus« nicht ursächlich erklären. So etwas sei »eine historisch-wissenschaftlich unzulässige Konstruktion«.

Mit diesem ungewohnt milden Urteil, in der Gewichtung der Aussagen auch doppeldeutig, können wir den vom Alliierten Kontrollrat 1947 zum Tode durch den Strang verurteilten »Kriegsverbrecher«-Staat Preußen aus dem Zeugenstand entlassen. Ein Wiederaufnahmeverfahren hat sich erübrigt.

Vom großen König, soweit er nicht Legende ist, bleibt die kühne Eroberung Schlesiens, bleibt die Selbstbehauptung in vier Kriegen und fünfzehn Schlachten, die er selbst gewann oder verlor (»mourir en roi«); bleibt die exemplarische Lebensleistung eines in sich disharmonischen, zum Bösen geneigten und zum Bösen geprügelten Glücksprinzen und Schmerzensmannes.

Schon wieder drängt sich die Sympathie nach vorn, derer diese Lebemenschen der Macht nicht bedürftig, aber auch nicht wert sind. Warum Friedrich »der Große« heißen muß, wie seine ebenso deutschstämmige Leibeigenen-Kollegin Katharina »die Große« in St. Petersburg, die er aus Stettin nach dort vermittelt hat, wird nicht recht einsichtig. Ich schlage daher, auf den Spuren des Albertus Magnus, für das 18. Jahrhundert vor, Newton mit dem Titel »Sir Isaac der Große« zu beehren; für die Zeit zwischen den Jahrhunderten »Johann Wolfgang den Großen«; dann wieder einen Engländer Charles den Großen, vulgo Darwin genannt; weiter den Preußen Fürst Otto den Großen; und, damit die K. u. K.-Monarchie würdig vertreten wird, für das 20. Jahrhundert den Wiener Sigmund den Großen. Oder wir schaffen die

Nomenklatur gänzlich ab. Es kann ja nicht sein, daß nur ein Gattenmord oder eine Erstgeburt den Titel verbürgt »Katharina die Große«, »Friedrich der Große«.
Im Nachlaß eines anderen großen Friedrich fand sich der Satz: »Das Königtum repräsentiert den Glauben an einen ganz Überlegenen, einen Führer, Retter, Halbgott« (Nietzsche). So war es ehedem, so ist es nicht mehr. Die Ersatzkönige haben es schwer, wenn sie Glauben heischen. Ihre Hände sind leer, ohne Zuckerbrot, ohne Peitsche.
Die Sehnsucht nach Preußen, die Sehnsucht nach großen Königen mag geblieben sein. Aber wo Geschichte sich doch in zu vielen Köpfen nackt und bloß als Geschichteschreibung der Zwecke und Interessen und Bedürfnisse, wo sie sich als Sisyphus-Anlauf zur »Sinngebung des Sinnlosen« (Theodor Lessing, 1933 von den Nazis in Marienbad ermordet) entkleidet, wo sie sich bis auf den Kern hat abschälen lassen, bleibt uns nur der Zuspruch Egon Friedells, dieses »Privathistorikers«, der nach dem Einmarsch der Nazis in Wien 1938 aus dem Fenster sprang. Egon Friedell: »Alles, was wir von der Vergangenheit aussagen, sagen wir von uns selbst aus ... Aber indem wir uns in die Vergangenheit versenken, entdecken wir neue Möglichkeiten unseres Ichs.« Oder die alten, versteckten, verdrängten.

Quellen

Im folgenden sind die für den Text benutzten Quellen, die zitierten Autoren und Bücher zusammengestellt. Die Zahlen am Rand entsprechen den Seitenzahlen im voraufgegangenen Kapitel, die kursiv gesetzten Stichworte jeweils einer Passage auf diesen Seiten.

2 *Wer die Vergangenheit:* »Those who have not understood the past are condemned to repeat it.« Hans Christoph Buch »Erinnerungen an die Unterentwicklung. Prähistorischer Roman«, in »Literaturmagazin 13«, Reinbek 1980, p. 260.

I *Das Königtum:* Friedrich Nietzsche »Aus dem Nachlass der Achtzigerjahre«, in »Werke«, ed. Karl Schlechta, 8. Aufl., München 1977, t. III, p. 438.

Rudolf Augsteins Aphorismus: »Einleitung« in »Preußen in der deutschen Geschichte«, ed. Dirk Blasius, Königstein 1980, p. 9.

II *Friedrichs Tat:* Gerhard Ritter »Friedrich der Große«, 1. Aufl., Leipzig 1936, p. 100; s. a.: 3. Aufl., Heidelberg 1954, p. 102.

Was die Erfahrung: Georg Wilhelm Friedrich Hegel »Vorlesungen über die Philosophie der Geschichte«, in »Werke in zwanzig Bänden«, Frankfurt 1970, t. XII, p. 17.

gerechtfertigt: Ritter, op. cit., 1. Aufl., p. 100.

konnte ... gerechtfertigt erscheinen: Ritter, op. cit., 3. Aufl., p. 102.

vor der Geschichte: Hitler am 14. März 1938: »Als der Führer und Kanzler der deutschen Nation und des Reiches melde ich vor der Geschichte nunmehr den Eintritt meiner Heimat in das Deutsche Reich.« Nach Joachim C. Fest »Hitler«, Frankfurt 1973, p. 754.

III *Goldrähmchen-Erzähler:* Hans-Ulrich Wehler: »Preußen ist wieder chic«, in »Der Monat«, Jahrg. 31, H. 3, 1979, p. 92.

Noch nie hat jemand: Tacitus »Historien«, 1. Buch, Kap. 30 (Kröners Taschenausgabe, Bd 299), Stuttgart 1968, p. 24.

Die Neue Bibliothek: Sebastian Haffner interviewt Rudolf Augstein, NDR 3. Programm, 8. Februar 1969.

Verbindungslinie: Joachim Fest »Preußens letzter Untergang«, in »Frankfurter Allgemeine Zeitung«, 8. Oktober 1977.

Konrad Barthel: »Friedrich der Große in Hitlers Geschichtsbild«, Wiesbaden 1977. (Frankfurter Historische Vorträge, H. 5)

Was können die Vaters davor: nach Reinhold Koser »Geschichte Friedrichs des Großen«, 6. Aufl., Stuttgart 1921, t. I, p. 48.

IV *Zarin gestorben:* »Wieder sei die Zarin gestorben, die historische Wende eingetreten, wiederholte Goebbels ungezählte Male«, nach Albert Speer »Erinnerungen«, Frankfurt 1969, p. 467.

Bismarck ... die wohltuende Ausnahme: »Wenn der Kronprinz da nicht käme, sei alles verloren und da dachte ich: Wie dann? Heim kannst du nicht mehr. In Europa ist kein Asyl für dich, du mußt Zuflucht in Amerika suchen.« Zitiert nach Max Klemm »Was sagt Bismarck dazu?« Berlin 1924, t. I, p. 467.

V *Bucharin: Die Weltgeschichte:* Schlußwort des Angeklagten Bucharin, am 12. März 1938; nach »Die Moskauer Schauprozesse 1936–1938«, ed. Theo Pirker, München 1963, p. 240.

ehrenvolle Besprechung: Margret Boveri »Gerichtstag über Friedrich den Großen?« In »Frankfurter Allgemeine Zeitung«, 2. November 1968.

VI *Das Preußentum:* Oswald Spengler »Preußentum und Sozialismus«, München 1920, pp. 37 sq.

Es gab keine preußische Idee: Vortrag vom 30. Januar 1980 »Preußen – von der Bundesrepublik Deutschland her gesehen«, in »Geschichte in Wissenschaft und Unterricht«, Stuttgart 1980, Jahrg. 31, H. 6, p. 349; Auszug »Preußens tiefe Spur«, in »Die Zeit«, 29. Februar 1980.

Plädoyer: Oswalt von Nostitz »Plädoyer für die Preußen«, in »Neue Deutsche Hefte«, Jahrg. 27, H. 2, 1980, pp. 227–238.

Wir Bayern: dpa 10. Januar 1972, nach Volker Heinz: »Worte des Vorsitzenden Franz Josef«, Hamburg 1972, p. 32; s. a.: »Wir Bayern müssen notfalls, wenn die Geschichte es erfordert, die letzten Preußen sein«, Strauß im Gespräch mit Prof. Karl Otmar von Aretin, Prof. Andreas Hillgruber und Reginald Steed (Daily Telegraph), in ZDF-Magazin, 16. Januar 1980.

treibende Kraft: Anton Böhm »Groß war sein Wille. Friedrich II.: Stellte Machiavell in den Schatten.« In »Rheinischer Merkur«, 23. November 1973.

VII *Unsere preußische Geschichte:* »Geist und Epochen der preußischen Geschichte», (1903), in Otto Hintze »Historische und politische Aufsätze«, ed. A. Reimann, Berlin o.J., t. I, p. 5.

Augsteins Buch: Karl Kupisch »Bitte zuhören! Rudolf Augstein prüft Preußens Friedrich«, in »Deutsches Allgemeines Sonntagsblatt«, 24. November 1968.

VIII *Dabei darf man:* Hans-Werner Graf Finck von Finckenstein »Augsteins Friedrich und die Preußen«, in »Die Welt«, 5. 12. 1968.

Überleben werde ich: Brief an Karl Wilhelm Graf Finck von Finckenstein vom 12. August 1759: »Je ne survivrai point à la perte de ma patrie. Adieu pour jamais!« In »Politische Correspondenz Friedrichs des Großen« (PC.), Berlin 1879 ff, t. XVIII., p. 481.

Präsident der Neumärkischen Regierung: Friedrich Ludwig Karl Graf Finck von Finckenstein (1745–1818).

Eine Teilantwort: Manfred Schlenke »Friedrich der Große und die preußische Verwaltung«, in »FAZ«, 27. 10 1973.

IX *der modernste Staat Europas:* Sebastian Haffner »Preußen ohne Legende«, 2. Aufl., Hamburg 1979, p. 21; Martin Greiffenhagen »Die Aktualität Preußens«, Frankfurt 1981, p. 54.

Bonner Borusse: Wehler, op. cit., p. 92.

einer der letzten Meister: nach Wehler, op. cit., p. 92.

Privathistoriker: Karl-Heinz Janßen »Des ›Großen‹ normale Größe«, in »Die Zeit«, 4. April 1980.

Wir haben lange ... nachgedacht: Lothar Schmidt-Mühlisch »Hier wird kein Moloch gezeigt, sondern Preußens Januskopf«, in »Die Welt«, 31. August 1980.

X *ausführliche Würdigung:* Schlenke »Friedrich der Große ...«, in »Frankfurter Allgemeine Zeitung«, 27. Oktober 1973.

Er selbst besorgte: nach Jochen Klepper »In tormentis pinxit. Briefe und Bilder des Soldatenkönigs«, Stuttgart 1938, p. 21.

Landwehr-Leutnant: Prinz Wilhelm, der spätere König, 1851: »Und dieser Landwehrleutnant soll Bundestagsgesandter werden?« Zit. nach Arnold Oskar Meyer »Bismarcks Kampf mit Österreich am Bundestag zu Frankfurt (1851–1859)«, Berlin 1927, p. 33.

XI *Man sagt, es gebe:* Montesquieu »Größe und Niedergang Roms. Mit

den Randbemerkungen Friedrichs des Großen«, ed. Lothar Schukkert, Frankfurt 1980, pp. 102 sq.; 182, Anm. 1.
An Euch, mein lieber Nachfolger: Politisches Testament Friedrich Wilhelms I. v. 22. Januar 1722: »an euch mein lieber Successor ist was eure vorfahren angefangen zu sutteniren und eure Pretensionen und lender darbeyschaffen die unßerm hauße von Gott und rechtswehgen zugehöhren«, nach »Die politischen Testamente der Hohenzollern«, ed. Georg Küntzel u. Martin Hass, 2. Aufl., Leipzig 1919, t. I, p. 113.
Die Pressefreiheit: Henri Brunschwig »Bemerkungen zum Preußentum«, in »Preußen in der deutschen Geschichte«, p. 75. Brunschwigs Aufsatz »Propos sur le prussianisme« ist zuerst erschienen in: »Annales«, t. III, 1948, pp. 16 sqq.

XII *Text und Geist:* Hans-Joachim Schoeps »Preußen. Geschichte eines Staates«, Berlin 1966, p. 87.
Kann man das Volk: »Die Generalprinzipien des Krieges« (1748), Kap. 16, in »Die Werke Friedrichs des Großen«, ed. Gustav Berthold Volz, Berlin 1913, t. VI, pp. 42, 41.
Aus unserer Jugend: Carl von Clausewitz »Umtriebe«, in Carl von Clausewitz »Politische Schriften und Briefe«, ed. Hans Rothfels, München 1922, pp. 156 sq.; Datierung des Aufsatzes nach Rothfels 1819–1823.
Noch in der Katastrophe: Nach Alfred Vagts »Vom Feudalkrieger zur Massenarmee«, in »Clausewitz in Perspektive. Materialien zu Carl von Clausewitz: Vom Kriege«, ed. Günter Dill, Frankfurt, Berlin 1980, p. 226. Auszug aus Vagts »A History of Militarism – civilian and military«, 1937, 1959 u. 1967.
unbestechliche Verwaltung: (u. folg. Zit.) Haffner, op. cit., p. 21.

XIII *ethischen Aufdringlichkeiten:* Gottfried Benn »Roman des Phänotyps. Landsberger Fragment, 1944«, in Benn »Der Ptolemäer«, Wiesbaden 1949, p. 85.
als ein Konzept: Hannsjoachim W. Koch »Geschichte Preußens«, München 1980, p. 200.

XIV *er liege mit dem Buch etwas schief:* An Franz Graf Algarotti, 28. Oktober 1740: »Der Tod des Kaisers macht mich zum Verbessern höchst ungeeignet. Diese Epoche kann für mein Buch höchst verhängnisvoll werden.« In »Briefe Friedrichs des Großen«, ed. Max Hein, Berlin 1914, t. I, p. 181.
83 000 Soldaten: »Acta Borussica. Reihe: Behördenorganisation u. allgem. Staatsverwaltung Preußens im 18. Jahrh.«, t. II, p. 294: 83 000 Mann. Friedrich selbst gibt dagegen nur 76 000 an (»Geschichte meiner Zeit«, 1775, in »Die Werke ...« t. II, p. 18. So auch Curt Jany »Geschichte der Preußischen Armee vom 15. Jahrhundert bis 1914«, 2. Aufl., ed. Eberhard Jany, Osnabrück 1967, t. I, p. 660.
Preußens Machtstellung: Reinhart Koselleck »Preußen zwischen Reform und Revolution«, Stuttgart 1967, p. 23.
denn wir äffen: Der Marchese Lucchesini über ein Gespräch an der Mittagstafel des Königs vom 29. Mai 1781: »Er schlug eine Reform der Orden vor: für das Haus Österreich einen donnernden Jupiter, für England den Piratenhäuptling Merkur, für Frankreich den Stern der Venus ›und für uns einen Affen, denn wir äffen die Großmächte nach, ohne es zu sein‹«, nach »Gespräche Friedrichs des Großen«, ed. F. v. Oppeln-Bronikowski u. G. B. Volz, Berlin 1919, p. 227.

Beim Vergleich: Pierre Gaxotte »Friedrich der Große«, Frankfurt 1977, (Ullstein-Buch Nr. 3372), p. 329.
Das Land zu peuplieren: Marginalie vom Juni 1740: »Alle Religionen seindt gleich und guth, wan nur die leute, so sie profesiren, Ehrlig leute seindt, und wen Türken und Heihden kämen und wollten das Land pöpliren, so wollen wir sie Mosqueen und Kirchen bauen.« In »Die Randbemerkungen Friedrichs des Großen«, ed. Georg Borchardt, Potsdam 1936, p. 79 sq.
Zwei Drittel der Staatseinnahmen: Ingrid Mittenzwei »Friedrich II. von Preußen«, Berlin 1980, p. 91. Vgl. Christian Graf von Krockow »Warnung vor Preußen«, Berlin 1981, p. 106: »Die Armee (verschlang) – in Friedenszeiten! – den bei weitem größten Teil, rund 80 Prozent des Staatshaushaltes.«
eine relativ sparsame Verwaltung: »Preussen: Entdeckungen und Legenden«, Gespräch mit Ingrid Mittenzwei, in »Sonntag«, Berlin, 5. August 1979.
XV *Ein Herrscher soll:* Niccolo Machiavelli »Der Fürst«, ed. Rudolf Zorn, 6. Aufl., Stuttgart 1978 (Kröners Taschenausg. Bd 235), p. 59.
gut geleitete Staatsregierung: »Die Werke ...«, t. VII, pp. 153 sq.
erste Diener: »Der Antimachiavell«: »daß der Herrscher, weit entfernt, der unumschränkte Gebieter über seine Untertanen zu sein, nur ihr erster Diener ist«, in »Die Werke ...«, t. VII, p. 6.
siegreiche Krieg: Der Staatsrechtslehrer Erich Kaufmann (1880–1972) in »Das Wesen des Völkerrechts und die clausula rebus sic stantibus«, Tübingen 1911, p. 146. Zit. n. Krockow, op. cit., p. 35.
XVI *weil er andern:* »Ludewig Sforzia hatte Ursache sich bloß auf den Krieg zu legen, weil er andern das ihrige mit Unrecht genommen hatte«, nach »Anti-Machiavel oder Versuch einer Critik über Nic. Machiavels Regierungskunst eines Fürsten«, Frankfurt und Leipzig 1745, p. 293.
Seit Friedrichs des Großen: Nachgelassene Fragmente, Dez. 1888–Anfang Jan. 1889, in Friedrich Nietzsche »Sämtliche Werke«, ed. G. Colli u. M. Montinari, München 1980, t. XIII, p. 643.
Gierzerfressen: Egon Friedell »Kulturgeschichte der Neuzeit«, München 1927–31, p. 418.
XVII *Gottes Ordnung:* Aus Friedrich Wilhelms IV. Rede beim Eid auf die Verfassung am 6. Februar 1850: »Ich regiere nicht, weil es also Mein Wohlgefallen ist, Gott weiß es, sondern weil es Gottes Ordnung ist, darum aber will Ich auch regieren.« In »Reden Seiner Majestät des Königs Friedrich Wilhelm des Vierten seit Seiner Thronbesteigung«, ed. J. Killisch, 4. Aufl., Berlin 1861, p. 114.
zweite Vorsehung: Aus Friedrich Wilhelms IV. Rede bei Eröffnung des Landtags am 11. April 1847: »daß Ich es nun und nimmermehr zugeben werde, daß sich zwischen Unsern Herr Gott im Himmel und dieses Land ein beschriebenes Blatt, gleichsam als eine zweite Vorsehung eindränge«. In »Reden ...«, p. 57.
XVIII *eines großen Namens wegen:* Am 6. April 1829, in Johann Peter Eckermann »Gespräche mit Goethe in den letzten Jahren seines Lebens«, Wiesbaden 1955, p. 308.
Zu den Eroberern: Leopold v. Ranke »Zwölf Bücher Preußischer Geschichte«, t. II, p. 567.
XIX *förmliche Abdikation:* Gerhard Ritter »Staatskunst und Kriegshandwerk«, München 1960, t. II, p. 155.

Eine Einmischung: 44. Sitzung des Deutschen Reichstags, in Bismarck »Die gesammelten Werke, Reden«, bearb. v. Wilhelm Schüßler, 2. Aufl., Berlin 1930, t. XIII, p. 391.
Ganz Deutschland: Denkschrift vom 26. Dezember 1912, nach Gerhard Ritter »Der Schlieffenplan«, München 1956, p. 186.

XX *das preußische Offizierskorps:* Alfred von Tirpitz über den letzten Besuch des Kaisers in Friedrichsruh, 15. Dezember 1897, in »Bismarck Gespräche«, ed. Willy Andreas, Bremen 1963–1965, t. III, p. 439: »Da sprach Bismarck ... ein Wort, das sich uns in seiner prophetischen Schwere eingrub: ›Majestät, solange Sie dies Offizierskorps haben, können Sie sich freilich alles erlauben; sollte das nicht mehr der Fall sein, so ist das ganz anders‹.«
sein Kutscher Pfund: Nach Walter Henry Nelson »Die Hohenzollern«, München 1978, p. 181.
als er 1653: Kurmärkischer Landtagsrezeß vom 26. Juli 1653, nach Hintze »Die Hohenzollern und der Adel«, (1913), in Otto Hintze »Geist und Epochen der preußischen Geschichte«, ed. Fritz Hartung, Leipzig 1943, p. 47.
also ich meine officier: Brief Friedrich Wilhelms I. an den Fürsten Leopold zu Anhalt-Dessau vom 17. Oktober 1725, mit dem der König einen Ehrenhandel zwischen Leopold und dem Minister von Grumbkow schlichten will: »Soll ich grumckau wegjagen/ das werde mein dage nit tun/ darauf laße ich alles ankomen/ denn wenn das solte angehen so würde es eins nach dem andern so fordtgeschaffet werden und denn entlich die Reihe an mir komen/ also ich meine officier und diener sutteniren muhs/ woferne ich selber mir sutteniren will.« In »Die Briefe König Friedrich Wilhelms I. an den Fürsten Leopold zu Anhalt-Dessau 1704–1740«, bearb. v. Otto Krauske, Berlin 1905, p. 313.
alle Ansätze Zar Peters: Nach Henry Vallotton »Peter der Große«, 2. Aufl., München 1978, pp. 452 sq.
Abfindungen und Geschenke: J. Castéra »Vie de Catherine II.«, Paris 1797, nach Henri Troyat »Die große Katharina«, München 1980, pp. 394 sq.; Ian Grey »Katharina die Große«, München 1978, p. 366.

XXI *Unter dem Artilleristen Napoleon:* Nach Vagts, op. cit., p. 207.
er konnte die Rechte: S. Fischer-Fabian »Preußens Gloria«, München 1979, p. 323.
die erste der Künste: Zitiert nach Walther Hubatsch »Friedrich der Große und die preußische Verwaltung«, Köln 1973, p. 179.
Von allen Lagen: »Regierungsformen und Herrscherpflichten« (1777), in »Die Werke ...«, t. VII, p. 233.
Deßen Söhne das Landt Defendiren: Nach G. Borchardt und E. Murawski »Ihr Wintbeutel und Erzschäker. Die Randbemerkungen Friedrichs des Großen«, Bad Nauheim o. J., p. 32.
Sein berühmter Sohn behauptet: Nach Raymond Aron »Clausewitz, den Krieg denken«, Frankfurt, Berlin 1980, pp. 38 sq., 69.

XXII *ein couragierter Oberst:* »Das politische Testament von 1752«: »Ich habe selbst Krieg geführt und gesehen, daß Obersten bisweilen über das Schicksal des Staates entschieden haben«, in »Die Werke ...«, t. VII, p. 166.
kein materieller Vorteil: Schoeps, op. cit., p. 94.
Auch die Versorgung: Krockow, op. cit., pp. 95 sq.
einträglichen Mißwirtschaft: Krockow, op. cit., p. 96.

Anstatt daß ein solcher: H. v. Boyen »Denkwürdigkeiten und Erinnerungen 1771–1813«, Stuttgart 1899, t. I, p. 193.
den Mut, den sein Beruf erfordert: Zit. n. Krockow, op. cit., p. 128.

XXIII *Für diejenigen Beamten:* Zitiert nach Krockow, op. cit., p. 138.
was mehr wert ist: Reichstagsrede vom 15. Dezember 1881, zitiert nach Krockow, op. cit., p. 84.
allzu skandalös begünstigt: Nach Erich Eyck »Bismarck«, Erlenbach-Zürich 1941–1944, t. III, p. 526: »Puttkamers Untergebene übten, wo sie konnten, den schärfsten Druck aus, um ... Wahlen zu ›machen‹. Besonders skandalös waren die Vorgänge in einem westpreußischen Wahlkreis, wo der begünstigte Kandidat niemand anders war als – der Bruder des Herrn Ministers, Herr von Puttkamer-Plauth.«
Civilkanzler: Randbemerkung Wilhelms II. auf einem Telegramm des Reichskanzlers vom 25. Juli 1914: »Unglaubliche Zumutung! unerhört! ... Ich pflege im Übrigen militärische Maßnahmen ... nach der Allgemeinen Lage (zu treffen) und die hat der Civilkanzler noch nicht begriffen! W.« In »Die deutschen Dokumente zum Kriegsausbruch«, Charlottenburg 1919, t. I, p. 193.
Ein Mann von hoher Abkunft: »Instruktion für den Major Graf Borcke vom 24. 9. 1751«, in »Die Werke ...«, t. VII, p. 206.
Bismarcks Ansichten: Bismarck am 31. Mai 1885: Er sei nicht einverstanden »mit weiterer Steigerung des Maßes von Wissen und Können, welches für den obligatorischen Volksunterricht als das Normale hingestellt wird; ich halte schon das Jetzige für zu hoch gegriffen«. In Otto von Bismarck »Die gesammelten Werke«, Berlin 1924–1932, t. VI c, »Politische Schriften«, 3. Aufl. 1935, p. 314.
politischer Kanaillerie: Franz von Roggenbach an Max Duncker am 25. 8. 1860: »Ein grundsatzloser Junker, der in politischer Kanaillerie Karriere machen will.« Nach Lothar Gall »Bismarck, der weiße Revolutionär«. Frankfurt, Berlin 1980, pp. 211, 746.
Der Druck der Lasten: Otto Hintze »Die Hohenzollern und ihr Werk 1415–1915«, Berlin 1915 (Faksimile der Originalausgabe, Moers 1979/80), p. 399.

XXIV *Die Könige von Preußen:* Am 15. 2. 1865, in Bismarck, op. cit., t. X, pp. 232 sq.
schlimmer als Hunde: Koch, op. cit., p. 122.
seinen Hund »Sultl«: Nach A. O. Meyer »Bismarcks Glaube im Spiegel der ›Loosungen und Lehrtexte‹«, München 1933, pp. 18 sq.
desertierten in Massen: Nach Ritter, op. cit., 3. Aufl., p. 112.
seine Soldaten als Zitronen betrachtet: Nach Christopher Duffy »Friedrich der Große und seine Armee«, Stuttgart 1978, p. 96. Zu »Desertion«, loc. cit.

XXV *Der Dienst im Heer:* Roland Schmidt »Augstein und der große Friedrich«, in »Rheinische Post«, 15. Februar 1969.
Denn das ganze Denken: Erdmann, op. cit., p. 350.
Der preußische Staat: Golo Mann in »Preußen. Porträt einer politischen Kultur«, ed. Hans-Joachim Netzer, München 1968, p. 196.
Milde in der Strafpraxis: Vgl. Dirk Blasius »Eine Analyse von mehr als 500 Strafurteilen hat ergeben, daß nur in 69 Fällen die preußischen Könige des 18. Jahrhunderts Urteile geschärft haben.« In »Einleitung« zu »Preußen in der deutschen Geschichte«, p. 31.
das dynamische Staatswesen: Ingrid Mittenzwei »Die zwei Gesich-

ter Preußens«, in »Forum«, Berlin, Jahrg. 1978, Nr. 19, pp. 8sq.

XXVI *die Oper »Montezuma«:* Das Potsdamer Hans-Otto-Theater bereitet für das Frühjahr 1982 die DDR-Erstaufführung der Oper von Carl Heinrich Graun vor. Den Text schrieb Friedrich II. 1753.

materialistisch – dialektischen Bild: Mittenzwei, op. cit., in »Forum«, Berlin, Jahrg. 1978, Nr. 19, p. 8.

kein eigenständiges ... Bürgertum: Krockow, op. cit., p. 90.

Friedrich II. verwehrte: »Das politische Testament von 1752«: »Damit der Adel sich in seinem Besitz behauptet, ist zu verhindern, daß die Bürgerlichen adlige Güter erwerben, und zu veranlassen, daß sie ihre Kapitalien im Handel anlegen.« In »Die Werke ...« t. VII. p. 146.

objektive Gründe: Gerhard Schilfert »Deutschland von 1648 bis 1789«, Berlin 1967. Zitiert nach »Preußen in der deutschen Geschichte«, p. 82.

XXVII *größte innere König:* Nach Hintze, op. cit., p. 295. So auch Fritz Hartung »Friedrich Wilhelm I. als Preußens größter innerer König«, zitiert nach »Preußen in der deutschen Geschichte«, p. 14.

Ist es wohl Zufall: Ritter »Friedrich«, 3. Aufl., p. 249.

mußte untergehen: Mittenzwei »Friedrich«, p. 160. Nostitz, op. cit., p. 227.

XXVIII *immer größeren Hemmnis:* Mittenzwei »Friedrich«, p. 160.

Eine einfache Monarchie: Clausewitz »Nachrichten über Preußen in seiner großen Katastrophe«, (1824/25), in Carl von Clausewitz »Politische Schriften und Briefe», ed. Hans Rothfels, München 1922, p. 216.

Daß Staaten an einer kühnen Umformung: Brief an Georg Friedlaender v. 5. April 1897, in Fontane »Briefe an Georg Friedlaender«, ed. Kurt Schreinert, Heidelberg 1954, p. 310.

gedingte Maschine: Johann Gottfried Herder »Auch eine Philosophie der Geschichte zur Bildung der Menschheit«, Frankfurt 1967, p. 74.

unumgänglich nöthig: Brief Scharnhorsts an den Freiherrn vom Stein vom 23. April 1813: »daß ich es für den glücklichen Ausgang des Krieges unumgänglich nöthig halte, die Völker in das Interesse zu ziehen, weil ein sicherer Erfolg durchaus nicht von der stehenden Armee allein erwartet werden darf«, zit. nach Max Lehmann »Scharnhorst«, Leipzig 1886/87, p. 597.

ohne alles Eigenthum: Bericht Gneisenaus vom 9. Juli 1813 über schlesische Landwehren, »die sich nicht vortheilhaft auszeichnen«; »Ihr höchst ungünstiges Verhältnis, ohne alles Eigenthum und daher ohne alle Anhänglichkeit an ihr Vaterland, verdient einige Berücksichtigung.« In Georg Heinrich Pertz »Das Leben des Feldmarschalls Grafen Neithardt von Gneisenau«, Berlin 1869, t. III, pp. 53 sq.

Den Kaiser Napoleon: Am 27. April 1815 forderte Gneisenau vom Herzog von Wellington, »daß Bonaparte uns ausgeliefert werde, um ihn vom Leben zum Tode zu bringen. So will es die ewige Gerechtigkeit ..., so wird das Blut unserer ... getödteten und verstümmelten Soldaten gerächt«. Zitiert nach Pertz, op. cit., t. IV (fortgesetzt von Hans Delbrück), Berlin 1880, p. 543.

Gedanken über die Formierung: Nach Wolfgang von Unger »Blücher«, Berlin 1907, t. I, p. 261.

XXIX *Clausewitz wollte den Krieg:* Brief vom 18. September 1806: »Des

Krieges bedarf mein Vaterland und – rein ausgesprochen – der Krieg allein kann mich zum glücklichen Ziele führen. Auf welche Art ich auch mein Leben an die übrige Welt anknüpfen wollte, immer führt mich mein Weg über einen großen Kampfplatz; ohne diesen zu betreten, blüht mir kein dauernd Glück.« In Karl Schwartz »Leben des Generals Carl von Clausewitz und der Frau Marie von Clausewitz geb. Gräfin von Brühl«, Berlin 1878, t. I, p. 219.
wo das eitle Geld: Denkschrift vom Februar 1812: »Ehemals war das Geld der Nerv des Krieges. So ist es nicht mehr ... die Zeit [kehrt] nicht wieder, wo das eitle Geld der Nerv des Krieges und der Nationen ist.« In Pertz, op. cit., t. III, pp. 645 sq.
Der Freiherr vom Stein erstrebte: Nach Vagts, op. cit., p. 248.
Man muß der Nation: Scharnhorst im Spätherbst 1807 an Gneisenau, zit. nach Lehmann, op. cit., t. II, p. 166.
die beispielhafte Verkörperung: Andreas Dorpalen »Rückschau auf Preußen. Zur Position der DDR-Geschichtswissenschaft«, in »Preußen in der deutschen Geschichte«, p. 89. Dorpalens Arbeit »Post-Mortem on Prussia: The East German Position« ist zuerst erschienen in »Central European History«, t. IV, 1971, pp. 332 sq.
ausschweifenden Unsinn: Zit. nach Reinhart Koselleck »Altständische Rechte, außerständische Gesellschaft und Beamtenherrschaft«, in »Preußen in der deutschen Geschichte«, p. 223. Auszug aus Koselleck »Preußen zwischen Reform und Revolution«, 2. Aufl., Stuttgart 1975, pp. 540 sqq.
in eigener Person zu untersuchen: Koselleck, op. cit., p. 225.
Streitigkeiten ... schlichten: Koselleck, op. cit., p. 226.
Anteil der Bürgerlichen: Jens Flemming »Die Landarbeit in der Zeit der Industrialisierung: Der ›preußische Weg‹«, in »Geschichte der Arbeit«, ed. Helmuth Schneider, Köln 1980, p. 251.
Der von Jägersfeld: Zitiert nach Johannes Scherr »Blücher. Seine Zeit und sein Leben«, 7. Aufl., Leipzig o.J., t. I, p. 107. So auch ADB, t. II, p. 728.
XXX *wegen geringer Tätlichkeiten:* Flemming, op. cit., p. 258.
ohne gesetzmäßige Ursache: Flemming, op. cit., p. 268.
Industrievolk: Friedrich Naumann »Der Industriestaat« (1909), in »Werke«, Köln 1964, t. III, »Schriften zur Wirtschafts- und Gesellschaftspolitik«, bearb. v. Wolfgang Mommsen, p. 45.
Erst 1927: Nach Krockow, op. cit., p. 98. So auch Flemming, op. cit., p. 254.
Entweder Evolution: W. I. Lenin »Stärke und Schwäche der russischen Revolution«, in »Werke«, Berlin 1972, t. XII (Januar–Juni 1907), p. 353; s. a. »Über einige Quellen der gegenwärtigen ideologischen Zerfahrenheit«, in Lenin, op. cit., t. XVI, pp. 79 sq.
XXXI *qualvoller Expropriation:* W. I. Lenin »Das Agrarprogramm der Sozialdemokratie in der ersten russischen Revolution von 1905 bis 1907«, in Lenin, op. cit., t. XIII, p. 236.
Schuß von Preußentum: In ZDF, »Fragen zur Zeit«, 4. Januar 1981: »Preußen heute – Trauma oder Traum?«
hier halte sich nicht ein Staat eine Armee: »La Prusse n'est pas un pays qui a une armée, c'est une armée qui a un pays«, zit. nach John W. Wheeler-Bennett »Die Nemesis der Macht. Die deutsche Armee in der Politik 1918–1945«, Düsseldorf 1954, p. 13.
Friedrich sei ein Fürst: Brief vom 18. Dezember 1759: »un prince,

qui ayant fait des ses états un camp et de son peuple une armée«, in »Correspondance entre le comte Johan Hartvig Ernst Bernstorff et le duc de Choiseul 1758–1766«, Copenhague 1871, p. 113.
Der stehende Grundsatz: »Betrachtungen über den gegenwärtigen politischen Zustand Europas (1738)«, in »Die Werke...«, t. I, p. 234.

XXXII *daß die spätere politische Entwicklung Preußens:* Gordon A. Craig »Die preußisch-deutsche Armee 1640–1945«, Königstein 1980, pp. 12 sq.
so wenige begabte Leute: Hubatsch, op. cit., p. 234.
Nur war alles auf Selbstregierung: Freiherr vom Stein: »Französische Geschichte«, in Freiherr vom Stein »Briefe und amtliche Schriften«, ed. Walther Hubatsch, Stuttgart 1972, t. IX »Historische und politische Schriften«, bearb. v. W. Hubatsch, p. 711.

XXXIII *Vermaschung:* Dirk Blasius »Einleitung«, in »Preußen in der deutschen Geschichte«, p. 29.
Befehls- und Kontrollgewalt: Hans Rosenberg »Die Ausprägung der Junkerherrschaft in Brandenburg-Preußen, 1410–1618«, in »Preußen in der deutschen Geschichte«, p. 98. (Auszug aus H. Rosenberg »Machteliten und Wirtschaftskonjunkturen«, Göttingen 1978).
Bauernstand ... sehr wichtig: »Das Politische Testament von 1768«, in »Friedrich der Große. Die politischen Testamente«, 3. Aufl., München 1941, p. 141.
schloßgesessene Räuber: Rosenberg, op. cit., p. 118.
rechtliche und soziale Degradierung: Rosenberg, op. cit., p. 134.
diejenige Klasse von Leuten: »Acta Borussica. Reihe Behördenorganisation ...«, t. XIV, Nr. 53, p. 159.

XXXIV *Friedrichs Vater hatte:* Nach Otto Büsch »Das altpreußische Militärsystem und das bäuerliche Leben, 1713–1807«, in »Preußen in der deutschen Geschichte«, p. 144. (Auszug aus Büsch »Militärsystem und Sozialleben im alten Preußen, 1713–1807«, Berlin 1962); s. a. Jany, op. cit., t. I, pp. 692 sqq., t. III, pp. 51 sqq.
Der Gutsherr war: Nach Büsch, op. cit., p. 156.
unglückliche Mittelding: Georg Heinrich von Berenhorst »Betrachtungen über die Kriegskunst«, Leipzig 1798–1799, t. II, 2. Aufl., p. 210.
Der Kantonsoffizier erhob: Nach Büsch, op. cit., p. 162.
Peuplierung: »Testament Politique« (1752): »Il est de plus ordonné que les officiers accordent des permissions de se marier gratis à tous les enrôlés du canton et à tous les soldats nationaux qui le demandent. C'est pour peupler les pays et pour ne point laisser dépérir l'espèce qui est admirable.« In »Die Politischen Testamente der Hohenzollern«, ed. Georg Küntzel u. Martin Hass, 2. Aufl., Leipzig 1920, t. II, pp. 70 sq. Der deutsche Text: »Die Werke ...«, t. VII, p. 170.

XXXV *Die Verhältnisse in den westlichen Landesteilen:* Büsch, op. cit., p. 168.
unermeßliche Vorspannung: P. Schwartz »Die Klassifikation von 1718/19«, 1. Teil, in »Die Neumark«, Landsberg 1926, p. 33. Zit. nach Büsch, op. cit., pp. 147, 170.

XXXVI *Um 1740 mußte ein Kossät:* Büsch, op. cit., p. 145.
kölmischen Bauern: »Das waren die deutschen Freien, die vom Deutschen Ritterorden gegen die Verpflichtung zu Kriegsdiensten mit kleinen Gütern belehnt worden waren ... Man nannte sie Kölmische Freie oder kurz ›Kölmer‹, was bedeutete, daß der Orden ihnen Cul-

misches Recht verliehen hatte.« Francis L. Carsten »Die Entstehung Preußens«, Köln 1968, p. 132; s. a. Büsch, op. cit., p. 149.
am besten verwalteten Staat: Peter Gralla »Neues über Friedrich den Großen«, in »Der Tagesspiegel«, 12. März 1974.
Nach einer ... 1927 aufgestellten Tabelle: Kurt Hinze »Die Arbeiterfrage zu Beginn des modernen Kapitalismus in Brandenburg-Preußen 1685–1806«, (1. Aufl. 1927), 2. Aufl., Berlin 1963, p. 171. Zit. nach Klaus Schwieger »Militär und Bürgertum«, in »Preußen in der deutschen Geschichte«, pp. 186, 196.

XXXVII *mit gemeinen Leuten:* »Aus der Instruction für die Commandeurs der Infanterie-Regimenter« vom 11. Mai 1763: »Den Officieren muß nicht gestattet werden, mit gemeinen Leuten und Bürgern umzugehen, sondern sie müssen ihren Umgang immer mit höheren Officieren und ihren Cameraden, so sich gut conduisieren und Ambition besitzen, haben.« In »Die Werke ...«, t. VI, p. 275.
Friedrichs Auffassung vom Offizierskorps: Brief des Königs an den späteren Hofmarschall Grafen von Kayserling vom 26. Oktober 1784: »Quoique dans mes états un Lieutenant vaut plus qu'un Chambellan, Je veux vous investir de ce titre ...«, J. D. E. Preuss »Urkundenbuch zu der Lebensgeschichte Friedrichs der Großen«, Berlin 1834, Vierter Theil, p. 302.

XXXVIII *zweite Vorsehung:* Friedrich Wilhelm IV., s. vorne Anm. zu Seite XVII
soll es nicht augenblicklich: Thronrede zur Eröffnung des Vereinigten Landtages am 11. April 1847: »Wie im Feldlager ohne die allerdringendste Gefahr und größte Thorheit nur Ein Wille gebieten darf, so können dieses Landes Geschicke, soll es nicht augenblicklich von seiner Höhe fallen, nur von Einem Willen geleitet werden.« In »Reden ...«, p. 56.
wie die Dinge im Jahre 1740: Leopold v. Ranke »Zwölf Bücher Preußischer Geschichte«, Zehntes Buch: »Friedrich II. und das deutsche Reich«, Einleitung; München 1930, t. III, p. 3.
Die deutschen Staaten: Ranke, op. cit., p. 4.

XXXIX *gleichwertige Staatsbürger:* Hintze, s. vorne, Anm. zu Seite XXIII
Wir kennen: Böhm, s. vorne, Anm. zu Seite VI
Humboldt ... suchte die politische Einheit: Wilhelm von Humboldt »Gesammelte Schriften«, ed. Königlich Preußische Akademie der Wissenschaften, Berlin 1903–1936 (Nachdruck Berlin: de Gruyter 1967–1968), t. XI, pp. 95 sqq. »Über die deutsche Verfassung«, Denkschrift vom Dezember 1813.
was kein ächter Deutscher: »Über die Behandlung der Angelegenheiten des Deutschen Bundes durch Preußen« (1816), in Humboldt, op. cit., t. XII, p. 77.
wie ein ächter Revolutionär: In einer Buchbesprechung »Gotthold Ephraim Lessing«, geschrieben 1858, erschienen 1861. In »Ferdinand Lassalle's Reden und Schriften«, Neue Gesamtausg. v. Eduard Bernstein, Berlin 1892, t. I, pp. 402sq.: »In Deutschland war es Friedrich der Große, welcher in seiner Auflehnung gegen alle historischen Machtverhältnisse, gegen Kaiser und Reich, diesen Umschwung in die Hand nahm. Das war kein Krieg im gewöhnlichen Sinne, ... das war eine Insurrektion, welche [er] ... gegen die Kaiserfamilie, gegen alle Formen und Ueberlieferungen des deutschen Reiches, ja gegen den einmüthigen Willen des europäischen Kontinents

unternahm, eine Insurrektion, die er durchkämpfte wie ein ächter, auf sich selbst gestellter Revolutionär, das Gift in der Tasche!«

XL *alle negativen Seiten:* Helmut Bleiber »Bourgeoisie und bürgerliche Umwälzung in Deutschland«, in »Zeitschrift für Geschichtswissenschaft«, Berlin 1977, Jahrg. XXV, p. 319. Zit. nach »Preußen in der deutschen Geschichte«, p. 87.

XLI *Das Königtum:* Nietzsche, s. vorne, Anm. zu Seite I
Alles, was wir von der Vergangenheit: Friedell, op. cit., p. 17.

Vorwort

Friedrich II. von Preußen war wohl ein Ur-Ur-Ur-Urenkel der Maria Stuart, nicht aber ein Ur-Ur-Ur-Urgroßvater Hitlers. Er baute weder Autobahnen noch Konzentrationslager, er starb einen betagten, friedlichen Tod.

Aber zwischen Luther und Bismarck ist er der einzige deutsche Machtmensch, dem eine das Volk Mitteleuropas prägende Wirksamkeit zugeschrieben werden kann, wenn wir denn einig sind, diese drei nicht als Erzieher, sondern als Persönlichkeitsstempel einer zäh-definierbaren Volksbeschaffenheit zu werten, als Figuren, wie es sie nach Bismarck nicht wieder gegeben hat, weil Hitler kaum, Adenauer oder Ulbricht gewiß nicht dazu zählen; Wilhelm II. nur allenfalls.

Bei uns ist es nicht üblich, die Vergangenheit anders denn als Sammelsurium von Schlachten zu erleben. Wir blickten nicht zurück, weil ja die Katastrophe von 1945 unvorbereitet und rein zufällig über uns hereinbrach. Hitler war eine Panne, ein, freilich kostspieliger, Betriebsunfall.

Nun, das war er, unter anderem. Aber die beiden Weltkriege, die Vertreibung aus Ostdeutschland, die Amputation eines runden Viertels deutschen Staatsgebiets, die Teilung Rest-Deutschlands, hat das vielleicht mit Friedrich zu tun? Mit einem Mann, dem Ernst Moritz Arndt, noch vor Jena und Auerstedt, »strengsten Eigensinn«, »wildesten Despotismus« und das »erbarmungsloseste Zertreten der zarten Keime der menschlichsten Gefühle« vorgeworfen hat? Ist Zukunft machbar, solange die Vergangenheit nicht denkbar wird?

Sowenig es angängig scheint, in Friedrich einen Rokoko-Stalin zu sehen: daß der Erste Weltkrieg von Thomas Mann mit Friedrich-Glocken eingeläutet, der Zweite von Joseph Goebbels mit Friedrich-Parallelen abgeklopft wurde, ist das wohl Zufall? »Deutschland ist heute Friedrich der Große«, schrieb Thomas Mann im September 1914. Mann ist »erschüttert und fast entzückt« (in der Antwort an »Svenska Dagbladet«) über die »erstaunliche Ähnlichkeit der inneren Sachlage vom Hochsommer 1914 mit der vom Hochsommer 1756«. Er sah, in den »Betrachtungen«, Friedrichs Geschichte »zum Lachen genau« sich wiederholen.

»In allen deutschen Herzen erklingt der Choral von Leuthen«, telegraphierte nach der Kapitulation Frankreichs der abgedankte Wilhelm aus Doorn an den Führer Adolf Hitler. Der führte ein Friedrich-Bild von Lenbach bis zum Ende im Bunker immer mit

sich, maß ihm Fetisch-Zauber zu, ja, spielte, wie uns sein Leibarzt Morell bezeugt, »den gehbehinderten Fridericus Rex«, um dadurch die Parallele zwischen seinem eigenen und Friedrichs Schicksal deutlicher zu machen: »Je schlechter das königliche Befinden, um so näher die Rettung.« Brachte der Tod eines Hauptwidersachers, hier Roosevelts, die Rettung, wie seinerzeit der Tod der Zarin Elisabeth den Frontwechsel der Russen? Ach, die Bunker-Insassen glaubten es wohl selber nicht.
Daß es mißlich wäre, die preußisch-deutsche Geschichte ab 1740 als einheitliche Fehlentwicklung moralisch zu disqualifizieren, leuchtet ein. Ebenso sollte sich aber auch von selbst verstehen, daß der ganze falsche Rechtfertigungsputz, mit dem die deutschkonservative Geschichtsschreibung Friedrichs Staat verklärt hat, fallen muß, wenn wir auch nur Kategorien für die Beurteilung politischer Gegenwart gewinnen wollen. Sowenig es anginge, die Person Friedrichs aus dem Beziehungssystem der Werte seiner Zeit herauszulösen und den derart Absoluten nach heutigen Maßstäben zu beurteilen, sowenig können wir darauf verzichten, die Kontinuität des Geschehens als unsere eigene Daseinsform zu erleben, und diese Kontinuität, nach dem Wort Georg Simmels, »in die historischen Ereignisse hineinzumeinen«.
Dem Altmeister einer ganz anders gearteten Geschichtsbetrachtung, Gerhard Ritter, weiß der Verfasser Dank für dessen 1954 neuaufgelegtes Buch »Friedrich der Große – ein historisches Profil«, das die konservativen Leitlinien nobel auf den neuesten Stand gebracht und ausgezeichnet hat. Was die Deutschen aus Friedrich gemacht haben, war sicher schlimmer als alles, was Friedrich aus den Deutschen gemacht hat.
Sie hatte es leicht. Sie machte es sich leicht. Einen volltönenden Glockenstuhl bringen die Namen seiner Tatorte in Bewegung: Hohenfriedberg, Soor, Kesselsdorf, Leuthen, Zorndorf, Torgau. Die Phantasie deutscher Lesebuch-Gemüter hat ja kein anderer König oder Staatsmann für sich einnehmen können wie Friedrich, der erste preußisch-deutsche Politiker, der letzte König. Bilder von biblischer Poesie flattern durch die Erinnerung: Der König, barhäuptig dem zuvor arg gescholtenen Sieger von Kesselsdorf entgegengehend; Schwerin, der 72jährige Feldmarschall, mit der Fahne seines Regiments in der Hand tödlich getroffen, nachdem er vom Pferd gestiegen und zu Fuß vorangestürmt war; Friedrich, in Parchwitz seine Offiziere mit kalter Entschlossenheit infizierend; Friedrich, zwei Tage später bei Leuthen den Fahnenträger des äußersten rechten Flügels einweisend: ». . . siehet Er wohl, auf den Verhack soll Er marschieren, Er muß aber nicht zu stark avancieren, damit die Armee folgen kann.« Friedrich, in Tränen über den Verlust des Generals Winterfeldt; Friedrich bei Hochkirch nächtens vom Feind überrumpelt und in vollster Geistesgegenwart; Friedrich, von Kosaken

umschwärmt; Friedrich, gichtkrank, in einer Sänfte von Schlesien nach Sachsen unterwegs, meditierend über das Groteske seiner Existenz in ihrer Mischung zwischen fliegendem Holländer, ewigem Juden und einem nordischen Don Quijote: Wirklich, man mußte kein Anekdoten-Simpel sein, um von der Gewalt der Umstände ergriffen zu werden.
Der Verfasser dieses nichts erschöpfenden Buches will nicht den Didaktylographen mimen. Ihn interessiert die außerordentliche Figur. Um den Mantel der Legende, die den Blick auf den einzig wichtigen und interessanten Hohenzollern verstellt, zu beseitigen, hat er sich freilich den Wahlspruch der Hamburger Schneider zu eigen gemacht: »Sniet af, sniet af, anstücken kannst immer noch.«
Er hat nur Material verwandt, das unstreitig ist, hat auf Anmerkungen im Text, die den Lesefluß hemmen würden, verzichtet, statt dessen Hinweise, Ergänzungen und Belege in einem nach Seitenzahl zu benutzenden Anhang gesammelt. Wo zweifelhafte Angaben zitiert werden, wird die Art des Zweifels beschrieben. Um sich der Baukünste der friderizianischen Meister zu vergewissern, hätte der Verfasser nach Ostberlin und in die DDR reisen müssen. Dazu erhielt er keine Erlaubnis.
»War Friedrich der Große ein großer König?«, diese Suggestivfrage seines Geschichtslehrers in Untertertia hat der Verfasser nicht beantworten mögen, ebensowenig mochte er den bohrenden Zweifel beschwichtigen, ob der König denn nun als ein rechter Deutscher zu betrachten sei. Er verdankt die Anregung zu dem Thema Klaus Harpprecht. Gern hätte er das Buch ein Jahr später erscheinen lassen, um den Text zu feilen und den Nachweis-Apparat auf einen philologisch einwandfreien Stand zu bringen. Aber das »tolle Jahr« 1968 hat ihn verleitet, das Mitbringsel seines Abstiegs zu den Vätern auf beiden Seiten der nur physisch weggeräumten Barrikaden bekannt zu machen.

1. *Kapitel* Preußens deutsche Sendung

»In mir lebt ein felsenfester Glaube an eine erhabene Vernunft, die diese irdische Welt nach wundervollem Plane leitet.«
Heinrich von Treitschke an seine Braut Emma von Bodman.

Dem Menschen, falls er über sich nachdenkt, fällt die Erwägung schwer, daß er ohne transzendente Bestimmung, daß sein Leben ohne tieferen Sinn, ohne höhere Bedeutung, daß es Teil eines natürlich-kreatürlichen Werdens und Vergehens sein könne, und nichts weiter. Der Mensch, von den Wissenschaften noch so hart in den Sand frugaler Erkenntnis gesetzt, hängt an seiner geistigen und sittlichen Über-Natur, die zu behaupten ihm keine Spekulation zu entlegen, keine Konstruktion zu gewagt erscheint.

Mit einer Generosität, die angesichts der schwachen Fundierung trans-menschlicher Hoffnungen wundernimmt, hat er auch die politisch-organisatorischen Einkleidungen seiner Gesellschaften, die Staaten, mit höheren Bestimmungen ausgestattet. In diesem Beruf tat sich die deutsche Philosophie und Geschichtsschreibung hervor, die recht eigentlich die höhere Natur der Staaten erfunden zu haben scheint, und sei es, um in der niederen Tatsachenwelt nicht mit deren irdischen Erscheinungsformen handgemein zu werden.

Je endgültiger jener übermenschliche Donnerer, der persönlich handelnde Gott der Bibel, des Spielfelds verwiesen wurde, desto inbrünstiger verliebte sich der deutsche Geist in eine bald Vorsehung, bald Schicksal, bald Weltgeist genannte Instanz, die des alten Jahwe persönliche Funktionen auf über-persönliche, von Personen nicht näher zu definierende Rätselweise übernommen hatte – Rangierwerk ohne Rangiermeister, Puppenspiel ohne Spieler, allerhöchst geheimnisvoll und wunderbar.

Mußte ungewiß bleiben, ob dieser Gottes-Ersatz noch Zeit und Interesse hatte, das Geschick des einzelnen in seine providentielle Tätigkeit einzuordnen, so stand doch glücklicherweise fest, daß er den Staaten und Völkern ihre Rollen auf den Leib geschrieben hatte. Zwischen Herder und Thomas Mann haben in Deutschland nur wenige, nur überaus unabhängige Geister den wohltätig schützenden Kokon geschichtsteleologischer Gespinste durchstoßen und verlassen.

Daß die große Weltgeschichte Epopöe Gottes sei, das neue Buch der Bücher gewissermaßen, wußte der Hauptpastor Herder schon 1774. Ranke, der Großmeister bewahrender Betrachtung, sah in den nur irgend bedeutenden Staaten »geistige Wesenheiten, originale Schöpfungen des Menschengeistes — man darf sagen, Gedanken Gottes«; Thomas Mann entschuldigt kurz nach Ausbruch des Ersten Weltkrieges eines bestimmten, noch näher zu bezeichnenden Menschen ruchlose Handlungen mit dem Drang des Schicksals, mit dem Geist der Geschichte, mit überpersönlicher Dämonie, »damit eines großen Volkes Erdensendung sich erfülle«.

Thomas Mann meinte, dies zur Vollständigkeit, das deutsche Volk. Als andere große Völker Europas sich zu Nationen zusammenfanden, Engländer, Franzosen, Spanier, hatten Philipp und Franz, Elizabeth und Cromwell ihren Gott noch ohne Umschreibung, als Protektoren von seinen Gnaden, in Anspruch nehmen können. Das Haus Österreich beherbergte zu viele Wohnungen, und Rußland dämmerte noch unter der Selbstherrschaft seiner Zaren. Einzig Italien hätte den Deutschen ihre Geschichtsteleologie streitig machen können, wenn es nicht auch das Land des Machiavell, des durchsichtigen Egoismo, und doch wieder das Land der nicht minder egoistischen Päpste gewesen wäre. Nein, durchaus Deutschland mußte der Vorsehung zuschreiben, was so offenkundig verspätet daherkam: die nationale Einheit.

Sie ist ihm weder von seinen Philosophen noch von seinen Historikern angedient worden, dann aber mit rückwirkender, doppelt enthusiastischer Kraft. Freilich bedurfte es der Vorarbeit jener protestantischen Geisteswissenschaftler, in deren Lehrgebäude das Heil der einzelnen Menschenseele nicht mehr zentral, wenn überhaupt noch wichtig war. Sie übertrugen das Heil der Person, das vom Lauf der zufälligen Geschichte nicht abhängt, auf diesseitig-innerzeitliche Machtgebilde, die nach einem vorgegebenen, aber kaum je zu identifizierenden Muster geleitet wurden — gnädig bergauf, gnadenlos in den Orkus.

Zwei Männer vor allem beeinflußten die Pfarrhäuser und die Katheder im protestantischen Deutschland. Nicht leicht wird man einen schärferen Gegensatz finden zwischen Ranke, der im Todesjahr Hegels 36 Jahre zählte, und Hegel, dessen von Ranke verworfene Formeln sich im populären Verstand nur zu leicht als der Ergänzung durch Ranke bedürftig und fähig ausnehmen. Führte die Hegelsche Philosophie in ihrer, von Hegel (»wir Lutheraner — ich bin es und will es bleiben«) soeben noch vermiedenen Verlängerung durchaus zu einer Inthronisierung des geschichtlichen Prozesses auf dem leergefegten Thron der persönlichen Gottheit, so bekannte Ranke: »In aller Geschichte wohnt, lebet, ist Gott zu erkennen. Jede That zeuget von ihm, jeder Augenblick prediget seinen Namen, am meisten aber, dünkt mich, der Zusammenhang der großen Geschichte.«

Daß er mit Hegel Berührungspunkte haben könnte, hätte Ranke sicher entrüstet von sich gewiesen. Und doch hatte Hegel geschrieben: »Nur die Einsicht kann den Geist mit der Weltgeschichte und der Wirklichkeit versöhnen, daß das, was geschehen ist und alle Tage geschieht, nicht nur von Gott kommt und nicht ohne Gott, sondern wesentlich das Werk Gottes selbst ist.« Wer erkennt hier noch jenen Hegel, der nach 1789 die Aufhebung der bürgerlichen Gesellschaft sehnsüchtigst erwartet hatte? Den Gang des Weltgeistes will er entwickeln; die Philosophen sollen den Entwicklungsgang der sich verwirklichenden Idee erkennen, und zwar der Idee der Freiheit, der objektiven, der realen Freiheit: ihre Gesetze fordern die Unterwerfung des zufälligen Willens, der überhaupt nur formell ist. Denn wenn das Objektive an sich vernünftig ist, muß die Einsicht in das Objektive eben dieser Vernunft entsprechen. Wer da noch Platz für einen politischen Freiheitsbegriff ausfindig machen will, muß wohl eine Lupe von der Größe eines Sternwarten-Teleskops mitbringen.

Konnte Georg Wilhelm Friedrich Hegel sich die Idee des Staates in einer nach plattem Mißverstehen schreienden Formel als »diesen wirklichen Gott« vor Augen führen, so hielt Leopold Ranke, in seinem am meisten zitierten Wort, jede Epoche für unmittelbar zu Gott. Maß der knarzige Staatsphilosoph seinen Königen nur einen bescheidenen Part zu — wenn einem Volk ein edler Monarch zugeteilt sei, so sei das zwar für ein großes Glück zu halten, habe aber in einem großen Staat, dessen Stärke seine Vernunft sei, »weniger auf sich« —, so befleißigte sich der dienstuntertänige Hofprofessor des Umgangs mit hochgestellten Personen. War die Weltgeschichte in ihrer von Hegel notifizierten Bewußtwerdung unter Friedrich Wilhelm III. einsam kulminiert, so hielt der Professor Friedrich Wilhelms IV. dafür, jede Epoche habe ihren Wert »in ihrer Existenz selbst, in ihrem eigenen Selbst«. Ihm war »alle von ihrem Gegenstand getrennte Reflexion« uninteressant.

Auszusprechen, daß die Revolution nur in den romanischen Ländern hervortrete, wo die Freiheit der evangelischen Kirche nicht herrsche; daß die Protestanten ihre Revolution mit der Reformation vollbracht hätten; daß die katholische Religion einer vernünftigen Staatsverfassung entgegengesetzt, daß mit ihr keine möglich sei; daß ohne vorherige Befreiung des Gewissens in der Reformation keine Revolution sein könne, und daß eine katholische Gesinnung es sich zur Gewissenssache mache, die vorhandenen Institutionen zu vernichten: das eben war in Rankes Augen »Reflexion, von ihrem Gegenstand getrennt«.

Noch einmal, kein kontrastreicherer Unterschied als zwischen dem Geschichtsphilosophen, den erst das Versanden der Französischen Revolution in seine furcht- und fruchtbarste Krise und damit in die abstrus systematische Rechtfertigung des Bestehenden getrieben hatte, und dem Geschichtsbetrachter, der einen ewigen Kampf toben sah zwischen Ormuzd und Ahriman, zwischen

dem guten und dem bösen Prinzip, zwischen der königlichen Reform von oben und dem gemeinen Umsturz.
Daß beide, der Philosoph wie der Historiker, das Prinzip der Volkssouveränität, während es von ihren Zeitgenossen in den westlichen Ländern ausgearbeitet wurde, bündig verwarfen, bezeichnet schon die Kluft zwischen Deutschland und der westlichen Welt. Hegel sagt »wüste Vorstellung«, Ranke »blutiger Irrwahn«. Aber während Ranke es mit dem »Glück und Lebensbedürfnis« genug sein ließ, dem Staat Friedrich Wilhelms IV. anzugehören, gab Hegel eine Definition des wahren Staates, des mit sich selbst versöhnten Staates, in dem der Geist wieder zu sich selbst zurückgekehrt ist, des Staates, dessen Realität mit seinem Begriff identisch ist, der so ist, wie er sein soll — eine Definition, wie auch anders, die ohne Anstrengung auf Preußen bezogen werden konnte: damals ein Polizeistaat, den »elegante Stagnation, muffige Idylle« (Sebastian Haffner) kenntlich machten.
Diese Ersatz-Theologen, sie beide, waren Teleologen. Aber bei Ranke war es eine Teleologie ohne Telos, eine Zielhaftigkeit ohne Ziel, eine Werthaftigkeit ohne definierbaren Wert. Nicht so bei Hegel. Sein Kunstgriff ist oft belächelt, weit öfter als Offenbarung vom Berg Sinai bestaunt worden. Aber es war kein Kunstgriff. Da der Weltgeist in der Hegelschen Philosophie zu sich selbst gekommen war und künftig nur noch stationär behandelt werden mußte, lag es nahe, die Verwirklichung der staatlichen Idee auch schon als existierend anzusehen, als Endstation einer teleologisch fixierten Entwicklung, in deren Ablauf der Staat sich seines Wesens und seiner endgültigen Bestimmung dank der Hegelschen Philosophie bewußt geworden ist, sich als die um sich selbst wissende »Wirklichkeit der sittlichen Idee« selbst begriffen hat. Solcherart ist der Staat »vernünftig«, »wahr«, »sittlich« schlechthin geworden. In ihm haben die Individuen nur die Freiheit, durch ihren subjektiven Willen den allgemeinen und vernünftigen Willen zu verwirklichen, den Staatswillen.
Die ideale Regierung bei Hegel ruht »in der Beamtenwelt«, der Monarch hat nur die letzte Entscheidung, da eine letzte Entscheidung schlechthin notwendig ist. »Bei feststehenden Gesetzen und bestimmter Organisation des Staates« ist die letzte Entscheidung des Monarchen aber substantiell für wenig zu achten. Das Budget ist »Regierungsgewalt«, ist kein Gesetz, weil es sich alle Jahre wiederholt. In der Beamtenwelt eines protestantischen Landes — und nur eines solchen — ist das wesentliche Prinzip vorhanden, daß alles, was im Staate gelten soll, von der Einsicht ausgehen muß und dadurch berechtigt ist.
Man muß den Begriffsknüpfer zitieren, um die Dauerhaftigkeit seiner Vorstellungswelt und selbst seines Jargons halbwegs zu verstehen. Einsicht in den an und für sich seienden Willen, Einsicht in die Vernunft ist laut Hegel nicht Sache des Volkes. Der

Gedanke eines »contrat social« zerstört »das an und für sich seiende Göttliche und dessen absolute Autorität und Majestät«. Allen Wert, den der Mensch hat, alle geistige Wirklichkeit hat er allein durch den Staat. Seine »höchste Pflicht«, ist es, Mitglied des Staates zu sein. Der Staat, dies die einsame Aufgipfelung, »ist die göttliche Idee, wie sie auf Erden vorhanden ist«.
Wer Hegel sorgfältig liest, kann ihm nicht vorwerfen, daß er den preußischen Staat meine. Seine Staatsphilosophie meinte überhaupt keinen bestimmten Staat, sondern die »Idee des Staates«. Hegel schreibt ausdrücklich: »Bei der Idee des Staates muß man nicht besondere Staaten vor Augen haben, nicht besondere Institutionen, man muß vielmehr die Idee, diesen wirklichen Gott für sich betrachten. Jeder Staat, man mag ihn auch nach den Grundsätzen, die man hat, für schlecht erklären, man mag diese oder jene Mangelhaftigkeit daran erkennen, hat immer, wenn er namentlich zu den ausgebildeten unserer Zeit gehört, die wesentlichen Momente seiner Existenz in sich ... Der Staat ist kein Kunstwerk, er steht in der Welt, somit in der Sphäre der Willkür, des Zufalls und des Irrtums, übles Benehmen kann ihn nach vielen Seiten defigurieren. Aber der häßlichste Mensch, der Verbrecher, ein Kranker und Krüppel ist immer noch ein lebender Mensch.«
Aber es war nun zufällig so, daß die Regierung in England oder den USA nicht in der Beamtenwelt ruhte, wohl aber die Regierung in Preußen. Das Budget-Recht lag in England und den USA nicht bei der Regierung, in Preußen lag es beim König. Der enttäuschte Hegel, der Hegel nach 1800 sucht, was er um sich herum vorfindet, mit einem Abglanz ewiger Werte auszustatten. Bei aller auch von ihm eingeräumten Verschiedenheit der Ansichten über Gesetze, Verfassung, Regierung müssen diese Verschiedenheiten gegen das Substantielle des Staates untergeordnet und aufgegeben werden. Die Gesinnung muß die sein, daß es gegen die Gesinnung des Staates nichts Höheres und Heiligeres geben kann, oder, wenn in der Religion, so doch nichts, »was von der Staatsverfassung verschieden oder ihr entgegengesetzt wäre«. Wer bestimmt, was das Substantielle des Staates ist? Wer, welches die hohe und heilige Gesinnung des Staates zu sein habe? Wer, was von der Einsicht ausgeht und dadurch berechtigt ist?
Hegels Perfektionismus, seine Sucht, die durch ihn formulierte Philosophie als die Selbstbewußtgewordenheit des Weltgeistes, als etwas endgültig Abgeschlossenes also, zu präsentieren, erleichterte das Mißverständnis, als sei der preußische Staat Friedrich Wilhelms III. bereits die auf Erden verwirklichte Idee des Staates, vernünftig, weil wirklich, wirklich, weil vernünftig.
Mochten die kunstvoll scholastischen Spiralen Hegelscher Staatsdialektik nur den wenigsten verständlich sein, so leuchteten seine Merkmale des idealen Staats jedermann ein, der Verstand genug

hatte, zu sehen, daß sie, konkret angewandt, auf keinen anderen Staat so trefflich paßten wie auf Preußen. Der »wahre« Staat war protestantisch, und nicht, wie Frankreich und Österreich, katholisch. In den germanisch-protestantischen Ländern, und nur in ihnen, hatte sich mit der Reformation die Befreiung und Versöhnung des vernünftigen Geistes vollzogen. In den katholischen Ländern bestand der unheilvolle Zwiespalt zwischen Kirche und Staat fort. In einem der Vernunft gemäß eingerichteten, einem nicht auf der Volkssouveränität konstituierten Staat war »die Freiheit des Geistes erst zur Realität« gekommen. Oberbefehl über die bewaffnete Macht und Führung der Außenpolitik sind Sache des Monarchen, er ist »über alle Verantwortlichkeit für die Regierungshandlungen erhoben« (zu diesem Freibrief gesellt dann die Ranke-Schule den Primat der Außenpolitik, den Ranke in dieser Ausschließlichkeit noch nicht postuliert hat).
Die Verfassung der konstitutionellen Monarchie — zu Hegels Zeit in Preußen eine vom König versprochene, aber nicht eingelöste Verfassung — ist »das schlechthin an und für sich Seiende, das darum als das Göttliche und Beharrende und als über der Sphäre dessen, was gemacht wird, zu betrachten ist«. Wahlen und Abstimmungen nach dem Vorbild der protestantischen Staaten England und USA sind »etwas Überflüssiges« oder auch »ein geringes Spiel der Meinung und der Willkür«. Nun aber zu denken, daß der solcherart ideale Staat der Moral entsprechend handeln müsse, wäre ein Irrtum. Er muß »sittlich« handeln, darf also auch Eroberungskriege führen. Die Idee des Weltgeistes, der bei Hegel ohne Säbel nicht gut vorstellbar ist, verwirklicht sich stufenweise in den Völkern und Staaten. Jenes Volk, in dem sich jeweils das »notwendige Moment« der Entwicklung des Weltgeistes verkörpert, erhält ein absolutes Recht, es ist das herrschende Volk. »Gegen dies sein absolutes Recht, Träger der gegenwärtigen Entwicklungsstufe des Weltgeistes zu sein, sind die Geister der anderen Völker rechtlos, und sie, wie die, deren Epoche vorbei ist, zählen nicht mehr in der Weltgeschichte.«
Solche Geschichtsphilosophie mußte einem Ranke, jünger und doch altbackener, widerwärtig vorkommen, der durchaus die fromme Ehrfurcht vor dem Walten Gottes in der Geschichte nicht entbehren mochte, vor der göttlichen Ordnung, »welche zwar nicht geradezu nachzuweisen, aber doch zu ahnen ist«. Von einer werthaften, teleologisch fixierten Weltordnung ging auch er aus, aber der Hegelsche Weltgeist war ihm zu verdinglicht, zu pantheistisch: »Die Menschheit ist dann der werdende Gott, der sich durch einen geistigen Prozeß, der in seiner geistigen Natur liegt, selbst gebiert.«
Wer von beiden das politische Denken der Deutschen stärker beeinflußt hat, wird nicht leicht zu entscheiden sein. Jedenfalls floß das Hochstilisierte Hegels und das mythenhaft metaphorisch

Raunende Rankes auf einer breiteren unteren Ebene, wo die brauchbaren Formeln gesucht werden, ganz selbstverständlich zusammen, zum Gebrauch für Studienräte, Pfarrer, Schriftsteller, Reichskanzler.

Die in der Historie erscheinende Großmacht als Gedanke Gottes und die Idee des Staates als der wirkliche Gott: Weder Ranke noch Hegel hatte Bismarcks deutsch-nationales Reich prophezeit, und hatten doch von verschiedenen Enden her die eine Straße gepflastert, auf der vor und nach Königgrätz die Geschichte des preußischen Staates von den Ursprüngen her aufgerollt und, mit providentiellen Chiffren, neu geschrieben werden konnte: als eine säkulare Heilsgeschichte, mit dem Großen Kurfürsten als Stammvater und mit seinem Urenkel, dem zweiten Friedrich, als David und Abraham in einer Person.

War auch das Endziel des langen deutschen Marsches noch nicht auszumachen, so hatten doch Preußen und sein großer Friedrich in einem glorreichen Etappensieg das ihre getan, »eines großen Volkes Erdensendung zu erfüllen«.

Vier Herrschern und 140 Jahren preußisch-brandenburgischer Geschichte galt die große Revision, die Hegels »aufsteigendem Prinzip«, das man nur in Berlin sehen mochte, ein niedergehendes in Wien entgegensetzte. Im Mittelpunkt der Kanonisierung stand jener Fürst, der den Kampf gegen das Erzhaus zu seinem Programm erhoben, der durch diesen Kampf Ruhm und Ansehen erworben und der Preußen einen Rang höher, in den Status einer Großmacht hineingeschossen hatte: Friedrich II., erster König *von* Preußen.

In den Jungbrunnen nationaler Glorifizierung wurde ein Mann getaucht, der, was immer er angerichtet haben mag, unschuldig ist am »deutschen Gott« von 1914/18, unschuldig an der »Vorsehung« des Adolf Hitler, unschuldig auch an »eines großen Volkes Erdensendung«; der in reifen Jahren geschrieben hat: »Wenn ich nicht von der Vorsehung spreche, so geschieht es, weil meine Rechte, meine Streitigkeiten, meine Person und der ganze Staat mir als zu geringfügige Gegenstände erscheinen, um für die Vorsehung wichtig zu sein; der nichtige und kindische Menschenhader ist nicht würdig, sie zu beschäftigen, und ich denke, daß sie keine Wunder tun würde, damit sich Schlesien lieber in der Hand der Preußen als in der Österreichs, der Araber oder Sarmaten befinde; also mißbrauche ich nicht einen so heiligen Namen bei einem so weihelosen Gegenstand.« Er schreibt sogar von »l'aveugle providence«, einer Vorsehung, die blind ist.

Das liest sich ein wenig anders als bei dem dreißigjährigen Oberjustizassessor Paul Achatius Pfizer, Schwabe wie Hegel, der schon 1831 schreibt, Friedrich sei der Schöpfer des preußischen »Volksgefühls«. Dasselbe Verhängnis, das einen Friedrich den

Großen an Preußens Spitze geführt habe, weise nun Preußen das Protektorat über Deutschland zu. »Verhängnis« steht hier noch in aller Unschuld; Pfizer, der Tübingen kaum je verließ, wurde aus dem Staatsdienst entlassen, weil er in seinem »Briefwechsel zweier Deutschen« den Anschluß des Königreichs Württemberg an Preußen empfohlen hatte. »Ich glaube«, schrieb er, »es ist der Wille des Schicksals, daß in Deutschland bald ein neuer Mittelpunkt der Einigung sich hervorthue.« In Friedrich bereits, dem Feind der deutschen Kaiser, sah Pfizer den würdigsten Erben der deutschen Kaiserkrone, »der es wohl verdient, noch aus dem Grabe seinen Enkeln die Krone Deutschlands auf das Haupt zu setzen«.

Pfizer war kein Historiker. Aber schon bei Ranke, dem in Kursachsen geborenen, der von den Treitschke-Preußen nie anerkannt wurde, schon bei »diesem klügsten aller klugen ›Tatsächlichen‹« (Nietzsche) findet sich die erstaunliche Feststellung: »Er (Friedrich) arbeitete an der Befreiung der Nation.«

Ranke, gar nicht willens, Preußen auf Kosten anderer Gottesgedanken zu mystifizieren, läßt sich dennoch wie zufällig hinter einer preußischen Passage seines europäischen Staatensystems das Dichterwort beikommen: »Wenn man das Geheimnis auch wüßte, wer hätte den Mut, es auszusprechen?« Hat König Friedrich, der Herausforderer des Reichs, sich vom Anfang seiner Regierung mit dem Gedanken getragen, »die großen Interessen des deutschen Reiches mit dem Bestand und Wachsthum seines Staates zu vereinigen«? Hat er das Reich retten wollen? Ranke behauptet es.

Oder hat er den »nothwendigen Neubau des uralten nationalen Staates der Deutschen« betrieben, war er »gezwungen, für das Reich zu handeln und zu schlagen«? Das behauptet Heinrich von Treitschke, der wirksamste deutsche Historiker, der aus Hegel und Ranke jubelnd die von Bismarck so augenscheinlich bestätigte Erkenntnis sog, »daß Preußens Waffen Deutschland neu gestalten«.

Diesem in Sachsen geborenen Sohn eines sächsischen Generals galt Friedrichs »aufgeklärter Despotismus«, praktiziert noch wenige Jahre vor 1789, als »neuer Staatsgedanke«. Daß Friedrich – ungeachtet eines Lessing – »der erste Publicist unseres achtzehnten Jahrhunderts« war, versteht sich bei dem vollbrüstigen Treitschke fast schon von selbst.

Stimmt es denn, daß Friedrichs außer-preußische Zeitgenossen, die im Reich nämlich, das Gefühl hatten, »als sei dies Preußen von der Natur bestimmt, die Friedenswerke der Nation gegen alle fremden Störer mit seinem Schilde zu decken«? Treitschke behauptet es.

Hat Friedrich den Siebenjährigen Krieg auf sich geladen, weil er die Franzosen von Hannover fernhalten wollte? Das sollen wir Ranke glauben. Entschied diesen angeblichen präventiven Verzweiflungskampf das sonst freigebig bemühte Schicksal, etwa durch den Tod der Zarin Elisabeth? Nein, diesmal nicht, sondern »deutsche Kraft allein«, so Treitschke. War Preußen »der geborene Gegner der alten, auf Deutschlands Ohnmacht ruhenden Ordnung Europas« (Treitschke), und nicht vielmehr der rücksichtslose Ausbeuter der aus der Ordnung des Westfälischen Friedens resultierenden Ohnmacht Deutschlands? Das hing ganz von Moltkes Berechnungen für die Schlacht von Königgrätz ab. Die Armee des Kronprinzen durfte sich nicht verspäten, dann hatte Treitschke recht.

Daß Preußen von einer geschichtlichen Notwendigkeit getragen und geleitet werde, daß zu seinem Wesen »ein Beruf für das Ganze« gehöre, dessen Teile es sich »fort und fort« angliedere, wußte, schon 1855, der Historiker Droysen, im preußischen Pommern geboren. Dem Geschichtsschreiber Friedrich Christoph Schlosser aus dem friesischen Jever galt Friedrich bereits 1843 als »der einzige große Regent des 18. Jahrhunderts«, eines Jahrhunderts immerhin, das drei große Frauen auf ungleich höheren Podesten thronen sah.

Schlossers Schüler Ludwig Häusser, ein Elsässer, singt noch zur Vor-Bismarck-Zeit das hohe Lied dieses unbezwinglichen Helden-Königs, der die Formen des alten Reiches zerrüttet, dem Kaiser seinen letzten Zauber genommen und den Reichstag jedes Restes von moralischem Ansehen beraubt habe.

Zum Schützenkönig wird einmal mehr Treitschke, wenn er schreibt: »Seit den Tagen jenes Löwen aus Mitternacht hatte Deutschland nicht mehr das Bild eines Helden gesehen, zu dem die gesammte Nation bewundernd emporblickte; der aber jetzt in stolzer Freiheit, wie einst Gustav Adolf, mitten durch die großen Mächte seines Weges schritt und die Deutschen zwang, wieder an die Wunder des Heldenthums zu glauben, er war ein Deutscher.«

Die Reichsgründung entlockt auch dem Altmeister Droysen neue Töne. Hätte es zu Zeiten Friedrichs *noch* oder hätte es damals *schon* eine deutsche Nation gegeben, meint Droysen 1874, »sie hätte ahnen müssen, daß Friedrich II. ihre Sache führe« – eine Ahnung, die Friedrich selbst, von taktisch bestimmter Polemik abgesehen, schlechterdings fremd gewesen war. Zwei Jahre nach 1874 hatte Droysen sogar entdeckt, daß es die deutsche Nation zur Zeit des Siebenjährigen Krieges doch schon wieder oder immer noch gab: »Die Nation empfand, was dieser Staat, dieser König ihr bedeutete.« Nur merkwürdig, daß die Wortführer der Nation – Lessing, Herder, Winckelmann, Goethe – die von Droysen konstatierten Empfindungen der Nation gegen Preußen so gar nicht zu artikulieren wußten. Ihnen schien nicht, daß Friedrichs Staat »der Nation eine Zukunft« verhieß. Das »Gefühl der Macht, der ächten Staatlichkeit, der Bedeutung in

Europa«, das laut Droysen einen Teil dieses deutschen Volkes erhoben haben soll, erreichte offenbar nicht dessen Wortführer.
Heinrich von Sybel, Rankes ältester Schüler, geboren 1817 im neupreußischen Düsseldorf, kann schon auf sicherem Bismarckschem Reichsgrund zurückschauen. In der Behauptung Friedrichs gegen Österreich sieht er bereits einen Sieg »der deutschen Selbständigkeit«. Welche andere Nation, fragt Sybel, hatte einen Friedrich aufzuweisen — welche andere als die englische, könnte man fragen, einen Pitt oder einen Nelson, welche andere als die deutsch-österreichische eine Maria Theresia, welche andere als die russische eine Elisabeth oder einen Zar Peter den Großen? Und gab es woanders als in Frankreich einen Ludwig XIV. oder Napoleon?
Reinhold Koser, der Friedrich-Biograph, beschrieb die Gründung des Deutschen Reiches als bereits dem vorausschauenden Blick des Königs entstiegen, als Fortführung einer Richtung, die der große König gewiesen habe, allerdings weit über die Strecke des Wegs hinaus gewiesen, die sein Auge noch zu erkennen vermochte. »Schon damals galt, daß Deutschland gewann, was Preußen erwarb.«
In Friedrichs bauernschlau-unernstem Anerbieten von 1743, als immerwährender Generalleutnant an die Spitze der Reichstruppen zu treten, unter oder besser neben einem bayerischen Kaiser von Frankreichs Gnaden, sah Koser 1889 »die kühne prophetische Formel, das künftige Zauberwort der deutschen Auferstehung«.
Hans Delbrück, dem die Friedrich-Forschung überraschende Einblicke dankt, beschreibt »ein Bild überwältigend furchtbarer Größe ... Der Staatsmann, der mit der gesetzlosen Verwogenheit (Verwegenheit) des Genius die Welt, die sich ihm widersetzen will, in Trümmern schlagend, selber willens, eine neue Welt zu schaffen, auf Wegen tiefster Verborgenheit doch gerade auf sein Ziel zuschreitet«. Anscheinend verwechselt er Friedrich mit Napoleon, der ja nun freilich nicht am Ziel seiner Träume, sondern in St. Helena angekommen ist. Und der Dozent Arnold Berney gar rühmte 1934 »die heldische Strahlkraft« der königlichen Erscheinung, aus den »heiligsten Bereichen deutschen Geistes« entsprungen.
Freilich, diese im Geschmack der Zeit ein wenig lobmeiernden Historiker waren zumeist ernsthafte Leute. In ihren Büchern findet sich neben aller divinatorischen Geheimnistuerei auch die Wahrheit, schon gar bei Ranke, sogar bei Treitschke. Um die Leistungen einer perspektivisch nach rückwärts konstruierenden Geschichtsschreibung zu würdigen, müssen wir uns, durchaus unter Zuhilfenahme unserer renommierten Historiker, den Zustand der deutschen Staatenwelt um die Mitte des 18. Jahrhunderts vor Augen führen.

Der Gegensatz zwischen Frankreich, das als Garant des Westfälischen Friedens nach Deutschland hineinregierte, und der führenden deutschen Macht Habsburg, die seit drei Jahrhunderten die deutsche Kaiserkrone behauptete, bestimmte die Szene. In den österreichischen Niederlanden mit der Hafenstadt Ostende, in Lothringen und im Elsaß vertrat Österreich neben seinen eigenen auch deutsche Belange, ebenso auf dem Balkan und in Osteuropa, etwa durch Unterstützung des sächsischen Wahlkönigtums über Polen. England, die erste Macht neben Frankreich, fand man zumeist auf seiten der Gegner des Rivalen Frankreich. Schweden, ursprünglich Garantie-Macht des Westfälischen Friedens und immer noch als Beherrscher von Pommern deutscher Reichsstand, war durch die Abenteuer Karls XII. aus dem Rang der Großmächte ausgeschieden und hatte dem Zarenhause Platz gemacht.

Das System des Westfälischen Friedens garantierte die Aufrechterhaltung der deutschen Libertäten, somit die Selbständigkeit der deutschen Mittelstaaten, und verhinderte, daß der Habsburger Kaiser außer in seinen Hausländereien auch über die 342 Gebilde des ihm nicht gehörenden Reichsgebietes, oder auch nur über einige davon, eine zentrale Gewalt aufrichten konnte. Ein heute kaum noch in allen Verästelungen zu rekonstruierendes Balance-System hielt den »Heiliges Römisches Reich deutscher Nation« genannten Staatenbund lose, aber immerhin zusammen, und wenn Friedrich von seiner »Nation Prussienne« spricht, so hat das nichts zu sagen, es heißt so viel wie »Stamm«, er schreibt auch von der »Nation Poméranienne«, der, wie er zu rühmen weiß, besonders tapferen »pommerschen Nation«. »La patrie« aus Friedrichs Feder ist durchweg Preußen, hingegen meint Maria Theresia mit »Vaterland« oft alle deutschen Staaten – Preußen wohl ausgenommen, solange es solch einen König hatte.

Daß mit dem Heiligen Reich, dieser nach dem Wort von Villermont »immer noch imposanten Leiche«, etwas faul war, zeigte sich am handgreiflichsten, als Maria Theresia, Königin von Böhmen und Ungarn, Erzherzogin von Österreich, ihren Gatten Franz Stephan von Lothringen 1745 zum deutschen Kaiser krönen ließ. Der Kaiser hatte keinen Unterleib; wie sollte er Entscheidungen treffen, da ihm die Mittel, Entscheidungen durchzusetzen, von seiner Frau hätten bewilligt werden müssen? Kaunitz, der Staatskanzler der Maria Theresia, erledigte die wichtigen Agenda der Reichspolitik nebenbei. Freilich hätte Maria Theresia, Kaiser-Gattin und später Kaiser-Mutter, dem Reich eindeutiger vorstehen können, wenn sie von den Kurfürsten gewählt worden wäre. Das war nach der Verfassung nicht möglich. Sie liebte ihren Mann, der, um sie zu heiraten, im Tausch gegen die Toskana auf sein Stammland Lothringen verzichten

mußte, wo seine Familie fast siebenhundert Jahre einigermaßen glücklich regiert hatte. Den Herrn Lothringens hätte Frankreich auf dem Wiener Thron nicht hingenommen.
Jener Reichsfürst, der »das österreichische System in seinen Grundlagen erschüttern« wollte – und das war Friedrichs Absicht laut Treitschke –, riskierte dabei, »dem heiligen Reiche die letzte Lebenskraft« zu entziehen, wie Friedrich laut Treitschke getan hat. Er riskierte, dem Heiligen Reiche »den Gnadenstoß« zu geben. Zwangsläufig, und von Paris aus gesehen war das der Sinn des Westfälischen Friedens, mußte jeder Reichsfürst sich mit Frankreich verbinden, der Partikular-Interessen gegen den Willen des Kaisers in Wien durchsetzen wollte; Bayern und Kur-Köln hatten sich dieser Möglichkeit bedient und mit Ludwig XIV. paktiert, aber sie nicht als einzige.
Im preußischen Schullesebuch fungiert Frankreich als der Erbfeind seit Ludwig XIV., der links-rheinisch seine Wiedervereinigungen (»Reunionen«) betrieb. Desto erstaunlicher mutet eine Briefstelle des preußischen Generaladjutanten Bischoffwerder vom Jahre 1795 an (dieser Günstling übrigens festigte seinen beherrschenden Einfluß, indem er seinen König, den Nachfolger des großen Friedrich, auf einer eigens hergerichteten Bühne Geister sehen ließ.) Bischoffwerder schreibt: »Der König wird dem historischen System des brandenburgischen Hauses und den politischen Zielen Friedrichs II. nicht auf die Dauer fernbleiben; er wird sich bereitfinden lassen, mit Frankreich gegen den Erbfeind Österreich Hand in Hand zu gehen.«
Österreich der Erbfeind? Bis zu Friedrich II. stimmt das nicht durchweg. Bismarck, ein nicht unbedingt zu beargwöhnender Zeuge in Sachen Hohenzollern, urteilt in seinen »Gedanken und Erinnerungen«: Auch der preußische Partikularismus sei entstanden »in Auflehnung gegen das gesamtdeutsche Gemeinwesen, gegen Kaiser und Reich, im Abfall von beiden, gestützt auf päpstlichen, später französischen, in der Gesamtheit welschen Beistand, die alle dem deutschen Gemeinwesen gleich schädlich und gefährlich waren.«
Tatsächlich hat Friedrich Wilhelm, der »Große Kurfürst«, durch ein Dutzend Geheimverträge mit Ludwig XIV. die Wegnahme Straßburgs erst ermöglicht; hat sich verpflichtet, die französischen Neuerwerbungen, ein Neuntel des Heiligen Reiches, als rechtmäßig zu schützen; hat sich sogar dazu verstanden, seine Stimme im Falle einer Neuwahl des deutschen Kaisers dem Könige von Frankreich zu versprechen »als an dem durch seine persönlichen Eigenschaften und seine Macht geeignetsten«. Da Brandenburg von Ludwig viel Geld bekommen hatte, wurde der Redakteur Hopf bis zur höchsten Instanz freigesprochen, der 1891 geschrieben hatte, der sogenannte Große Kurfürst habe fort und fort böse Durchsteckereien mit dem Ausland ge-

trieben. Das Reichsgericht sah den Wahrheitsbeweis als erbracht an. Freilich nahm Friedrich Wilhelm, der Kurfürst, auch zweimal, wenngleich nicht sehr tatkräftig, an einer Koalition gegen Frankreich teil.

Des Kurfürsten Nachfolger hielten einen reichsfreundlicheren Kurs. Für die Genehmigung, sich »König *in* Preußen« nennen zu dürfen, einem Landesteil, der nicht dem Reich zugehörte, zahlte Friedrich I. dem Kaiser viele Jahre lang Gut und Blut, sicherlich eine Leistung, die das Haus Österreich teuer zu stehen kam. Dieses Hohenzollern Truppen fochten im Spanischen Erbfolgekrieg auf des Kaisers Seite für die Ansprüche Habsburgs. Vielleicht zu Recht, aber reichlich undankbar wirft ihm Friedrich vor, er habe 30 000 Untertanen in den Kriegen des Kaisers und der Verbündeten geopfert, um sich die Königskrone zu verschaffen. Das Blut seines Volkes habe er an Engländer und Holländer verschachert »wie die schweifenden Tataren ihre Herden den Metzgern Podoliens für die Schlachtbank verkaufen«.

Sein Sohn Friedrich Wilhelm, der seine Riesenspielzeug-Soldaten eigenhändig abmalte, wenn er krank war und der Aufmunterung bedürftig, dieser Friedrich Wilhelm I. hielt sich in zeitweilig ängstlicher Anlehnung an die Wiener Diplomatie, mit Ausnahme jenes Jahres 1725, in dem er England und Frankreich sekundierte, die des Kaisers Ansprüche auf freien Handel für die österreichischen Niederlande zunichte machten. Von Friedrich Wilhelm soll der Ausspruch stammen – vielleicht wird er ihm auch nur zugeschrieben –, Preußen sei entweder zu groß oder zu klein. Die Lesart machte Schule. Ob Preußen Schlesien eroberte, Westpreußen und Posen annektierte, einen Teil Sachsens, Westfalen, Ostfriesland hinzuerwarb, ob es die Elb-Herzogtümer und Hannover schluckte, den Rest Deutschlands und Elsaß-Lothringen unter einem Militär-Monarchen vereinigte: Immer bis zum schwarzen Tag an der Marne, ja noch bis zum Selbstmord des Führers Adolf Hitler, war Preußen-Deutschland entweder zu groß oder klein, gemessen an den übrigen Mächten. Und das hieß allemal:

Es war beträchtlich zu klein.

Nun war Preußen gewiß nicht das einzige Territorium, dessen Fürsten sich vergrößern wollten. Geographische, wirtschaftliche, strategische, auch Gründe allgemeiner Machtentfaltung mochten dabei geltend gemacht werden. Aber man wird keinen zeitgenössischen Fürsten finden, der die Vergrößerung in äußerster Zuspitzung auf den einfachen Nenner brachte: »Ich wünschte, daß wir Provinzen genug besäßen, um 180 000 Mann, also 44 000 mehr als jetzt, zu unterhalten.« Der dies 1752, 40 Jahre alt, in seinem ersten Testament niederschrieb, hatte sein Territorium zehn Jahre zuvor um fast ein Viertel, dessen Bevölkerungszahl um ein Drittel, seine Wirtschaftskraft beträchtlich vermehrt, ohne einen anderen Rechtstitel als eben den, Preußen sei zu klein. Daß Preußen größer werden müsse, um mehr Soldaten zu haben, die eben dies Größerwerden »gegen eine Welt von Feinden« abschirmen konnten, defensiv versteht sich, wurde durch Friedrich das konstituierende Prinzip Preußen-Deutschlands, bis hin zu Ludendorffs ausschweifender Absicht, die Krim samt ihren Tartaren für Deutschland zu rekrutieren.

»Preußen«, mahnt Friedrich seine Nachfolger, »ist von mächtigen Nachbarn umgeben, darunter von einem unversöhnlichen Feinde: dem Haus Österreich. Ihr (Friedrichs Nachfolger) müßt darum auf häufige Kriege gefaßt sein. Es folgt daraus auch, daß das Militär im Königreich die erste Stelle einnehmen muß.« Nur einer aber hatte Österreich unversöhnlich gemacht, indem er die 22jährige Tochter des Kaisers acht Wochen nach dessen Tod, fünf Monate nach seiner eigenen Thronbesteigung, mit Krieg überzog und ihr Schlesien wegnahm: der Verfasser des Testamentes, das auf Bismarcks Geheiß dauernd sekretiert werden mußte und vollen Wortlauts erst nach 1918 bekannt wurde.

Der reichsfürstliche Schreiber kehrt sich aber nicht nur gegen das Oberhaupt des Reiches, sondern ebenso gegen die anderen reichsfürstlichen Kollegen. Nächst Sachsen, schreibt Friedrich, wären Polnisch-Preußen (das er zwanzig Jahre später durch die erste polnische Teilung gewinnen sollte) und Schwedisch-Pommern (das Preußen erst 1815 zufiel) die günstigste Erwerbung. Nächst Sachsen: Er beschreibt auf knapp hundert Druckzeilen unter der Überschrift »Träumereien«, wie das anzustellen wäre. »Die Eroberung würde erleichtert, wenn Sachsen im Bündnis mit der Königin von Ungarn stände und sie oder ihre Nachfolger mit Preußen brächen. Das wäre ein Vorwand zum Einmarsch in Sachsen, um die Truppen zu entwaffnen und sich im Lande festzusetzen.« Das derart bedrohte Sachsen, das Friedrich gebührend mißtraute, hütete sich, wie 150 Jahre später das von Schlieffen bedrohte Belgien, den Vorwand zu liefern. Überfallen wurden beide trotzdem.

»Ich gestehe«, schreibt der fürstliche Realträumer, »daß das Gelingen dieses Planes viel Glück voraussetzt. Mißlingt er aber, so ist keine Schande dabei, wenn man nur sein Geheimnis wahrt.« Wirklich ist es Friedrich bei deutschen Historikern gelungen, und nicht nur bei ihnen, den Siebenjährigen Krieg als eine Präventiv-Aktion letztlich defensiven Charakters erscheinen zu lassen — vorzüglich, weil Friedrich sein geheimes Ziel verfehlte.

Bei allem glaubte dieser Reichsfürst, daß »die veraltete wunderliche Reichsverfassung« dank der Eifersucht der Reichsfürsten wie der Nachbarmächte erhalten bleibe. Ihm ist wahrscheinlich, alles immer noch Anno 1752, daß die Kaisermacht ständig sinken werde (darüber dachte er dreißig Jahre später anders). Er ist seiner Sache sicher: »Wenn sich die Kurfürsten zusammentun und

sich auf Frankreich stützen, kann ihre zunehmende Macht ein Gegengewicht gegen die Kaisermacht bilden.«
Krieg möchte der fürstliche Schreiber nicht noch einmal anfangen. Die Eroberung Schlesiens war ihm wie ein originelles Buch, dessen »Nachahmungen abfallen«. Er hat den Neid ganz Europas erregt und alle Nachbarn aufgeschreckt: »Mein Leben ist zu kurz, um sie uns gegenüber wieder in Sicherheit einzuwiegen.« Im gleichen Dokument gesteht er freilich, daß er der Königin von Ungarn auch noch Böhmen entreißen möchte (er nennt sie daher nie Königin von Böhmen).
Friedrich zieht 1752 das Fazit: »Zumal seit der Erwerbung Schlesiens verlangt unser gegenwärtiges Interesse, daß wir im Bund mit Frankreich und ebenso mit allen Feinden des Hauses Österreich bleiben. Schlesien und Lothringen sind zwei Schwestern, von denen die ältere Preußen, die jüngere Frankreich geheiratet hat« – ein in der Tat erstaunliches Bild. »Dieser Bund zwingt sie zu gleicher Politik. Preußen darf nicht ruhig zusehen, daß Frankreich Elsaß oder Lothringen verliert, und die Diversionen, die Preußen zugunsten Frankreichs unternehmen kann, sind wirksam, denn sie tragen den Krieg sofort ins Herz der österreichischen Erblande.« Was die beiden Schwestern Schlesien und Lothringen anbelangt, so ist jedenfalls richtig, daß Deutschland als Ganzes sie endgültig zum gleichen Zeitpunkt verloren hat.
Man gewinnt einen eigentümlichen Eindruck von der deutschnationalen Geschichtsschreibung, wenn man bei Treitschke liest: »Schon in seinen Jugendschriften verdammt er (Friedrich) in scharfen Worten die Schwäche des heiligen Reichs, das seine Thermophylen, das Elsaß, dem Fremdling geöffnet habe; er zürnt auf den Wiener Hof, der Lothringen an Frankreich preisgegeben.«
Schon in seinen Jugendschriften: Friedrich schrieb diese Sätze 1738, als 26jähriger. Österreich hat Lothringen im gleichen Jahr preisgegeben, weil es der Unterstützung der Reichsfürsten für die erbrechtliche Anerkennung der Kaiser-Tochter Maria Theresia nicht sicher sein konnte. Als der 28jährige Friedrich 1740 in Schlesien einfiel, sagte er dem französischen Gesandten: »Melden Sie Ihrem Herrn« – der ist damals dreißig Jahre alt – »daß ich sein Spiel spielen und, wenn ich gute Karten kriege, den Gewinn mit ihm teilen werde.« Nach seinem Sieg von Hohenfriedberg 1745, im Zweiten Schlesischen Krieg, meldete er an den zuvor bei Fontenoy siegreichen Ludwig: »Ich habe den Wechselbrief eingelöst, den Sie bei Fontenoy auf mich gezogen haben.«
1744 zwangen ihn nämlich die Erfolge der österreichischen Heere im Elsaß, so rechtfertigt sich der König, abermals in den Krieg gegen Maria Theresia einzutreten: »Was reizt denn sonst die Königin von Ungarn derzeit, die Franzosen so hart zu bedrängen, wenn nicht die Hoffnung, Elsaß und Lothringen zurückzuer-

obern?« Der vor kurzem noch österreichische Feldzeugmeister, nunmehr preußische Feldmarschall Schmettau erschien in Metz bei Ludwig XV. und eröffnete ihm, Friedrich werde am 17. August ins Feld rücken und zur Rettung des Elsaß 100 000 Mann aufbieten, »zwecks Diversion«. Friedrich schlug los, als die französische Armee den Österreichern das Elsaß kaum mehr streitig machen konnte, sein Eingreifen erst ermöglichte die französischen Erfolge in Flandern.

Schlug los angeblich, um als Kurfürst dem 1742 mit Frankreichs und Friedrichs Hilfe gewählten bayerischen Kaiser Karl VII. Sukkurs zu geben, in Wahrheit aber, um Österreich nicht auf Kosten Frankreichs so stark werden zu lassen, daß es Schlesien zurückfordern konnte. Schlug los ohne Kriegserklärung und zog ohne Erlaubnis durch Sachsen.

So unverbrüchlich sicher wähnte Friedrich sich des Einverständnisses zwischen Frankreich und Preußen, daß er in seinem »Testament« von 1752 nicht einmal die Möglichkeit erwog, bei einer eventuellen Eroberung Sachsens Frankreich gegen sich zu haben. Im Gegenteil, Frankreich denkt er die Rolle zu, ein interventionslüsternes England durch Diversion in das Kurfürstentum Hannover zu paralysieren.

Das Kurfürstentum Hannover wollte er nicht schützen, wie er selbst sich rühmte und wie Ranke ihm noch glaubte, vielmehr lud er 1755 Frankreich vergebens ein, Hannover anzugreifen, und als die Franzosen ihn mit dieser Aufgabe betrauen wollten, lenkte er ihre Aufmerksamkeit auf die österreichischen Niederlande, wieder vergebens.

Als er nun noch Anfang 1756 in einer unvorbereiteten Kehrtwendung den Neutralitätsvertrag von Westminster mit England abschloß, das gegen Frankreich seit einem Jahr in Nordamerika kriegte, hatte er es in Paris verdorben. Frankreich schloß ein Defensiv-Bündnis mit Österreich. England warnte ihn, loszuschlagen; Rußlands Zarin Elisabeth brannte auf Angriff, Frankreich versicherte glaubhaft, es werde nur angreifen, wenn zuvor er angreife: umsonst, er schweißte die unsichere Koalition durch den Einfall in Sachsen, den niemand für möglich gehalten hatte, erst zusammen. War's Eroberungslust, so war's tolldreist, war's Präventiv-Politik, so stümperhaft.

Da die Franzosen sich von ihm nicht hatten animieren lassen, in Hannover einzubrechen, sondern auf seiten der Feinde Friedrichs nach Deutschland marschiert waren, dichtete er seine Ode auf den Herzog Ferdinand von Braunschweig, in der es heißt:

> Jusqu'en ses grottes profondes
> Le Rhin se sent outrager;
> Il s'indigne que ses ondes
> Portent un joug étranger.

In der Übersetzung Treitschkes:

Bis in seine tiefste Quelle
Schäumt der alte Rhein vor Groll,
Flucht der Schmach, daß seine Welle
Fremdes Joch ertragen soll!

Fast gleichzeitig schickte der ertappte Spieler seiner Schwester Wilhelmine, offensichtlich zur Weitergabe an Voltaire, ein Gedicht, in dem König Ludwig auf Friedrichs Verdienste hingewiesen wird:

Und Du, der mürrisch trägt des Purpurs Falten,
vergißt Du, wer das Elsaß Dir erhalten?

Für unser Thema der deutschen Sendung Friedrichs ist interessant, daß er den Wechsel Frankreichs in das Lager Österreichs für etwas Naturwidriges hielt. Als er nach Prag und Kolin, vor Roßbach und Leuthen zum ersten Mal mattgesetzt schien, lancierte er Selbstmordabsichten nach Paris und erinnerte die Franzosen an die seit Jahren erfolgreiche Bundesgenossenschaft. Dem ihm wohlgesonnenen Herzog von Richelieu, dessen Armee er freilich gleichzeitig an der rechtzeitigen Vereinigung mit dem Prinzen Soubise hindern wollte, schrieb er: »Ich vertraue meine Interessen dem Könige, Ihrem Herrn, lieber als irgend einem anderen an.« Im Entwurf, der erhalten geblieben ist, steht: »Lieber als den Mächten, die Preußens berufsmäßige Feinde sind« (ennemis par état).

Es ist etwas Eigenartiges um diesen Feind Frankreichs, der in Paris seinen Selbstmord annonciert. Welchen Sinn konnte das haben wenn nicht den, Frankreich an seine wahren Interessen zu erinnern, die bei einem lebenden Friedrich besser aufgehoben wären als bei einem kraftlosen und geschwächten Nachfolger? Friedrich an seine Schwester Wilhelmine: »Meinen Verlust werden sie nicht leicht ersetzen können.« So faßte es Voltaire, ebenfalls Empfänger von Selbstmord-Annoncen, sogar gereimten, auch auf. »Luc«, schrieb er 1759, und Luc war sein Spitzname für Friedrich, »Luc möchte gern Frieden. Wäre es denn ein so großes Unglück, ihm den zu gewähren und so ein Gegengewicht gegen Deutschland zu bewahren? Luc ist ein Taugenichts, ich weiß es; aber lohnt es, sich zugrunde zu richten, um einen Taugenichts zu beseitigen, dessen Existenz notwendig ist?«

Bei Roßbach sorgte Friedrich selbst für gute Behandlung der verwundeten Feinde, ein französischer Offizier bekam unter seinen Augen ein Klistier, die deutschen Gefangenen waren solche zweiter Ordnung. Das Mißgeschick der Franzosen, schreibt Heinrich Mann, »war eher das seine; seines war größer. Seine natürlichen Verbündeten nicht nur verloren, sie sogar geschlagen zu haben!«

In der Not des Jahres 1759 entwarf Friedrich einen Friedensvor-

schlag, in dem die Wacht am Rhein den Franzosen, Ostpreußen den Russen anvertraut werden sollte. Durch den Erwerb Sachsens hoffte er entschädigt zu werden. Als man ihm das ausredet, schreibt er in fast komischer Verzweiflung: »Kann ich denn keinen Handel machen und das Herzogtum Kleve, das preußische Geldern und das Fürstentum Moers gegen Mecklenburg eintauschen?«
1762 hofft Friedrich auf einen Bund zwischen Preußen, Dänen und Türken, welch letztere in seiner Vorstellung beständig und immer wieder als eine Art Geheimwaffe gegen Österreich fungierten. Versagten sich die Türken, wollte Friedrich dem Zaren Peter III. Dänemark anbieten, samt Holstein und notfalls samt Schleswig.
Nein, in den Ambitionen dieses Reichsfürsten konnte die deutsche Nation wenig Genugtuung finden, so wenig wie in manchen Taten der Wiener Kaiser. Patriotisch wie Friedrich, sagt Ernst Moritz Arndt, »hat Richelieu und Louvois (Kriegsminister Ludwigs XIV.) an Teutschland gedacht«.
Sieben Jahre Krieg, die Friedrich durchgestanden, durchgesessen, durchgeseufzt und durchgedichtet hat, Heerführer, Staatschef, Außenminister in einem, politisch beraten von sich selbst, militärisch oft genug gegen den Rat der Generale schlagend und geschlagen, volkstümlich durch Roßbach, genial bei Leuthen, groß, wie Napoleon lobte, in allen entscheidenden Situationen, zurückgeworfen schließlich auf die Mark Brandenburg, Magdeburg und Teile Schlesiens, hoffend nur noch auf den Anmarsch der türkischen Tataren und auf den Tod der Zarin Elisabeth, nicht physisch, wie Gustav Adolf, und nicht moralisch tot wie Karl XII.: sieben Jahre Krieg machten ihn zum Heros des an bedeutenden Figuren reichen, eines Helden aber bedürftigen Jahrhunderts. Seit Alexander hatte kein Erbkönig sich dem Gedächtnis der Zeitgenossen eingeschrieben wie Friedrich. Er war der letzte legitime Monarch, der seine Schlachten selber schlug.
Da er von den Verdiensten um Deutschland, die deutsche Historiker ihm nachträglich wegen dieser fruchtlosen Kriegerei zuschreiben sollten, noch nichts wissen konnte (Delbrück: »Heldentum ist eine Aussaat, die niemals ganz verloren geht«), empfand zumindest er die sieben Jahre nicht als einen Erfolg. Eine Vergrößerung seines Landes hatte er nicht erreicht, und wenn er sich nur behaupten wollte, hätte es andere Auskunftsmittel gegeben. Er zumindest wußte, was später in Vergessenheit geriet: daß er ersterdings durch einen glücklichen Zufall, den auf die Dauer auch der Tüchtige nicht einplanen kann, gerettet worden war. Österreich und Rußland hatten sich als stärker, Frankreich sich als stetiger erwiesen denn in seinen Berechnungen. England hatte ihn 1762 fallen lassen, was er nie mehr vergaß.
»Wie konnte ich ahnen«, schrieb er nach der Schlacht bei Kolin

im Jahre 1757, »daß Frankreich 150 000 Mann ins Reich schikken, daß das Reich Partei ergreifen, daß Schweden sich in diesen Krieg mischen, daß Frankreich Subsidien an Rußland zahlen würde?« Dieses Nicht-ahnen-können kommt uns Nachfahren von 1914 und 1939 bekannt vor, wenn wir an Bethmann Hollweg, Hitler und unsere »germanischen Vettern« denken.

Frankreich, der »rocher de bronce« seines Systems bis 1756, hatte ihn bis zu Ende bekämpft. An Eroberungen dachte er seit 1763, seit dem Hubertusburger Frieden, nur noch recht theoretisch. Aber immer wieder, so im Bayerischen Erbfolgekrieg von 1778, als er dem Versuch Josephs II. entgegentrat, Niederbayern durch Vertrag mit dem Erbberechtigten des erloschenen Wittelsbacher Zweiges zu erwerben, sehnte er sich nach seinem klassischen Alliierten.

Am 5. März 1778 schreibt er seinem Bruder Heinrich: »Ich habe alle Argumente erschöpft, um die Franzosen zum Handeln zu bewegen, sei es ihr Ruhm, ein gegebenes Wort, sei es ihr Vorteil oder die Mühelosigkeit der Operationen. Ich wette mit Ihnen, daß man mehr nicht hätte vorbringen können.«

Seltsame Töne entsteigen der diplomatischen Leier des Königs, der doch nie eine Bedenklichkeit kultiviert hatte, das Land eines kurfürstlichen Kollegen zu erobern: »Jetzt ist der Augenblick«, schreibt er an seine Minister Finckenstein und Hertzberg, »wo alle, die sich deutsch nennen, zusammenstehen müssen, um die Verfassung und die Freiheit zu schützen, die unsere Vorfahren durch den Westfälischen Frieden erworben haben.« Die Freiheit, die er meint, ist die »liberté allemande« Richelieus. Und siehe da, Frankreich, eigentlich doch Österreich seit 1756 verbunden, blieb neutral. Der tatenlose und gleichwohl kostspielige »Kartoffelkrieg« (weil mehr um Nahrung gerauft als gekämpft wurde), von Ranke als »bewaffnete Unterhandlung« klassifiziert, endete 1779 im Frieden von Teschen und brachte Friedrich die Genugtuung, daß Österreich Bayern, bis auf das Inn-Viertel mit 80 000 Seelen, wieder räumte. In Friedrichs Worten: »Deutschland ist noch einmal vor dem kaiserlichen Despotismus sichergestellt worden.« Er selbst hatte in diesem Nicht-Krieg 20 000 Mann Verluste, Tote durch Krankheiten und Deserteure; eine Entschädigung bekam er für den Feldzug, der ihn 29 Millionen Taler gekostet hatte, nicht: 29 Millionen Taler – mehr, als er zur Restitution seiner vom Krieg verwüsteten Länder je aufgewendet hat. Rußland, kaum noch ein Schönheitsfehler, wurde in Teschen neben Frankreich unter die Garanten der deutschen Verfassungszustände aufgenommen. Aber die politische Rendite war doch groß. »Der Wilddieb war zum Jagdaufseher geworden« (Gooch).

Es war ein Überraschungscoup, den Joseph und Kaunitz entgegen dem passiven Widerstand der Kaiser-Mutter und Königin Maria Theresia (ohne deren Plazet immer noch nichts geschehen konnte) hatten durchsetzen wollen. Kaiser und Staatskanzler hatten Niederbayern zwar nicht geradezu »überfallen«, wie Friedrich sachverständig monierte, aber doch immerhin sechzehn Tage nach dem Tode des regierenden Kurfürsten militärisch besetzt, gestützt auf einen Vertrag mit dem anerkannten neuen Herrn Karl Theodor. Friedrich und Maria Theresia, die alten Kämpen, fanden sich unversehens in einem Boot, beide nicht mehr lüstern auf kriegerisches Risiko. Am 13. Mai 1779, dem 62. Geburtstag Maria Theresias, räumt Friedrich vorzeitig die von ihm besetzten österreichischen Städte, und sie schreibt an Kaunitz: »Zwar habe ich für Friedrich wirklich nichts übrig, muß ihm aber doch Gerechtigkeit widerfahren lassen, denn in diesem Fall hat er sich nobel benommen.«

Sechs Jahre später, Maria Theresia ist nun tot, rechnet der nun auch dem Tod entgegenhinkende Friedrich noch einmal, wieder nicht völlig vergebens, auf Frankreich. In der Korrespondenz mit dem Kabinettsminister Finckenstein findet sich der köstliche, auf Frankreich zielende Satz: »Mein Gott, wie sind wir von Feiglingen und Bestechlichen so umgeben! Werden wir allein vermögen, die Verfassung des deutschen Reiches aufrecht zu halten?« Der sowohl den Westfälischen wie den Reichsfrieden 1740 und 1756 rüde gebrochen hatte, der 1757 vom Reichstag mit der Reichsexekution überzogen worden war, der sich in seinem Testament von 1752 über die »veraltete wunderliche Reichsverfassung« mokiert hatte, trat in seinem letzten Akt als Schirmherr eben dieser Wunderlichkeit auf den Plan, getreu dem »historischen System des brandenburgischen Hauses« und getreu seinen eigenen Zielen. Vergebens stellten Prinz Heinrich und der Kabinettsminister Hertzberg dem König vor, es sei einer preußischen Großmacht würdiger, »Convenienz« zu suchen und sich auf dem Kompensationswege mit Kaiser Joseph zu verständigen, der auch dazu neigte. Aber der König blieb abweisend, voller Mißtrauen gegen Österreich. Lieber wollte auch er sich nicht vergrößern, als daß Österreich größer würde.

Der »abgelebte Löwe« (Goethe), dem Klauen und Zähne ausgefallen waren, forderte die Hirsche auf, sich um ihn zu scharen. Friedrich gründete 1785 den deutschen Fürstenbund, der ihm recht eigentlich als nationale Tat, als Etappe hin zum Bismarck-Reich angerechnet worden ist, so von Ranke: »Der nationalen Einheit wurde weitere Bahn gemacht, und die Herrschaft dieses Gedankens in künftigen Zeiten vorbereitet.« Der »mit seinem guten Schwerte« die Nichtigkeit des Reiches erwiesen hatte (Treitschke), endet nun damit, »diese entgeisterten Formen selber gegen das Reichsoberhaupt zu vertheidigen«.

Friedrichs Gegenspieler über dreißig Jahre, Österreichs Staatskanzler Wenzel Anton Fürst von Kaunitz, dem König, was diplomatischen Verstand anging, weit überlegen, und dennoch nie gegen ihn durchschlagend erfolgreich, fand sich zu Beginn des Jahres 1785 mit seinem inzwischen zur Allein-Herrschaft gekommenen Joseph II. zu einer diesmal sorgfältig vorbereiteten Aktion, die dem Kaiser doch noch Bayern zuschanzen sollte.

Karl Theodor, der pfalz-bayrische Kurfürst, sollte wiederum bewogen werden, Bayern an Österreich abzutreten, und dafür die österreichischen Niederlande zum Königtum erhalten. Rußland war für den Plan gewonnen, ebenso der Kurfürst selbst, Frankreich nicht unbedingt abgeneigt. Nun sah aber Friedrich im österreichischen Reichsoberhaupt seinen »natürlichen Gegner« (Ranke). Jede Vergrößerung Österreichs innerhalb des Reiches hielt er für eine Gefahr. Engeres Zusammengehen der beiden seit 1756 verbündeten Großmächte Österreich und Frankreich mußte er durch engere Anlehnung an England beantworten.

Unmittelbar bedroht war er nicht, Krieg wollte er nicht mehr. Also suchte er den König Georg III. von England, den Kurfürsten von Hannover, für eine gemeinsame Plattform der deutschen Kurfürsten zu gewinnen, und das gelang. Da auch Kursachsen hinzutrat und da ein geistlicher, notabene katholischer Kurfürst Furcht vor den Aspirationen österreichischer Prinzen hegte, kam ein Fürsten-Konvent zustande, der beharrte, auch ein freiwilliger Umtausch Bayerns laufe dem Vertrag von Teschen zuwider, die bayerischen Hausverträge seien dort ausdrücklich garantiert, sie gestatteten keinerlei Austausch. Friedrichs Verdienst, die Wittelsbacher fast gegen deren Willen ihren Bayern erhalten zu haben, soll damals in manchem bayrischen Bauernhaus honoriert worden sein, wo des Königs Dreispitz neben dem Heiligen Corbinian Platz fand. Das »in Kupfer gestochene Porträt des Königs« sah der österreichische Gesandte Graf Lehrbach in fast jedem Haus.

Da Preußen und Österreich aufgrund des unerschütterlichen Mißtrauens Friedrichs und des Fürsten Kaunitz keine Anstalten trafen, sich innerhalb des Reiches für Veränderungen wechselseitig schadlos zu halten, durfte gar keine Veränderung stattfinden, ob sie nun im Reichsinteresse gelegen war oder nicht. Kaiser Josephs Politik, klagte Friedrichs Kabinettsminister Hertzberg, wolle die Kräfte Deutschlands zu einer Masse zusammenballen, und der spätere Historiker Dohm, ursprünglich als preußischer Unterhändler für die Fürstenbund-Vereinbarung vorgesehen, hielt es für einen Vorteil des neuen Bündnisses, daß es Österreichs Westgrenze offenhalte, damit Frankreich jederzeit zugunsten »deutscher Freiheit« intervenieren könne. Intern machte Friedrich keinen Hehl, daß es ihm nicht um Bayern und nicht um die Reichsverfassung zu tun war, sondern um Preußen; aber, so schrieb er seinem Bruder Heinrich 1778, »das muß man verheimlichen wie einen Mord«.

Vergrößerung seines Territoriums, Schwächung des Kaiserhau-

ses, in diesem Gesichtswinkel findet sich Friedrichs Interesse an den Angelegenheiten Deutschlands erschöpfend dargestellt. Der Fürstenbund zerfiel rasch, auch Preußen rückte von ihm ab; er war zustande gekommen, weil König Friedrich so alt und verbraucht wie Kaiser Joseph jung und ehrgeizig war. Noch ein Jahr zuvor hatte Weimars Minister Goethe an der Konspiration teilgenommen, einen Fürstenbund ohne und gegen Preußen zu gründen, in Ermangelung eines vertrauenswürdigen Sekretärs schrieb Goethe die Geheimpost damals eigenhändig.
Das Reich hatte Friedrich nicht retten wollen, und es bleibt Rankes Geheimnis, wieso der König 1785 »die großen Interessen des deutschen Reiches mit dem Bestand und Wachsthum seines Staates« vereinigt haben soll. Es bedurfte eines Napoleon, diesen großen Interessen des überständig-reichsständischen Deutschland zum Durchbruch zu verhelfen. Freilich, Friedrichs Eintreten für die Selbständigkeit Bayerns brachte ihm Sympathien: Der 22jährige Reichsfreiherr vom und zum Stein trat 1780 in preußische Dienste, verkroch sich allerdings bald in der Bergwerks-Verwaltung seines Gönners, des Ministers Heinitz. Und Christian Schubart verdankt seine Befreiung aus zehnjährigem Gefängnis auf dem Hohenasperg schließlich preußischer Intervention. Er dichtete noch in der Haft:

Da drängten sich Teutoniens Fürsten
In Friedrichs Felsenburg, wo der Riese
Sinnt auf dem eisernen Lager.
Sie boten ihm die Hand, und nannten ihn
Den Schützer ihrer grauen Rechte, sprachen:
»Sey unser Führer, Friedrich Hermann!«
Er wollt's. Da ward der deutsche Bund.

Das Reich, mit seinen internationalen Verflechtungen durchaus noch ein universales Gebilde, konnte als handlungsfähige Einheit doch nicht mehr betrachtet werden. Es hatte, wie Carlyle schreibt, »seine Möglichkeiten, seine nicht ganz todten Formeln, ist aber ein trauriges Wirrsal«. Maria Theresias Versuch, Schlesien zu behalten, ihr und später Josephs Versuch, Bayern zu erwerben, beides konnte zu einem großdeutschen Kaisertum führen; konnte, aber mußte nicht. Die Reichsfürsten in jedem Fall, und Frankreich trotz der österreichischen Heirat, würden Widerstand leisten.
Immer noch war Österreich eine deutsche, immer noch die stärkste deutsche Macht, in den Augen des späten Friedrich sogar die Macht, die nach seinem Tod Deutschlands Einigung erreichen werde. Der Kaiser sei auf dem Wege, fürchtete Friedrich, »gewaltiger zu werden als irgendein europäischer Fürst seit den besten Tagen Ludwigs XIV.«. Wenn Friedrich »Deutschland«, sagt, so meint er meistens das österreichische Kaiserhaus.
Daß beide zusammen, Österreich und Preußen, »Europa hätten zittern machen können«, wie Friedrich Maria Theresia Dezem-

ber 1757 in Hochstimmung geschrieben haben soll, tatsächlich nicht geschrieben hat, und wie Joseph erst nach Friedrichs Tod erwog, war sicher kein Gegenstand realer Kabinettspolitik, aber doch eine interessante, niemals rundweg auszuschließende Perspektive. Tatsächlich, wenn es denn in Friedrichs Todesjahr 1786 eine deutsche Nation gab, so ist sie gegen den Usurpator Napoleon ungleich energischer von Österreich als von Preußen verteidigt worden.

Auch das Haus Österreich hat seine Interessen vor die irgendwie imaginären des Reiches gestellt, hat Lothringen gegen die Toskana getauscht, hätte Flandern für den Rückerwerb Schlesiens preisgegeben. Aber es sah sich zu Friedrichs Zeiten einem »aufsteigenden Prinzip« gegenüber, das überhaupt keiner institutionellen Rechtfertigung zu bedürfen, das vielmehr in sich selbst nur aus Vergrößerungssucht zu bestehen schien.

Eine nacktere und dürftigere Staatsphilosophie, als sie der Preuße Friedrich handhabte, wird man schwerlich finden. »Als Grundgesetz der Regierung des kleinsten wie des größten Staates kann man den Drang zur Vergrößerung betrachten«, schrieb der Dreißigjährige. Zwar, der Mensch, und somit auch der König, »ist bestimmt für das Wohl der Gesellschaft zu arbeiten, an deren Körper er ein Glied ist«. Amtspflicht der Könige sei es, über das Glück ihrer Völker zu wachen.

Aber während noch der Kronprinz in seinem »Antimachiavell« zu wissen glaubte, daß neue Eroberungen eines Herrschers die von ihm beherrschten Staaten und deren Völker nicht reicher, nicht gesegneter, nicht glücklicher machen, handelt der Fürst vom ersten Tag seiner Regierung an nach der entgegengesetzten Maxime: Vergrößerung à tout prix, Vergrößerung bis an die äußerste Grenze des Zuträglichen und Möglichen, Vergrößerung ohne Rücksicht auf das Wohl der Untertanen und der umliegenden Staaten, ohne Rücksicht, selbstverständlich, auf die »teutsche Nation«.

Der König von Preußen muß notwendig Soldat und oberster Kriegsherr sein, sonst kann er keine Eroberung machen. Die Führung der Truppen darf er nicht den Generalen überlassen, selbst muß er mit ununterbrochenem Fleiß dem Heeresdienst obliegen, ja, der König muß den Krieg unbedingt zu seinem Hauptstudium machen. Das Militär muß in Preußen die erste Stelle einnehmen, alles urkundlich seine Verfügungen im Testament des Vierzigjährigen von 1752. Daß Eroberungen nur mit Glück und in Ausnahmefällen gelingen konnten, gefügt wie Europa war, der König hat es während der ersten Hälfte seiner Regierung nicht glauben wollen.

Wer aber bestimmt, ob die Taten des Friedens zugunsten eines Krieges ungetan bleiben sollen, wer berechnet das Maß der Leiden, die ein Krieg mit sich bringt? Der König von Preußen, und nur er. Ob eine Eroberung dringlich, ob sie riskant oder zu kostspielig ist, darüber hat nur einer zu sagen, der sich »erster Diener des Staates« nennt. So kann man Ernst Moritz Arndt nicht widersprechen, der im Jahre 1806, dem Menetekel-Tiefpunkt des weiland preußischen Staates, zürnt, der höchste Zweck des friderizianischen Gemeinwesens sei »der Glanz, die Dauer, die Macht der Königsdynastie, welcher der Zufall den Namen König von Preußen gegeben hatte«. Nationaldeutsche Perspektiven, wie sie sich seit 1740 im vorbürgerlichen Deutschland nach vorn schoben, verstellten ihm nicht den Blick.

Die Untertanen hatten sich zu fügen, und nicht nur die Untertanen. Erschreckend in Friedrichs Testamenten ist die Hartnäckigkeit, mit der er Sachsen, ein Land so bevölkert wie ganz Preußen, in seine Kriegspläne einbezieht. Das Testament von 1752 sieht vor, bei einem Einfall sogleich 40 000 Sachsen auszuheben — tatsächlich nahm Friedrich 1756 die 17 000 sächsischen Unteroffiziere und Mannschaften in seine Zwangsdienste, mit dem zu erwartenden Resultat fast vollständiger Desertion, teilweise unter Ermordung der preußischen Vorgesetzten.

Unbelehrt empfiehlt er auch in seinem Testament von 1768 wieder, in jedem Krieg sogleich Sachsen zu überfallen und dort mindestens 20 000 Rekruten auszuheben. »Bricht ein Krieg aus, so gilt es zunächst, sich Sachsens zu bemächtigen.« Denn Sachsen kann fünf Millionen Taler für die Kriegskasse zusteuern.

Die Menschen hatten in diesem kruden System der Machterweiterung kaum eine andere Aufgabe als die, dem Herrscher als Material zur Erfüllung seiner ehrgeizigen Pläne zu dienen. Nirgendwo sonst war die Eroberungs-Maschinerie so zweckvoll perfekt, in allen anderen Ländern wurden die ausgreifenden Absichten der Herrscher wenigstens durch Schlamperei, Untüchtigkeit, Vergnügungssucht und kulturelle Verschwendung wohltätig gemildert. Preußen hingegen, das von zwei Königen mit dem Stock geprügelte, schien in der Tat, wie Graf Mirabeau geschrieben haben soll, schwerlich geschrieben hat, in einer Kanonenkugel ausgebrütet. So grell erschien das Mißverhältnis zwischen Preußens Ehrgeiz und seinen Mitteln, konstatiert Treitschke, daß Preußen über eineinhalb Jahrhunderte als künstliche Schöpfung galt. Uns Heutigen fehlt der ruhige Mut, das beständige Mißverhältnis zwischen Anspruch und Mitteln noch als grandios zu empfinden.

Will man Treitschke nicht darin folgen, daß Friedrich den Neubau des uralten nationalen Staates der Deutschen betrieben habe, und auch nicht darin, daß mit dem Aufsteigen Preußens »die lange blutige Arbeit der Befreiung Deutschlands von fremder Herrschaft« begonnen habe, so muß das Gefäß auf seinen Inhalt hin abgeklopft werden.

Stimmt es denn, daß Friedrichs unnatürlich große Heeresstärke nötig war, um Duldung, Gerechtigkeit, Gleichheit vor dem Gesetz, Aufklärung und etliche andere Errungenschaften zu schützen, wie der Geschichtsschreiber Friedrich Christoph Schlosser 1843 behauptete? Mußte er Schlesien erobern, um den Rest seiner Staaten in edler Menschlichkeit regieren zu können, und wäre ihm der Erwerb Polnisch-Preußens mit 600 000 Seelen nicht gelungen, wenn er zuvor nicht das wohlhabende Schlesien mit seinen 1,2 Millionen Einwohnern erobert hätte? Hätte Deutschland in den Kriegen um die Erbfolge der Maria Theresia fremdem Zugriff offener gestanden, wenn Friedrich den Startschuß gegen das Kaiserhaus nicht gegeben, sondern ihm womöglich, gegen Kompensation versteht sich, sekundiert hätte? »Gleich aus dem ersten Kampfe«, rühmt Ranke, »gingen die beiden großen deutschen Staaten in einer Waffenmacht hervor, wie sie kein früheres Jahrhundert gekannt hatte.«

Soll Waffenmacht als solche summiert werden, auch wenn sie sich, ein großer deutscher Staat gegen den anderen, wechselseitig paralysiert? Wo war diese Waffenmacht im Jahre 1806? Hätte es ohne Friedrichs Schlesien-Kriege kein Bismarck-Reich gegeben, und wenn nein, war dies Reich friderizianischer Tradition ein besserer Garant gegen Rußland als andere denkbare deutsche Konstellationen? Hat es die Deutschen geschützt, oder hat es sich, nach legendärem Friedrich-Muster, die Feinde durch seine ausgreifende Existenz erst geschaffen? Ohne Friedrichs Preußen, schrieb der Populär-Biograph Ludwig Reiners 1952, wäre die Mitte Europas machtpolitisch leer geblieben, wäre Europa gegen Asien nicht geschützt worden. Aber was Reiners Asien heißt, das sitzt jetzt in Königsberg, wo das preußische Königtum seinen Ursprung hat. »Asien« hat Schlesien abgetrennt, das nun weder zu Preußen noch zu Österreich gehört. Preußen selbst ist, wovon Kaunitz 1755 nur schwärmen konnte: »ecrasieret«.

Friedrichs Wirkung kann vielleicht doch nicht nur in der Rückblende, mit Richtstrahler auf eines großen Volkes Erdensendung, betrachtet werden. Wiens Kanzleien, bestrebt, den Allerchristlichsten König in Paris gegen Friedrich einzunehmen, hatten 1756 noch ein reales Steckenpferd. Sie malten ihn ab als den potentiellen Begründer und mutmaßlichen ersten Inhaber eines protestantischen deutschen Kaisertums. Treitschke triumphiert, daß eine protestantische Macht dem Heiligen Reich den Gnadenstoß gegeben, daß eine protestantische Macht die Weltmeere und die Kolonien den angelsächsischen Protestanten freigekämpft habe.

Ein protestantischer Kaiser deutscher Nation teilte dem Papst im Jahre 1873 mit, daß er keinen anderen Mittler »als unseren Herrn Jesum Christum« annehmen könne. Aber Elsaß, Lothringen und Belgien, Landstriche also, die Friedrich dem Reich entfremden half, waren die Zankäpfel, an denen eben dieses protestantische Kaiser-Reich sich erwürgte.

»Schicksale von Völkern und Staaten«, so urteilt der preußischem Geist nicht, wohl aber der Heroen-Verehrung zugängliche Jacob Burckhardt, »können daran hangen, daß ein außerordentlicher Mensch gewisse Seelenspannungen und Anstrengungen ersten Ranges in gewissen Zeiten aushalten könne. Alle seitherige mitteleuropäische Geschichte ist davon bedingt, daß Friedrich der Große dies von 1759 bis 1763 in supremem Grade konnte. Alles Zusammenaddieren gewöhnlicher Köpfe und Gemüter nach der Zahl kann dies nicht ersetzen.« Ja, die gewöhnlichen Köpfe und Gemüter tun es nicht. Aber auch der außerordentliche Mensch, der dämonische Genius allein tut es nicht. »Selbstverständlich«, sagte Hermann Oncken, der Historiker, dem Amateur-Gelehrten Werner Hegemann, der sich nach dem Ersten Weltkrieg Friedrichs Entzauberung vorgesetzt hatte, »selbstverständlich ist Friedrich nur dann groß zu nennen, wenn man Bismarck als seine Legitimierung gelten zu lassen gewillt ist«.
Friedrichs Staat und Bismarcks Reich, in Friedrichs Tradition gegründet, überlebten ihre Schöpfer um jeweils zwanzig Jahre. Hitler, mehr von beiden legitimiert, als beiden recht sein könnte, karrte Friedrichs Staat und Bismarcks Reich auf den Schindanger der Geschichte.

2. *Kapitel* Mourir en roi

«Sein Ruhm, sein Vorteil, das ist sein Gott, sein Gesetz.
Er denkt als Philosoph und handelt als König.«
Jean-Jacques Rousseau unter einem Kupferstich mit dem Kopf Friedrichs.

Ein Literat hat in Deutschland nie regiert — außer Friedrich von Preußen, und der länger als andere deutsche Könige, über 46 Jahre. Er hat mehr geschrieben als irgendein Monarch der uns bekannten Geschichte, Verse, Lustspiele, Briefe, historische Abhandlungen, Opern-Libretti, hat mehr Musik komponiert und geflötet, hielt und bekannte sich für einen Philosophen. Von sich selbst konnte er sagen: »Ich habe wie ein Benediktiner gelesen und mehr Papier bekritzelt als der hungrigste Skribent.«

Sein Ruhm bei den auf Sensationen erpichten Zeitgenossen gründete nur zur Hälfte auf den gewonnenen Schlachten und seiner außerordentlichen Standhaftigkeit im Kriege. Daß er das Glück seiner Untertanen vorangestellt hätte, mochten ihm nur historisierende Berufs-Euphemisten zugestehen. Die Auszeichnung gebührt eher seiner Feindin, der großen Maria Theresia, die freilich in der Auswahl ihrer Generale keine ganz glückliche Hand bewies.

Allenfalls hält man Friedrich zugute, daß Preußen sich trotz der zehn Jahre Krieg nicht langsamer entwickelt habe als die umliegenden Länder. Immerhin, Ungarns Einwohnerschaft hat sich zwischen 1720 und 1787 fast doppelt so stark vermehrt wie die im Jahre 1720 preußischen Ländereien. Die Volksschule in Österreich galt für so beispielhaft, wie sie in Friedrichs Staat darniederlag.

Noch weniger konnte Friedrichs Zeitgenossen der Gedanke kommen, er habe eine neue Ethik des Königtums begründet. Schwungvolle Absichtserklärungen der Fürsten waren im 18. Jahrhundert schon gängige Ware. »Ich gehöre nicht mir selbst, ich gehöre meinen Völkern« (Maria Theresia); »ich diene dem Staat mit aller Fähigkeit und Reinheit, die mir die Natur verliehen hat« (Friedrich). Die Behauptung, es sei Pflicht der Könige, ihre Untertanen glücklich zu machen, nennt Friedrich »eine alte Wahrheit«.

Als »le premier domestique« des Staates, wie er den Fürsten in seiner Kronprinzen-Schrift, dem Antimachiavell, bezeichnete, hatte sich schon sein Vater gefühlt, der als »Finanzminister und Feldmarschall des Königs von Preußen« aufzutreten liebte. Absoluter als sein strahlendes Vorbild, der vierzehnte Ludwig,

konnte sogar Friedrich nicht sein, während dessen Regierungszeit sich Ludwig XV. bereits ans kollegiale Regieren herantastete. Stetiger und unsteter fleißig als Friedrich war Kaiser Joseph II. Daß Maria Theresia ihren Völkern und ihrem Staat hingebender und weniger eitel gedient hat, kann leicht erörtert werden.
Verderbtheit und Prunksucht des Versailler Hofes, wo eine »Roturière«, eine Nichtadelige, Tisch und Bett des Königs teilte, werden zu Friedrichs Gunsten angeführt; aber da hatte der gut lachen. Seine Bedürfnisse drängten in andere Richtung, waren im übrigen kaum lange unsublimiert geschlechtlicher Natur. Diesen Mangel Friedrichs hat Deutschland teuer bezahlt, teurer als Frankreich die Mätressen-Wirtschaft Ludwigs XV. Friedrich selbst bemerkte, »eine Marquise de Pompadour würde mich viel mehr Geld kosten und bei weitem nicht so treu und anhänglich sein wie meine Hündchen«; das war hübsch gesagt und unbestreitbar. Deutschland sind aber vielleicht die Hündchen teurer zu stehen gekommen.
Was Friedrichs frauenloses Potsdam der Welt hinterlassen hat, zählt nicht in den Annalen geistiger Hervorbringung. Der liebesweichliche Hof von Versailles gab sich auch da verschwenderischer. Legende ist fast alles, was über Friedrichs Sinn für Freiheit der Gazetten und für unabhängige Rechtspflege überliefert wurde. Er war ein selbstherrlicher, besserwisserischer Hausverwalter, der über die Lektionen seiner jungen Jahre auf kaum irgendeinem Gebiet hinauslangte.
Und dennoch, und nicht nur wegen Hohenfriedberg und Leuthen berühmt? Dennoch neben Alexander und Karl und Peter und Katharina groß geheißen, die doch allesamt Epoche gemacht und die mehr als siegreiche Schlachten hinter sich gebracht haben? Von Friedrich, so scheint es, wurde der literarische Instinkt des ersten — des einzigen? — literarischen Jahrhunderts bedient.
In einer halbwilden Landschaft, umgeben von sklavischen Untertanen, sitzt der französisch zivilisierte Literat auf seinem kargen Thron und schreibt mit Blut das heroische Märchen eines Mannes, der sein Leben dem Staat zum Opfer bringt. Von Natur bestimmt, seine philosophischen und künstlerischen Neigungen auszubilden, muß er wegen eines dynastischen Zufalls die Leier mit dem Schwert vertauschen, muß sich, dämonischen Impulsen folgend, in Schwierigkeiten bringen, aus denen er sich mit Glück und Geschick wieder befreit. Muß, wie er Voltaire in seinem berühmtesten Gedicht schreibt, »denken, leben und sterben als König«.
Er ist der Philosoph am falschen Fleck, zum Privatmann, nicht zum König geschaffen. Er muß etwas vorstellen, das er nicht ist. Er hätte getaugt, das Leben eines Weisen zu führen. Ein Dämon, der ihm die Ruhe nicht gönnt, hat ihn auf die große Bühne versetzt. Wider Willen muß er gegen die Gebote des heiligen Epi-

kur verstoßen und sich in die Regierungsgeschäfte mischen. Schmerzlich vermißt er seine geliebte Zurückgezogenheit, »der Schöngeist«, Preußens Historiker haben ihm das abgenommen, »nur durch Willensentschluß zum Helden geworden« (Delbrück), mußte tun, »was diese geballte Macht (Preußen) ihm vorschrieb«, metaphysisch bewegt (beides Eduard Spranger).
Warum mischte er sich gleich so gewaltsam in die Regierungsgeschäfte? Warum setzt er die beherzigenswerten philosophischen Erkenntnisse seines Antimachiavell, die er im Jahr seiner Thronbesteigung publiziert, so gar nicht in die Tat um, warum versucht er es nicht einmal? Warum muß er, den niemand gerufen hat, vom ersten Tag an den Part des Heldentenors ganz vorn an der Rampe übernehmen? Warum hofft er, »durch einige kühne und glückliche Unternehmungen das Vertrauen des Publikums« zu gewinnen, und wieso des Publikums? Warum steckt er zuvörderst einmal Europa in Brand?
Perfekter Verstellungskünstler, gefallsüchtiger Schauspieler, betritt der 28jährige als Nachfolger des frommen Sadisten Friedrich Wilhelm I. die Bühne. Seine Rolle: König. Sein Wahlspruch: »Oui, mon cher comtchen (Graf Wartensleben), il y a assez de plaisir d'être l'unique roi de Prusse.«
Die ersten Handlungen zeigen, wie sehr er mit der Besetzung einverstanden ist. Er agiert fast im Parkett, er kokettiert mit dem Publikum; vertrauten Zuschauern gönnt er, kaum noch verstohlen, eine schelmische Geste.
76 000 von seinem Vater programmierte Soldaten findet er vor, ebenso viele wie das an Volkszahl sechsmal größere Österreich unter Waffen hat. »Die letzte große Scißion teutscher Nation«, von der Ernst Moritz Arndt wahrsagt, sie sei unheilbar und werde »vielleicht mit dem Volke endigen«, setzt er in Gang, ohne sich sehr zu bedenken: »Eine solche Kleinigkeit wie der Tod des Kaisers erfordert keine großen Bewegungen.« Die Pläne, »lange fertig im Kopf«, gilt es auszuführen. Das »lange fertig im Kopf« dürfte ebenso einen Zeitraum von hundert Jahren wie von zwei Tagen bezeichnen.
So schreibt der wider Willen der Zurückgezogenheit Entrissene an seinen Freund, den gewesenen Prediger Karl Stephan Jordan, den er duzt und mündlich »Charles Etienne« nennt: »Mein lieber Herr Jordan, mein süßer Herr Jordan, mein sanfter Herr Jordan, mein guter, mein milder, mein friedliebender, mein allerleutseligster Herr Jordan! Ich melde Deiner Heiterkeit die Eroberung Schlesiens; ich bereite Dich auf sehr wichtige Projekte vor und kündige Dir das größte Glück an, das Fortunens Schoß jemals geboren hat.«
Hat dieser nicht mehr ganz junge Mensch eine Ahnung, was er anrichtet? Adieu, läßt er sich vernehmen, »ich schreibe jetzt dem König von Frankreich, komponiere ein Solo, mache Verse für

Voltaire, ändere das Armee-Reglement und mache noch hundert andere Sachen von diesem Kaliber«.
Dem Freunde Jordan gibt er auch Aufschluß, warum er in Schlesien eingefallen ist: »Meine Jugend, die Glut der Leidenschaft, der Ruhmesdurst, ja selbst die Neugier, um Dir nichts zu verhehlen, kurz ein geheimer Instinkt hat mich den Freuden der Ruhe entrissen. Die Genugtuung, meinen Namen in den Zeitungen und später in der Geschichte zu wissen, hat mich verführt.«
Ein Jahr später konzipiert er für die »Geschichte meiner Zeit«: »Der Besitz schlagfertiger Truppen, eines wohlgefüllten Staatsschatzes und eines lebhaften Temperaments: das waren die Gründe, die mich zum Krieg bewogen« — Bruchstücke einer großen Konfession. Voltaire, so jedenfalls seine glaubhafte Version, findet die — uns erhaltene — Darstellung nicht vorteilhaft. Der König setzt hinzu, und so steht es denn in der ersten, 1788 veröffentlichten Auflage, daß er unbestreitbare Ansprüche auf Schlesien hatte (er hatte sehr bestreitbare Ansprüche auf maximal ein Fünftel Schlesiens).
Voltaire, der siebzehn Jahre ältere, der schon berühmte, ist der bevorzugte Adressat, Herold und Lautverstärker des Friedrichschen Ritter-Romans, ist Friedrichs Schmuckstück und sein Thersites, ist Frankreichs Spion in Potsdam und Friedrichs Litfaßsäule in Paris: kein anderes Jahrhundert konnte einem Literaten solch gloriose Beachtung sichern. Nur der Tod wird die wechselvoll-intensiven Beziehungen zwischen dem König der Literaten und dem literatensüchtigen König scheiden.
Zwischen »schlimmster Schurke des Universums«, »Verbrecher, der aufs Rad gehört«, »Premierminister Cesare Borgias« einerseits und »göttlicher Voltaire, bete für uns« nach dem Tod des Schriftstellers: beträchtlich weit spannt sich der Bogen dieses wohl seltsamsten Liebespaares des 18. Jahrhunderts. Zwar hat Voltaire Friedrich die dicksten Schmeicheleien, aber auch, als er dem Machtbereich des Freundes wieder entrückt war, die bittersten, überzeugendsten Wahrheiten gesagt. Schalt Voltaire ihn in Prosa, so ergrimmte der König (»unerträgliche Unverschämtheiten«). Anders war das, wenn Voltaire sich seinen Freund in Versen vornahm, wie in jenem Gedicht aus dem Jahre 1773:

Ich hasse alle Helden, von Cyrus an gezählt,
Bis zu dem großen König, der Lentulus gestählt.
Umsonst rühmt ihre Taten man mir mit lautem Schalle;
Ich mach' mich aus dem Staube, schick' sie zum Teufel alle . . .
Und Friedrich sei besonders dies schöne Werk geweiht:
Seid überzeugt, weit besser weiß er darin Bescheid.
Weit mehr als meine Feder hat Luzifer ihn beraten;
Er ist der größte Meister in jenen Schreckenstaten
Und ein geschicktrer Mörder als Gustav und Eugen . . .*

* Gustav = Gustav Adolf; Lentulus = Rupert Scipio von Lentulus, preußischer General und Günstling des Königs.

Dazu antwortete der König: »Sie haben das Vorrecht, alles zu sagen und selbst das, was man sonst vulgairement Injurien nennt, durch schöne Verse zu adeln.« Voltaire 1759 an Friedrich: »Ich bin nicht fähig gewesen, ohne Sie oder mit Ihnen zu leben.« Friedrich 1766 an Voltaire: »Wären Sie hier geblieben, dann wären wir jetzt was .. Geschehe, was wolle, ich bin Ihr Zeitgenosse gewesen.« Um aller Welt ein Schnippchen zu schlagen, den teuren Toten eingeschlossen, ließ Friedrich für ihn in der katholischen Kirche zu Berlin 1780 sogar eine öffentliche Seelenmesse lesen. An d'Alembert: »Hätten die Schlüssel des Fegefeuers lediglich in den Händen Ihrer französischen Bischöfe gelegen, so wäre für Voltaire jede Hoffnung verloren gewesen.« Friedrich hatte einen Nachschlüssel, und so gelangte Voltaire hinaus. Die Summe unterm Strich ergab auch nach Ansicht Voltaires ein Plus. »Niemand hat Philosophie und Literatur respektabler gemacht«, schrieb er an seinen respektablen Kollegen, den Mathematiker und Enzyklopädisten d'Alembert.

Friedrich, in den Flitterjahren, ist anbetungswürdig, ist Voltaires große Leidenschaft, ist der beste Mensch der Welt, ist der außergewöhnlichste Mensch, der je gelebt hat, vielleicht der größte Mensch, der je auf einem Thron gesessen. Friedrich antwortet: »Wir Poeten«; und: »Sie sind ein Philosoph, ich desgleichen.«

Ja, das war eine fröhliche Kumpanei. Voltaire besingt den Einfall in Schlesien:

Die Politik hat ausgeplant
Den Anschlag kriegerisch und weise.
Niemand hat ihn vorausgeahnt,
Tatkraft hat ihm den Weg gebahnt,
Und Frohsinn ging mit auf die Reise.

Ja, das war ein fröhlicher Krieg. Zwar hatte der Feldmarschall Schwerin die allererste Schlacht, die bei Mollwitz, erst gewonnen, nachdem er den König vom Kampfplatz komplimentiert hatte. Aber ein Sieg war es immerhin: Grund genug, Voltaire einen Eilboten nach Lille abzufertigen. Der Bote ist geschickt, er legt seine Ankunft so vortrefflich, daß Voltaire zwischen zwei Akten seines »Mahomet« die ganz frische Freudenbotschaft einem enthusiasmierten Publikum bekanntmachen kann.

Zwar war der König geflohen und während eines nächtlichen Ritts fast in die Hände der Österreicher gefallen. Aber 1757, in seinem Lehrgedicht über den Zufall an seine Schwester Amalie, hat er die nicht gerade ruhmvollen Begleitumstände seiner Flucht vergessen. Von Schwerin, dem Sieger, ist nicht mehr die Rede:

Ein Überläufer zeigt uns die Gefahr
Man plant, marschiert, stößt auf der Feinde Schar,
Der Sieg für uns, entschieden das Gefecht...

Voltaire lernt Friedrichs Vergeßlichkeit kennen, Friedrich das Gedächtnis Voltaires fürchten. Einer sonnt sich in der Glorie des anderen, aber keiner möchte auf den Charakter des anderen auch nur ein Gartenhaus bauen.
Frohen Sinn, Feuer, Lebhaftigkeit, jene Eigenschaften, deren Abhandenkommen Friedrich während des Siebenjährigen Krieges beklagt, hat der Dreißigjährige noch überreichlich. Für die Hochzeit seines Freundes Keyserlingk – seine beiden engsten Freunde Jordan und Keyserlingk sterben noch 1745 – dichtet er eine Komödie. Voltaires Elegie auf den Tod der Schauspielerin Adrienne Lecouvreur, deren sterbliche Reste von der Geistlichkeit auf den Schindanger verwiesen worden waren, setzt Friedrich, der Kronprinz, in Musik, samt der Anklage: »Du Nebenbuhlerin Athens, glückseliges London, verjagtest die Tyrannen und die Schmach der Vorurteile.«
Frankreichs Philosophen schätzten ihren Potsdamer Kollegen auch aus einem sehr simplen Grund: Er, in dessen Staaten niemand wegen seiner unchristlichen Ansichten allzu stürmisch verfolgt wurde, konnte ihnen notfalls eine Heimstatt bieten, wie er es 1762 mit Jean-Jacques Rousseau gehalten hat, der im preußischen Neuchâtel Zuflucht suchte. Friedrich über Rousseau: »Er sündigt nur dadurch, daß er sonderbare Ansichten vertritt.« Rousseau über Friedrich: »Durch seine Grundsätze wie durch sein Benehmen schien er mir jede Achtung vor dem Naturgesetz und vor allen Menschenpflichten mit Füßen zu treten.« Im Behagen der ihm gewährten Gastfreundschaft ändert Rousseau seine Einschätzung, aber nicht allzu sehr.
Den Kollegen Voltaire braucht Friedrich nicht so dringlich zum Philosophieren wie »zum Studium des französischen Ausdrucks, man kann auch von einem Bösewicht lernen«. Denn Friedrich nimmt sein Dichtertum ganz ernst. Ein Lobgedicht auf Ludwig XIV., den Stammvater aller aufgeklärten und absoluten Könige, existiert in mehreren Entwürfen. »Ich will, daß mein Gedicht vor den Kunstrichtern der Gegenwart und der Zukunft sicher sei«, so hat er seinem Vorleser de Catt die mehrmalige Umarbeitung eines anderen Produkts begründet. »Luc«, schreibt Voltaire 1759, »bleibt immer Luc*; ist selbst in Verlegenheit und bringt andere in Verlegenheit, setzt Europa in Erstaunen, macht es arm, befleckt es mit Blut und macht Verse dazu.« Demselben Luc kamen Tränen, wenn er aus Racines, seines Lieblingsdichters, »Britannicus« seine Lieblingsverse über Pflicht und Glück der Fürsten und ihrer Untertanen deklamierte.
Während des Siebenjährigen Krieges, namentlich wenn die Dinge

* Luc ist die Umkehrung von Cul gleich Hintern. Voltaires Sekretär behauptete, der Spitzname gehe auf einen großen Affen namens Luc zurück, der den Dichter ins Bein gebissen habe. Voltaire selbst berichtet von diesem Affen und schildert Friedrich als »bald beißend, bald gebissen«.

schieflaufen, dichtet er, der sich beklagt, keine Zeit für die Verwaltung seines Landes zu finden, mehrere Stunden täglich; »da ich nicht trinken mag, zerstreut mich nur das Versemachen, und solange diese Ablenkung währt, spüre ich mein Unglück nicht«. Als der Vorleser de Catt sich wunderte, den König am Vorabend von Zorndorf mit Dichten beschäftigt zu sehen, entgegnete der König: »Kann ich mich nicht an diesem wie an jedem anderen Abend beschäftigen und mich zerstreuen und Verse machen, ziemlich schlechte vielleicht? Meine Hauptangelegenheit habe ich den ganzen Tag von allen Seiten betrachtet, mein Plan ist fertig.« (»Wir haben gesiegt, weil die Russen den Sieg nicht wollten«, wird er am Tage danach sagen.)

Er kokettiert zwar mit der Vermutung, seine Verse seien nicht gut, aber wohl eher, um den Kritikern vorzubauen. Fast nie vergißt er zu erklären, wenn die Poeme in kritischer Lage entstanden sind, mit der ausgesprochenen oder stillschweigenden Bitte um milde Urteile. »In einer Krise wie dieser werden Sie mir hoffentlich einige Nachlässigkeiten in meinen Versen nachsehen«; oder: »Bedenken Sie indes, unter welchen Umständen sie (die Verse) entstanden sind«, oder, zu de Catt: »Der Patriarch (Voltaire) hat nur die erste Skizze davon gehabt; wenn er dieses hier sieht, wird er sagen: Siehe da, inmitten so vieler Verdrießlichkeiten macht dieser Schlingel (polisson) noch ziemlich gute Verse!«

Ganz ernsthaft bittet er d'Argens, den treuesten seiner Gesellschafter: »Sagen Sie mir bitte, ob meinen Versen das Studium Racines anzumerken ist. Ich möchte es gerne wissen, denn vielleicht rede ich es mir nur ein.«

Ulkige Verse gelangen ihm gelegentlich, wenn sein eigentlicher Beruf ihm zu Hilfe kam. So dichtete er nach der Schlacht von Roßbach, dem Sieg über Franzosen und Reichsarmee, 84 Zeilen, die ein wenig pornographisch sind und in denen zu lesen ist:

> Kein schönerer Anblick auf der Welt
> als der fette Hintern von Helden.

Im Original hieß das:

> Ah! quel spectacle a plus de charmes
> Que le c. . dodu des héros.

Der wilhelminische Übersetzer milderte in der Gesamtausgabe die Anstößigkeit:

> Ach, welch ein Schauspiel voller Lust und Pracht
> Vermögen Heldenleiber zu bescheren,
> Wenn auf der Flucht vor unsrer Waffen Macht
> Sie ihres Rückens Anblick uns gewähren.

Voltaire, der Friedrich die schnöde Festsetzung in Frankfurt – er lebte vom Juli 1751 bis März 1753 in Potsdam – noch nicht vergessen hatte, kommentierte Roßbach gewissermaßen gegen den Strich: »Für die Franzosen im Ausland ist gegenwärtig keine gute Zeit. Man lacht uns ins Gesicht, als wären wir die Adjutanten des Herrn von Soubise gewesen.«
Auch ausgemacht undiplomatische Verse entflossen der Feder des Königs. Voltaire schickte er eine Ode auf den Prinzen, späteren Herzog Ferdinand von Braunschweig, seinen Schwager, in der, auf Ludwig XV. gemünzt, die Verse standen:

Der Schwächling auf dem Throne
Spielball der Pompadour,
Mit bösem Liebeslohne
Brandmarkte ihn Natur.
Er fürchtete Pein und Mühen,
Sein Reich ist am Verblühen,
Hier herrscht des Zufalls Blick.
Als Sklave muß er schreiten
Und schmachtend will er leiten
Der Könige Geschick.

Voltaire, wie anders, zeigt die Verse dem Außenminister Choiseul, und der läßt antworten: »Kannst Du die Zärtlichkeit mißbilligen, der Du die Trunkenheit nie anders als in den Armen Deiner Tambours kanntest.« Die Entgegnung soll aber nur veröffentlicht werden, wenn Friedrichs Schmähgedicht bekannt wird.
Prinz Heinrich, der den Bruder nun freilich nicht ausstehen konnte, erzählte der Zarin Katharina, als er mit ihr die erste Teilung Polens aushandelte, Friedrich habe immer wohlvorbereitete Verse in der Tasche gehabt, die er in schwierigen Lagen auszukramen und vorzulesen liebte, damit man erstaunen möge, wie er sich doch immer noch genug Geistesgegenwart bewahrt habe, ergötzliche Dichtungen zu verfassen.
Bismarck, dem diese exzessive Gefallsucht verdächtig war, schrieb gar: »Er versandte Gedichte aus dem Felde mit der Unterschrift ›pas trop mal pour la veille d'une grande bataille‹.« Was immer wahr sein mag, den Vorabend einer Schlacht, an dem Friedrich keine Verse gekritzelt hätte, dürfte es nicht gegeben haben.
Bismarck monierte das Beifallsbedürfnis Friedrichs, der schon als ganz junger Mann dem österreichischen Gesandten Seckendorff durch Schilderung seiner geschlechtlichen Exzesse nebst der Folgekrankheit habe imponieren wollen (umsonst übrigens, der Botschafter meldete, die Kräfte des Prinzen sekundierten die sündlichen Neigungen nur unzureichend). Woher dieses Bedürfnis nach Beifall, woher der literarische Ehrgeiz, woher der Drang, als Dichter, als Philosoph, als Publizist ernst genommen zu werden, was alles recht seltsam abstiht vom brutalen Zweckdenken seiner Regierungstätigkeit?

Der Beifall des Zeitalters war ihm gewiß, wenn es ihm gelang, sich als »Philosoph auf dem Königsthron« bekannt zu machen, oder auch nur, wenn der Kontrast zwischen seinen beiden Naturen von den führenden Literaten zu Notiz genommen wurde (Rousseau: ». . . pense en philosophe et se conduit en roi«). Daß ein König seine Schriften mit »Philosoph von Sanssouci« überschrieb, war neu, war sensationell.

Das Wort Philosoph, im Verstand des 18. Jahrhunderts, hat noch eine recht umfassende Bedeutung. So will Friedrichs Vater, der alte Quälgeist, gelegentlich »ein filosofies lehben führen«, wenn ihn seine Depressionen übermannen. Der Philosoph ist der Nicht-Handelnde, der kontemplative Betrachter der Dinge, der Liebhaber der Wissenschaften.

Es hatte gute Gründe, daß Könige wie Ludwig XIV. und Ludwig XV. nicht als Philosophen in Erscheinung traten. Sie, die mit den ersten Schriftstellern Frankreichs ständig umgingen, wenn auch nicht wie Friedrich und Voltaire auf dem Katz-und-Hund-Fuß, wären sehr wohl imstande gewesen, Gedanken à la Fridericus zu fassen und zu äußern. Es vertrug sich nicht mit ihrer Auffassung vom Beruf eines Königs. Ihre Stellung hinderte sie auch, allzu freigeistige und areligiöse Vorstellungen zu entwickeln, sie, die nicht so absolut waren, daß sie auf die einlullende Mitwirkung ihrer Bischöfe nicht hätten zählen müssen.

Im preußischen Protestanten-Staat war das anders. Daß der König seine Untertanen für sein sittenloses Leben hätte um Verzeihung bitten müssen, wie Ludwig XV. auf Geheiß seines Großalmoseniers, des Bischofs von Soissons, tatsächlich getan hat, wäre im protestantischen Berlin, wo der König zugleich summus episcopus war, undenkbar gewesen. Jeder Geistliche mit solchen Ideen hätte die Wahl zwischen einer Tracht Prügel und dem Strick gehabt, und nicht einmal die Wahl.

Was Friedrich »philosophieren« nennt, verläßt nirgends die Pfade gängiger Erörterungen unter gebildeten Menschen um die Mitte des 18. Jahrhunderts, wobei man noch hinzusetzen muß, daß Friedrichs Abgott Voltaire zwar ein glänzender Fechter, aber ein etwas vordergründiger Philosoph ist, ihm unter anderem dankt die Aufklärung das diskriminierende Beiwort platt. Bezeichnenderweise führt Friedrich sein interessantestes philosophisches Gespräch – über die Freiheit des menschlichen Willens – nicht mit Voltaire, sondern mit d'Alembert (Friedrich: »Ich wage zu vermuten, daß in dem System des Fatalismus irgendein Widerspruch steckt«). Nur zu gefällig sinkt sein Räsonieren auf die Ebene seiner Reimerei, wenn er etwa dichtet:

Nicht darfst Du Gottes Weisheit schuldig nennen
Statt deiner Einsicht Schwäche zu bekennen.

Friedrich ist Deist (»Alles, selbst das Wachstum eines Grashalmes, beweist das Dasein Gottes«, schreibt er 1780) und ein Verächter der christlichen Kirchen und Religionen, die er weidlich und unablässig, zu seiner Ehre muß man sagen bis zu seinem Tode verspottet; mehr gibt es über seine Philosophie nicht zu sagen. Religiöse Toleranz, wie er sie übte, war das Geburtsmerkmal, und gewiß das einzige positive Geburtsmerkmal, des preußischen Staates vor Friedrich.

Beide Konfessionen behandelte er verächtlich, aber als für den Gehorsam der Untertanen nützlich. Insbesondere mußten sie gegen die Desertion anpredigen, gegen das einzige Verbrechen, das Friedrich Eindruck gemacht zu haben scheint. Die Berlinische Freiheit, so Lessing 1769 in einem Brief an den Buchhändler Friedrich Nicolai, reduziere sich »einzig auf die Freiheit, gegen die Religion so viele Sottisen zu Markt zu bringen, als man will«. Katholiken läßt Friedrich zum Staatsdienst nur ungern zu, Juden vertreibt er nach Gusto, einmal gleich 4000, wie wir von ihm selbst wissen. Freilich legte er den Juden wenigstens nicht zur Last, daß sie den Herrn gemordet hatten, wie die recht verfolgungswütige Maria Theresia.

Friedrich als »verwirklichten« Voltaire zu preisen, konnte nur dem entfesselten Heldenverehrer Carlyle (1795—1881) gelingen, der ja auch herausgefunden hat, Friedrichs Epoche sei »solch einem Manne nicht kongenial« gewesen. Friedrich hat verwirklicht, daß drei Tage nach seinem Regierungsantritt die Folter teilweise, 1754 fast abgeschafft wurde, Maria Theresia entschloß sich dazu erst 1776. Kindesmörderinnen wurden nicht länger in Säkken, die sie selber nähen mußten, ins Wasser geworfen, sondern nur noch enthauptet. In Strafverfahren griff der König grundsätzlich ein, in Zivilverfahren nur, wenn es ihm opportun erschien. Den Geheimrat Ferber, einen Danziger Staatsbürger, aber immer noch preußischen Geheimrat, weil er bis 1740 preußischer Resident in Danzig gewesen war, ließ er wegen landesverräterischen Nachrichtendienstes innerhalb weniger Tage vor ein Gericht stellen und enthaupten. Im amtlichen Bericht ließ er mitteilen, der abgeschlagene Kopf sei auf einen Pfahl gesteckt worden — wir wissen nicht, ob diese Tataren-Sitte nur vorgetäuscht wurde, zwecks Abschreckung.

An der grauenvollen Hinrichtung durch das Rad hielt er fest, allerdings, wie er schrieb, nicht in der Absicht, den Delinquenten zu martern, sondern um »ein affreuses Exempel« zu statuieren, der Delinquent wurde manchmal schon vorher und gnädiger getötet. Das »Allgemeine Landrecht für die Preußischen Staaten«, unter Friedrichs Nachfolger 1794 zur Geltung gelangt, machte den Richterstand zur irdischen Vorsehung und konnte dem napoleonischen Recht in nichts standhalten; 98 Paragraphen widmete es der »morganatischen« Ehe zur linken Hand, die

Standespersonen aus vermögensrechtlichen Gründen erlaubt werden konnte.

Der König, was immer die Anekdote sagt, hat in Wahrheit keinerlei Sinn für das Recht gehabt und keine juristischen Einsichten in sich entwickelt. Ihm ging es vor allem um den Beifall berühmter, wie Bismarck sie in junkerlicher Überlegenheit nennt, »Schöngeister«. Die Freunde in Paris jubeln, wenn ihr Kollege dekretiert: »Eine Krone ist ein Hut, in den es hineinregnet«, oder wenn er den Ministern bei der Vereidigung sagt, künftig solle sein besonderes Interesse, wo es dem allgemeinen Besten des Landes zuwider scheinen möchte, hinter diesem zurücktreten. Vor Voltaire renommiert er 1763: »Ich habe in den (schlesischen) Bergen große Straßen zur Erleichterung des Handels gebaut.« Dazu der Hof-Historiograph Preuss: »Friedrich hat keine einzige Meile Kunststraße gebaut.«

In der Außenpolitik hatte die Philosophie ohnehin nichts zu melden. Aber die unaufgeklärten Kaunitz und Maria Theresia hatten Skrupel, Polen aufzuteilen (obwohl sie dann den größten Teil einsteckten); Friedrich hingegen durfte sich schmeicheln, der Erfinder dieser Prozedur zu sein (obwohl er die kleinste Portion abbekam). Polen in unordentlichen Zuständen zu halten, war das erklärte, strikt durchgehaltene Ziel seiner Politik. Freilich, daß hier ein nichtchristlicher, ein allerunchristlichster König, daß hier ein Literat auf dem Thron saß, diesen sperrigen Tatbestand ließ er seiner Teilungspartnerin in Petersburg unter Augen kommen, als er seinem Sondergesandten Prinz Heinrich 1772 schrieb: »Das (die Teilung) würde die drei Religionen, die griechische, die katholische und die calvinistische, wieder vereinen, denn wir würden ja am selben eucharistischen Leib teilhaben, den Polen bildet; und sollte das auch für unser Seelenheil nicht weiter nützlich sein, so wäre es doch ganz gewiß ein großes Objekt für das Heil unserer Staaten!« Das bis dahin unerhörte Verfahren fand übrigens die Billigung der Philosophen Voltaire und Diderot, nur Rousseau protestierte.

Friedrich spielte wie ein Schach-Wunderkind abwechselnd an zwei Tischen, deren jeder die Aufmerksamkeit der jeweiligen Gesellschaft ganz beanspruchte. Die Militärs hatten an seinen Siegen manches auszusetzen, erst recht die Politiker an seiner Staatskunst, mußten aber die Möglichkeit einräumen, daß er ein bedeutender Literat sei. Die Philosophen wiederum mochten ihm auf ihrem Gebiet ein wenig vorgeben, konnten aber nicht leugnen, daß sie seine kriegerischen Abenteuer nicht zu bestehen wüßten, oder, in Friedrichs Worten, daß ein Sokrates Alexanders Heer nicht so gut hätte führen können. Friedrich kombinierte beide Berufssphären, als er schrieb: »Ein Fürst, der Streitigkeiten mit Waffengewalt entscheiden kann, ist alle Mal ein großer Dialektiker.«

Seine Taten qualifizierten den König. Aber damit wollte er es nicht genug sein lassen. Er jagte einem Ruf der Vielseitigkeit nach, wie der französische Gesandte Valory bemerkte, »der Dichter, der Redner, der Musiker läuft dem großen König den Rang ab«. Partout der Musenschüler, der Dichter muß es sein, der das Rad der europäischen Geschichte dreht, der das politische System Europas umstürzt und die Kombinationen der gravitätischen Herrscher über den Haufen wirft. Schon der Kammerdirektor Hille in Küstrin urteilte (in einem Brief an den Minister und Mittelsmann Grumbkow) über den Zwanzigjährigen: »Der Kronprinz tut sich außerordentlich viel auf seinen Geist zugute, und tatsächlich besitzt er Geist. Er hört sich gerne dafür loben.«
Die fremden Gesandten vorzüglich waren es, die den Ruf des Königs in die Welt trugen, sie, die nichts anderes zu tun hatten, als ihn kritisch zu beobachten. Über den Gesandten seines — damals noch — großen Verbündeten, über Valory, schrieb er 1749 in sechs Gesängen ein über hundert Seiten starkes »tiefgründiges Gedicht«, das humoristische »Palladion«. Der Gesandte war bei Jaromirz in Böhmen nur deshalb nicht in die Hände der Österreicher gefallen, weil sein Sekretär Darget sich geistesgegenwärtig für den Gesandten ausgegeben hatte. Valory bat vergebens, das Epos lesen und seinem Herrn Ludwig XV. schicken zu dürfen. Friedrich: »Dieser Narrenstreich war, wie Sie wissen, nur ein Zeitvertreib, ein Karnevalsscherz und eine Art Talentprobe, die ich mit mir selbst angestellt habe.«
In der Talentprobe findet sich auf den milden und geistreichen Papst Benedikt XIV. der Lobspruch:

Der Kirchenfürst und große Mann, des Geist
Sich schön sowohl, wie stark und frei erweist,
Antikem Vorbild treu mit ganzer Seele,
Pfaff ohne Falsch und Herrscher ohne Fehle;
Verdienten Weihrauch erntet er bei allen,
Am Musenquell wie in den Kirchenhallen.

Ein Friedrich-Artikel im Anschluß an das Stück »Prusse« im dreizehnten Band der französischen Enzyklopädie, erschienen 1765, beurteilte Friedrichs Schreibkünste kühn: »Ich wage zu versichern, wenn der Monarch, der diese Gedichte mehr als dreihundert Meilen von Frankreich entfernt schrieb, nur ein oder zwei Jahre in den Vorstädten St. Honoré oder St. Germain wäre spazieren gegangen, so würde er einer der ersten Poeten unserer Nation sein. Es brauchte nur des leichtesten Hauches eines Mannes von Geschmack, um einige Körner des Berlinischen Sandes wegzublasen.«
Seine Gedichte schrieb er anscheinend mit der immer gleichen Geschwindigkeit und Anteilnahme, ob er Gottsched als »Schwan der Sachsen« preist, seinem Küchenchef Noël siebzehn Strophen

widmet oder das neunundvierzigjährige Fräulein von dem Knesebeck besingt, »über den Sprung von ihrem Wagen, als die Pferde durchgingen«. Er behauptete, nicht so gut sprechen wie denken zu können; seine Gedanken seien oft stärker als sein Ausdruck, »und in dieser Notlage dichte ich so gut ich eben kann«.
Sehr gut konnte er nicht. Aber er konnte schreiben, und gelegentlich schrieb er blendend. Mit keinem anderen Gegenstand hat sich dieser berühmteste Hasardeur seiner Zeit schriftstellerisch so intensiv und brillant beschäftigt wie mit seinem gescheiterten Vorgänger Karl XII., dem nicht in einem Topf zu begegnen ihm ständig ein heimliches Herzensanliegen gewesen sein muß. Er, der sich selbst gelegentlich den »nordischen Don Quijote« nannte, bezeichnet taktvoll den Unterschied: »Karl XII. liebte den Ruhm mehr als den Besitz der ganzen Welt.« In seiner Studie kritisierte er ihn liebevoll von Fachmann zu Fachmann, tritt hinter seinem Gegenstand bescheiden zurück und stellt doch die Gaben seines Witzes unaufdringlich zur Schau, wenn er etwa schreibt: »In allen Büchern über Karl XII. finde ich prachtvolle Lobpreisungen seiner Mäßigkeit und Enthaltsamkeit. Trotzdem hätten zwanzig französische Köche, tausend Konkubinen in seinem Gefolge, zehn Schauspielertruppen bei seiner Armee seinem Lande nicht ein Hundertstel soviel geschadet wie sein brennender Rachedurst und die ihn beherrschende maßlose Ruhmbegierde. Beleidigungen wirkten auf sein Gemüt so lebhaft und stark, daß die letzte Kränkung stets den Eindruck der vorhergehenden völlig auslöschte.«
Einen »Hanswurst im Furchtbaren« hat er Karl XII. gesprächsweise genannt. Als »Hanswurst im Furchtbaren« zu enden, war seine gelegentlich niederdrückende Furcht zwischen 1757 und 1762; wie man zugeben muß, ein schrecklicher Preis der Eitelkeit, weil der solcherart Gestrafte kraft eben der Eigenschaft leidet, die zu befriedigen er alle Anstrengungen unternommen hat. Die Studie über Karl XII. fertigte er im Herbst 1759, nach Kunersdorf und nach dem »Finckenfang« bei Maxen, an dem alle Welt, er selbst wohl eingeschlossen, ihm den Löwenanteil der Schuld zusprach.
Je schlechter es ihm ging, desto phantastischer produzierte sein Schriftstellergemüt. Er erfand einen Brief der Marquise de Pompadour an Maria Theresia, in dem Ludwigs Chefdiplomatin begründete, warum sie sich fürchte, nach Wien zu kommen: Sie wolle Maria Theresias Keuschheits-Kommission nicht in die Hände fallen. Nach der blamablen Niederlage bei Hochkirch läßt Friedrich die erfundene Mär verbreiten, der Papst habe Österreichs siegreichem Feldmarschall Daun einen geweihten Hut und einen geweihten Degen überreichen lassen, um dessen Verdienste für die katholische Sache zu belohnen. Als er Daun bei Torgau halb geschlagen hatte, erfand er den Brief eines österreichischen

Feldpredigers, der Klage führte, Dauns geweihter Degen habe in der Nacht seine Kraft eingebüßt, die Österreicher hätten schon in Sachsen den Schwefelgeruch der Preußen nicht aushalten können.

Der Wiener Hof und der Vatikan ließen sich herbei, die Verleihung zu dementieren. Friedrich aber gefiel der Spaß so gut, daß er Daun nur noch den »geweihten Hut« nannte, so bei Maxen, als er den nur zu begründeten Einwand der Generale gegen die Entsendung des Finckschen Corps gegenüber de Catt mit der saloppen Bemerkung abtat, der »geweihte Hut« werde sich gern von Finck nach Böhmen zurückkomplimentieren lassen — wie sich herausstellte, ein fast tödlicher Irrtum. Da er weite Strecken nur noch von der »göttlichen Eselei«, so er selbst, seiner Feinde lebte, konnte ihm die nächste eigene Eselei den Garaus bringen (»noch ein Fehlschlag, und ich bekomme den Gnadenstoß«). Wenn es stimmt, daß des Königs Gefallsucht ihn in das — letztlich erfolgreich bestandene — Abenteuer der drei schlesischen Kriege getrieben hat, so ist es ebenso richtig, daß sie ihn bei Haaresbreite in der selbst gesuchten Gefahr hätte umkommen lassen. Wie selten Glück und Verdienst zusammenkommen, darüber hätte gerade Friedrich nicht klagen sollen.

Den Ruch der Verruchtheit hat dieser König nicht gescheut. Seine Feinde konnten aus abgefangener Post echte Königs-Passagen herumreichen, in denen etwa, hier an Podewils, zu lesen war: »Wenn es als ehrlicher Mann zu gewinnen gilt, so werden wir ehrlich sein, und wenn betrogen werden muß, so seien wir Betrüger (fourbes).«

Literarisch hat er davon profitiert, politisch wäre er fast, wieder nur fast, an seiner Autoren-Eitelkeit und Spottsucht zugrunde gegangen. Die Pompadour und ihren König Ludwig zu reizen, war mehr als unklug; die Zarin Elisabeth als mannstolle Branntweintrinkerin zu verlästern, gefährlich; seinen Onkel Georg II. zu schmähen, mörderisch. Vor allem den dreißig Jahre älteren Onkel, den schon sein Vater nicht hatte leiden können, »den Jüngsten im Kurfürstenstande«, wie Friedrich ihn amtlich nannte, namentlich diesen Onkel kränkte er sträflich, sogar noch, als er von Englands Subsidien abhängig war. Georg seinerseits nannte seinen Neffen »boshafter Schurke«, »schlechter Freund«, »schlechter Bundesgenosse«, »schlechter Verwandter« und »schlechter Nachbar«, in einem Satz »der gefährlichste und bösartigste Fürst Europas« — ein wenig hört man Eduard VII. über seinen Neffen Wilhelm räsonieren.

Den schottischen »Lord-Marschall« Keith, einen emigrierten Parteigänger des dem Onkel feindlichen Hauses Stuart, der sich zum Diplomaten gar nicht berufen fühlte, machte er 1750 zum Gesandten in Paris. Wie schön, wenn er einmal zwei Widersachern mit einer Klappe heimzahlen konnte! Dem Lord-Marschall in Compiègne schreibt er 1753, Voltaire habe von Onkel Georg ein jährliches Gehalt von 800 Pfund Sterling erbeten, »was ungefähr ebenso ist, als wenn jemand einem Romanhelden die Geliebte abverlangt«. Voltaire revanchierte sich bei guter Gelegenheit 1760, indem er Spottgedichte Friedrichs, auch über den Onkel, unter dem Namen des Königs drucken ließ – die meisten deutschen Beurteiler nehmen an, daß Voltaire der Übeltäter war, obwohl es Beweise nicht gibt. Jedenfalls mußte der geplagte Friedrich mitten im Krieg flugs einen anderen Gedichtband erscheinen lassen, in dem die Georg-Gedichte durch andere, zwei davon eigens fertiggestellte, ersetzt waren.

Dem immer noch Briefpartner Voltaire scheint der König die Bosheit, die er ihm durchaus zuschrieb, nicht einmal verübelt zu haben. Denn, wie der Vorleser de Catt erkannte, »im Zustande ruhiger Überlegung war der König voll Mißtrauen gegen die Streiche, deren Herr von Voltaire fähig war; wenn er sich aber von seiner durch glänzende Bilder und feine Lobeserhebungen erregten und geschmeichelten Einbildungskraft leiten ließ, gab er sich dem Patriarchen der Litteratur rückhaltslos hin«.

1755, als er vergebens versuchte, die Franzosen zu einem Einfall in das Kurfürstentum des Onkels zu überreden, sagte er dem Gesandten Frankreichs: »Das ist das sicherste Mittel, aus diesem Schweinehund etwas herauszupressen« (nach einer milderen, deshalb minder beliebten Lesart: »diesem Schweinehund die Flötentöne beizubringen«). Dem französischen Außenminister, der ihm das Gegenangebot machte, Friedrich solle doch in Hannover einfallen und Beute machen, will er geantwortet haben, da verhandele man wohl besser mit einem Mandrin – einem damals bekannten Straßenräuber. Aber so steht es auch nur in Friedrichs »Geschichte des Siebenjährigen Krieges«, nicht in den Akten. Wohingegen im »Antimachiavell« steht, daß der Eroberer, im Gegensatz zum gewöhnlichen Räuber, nichts anderes sei als ein erlauchter Räuber.

Gelegentlich mußten die Gesandten, wenn sie sich als Schlachten-Beobachter in greifbarer Nähe befanden, als Kurier aushelfen, wie Valory bei Hohenfriedberg. Aber auch die literarischen Kenntnisse des Königs stellten jeden Diplomaten auf unvermutete Proben. Als ihm der französische Gesandte 1756 die Verlängerung des Bündnisses und als Zugabe die westindische Insel Tobago anbot, antwortete der Cervantes-Kenner: »Warum nicht gar (die Sancho Pansa überantwortete imaginäre Insel) Barataria?« Über den etwas gestörten Zaren Peter III., dessen Thronbesteigung ihn gerettet hatte, spottete er: »Ich bin seine Dulcinea, er hat mich nie gesehen.« Als dieser Zar von seiner Frau Katharina abgesetzt und zehn Tage später ermordet wurde, seufzte Friedrich schriftlich: »Wenn ich schon mal Kaiser habe, die mir wohl wollen, erdrosselt man sie mir.«

Vom Beginn des großen Königsabenteuers findet sich bei Friedrich eine literarische Figur, die während der kommenden Drangsale immer stereotyper ausgeführt wird, die bei ihm schon beinahe ein Eigenleben gewinnt, und die der preußisch-deutschen Geschichte das Merkmal einer Schauer-Mär aufgeprägt hat: das, Motiv des Alles oder Nichts, des Alles-auf-eine-Karte-setzens, des Auf-den-Stufen-des-Thrones-mit-dem-Degen-in-der-Faust-fallens, das Motiv des Pillen- und Ampullen-Schluckens, des Sich-unter-den-Trümmern-des-Vaterlandes-(oder der Reichskanzlei)-Begrabenlassen. Denn ein Literat, wennzwar ohne literarische Zivilisierung, ein »dilettante in jedem Sinne« (Friedrich über sich selbst) war auch Adolf Hitler.

So schreibt der 33jährige König Anfang 1745, zweihundert Jahre vor Hitlers Ende, aus seinem schlesischen Hauptquartier an seinen Minister Podewils nach Berlin: »Entweder werde ich meine Macht behaupten, oder ich will, daß alles zugrunde geht und bis auf den preußischen Namen mit mir begraben werde!« Bis auf den preußischen Namen, wegen einer Provinz, auf die Preußen ernsthaft keinen Anspruch hatte und ohne deren Besitz es unbehelligt leben konnte: Das mag man den Beginn einer großen Tradition nennen.

An Podewils, das »Angsthuhn« (poule-mouillée), läßt er sich vernehmen: »Welcher Schiffskapitän ist feige genug, wenn er sich vom Feind umringt und keine Rettung mehr sieht, dann nicht hochherzig die Lunte in den Pulverraum zu werfen, um den Feind um seine Erwartungen zu bringen?« Die Ausführung dieses hochherzigen Planes sich vorzustellen, hat man Mühe, es sei denn, man denkt wieder an unser fünfundvierziger Jahr. Der märkische Sand brannte ja auch damals nicht wie Zunder.

Nach Berlin mußte der »Geheime Kriegsrat und Cabinetssekretär« Eichel melden: »Überhaupt aber declarirten Se. Königl. Majestät fort et ferme hierbei, daß an keine Cession des geringsten Stückes von Ober- oder Niederschlesien noch dem Glatzischen ... jemals zu gedenken sei, und daß, wann der wienersche Hof darauf insistirte, des Königs Majestät le tout pour le tout risquiren und nichts oder alles verlieren wollten.« Eichel wünschte sich den Tod »wenigstens auf ein oder zwei Jahre, um nur nicht Zeuge von allen Land und Leuten verderblichen Umständen sein zu müssen«.

Meinte Friedrich, was er schrieb und sagte? Religiöse oder kirchliche Skrupel jedenfalls waren ihm fremd, da er an ein Fortleben nach dem Tode je länger, je entschiedener nicht glaubte. Das Drama seines Lebens konnte sich der klassisch gebildete Mann ohne die ständige Selbstmordbereitschaft auf den Spuren der Otho, Cato und anderer berühmter Selbstmörder nicht vorstellen. Freilich zeigt das Beispiel Napoleons, und auch bei Friedrich fehlen derlei Indizien nicht, daß der literarisch empfindsame Ak-

teur es gelegentlich vorzieht, dem Stück auch nach dem Fallen des eisernen Vorhangs noch eine Weile in der Erinnerung nachzuhängen, sei es auch unter unkomfortablen Bedingungen.
Friedrich jedenfalls gebührt das Lob, mit der Selbstmorddrohung souverän geschaltet zu haben, mal als von sich selbst überzeugter, darum überzeugender Schauspieler, wie zwei Tage vor Leuthen (»... oder uns alle vor seinen Batterien begraben lassen«), mal als Schmierenkomödiant, wie in den Tagen nach Hochkirch und Maxen. Ganz gewiß brauchte er selbst die überschwemmenden tragischen Gefühle, um sich in Notzeiten auf Deck und aufrecht zu erhalten. All die sieben Jahre des um seine Person geführten Krieges hatte er eine Dose mit achtzehn »äußerst giftigen« Opiumpillen um den Hals hängen, die er dem also Bevorzugten mit den Worten zu zeigen pflegte: »Hier, mein Freund, ist alles, was nötig ist, um dem Trauerspiel ein Ende zu machen.« An Voltaire schreibt er: »Falls es an Gift fehlt, wird der Stahl es vollbringen.« Sein Kosewort für den Selbstmord ist »den Purzelbaum schlagen« (faire la culbute).
Man muß zugeben, daß seine Lage von Beginn des Krieges an nicht beneidenswert war. Für einen Eroberer hatte er zu langsam, für einen von »Einkreisung« Bedrohten zu gewaltsam gehandelt. Der halbe Sieg vor Prag und die ganze Niederlage von Kolin hatten den Blitzkrieg verdorben, die feindliche Übermacht konnte sich formieren. »Das Glück ist eine Frau, und ich bin kein Liebhaber«, soll Friedrich nach Kolin an Keith geschrieben haben, und noch am Abend der Schlacht schrieb sein Bruder Heinrich, dem Friedrich voller Todessehnsucht die geschlagene Armee übergeben hatte, an beider Schwester Amalie: »Phaeton ist gestürzt ... Wir wissen nicht, was aus uns werden soll. Der Tag des 18. (Juni 1757) wird für das Haus Brandenburg auf ewig unheilvoll sein.« Phaeton, jener Sohn des Sonnengottes Helios, hatte die Pferde des Sonnenwagens nicht lenken können.
Auch Friedrich schrieb an seine Schwester, die ihm gläubig ergebene Wilhelmine, die Markgräfin von Bayreuth, und machte ihr ein Anerbieten. Zwar, ein Selbstmordversuch wurde in der preußischen Armee als schwerstes Verbrechen bestraft, oft, wenn der Täter sich verstümmelt hatte, mit einer solchen Menge Spießrutenlaufen, daß der Delinquent einen »anständigen« Tod sterben konnte. Erfolgreiche Selbstmörder in der Armee des »Soldatenkönigs« waren an den Füßen aufgehängt und von Pferden auf den Schindanger geschleift worden. Derlei Skrupel fochten aber den König und seine Lieblingsschwester nicht an. »Einen Schauspieler«, schreibt er, »der auf der Bühne bleibt, wenn er nichts mehr zu sagen hat, pfeift man aus ... Ist Dein Entschluß der gleiche wie meiner, so enden wir gemeinsam unser Unglück.« Der tapfere Entschluß wird sogleich, zu Händen des Marquis d'Argens, in 208 Zeilen gebracht, deren erste lauten:

Mein Freund, mit mir ist's aus,
der Würfel fiel.

Beide, der Marquis und die Schwester wurden gebeten, die gereimte Selbstmorddrohung an Voltaire in die Schweiz weiterzuschicken, den weiland »schlimmsten Schurken des Universums«. Er, der ohnehin alle Briefe Friedrichs der französischen Regierung zugänglich macht, soll den Freunden und Feinden vor Augen stellen, daß Gefahr im Verzuge ist, daß der so notwendige Feind sich entleiben will. Voltaire: »... sagte mir in Vers und Prosa lebewohl.«

Der Schwester Amalie (»Amélie«) in Berlin kündigt er am 6. September den baldigen Freitod an. Sie bekommt ein Gedicht von 440 Zeilen über den Zufall, Bruder Heinrich eines über den Tod. Der König reißt die Oden — »vielleicht die letzten Verse, die ich gemacht habe« — aus den Händen de Prades und liest sie selbst, bis er vor Tränen nicht mehr sprechen kann.

Mitte September aber beruhigt er die Schwester in Bayreuth: »Ich sehe voraus, daß die besten Bedingungen, die man von diesen Leuten erlangen kann, erniedrigend und schrecklich (affreuses) sein werden. Aber man bringt sich um, mich zu überzeugen, daß das Wohl des Staates es erfordert, und ich bin verpflichtet, so zu verfahren.« Der Brief ist chiffriert, offenbar soll er nicht an Voltaire weitergeleitet werden, wie jene anderen, in denen der Refrain immer nur heißt »ehrenvolle Bedingungen oder Tod«.

Elf Jahre zuvor, 1746, hat er eine Stelle bei Montesquieu kommentiert, in der Ludwigs XIV. hochherziger Entschluß behandelt wird, »lieber unter den Trümmern seines Thrones begraben zu werden, als Vorschläge anzunehmen, die ein König nicht hören darf«. Friedrich bemerkte dazu: »Das ist gut gedacht für einen großen Fürsten, der sich gleichzeitig seinen Feinden entgegenstellen kann. Aber ein Fürst mit schwächerer Kraft und Macht muß sich der Zeit und den Umständen anpassen.«

Am 1. Oktober schreibt er an seinen Kabinettsminister und Jugendfreund Finckenstein: »Wir sind verloren, aber ich werde untergehen, den Degen in der Hand.«

Am 8. Oktober erhält er von Voltaire den Rat, wie der Große Kurfürst auf einige Eroberungen zu verzichten. Er antwortet glorios:

Glaubt mir, wenn ich heut Voltaire,
Herr des eignen Schicksals wär,
Sollte das Notwendige
Mir vollauf genügen,
Und das Glück, das unbeständige,
Könnte mir entfliegen —
Lachen würd ich drob wie er!
Weiß ich doch an meinem Teile,
Wie der Reiche Mißbrauch treibt

Und die öde Langeweile
Stets das Los der Großen bleibt.
Kenne auch der Pflichten Bürde,
Schmeichelreden ohne Würde.
Wohlbekannt
ist mir all der eitle Tand,
Der uns plagt im Fürstenstand;
Nicht nach Ruhm steht mir der Sinn,
Ob ich König auch und Dichter bin . . .
Aber jeder Stand hat seine Pflicht,
Und wir müssen an dem Amt, dem schweren,
Wenn es gilt, den ganzen Mut bewähren.
Mag Voltaire in seiner Klause
Dort, wo Treue fromm und rein
Goldner Zeiten noch zuhause,
Friedsam sich der Tugend weihn,
Wie es Plato uns gebot –
Ich, von Schiffbruch rings umdroht,
Trotzen muß ich dem Verderben,
Muß als König denken, leben, sterben.

Die letzten drei Zeilen, im Original:

Pour moi, menacé du naufrage,
Je dois, en affrontant l'orage,
Penser, vivre et mourir en roi.

Den Schluß scheint er einem nicht minder berühmten Muster ein wenig nachgelauscht zu haben, der »Athalie« des Racine, die Friedrich für bedeutender erklärte als alle Taten des Siebenjährigen Krieges zusammen. Dort fordert der Hohe Priester den jugendlichen König auf:

Et périssez du moins en roi, s'il faut périr

und gibt den Leviten die Parole:

De vivre, de combattre, et de mourir pour lui.

Es scheint, als habe Friedrich beide Verse ein wenig zusammengezogen.

Voltaire genoß die Rache, den Mann, der ihn 1753 in Frankfurt hatte einsperren lassen, mit gespieltem Ernst zu bitten, doch am Leben zu bleiben: »Glauben Sie mir, wenn Ihre Courage Sie derart zum heldenhaften Äußersten triebe, es würde nicht gebilligt werden.«

Und schärfer: »Sie wissen, an wieviel Höfen Europas man sich darauf versteift, Ihr Betreten Sachsens als einen Bruch des Völkerrechts zu betrachten.«

Und noch schärfer: »Eure Majestät schreiben mir, daß Sie sich anschickten, ein Taugenichts zu werden; eine schöne Neuigkeit, die Sie mich da lehren! Was seid Ihr denn sonst, Ihr Herren der Erde?!« Bald wieder Versöhnung, Reimereien, Reibereien.

Am 5. November schlägt Friedrich die »eilende Reichsexekutionsarmee«, die er in eine laufende verwandelt, nebst einer französischen Armee unter Soubise bei Roßbach, 169 Tote bei den Preußen, am 5. Dezember die Österreicher bei Leuthen. Friedrich nach Roßbach: »Jetzt werde ich zufrieden ins Grab steigen, seit das Ansehen und die Ehre meiner Nation gerettet sind.« Er selbst war gerettet, den Purzelbaum konnte er sich für dies Jahr 1757 sparen. Den Prinzen Heinrich bittet er, ihm die beste Schere zu schicken, um dem zurückgekehrten Glück die treulosen Flügel abschneiden zu können.
Es blieb unbeständig, die Gelegenheit zum Selbstmord kam alle Jahre wieder. Den ganzen Krieg hindurch war seine Situation so, daß nur Uneinigkeit und auch Unfähigkeit seiner Gegner ihn am Leben ließen, bei ständig vermindertem Spielraum für ihn selbst. Siegte er, so schien es doch so, als habe er »nur seinen Sarg neu vergoldet« (Horace Walpole) und als werde »der Leichendiener Daun noch sein Begräbnis besorgen«.
An seinen verlorenen Schlachten war er, nach den Regeln der Kriegskunst, fast nie unschuldig. Als er bei Hochkirch 1758 noch bei Nacht in einem leichtsinnig bezogenen Lager überfallen und geschlagen worden war – Feldmarschall Keith, Bruder des »Lord-Marschalls«, fiel in dem Tohuwabohu –, empfing er den Vorleser de Catt mit Versen aus Racines »Mithridate«, die er auf seine Situation umgemünzt hatte:

Nach einem Jahr, Arbat, siehst du mich endlich wieder,
Der ich das Schicksal Wiens stets in der Waage hielt
Und der die ganze Welt in Ungewißheit ließ.
Ich bin besiegt. Daun nutzt' den Schutz der dunklen Nacht,
Unordnung allerorts verdoppelt noch den Lärm.
Wir wenden gegen uns, verwirrt, die eignen Waffen.
Des Nachtkampfs Greuel brechen über uns herein.
Was galt da wahrer Wert im unheilvollen Wirbel?

Seufzen bei den Worten »Was galt da wahrer Wert«?

Kunersdorf, diese fürchterlichste seiner Niederlagen, ließ ihn noch einmal an die Vorsehung glauben, die er früher nur verspottet und später in einen höheren Rang, allen menschlichen Geschicken entrückt, placiert hat: »Ich erblicke in meiner Erhaltung und der meines Heeres den Finger einer Vorsehung.« Solche Zeichen intellektueller Schwäche sind bei ihm selten. Er muß also sehr verzweifelt gewesen sein. Wohl mit Grund war er überzeugt, daß die Russen ihn erledigen könnten, wenn sie ihren Sieg irgend ausnützten. Er traf seine letzten Verfügungen, Prinz Heinrich sollte Generalissimus der Armee werden, die dem vierzehnjährigen Thronfolger, seinem Neffen Friedrich Wilhelm, schwören sollte. An den Minister Graf Finck von Finckenstein in Berlin schrieb er: »Das ist ein grausames Mißgeschick ... ich glaube, daß

alles verloren ist. Überleben werde ich den Untergang meines Vaterlandes nicht.« Im übrigen: »Adieu pour jamais! Federic.«
Unter dem Vorwand einer Krankheit gibt der nicht verwundete Friedrich den Oberbefehl seiner Armee an den leicht verwundeten General Finck. Der scheint nicht französisch verstanden zu haben, und dieser Unkenntnis danken wir ein bemerkenswertes, auch wohl anrührendes Dokument deutscher Sprache:

Der General Fink Krigt eine Schwehre Comission, die Unglükliche Armee So ich ihm übergebe, ist nicht mehr im Stande mit die Russen zu Schlagen. Hadek* wirdt nach Berlin Eillen villeicht Laudon** auch, Gehet der General Fink dieße beide nach So kommen die Rußen ihm in Rücken, bleibt er an der Oder Stehen So krigt er den Hadek diss Seit, indeßen So glaube das wen Laudon nach Berlin wolte Solchen könte er unterwegens attaquiren und Schlagen Solches wohl es guht gehet gibt dem unglük einen anstandt und hält die sachen auf, Zeit gewonnen ist Sehr vihl bei dießen Desperaten umstände ... er mus Meinen Bruder den ich Generalissimus bei der Armee Declariret von allen berichten, dießes unglük gantz wiederherzustellen gehet nicht an, indessen was mein Bruder befehlen wirdt das mus geschehen, an meine Nerveü mus die Armee Schwehren. Dießes ist der eintzige raht den ich bei denen unglüklichen umbständen im Stande zu geben bin, hette ich noch resourssen So wehre ich darbei geblieben.

Die Russen aber, enttäuscht über die Österreicher, und die Österreicher vice versa, ließen Friedrich wieder zu Atem kommen. In einer Sänfte, weil er nicht reiten konnte, wird der Gichtleidende nach Sachsen getragen, wo er wenigstens Dresden zurückerobern und die Österreicher vertreiben will. Den General Finck mit 15 000 Mann schickt er Daun in den Rücken. Seine ganze Umgebung, Prinz Heinrich inklusive, mißbilligt den Entschluß. Aber außer dem Vorleser de Catt, einem Schweizer, konnte niemand mit dem König darüber sprechen. Der ließ sich naturgemäß auf keine Diskussion ein, sondern deklamierte eigene Verse, die den Prediger Salomo parodierten. Finck wurde von dem »geweihten Hut« bei Maxen dazu gebracht, auf freiem Feld »wie in einem Rebhühner-Netz«, die Waffen zu strecken: Neun Generale, 35 Schwadronen, 18 Bataillone, 70 Kanonen. Die Kapitulation schonte das Offiziersgepäck. Dem General Wunsch, der sich mit 1800 Reitern hatte befreien können, befahl Finck, sich in österreichische Gefangenschaft zurückzubegeben, und der gehorchte, man muß wohl sagen blind.
Der König wußte, daß er selbst die Hauptschuld trug. »Finck ist unglücklich und anscheinend unschuldig«, meldete Eichel an Finckenstein nach Berlin. Ein einzigartiger Fall, Friedrich konnte nicht mehr dichten. Er sah immer »Finck an der Spitze meiner

* Der ungarische Reitergeneral Andreas Hadik, der kurz zuvor Berlin für einen Tag besetzt hatte.
** Gideon Freiherr von Laudon, auch Loudon, einer der fähigsten Generale der Österreicher.

Feder«. »Die Ehre, mein Lieber!« rief er de Catt zu, »die Ehre ist ein Verlust, der sich nicht messen und nicht wieder gutmachen läßt. Dazu sind Jahrhunderte nötig, um diesen Schandfleck auszulöschen.« An d'Argens hatte Friedrich vor der Schlacht ein Siegesgedicht geschickt (»pas trop mal«), das er nun widerrufen mußte, als »voreilig verfertigt«. Das Gedicht bekam die Fußnote: »Sechs Tage vor dem Vorfall bei Maxen.«

Drei Tage nach Maxen überraschte der König den Schweizer Vorleser mit dem Plan, sich eines Tages, nach dem Ende dieser Wirren, von der Regierung zurückzuziehen. Mit 100 000 Talern jährlich wollte er auskommen, dem Doppelten seines gesamten Universitäts-Etats (für sich selbst hat er laut seinen Testamenten nie mehr als 220 000 Taler pro Jahr ausgegeben). Freunde wollte er einladen und mit ihnen einfach essen. Am Morgen hatte er den Grundriß eines Wohnhauses für sich und seine Freunde entworfen, den zeigte er nun vor.

Nächsten Tags konnte er wieder dichten. Ihm gefiel der Vers: Die kleine Mücke, die noch schnaufen kann, ist besser als ein toter Löwe. »Glauben Sie, man kann meine Verse neben die Voltaires stellen?« fragte er de Catt. Kein Purzelbaum.

Macaulay (1800—1859), der Friedrich nicht günstig gesonnene britische Geschichtsschreiber, hat des Königs Situation unübertrefflich geschildert: »Es ist schwer zu sagen, ob das Tragische oder das Komische vorherrschte in den eigenartigen Auftritten, die sich damals abspielten ... Der große König ist umgeben von Feinden, er trägt Verzweiflung im Herzen und hält Pillen in seiner Kleidung verborgen, aber ihm entsprudeln Hunderte und Hunderte von Versen, voller Haß gegen Götter und Menschen, der schale Bodensatz der Voltaireschen Quellen, das schwächliche Echo der Muse Chaulieus ... Wir kennen kaum ein ähnlich überraschend groteskes Beispiel der Stärke und Schwäche der menschlichen Natur wie den Charakter dieses stolzen, wachsamen, entschlossenen, scharfsinnigen Blaustrumpfes, halb Mithridates halb Trissotin*, der sich mit einer Unze Gift in der einen Tasche und einem Bündel schlechter Verse in der anderen einer Welt in Waffen entgegenstemmt.«

Von jetzt an wartet Friedrich an die zwei Jahre auf Türken und Tartaren und auf das Ende, nur noch »gut, den Hunden vorgeworfen zu werden«. Er »bebt, wenn er einen Brief erbricht, und erschrickt, wenn die Türe sich öffnet« (Koser). Er beschreibt die Grübeleien eines Wassersüchtigen, »der Tag für Tag die Fortschritte seiner Krankheit feststellt, die Kälte des Todesboten schon in den Gliedern spürt, und den Augenblick vorausberechnet, da auch das Herz absterben wird«. Kopfschmerzen hat er, russische, österreichische, gallische und schwedische Kopfschmer-

* Figur aus Molières »Schule der Frauen«: eingebildeter, aber geistreicher Mensch.

zen, »genug um einen Ochsen zu töten, und wäre es Gott Apis selbst«.

Zum »außerordentlichsten Menschen seines Jahrhunderts« — diesen Titel verteilt er 1746 noch auf Peter den Großen und Karl XII. — wurde Friedrich, weil er zwei Eigenschaften bewies, die einander fast auszuschließen scheinen: Vielseitigkeit des Geistes und Standhaftigkeit des Willens. An Finckenstein schreibt er: »Was hilft es, wenn wir noch den einen oder anderen Erfolg erringen, am Ende werden wir doch unterliegen.« Der Freund d'Argens in Berlin bekommt die Parabel:

»Ein geschickter Musiker soll gefragt worden sein: Könnten Sie wohl auf einer Violine spielen, die nur drei Saiten hat? Er spielte einigermaßen darauf. Dann zerriß man noch eine Saite. Er spielte, aber noch schlechter. Schließlich zerriß man auch die letzte und verlangte, daß er seinem Instrument noch Töne entlocke. Aber da war es aus, er spielte nicht mehr.«

Die leichtfüßige Fabel setzt der König in schwerfällige Verse, ebenso die Reden, die Cato und Kaiser Otho vor ihrem Freitod gehalten haben könnten (»Bedenken Sie, unter welchen Umständen die Verse entstanden sind«): Cato von Utica, der unter Cäsars Tyrannei nicht leben mochte, und der minder respektable Otho, der nur ein Vierteljahr Kaiser von Rom war, nachdem er den von ihm auf den Schild gehobenen Soldaten-Kaiser Galba hatte ermorden lassen: einen legitimen Fürsten, der sich in Ehren umgebracht hatte, konnte Friedrich wohl nicht finden. Er spuckt Blut, leidet unter der Gicht, hat Schwindelanfälle, liest manchmal die Geschäftspost nicht. Er kann nicht mehr.

Den Winter 1761 auf 1762 verbringt er in Breslau, geht nicht unter die Leute, spielt auch nicht mehr auf der Flöte. Auf den Tod der Zarin wartet er seit 1757: »Stirbt der Drache, so stirbt das Gift mit ihm.« Er hat Befehl gegeben, daß man am Odertor aufmerksam sein möge, falls ein Kurier aus Rußland käme; ihn solle man sofort, auch nachts, passieren lassen (so eine nicht weiter nachprüfbare Lesart, mitgeteilt von dem preußischen General Warnery).

Den 20. oder 28. Februar hatte er sich als Termin gesetzt. Würden die Türken bis dahin nicht den Krieg erklärt haben, wollte er, das schrieb er d'Argens am 18. Januar, »Catos Rat folgen«. Zu de Catt: »Ich habe keinen Hoffnungsschimmer, mich zu retten . . . Wenn ich am 28. Februar sehe, daß alles vergebens war, werde ich mich an meine Stoiker und an meine Dose halten.«

Als er an d'Argens schrieb, war er, ohne es zu wissen, schon gerettet. Am 5. Januar war die Zarin Elisabeth gestorben. Ihr halbirrer Neffe Peter von Holstein-Gottorp, ein Friedrich-Adorant, war — für ein halbes Jahr — der neue Zar, er wünschte sich sofort, und erhielt natürlich, den Schwarzen Adlerorden. Friedrich war für ihn »der König, mein Herr«; Peter hatte ihm schon als Zarewitsch, und prahlte als Zar gar damit, die Operationspläne der Alliierten entdeckt. Rominagrobis, der König der Katzen, war wieder auf die Füße gefallen, so staunte Horace Walpole.

Sogleich kehrte die gewohnte infame Unverschämtheit in Friedrichs Hirn zurück. Seinem Gesandten in London, der ihn namens der Engländer ehrfurchtsvoll zum Frieden ermahnt hatte, ebenfalls noch in Unkenntnis des Todes der Zarin, schrieb er: »Ihr Vater, Knyphausen, hatte Geld von Frankreich und England genommen, weshalb er fortgejagt wurde; sollte er Ihnen diese Gewohnheit vererbt haben?« Es war aber Knyphausens Vater im Jahre 1730 als Kabinettsminister entlassen worden, weil er ein – keineswegs bezahlter – Freund Englands und des zur englischen Heirat drängenden Kronprinzen Friedrich gewesen war. Knyphausen Vater scheint einer der ganz wenigen Menschen an Friedrich Wilhelms Hof gewesen zu sein, die kein ausländisches Geld bekamen. Und Knyphausen Sohn hatte nach Kunersdorf als einziger die Nerven behalten und eine ihm anbefohlene Verzweiflungs-Aktion bei Pitt auf eigenes Risiko unterlassen.

Der König war wieder der alte. 1763 kam der Friede. Eine neue Qualität hatte Friedrich, der nun 51 Jahre, die Lebensspanne seines Vaters, erreicht hatte, hinzugewonnen: Alter Fritz. Fast ohne Zähne, grau und kränklich, regierte er noch einmal 23 Jahre.

3. Kapitel Ein Franzose in Berlin

»Ich mache Ihnen streitig, ein besserer Franzose zu sein als derzeit ich.«
Friedrich 1741 an den 87jährigen Kardinal André Hercule de Fleury, Leitender Minister in Frankreich.

Friedrich konnte besser deutsch, als man glaubt und als er wußte. Er sprach und diktierte es so bildhaft wie ursprünglich, ja, er schrieb Briefe auf deutsch, die sich zwar nicht durch die Grammatik, aber durch plastischen Ausdruck hervortun. Nicht immer ist, hat man die Handschrift nicht vor Augen, auf den ersten Blick zu erkennen, ob er einen deutschen Brief diktiert oder selbst geschrieben hat. Als er den General von Wedell im Juli 1759 mit den ausdrücklichen Befugnissen eines »Dictators« zu seiner Ostarmee schickte und der sich bei dem märkischen Örtchen Kay von den Russen schlagen ließ, schrieb ihm Friedrich in ungewohnter Milde: »Mihr hat es geahnet, das Ding würde Schüf gehen ... die Leuten wahren verblüft, nur mehr nicht daran gedacht ... es ist Seine Schuldt nicht, das die Schurken So schendlich davon Laufen.«
Den Kommandeur des Regiments Syburg schloß er von aller Versorgung aus, mit dem Bescheid: »bey Zorndorf hat das Regiment gelaufen das ich Sie erst den andern Tag zurücke gekrigt habe und bei Kunersdorf seindt Sie nicht 8 Minuten ins Feuer geblieben.« Vor Roßbach schrieb er dem Prinzen Moritz von Anhalt-Dessau in gerechter Einschätzung der Reichsarmee: »Hier würde ich leichte fertig werden mit das Krop, das vor mir ist; aber die Menge der Feinde macht, daß, wann auch Prinz Eugen sein Geist auf mir schwebete, ich doch nicht würde allerwegens Fronte machen können.«
Er konnte auf pommersch-platt Döntjes erzählen, wie der Oberamtmann Fromme in Fehrbellin behauptet hat, und sagte kurz vor Liegnitz (1760): »Ich werde zur Anfeuerung meiner Offiziere meine deutsche Redekunst in Anwendung bringen. Ich bin nicht stark im Deutschen. Es wird aber gehen. In Parchwitz hielt ich eine Ansprache an sie, bevor es nach Leuthen ging, und sie waren ergriffen.« Es war die berühmte Ansprache, deren Wortlaut nicht feststeht, den Verehrern des Filmschauspielers Otto Gebühr aber gleichwohl vertraut ist; übrigens durchaus eine Ausnahme im kriegerischen Leben des ansonsten so gesprächigen Königs.
An Fredersdorf, sein Mädchen für alles, mußte der König deutsch schreiben. Er besorgte das eigenhändig, in seiner steilen gotischen Schrift, und man mag zweifeln, ob er sich auf franzö-

sisch so knapp hätte verständlich machen können: »hier Schlagen wier uns alle Tage wie die Teüwel herum«, berichtet er dem Vertrauten, seinem früheren Kammerdiener, im Herbst 1745. »es hat bei Sohrr (Soor) Schärfer gegangen, als Nihmalen, und bin ich in der Suppe bis über die ohren gewessen. Sistu wohl, mihr thuht Keine Kugel was! . . .«
Köpen (Geheimrat Köppen) »Sol die Fükse (Rotfüchse) vohr d. Kleinen hendrich betzahlen« – das war der neunzehnjährige Bruder Heinrich, der vom Krieg auch noch etwas erwischen wollte. Der König will »nicht vom Flek, bis daß ich gewisse bin, daß die Spitzbuben auch Stille sitzen werden«. Er weiß nicht, »wohr mihr Mein Stern Noch herum-promeniren wirdt«.
Einstweilen, nach dem Dresdner Frieden, wieder in Richtung Berlin. »es ist hier ein gehuste in das Schlos, als wann 1000 Mertz-Schafe (Märzschafe) weren herein-getrieben worden.« Frieden ist köstlich, aber er wird nicht dauern: »nuhn Solte Dein Profet vom Krig profetzeien, ich Glaube, Künftig jahr (1754) umb diese Zeit haben wihr uns gewisse schon ein par mahlen bei die ohren gehabt!«
Die »Naturlaute deutschen Volkstums«, auf die es unseren Gelehrten so sehr ankommt, hat Friedrich also origineller als so mancher Schulfuchs artikuliert. Sein Fredersdorf ist, neben vielem andern, auch eine Art Opern-Agent. Friedrich weist ihn an: »in der astrua (einer Sängerin) ihr Contract muß man Setzen, daß sie den Carneval 7. 8. und 9. 40 (1747, 1748, 1749) Singet. jedoch wer weis, wer es erlebet!« Der König glaubt, gerade einen Schlaganfall hinter sich gebracht zu haben. Die Astrua ist neben dem Sänger Salimbeni und der Tänzerin Barberina ein Stern erster Ordnung, alle drei vereint lassen Berlin 1748 als das neue Elysium für Oper und Ballett erscheinen.
Fredersdorf besorgt »Schurken« (vulgo Opernsänger und Schauspieler) und »Huren« (vulgo Sängerinnen oder Tänzerinnen). »Eine Canaille hier-her Komen zu lassen, die fukst aber nicht Sinhkt (singt), ist nicht Die Mühe werth!«, meint Friedrich. Es kommen aber auch Kastraten wie Salimbeni, die nicht weniger Ärger machen. Viel Zeit müssen die beiden Theatermanager auf ihre Künstler verwenden. Darum der PS-Seufzer: »Die Opern-Leute sind solche Canaillen-Bagage, daß ich sie tausendmal müde bin.«
Mit der Müdigkeit wegen der »Haselanten« (Possenreißer) ist es nicht so weit her. In einem französisch geschriebenen Brief an den preußischen Gesandten in Paris, seinen Freund Keith, meint der König: »So viele Verhandlungen sind nicht in Wien und Mannheim wegen der Wahl eines römischen Königs gepflogen worden, als Klugheit und Vermittlungskunst aufgewandt werden mußten, um diese Truppe dazu zu bringen, die Oper ›Die drei Buckligen‹ aufzuführen.«
Manchmal schreibt der König dem Fredersdorf so, wie Lessing

seinen Leutnant Riccaut – Jahre später – in der »Minna von Barnhelm« hat sprechen lassen: »hokwolgebor« für hochwohlgeboren, und »maken nuhr rictic die accord«. Fredersdorf, der Allesbesorger, macht auch Vertrag über Bilder, darunter »Tisiens, Paul Veronesse, Jourdans und Corege«, aber nur ja keine »huntzfotiesche heilige, die Sie Märteren«.
Im Hauptberuf scheint der überaus brauchbare Fredersdorf krank gewesen zu sein, und fast nur zum Ausgleich ist gelegentlich nicht von Fredersdorfs, sondern Friedrichs Zuständen die Rede: »Schlaff und apetit fehlet mihr und bin ich wie die Schwangeren Weiber, die unordentliche lüste haben, aber es wil doch nicht recht fohrt.« 1753 schreibt ihm der König: »wann man Dihr Könte in baumwolle verwahren, So währe es bei jetzigen umbständen noch nicht genung.«
Er sprach nicht nur plastisch, auch gedichtet hat Friedrich auf deutsch. Als zweiundzwanzigjähriger Beobachter während Prinz Eugens nicht sehr ergiebigem »Rheinfeldzug« des Jahres 1734 verfaßte er in einem Brief an seinen Freund Carl Dubislav von Natzmer sogar eine deutsche Strophe:

Zum Zipfel, zum Zapfel,
Zum Scherber, zum Pfriemen,
Bei der Jungfer Christinen
Zum Dachfenster rein.

Deutsche Knüppel- und Volksreimereien notierte er sich damals in seinem Feldzugs-Tagebuch:

hat mich nit der Nar erschrekt
hat mich (im) Kiestal (Kühstall) niderkelekt
hat mich ä Kribs ä Krabs kemacht
Das mihr das Hertzele im Leibe hat Kelacht.

Friedrichs deutsche Grammatik freilich, wenn er keinen Sekretär zur Hand hatte, war eines Kutschers würdig, wenn denn Kutscher in seinen Staaten hätten schreiben oder schreiben lernen können. Freilich, hochgestellte Personen dieser Zeit parlierten vielerlei Gemisch und schrieben oft keine Sprache halbwegs korrekt, wenn aber, dann das für Standespersonen unentbehrliche Französisch. Als Kaiser Franz den Staatskanzler Kaunitz erregt nach dem Verbleib einiger Gelder fragte und die Kaiser-Gattin Maria Theresia in wortlosem Ärger die Sitzung verließ, schickte er ein Billett hinterher: »Ma vivasite fig mir Regt an et je vous dret ne lavoyre pas fay pour bocoup.« In der Übersetzung: »Ma vivacité ficht mich recht an, und ich gäbe viel darum, es nicht getan zu haben.« Der Ton, beiläufig, macht eine andere Musik als in Potsdam, wo auch dem höchsten Staatsdiener vom allerersten Diener des Staates die Flötentöne mit dem Krückstock angezeigt wurden.

Friedrich, an Stelle des Kaisers, hätte »Wivasitet« geschrieben. Wie er sonst nach dem Ohr schrieb, etwa »Dresen« für »Dresden«, »Säkssich« für »sächsisch«, »Preusisch« für »preußisch«, so scheint er es auch im Französischen gehalten zu haben, wo er sich freilich, wenn er diktierte, auf den Sekretär verlassen konnte. Er muß peyer (für payer), er will ein Tablau oder ein Tablo (für tableau), er schreibt Dargans und Dargens für d'Argens, Dalenber für d'Alembert, Moperni für Montperny, Mauperthuy und Maupertius für Maupertuis, Voltere für Voltaire. Ein Augenmensch scheint er im Schriftlichen nicht gewesen zu sein.* Überhaupt die Namen! Die Sängerin Masi taucht im Briefwechsel auf als Massi, Massa, Mansy, Mantzky, Mansi. Pöllnitz wird zu Pelnitz, Podewils, sein Minister, zu Poudewels, Münchow, ebenfalls sein Minister, zu Munchau. Fahren die Dienstleute zum Kriegsende »auf der Oder herunter«, so bei Friedrich »auf Der oder Herunter«, was Fredersdorf aber mühelos verstanden zu haben scheint.

Da Friedrich Fredersdorf lesen konnte, hätte er auch den Philosophen Christian Wolff lesen können. Er wollte nur nicht, darum mußte der langatmige Text für ihn ins Französische übertragen werden (übrigens auch, damit Voltaire ihn lesen konnte). Daß er den Entwurf des Hubertusburger Friedens zuerst nicht verstanden habe, weil das Schriftstück ihm auf deutsch vorgelesen wurde, mag eine Legende sein oder ein Mißverständnis. Las man langsam, verstand er jedes Wort.

Seine lateinischen Sprichwörter und Kernsprüche sind wahrhaft schöpferisch, wenn er etwa seine zusammengeschrumpfte Kriegsführung mit der Devise kennzeichnet »Magnibus in Minibus, minibus in Maxsimus« (für »maximus in minimis et minimus in maximis«); oder wenn er 1742, unwillig, etwas herauszugeben, kundtut: »Beatus est posedendi« (für »beatus possidens«). »Scriptus in doloso« setzt er als Widmung über eine Arbeit, die er offensichtlich unter Schmerzen geschrieben hat. Wollte er wahrhaft martialisch sein, so hieß die Losung: »stante pede morire.«

Die gleiche Unbekümmertheit, mit der er falsches Latein schrieb, wollte er seinem Kabinett nicht durchgehen lassen, das korrektes Latein benutzte. Friedrich 1744 an seinen Minister von Broich: »Ich remittire Euch beykommende ordre unvollzogen. Ihr hättet von Selbsten leicht einsehen können, wie es Sich ganz nicht schicke, mir rubriquen so mit so viel juristischem latein bespickt sind, vorzulegen, da solche zwar denen Juristen facultaeten Schöppenstühlen und criminal Gerichten bekand genug seyn mö-

* Des Königs Schriftfranzösisch erhellt aus einer Notiz, die er im Fall Voltaire seinen Berliner Zeitungen zustellte: »article pour metre dans les Gazettes – on a brulé ici par le Mains du bouro unlibele Infame Sous le titre de la Diatribe, on atribue cet ouvrage a Monsieur de Voltaire, il est Contre Monsieur de Mauperthius president de Notre accademie.«

gen, vor mir aber lauter arabisch sind. Ihr hättet solches auch in dieser piece so viel mehr verhüthen sollen, da es auff Menschen Leben ankommt (Unterzeichnung eines Todesurteils), und Ich keineswegs dergleichen mit so vielen mir unbekandten Worten angefüllete confirmationes unterschreiben kan, ohne den wahren Inhalt zu wißen. Ihr sollet also mit dergleichen Lateinischen rubriquen spahrsamer seyn, und wenn Ihr was berichtet, oder zur unterschrifft schicket, hübsch teutsch schreiben, solches auch denen Secretarien der Canceley bekand machen.«

Wie der wahrhaft Gebildete nur einige Dutzend Bücher braucht, so zählte auch Friedrichs Handbibliothek nicht mehr Bände. Dafür gab es sie siebenfach in Sanssouci, beiden Potsdamer Schlössern, Berlin, Charlottenburg, Breslau und im Marschgepäck, alle Exemplare in hellrotem Saffian: Corneille, Racine, Boileau, Voltaire, Montesquieu, Bossuet, Bayle, Pascal, Fénelon, Chaulieu, Molière etc., französische Übersetzungen von Locke, Cicero, Horaz und anderen, unter ihnen kein Deutscher, auch nicht Wolff, den er immerhin nach seiner Thronbesteigung aus dem von Friedrich Wilhelm verhängten Exil nach Halle zurückgeholt hatte.

Friedrich liebte es manchmal, sich als einen Deutschen zu empfinden, wenn er anderen seine unverstellte Meinung sagen wollte. Eines seiner Kunstmittel bestand darin, den Nicht-Diplomaten herauszukehren: »Ich schreibe diesen Brief mit dem hausbackenen Verstande eines Deutschen, der das sagt, was er denkt, ohne sich zweideutiger Worte und entkräftigender Milderungen zu bedienen, durch welche die Wahrheit nur entstellt wird.«

Etliche Enttäuschungen mit seinen französischen Freunden liegen schon hinter ihm, als er seinem früheren Vorleser Darget, dem Helden seines humoristischen Gedichts »Palladion«, 1754 schreibt: »Man sage, was man wolle, unsere braven Deutschen sind in ihrem Phlegma doch verträglicher als ihre zappeligen Schöngeister. Allerdings sind wir, wie Sie selbst gestehen, schwerfällig und besitzen leider gesunden Menschenverstand, aber wenn Sie einen Freund wählen müßten, wo würden Sie ihn suchen?«

Da konnte denn jeder geübte Patriot, hier Gerhard Ritter, aufatmen: »In ihm selbst war die nationale Eigenart des Deutschen trotz aller französischen Bildung unzerstörbar lebendig.« Er war, so Ludwig Häusser, ungeachtet seiner französischen Politur, »kerndeutsch«. Er hat sich »deutschem Wesen in der Schule der Franzosen nicht gänzlich entfremdet«, hat überhaupt nur »zur Weckung und Kräftigung des deutschen Geistes« sich des französischen Kultureinflusses bedient, hat ihn »als bloßes Hilfsmittel« deutscher Nationalerziehung benutzt (Ritter 1936).

Ein noch ingeniöserer Sachverständiger für deutsches Wesen, Wilhelm II., hat 1929 in seiner Schrift »Meine Vorfahren« das beunruhigende Zeugnis ausgestellt: »Voltaire und der französi-

sche Geist konnten Friedrich ... persönlich nichts schaden. Aber seines Volkes Sinn, seine Gefühle, Geistesrichtung, Sitten beeinflußten sie derart, daß durch sie das Werk Friedrichs und seines Vaters, das Preußentum, katastrophal gefährdet wurde.«
Über seine Blutmischung zu spekulieren, hätte einen Fürsten des 18. (wie auch des 20.) Jahrhunderts nicht weit geführt. Friedrich soll, so glaubt Franz Mehring, mehr Welfe als Hohenzoller gewesen sein. Daß er über seine eigene »geistige Erscheinung« nachgedacht hätte, ob sie nun deutsch oder undeutsch sei, läßt sich nicht belegen. Das konnte er auch mutig Professor Gerhard Ritter überlassen, der noch 1954 den erstaunlichen Befund veröffentlichte: »Seine geistige Erscheinung ist zwar nicht undeutsch, aber sicherlich zwiespältig und insofern fremdartig auf deutschem Boden.« Der deutsche Mensch, insofern, ist nämlich nicht zwiespältig, sondern eindeutig, und immer auf deutschem Boden.
Seinem Gesellschafter, Thiébault nahm Friedrich das eidliche Versprechen ab, niemals deutsch zu lernen. Wenn man dagegen hält, wie vehement Katharina, Prinzessin von Anhalt-Zerbst, sich die Sprache ihrer russischen Untertanen aneignete, liegt es nahe, in Friedrichs Abscheu vor der deutschen Sprache wenig anderes zu sehen als einen Ausdruck seiner allesdurchdringenden Misanthropie. Die Sprache trennte ihn von seinen Untertanen, in ihnen verachtete er die Menschen schlechthin.
Überzeugender, wenn auch nicht schmeichelhafter, erscheint eine andere Deutung. In der Welt des Vaters, der übrigens richtiger Französisch als Deutsch sprach, sah Friedrich während seiner Jugend das deutsche Wesen verkörpert, voller Tabaksqualm, dumpfer Späße, stumpfer Unbildung und unerträglicher Bigotterie, Bier und Schnaps und schwitzige Jagd-Vergnügungen nicht zu vergessen. »Über Gundlings Begräbnis hat man die Achseln gezuckt«, schreibt der Domänen-Direktor Hille aus Küstrin an den Mittelsmann Grumbkow, einen wahren Polonius: der Hofnarr Freiherr von Gundling war in einem Weinfaß beigesetzt worden. Friedrichs Geschwister, wenn nicht er selbst, leisteten sich durchaus ähnlich plumpe Späße. Er aber hielt all das für deutsch. Dazu die ständigen Ermahnungen des Vaters, sich das französische und englische Wesen aus dem Kopf zu schlagen, »nichts als Preußisch, seinem Herrn Vater getreu sein und ein deutsches Herz haben«. Befreiung fand er in der französischen Literatur. Um von seinen Franzosen als einer der ihrigen anerkannt zu werden, scheint er allen deutschen Bestrebungen den Scheidebrief ausgestellt zu haben — ein Unterfangen, das ihm von seiten empfindsamer Freunde in Paris, etwa d'Alemberts, nicht durchweg honoriert wurde.
Etwas Gezwungenes und Künstliches weht um diesen König mit den »großen blauen Augen« (Voltaire), der sich Vers und Prosa

von dem bekanntesten Schriftkünstler der Zeit korrigieren läßt (Voltaire an den 37jährigen: »Courage, empressez, continuez!«). Die Sprache zu beherrschen, in der Klopstock seinen »Messias« schrieb – die ersten zehn, die wichtigsten Gesänge waren 1755 fertig – und in der Kant, zwölf Jahre jünger als Friedrich, philosophierte, lag nicht in seiner Absicht; Kant, der dem König später in einem greulichen Mißverständnis als eine Art geistiger Ladestock zur Seite gestellt wurde, so, als hätte er die »Metaphysik der Subalternität« (Gert Kalow) erfunden, und der zu diesem Mißverständnis, obwohl wichtiger Wort-Führer der Bürger-Mündigkeit, so wacker beigesteuert hat. Auch Kant, auch dieser Großmann des deutschen Idealismus, liefert sein eigenes Mißverständnis in einem Bogen mit; er schreibt 1784: »Nun höre ich aber von allen Seiten rufen: räsonnirt nicht! Der Offizier sagt: räsonnirt nicht, sondern exercirt! Der Finanzrath: räsonnirt nicht, sondern bezahlt! Der Geistliche: räsonnirt nicht, sondern glaubt! (Nur ein einziger Herr in der Welt sagt: räsonnirt, so viel ihr wollt und worüber ihr wollt, aber gehorcht!).«
Philosophisch sollte räsonniert werden dürfen, so viel war ja richtig. Berlin sollte, verkündete Friedrich, ein »Tempel der großen Männer« werden. Das konnten nur Franzosen sein. In der von Leibniz 1700 gegründeten Berliner Akademie durfte fortan nur Französisches gedruckt werden, und kein Preuße sollte hinein.
Friedrich, der seinem Großvater kaum ein gutes Wort gönnte, verdächtigte sogar die Gründung: »Man brachte Friedrich I. die Überzeugung bei, zu seinem Königtum gehöre auch eine Akademie, so wie man einem frisch Geadelten aufbindet, es schicke sich für ihn, eine Meute zu halten.« Was immer dem Großvater vorgeworfen werden kann, er hat mehr hervorragenden Geistern Denken und Tätigkeit ermöglicht als Friedrich: dem Leibniz, dem Pufendorf, dem Thomasius, dem Spener.
An Friedrichs Akademie trug nur der naturwissenschaftliche Zweig einige Knospen. Maupertuis, der Mathematiker und Physiker aus Paris, wurde Präsident. Euler kam aus St. Petersburg, der damals schon berühmte Mathematiker, den der König 1766 ohne Bedauern an den Hof der Zarin zurückgehen ließ; der Franzose Lagrange, ebenfalls Mathematiker, und Sulzer, der Schweizer Pädagoge.
Der Preuße Herder, dessen Arbeiten die Akademie mehrfach preisgekrönt hatte, durfte nicht Mitglied werden. Daß Lessing, noch während des Krieges, zum Akademie-Mitglied berufen wurde, hatte böse Folgen. Friedrich entzog seiner Akademie das Recht, ihre Mitglieder selbst zu wählen. Seit dem Tod von Maupertuis (1759) fungierte er selbst als Präsident. Lessing war ihm von Voltaire als Erzfeind französischer Bildung liebevoll beschrieben worden. Deutsche Freunde, noch dazu in seiner Aka-

demie, wollte er, entgegen seiner Epistel an Darget, denn doch lieber nicht.
Den Philosophen Moses Mendelssohn, der vierzig Jahre unter seinen Augen lebte und der mit Lessing und Nicolai das geistige Leben der Hauptstadt erst begründete, hat er nie gesehen, obwohl er doch manch durchreisendes Gesocks empfing. Mendelssohns »Abhandlung über die Evidenz in den metaphysischen Wissenschaften« wurde 1763 von der Berliner Akademie preisgekrönt. Aber den Vorschlag seiner Akademie, Moses in die Akademie aufzunehmen, beantwortete der König nicht einmal. Vielleicht hatte er dem Philosophen verübelt, daß Moses auf einen Vorschlag des Königs, in Potsdam mit 20 000 Talern eine Seidenmanufaktur aufzumachen, nicht eingegangen war.
Immerhin, diesem Urbild des weisen Nathan verlieh der König die Schutzrechte auf nachdrückliches Ersuchen des Marquis d'Argens (ohne solche Schutzrechte mußte ein Jude entweder Stellung bei einem Schutzrecht-Inhaber nehmen, Moses war in Stellung bei der Witwe Bernhard, oder das Land verlassen). Als Mendelssohn hingegen 1779 um die Schutzrechte auch für seine Kinder bat, wurde er abschlägig beschieden.
Ein halbes Jahr lang bestimmte der König seine Akademie sogar, die Zensur über alle Bücher auszuüben. Doch nahm er das Dekret bald zurück. Da er nur für sein französisches Theater — Oper, Ballett, Komödie, Tragödie — Interesse und Geld hatte, konnte Lessings »Minna von Barnhelm« in dem vom König unterstützten Haus des Intendanten Fierville nicht unterkommen, sondern mußte sich eines der drei deutsch spielenden Theaterchen suchen, das wenig ansehnliche in der Behrenstraße mit immerhin achthundert Plätzen.
Dies Lustspiel der Versöhnung zwischen Preußen und Sachsen, diese »wahrste Ausgeburt des Siebenjährigen Krieges« (Goethe), dies erste deutsche Lustspiel überhaupt, hatte aber Zensur-Schwierigkeiten in Preußen. Es wurde zum ersten Mal in Hamburg aufgeführt (September 1767), wo der preußische Resident ebenfalls Vorstellungen erhoben hatte, danach in Frankfurt, Leipzig, Wien (November 1767), und erst am 21. März 1768 in Berlin, wo es an die neunzehnmal in dreieinhalb Wochen gegeben wurde.
Welche Stellen der preußischen Zensur unangenehm gewesen sein könnten, darüber gibt es nur Rätselraten. War es Tellheims Ausruf: »Ich brauche keine Gnade, ich will Gerechtigkeit« — in der Tat ein mörderischer Ausspruch im 27. Jahr einer Philosophen-Regierung? Aber Tellheim sagt wenig später angesichts des königlichen Handschreibens: »O, mein Fräulein, welche Gerechtigkeit! welche Gnade!« — hat also nach seiner Meinung von beidem empfangen.
War es vielleicht das Schicksal der Veteranen, das ein wenig durch-

schimmert? Kaum, der Wachtmeister Werner, der beim Prinzen Heraklius in Persien Dienst nehmen will, ist ein wohlhabender Mann, und Tellheim, der entlassene Major, soll ja nach dem Willen des Königs wieder eingestellt werden. Immerhin, Tellheim sagt: »Die Großen haben sich überzeugt, daß ein Soldat aus Neigung für sie ganz wenig, aus Pflicht nicht viel mehr, aber alles seiner eignen Ehre wegen tut. Was können sie ihm also schuldig zu sein glauben?« Oder war es die von Tellheim beanspruchte Freiheit, Dienst zu nehmen oder nicht, in einem anderen Land Dienst zu nehmen oder nicht? Nur der kleinlichste Verdacht kann bei diesem preußenfreundlichen Stück Rat schaffen.

Denn Lessing strebte ja damals noch in den preußischen Dienst. Sein Mittelsmann zum König, wie auch der des in Rom lebenden Winckelmann, war der Major, später Oberst, Karl Theophil Guichard, 1724 im preußischen Magdeburg als Sohn einer nicht sehr wohlhabenden Hugenottenfamilie geboren. Auf amtlichen Dokumenten wie nichtamtlichen hieß er nur Quintus Icilius, weil er sich mit dem König über einen Centurio Cäsars in der Schlacht bei Pharsalus nicht hatte einigen können. Jedenfalls hieß der Centurio nicht Quintus Icilius, wie der König behauptet hatte, das konnte Guichard nachweisen, weil es ihm ganzen »Cäsar« keinen Militär dieses Namens gibt. Also sollte Guichard selbst künftig den Irrtum des Königs personifizieren: Friedrichs Art, ein Eingeständnis zu machen und zu verschleiern.

In jungen Jahren war dieser Quintus nach Holland gereist, dort Hauptmann und Militärschriftsteller geworden, Verfasser der »Mémoires militaires sur les Grecs et les Romains«. Durch den Herzog Ferdinand von Braunschweig mit Friedrich bekannt gemacht, wurde er dessen Gesprächspartner und Führer eines sogenannten »Freibataillons«, später eines Regiments aus drei Freibataillons, wüste Haufen mit wechselnden Bestimmungen unter der Instruktion des bürgerlichen, 1759 bei Maxen gefangenen Generalmajors Wunsch. Da Quintus beim König, wie Gleim 1761 an Ramler schreibt, »itzt das Wort in deutschen Sachen hat«, war es nicht ganz unverständlich, daß Friedrichs Gesellschafter Thiébault argwöhnte, Quintus hasse alles Französische. Gleim, dem Quintus wohlgesonnen, behauptete, Quintus verstünde nicht genug deutsch, dem König die Gleimschen Gedichte nahezubringen: »ich verbot ihm, dem Könige meine ›Kriegslieder‹ vorzulesen.« So patriotisch Quintus auch sei, er könne es dem Cäsar nicht beweisen, daß Wieland verdiene, neben Voltaire zu stehen.

Für die Stelle des Oberbibliothekars schlug Quintus dem König 1765 zuerst den 36jährigen Lessing, dann den 47jährigen Winckelmann vor, der in Rom die alten Griechen erstehen ließ, dann noch einmal Lessing; alles vergebens.

Die gute Nummer, die der Gesellschafter Icilius bei seinem Souverän genoß, erscheint freilich in einem seltsamen, für die Bewältigung der Vergangenheit einschlägigen Licht, wenn man erfährt, daß es dieser Quintus Icilius war, Lessings Freund, dessen Freibataillon 1761 auf Befehl des Königs das sächsische Jagdschloß Hubertusburg, das »Herzblatt des Königs von Polen«, schonungslos plünderte. Zu solchem Unternehmen war in der preußischen Armee der Mann »nicht ganz leicht zu finden«, wie der volkstümliche Franz Kugler in seinem von Adolph Menzel ausgezeichneten Legendenbuch über Friedrich mitteilte. Der General von Saldern weigerte sich, obwohl Friedrich ihm hohe Belohnung (»Saldern, Er will nicht reich werden!«) versprach. Desgleichen versagte sich der 37 Jahre alte Oberstleutnant Johann Friedrich Adolph von der Marwitz; er fühlte Ungnade, verließ den Dienst, avancierte aber später noch zum Generalmajor. Auf seinen Grabstein in Friedersdorf ließ er schreiben: »Er wählte Ungnade, wo Gehorsam nicht Ehre brachte.« Der König, so berichtet der vorzügliche Kugler, soll gesagt haben, der Kopf der großen Herren fühle es nicht, wenn den Untertanen die Haare ausgerupft würden; »man muß sie da angreifen, wo es ihnen selbst wehtut«.

O weh, da war die Rechnung wohl ohne die Könige gemacht. Polens König, Sachsens Kurfürst, der übrigens nicht Friedrich überfallen hatte, der vielmehr von Friedrich überfallen worden war, hielt sich an den Köpfen seiner sächsischen Untertanen schadlos, und sein Herzblatt war bald genug hinlänglich wieder hergestellt, um dem Hubertusburger Frieden seinen fröhlichen Halali-Namen herzuleihen; ganz wie Friedrich, der, so Kugler, »unmittelbar nach dem Abschlusse des Friedens« einen Prachtbau errichtete, das keinen Zwecken dienende Neue Palais in Potsdam. Warum baute Friedrich nicht Schulen, warum nicht eine Universität in Berlin, warum versorgte er seine Invaliden nicht? Kugler weiß es. Friedrich brauchte »viele Millionen« für sein Prachtschloß, »damit er der Welt zeige, wie kräftig er sich, trotz all des Übels, welches er erduldet, noch fühle«. Der Menge geschäftsloser Hände wollte er Arbeit geben, wollte große Geldsummen in Umlauf bringen. Ja so.

Ob Quintus Icilius, der bürgerliche Freicorps-Führer, 1760 alle Bäume in den königlichen Gärten vor Dresden umlegen ließ, steht nicht fest. Ganz gewiß hat er Dresdens Altstadt nicht in Brand geschossen, was der Dresden vergebens belagernde König für nötig fand. Englands Gesandter Mitchell, ein Verehrer Friedrichs, sah die preußischen Soldaten unter den Augen des Königs bei der Plünderung des Jagdschlosses Hubertusburg »Dinge von solcher Gemeinheit begehen, daß ich mich wirklich schäme, sie zu erzählen«. »Diejenigen unter Friedrichs Offizieren«, schreibt Mitchell, »die Ehre im Leib haben, betrauern im geheimen, was geschehen ist und was sich noch begeben kann.« Quintus Icilius hatte seine Ehre wohl schon bei der Bataillonskasse deponiert.

Vielleicht führte er auch die Befehle nur aus, um Schlimmeres zu verhüten.
»Viele sächsische Untertanen«, schreibt Mitchell, »sind jetzt das Opfer militärischer Vollstreckungen, ebenso vernichtend für das Land wie für die preußischen Offiziere, die die Vollstreckungen vollziehen und die aufhören, Soldaten zu sein, sobald sie einmal die Annehmlichkeit des Plünderns genossen haben.« Quintus soll »den Rest der zu machenden Beute für 72 000 Taler an Ephraim und Itzig«, zwei Berliner Münz- und Geschäftsjuden, verkauft haben, so der Königliche Archivar Petersdorff. Quintus soll so viel beiseite geschafft haben, daß er sich das Rittergut »Wassersuppe« kaufen konnte. Friedrich nannte ihn dann wohl scherzhaft »Seigneur de Wassersuppe«, wie auch Koser meldet. Quintus Icilius, wie Tellheim, hauste hauptsächlich in Sachsen. Aber Lessings Major hatte sich nicht bereichert wie Icilius, hat auch nicht sächsische Notabeln festsetzen lassen wie Friedrich, hat vielmehr die willkürliche Kontribution, die er mit äußerster Strenge eintreiben sollte, ohne Strenge und mit der niedrigstmöglichen Summe festgesetzt, ja, er hat sie den Sachsen gegen einen Wechsel vorgeschossen; in der Tat ein edler Offizier, wie ihn die Kriegsgeschichte kaum kennt.*
Friedrich, der seinem Goldmacher-Alchimisten Drop jährlich 8000 Taler zu zahlen versprach, aber nur für ein Jahr zahlte, wollte weder Lessing noch Winckelmann 2000 Taler bewilligen, was der aufschneiderische Icilius dem Winckelmann zu fordern geraten hatte. Friedrich soll dem Icilius gesagt haben: »Tausend Thaler sind für einen Deutschen genug.« Lessing und Winckelmann war das nicht genug, beide reagierten auf Mißachtung empfindlich. Der eine ging 1767 nach Hamburg, der andere blieb in Rom.
Icilius mißlang es nicht nur, Lessing oder Winckelmann anstellen zu lassen. Er konnte sich auch als Spekulant in Friedrichs Tabak-Monopol-Regie nicht halten. Des Königs Genehmigung, ein Fräulein von Schlabrendorf zu ehelichen, erlangte er nicht, da er, so Friedrich, »doch von zu schlechter Extraktion« sei. Vielmehr mußte er dieserhalb den Dienst quittieren. Zwar wurde er später in die Armee wieder aufgenommen, aber das alte Verhältnis stellte sich erst 1771, nach dem Tode des Marquis d'Argens, wieder her. »Quintus speist wieder des Abends allein mit dem Vater Friedrich«, notiert Gleim befriedigt.
Friedrich aber bekam seinen französischen Bibliothekar, einen Domherren aus Lyon namens Antoine Joseph Pernety, den er mit dessen Onkel Jacques Pernety, einem philosophischen Schrift-

* Bisher ist wenig, oder nie, bemerkt worden, daß Tellheim in der Tat an seinem König schuldig wird. Er durfte sich nur »im äußersten Notfall« mit der niedrigsten Summe begnügen, doch kann es zu diesem äußersten Notfall gar nicht gekommen sein; Tellheim, der von Strenge nichts hielt, hat ja diese niedrigste Summe selbst kurzerhand vorgeschossen.

steller, verwechselt hatte*. Unter den großen Franzosen, die Friedrich zu sich rief, um Berlin zum Tempel der großen Männer zu machen, und die, anders als Voltaire, auch dort blieben, war ungerechterweise kein Lessing und kein Winckelmann. Wer will, mag Lessing vorhalten, daß er erst nach dieser Zurückweisung, daß er erst im Jahre 1769 von dem »bis auf den heutigen Tag sklavischsten Land von Europa« schrieb, in einem Brief an Nicolai, und 1767 an Gleim: »Was hatt' ich auf der verzweifelten Galeere zu suchen?« Wer anders will, kann Nietzsche beipflichten, der alle tadelt, die keinen Blick hatten »für jene verzehrende Not, die ihn (Lessing) durch das Leben und zu dieser ›Universalität‹ trieb, keinen Blick haben, kein Gefühl, daß ein solcher Mensch wie eine Flamme zu geschwind abbrannte, keine Entrüstung dafür, daß die gemeinste Enge und Armseligkeit aller seiner Umgebungen ... so ein zart erglühendes Wesen trübte, quälte, erstickte ...«

Wer will, mag Winckelmann vorhalten, dessen Begeisterung für die klassische Antike damals Europa entflammte, daß er in Berlin »Aufseher der Bibliothek, des Münz- und Altertümer-Kabinetts« werden wollte, da er doch, erschüttert von dem unnötigen Gemetzel der sieben Jahre, einen persönlichen Haß gegen den König hegte. Winckelmann hatte nichts mehr gegen das Land Preußen, aus dem er geflohen war, aber er nannte Sachsen sein Vaterland, »ich erkenne kein anderes«.

»Besser ist es, ein beschnittener Türke zu werden als ein Preuße«, schrieb er 1763 auf italienisch, und auf deutsch: »Es schaudert mich die Haut vom Haupte bis zu den Zehen, wenn ich an den preußischen Despotismus und an den Schinder der Völker gedenke.« Der König will keine Deutschen, er kann nur Franzosen in seinen Diensten gebrauchen, das ist der mißtönige Refrain aller Anstellungsversuche des Quintus Icilius.

»Klag'es nicht«, singt Gleim in einem Gedicht, daß unsere Fürsten »mit goldgefüllten Dosen nur den witzigen Franzosen und nicht dir entgegengehn!« Prinz August von Sachsen-Gotha, ein Schöngeist und Bruder des regierenden Herzogs, sah den vaterländischen Groll gegen die französische Literatur daher rühren, daß der große Friedrich »kein deutsches Werk« lese.

Gottsched, von Goethe unterstützt und von Friedrich während des Krieges in Leipzig mit einem Besuch und einem Gedicht beehrt, war vor preußischen Werbern geflohen. Der Reichsstädter Goethe studierte in Leipzig und Straßburg, nicht in Halle und Königsberg. Göttingens Georgia Augusta hatte einen besseren Ruf als alle Universitäten Preußens zusammen. Wieland, der Reichsstädter, schrieb: »Daher ist mir König Friedrich zwar ein großer

* Bei Friedrich ein geläufiges Malheur: Er wollte den Bildhauer Lambert Sigisbert Adam aus Paris, bekam aber den minder berühmten Bruder François Gaspard Adam; er wollte den Maler Karl Vanloo, und bekam dessen Neffen, Karl Amadeus Vanloo.

Mann, aber von dem Glück, unter seinem Stocke (sive Szepter) zu leben, bewahr uns der liebe Herrgott!« Herder, geboren 1744 in Ostpreußen, konnte in Friedrichs enger Staatsräson-Vergottung wenig Ersprießliches finden und urteilte: »Die Staaten des Königs von Preußen werden nicht glücklich sein, bis sie in der Verbrüderung zerteilt werden.« Hamann schrieb über die Herrschaft der Brandenburger: »Es war dem Herzogtum (Preußen) keine solche Schande, von Polen abzuhangen, als es dem Königreich (Preußen) ein Unglück ist, abzuhangen von der Politik der Chaldäer im deutschen Reiche.«

Von Hamann, dem 1730 in Königsberg Geborenen, erfuhr Friedrich bis zu seinem Tode so wenig wie von Kant, Herder und manchen anderen. »Preußens Volk«, jubelt der unverwüstliche Treitschke, »nahm an dem wunderbaren Erwachen der Geister seinen reichen Antheil, schenkte der literarischen Bewegung mehrere ihrer bahnbrechenden Talente, von Winckelmann bis herab auf Hamann und Herder.« Vor allem sämtliche Wortführer der jungen Wissenschaft und Dichtung seien Friedrich mit warmer Teilnahme gefolgt; »man haschte nach seinen Witzworten, erzählte Wunder über Wunder von seinen Grenadieren und Husaren«. Und das, obwohl diese Wissenschaft, wie Treitschke wußte, noch Jahrzehnte brauchte, bis sie begriffen hatte, daß sie »eines Blutes sei mit dem preußischen Staate«.

Lessing freilich haschte wohl weniger nach des Königs Witzworten. Der 22jährige klagte 1751, »der Regent« ernähre eine Menge schöner Geister zu einer »niedrigen Rolle«, da er sich durch Schwänke erholen wolle. »Wieviel fehlt ihm, ein Mäzen zu sein!« Eduard Spranger, der Erzieher, sieht in den schöpferischen Denkern des deutschen Idealismus gleichwohl »Vollstrecker von Friedrichs Willen und Herrlichkeit«. Friedrich ist nicht nur Kantianer vor Kant, nein, Fichteaner vor Fichte, Hegelianer vor Hegel.

Friedrich kann nicht für seine Anbeter, ebenso wenig kann ihn des wütigen Hegemann Vorwurf treffen, Schillers Tod verschuldet zu haben, weil er diesen nicht rechtzeitig, vor dessen Tod nämlich, angestellt habe. Seinen literarischen Geschmack, der gewiß besser entwickelt war als der Treitschkes, können wir Friedrich heute nicht mehr vorhalten, jedenfalls nicht aus dem Grunde, daß er Racine und Voltaire höher schätzte als Shakespeare und Goethe, die er beide nicht im Original und schwerlich überhaupt gelesen hat. Zu selbständiger Ausbildung scheint sein Geschmack nie gelangt zu sein. Die Kunst sollte ihn, so sein Biograph Koser, »in die leichte Sphäre der Harmonie und Gefälligkeit« erheben, in eine Feiertagsstimmung. Man begegnet bei ihm keinem Urteil, das sich dem Verdacht der Originalität allzu stürmisch aussetzte, durchweg stammen seine Urteile aus Paris. Das griechische Trauerspiel macht auf ihn schwachen Eindruck, Aristophanes ist

langweilig, die lateinischen Trauerspiele verraten schlechten Geschmack, Shakespeare ist lächerlich, »eines kanadischen Wilden würdig«, Voltaires »Henriade« dem Homer überlegen, das französische Theater vollendet. Deutsche Dichtung des Mittelalters, ihm von dem Philologen Myller gewidmet, ist »keinen Schuß Pulver wert«, wie die Antwort des Königs (»Hochgelahrter, Lieber, Getreuer«) anzeigt.
Von Molière, dem größten Theaterdichter der Franzosen, scheint er nicht recht eingenommen. Da er seine Königslaufbahn ungebrochen mit den Werken der französischen Tragiker verquickt, hat vielleicht das Fehlen der großen Tirade verhindert, daß Molière dem König nahegekommen ist. Friedrichs eigenen Hervorbringungen haftet allzu oft der Ruch ungewollter Komik an, so, wenn er das Kriegswesen mit der gereimten Nutzanwendung bedenkt:

Damit der Feind Dir nicht das Werk verleide,
Schaff Vorrat an von Kost und von Getreide;
Dann spotte sein: Du bist der Sorgen quitt!
Erspäh des Platzes Mängel, seine Stärke;
Den Angriff richte auf die schwächsten Werke;
Bau Dein Depot; dann weiter Schritt für Schritt.

Hier hätte auch der Verse-Reiniger Voltaire, der klagte, des Königs schmutzige Wäsche waschen zu müssen, nichts bessern können, wenn auch Professor Otto Hintze, ein überaus hohenzollernkundiger Historiker, das 1592 Zeilen lange Lehrgedicht »L'art de la guerre« für die »vielleicht vollendetste seiner poetischen Schöpfungen« hält.*
In seinen geschichtlichen Abhandlungen, die er oftmals wie frische Brötchen am nächsten Morgen liefert, wenn auch nicht ausliefert, schreibt er nach dem Urteil von Kennern ein passables Französisch, freilich nicht allein, seine Prosa bedurfte immer der Korrekturen. Seine Studie über Karl XII. ist bester Journalismus. Die literarische Oberfläche, die sentimentale Politur scheinen ihn aber in ästhetischen Fragen ganz geblendet zu haben, und einige Fachleute sagen ihm mehr Gefühl und Geschmack für Musik als für Literatur nach. Im Tagesdurchschnitt hat er wohl an die zwei bis drei Stunden gedichtet und deklamiert, geflötet und komponiert, geflötet im Greisenalter nicht mehr, da ihm auch noch die Vorderzähne ausgefallen waren, und auch wegen der Gicht in den Fingern. Bis zum Bayrischen Erbfolgekrieg 1778 war jeden Abend, den der König in Sanssouci verbrachte, Konzert in seinem Salon. Als er nicht mehr spielen konnte, verlor er auch den Ge-

* Voltaire kritisiert etwa Friedrichs »Ode an die Preußen«: »Der Held macht seine Prussiens zweisylbig, und nachher in einer anderen Strophe läßt er ihnen drei Sylben zukommen. Ein König ist zwar Herr seiner Gunstbezeugungen; indessen verlangt man doch ein wenig Consequenz, und die ›iens‹ sind gewöhnlich zweisylbig, wie liens, Silésiens, Autrichiens, ausgenommen die einsylbigen Wörter rien, bien.«

schmack am Hören. Das Komponieren scheint er nach dem Siebenjährigen Krieg nicht wieder angefangen zu haben.
Er spielte nur Werke seines Lehrers Quantz, die sonst niemand spielen durfte, und eigene Kompositionen, von ganz wenigen Stücken der Brüder Graun abgesehen. Den Genuß, den er dabei empfand, können wir nur ahnen. Auch seine musikalische Begabung muß im Ungewissen bleiben, da in unseren Ohren die Musik seines Kapellmeisters Graun und sogar Hasses, beide achtbare Meister der um 1730 tonangebenden neapolitanischen Schule, wenig Chrakteristisches an sich hat.
Vielleicht hatten seine Zeitgenossen andere Ohren als wir. Graun und Hasse waren gleichzeitig bekannte Sänger, Graun als Sänger bekannter denn als Komponist. Da Friedrich neue Musik nicht annehmen wollte, behauptete er schlichtweg, der um 1730 ausgeprägte Graun altere nicht; Graun starb 1759. Andere Opern als von Graun, Agricola und Hasse ließ Friedrich überhaupt nicht spielen.
Quantz komponierte an die fünfhundert Musikstücke nur für den König, nur ganz wenige Partituren sind davon auf die Nachwelt gekommen. Er war der einzige Mensch in Preußen, dem der König nichts entgegenzusetzen hatte. Wenn er eine Woche lang kein »Bravo« spendete – und nur er hatte das eifersüchtig gehütete Recht dazu –, war der König sturmreif, waidwund, kapitulationswillig. Er gestand dann sogar zuweilen ein musikalisches Unrecht ein.
Friedrich hatte keinen großen Flötenatem, und so bestimmte er die Tempi etwas willkürlich, was nun wieder bedeutete, daß er kaum mit einer fremden Besetzung musizieren konnte. Sein Cembalist zwischen 1740 und 1767 war Carl Philipp Emanuel Bach, der sich mit der despotischen Art des Königs, Geschmacksfragen zu lösen, letztlich nicht befreunden konnte, so daß er, zum Nutzen seines Talents, nach Hamburg verzog. Der bedeutendste Sohn Johann Sebastians diente dem König nur widerwillig. Einmal kommt er in den Papieren vor, mit der Notiz an Fredersdorf aus dem Jahre 1755: »bac ligt (Bach lügt)! . . . er hat einmahl im consert hier gespilet, nuhn Krigt er Spiritus!«
Vater Bach war einmal zu Besuch beim König. In den »Berlinischen Nachrichten von Staats- und gelehrten Sachen«, bald darauf »Spenersche Zeitung«, las man im Mai 1747, der berühmte Kapellmeister, Herr Bach, sei in Berlin eingetroffen, um die Königliche Musik zu hören. Friedrich ging »an das sogenannte Forte und Piano« und spielte Johann Sebastian Bach ein Thema vor, das der Besucher zur Verwunderung aller sogleich in einer Fuga ausführte. Herr Bach fand das ihm aufgegebene Thema so »ausbündig schön«, daß er es, zurückgekehrt nach Leipzig, zu der Suite »Das musikalische Opfer« verarbeitete und, in Kupfer gestochen, dem König widmete. Doch scheint der Kirchenfeind weiter an Bach nichts gefunden zu haben.

Friedrich soll ein ergreifendes Adagio geflötet haben, was umfänglichen Spekulationen hinsichtlich seiner wahren Natur den Anstoß geliefert hat. Vor 1756 spielte er bis zu fünfmal am Tag. Da er diese Passion nicht nach außen kehrte, auch seine Kompositionen nicht herumschickte, hat man dem Musiker Friedrich eine günstigere Note erteilt als dem Dichter. An die neun Arien, zwei Sinfonien oder Ouvertüren, vier Flöten-Konzerte und 121 Flöten-Sonaten werden ihm zugeschrieben. Der Hohenfriedberger Marsch hingegen hat nichts mit der Hohenfriedberger Schlacht und nichts mit Friedrich zu tun.
Die schwieriger zu instrumentierenden Stücke hat er kaum alle selbst ausgeführt und durchkomponiert, aber es existieren sechs Flöten-Sonaten, die mehrfach und durchgehend von seiner Hand korrigiert sind, die er also vermutlich selbst geschrieben hat. Die Libretti seiner Oper beeinflußte er durchweg, sie blieben gleichwohl jammervoll. Zu den Opern »Sulla« und »Montezuma« schrieb er den Text vollständig auf französisch, der dann in italienische Verse übertragen wurde.
Wie er nirgends Neues aufnahm, so auch in der Musik nicht. Die soviel bedeutenderen Neuerer, unter ihnen namentlich Deutsche, erreichten sein Ohr nicht. Händel nahm er nicht mehr zur Kenntnis. Bachs Kirchen-Musik mochte er nicht, er ging nicht in die Kirche. Gluck, Haydn, Mozart wußte er nicht zu schätzen (Lucchesini: »Auf die moderne Musik schalt er«), obwohl doch etwa Gluck in Paris Furore machte. Mozart lebte nur fünf Jahre länger als Friedrich. Alle drei waren, wenn auch nicht durchweg wohlgenährt, so doch wohlgelitten im Wien der Maria Theresia. Auch in musikalischen Dingen scheint sich Friedrichs Urteil nicht ohne Eigentümlichkeit gebildet zu haben. So lehnte er Glucks Oper »Orpheus« ab, nachdem er einen Akt dieses Orchester-Genies mit zwei Geigen und einem Cello hatte in seinem Zimmer probieren lassen.
Oper und Ballett begeisterten ihn seit dem Siebenjährigen Krieg immer weniger. 1778 schloß er sein französisches Theater, angeblich aus Geldmangel. Seine Oper, spektakulärstes und teuerstes Beweisstück der von ihm inaugurierten neuen Ära, wollte er 1770 verpachten, da sie heruntergekommen war, ließ sich aber umstimmen. Wenn er Oper und Schauspiel nicht mehr brauchte, was sollten die Berliner damit? Wie sehr es mit der Vorliebe des Königs bergab gegangen war, kam an den Tag, als er 1771 einen deutschen Gesangsstar, Frau Gertrud Schmeling, anzustellen erlaubte, die freilich nur italienisch sang. Friedrichs Kunstgeschmack hatte sich an dem höfischen Vorbild Ludwigs XIV., des um drei Generationen älteren, orientiert. Diese große Sonne, die kritische Geister zu verdunkeln trachteten, hatte ihm der Schriftsteller Voltaire neu und hell erstrahlen lassen. In Voltaire, der vom Zeitalter des Sonnenkönigs auch nicht mehr allzuviel mitbe-

kommen hatte, sah er den letzten Repräsentanten des großen klassischen Zeitalters. Mit Voltaires Tod erlosch Friedrichs Interesse auch für die Franzosen. Rousseau und Diderot mochte er nicht. Holbach, den führenden Materialisten und Atheisten, verabscheute er. »All die neuen Hervorbringungen taugen nicht viel«, schreibt er 1763, als er den »Emile« gelesen oder durchgeblättert hat. Die neuesten französischen Bücher sind ihm »recht zuwider« (1769), so sehr, daß er deutsche Wesenseigenschaften an sich entdeckt. Die Ermattung seiner philosophischen Begeisterung hält er für »recht deutsch« oder vielmehr, er glaubt, Voltaire halte sie dafür: »Da merkt man das Phlegma eines Volkes, das keine ausgesprochenen Leidenschaften hat« (1766).

Neun Jahre später, gegenüber d'Alembert, identifiziert er sich schon mit den Deutschen, und gegen die Franzosen: »Die wahre Darstellung unserer Leidenschaften, so wie sie sind, liebe ich. Dieser Anblick erschüttert mich im tiefsten Herzen; sobald aber die Kunst die Natur erstickt, werde ich kalt. Ich wette, Sie denken: so sind die Deutschen! Sie haben nur unentwickelte Leidenschaften und mögen die starken Ausdrücke nicht, weil sie dergleichen nie empfinden. – Mag sein; ich will mich nicht zum Lobredner meiner Landsleute aufwerfen.«

Gerade das will er: »Es ist wahr, sie zerstören keine Mühlen und vernichten das Saatkorn nicht, um nachher über das teure Getreide zu klagen. Sie haben bisher keine Bartholomäusnacht und keine Kriege der Fronde gehabt. Doch da die Welt sich allmählich aufklärt, hoffen unsere Schöngeister (er meint nun wieder die Franzosen), das alles werde mit der Zeit noch kommen, besonders, wenn die Welschen uns mit ihrer näheren geistigen Berührung beehren.« Die Welschen, von denen freilich Voltaire und d'Alembert noch ausgenommen werden: hier hat deutsche Administration den französischen Geist aus dem Felde geschlagen. Ruhe ist, inzwischen, die erste Königs-Pflicht.

Literarische und musikalische Vorurteile der Könige sind Schaum, aber ihre Bauten oft in Stein gehauene Launen; auf Friedrich trifft das malmot mehr als auf seine französischen Vorbilder zu. Wie fast alle Despoten verbaute auch er eine Menge Geld, jedenfalls wenn man die Armut des Landes und die Schönheit der Bauwerke zueinander in Beziehung setzt. Zwischen ihm und seinem verdienstvollen Baumeister Hans Georg Wenceslaus Freiherr von Knobelsdorff, 1699 geboren, ehemals Hauptmann, bestand eine kaum überbrückbare Kluft, weil Friedrich der flüchtigen Laune des französischen Rokoko anhing, während Knobelsdorff, beeindruckt von Paris, bereits den Klassizismus anvisierte. Dem Rokoko wollte er möglichst nur im Innern seiner Bauwerke nachgeben. Friedrich hingegen war vom Rokoko geradezu fasziniert. Von Watteau, dem exzellenten Meister, kaufte er alle Bilder, derer er nur habhaft werden konnte, so »4 portreter von Wato« oder auch »4 Tableaux von Watau«. Zu Chodowiecki, dem hochtalentierten Kupferstecher, fand er nie ein Verhältnis.

Knobelsdorff, der Architekt Rheinsbergs aus Friedrichs Kronprinzen-Tagen, baute zwischen 1741 und 1743 das Berliner Opernhaus*, später entwarf er den Tiergarten, 1747 stellte er das »Lustschloß auf dem Königlichen Weinberg« fertig, »Sans, Souci« geheißen, der Sinn des Kommas ließ sich noch nie ergründen. Der König hatte versucht, bei Potsdam ungarischen Tokaier zu bauen, den er lieber trank als den nach seiner Überzeugung die Gicht fördernden Rheinwein. Die Sanssouci-Ausgabe der Königlichen Bibliothek trug das Zeichen »V«, gleich Vigne, gleich Weinberg. »Lasse doch mein bette und Nachtstuhl vohr dem Weinberg machen«, ersucht der König seinen Fredersdorf im Frühjahr 1747.

Knobelsdorff wollte das reizende Junggesellenschlößchen, bemerkenswertestes Zeugnis des königlichen Lebensstils, auf einen Kellersockel setzen, um es gesünder zu machen und um einen schöneren Anblick vom Fuße der Terrassen aus zu ermöglichen. Wenn man dem Kenner Cornelius Gurlitt glauben darf, wollte er das Gebäude auch näher an den Vorderrand der Terrasse heranrücken und um einige Stufen erhöhen. »Heute ragt die Südseite«, so sah es der Berliner Hegemann, »wie ein im Nilschlamm versunkener Pharaonentempel aus dem Sande.« Ob der friderizianische Barock »unverzeihlich ledern« ist, wie Gurlitt behauptet haben soll, ledern für jeden, der einmal süddeutschen Barock gekostet habe, stehe dahin. Jedenfalls hat der ganz alte Fritz auch den Berliner Opernplatz, den Knobelsdorff nur noch planen, nicht mehr ausführen konnte, nach dem Geschmack seiner jungen Jahre verunstaltet. Er ließ einen Kommode-haften Barockbau (»Bücherkommode« sagt der schon damals gehätschelte Berliner Kutscherwitz) errichten, indem er einen Entwurf des Barockbaumeisters Fischer von Erlach aus der Zeit um 1728 importierte und in die Ecke seines klassizistischen Berliner Opernplatzes stellte. Als alter Lateiner setzte er über das Portal die Inschrift »Nutrimentum spiritus«, ein Erzeugnis von zumindest »fragwürdiger Latinität« (so der Physiologe Emil Du Bois-Reymond in einer Gedenkrede).

* In der Oper war man Gast des Königs, man konnte keine Billetts kaufen. Im Parkett saßen nur die männlichen Mitglieder der königlichen Familie und ihr Anhang, alle anderen, meist Offiziere, mußten stehen. Im ersten Rang saßen die hoffähigen Adeligen, im zweiten Rang der nicht hoffähige Adel und die hohe Beamtenschaft. Im dritten Rang, wer »anständig gekleidet« war, also wohl nicht Elemente aus dem Volk. Königin und Prinzessinnen saßen in den Mittellogen. Vorstellung war dreißig Mal im Jahr, ausschließlich während des »Karnevals« (Anfang Dezember bis Ende März). Daneben hatte der König in Potsdam eine Komische Oper en miniature, die ihn während des Karnevals nach Berlin begleitete. An einem 1. April ließ der König den Direktor dieses »Intermezzo« genannten Instituts vor den Vorhang treten und das Publikum mit den Worten »April, April« nach Hause schicken. 1843 brannte Knobelsdorffs Opernhaus bis auf die Grundmauern nieder.

Das unvorteilhafte Innere dieser Bibliothek schildert der Buchhändler Nicolai mit geradezu schmerzlicher Genauigkeit. Über die Ungereimtheit zwischen dem Äußeren und der Umgebung waren die Zeitgenossen sich einig. Der König pflegte aber meistens die Fassaden, so Nicolai, »bloß nach der Wirkung zu beurtheilen, welche sie in der Zeichnung oder im Kupferstiche auf dem Papiere im Kleinen thaten«. Er dachte »nicht allemal daran, welche Ansicht die Fassaden nach der Beschaffenheit des Platzes, wohin Er sie bauen ließ, haben würden«.
Fischers Entwurf hatte in Wien neben der Reichskanzlei auf dem Platz der Kaiserlichen Burg stehen sollen, von der Straße Kohlmarkt her sollte er die Hauptfassade der Kaiserlichen Burg ausmachen. Die Kommode-artigen Rundungen konnten eine lange Straßen-Perspektive auffangen. Friedrichs Bau hingegen wurde so hingequetscht, daß die Hauptfassade nur aus seitlicher Richtung sichtbar war.
Wegen seiner Vorliebe für Barockbauten hatte Friedrich viel Ärger, auch mit französischen Baumeistern. Knobelsdorff behandelte er schlecht. Die Nachfolger traktierte er wie Reitknechte (»Ertz-Schäkers«, »wegjagen«, »Diebereien«, etc.). Gontard saß 43 Tage im Arrest. Manger aus dem Gefängnis zu holen, war die erste praktische Regierungshandlung des Nachfolgers noch über Friedrichs Leiche. Büring und Hildebrannt saßen auch, ein wenig wird man an die »Ärzte-Verschwörung« gegen den alten Stalin erinnert. »Man sagt, der König von Preußen neronisiere auf seine alten Tage«, schreibt Johann Georg Forster 1782 an seinen Vater.
10 573 000 Taler hat Friedrich, nach Mangers Aufstellung, allein für die Bauten in Potsdam ausgegeben, das sind etwa dreiviertel der Gesamteinnahmen des Jahres 1768. Da er Sanssouci hatte bauen und das Potsdamer Stadtschloß hatte wieder herstellen lassen, da er außerdem über das ziemlich riesige Schloß in Berlin verfügte, brauchte er in Potsdam kein »Neues Palais« mit 213 Metern Schauseite (der Eskorial mißt 206 Meter), das mit der aufwendigen Inneneinrichtung gewiß über fünf Millionen Taler gekostet hat. Hier wollte Friedrich mit unzulänglichen Mitteln den großen Ludwig nachäffen; ihm gelang eine hübsche Kulisse, mit anschließendem Exerzierplatz hinter dem Schloß, aber das Gebäude selbst krankt an irreparablen Geschmacklosigkeiten, wie etwa den »zu groß geratenen, stark grimassierenden, mit breiten Flügeln versehenen Engelsköpfen« (Pniower).
Sein Palais zu bevölkern, hat Friedrich gar nicht erst versucht. Gegenüber seinem Gesellschafter Lucchesini, dem täglichen Tischgast über sechs Jahre, bezeichnete er es als »Fanfaronnade«, als eine Angeberei, daß er dieses Prunkstück gleich nach dem Ende des Krieges in Angriff genommen habe, und tatsächlich erledigt das Bauwerk die Legende vom sparsamen Hausvater Friedrich.

5000 Schullehrer, jammervoll bezahlt, wie sie wurden, hätten auf zehn Jahre von den Kosten besoldet werden können; schwerlich hätte eine Universitätsgründung in Berlin soviel gekostet, von der erbärmlichen Ausstattung der bestehenden Universitäten in Halle, Königsberg, Frankfurt/Oder und Duisburg zu schweigen.

Wie er in musikalischen und architektonischen Dingen rückwärts schaute, etwa in Erinnerung an den amoureusen Aufenthalt, den er als 16jähriger im kunstsinnigen Dresden genossen hatte, blieben seine Kenntnisse von deutscher Literatur zeitlebens auf dem Stand seiner Kronprinzenzeit. Die sorgsam gepflegte Lücke hinderte den 68jährigen nicht, im Jahre 1780 eine 1752 begonnene, kaum irgendwann auf den neuesten Stand gebrachte Schrift zu veröffentlichen: »De la littérature allemande, des défauts qu'on peut lui reprocher, quelles en sont les causes, et par quels moyens on peut les corriger«. Die späte Genieleistung kommentierte Bernhard Suphan: »Wie ein Gespenst also am lichten Tage ist den Weimarer Freunden (Prinz August von Gotha und Herder) der alte König erschienen.« Friedrich seinerseits hatte ein Werkchen der Freundin Voltaires, der Madame de Châtelet, mit der Kritik bedacht: »Man darf nicht eher zur Feder greifen, als bis man das in- und auswendig kennt, was man zu sagen hat, und fühlt, daß man seinen Gegenstand beherrscht.« Man kann wiederum nicht sagen, daß er selbst die Maxime beherzigt hätte.

Voltaire war schon drei Jahre tot; so kündigte der König seinem zweitberühmtesten Briefpartner d'Alembert das ominöse Werkchen mit den Worten an: »Sie werden mich auslachen, weil ich mich bemüht habe, einem Volke, das sich bisher auf nichts verstanden hat als aufs Essen, Trinken, Lieben und Kämpfen, einige Begriffe von Geschmack und attischem Salz beizubringen. Trotzdem wünscht man sich nützlich zu machen. Oft treibt ein Wort, das in fruchtbares Erdreich fällt, Keime und trägt unverhoffte Früchte.«

Wüßte man nicht, daß die Schrift im wesentlichen eine Generation früher entstanden ist, man könnte glauben, der alte König habe wie ein späterer rheinischer Schelm seine eigenen Versäumnisse den Zeitgenossen ankreiden wollen. Er, der die deutsche Sprache aus seinem Umkreis ein für allemal verbannt hatte, wirft den Professoren vor, daß sie aus Eitelkeit Lateinisch statt Deutsch gelehrt, und den deutschen Fürstenhöfen, daß sie sich aller anderen Sprachen, nur nicht des Deutschen bedient hätten. »Wie kann man von den Menschen verlangen«, ruft er aus, »daß sie sich Mühe geben, sich in ihrem Fache zu vervollkommnen, wenn der Ruhm nicht ihr Lohn ist?« Die Herrscher müßten jene ermuntern, die am meisten geleistet hätten. »Ein Augustus wird einen Virgil hervorbringen.«

Als Friedrich sich während des Siebenjährigen Krieges in Leipzig mit dem Fabeldichter Christian Fürchtegott Gellert unterhielt, wagte dieser etwas von Augusteischer Huld zu erwähnen, derer die Künste bedürften. Friedrich putzte ihn spöttisch herunter – Professor Erich Schmidt findet die »Lection«, in Ehrfurcht erstarrend, »lapidar« – Sachsen habe ja zween Auguste gehabt (Leute übrigens, die als Mäzene deutscher wie ausländischer Kunst gedacht und agiert haben).

Obwohl er doch über deutsche Literatur handelt, ergreift der stilistisch geübte, sonst aber tüchtig schwadronierende König die Gelegenheit, den Ärzten, den Philosophen, den Rechtsgelehrten vorzuschlagen, wie und was sie in ihren Vorlesungen lehren sollten. Der deutschen Sprache wirft er vor, sie sei weitschweifig, spröde und unmelodisch, es fehle ihr an der Fülle bildhafter Ausdrücke; er nennt sie halb barbarisch und behauptet, sie zerfalle in ihre Mundarten. »Was man in Schwaben schreibt, wird in Hamburg nicht verstanden, und der österreichische Stil erscheint den Sachsen dunkel. Aus diesem äußeren Grunde ist ein Schriftsteller auch bei der schönsten Begabung außerstande, diese rohe Sprache in vorzüglicher Weise zu handhaben.« Es schrieb aber Schubart in Schwaben, wenn auch im Gefängnis auf dem Hohenasperg, und Lessing, gefangen in seiner Hamburger und Wolfenbütteler Misere, verstand ihn, wie umgekehrt. Wieland, der seinen politischen Geist nach Goethes Urteil dem Kurmainzischen Einfluß verdankte, entzückte bereits das sächsische Weimar, wo er ebenfalls verstanden wurde. Klopstock galt 1780 seit dreißig Jahren für eine nationale Offenbarung.

Als gebildeter Dilettant möchte Friedrich die Wörter »sagen«, »geben«, »nehmen« auf »a« enden lassen, »sagena«, »gebena«, »nehmena«, ein Wunsch, den Herder ihm aus dem Mittelhochdeutschen (richtiger: Althochdeutschen) zumindest historisch rechtfertigt. Ähnlich hatte Friedrich auch schon 1749 die französische Sprache gegenüber Voltaire verbessern wollen.

Rabelais und Montaigne erklärt er für roh und ohne Anmut. Unter den vorzüglichen Männern des früheren Deutschlands nennt der Schutzherr des deutschen Protestantismus nicht einmal Luther, der die deutsche Sprache mehr als sonst ein Einzelner gekräftigt hat. Gellert führt er auf, als einen Fabeldichter, und Canitz (»erträglich«), den 1699 verstorbenen Hofpoeten des Hauses Brandenburg. Wenigstens ein wirkliches, bodenwüchsiges Lustspiel aber gebe es, »Minna von ...« – nein, nicht, vielmehr den »Postzug« von Ayrenhoff, 1769 zuerst aufgeführt. Damit jedermann sieht, wie er Molière einschätzt, fügt er hinzu: Molière hätte es nicht besser machen können als Ayrenhoff.

Eine Schande sei es, daß die Meister der deutschen Redekunst weder erkannt noch gefeiert würden, so der berühmte Quandt in Königsberg – ah, man atmet auf, er hat zwar Buchstaben und Disziplinen verwechselt, hat den im Jahre 1780 schon 56jährigen Philosophen als Rhetor eingestuft, aber endlich ein Name! Nur

leider, es gab bis 1772 in Königsberg den Oberhofprediger Quandt, und diesen Meister der deutschen Sprache, der Friedrich 1740 in Königsberg die Huldigungspredigt gehalten hatte, preist der König.
Zwar hält Friedrich Shakespeare gönnerisch zugute, daß die Geburt der Künste niemals die Zeit ihrer Reife sei: »Aber nun erscheint noch ein Götz von Berlichingen auf der Bühne, eine scheußliche Nachahmung der schlechten englischen Stücke, und das Publikum klatscht Beifall und verlangt mit Begeisterung die Wiederholung dieser abgeschmackten Plattheiten.«
Es gab manch wohlmeinenden, zahmen Protest, aber den König scheint nichts erreicht, zumindest nichts überzeugt zu haben. Zwei Jahre nach Erscheinen der Schrift gibt er im Gespräch zu, die deutsche Literatur habe kleine Fortschritte gemacht. Als Beleg fällt ihm wieder nur Canitz ein. Dem Konrektor Karl Philipp Moritz, der ihm Gedichte gewidmet hatte, bestätigte er 1781 viel Geschmack. Wären alle deutschen Schriftsteller wie Konrektor Moritz, würden sie den auswärtigen Schriftstellern bald den Rang »an Würde und Glanz« streitig machen.
Hamann in Königsberg hatte wohl Lust, gegen des Königs Schrift zu Felde zu ziehen, wurde aber von Nicolai auf das Gefängnis in Spandau hingewiesen. Nicolai, der Berliner Buchhändler und Verleger, kannte die Geniertheit der Gazetten unter Friedrich besser als der tiefsinnige Hamann in Königsberg. Ganz spät, am Vorabend seines Todes fast, findet sich im August 1785 der für Friedrich erstaunliche Satz zu Rektor Heynatz (»Hochgelahrter, Lieber, Getreuer«): »was ist rühmlicher für einen Deutschen, als rein deutsch sprechen und schreiben.«
Ironischerweise hat gerade Friedrichs wunderlichste Schrift ihm bei deutschen Historikern den Ruhm der nationalen Vorläuferschaft eingetragen. Gerhard Ritter, der liebevolle Restaurateur deutsch-nationaler Geschichtsklischees, sieht Friedrichs Arbeit »von brennendem Eifer erfüllt für die Größe des deutschen Namens«. Wie kommt er darauf? Friedrich hatte zum Schluß seiner Epistel die schönen Tage der deutschen Literatur angekündigt: »Ich werde sie nicht mehr sehen. Mein Alter raubt mir die Hoffnung darauf. Ich bin wie Moses: ich sehe das gelobte Land von ferne, aber ich werde es nicht betreten.« Aus dieser rhetorischen Liebenswürdigkeit, denn in Wahrheit sah Friedrich ja nur Canitz und Quandt, schließt Gerhard Ritter: »Wie heiß er wünschte, der deutsche Geist möge sich zu voller Ebenbürtigkeit, ja zur Führerschaft unter den großen Nationen des Abendlandes, erheben, haben wir schon früher aus seinem eigenen Munde gehört.«
Goethe, der sich hätte glücklich schätzen dürfen, zusammen mit Shakespeare abgestraft worden zu sein, wollte erst entgegnen, dachte dann aber wohl an die eigenartige Abhängigkeit seines

Ländchens von Preußen und daran, daß sein Souverän, den man wohl auch einen Souzerän nennen konnte, daß der Herzog Karl August von Sachsen-Weimar mit Vorliebe die Uniform eines Generals der preußischen Armee trug; daß er, der 1757 Geborene, den Siebenjährigen Krieg zu seinen schönsten Erinnerungen zählte und Friedrich ein Onkel seiner Mutter war. Erst ein Jahr zuvor, im Jahre 1779, hatte der p. p. u. a. Kriegsminister Goethe mit seinem Herzog über das Verlangen des »Königs in Preußen Maj.« debattiert, Landeskinder für die preußische Armee zu werben, und das hieß allemal gewaltsam abzustellen.

Nur der erste Teil seiner Entgegnung, in der ein Franzose und ein Deutscher an der Wirtshaustafel eines Frankfurter Gasthofes die Meinungen Friedrichs und Goethes gegeneinanderkehrten, war Anfang 1781 fertig, wurde aber nie veröffentlicht und nie bekannt. Über die Verdammung seines »Götz« tröstet sich der 31jährige in einer für sein ausgleichendes Respektwesen typischen Art hinweg: Ein Vielgewaltiger, der Menschen zu Tausenden mit eisernem Zepter führe, müsse die Produktion eines freien und ungezogenen Knaben unerträglich finden. Außerdem dürften Könige wohl auch keinen toleranten Geschmack ihr eigen nennen, vielmehr: »Das Ausschließende zieme sich für das Große und Vornehme.«

Goethe scheint einer der ersten Verfechter, wenn nicht der Erfinder der Idee gewesen zu sein, die auch Gerhard Ritter abwandelt, Friedrich sei zu seinen großen Taten durch die Luft französischen Geistes inspiriert worden. Zu seinem Gesellschafter Riemer soll der alte Goethe gesagt haben: »Was Friedrich II. so durchgreifend, imposant, gewinnend machte, hatte er doch von den Franzosen gelernt.« Die Einkleidung der Tat wird oft wichtiger als, ja zuweilen für die Tat selbst genommen. Friedrichs literarisches Wesen sicherte ihm die Bewunderung jener, die Geschichte weitergeben, der großen Literaten.

Goethe namentlich hat Friedrichs schon frühzeitig, schon vor 1806 brüchige Legende stabilisiert, ja recht eigentlich beglaubigt. Er, der kaum je einen Satz ohne Nuance geschrieben hat, wurde der Kronzeuge für das preußische Lesebuch, obwohl alle Äußerungen über Friedrich, setzt man sie zusammen, ein eher zurückgenommenes, abwehrendes Bild ergeben, eines, das den Zeitläuften entsprechend schwankt.

Aber freilich, da war der Held seiner Jugendzeit, dem sich bis zur Heraufkunft Napoleons nichts Inspirierend-Imponierendes zur Seite stellen ließ. Über fünfundvierzig Jahre war Goethe alt, ehe er von Napoleon hörte, ehe der Name Napoleons bei ihm erscheint, ehe das neue Gestirn den früheren »Polarstern« verdrängt. Friedrich hat (so Goethe 1781) »in seinem verschabten blauen Rock und mit seiner buklichten Gestalt große Thaten gethan«, hat mit seiner »eigensinnigen, voreingenommenen, unrek-

tificirlichen Vorstellungsart die Welthändel nach seinem Sinne gezwungen«.
Der »große Mensch« heischt Verehrung und Bewunderung, das Dämonische »wirft« sich gern in bedeutende Individuen, etwa in Friedrich und Peter den Großen (der Gedanke könnte von Eckermann, dem Famulus, verballhornt sein, findet sich ähnlich aber auch an anderer Stelle). Auch Goethe, wie Herder 1793, sieht in Friedrich den großen Namen, der auf Europa mächtig gewirkt hat, sieht den »hohen Genius« (Herder). »Euer Friedrich, den man wohl mit Recht groß genannt hat«, schreibt Goethe 1829 an den Friedrich-Verehrer Zelter. Aber schon 1818, nach dem napoleonischen Umbruch, nahm sich ihm Friedrichs »altes Weltgeschichts-Inventarienstück« so gar wunderlich aus. »Ich sage alt, und er ist noch nicht vierzig Jahre tot, doch ist sein Tun und Lassen schon veraltet.«
Den großen Menschen gegen die ihn umgebenden »Lumpenhunde« abzusetzen, noch dazu, wenn sie sich unterfangen, über ihren König zu »räsonniren«, war des Dichters Grundhaltung angesichts der weltgeschichtlichen Figur. Anders wird das, wenn die Zustände in Friedrichs Staaten debattiert werden sollen. Achtundzwanzig Jahre alt, mit Karl August in Berlin und bei den Lumpenhunden zu Gast (nicht beim König), »hab in preußischen Staaten kein laut Wort hervorgebracht, das sie nicht könnten drucken lassen« (Brief an Merck). Nie kam er wieder, nie wollte er wieder nach Berlin.
In der Nachdichtung der »Vögel« des Aristophanes spricht er von den »immer bereitwilligen Krallen« des schwarzen Adlers. Um dem preußischen Anspruch auf Truppenwerbung im Weimarschen zu begegnen, erwärmte sich der Minister Karl Augusts für den Plan eines Fürstenbundes zum Schutz der Reichsfreiheit und der kleinen Staaten. Das Geschäft, Landeskinder zwangsweise auszuwählen und an die bewaffneten preußischen Werber auszuliefern, dünkte ihn »unangenehm, verhaßt und schaamvoll«. Daß dieser Bund infolge der Bayern-Pläne Kaiser Josephs nicht gegen, sondern angeführt von Preußen in sein dubioses Leben trat, stimmte Goethe griesgrämig.
Sein Drang zu verehren und sein Sinn für Sarkasmus kamen gelegentlich überkreuz; so, als er des toten Voltaire Schmähschrift »Vie privée du roi de Prusse« gegenüber Charlotte von Stein mit den Worten rühmt, »er schreibt vom König in Preusen wie Sueton die Scandalosa der Weltherrscher, und wenn der Welt über Könige und Fürsten die Augen aufgehen könnten und sollten, so wären diese Blätter eine köstliche Salbe. Allein man wird sie lesen, wie eine Satyre auf die Weiber, sie beyseite legen und ihnen wieder zu Füßen fallen.« Das »sollten« ist doppeldeutig, damit auch der Sinn. Solche Salbe, sollte sie den aufgegangenen Augen dienen, oder aber das Aufgehen der Augen bewirken? Der

Dichter hielt sich mit dem Bild nicht lange auf, da es seinem poetischen Gemüt mehr lag, dem, wie er ihn noch zu dessen Lebzeiten nannte, »alten Fritzen« zu Füßen zu fallen; und sei es zuweilen in einer etwas ironischen Art.

Das Lesebuch und die preußische Historiker-Schule haben den Kontext der Friedrich-Zitate bei Goethe meist verschwimmen lassen, haben sich auf das scheinbare Beweisstück beschränkt. Ja, Goethe war im glorreichen Jahr 1757, ganz wie sein Vater, »Fritzisch gesinnt«, aber er war damals acht Jahre alt. Ja, als Straßburger Student hatte er, nach Norden blickend, dort den Polarstern Friedrich wahrgenommen, »um den sich Deutschland, Europa, ja die Welt zu drehen schien«. Wie aber offenbarte sich Friedrichs Übergewicht nach Ansicht dieses kunsttrunkenen Studenten am stärksten? Darin, daß in der französischen Armee das preußische Exerzitium und sogar der preußische Stock eingeführt werden sollten. Welche Errungenschaft!

Daß es dem nach französischer Kultur strebenden König an Geschmack fehle, nennt Goethe nicht eine unwahre, sondern eine unhöfliche Behauptung, und er verzeiht Friedrich dessen Vorliebe für eine fremde Sprache, »da wir ja die Genugtuung empfanden, daß ihm seine französischen Poeten, Philosophen und Literatoren Verdruß zu machen fortfuhren und wiederholt erklärten, er sei nur als Eindringling anzusehn und zu behandeln«. Daß einer dieser Philosophen, Voltaire, auf Friedrichs Ersuchen in Frankfurt schmählich sei verhaftet worden, wurde Goethe detailliert ausgemalt vom Vater, der dafürhielt, mit dem König von Preußen solle man sich nicht näher einlassen, ein so außerordentlicher Herr er im übrigen sein möge, wie auch jeder gut daran tue, nicht auf höfischen und Herrendienst erpicht zu sein.

Später, als Student in Leipzig, lernte Goethe an Friedrich zweifeln, ja verzweifeln. Die Einwohner dieser sächsischen Stadt hatten ihre eigene Ansicht von Friedrich, der Sachsen überfallen und ruiniert hatte; sie wußten Goethe um das angenehme Gefühl zu bringen, einen großen Mann zu verehren. Man wird nicht leicht auf einer halben Druckseite gedrängter und faßlicher lesen können, was gegen den großen Friedrich vorzubringen ist, als im 7. Buch von »Dichtung und Wahrheit« aus den Mündern der Leipziger: »Es sei keine Kunst, sagten sie, mit großen Mitteln einiges zu leisten; und wenn man weder Länder, noch Geld, noch Blut schone, so könne man zuletzt schon seinen Vorsatz ausführen. Friedrich habe sich in keinem seiner Plane und in nichts, was er sich eigentlich vorgenommen, groß bewiesen. Solange es von ihm abgehangen, habe er nur immer Fehler gemacht, und das Außerordentliche sei nur alsdann zum Vorschein gekommen, wenn er genötigt gewesen, eben diese Fehler wieder gut zu machen; und bloß daher sei er zu dem großen Rufe gelangt, weil jeder Mensch sich dieselbe Gabe wünsche, die Fehler, die man häufig begehet, auf eine geschickte Weise wieder ins Gleiche zu bringen. Man dürfe den Siebenjährigen Krieg nur Schritt vor Schritt durchgehen, so werde man finden, daß der König seine treffliche Armee ganz unnützerweise aufgeopfert und selbst schuld daran gewesen, daß diese verderbliche Fehde sich so sehr in die Länge gezogen. Ein wahrhaft großer Mann und Heerführer wäre mit seinen Feinden viel geschwinder fertig geworden.« Die Leipziger wußten ihre Gesinnung mit unendlichem Detail zu stützen, und der achtzehnjährige Goethe fühlte die unbedingte Verehrung erkalten, »die ich diesem merkwürdigen Fürsten von Jugend auf gewidmet hatte«.

Kaum ein deutsches Historienbuch enthält diesen erstaunlichen Text. Dafür wird uns mitgeteilt, auch noch dem Rechtsanwalt Goethe in Frankfurt sei Friedrich als einer erschienen, der »auf seiner Kraft ruhend, noch immer das Schicksal Europens und der Welt abzuwiegen schien« (man beachte zum zweiten Mal das »schien«). Aber in einem Atem, im nächsten Satz, erwähnt er Katharina von Rußland, »eine große Frau«, an deren Siegen über die Türken jedermann in einem allgemeinen Freudenfest teilgenommen habe. Daß Friedrich dieser Katharina für ihren Türkenkrieg Subsidien zahlen mußte, daß seine halb satrapenhafte Stellung Bismarcks Freund Leopold von Gerlach, von Bismarck zitiert, zu dem Verdikt treiben würde, etwas »Elenderes« als Preußens Politik von 1778 bis zur Französischen Revolution habe es nie gegeben, konnte Goethe nicht wissen; nur zeigt sich hier der Nachteil einer aus Erinnerungsfetzen hingetupften Miniaturen-Malerei, wenn sie noch dazu in die Auslegungsmühle deutschtümelnder Professoren gerät.

Von Friedrichs Leistung zugunsten einer spezifisch deutschen Kultur, von seinem Beitrag zum Werden des deutschen Nationalbewußtseins wäre denn auch so leicht nicht die Rede, wenn nicht im siebten Buch von »Dichtung und Wahrheit«, wie an die Domtür zu Wittenberg genagelt, der keine Auslegung zulassende Satz dastände: »Der erste wahre und höhere eigentliche Lebensgehalt kam durch Friedrich den Großen und die Taten des Siebenjährigen Krieges in die deutsche Poesie.«

Das ist niedergeschrieben im Jahre 1812, als dieser Lebensgehalt rundum und abgeschlossen zu übersehen war. Goethe entwickelt die nicht durchweg einleuchtende Theorie, jede Nationaldichtung müsse schal sein oder schal werden, die nicht auf dem Menschlich-Ersten ruhe, auf den Ereignissen der Völker und ihrer Hirten, wenn beide für einen Mann stehen. Jede Nation, »wenn sie für irgend etwas gelten will«, müsse eine Epopöe besitzen, wozu nicht gerade die Form des epischen Gedichts nötig sei. Könige seien darzustellen in Krieg und Gefahr, »wo sie eben dadurch als die Ersten erscheinen, weil sie das Schicksal des Allerletzten bestimmen und teilen«.

Kann man bei dem Ausdruck »Nationaldichtung« noch argwöhnen, Goethe habe, im Gegensatz zu seiner eigenen Ausbildung als der eines Kosmopoliten, mit dem Nationaldichter einen I-b-Dichter genannt, einen hoch zu achtenden, aber eben doch nicht der allerersten Klasse, so hebt die Geltung der Nation, auf die er sich mit großer Strenge beruft, diese Einschränkung wieder auf. Aber nicht einmal in Lessings »Minna«, dieser Ausgebürt des Siebenjährigen Krieges, ist der große König dargestellt in Krieg und Gefahr, er wirkt nur als Statist von ferne herein, zum Schluß als deus ex machina.

Die Taten der »Hirten« schaffen eine mehr leidvolle als vergnügte Folie, vor der das Lustspiel sich entfalten kann — ein nicht gerade antipreußisches Lustspiel, denn Lessing trieb sich ja zwischen 1760 und 1765 als eine Art Sekretär im Gefolge des Generals Tauentzien umher (Goethe: »... warf die persönliche Würde gern weg, weil er sich zutraute, sie jeden Augenblick wieder ergreifen und aufnehmen zu können«).

»Minna«, sagt Goethe, habe den Blick aus der literarischen und bürgerlichen, in welcher sich die Dichtkunst bisher bewegt hatte, in eine höhere, bedeutendere Welt glücklich eröffnet. Gewiß, das ist die eine, weniger wichtige Seite. Sollte Goethe die bürgerlichen und literarischen Aspekte dieses Lustspiels so einseitig verkannt haben?

Tellheim, der Preuße, ist ein norddeutscher Typ, mit allem, was Goethe »den Wert, die Würde, den Starrsinn der Preußen« nennt; aber waren das in den Augen Lessings, des in Kursachsen Geborenen, »preußische Züge«? Hat Lessing nicht vielmehr einen ehrliebenden Offizier, einen x-beliebigen, darstellen wollen und dargestellt? Sollte die Offiziers-Ehre in der kurzen Zeit zwischen 1740 und 1765 ein Monopol der Preußen geworden sein, trotz Prinz Eugen und dem »Maréchal de Saxe«, trotz Turenne und Condé?

»Minna« hat keinerlei friderizianische Bezüge, es sei denn, man nimmt als einen solchen, daß der Wachtmeister Werner sich wegen tölpelhaften Benehmens »hundert Fuchtel« zumessen will. »Minna« könnte in jedem Kabinettskrieg des zivilisierten 18. Jahrhunderts spielen, und ob der Deus-ex-machina-König August oder Ludwig oder Friedrich heißt, ist ganz schnurz. Vom Krieg und von der friderizianischen Armee gibt das Stück eine recht schemenhafte und oberflächlich-idealisierte Vorstellung. Man erfährt nur, daß Minnas Onkel den preußischen Offizieren im allgemeinen »eben nicht gut« ist, und daß Tellheim nach Ansicht der Zofe Minnas einmal »gar zu brav, gar zu preußisch« aussieht, in Stiefeln und kaum frisiert, so »als ob Sie vorige Nacht kampiert hätten«. Das ist alles.

Tellheim sieht sich nicht als Preußen. Er ist um seine persönliche Ehre besorgt, nicht um die Ehre eines preußischen Offiziers. Er

ist Soldat, »ich weiß selbst nicht, für welche politischen Grundsätze, und aus der Grille, daß es für jeden ehrlichen Mann gut sei, sich in diesem Stande eine Zeitlang zu versuchen«. Dem König von Preußen zu dienen, ihm verpflichtet zu sein, dieser Gedanke kommt ihm nicht. Auch scheinen Friedrichs Nöte zwischen 1757 und 1763 keinen Eindruck in Tellheims Anschauungen hinterlassen zu haben.
Daß es sich nicht um irgendeinen, sondern um einen spezifischen König handelt, kann man an zwei Stellen ahnen: Minna nennt Tellheims König einen »großen Mann« und Tellheim sagt von ihm, nachdem er Gerechtigkeit erlangt hat: »Ha! er hat sich auch hier nicht verleugnet!« Nein, »Minna« müßte nicht zwischen Sachsen und Preußen, das Stück könnte zwischen Bayern und Österreichern spielen, und, wären nicht die Anpflaumereien gegen die welschen Unarten des Leutnants Riccaut, auch zwischen einer Französin und einem Preußen. Sollte Goethe all das entgangen sein?
Das scheint unglaubhaft. Den Schlüssel findet man, wenn man jene deutschen Nationaldichter, Goethe nennt sie sogar die preußischen, inspiziert, die den König in Krieg und Gefahr dargestellt haben, jene beiden Gleim und Ramler, mehr sind es nicht. Gleim mit seinen Kriegsliedern, Ramler mit seinen »höchst würdigen« (Goethe) Lobgesängen auf die Taten König Friedrichs. »An dem großen Begriffe, den die preußischen Schriftsteller von ihrem König hegen durften, bauten sie sich erst heran, und um desto eifriger, als derjenige, in dessen Namen sie alles taten, ein für allemal nichts von ihnen wissen wollte.«
Auch Goethe mochte uns Lessing nicht als einen preußischen Schriftsteller vorstellen, der sich erst herangebaut habe; aber er braucht überhaupt einen bedeutenden Schriftsteller, um seine merkwürdige These von der deutschen Nationaldichtung abzustützen, und da gibt er uns Lessings »Minna« als Zuwaage.
Was er von Gleim und Ramler wirklich dachte, und von ihrem wahren und höheren eigentlichen Lebensgehalt, hat er sogar in »Dichtung und Wahrheit« kundgetan, den Widerspruch bewußt, oder unbewußt, oder halbbewußt, in Kauf nehmend. Er faßt die beiden als nicht sehr erhebliche Einheit und schreibt: »Gleim, weitschweifig, behaglich von Natur, wird kaum einmal konzis in den Kriegsliedern. Ramler ist eigentlich mehr Kritiker als Poet.« Der würdige Ramler also, einer der beiden Ecksteine, ist gar kein Poet. Über den Poeten Gleim aber gibt Goethe in seinem abgewogenen Buch das Urteil: »Er hätte ebensowohl des Atemholens entbehrt als des Dichtens und Schenkens, und indem er bedürftigen Talenten aller Art über frühere oder spätere Verlegenheiten hinaus und dadurch wirklich der Literatur zu Ehren half, gewann er sich so viele Freunde, Schuldner und Abhängige, daß man ihm seine breite Poesie gerne gelten ließ, weil man ihm für

die reichlichen Wohltaten nichts zu erwidern vermochte als Duldung seiner Gedichte.«
Ramler ist nicht unrecht bedient, wenn man sich, ihn zu rühmen, mit den ersten fünf Zeilen seiner Ode »An den König« begnügt:

Friedrich! du, dem ein Gott das für die Sterblichen
Zu gefährliche Los eines Monarchen gab,
Und, o Wunder! der du glorreich dein Los erfüllst,
Siehe! deiner von Ruhm trunkenen Tage sind
Zwanzigtausend entflohn! ...

Aus seinem »Schlachtgesang« kann man jeden der acht Vierzeiler zum Beispiel nehmen, und deshalb auch den folgenden:

Die Kugel treffe, wer sich bückt
Und scheu zurücke fährt!
Und wer zur Flucht den Fuß nur rückt,
Des Nacken treff' ein Schwert!

Gleim (»Kann ein Gott sein, wenn Friedrich unterliegt?«) sang 1757:

Aus deinem Schädel trinken wir
Bald deinen süßen Wein,
Du Ungar! Unser Feldpanier
Soll solche Flasche sein.

Zu Gleims bekanntesten Gedichten zählt »Die zwei letzten Blicke Friedrichs«.

Zwei Blicke tat Er hin auf seine Lebenszeit,
Eh' Er hinüberging in die Unsterblichkeit:

Die Toten aller seiner Schlachten
Sah Er mit einem Blick;
Mit seinem andern all' das Glück,
Das seine Lebenstage machten.

Der eine: furchtbar, starr, erfüllt mit Gram und Graus;
Der andre: löschend ganz das Bild des ersten aus!

Weder Goethe, noch Schiller, noch Kleist, weder Wieland noch Hölderlin, noch Büchner, noch Grabbe, noch Jean Paul haben der deutschen Nation ihren ersten und eigentlichen und einzigen Helden vorgestellt, weder in einer Epopöe, noch sonstwie, wiewohl doch Wallenstein und Kurfürst Friedrich Wilhelm, Herzog Alba und Tell, wiewohl Hannibal und Danton die deutschen Bretter betreten haben. Schiller konnte »diesen Charakter nicht liebgewinnen«, er mochte an ihm »die Riesenarbeit der Idealisierung« nicht vornehmen; lieber wollte er sich mit Gustav Adolf beschäftigen.
Sollte der nationale französische Held Napoleon bei der Abfassung von »Dichtung und Wahrheit« als Schatten ein wenig die

Feder des Autors Goethe verrückt haben, er, der im Sturmschritt ein nationales Zeitalter einläutete und der die Funeralien von Friedrichs Zeitalter achtlos aus dem Wege stieß? Sollte Friedrich dem rückschauenden Goethe als eine Art Ersatz-Napoleon erschienen sein, da doch der wirkliche Napoleon im deutschen Bereich keinen Gegenspieler, keine Lichtgestalt hatte, die deutschen Nationaldichtern – Goethe hielt sich nicht für einen von ihnen – zu einer Epopöe hatte herhalten können? 1795 bezeichnete Goethe, etwas leichtsinnig, jene Umstände, die einer Dichtung von Vorteil sein könnten: »Aber auch der deutschen Nation darf es nicht zum Vorwurfe gereichen, daß ihre geographische Lage sie eng zusammenhält, indem ihre politische sie zerstückelt. Wir wollen die Umwälzungen nicht wünschen, die in Deutschland klassische Werke vorbereiten könnten.« Die Umwälzungen kamen ohne die Werke, die Werke ohne die Umwälzungen.

Denn was steht bei dem bürgerlichen Schriftsteller Lessing, der im Heldenjahr 1757 mit Gleim, Ramler, Nicolai, Moses Mendelssohn Briefe wechselt? Schreibt er von Prag, Kolin, Roßbach und Leuthen? Empfängt er enthusiastische Briefe von Friedrich-Verehrern? Schwebte immer »die Gestalt Friedrichs, sein Name, sein Ruhm in kurzem wieder oben«, wie im Frankfurt des acht- bis zehnjährigen Goethe? Hatte Friedrich in Lessings Augen »die Ehre eines Teils der Deutschen gegen eine verbundene Welt gerettet«, wie Goethe in »Dichtung und Wahrheit« schreibt, und nahm Lessing durch Beifall und Verehrung, wie Goethes Vater, Anteil an den Siegen dieses großen Fürsten? Nicht doch. Im glorreichen Jahr 1757 wissen Lessing, Mendelssohn und Nicolai einander mancherlei über die Theorie der Tragödie mitzuteilen, über grammatikalische Unklarheiten in Klopstocks »Messias«, über Drucken und Verlegen, über die bejammernswürdigen Folgen des soldatischen Geschäfts, und über die Leidenschaften der Menschen, die den Erdball verwüsten. Über Friedrichs Größe kein Wort.

Lessing zwar verfaßte 1757, nach der Schlacht von Prag, den Entwurf einer Ode auf den Tod des Feldmarschalls von Schwerin, aber vor allem ist darin von dem »Herrn von Kleist« die Rede, jenem Dichter und Verwandten eines berühmteren Dichters, dem sie zugeeignet ist und der bei Kunersdorf tödlich verwundet wurde, jenem Kleist, der das Vorbild für den edlen Preußen Tellheim abgegeben hat. Eine Ode auf, zu Gleim, »Ihren König« mochte Lessing nicht fertigen, sondern auch nur ein »Gerippe«. Er annonciert da das Märchen vom blutigen Tiger, der, als der sorglose Hirt mit Chloris und dem Echo scherzte, die arme Herde würgte und zerstreute. Das ging auf Sachsen, das war deutlich, aber Gleim wollte es nicht merken. Und Lessing hatte ja auch hinzugesetzt, der König von Preußen sei »dennoch ein großer König«.

Daß Friedrich die Ehre eines Teils der Deutschen gegen eine verbundene Welt gerettet habe, steht ebenfalls als Kronzeugnis in jedem preußischen Hausschatz. Indes, Goethe unterbricht den Satz mit einem Semikolon; es folgt der Halbsatz: »aber wo denn nun hin mit jenem erregten kriegerischen Trotzgefühl?« Ja, wohin damit? Doch wohl in den höheren Lebensgehalt, in die Poesie, in die Nationalkultur Gleims und Ramlers? Aber Goethe sieht das Trotzgefühl eine andere, nicht recht gewünschte Richtung nehmen: Zuerst in die Bardenlieder, die »so oft gescholtenen, ja lächerlich gefundenen«. Dann in die Kritik an Fürsten und ihren Dienern, an eingebildeten Tyrannen, »wodurch alles Obere, es sei nun monarchisch oder aristokratisch, aufgehoben wird«.

So wären denn indirekt »Emilia Galotti« und »Luise Millerin« auch noch Früchte des Siebenjährigen Krieges, und man sieht so recht, was es mit dem höheren Lebensgehalt, den Friedrich der deutschen Poesie beschert haben sollte, auf sich hat. Friedrich, wenn er Rekruten aus dem Weimarschen mit List und Gewalt herauspressen wollte, hatte »immer bereitwillige Krallen«. Aber zu Hause, in Berlin, war er vielleicht gar kein wirklicher, sondern nur ein eingebildeter Tyrann?

4. Kapitel Der unaufgeklärte Staat

»Die preußische Monarchie bleibt immer: nicht ein Land, das eine Armee, sondern eine Armee, die ein Land hat, in welchem sie gleichsam nur einquartirt steht.«
Georg Heinrich von Berenhorst, Major und Adjutant des Königs im Siebenjährigen Krieg.

Um den preußischen Staat zusammenzubringen, wurden Mittel angewandt, die im westlichen Ausland und in Österreich schon des längeren aus der Mode gekommen waren. So hat der Kurfürst Friedrich Wilhelm, »Großer Kurfürst« geheißen, den Oberst von Kalckstein, den er der Konspiration mit dem polnischen Reichstag bezichtigte, in Warschau entführen, entgegen allen Privilegien des preußischen Adels foltern und 1672 hinrichten lassen. Kalckstein vertrat die Rechte der ostpreußischen Stände, der Kurfürst die neue Regierungsmacht.

Außenpolitisch war der Kurfürst unumschränkter Herr. Stände und Adel, ein sich auf der bürgerlichen Ebene später wiederholender Vorgang der preußischen und deutschen Geschichte, ließen ihm, anders als in England, das Sagen, da er ihnen die Nutzung ihrer wirtschaftlichen Interessen garantierte. Um den miles perpetuus, die für Europa neue Einrichtung eines stehenden Heeres, zu bezahlen, war der Kurfürst auf die Subsidien desjenigen angewiesen, den er gerade bekämpfte, was seine jähen Umschwünge, als »brandenburgisches Wechselfieber« verspottet, zum Teil erklärt. Der Vorwurf Treitschkes an die Adresse der Hohenzollern, viele von ihnen hätten durch allzu gewissenhafte Scheu vor dem Würfelspiel des Krieges Schuld auf sich geladen, kann den Kurfürsten nicht treffen.

Sein Enkel, Friedrich Wilhelm, der 1,60 Meter kleine Anbeter von Riesen-Spielzeugsoldaten, schuf die preußische Verwaltung, in der es allerdings damals wie später noch recht unpreußisch zuging. Immerhin, den ostpreußischen Domänenrat von Schlubschuh, in dessen Abrechnung Geld fehlte, ließ der König in Gumbinnen auf offener Straße aufknüpfen, als ihm der einflußreiche Adelige geziemende Widerworte gab. An den Rand seiner Instruktionen malte der König gern einen kleinen Galgen. Da er aber nicht wohl »hängen und braten konnte wie der Zar«, dies seine Drohung, blieb der heimliche Drang zur geldlichen Sünde ungebrochen, ja er wurde durch die absurde Polterei noch genährt. Jedenfalls waren, außer dem Sohn, auch die engsten und treuesten Mitarbeiter des Königs mit guten Jahrgeldern fremder Potentaten versehen.

Die Prügel-Manie dieses erzfrommen Menschenquälers machte vor seinen Kindern und, in seinen Worten, auch vor den Ministern nicht halt. Der Graf Ernst Christoph von Manteuffel, mit seinem Schloß »Kummerfrei« ein geistiger Vorläufer von Sanssouci, schrieb an den vom König »bei Strafe des Stranges« aus Preußen verjagten Philosophen Christian Wolff: »Jeder Untertan in diesem Land wird als geborener Sklave betrachtet.« Kein Reisender in und um Preußen, wenn er eine ansehnliche Körperlänge hatte, war vor diesem Menschenfänger sicher.
Fahnenflüchtige, auch wenn sie unter dieses Königs Fahnen buchstäblich eingefangen worden waren, mußten riskieren, daß ihnen Nase und Ohren abgeschnitten wurden, zusätzlich zum Spießrutenlaufen. Voltaire erwirkte per Gedicht vom widerstrebenden König Friedrich die Überführung eines solcherart verstümmelten Franzosen, eines Sechs-Fuß-Edelmannes, dem die Nase abgeschnitten worden war, aus der Zwangsarbeit ins Lazarett.
Um Friedrichs Lieblingsschwester Wilhelmine einer Ehe mit dem künftigen Markgrafen von Bayreuth geneigt zu machen, ließ ihr der Vater bestellen, im Falle einer Weigerung werde er sie in die Festung Memel sperren und ihre vertraute Freundin, ein Fräulein von Sonsfeld, an allen Straßenecken öffentlich auspeitschen lassen. Der 16jährigen Kantors-Tochter Dorothea Ritter widerfährt diese Schmach tätlich. Sie wird vor dem Rathaus, vor dem Haus ihres Vaters, »und dann auf allen Ecken der Stadt« ausgepeitscht, sie wird erst auf ewig, dann auf drei Jahre ins Spandauer Spinnhaus gesteckt, nachdem der König sie, erwiesenermaßen zu Unrecht, verdächtigt hatte, mit dem Kronprinzen geschlafen zu haben. Noch in seiner Todesstunde sieht der 51jährige durch das Fenster, daß ein Reitknecht einen gelben Sattel auf eine gelbe Schabracke legt; der General von Hacke bekommt den Auftrag, den Burschen durchprügeln zu lassen.
Man hat Friedrichs Vater zum Ausgleich für seine Prügelsucht etliche Eigenschaften, vorzüglich des Gemüts, gutgebracht. Aber da der Sohn seine Flöten an den Köpfen der Kammerhusaren entzweischlägt, da er auch die höchsten Beamten mit »Halt Er das Maul«, Krückstock-Klopfen und »Spandau«-Drohungen anfährt, kann man sich die Zivilcourage wohl ausrechnen, die in siebzig Jahren Hohenzollern-Tätigkeit und -Tätlichkeit unter diesen beiden Königen ins Kraut geschossen ist.
Friedrich Wilhelm, der Verwaltungsmann, lief tagaus tagein im Offiziersrock seiner Armee einher. Er führte 1733 als erster, zwar nur auf dem Papier, die allgemeine Wehrpflicht ein. Für einen Iren von 2,16 Meter Größe zahlte er einmal 9000 Taler, das dreifache Jahresgehalt eines Ministers. Sein Sohn, der Regimentsoberst Friedrich, berichtet einem Freund melancholisch: »Ich habe einen zwei Meter langen Holländer, seltener und außerordentlicher als ein langschweifiger Komet.«

Seinen Offizieren stellte der König die Aufgabe, »einen Kerl zu dressiren, und ihm das air von einem Soldaten beyzubringen, daß der Bauer heraus kommt« (verschwindet). Sein oberster Exerziermeister, der Fürst Leopold von Anhalt-Dessau, hatte zwar nicht den Gleichschritt erfunden, wohl aber für die Ausbildung nutzbar gemacht; alle Soldaten mußten die gleiche Haartracht tragen, wer in einer Grenadier-Kompanie von Schnurrbärten keinen hatte, dem wurde er aufgemalt. Der spätere französische Kriegsminister Marschall Belle-Isle notierte sich 1741 als Beobachter der exerzierenden preußischen Armee: »Der einzelne Mann feuert bis zu zwölfmal in der Minute, und in Pelotons oder Abteilungen mindestens sechsmal, was unglaublich erscheint, wenn man es nicht gesehen hat.« Über die Feuerprobe der preußischen Infanterie bei Mollwitz berichtete ein österreichischer Offizier: »Ich kann wohl sagen, mein Lebtag nichts Superberes gesehen zu haben; sie marschierten mit der größten Contenance und so nach der Schnur, als ob es auf dem Paradeplatz wäre. Das blanke Gewehr machte in der Sonne den schönsten Effekt und ihr Feuer ging nicht anders als ein stetiges Donnergrollen.«

Das Donnergrollen, auch »rollendes Feuer« genannt, kam zustande, indem das Bataillon in drei Gliedern zu acht Pelotons aufgeteilt wurde, die während des Vorrückens abwechselnd feuerten. So wurde verhindert, daß die Truppe, wenn sie eine Salve abgegeben hatte, für eine kurze Zeit wehrlos war. Pro Minute konnten zwei bis zweieinhalb Schuß abgegeben werden, bei geringer Treffsicherheit. Die wirksame Reichweite eines Gewehres betrug zwischen 200 und 300 Schritt (150 bis 225 Meter).

Freilich geriet das rollende Feuer fast immer durcheinander, wenn es ernst wurde. Darum hieß es schon im Infanterie-Reglement von 1743, wenn der Feind stehenbleibe, sei es der sicherste und gewisseste Vorteil der Preußen, »mit gefälltem Bajonett in selbigen hereinzudrängen; alsdann der König davor repondiret, daß keiner wider stechen wird«.

Warum der – außenpolitisch im übrigen unsichere – Friedrich Wilhelm ein ständiges Heer von bis zu 76 000 Soldaten unterhalten mußte, weit mehr als zur Verteidigung glaubhaft, wußte niemand in Europa zu sagen – sein Großvater, der Kurfürst, hatte in besten Kriegszeiten maximal 45 000 Mann unter Waffen. Aber Gefahr witterte zu des Königs Lebzeiten niemand, da seine Soldatenleidenschaft, obzwar belächelt, ebenso bekannt war wie seine haushälterische Friedensliebe.

In den Staaten des »Soldatenkönigs«, immerhin, war jeder fünfzehnte Mann Soldat. Die Einnahmen des Landes hatte der König durch geschicktes Wirtschaften so erhöht, daß er die Armee unterhalten konnte. Aber die Leute fehlten. Mehr als ein Drittel mußte er im Ausland werben. Das Land Preußen war solcherart der weitaus größte Soldaten-Werber des 18. Jahrhunderts. Da Werbung hier als euphemistisches Wort für Soldaten-Fängerei steht, erkennen wir in Friedrich II. den größten Soldatenfänger der europäischen Geschichte. Er brachte sein stehendes Heer bald nach dem Siebenjährigen Krieg auf 151 000 Mann, 1786 auf 195 000 Mann, darunter 5400 Offiziere.

Friedrich Wilhelm und erst recht sein Sohn Friedrich bestanden als einzige Reichsfürsten darauf, »Werbungen« in den Gebieten der anderen Reichsfürsten auch gegen deren Willen zu veranstalten; unnötig zu sagen, daß sie Werbungen anderer im eigenen Bereich nicht zuließen. Friedrich Wilhelm hatte mit seinem Vetter, dem englischen König und Kurfürsten von Hannover, dieserhalb viel Ärger, und Friedrich drangsalierte das Herzogtum Mecklenburg-Schwerin im tiefen Frieden mit Streifzügen der Zieten-Husaren. Meistens wurden die »Geworbenen« gewaltsam weggeschleppt. Als der Herzog Christian Ludwig die preußischen Werbungen 1754 unter Strafe stellte und verbot, ließ Friedrich 1755 im November 26 »Herzogliche Bedienstete« in Mecklenburg kidnappen und nach Spandau bringen, wo sie als Geiseln bleiben sollten (und bis Anfang Juli 1756 auch blieben). Die Kabinettsminister Podewils und Finckenstein, so steht es in den »Preußischen Staatsschriften« (Herausgeber Sybel und Schmoller), seien »von dem Unrechte, das Preußen den Mecklenburgern zufügte, aus tiefster Seele überzeugt« gewesen. Zu Recht behauptet die Wiener Antwort auf Friedrichs Rechtfertigung seines Einfalls in Sachsen, der König habe »zu jedermanns Beschwerde eine unerlaubte Menschenräuberei ausgeübet, die ihm darin begegnete Anstände mit unerhörten Thätlichkeiten gerochen«.

Führt man Friedrichs geschichtliche Leistung auf ihren Kern zurück, so ergibt sich: Er hat die Mittel seines Landes ausgeschöpft, um mehr Soldaten unter Waffen zu locken, oder zu zwingen, als andere Länder vergleichbarer Größe, hat diese Soldaten einem einzig dastehenden Zwangssystem unterworfen, das einzigartige Effektivität gewährleistete, und hat derart die Mittel und das Prestige seines Landes über die Großmacht-Schwelle hinausgehoben. Friedrich ist zu sehen als der absolute Chef einer nur von ihm in Betrieb zu haltenden Schießmaschine, die, von ihm eingesetzt, allen vergleichbaren Heeren mechanisch überlegen sein mußte. Nebenbei ist er König in und später von Preußen, aber auch hier ist seine wichtigste Eigenschaft die Methode, Soldaten, Unterführer und Offiziere für die Armee sicherzustellen. Dafür verbraucht er vier Fünftel der Staatseinnahmen.

Was Schopenhauer dreißig Jahre nach Friedrichs Tod schreibt, daß nämlich im Menschengeschlecht nur die Individuen und ihr Lebenslauf real, die Völker und ihr Leben aber bloße Abstraktion seien, trifft vielleicht für Schopenhauers Zeit nicht ganz zu, wohl aber für das Preußen Friedrichs. Seine Einwohnerschaft exi-

stiert als Volk noch gar nicht, sondern ist bloße Abstraktion, dargestellt in der Person des absoluten Königs, der mit mehr Recht als der von Institutionen flankierte vierzehnte Ludwig hätte sagen können: »L'état c'est moi.« Darum muß auch die marxistische Geschichtsbetrachtung bei dem Geschichtsbeweger Friedrich versagen, der wir im übrigen viel Aufschluß über dessen ökonomisches System verdanken.
Außer dem Willen des Individuums Friedrich, die Abstraktion Preußen zu vergrößern, keineswegs im Interesse einer Klasse, ist kein Impuls feststellbar. Ganz im Ernst faßte der alte König die Bilanz seines kriegerischen Lebens in die groteske Feststellung: »Der friedliche Bürger soll es gar nicht merken, wenn die Nation sich schlägt.« Die Ostfriesen nahmen 1757 des Königs Maximen wörtlich, eine geplante Landmiliz war bei ihnen nicht durchzusetzen. »Wenn jetzt die Kriegsdrommete schmettert«, schreibt Friedrich 1770 an d'Alembert, »wird der Ackerbauer und der Handwerker sowenig als der Jurist und der Gelehrte in seinem Beruf gestört; sie alle bleiben vielmehr ruhig bei ihrer gewohnten Beschäftigung und überlassen es den Vaterlandsverteidigern, sie zu schützen.«
Kriegsdienst war, außer für die Offiziere, keine Ehre, oft genug und buchstäblich eine Strafe. Städter und Adlige waren von der Aushebung meist befreit, Handel, Gewerbe und gelehrte Berufe mußten grundsätzlich keine Rekruten stellen, angesessene Bauern, Grundbesitz-Bürger, Neusiedler, Manufaktur-Arbeiter oft auch nicht. Rekrutiert wurden die Bauernsöhne, und zwar für zwanzig Jahre Dienstzeit; für zehn Monate im Jahr wurden sie freigestellt. So lag der Schwerpunkt bei den ausländischen Söldnern, die durch List und Gewalt, die wenigsten ehrlich, unter die Fuchtel des Königs getrieben wurden. Im Siebenjährigen Krieg zwang er die Gefangenen unter die eigenen Fahnen, beispielsweise 1756 fast die gesamte sächsische Armee, und später einzelne Haufen der Österreicher, »gewiß ein sehr ungewöhnlicher und gewagter Schritt«, sagt dazu Gerhard Ritter. »Sein ganzes Militär ist eine solche künstliche Mission«, schreibt Maria Theresia Ende 1757, »welche jeden gemeinen Soldaten auch wider Willen nützlich und fechten macht«. Er allein besitze die Kunst, schreibt Kaunitz mehr verächtlich als bewundernd, »binnen vierzehn Tagen aus einem zum Kriegsdienst gepreßten Mann einen nützlichen Soldaten zu machen«.
Das seit 1757 feindliche Mecklenburg, das vom König besonders grausam behandelt wurde, mußte ihm 16 000 Ersatz-Krieger stellen. Sie wurden eingefangen, indem man die obrigkeitlichen Personen, die für ihre Ablieferung Sorge zu tragen hatten, vorher bei Wasser und Brot gefangen setzte. Dann lagen die zwangsrekrutierten jungen Leute wochenlang in Kirchen eingeschlossen, bis sie abgeführt wurden. Nicht nur im Krieg handelte der Kö-

nig so. 1778 empfahl er dem General Tauentzien schriftlich, die Wehrpflichtigen unter dem Praetext zusammenzukriegen, daß sie bei Brieg an der Festung arbeiten sollten; habe man sie erst da, könne man sie dorten exerzieren. Das nennt er »der Sache eine andere Tournure geben«.

In Ostfriesland wurden 600 Arbeiter während des Kartoffelkrieges unter dem Vorwand, sie sollten die Wälle der Stadt Emden befestigen, angeworben, bei Nacht von Bewaffneten aus den Betten geholt, auf Schiffe gebracht und verschleppt: Untertanen. Dazu muß man wissen, daß Ostfriesland 1744 die Militärfreiheit ausdrücklich zugesichert worden war; die Stände erstreckten diese Freiheit auch auf die Troßknechte, Friedrich hingegen nicht. Nettelbeck, der spätere Verteidiger von Kolberg, floh aus Preußen. Zu Tausenden entkamen junge Preußen über Friedrichs Grenzen.

Des Königs Werber verschmähten keine Täuschung und keinen Trick, oft waren diese Offiziere abenteuernde Strolche. Jungen Leuten wurde eine Offiziers-Stelle versprochen. Kamen sie dann im Sammelort Magdeburg an, wurden sie als gewöhnliche Rekruten so lange geprügelt, bis sie sich mit ihrem Schicksal abgefunden hatten. Scharnhorsts Gehilfe, der spätere Generalfeldmarschall Boyen, hielt den Kern des friderizianischen Heeres, die Ausländer, zur Hälfte für nichtsnutzige Leute, deren wirklicher Beruf die Desertion und die Dieberei gewesen sei. Über diese Soldateska, die nur »aus der Hefe des Volkes besteht, aus Taugenichtsen, die die Müßigkeit der Arbeit vorziehen, aus Wüstlingen, die unter den Fahnen ein freies Leben und ungestraftes Treiben suchen, aus ungeratenen Söhnen, wilden Gesellen, die aus Lust an der Ungebundenheit Handgeld nehmen«, hat sich Friedrich selber in seinem »Antimachiavell« beklagt.

Diese gepreßte, betrogene, gehetzte, abenteuernde Meute wurde durch ein System von Strafen bei Räson gehalten, das einzig in Europa ist und das die deutsche Nation als für die Einrichtung der Konzentrationslager Hitlers vorgebildet erscheinen lassen muß. Desertion war das für den König gefährlichste und im übrigen natürlich ein gängiges Verbrechen, denn welche Macht sollte einen Rekruten Friedrichs wohl bei dieser Sklavenhorde halten, wenn nicht die wildeste Furcht vor der rohesten Gewalt? 1744/45 während des Rückzugs aus Böhmen gingen ihm 15 000 Mann von der Fahne, Ritter nennt die Zahl von 17 000 Deserteuren. 4000 Preußen blieben bei den Österreichern, als diese der preußischen Besatzung Breslaus im Herbst 1757 freien Abzug gewährten. Nur 500 Mann folgten ihren Offizieren.

Im Frieden waren die Soldaten meist in Bürgerhäusern einquartiert. Im Krieg durfte keine Einheit in der Nähe großer Wälder lagern. Wollte man durch einen Wald marschieren, mußten Kavallerie-Patrouillen neben der Infanterie herreiten. Zum Holz-

und Wasserholen durfte die Mannschaft nicht allein gehen, sondern nur von Offizieren geführt. Nachts sollen die Zelte revidiert, das Lager muß von Aufpassern umstellt werden.
Patrouillen auch nur einige hundert Meter weit auszuschicken, konnte sich dieser Heerführer nicht erlauben, wie ein Augenzeuge des Feldzugs von 1745 berichtet. Zuverlässige Kavallerie-Patrouillen fehlten ihm in den ersten beiden Kriegen ganz. Heckenschützen von der Art der österreichischen Kroaten und Panduren durfte er sich ebenfalls nicht leisten. Seine Infanterie mußte Gelände-Hindernisse — Wälder, Hohlwege — vermeiden, weil man in ihrem Schutze desertieren konnte. Freilich galt Friedrichs Verpflegung für attraktiv: ein Pfund Rindfleisch pro Woche und Person.
Entlief ein Soldat, so mußte nicht selten sein Stuben- oder Zeltnachbar Spießruten laufen, weil er die Flucht nicht verhindert hatte. Wurde der Entlaufene eingefangen, mußte er eine erbarmungslose Prozedur über sich ergehen lassen, die ihm kaum das Leben ließ. An die 300 Soldaten bildeten eine zwei Meter breite Gasse, bewaffnet mit Haselstöcken von 80 Zentimeter Länge und einem halben Zentimeter Dicke. Das Spießrutenlaufen war ein Gehen, denn der Delinquent wurde mit nacktem Oberkörper langsam durch die Reihen geführt. Von jedem Soldaten bekam er einen kräftigen Schlag, bei sechs Durchgängen 1800. Hielt er wegen des Blutverlusts nicht durch, zogen die beiden Reihen an ihm vorbei und gaben dem Liegenden den Rest. Oder die Exekution wurde abgebrochen und nächsten Tags fortgesetzt. Hinter den Prügelnden standen Korporäle, ebenfalls mit Stöcken bewaffnet. Sie paßten auf; jeder Soldat mußte ja kräftig zuschlagen, wollte er nicht riskieren, seinerseits geprügelt zu werden: wohl ein klassischer Fall von »Befehls-Notstand«.
In seiner Lebensgeschichte »Der arme Mann im Tockenburg« berichtet der Schweizer Ulrich Braeker, übrigens auch einer, der von preußischen Werbern verschleppt worden war: »Da mußten wir zusehen, wie man sie durch zweihundert Mann achtmal die lange Gasse auf und ab Spießruten laufen ließ, bis sie atemlos hinsanken, wie sie des folgenden Tags aufs neue dran mußten, die Kleider vom zerhackten Rücken heruntergerissen, und wie wieder frisch drauflosgehauen wurde, bis Fetzen geronnenen Bluts ihnen über die Hosen hinabhingen. Dann sahen Schärer (sein Landsmann) und ich uns zitternd und todblaß an und flüsterten einander in die Ohren: ›Die verdammten Barbaren!‹.«
Mancher Delinquent mußte auf Friedrichs Geheiß bis zu vierundzwanzigmal durch die Gasse, wobei die Strafe auf zwei oder drei Tage verteilt wurde, wenn sie dem Höchstmaß nahekam. Ausdrücklich, so Friedrichs Befehl, sollte keiner sterben, ehe er seine volle Strafe empfangen hatte. Daß er selbst als Kronprinz

mit 18 Jahren wegen geringerer Mißhelligkeiten desertiert war, sänftigte den König nicht.
Selbstmord, Wahnsinn und Desertion waren bei manchen Kommandeuren an der Tagesordnung, so bei einem uns sonst als tüchtig beschriebenen Offizier, der 1778 bei Kriegsbeginn krank wurde, weil er für sein Leben fürchtete. Der Historiker Pfeiffer, dem wir diese Einzelheit verdanken, versichert uns aber gleichzeitig, die scharfe Behandlung des gemeinen Soldaten sei verständlich: »Der Preußische Soldat war und sollte auch ein völlig abgesonderter Bestandteil im Staatskörper sein.«
Aber so ganz konnte man diesen Bestandteil nicht absondern. Die Bauern, deren Söhne ja als Soldaten dienen mußten, hatten in der Grafschaft Glatz zahlreiche Pflichtwachen zu leisten, damit die Deserteure sofort wieder eingefangen werden konnten. In der Gegend von Silberberg, wo wegen der nahen Grenze häufig desertiert wurde, mußten bei jeder Desertion 700 Mann oft 48 Stunden Wache stehen. Manchmal standen, so entnimmt Pfeiffer dem Breslauer Staatsarchiv, die Bauern vierzehn Tage, ja sogar drei Wochen auf den Pflichtwachen.
Daß die Bauern infolge der harten Bedrückung seitens der Herrschaften so arm waren, hatte auch andere üble Folgen, wie der Hauptbericht von 1779 über die Grafschaft Glatz ausweist: »Ein Kantonnist (ein eingezogener Soldat) hat also nichts zu verlieren und das befördert die Desertion, wenn auch jetzt jeder Deserteur gehenkt wird.« Jetzt: offenbar waren während des Bayerischen Erbfolgekrieges so viele Soldaten davongelaufen, daß Henker und Strick als letzte Auskunftsmittel erschienen.
Der »mourir-en-roi«-König, der den Selbstmord in 818 Versen besungen hatte, verfuhr besonders gnadenlos mit Leuten, die sich seinem System durch Tod oder Verstümmelung zu entziehen suchten. Der unter Friedrichs Fahnen gepreßte Füsilier Marufski hatte sich 1744 »aus größter Melancholy« zwei Finger abgehackt, um loszukommen. Friedrich »confirmirte allergnädigst« die Sententz: »24 mahl Spißruthen laufen und zwei Jahre Vestungsarbeit«. Der Chef des Regiments, ein General du Moulin, wollte nicht gern vollstrecken, weil der Delinquent »noch nicht völlig curiret«, weil geistliche und weltliche Personen für ihn »intercedirten« und weil der 80jährige Vater »einen andern schönen Kerl von eben seiner Größe an seines Sohnes Stelle der Compagnie zu verschaffen und zu stellen sich obligiret«. Friedrich schrieb an den Rand des Gesuchs die klassischen Worte: »Quelle faiblesse, mon cher Du-moulin! il faut exécuter les loix; . . . ne mollisez point, et tenez Vous en à la rigidité« (welche Schwäche . . . man muß die Gesetze vollstrecken . . . nicht weich werden).
Menschlichkeit ließ er, nicht verbürgt, einmal walten, als er nämlich die katholische Geistlichkeit ärgern konnte. Ein Soldat hatte den Opferstock bestohlen, behauptete aber hartnäckig, die Mut-

ter Gottes habe ihm die Münzen selbst ins Quartier gebracht. Friedrich ließ anfragen, ob solch ein Fall nach Ansicht der Kirche denkbar sei. Die befragten Geistlichen mochten es nicht rundweg ausschließen. Da erließ Friedrich dem Soldaten das zwölfmalige Gassenlaufen, zu dem er verurteilt worden war, befahl ihm aber, künftig keine Geschenke von Heiligen anzunehmen. Daß der König einen erfolglosen Selbstmörder dazu begnadigt habe, einmal zur Ader gelassen und zweimal mit einem Schwamm abgerieben zu werden, scheint er bei Tisch im hohen Alter selbst behauptet zu haben, wenn Lucchesini richtig verstanden hat; glaubhaft ist es nicht recht.

Friedrich, der ehemals vom Vater Geprügelte, pflegte zum Mißfallen Voltaires das nachmittägliche Spießrutenlaufen zu überwachen. Lord Malmesbury, damals noch James Harris, notierte 1767 in seinem Tagebuch: »Es gibt für einen Offizier kein besseres Mittel, des Königs Wohlgefallen zu erregen, als die vom König verhängten Strafen der Soldaten zu verschärfen.« Wir hören viel von der Weichheit in der Seele des Königs, die er durch eiserne Selbstdisziplin in Härte verwandeln mußte; aber die Fakten sagen nur, daß er an Quälereien nach Maß sein systemgerechtes Vergnügen hatte.

Den Jesuitenpater Faulhaber, der von einem eingefangenen Deserteur bezichtigt worden war, in der Beichte zwar die Fahnenflucht als eine große Sünde, aber doch als eine von Gott allenfalls zu vergebende Sünde bezeichnet zu haben, ließ Friedrich am Silvester-Vorabend 1757 an einem Spionen-Galgen aufhängen, neben einem Leichnam, der schon ein halbes Jahr dort hing. Friedrichs – französischer – Kabinettsbefehl lautet: »Mein Oberstleutnant, Sie müssen den Pater Faulhaber hängen, ohne ihm vorher den Empfang der Sakramente zu gestatten« – Schikane bis in den Tod, und das, obwohl die »Schuld« des Paters ja keinesfalls feststand.

So gab es denn auch Besucher, die von den »großen blauen Augen« des Königs minder entzückt waren als Voltaire. Alfieri, der bedeutendste italienische Tragödien-Dichter des 18. Jahrhunderts, schildert, wie er, allerdings als 20jähriger, Friedrich zu Gesicht bekam: »Ich bohrte ihm achtungsvoll meine Augen in die seinigen, und ich dankte dem Himmel, der mich nicht als den Sklaven dieses Mannes geboren werden ließ.« Alfieri wurde ganz ernsthaft vom Kabinettsminister Finckenstein zur Rede gestellt, warum er ohne Uniform komme, wo er doch im Dienste seines Königs erscheine. Er will geantwortet haben: »Weil, wie mir scheint, an diesem Hof bereits genug Uniformen sind.«

Alfieri: »Beim Betreten der Staaten des großen Friedrich, die mir wie eine einzige große Wachtstube erschienen, fühlte ich, wie sich in mir der Abscheu vor dem ruchlosen Soldatenhandwerk verdoppelte und verdreifachte. Ist dies ruchlose Handwerk doch die einzige und ruchloseste Grundlage der willkürlichen Macht, die stets die notwendige Frucht so vieler tausend besoldeter Trabanten ist. Ich wurde dem König vorgestellt. Als ich ihn sah, empfand ich keinerlei Regung von Bewunderung und Ehrfurcht, sondern vielmehr Entrüstung und Wut, Gefühle, die in mir jeden Tag stärker und mannigfacher wurden, als ich so viel Dinge aller Art erblickte, die nicht sind, wie sie sein sollten, und die, da sie falsch sind, sich nur das Ansehen und den Ruf vom Wahrem anmaßen.«

Nun war Friedrich gewiß nicht der einzige Monarch des 18. Jahrhunderts, der Soldaten zum Dienst preßte. Bekannt ist jedenfalls, daß die englische Kriegsflotte auch nicht durchweg Freiwillige rekrutierte; Desertion wurde dort durch ein dem Spießrutenlaufen ähnliches, jedenfalls ähnlich grausames Verfahren geahndet. Aber schon das Ausmaß des Friedrichschen Bedarfs — bis zu 83 000 Söldnern ständig unter Waffen, bei enormen Verlusten im Krieg und durch Desertion — trieb zum Exzeß. Die Kriegsflotte des Königs von England deckte ihren Bedarf hauptsächlich im Inland, Friedrich nicht. Der Freiherr vom Stein, der von solchen Dingen etwas verstand, meinte sagen zu dürfen, daß Friedrichs Werber zwei, drei Jahre in ein finsteres Loch gesteckt worden wären, wenn sie sich in England oder Frankreich aufgeführt hätten wie in den nichtpreußischen Mittel- und Kleinstaaten des Heiligen Reiches.

Kennzeichnend für das friderizianische System war ja nicht nur die Grausamkeit, mit der Soldaten kreiert und unter den Fahnen gehalten wurden; vielmehr gehörte das Prügeln der Infanteristen (nicht der Kavalleristen) zur Routine. Der Rücken des Soldaten wurde schon unter den Haselstöcken zerfleischt, wenn einer betrunken zum Exerzieren oder zur Wachtparade kam. Friedrich: »so soll derselbe sogleich auf der Stelle Gasse laufen, deswegen der Profoß (Prügelmeister) Ruten mit herausnehmen soll.«

In dem erläuternden Text zu Basedows »Elementarwerke für die Jugend, ihre Eltern und Freunde in gesitteten Ständen« aus dem Jahre 1782 wird Chodowieckis Zeichnung des Spießrutenlaufens so erläutert: »Da werden furchtbare Strafen ausgeteilt. Einige hundert Soldaten haben, auf Befehl des reitenden Officirs, von dem Parfos Ruten empfangen, um den entblösten Rüken eines ihrer Cameraden zu zerhauen. Diser war nur one Erlaubnis aus dem Wachhause weggegangen, um eine Kanne Bier im Wirtshause zu trinken, zu der Zeit, wo er eben auf keinem Posten Wache halten durfte (mußte?). Eine kleine Unordnung, wenn sie einem solchen Menschen ungestraft hingeht, verursacht eine größere. Das weis der Unterofficir und Oberofficir, der Korporal und General.«

Aus Chodowieckis Radierung nebst Kommentar geht hervor,

daß im Preußen des Jahres 1782 Männer und Frauen noch mit Ruten gepeitscht und am Pranger in Handeisen geschlossen wurden. Die Aufklärung im Lande des Philosophenkönigs scheint durch die Gesetze, die er seiner Armee auferlegte, ein wenig zugestickt worden zu sein.

Ulrich Braeker, der »arme Mann im Tockenburg«, gibt uns, zitiert sogar in Gustav Freytags »Bildern aus der deutschen Vergangenheit«, eine Schilderung, in der es heißt: »Auf dem Exerzierplatz war des Fluchens und Karbatschens von prügelsüchtigen Jünkerleins, und hinwieder des Lamentierens der Geprügelten kein Ende.« Johanna Schopenhauer, Arthurs Mutter, beschreibt die Zustände in ihrer Heimatstadt Danzig nach der ersten Teilung Polens (die Danzig selbständig ließ, aber nach dem Willen des Königs eine Art Handelsblockade brachte, von der die Stadt, günstig gelegen wie Antwerpen oder Hamburg, sich nie mehr erholte): »Auf dem nur durch eine niedrige Hecke von dem unsrigen getrennten Grasplatz sahen wir dicht neben uns unter Schimpfen, Fluchen und Prügeln vom Morgen bis zum Abend Rekruten exerzieren, und vor der Hauptwache die Fuchteln blutjunger Offiziere über dem Rücken alter Soldaten blitzen und niederfallen.« Fuchteln wurden mit der breiten Seite des Degens verabreicht.

Nettelbeck, gewiß ein berühmter Preuße, schreibt von der »heillosen und unmenschlichen Art« und den »grausamsten Mißhandlungen«. Der Globetrotter D. Moore notierte in Berlin: »Der gewöhnliche Zustand der Sklaven in Afrika ist, gegen diese Art soldatischer Sklaverei gerechnet, noch ein Stand der Freiheit.«

Prügelnde Unteroffiziere, ständig einen Stecken in den Händen, mußten ihrerseits den Rücken der Fuchtelklinge des Adjutanten und der übrigen Jünkerleins darbieten. Führten sie nicht den eigenen Prügelstock sondern einen fremden mit sich, so wurden sie laut königlicher Order mit Fuchteln bestraft—wir kennen diese schreckliche Ordnung in einem anderen Zusammenhang der preußischen und deutschen Geschichte.

Daß der russische Muschik die Knute des Offiziers mehr fürchte als den Feind, war stehende Weisheit der letzten beiden Jahrhunderte. Aber Bo-Russien wurde unter Friedrich, wenn man die französische Politur abkratzte, mehr als östlicher denn als europäischer Staat behandelt. Weder in der französischen noch in der österreichischen Armee erreichte die Furcht vor den Offizieren preußisches Kaliber. Friedrich, der vor keiner Klarheit zurückschreckte, gab seiner Armee im Testament von 1768, als der erfahrenste Kriegsherr des Jahrhunderts, die Devise: »Das Beste, was man den Soldaten beibringen kann, ist Korpsgeist, d. h. sie sollen ihr Regiment höher stellen als alle Truppen der Welt. Da die Offiziere sie unter Umständen den größten Gefahren aussetzen müssen, so sollen sie (da man von Ehrgeiz bei ihnen nicht sprechen kann) ihre Offiziere mehr fürchten als alle Gefahren. Sonst wird niemand imstande sein, sie gegen dreihundert Geschütze, die ihnen entgegendonnern, zum Angriff zu führen. Guter Wille wird den gemeinen Mann nie solchen Gefahren Trotz bieten lassen: so muß es denn die Furcht tun.«

»Lehren Sie Ihre Infanterie den Stock respektieren«, schrieb er dem Bruder Prinz Heinrich nach dem halben Sieg von Zorndorf, den Friedrich mehr »gestohlen« als errungen zu haben meinte. »Nach dieser Anschauung«, so urteilt der Friedrich-begeisterte Historiker Hans Delbrück, »war es allerdings ziemlich gleichgültig, ob ein Bataillon aus märkischen und pommerschen Bauerssöhnen, oder aus heimathlosen Vagabunden oder aus gefangenen Österreichern und Sachsen zusammengesetzt war. In drei Gliedern, Schulter an Schulter, in gleichmäßigem Tritt, rechts und links die Pelotonführer, hinten die schließenden Offiziere, wird vorgerückt, auf Commando die Salven abgegeben und weiter vorgerückt durch das feindliche Feuer, bis wieder das Commando ›Halt!‹ ertönt. Da giebt es kein Zaudern, kein Ausweichen und keinen guten Willen . . .«

Es war, wie wir wissen, nicht ganz und gar gleichgültig. Jene gefangenen Sachsen, die man unvorsichtigerweise beisammen gelassen hatte, erschossen oder verjagten ihre preußischen Stabsoffiziere oft mitten im Gefecht und drehten die Flinten um, ihre zu Offizieren beförderten Unteroffiziere führten dabei das Kommando. Merkwürdigerweise hatten die sächsischen Truppen unter ihren »Zween Augusten« schon ein Vaterland, oder meinten doch, eines zu haben. Während der fünf Wochen Einschließung im Lager Pirna, wo sie zum Schluß nur noch Gras und Baumwurzeln aßen, entliefen keine 200 Mann.

Friedrichs preußische Armee, am Musenhof zu Weimar nur »die vielen blauen Sklaven« geheißen, brachte eine einzigartige, schreckliche Qualität ins Treffen, die es weder vor Friedrich noch nach ihm gegeben hat. Russische Knutengesinnung wurde hier, diszipliniert von preußischer Pedanterie, effektiv. »Die Art, wie das Heer Euer Majestät zusammengesetzt und gedrillt ist«, schrieb der andere bedeutende Rokoko-Feldherr, der Marschall von Sachsen, an den einen, nämlich Friedrich, »sichert Ihnen notwendigerweise den Sieg«. Er schrieb es 1745, als die Feldherrn-Qualitäten Friedrichs schon strahlend, aber noch ein wenig undeutlich schimmerten, und er schrieb es auf französisch. Die beiden Deutschen hatten, der eine bei Fontenoy, der andere bei Hohenfriedberg, Siege für den König von Frankreich erfochten.

Daß Friedrichs Armee sich geduldiger schlug als andere Armeen, hatte freilich auch mit ihrer protestantischen Qualität zu tun. Die Fürsten seien Gottes Amtsleute und Stockmeister, diesen Gedanken Luthers hatte etwa der Vater Friedrichs mit großem Verständnis in sich eingesogen. Seine Frömmigkeit hatte bauernhaftburleske Züge. Auf dem Totenbett wollte er seinen Feinden nur unter dem Vorbehalt verzeihen, daß er auch wirklich sterbe. Das Kirchenlied: »Nackt kam ich auf diese Welt, nackt werd' auch ich hinziehn« unterbrach er brüsk: »Das ist nicht wahr, ich werde in der Montierung begraben werden.«

Den norddeutschen Bauern wurde die Gehorsamspflicht auch von den Kanzeln eingetrichtert, den Pfarrern die Verkündigung weltlicher Befehle von ihrem »Summus episcopus« ganz selbstverständlich abverlangt. Friedrichs Soldaten, Otto Gebührs Kino-Bewunderer wissen das, sangen gerne Choräle. Als Friedrich nach Liegnitz, sehr spät im Siebenjährigen Krieg also, einen Veteranen belobigte, soll der ihm gesagt haben: »Wie hätten wir es nicht gut machen sollen, wir kämpften für die Religion, für Sie, für das Vaterland«, in dieser Reihenfolge. Inländische Bauernburschen fühlten sich immerhin unter dem Kommando ihrer ständischen Offiziere, oft der Brüder oder der Söhne ihres Gutsherrn, noch einen Rest heimisch. Wenn Preußen sie nichts anging, so hatten sie doch eine Art Stolz auf ihre Qualität etwa als Pommern. Nach allem, wenn sie desertieren wollten, wohin?

Friedrich-Exegeten rühmen uns Friedrichs Kriegsführung, weil er die »Leistungsfähigkeit der technischen Mittel, die dem alten absoluten Fürstenstaat zur Verfügung standen, durch rationale Konsequenz ihrer Durchbildung auf ein letztes Höchstmaß gesteigert« habe (Gerhard Ritter); diese »rationale Konsequenz« ist uns auch noch in anderem Zusammenhang vor Augen gekommen, und betrogen wurde der König von seinen Heereslieferanten und Versorgungsoffizieren wie kaum ein zweiter. Preußen hat sich nicht »hochgehungert«, wie uns protestantische Geistliche, wohl um uns das Fasten zu ersetzen, nicht müde werden zu erzählen. Es wurde hochgeprügelt. Friedrichs Zepter war, wie Wieland schrieb, sein Stock, und auch von diesem System haben sich die Deutschen nicht selber befreit. Da mußte erst Napoleon kommen.

Eine Kaste freilich war zwar nicht vom Prügeln, wohl aber vom Geprügeltwerden strikt ausgenommen: der Stand der Offiziere. Kein preußischer König schlug die eigene Offiziersuniform, allenfalls warf er einen Offizier mit Worten und Gebärden aus dem Zimmer. Zur Ehre des »Philosophen von Sanssouci« muß gesagt werden, daß er seinen Offizieren bald nach dem Siebenjährigen Krieg das Prügeln der Bürger ausdrücklich untersagte (wie er denn auch seinen gewerbetreibenden Grenadieren die dem Sinn nach klare, der Grammatik nach konträre Instruktion gab: »Die Soldaten, so Spinnereien haben, sollen die Leute nicht so sklavisch halten und sie des Nachts anschließen«). Im Bereich der grundherrlichen Zuchtpolizei und Patrimonialgerichtsbarkeit aber gab es kein Prügelverbot. Der Grundherr durfte seine Bauern und deren Familienmitglieder züchtigen.

Der Kurfürst Friedrich Wilhelm hatte, um außenpolitisch als Autokrat finassieren zu können, dem grundbesitzenden Adel alle Rechte und Privilegien bestätigt, insonderheit das Vorrecht auf den Besitz von Rittergütern, die Herrenstellung im Gutsbezirk, die obrigkeitlichen Rechte über die Bauern, das Recht auf die Frondienste der Bauern, Steuer- und Zollfreiheit. Die »Leibeigenschaft«, später schönfärberisch »Erbuntertänigkeit« geheißen, wurde vom Kurfürsten ausdrücklich, und erstmals verbindlich, festgestellt. Die erbuntertänigen Bauern waren samt ihren Kindern an den »angeborenen Grund und Boden« gebunden; nur mit Einwilligung des Grundherrn durften sie heiraten. Auf die Gesindedienste der Kinder hatte er einen Vorzugsanspruch. Ohne Erlaubnisschein durfte niemand anderswo Dienst nehmen. Begünstigung der Begünstigten, Schlechterstellung der schon ohnehin schlecht genug Gestellten, das war die Bauern-Politik des im übrigen gottesfürchtigen Kurfürsten, der uns als ein Mensch breit angelegter, warmherziger Frömmigkeit geschildert wird. Zwischen Ritterschaft und Städten wurde die wirtschaftliche und finanzielle Trennung vollständig. Die preußische Adelsklasse, die ihre Güter nicht verpachtete, sondern, um die Ausbeutung in der Hand zu behalten, selbst bewirtschaftete, wurde damals, als sie ihre politische Mitbestimmung aufgab, ein für die Politik Europas gleichwohl zählendes Element.
Friedrichs Vater (um den irrlichternden Großvater, ersten König in Preußen, auszulassen) identifizierte den ostelbischen Adel vom Kadetten bis zum Feldmarschall mit seiner Militär-Organisation, während in West- und auch schon im sonstigen Mitteleuropa das bürgerliche Element nach vorn drang. Aber er dachte in Kategorien der Verwaltung, und da mußte ihn denn ein wirtschaftlich insistierender Adel stören. »Daß die Junkers ihre Autorität wird ruiniert werden«, war (von Droysen bezweifelt) zwar sein »Credo«, aber auch nicht viel mehr. Immerhin, er legte sich mit dem Adel gelegentlich an, er suchte sich eine vom Adel unabhängige »bürgerliche« Verwaltung zuzulegen. Das Landratsamt trachtete König Friedrich Wilhelm den Junkern zu entreißen, das Friedrich ihnen dann als ihre Wahl-Domäne bestätigte.
Schon als zur Bewährung abgestellter Jüngling in Küstrin verhehlt er, nach dem Zeugnis des bürgerlichen Kammerdirektors Hille, »seine Verachtung für die Bürgerlichen nicht«. Den »ersten Schritt zum Verfall der Armee« sah der erwachsene Mann in der Anstellung bürgerlicher Offiziere. Zwar, sie durften ihm helfen, seine Kriege zu gewinnen. Aber nach dem Friedensschluß wurden sie rücksichtslos entlassen oder in demütigender Weise zu der vom König wenig geschätzten Artillerie und den Garnison-Truppen versetzt; einige wenige wurden geadelt, wie der spätere Artillerie-General Tempelhoff (1784). Bei den Husaren, einer im Ursprung irregulären leichten Reiterei, nahm

man es nicht so genau. Der Schwabe Wunsch, Drillmeister der halb-irregulären Freibataillone, wurde 1757 geadelt und 1763 Chef eines Infanterie-Regiments.
Im diplomatischen Dienst gab es fast nur Adlige. Unter den Ministern, die Friedrich gedient haben, war einmal, von 1779 bis 1781, ein Roturier, Friedrich Gottlieb Michaelis, zuständig für das kurmärkische Departement im Direktorium, verbunden mit der Salzverwaltung und dem Amt des Generalpostmeisters.
Friedrichs Vater führte nicht Krieg, sondern verwaltete. Er scheint von dem Eindruck, auf den Adel letztlich angewiesen zu sein, wesentlich freier. Der Sohn hingegen, dessen Interessen auf das Kriegführen zugeschnitten waren, machte sich ein eigenes Bild von der Rolle des Adels. Er rangelte nicht sonderlich um die wirtschaftlichen Privilegien, die der Adel geltend machte, und maß dieser feudalen Klasse eine den Staat schlechthin konstituierende Funktion zu. Das schönste Kleinod seiner Krone nannte er ihn, ließ ihm alle alten Zöpfe, den Hut mit der Straußenfeder, die roten Dominos bei den Opernredouten und was an derlei Kinkerlitzchen des Menschen Herz sonst noch erfreuen kann. In allen Schulbüchern steht, wie erbärmlich der König seine Offiziere, und daß er sie mit der Ehre bezahlt habe, ihm zu dienen: nicht einmal die halbe Wahrheit.
Er bezahlte den ganzen Stand recht gut, zusätzlich zu einem ausreichenden Tractament, mit dem Schweiß der übrigen Untergebenen nämlich, besonders der Bauern. Dem Adel wurde der ausschließliche Besitz der Rittergüter garantiert. Bürgerliche durften nur im Ausnahmefall ein Rittergut erwerben, so besonders in Westpreußen, denn Seine Majestät wollten dort »die Polen wegbekommen«. Auch der bürgerliche Fredersdorf durfte ein Rittergut bewirtschaften, da es ihm der König geschenkt hatte. Zwischen 1764 und 1770 gingen im Bereich der Glogauer Kammer 26 Güter aus bürgerlichen in adlige Hände über, aber kein einziges adliges Gut in bürgerliche.
Der Hauptteil der »Wiedergutmachung« nach dem Siebenjährigen Krieg floß in die Taschen der adligen Großgrundbesitzer, deren Schulden Friedrich großenteils abdeckte. Auf den adligen Gütern lag in den meisten Provinzen keine Grundsteuer. Der Edelmann sei es, »Deßen Söhne das Landt Defendiren und die Racce davon so guht ist, das sie auf alle art meritiret, Conserviret zu werden«. Der Blutverlust dieser »Racce« war freilich enorm. »Wo die Rechte der Geburt nicht anerkannt werden«, schreibt Friedrich, »lebt nicht philosophische Freiheit, sondern bourgeoise und lächerliche Eitelkeit.« Familien auszuzeichnen, die durch die trefflichen Taten ihrer Vorfahren emporgekommen seien, heiße das nicht: alle anzuspornen, daß sie dem Staate gute Dienste leisten, um die Nachkommen im Genusse ähnlicher Vergünstigungen zu hinterlassen?

Zum Ausgleich für solch klassenbewußte Einstellung nahm er sich das Recht, die Söhne der Adligen in seinen Dienst zu zwingen und sie nach seinen despotischen Ansichten zu malträtieren. Wie schon sein Vater, ließ er in Schlesien vierzehnjährige Knaben durch seine Landreiter von den Gutshöfen abholen und ins Kadettencorps transportieren. Offiziere, die den Abschied begehrten, hatten oft einen schweren Stand. Schien dem König der Grund nicht triftig genug oder hatte er eine üble Laune, so drohte er sofort, den Abgehwilligen »auf die Festung zu schicken«. Die Pension war kein Anrecht, sie hing von der Gnade des Königs ab.

Das Heiraten untersagte der Weiberfeind jüngeren Offizieren in der Regel, das Heiraten bürgerlicher Mädchen in jedem Fall (»Stinkent Fet und Schmirige buter«). Dem »lieben Capitaine v. der Albe« schrieb er: »Da Euch mehr denn allzuwohl bekannt ist, wie Ich nicht will, daß sich Meine Officiers mit Personen bürgerlichen Standes verheirathen sollen, und Ich Euch bereits einmal Meine Einwilligung zu Eurer vorgehabten Heirath mit des Amtmanns Meyerhoffs Tochter abgeschlagen habe; So wundert es Mich nicht wenig, daß Ihr Mich desfalls abermals in Eurem Schreiben v. 11. d. habt behelligen können, und hoffe Ich, Ihr werdet Mich für das Künftige damit verschonen, und Euch diese Heirathsgedanken nur ganz vergehen lassen. Ich bin etc. Potsdam, den 16. September 1749.« Der Husar soll »nicht durch die Scheide, sondern durch den Säbel« sein Glück machen, wie er nicht einen jungen Springinsfeld, sondern eine Petition des Generalmajors von Bronikowski, der für seine Schwester intervenierte, beschied – Lessing wollte nicht, daß Könige Witz hätten.

Hatte man hier einen Mamelucken-Staat, der ständig auf Eroberung gehen sollte, so konnte die Heirats-Restriktion des Königs einen Sinn haben; wie aber in einem zu weiterer Eroberung nicht mehr fähigen, mitteleuropäisch zivilisierten Staatswesen kurz vor der französischen Revolution? Von den 74 Offizieren seines berühmten Bayreuthischen Dragonerregiments war 1778, als es in den »Kartoffelkrieg« ging, nicht ein einziger verheiratet. »Die Ehelosigkeit«, schreibt der Biograph Vehse, »war durch den König Mode geworden.«

Die Offiziere wurden, entgegen aller Legende der Historiker, recht gut bezahlt; ein Subaltern-Offizier erhielt ein Tractament von 840 Talern, nach heutigem Geld 21 000 Mark im Jahr. Der Kompaniechef, meistens ein Capitain, führte seine Kompanie als Unternehmer. Der König zahlte pro Mann und Monat den Sold von drei Talern und fünf Groschen, rund 4,5 Millionen Taler im Jahr. Da von den Inländern rund 80 Prozent in Friedenszeiten zehn Monate lang beurlaubt waren, konnte der Kompanieführer derart rund 2000 Taler im Jahr sparen. 500 Taler mußte er als Werbespesen für den Ersatz desertierender Ausländer und an-

derer Abgänge veranschlagen. Rückte ein Hauptmann auf, und sei es bis zum General, so behielt er doch seine Kompanie nebenher, so zum Beispiel auch der ausbeuterischen Verhaltens nicht verdächtige Gneisenau.
Koser begeistert sich geradezu: »Wer es zum Kapitän gebracht, galt als gemachter Mann. Und die Kompanie war nicht käuflich, wie in Frankreich, jeder, auch der Ärmste, konnte sich zu ihr aufdienen. Der Inhaber einer preußischen Kompanie hieß es, würde mit manchem Reichsfürsten nicht tauschen. Seine Einkünfte waren so reichlich bemessen, daß er ohne unerlaubte Knausereien, und auch wenn er den jüngeren Offizieren den Mittagstisch oder eine Geldzulage gewährte, binnen einem Jahrzehnt ein kleines Vermögen ersparen konnte.«
Das System konnte nicht sehr effektiv sein, denn was nützte es, den Offizier am Einkommen zu strafen, wenn ein desperater Ausländer geflohen war? Andererseits erzog es die Offiziere zu »wuchernden Krämern« (so später der Reformer Boyen), da vom Hauptmann bis zum General alle bestrebt sein mußten, billigeres Schuhwerk und schmächtigeres Tuchzeug einzuführen. Sparte Friedrich nicht an äußeren Ehren für sein adliges Offizierscorps, so war es ihm gleichwohl recht, hier Männer niedriger Bildung beisammen zu haben, die er nach seiner Manier schurigeln konnte. Untereinander sollten sie einen Corpsgeist der Arroganz pflegen, wie er sich in Friedrichs Order kundtut: »Den Officiers muß nicht gestattet werden, mit gemeinen Leuten und Bürgern umzugehen, sondern sie müssen ihren Umgang immer mit höheren Officiers und ihren Kameraden, so sich gut conduisieren und Ambition besitzen, haben.« Der jüngste Gefreiten-Korporal, obwohl vom Adjutanten noch gefuchtelt, rangierte bei Hofe vor dem ältesten Geheimrat; man kennt die segensreichen Wirkungen dieser Denkweise noch aus den Anfangstagen des Ersten Weltkrieges, als sich der Reichskanzler wie ein Schulkind zurechtweisen ließ, nachdem er es gewagt hatte, sich nach den militärischen Planungen zu erkundigen. Da es Friedrich selbst auffiel, haben auch die preußischen Historiker gemerkt, daß die Generalität seines Heeres ganz überwiegend unselbständig war (Koser).
Gerhard Ritter beruhigt sich damit, daß Friedrich zwar unter seinen Beamten nur Kreaturen um sich duldete, willenlose Werkzeuge in unwürdiger Stellung, daß er aber den offenen Protest höherer preußischer Offiziere gegen ehrenkränkende Behandlung meist respektiert habe. Da hätte man denn gern Beispiele, daß etwa die Verweigerung eines offensichtlich verfehlten, schon gar eines verbrecherischen Befehls vom König hingenommen worden wäre. Soviel stimmt, höhere Offiziere wurden nicht mit einem »Sprung nach Spandau« bedroht; sie wurden ungnädig behandelt, wie der Oberstleutnant von der Marwitz.

In jenem Kriegsgericht, das den Leutnant Katte, wider Gesetz und Überzeugung, nur auf Befehl des Königs, zum Tode verurteilte (Friedrich Wilhelm schrieb »das Krichgerich«), saßen doch sechzehn preußische Standesherren; die Tradition erhielt sich bis zu Reichenau und Guderian.
Den Ingenieur-Oberst von Darios jagte der König 1780 mit erhobenem Stock aus einer Befestigung. Artillerie-Obersten schimpfte er gelegentlich »Erzignoranten« und »Erzdröhmer«. Einem Pionier tat es nach seiner Ansicht keinen Abbruch, »wenn er gleich einen steifen Arm hat«. Der Ehre der Subaltern-Offiziere scheint nach Auffassung des Königs noch robuster gewesen zu sein als die der Artilleristen und Ingenieur-Offiziere, sie konnte wohl manchen Stoß vertragen. So geht der König mit seinen Mamelucken um, Order vom 31. Oktober 1781: »Die Herren Officiers sollen sich in der Komödie mit dem Auspfeifen nicht abgeben, widrigenfalls sie den härtesten Arrest zu erwarten haben.« Er läßt sie vom Exerzierplatz weg von ihren eigenen Untergebenen in den Arrest abführen. Er prügelt sie nicht, aber er hält sie sich vom Leibe und läßt sie ihre Unbildung fühlen. Der Gesandte James Harris urteilt über Friedrichs Subaltern-Offiziere: »Ihre Unwissenheit erstickt in ihnen jeden Begriff von Freiheit und Widerstand, und ihr Mangel an Grundsätzen macht sie zu willigen Werkzeugen, die jeden beliebigen Befehl ausführen, ohne zu überlegen, ob der Befehl sich rechtfertigen läßt. Der König hat wohl verstanden, aus dieser Geistesverfassung Vorteil zu ziehen, indem er seine Untertanen stets in unnahbarer Entfernung gehalten hat.«
In einem jener ehemals beliebten »Gespräche im Reiche derer Todten«, das Hegemann ans Licht gezogen hat, unterhalten sich die Helden von ihren Ruhmestaten, unbeschadet der früheren couleur. Hegemann zitiert einen preußischen Generalleutnant von der Schulenburg, der Familienname wird am 20. Juli 1944 genannt werden, der sich drunten im Hades etwa folgendermaßen rechtfertigt: »Uns als Militär-Bedienten hat allein obgelegen, den ordres unseres Herrn ein Genügen zu thun, und lauft gar nicht in unsere Function, die Gerechtigkeiten derer ordres zu ergründen.«
Von hundert seiner Kriegsräte, schrieb Friedrich 1774 an die westpreußische Kammer, könne man 99 mit gutem Gewissen hängen lassen; »dann wann einer ehrlich mank sie ist, so ist es viel«. Wär's wahr, so wär's zumindest kein Wunder gewesen bei solch einem Menschen-Erzieher an der Spitze, und gewiß kein Kompliment für ihn. Was immer sich im preußischen Adel und in der preußischen Verwaltung an vorteilhaften Eigenschaften gebildet haben mag, unter Friedrich hat es sich nicht gebildet und wenn, dann trotz Friedrich. Schon im Bayerischen Erbfolgekrieg von 1778, nicht erst bei Jena und Auerstedt, kam sein System

zum Offenbarungseid. »In lichten Scharen« und »unter den Augen des Königs«, so der Biograph Preuss, desertierten die Soldaten der preußischen Armee, die sich derart in Böhmen nicht halten konnte. Prinz Heinrich klagte: »Das ist die Wirkung des Despotismus, das ist die Wirkung der schlechten Beispiele, die eine ganze Nation verderben.«

»Ich vermag nicht zu entscheiden«, schreibt Georg Heinrich von Berenhorst, ein leiblicher Enkel des Alten Dessauers und Sohn des preußischen (mit 36 Jahren dazu ernannten) Feldmarschalls Fürst Leopold Maximilian von Anhalt-Dessau, seit Kunersdorf einer von Friedrichs Adjutanten, »ich vermag nicht zu entscheiden, ob Ursachen ihn davon abhielten, oder ob königliche Fahrlässigkeit und Geringschätzung daran schuld waren; aber es leuchtet hervor, daß Muth und Geist, der innere Werth, ohne gesunde Pflege blieben.« Berenhorst schreibt das 1797. »Er (Friedrich) untergrub vielmehr durch widerartige oder fremdartige Sitten eine Volksbeschaffenheit, welche besser auszubilden, sein Jahrhundert ihn aufforderte.« Es war dieser Brigade-Major, der den ohnmächtigen König bei Torgau in Sicherheit gebracht hatte.

Erweckung von Vernunft und sittlicher Tüchtigkeit rechnete Friedrich Meinecke 1924 Friedrichs Verdiensten zu. Das höchste Maß davon, das mit den Aufgaben des Staates vereinbar war, habe er seinen Untertanen verschaffen wollen, »aus einer tiefen und ursprünglichen Empfindung heraus, die man nicht überhören darf über den schneidenden Tönen seiner Menschenverachtung«. Welche Belege der bedeutende Historiker da wohl vor Augen hat? Wie tief saß diese ursprüngliche Empfindung? Friedrichs Jahrhundert war, man entsinnt sich, das Jahrhundert der Aufklärung. Aber Ausbildung, Erziehung war dieses Aufklärers Sache nicht. Wenn er kein Geld gehabt hätte — für eine Sammlung von 300 Tabakdosen und ähnliche mit Brillanten-Schnickschnack besetzte Sächelchen im Wert von 1,75 Millionen, runde 43 Millionen Mark heute, hatte er Geld —, wäre das eine Entschuldigung. Aber er, der Philosophenkönig, wollte weder sein Offizierskorps noch sein Bürgertum noch gar die Landbevölkerung aufgeklärt wissen.

Das verkehrte Benehmen der meisten Menschen, so meint er, ist auf mangelhafte Überlegungen zurückzuführen. Brächte man ihnen richtiges und konsequentes Denken bei, so würden ihre Handlungen vorteilhafter ausfallen. »Aber, lieber Bruder«, er schreibt hier dem Prinzen Heinrich, »dies Unternehmen übersteigt meine Kräfte.« Gegen d'Alembert macht er 1770 folgende Rechnung auf: »Denken wir uns eine beliebige Monarchie mit zehn Millionen Einwohnern. Davon rechnen wir zunächst die Bauern, Fabrikarbeiter, Handwerker und Soldaten ab. Bleiben etwa 50 000 Männer und Frauen. Davon ziehen wir 25 000

Frauen ab; der Rest bildet den Adel und den höheren Bürgerstand. Prüfen wir nun, wie viele davon geistig träge, stumpf und schwachherzig oder ausschweifend sind, so wird die Rechnung ungefähr ergeben, daß von einem sogenannten zivilisierten Volke von zehn Millionen kaum 1000 Personen gebildet sind—und auch da welche Unterschiede in der Begabung!«
Zur gleichen Zeit an d'Alembert: »Es ist verlorene Mühe, die Menschheit aufklären zu wollen, ja, oft ist es ein gefährliches Unterfangen. Man muß sich damit begnügen, selber weise zu sein, wenn man es vermag, aber den Pöbel dem Irrtum überlassen und nur danach trachten, ihn von Verbrechen abzubringen, die die Gesellschaftsordnung stören.« Wie tut man das? »Denken Sie sich aus, was Sie wollen, Sie finden keinen anderen Zügel für schlechte Handlungen als Strafen und Schande«, schreibt er Prinz Heinrich.
Friedrichs Volksschule war, seinen Prinzipien entsprechend, zum Gotterbarmen. Die Invaliden, von denen nach amtlicher Angabe im Jahre 1779 noch 4624 unversorgt auf Bescheid warteten, sechzehn Jahre nach dem Ende des Siebenjährigen Krieges, wurden oft in Lehrerstellungen eingesetzt. Noch lange nach dem Kriegsende von 1763 fertigte er Bescheide aus wie diesen: »Das Regiment hat den ganzen Krieg geberenheitert (gebärenhäutert, auf der Bärenhaut gelegen). Solche Leute Krigen nichts.« Manche dieser Leute lernten mit den Kindern zusammen, was sie ihnen beibringen sollten. »Er wußte eben«, freut sich Petersdorff, »daß seine alten Soldaten mehr Lebenserfahrung hatten, als die jungen Volksschullehrer.« Bis dahin mußte nicht selten der Nachtwächter oder Dorfhirte auch gleichzeitig Lehrer sein. Im Todesjahr des Königs verdienten nur 195 Schullehrer über hundert Taler im Jahr; eine Tabakdose, um den unfairen Vergleich auf die Spitze zu treiben, kostete im Schnitt, was 60 oder 80 Schullehrer in einem Jahr verdienten. »Im Altenburgschen«, schärfte Friedrich seinem Justiz-, Kirchen- und Schulminister von Zedlitz 1779 ein, »ist eine sehr gute Erziehung, die Leute sind da alle so ordentlich, und vernünftig: Wenn man von daher, könnte Schuhlmeister kriegen, die nicht so theuer wären, so würde das sehr gut seyn: Ihr werdet sehen, wie das zu machen stehet: sonsten ist es auf dem platten Lande genung, wenn sie ein bisgen lesen und schreiben lernen, wißen sie aber zu viel, so laufen sie in die Städte, und wollen Secretairs und so was werden.« Auf eine Anfrage Zedlitzens, ob er einen sächsischen Rektor einstellen dürfe, echot der König ungerührt: »Die Saksen haben beßre Schulmeister wie wihr, absonderlich werden Sie in hiesigen provinzen von großen Nutzen Seindt.«
In Universitätsdingen hat sich Friedrich sein gerades, unbekümmertes Laien-Urteil nicht trüben lassen, das schon in dem Edikt vom September 1742 zum Ausdruck kommt: »Sie haben aber zu

viel Professores. Sie sollten wenige und tüchtige berühmte Männer nehmen, wodurch die Universitäten am besten in Flor kommen. Pedanten und faule Bäuche schaden mehr als sie nützen.« An den Universitäten förderte er »höchstens die Philosophie« (so Professor Karl Lamprecht, nicht eben ein preußenfeindlicher Historiker). So erwärmt sich der ansonsten vortreffliche Koser nicht grundlos an der »leuchtenden Tatsache, daß Preußens größter König sich persönlich in den Dienst der Wissenschaft gestellt« habe.

Den Landeskindern verbot er das Studium an nichtpreußischen Hochschulen. Er selbst war 1740, bereits König, einmal nach Paris aufgebrochen, aber in Straßburg steckengeblieben und, nach undurchsichtigen Händeln mit den französischen Offizieren dort, umgekehrt. Mirabeau, der den König 1786 in Berlin sah, fand des Königs Anordnung unverständlich: »Bringen denn Erfahrung und Einsichten, die man auf Reisen sammlet, dem Land nicht hundertfach das wieder ein, was sie ihm kosten?« Öffentliche Schauspiele schickten sich nach Ansicht Friedrichs nicht für Städte, »wo junge Leute zum Dienst des Staates gebildet werden sollen«, nicht für Universitätsstädte also.

Gelegentlich besinnt sich der König noch auf seine Paraderolle, die er seinen philosophischen Freunden in Paris schuldig ist. Er renommiert gegenüber Voltaire (1770): »Meine Hauptbeschäftigung ist, Unwissenheit und Vorurteile in den Gegenden zu bekämpfen, zu deren Beherrscher mich der Zufall der Geburt gemacht hat, die Geister aufzuklären, die Sitten zu verbessern und die Menschen so glücklich zu machen, als es die menschliche Natur und die mir zur Verfügung stehenden Mittel gestatten.« Auch d'Alembert erfährt 1772, »welchen Schaden der Gesellschaft die Vernachlässigung der Jugenderziehung tut. Ich biete alles mögliche auf, um diesen Mißstand abzustellen, und mache Reformen in den gewöhnlichen Schulen, den Universitäten, ja selbst in den Dorfschulen«. Beide Briefpartner, wenn sie sich zufällig trafen, konnten einander die Überzeugung ihres gemeinsamen Freundes mitteilen, daß die Masse, der Pöbel, es nicht verdiene, aufgeklärt zu werden: daß die Vorurteile die Vernunft des Volkes seien; daß man seine Gedanken für sich behalten und den Anschauungen des Pöbels freien Lauf lassen müsse.

Gegen den Philosophen Holbach, der sich eine despektierliche Anschauung vom Wirken der Könige gebildet hatte, polemisiert der König recht ergrimmt. Wie kann er nur die Könige beschuldigen, sie trügen die Schuld an der schlechten Erziehung ihrer Untertanen? Ist es etwa ein politischer Grundsatz der Könige, lieber über Dummköpfe zu herrschen als über eine aufgeklärte Nation? Offenbar kennt der Kritiker die Welt und die Regierungen nicht: »Es kann doch nicht bezweifelt werden, daß alle Regierungen der zivilisierten Völker für den öffentlichen Unter-

richt sorgen. Was sind denn all die Schulen, Hochschulen und Universitäten, von denen Europa wimmelt, wenn sie nicht Anstalten zur Unterweisung der Jugend sind?«
Ganz unnütz ist die Volksschule doch auch nicht. Denn im zarten Alter seien die jungen Pflanzen noch empfänglich für Eindrücke aller Art. »Flößt man ihnen Liebe zur Tugend und zum Vaterland ein, so werden sie gute Bürger. Und die guten Bürger sind das beste Bollwerk der Staaten.«
Da erfrischt es denn das Herz, wieder eine Koryphäe vom Leibregiment der Hohenzollern zu ureigenem Wort kommen zu lassen, den sehr berühmten Berliner Professor für Nationalökonomie, 1908 geadelten Gustav von Schmoller, der zu Papier gegeben hat. Friedrich der Große »stellte ... alle ... Macht und Organisation des Staates in den Dienst großartiger geistiger und materieller Kulturpflege, einer fast staatssozialistisch zu nennenden Volkswirtschaft.« Ei ja, darüber gibt es noch zu erzählen.
Friedrich, der Erzieher, sah es origineller. In seinem Testament von 1768 schrieb er: »Diese Nation«, er meinte die preußische, »ist schwerfällig und faul«. 1781 noch, am Abend seines Lebens, war er der Ansicht, »diese Nation« – er meinte diesmal die deutsche – verstehe nichts anderes als »zu essen, zu trinken, sich zu lieben und sich zu schlagen«. Hier dachte er von den Deutschen zu schlecht; aber auch ein wenig zu gut.

5. *Kapitel* Der böse Friedrich

»... sein Vaterland zu lieben ist keine Ehre mehr; es zu verheeren und zu verwüsten, ist der einige, der große Beruf auf der zum Tempel des Ruhms leitenden Bahn der Helden.«
Friedrich Karl Moser 1765 in der Schrift »Von dem Deutschen national-Geist«.

Charme und eigenartiger Reiz des Zeitgenossen Friedrich gingen von den in seiner Person gebündelten Gegensätzen aus: nicht roher Prügel-Berserker, sondern einnehmend-bissiger Gesprächspartner; nicht Renommier-General, sondern einsichtiger Autobiograph und aktiv tätiger Staatschef; unzuverlässig bis zur Perfidie in der ersten Hälfte seiner Regierungszeit, rechnend und bewahrend in der zweiten; ein schlechter, und doch, nicht nur durch Fortune, ein erfolgreicher Außenpolitiker; sentimental und gnadenlos in einem mit sich selbst; ruchlos bis zur Schadensgrenze; Frauenfeind fast schon aus Marotte; Verhöhner und Nutznießer der christlichen Religionen. Schierster Machiavellist bei ganz unmachiavellistischer Eitelkeit. Zu Heuchelei und Verstellung gezwungen von Jugend auf, und doch bis zur Unklugheit ungeniert: Über keinen Deutschen vor Friedrich, dieser »bunten Mischung aus Barbarei und Humanität« (Englands Gesandter James Harris im Jahre 1776), wußten die Zeitgenossen so Bescheid im ganzen wie im einzelnen. Keiner hat sich so freimütig entäußert, keines anderen Deutschen Entäußerung begegnete allgemeinerem Interesse.
Goethe läßt uns wissen, er habe den Tod des großen Königs bei seinen sizilianischen Gastgebern verheimlicht, um sich durch eine so unselige Nachricht nicht verhaßt zu machen. Ein Italiener fragt ihn, ob es denn wohl stimme, daß der große Friedrich, den jedermann für einen Ketzer halte, in Heimlichkeit, aber mit Erlaubnis des Papstes, Katholik sei. Hätte ein Kreuzworträtsel-Europäer des Jahres 1765 den Wunsch freigehabt, dem interessantesten, dem berühmtesten Menschen vor Augen zu kommen, seine Wahl wäre unfehlbar auf Friedrich gefallen.
Zärtliche Anteilnahme gegenüber alten Freunden und manchen Verwandten, stupende Gleichgültigkeit außerhalb der engsten Freundesbeziehung, ebenso eine abnorme Taktlosigkeit werden durch etliche Äußerungen bezeugt, allem Schrot aus der Anekdoten-Mühle zum Trotz. Auch scheint schon der Kronprinz irgendwelchen Anstandsregeln, seien sie bürgerlicher, seien sie standesherrlicher Herkunft, wenig Verbindlichkeit beigemessen zu haben. Was er haben wollte, versuchte er sich auf jede erfolgver-

sprechende Art zu verschaffen, ob nun das Geld aus England, Österreich oder Rußland floß. Den nahen Tod des Vaters paradoxerweise führte der 26jährige schriftlich ins Treffen, um zu Geld zu kommen: will man ihn verpflichten, noch ist Gelegenheit; wie denn sein ganzes tätiges Wesen den angenehmen Schauder eines perfekt aus der Retorte verwirklichten Machiavell hervorkitzelte.

Es wird eben diese Doppel-Natur seines Wesens sein, die seinen Ruhm gefördert hat: der zur Schau getragene Antimachiavellismus des Kronprinzen, der ebenso zur Schau gestellte Machiavellismus des Königs. Wie er vor seiner Thronbesteigung nicht ruchlos scheinen wollte, so wird man angesichts vieler Taten des Königs das Gefühl nicht los, er habe sich selbst und aller Welt demonstrieren wollen, daß der Erfolg jedes Mittel rechtfertigt.

Dem Kronprinzen ist mit Grund jede Verstellung und Heuchelei nachgesehen worden, weil man ihm die unwürdige und verständnislose Behandlung durch den Vater zugute hielt. Dennoch muß man staunen, wie er die letzte tödliche Krankheit Friedrich Wilhelms zu einem tränenseligen Gedicht an Voltaire benutzt, obwohl er sich über den nicht-letalen Ausgang früherer Krankheiten, etwa der des Jahres 1735, nicht bitter genug hatte erregen können (»la nature d'un Turc«, Bärengesundheit).

Daß er auf das Ende des Vaters wartete, war bei einem von irgendwelcher Pietät unbelasteten Menschen verständlich; aber mußte er seine Pflicht-Trauer auch noch in Verse setzen? Er, der seiner Schwester Wilhelmine abriet, nach Berlin zu kommen und dem sterbenden Vater adieu zu sagen (»was, Kuckuck, willst Du auf dieser Galeere tun?«), und der nun endlich triumphiert: »davonkommen kann er nicht.«

Den noch ungedruckten, erst 1740 erscheinenden »Antimachiavell« hatte er dem gleichaltrigen Freund Algarotti zur Kritik übersandt, noch vor dem Tod des Vaters. Algarotti hat einiges auszusetzen, aber Friedrich, inzwischen König, ist schon weiter: der Tod eines anderen Vaters, des der Maria Theresia, macht den Verfasser ungeeignet zum Verbessern des Buches. Es ist nicht mehr à jour, samt seinen schönen Grundsätzen: »Der Tod des Kaisers macht aus mir einen sehr schlechten Korrektor. Es ist eine verhängnisvolle Zeit für mein Buch und vielleicht eine ruhmvolle für meine Person.« Und doch hat noch der frisch gekrönte König gegen Voltaire die schönen Grundsätze mechanisch hergebetet: Das Dasein eines Mannes, der nur zum Denken und für sich selber lebt, sei bei weitem angenehmer als das Leben eines, »dessen einzige Beschäftigung sein soll, für das Glück der anderen zu sorgen«. Die »Irrlehren« Machiavellis öffentlich zu verurteilen und demonstrativ zu befolgen, ist beinah eins, ist nur noch eine Frage des Datums.

Wie er die Zügel des Regierungskarrens aufnahm, wie mit einem Schlage der Kronprinz tot und der König geboren war, muß

für sensitive Beobachter ein unvergeßlicher Eindruck gewesen sein. Horace Walpole, des Königs kaustischer Kommentator in London, erinnert sich 1762: »Die Günstlinge des Kronprinzen von Preußen, die so viel für ihn gelitten hatten, waren schmerzlich enttäuscht, als er zu dem jetzigen glorreichen Herrscher wurde. Sie fanden die Wahrheit des englischen Sprichwortes bestätigt, daß der König niemals stirbt, das heißt, daß die Würde und die Leidenschaften der Krone niemals sterben.« Friedrich sagte es gelegentlich umgekehrt: Das Amt ehrt den Mann, ändert ihn aber nicht.
Der Vater hatte ihm zwei Ratschläge hinterlassen, die einander ausschlossen. Auf dem Sterbebett schärfte er ihm in Gegenwart des Kabinettsministers Podewils ein, »niemalen einen Krieg légèrement anzufangen«, wie er nicht genug vor dem »ungerechten Krieg«, dem Krieg zwecks bloßer Erweiterung der königlichen Machtgeltung, hatte warnen können: »Bettet zu Gott und fanget niehmalen ein ungerechten Krig an« – denn Gott verläßt die ungerechte Sache und verlangt beim jüngsten Gericht Rechenschaft für das vergossene unschuldige Blut, wie der Doktor Martinus Luther gelehrt hatte.
Aber andererseits hatte der König dem Kronprinzen, den er wohl doch ein wenig gekannt haben muß, anheim gegeben (so berichtet der französische Gesandte Valory 1753, auch unter Berufung auf des Königs Bruder, den Thronfolger August Wilhelm): »Fritz, wenn Du der Herr bist, wirst Du sie betrügen, denn Du kannst nicht anders. Du bist von Natur falsch und betrügerisch. Darum betrüge sie beim ersten Mal gründlich.« Das heißt subtil gedacht, fast zu subtil für den »Soldatenkönig«. Aber wenn denn der Rat so erteilt worden ist, Friedrich hat ihn befolgt.
Während seine Truppen schon auf dem Marsch nach Schlesien waren, um der 23jährigen, soeben ihres Vaters beraubten Maria Theresia, einer Kusine seiner Frau, ihre fruchtbarste Provinz abzunehmen, sagte er ihrem Abgesandten Botta: er könne der Königin, seiner Gebieterin, versichern, daß er nichts unternehmen werde, was gegen ihr Interesse oder was seinen ihr gegenüber eingegangenen Verpflichtungen zuwider sei; die Zeit werde die Aufrichtigkeit seiner Gesinnungen bestätigen. Das war am 6. Dezember. Am 9. Dezember ließ er Botta wissen, was er vorhabe. Am 16. Dezember überschritten seine Truppen die Grenzen nach Schlesien, und wie die Deutschen 1914 in Belgien auf ihren Proklamationen behauptete auch er, im Einverständnis mit der rechtmäßigen Herrschaft zu handeln – in Wien entsann man sich noch gut an den Deserteur Friedrich, der sein Leben dem handschriftlichen Appell des Kaisers an Friedrich Wilhelm zu danken versichert hatte. Daß er gezwungen sei, gegen einen Fürsten aufzutreten, dessen festeste Stütze zu sein er sich zum Ruhm anrechnen würde, daß er darob verzweifelt sei, versicherte er dem Gatten der Maria Theresia, und deren Biograph, Ritter von Arneth,

findet diese Heuchelei »wahrhaft widerlich«. Auch der trockene Gooch spricht von einem »Versuch, das Verbrechen als einen Liebesdienst an dem künftigen Opfer hinzustellen«.

Seine Randbemerkungen an Podewils — »In London muß man sagen, daß ich . . . mich Wien annähere, um es zu zwingen, sich . . . auf die Seite der Seeleute und der Religion zu stellen . . . in Hannover, in Mainz und Regensburg muß man von dem patriotischen Herzen sprechen, das uns nottut und davon, daß ich das Reich aufrecht erhalten will, daß ich die Überreste eines schwachen Kaiserhauses zu schützen und auf den rechten Weg zu bringen gedenke« — hat man gern als die Knopfdrückerei eines Mannes abgetan, der über Nacht in den Besitz eines Riesenspielzeugs gelangt. Aber ein wenig wird man doch an die Herostraten erinnert, die ihm folgen werden, wenn man liest, wie er seinen Sondergesandten in Paris, den Oberst von Camas, noch vor dem Tod des Kaisers Karl VI. anweist: er soll den jungen König von Preußen als einen Brausekopf schildern, auf die Berliner Rüstungen hinweisen und andeuten, dieser König werde sehr wohl imstande sein, aus unbezähmbarem Tatendrang ganz Europa in Brand zu stecken. Treitschke, der professorische Machtanbeter, jubelt: »Das an die feierlichen Bedenken und Gegenbedenken seiner Reichsjuristen gewöhnte Deutschland empfängt mit Erstaunen und Entrüstung die Lehre, daß die Rechte der Staaten nur durch die lebendige Macht behauptet werden.« Ja, so war es wohl.

Gooch, der britische Historiker, hat 1947 geurteilt, der Raub Schlesiens und die Teilung Polens, ebenfalls Friedrichs Haupt entsprossen, gehörten zu den sensationellen Verbrechen in der Geschichte der Neuzeit. Ein berühmter preußisch-deutscher Historiker, beinahe der Gegenwart, meinte dazu noch 1954: der Gedanke, daß Völkerschicksale vom Ehrgeiz und der Ruhmsucht eines einzelnen Mannes abhängen könnten, habe für die Engländer etwas Erschreckendes. Auf der Insel habe der Glaube des christlichen Mittelalters an die Unverbrüchlichkeit von Recht und Billigkeit irgendwie überlebt. England sei eben nicht durch so viele außenpolitische Katastrophen erschüttert worden wie die festländische Staatenwelt seit den Tagen der Renaissance, und darum habe man drüben machtpolitisches Handeln als Gewalttat immer leichter verurteilt »als wir«.

Aber gerade die Kämpfe Englands und des Heiligen Reiches gegen Ludwig XIV. schienen der Hoffnung Bahn gebrochen zu haben, daß Europa durch rechtlose Gewalttaten nicht länger regiert werden sollte, und doch hatte Ludwig keine Ruchlosigkeit à la Friedrich auf sich geladen. Es war König Friedrich, der den überholten Machiavellismus italienischer Klein-Könige aus der zweihundert Jahre vergangenen Renaissance in das 18. Jahrhundert und nach Mitteleuropa importierte.

Daß man Ansprüche begründen mußte, sei es auch mit windigen

Rechtstiteln à la Ludwig, hatte ja seinen guten Sinn. Man konnte verhandeln, konnte einen Ausgleich, konnte Gegenargumente suchen, man konnte den Schein des Rechts – eine ungemeine Errungenschaft – aufrecht erhalten, mußte nur im äußersten Falle zu den Waffen greifen. Daß der königliche Eroberer nur ein gekrönter Räuber, mithin ein Verbrecher sei, wie der Philosoph von Rheinsberg altklug erkannt hatte, stimmte sub specie aeternitatis nach wie vor; und doch galt das zivilisatorische Bemühen des 18. und 19. Jahrhunderts dem Versuch, für das Zusammenleben der Völker Spielregeln einzuführen. Nicht umsonst hatte die zivilisierteste und menschlichste Macht unter jenen drei Staaten, die Polen teilten, hatte Österreich widerstrebt, und nur widerwillig überhaupt etwas, willig aber den besten Teil genommen (das gilt vor allem für Maria Theresia, gilt weniger für Kaunitz, gilt am wenigsten für den tatendurstigen Kaiser Joseph). Offenbar war aber Friedrichs Ehrgeiz höherer Art als der Ehrgeiz sonstiger Potentaten. Sein Ehrgeiz war, so wenigstens sieht es Reinhold Koser, »beglaubigt durch die Weihe der Kraft und geadelt vor allem dadurch, daß er sich erwärmte an der heiligen Flamme der Vaterlandsliebe«.

Mit Friedrich wird die deutsche Politik amoralisch und verachtet insgeheim religiöse, juristische, humanitäre Hemmungen. Wenn alles schief gegangen ist, beruft sie sich konsequenterweise auf Friedrich, der sich offen und zynisch über seine Ambitionen und die aller anderen Staaten ausgelassen, der jede idealistische Verbrämung verschmäht habe. Hier sieht der Kulturkritiker, der Nietzsches Schelte gegen Luther verlängern will, einen Zusammenhang zwischen diesen beiden so gegensätzlich gearteten deutschen Jahrhundert-Männern, zwischen dem Reformator und dem antikirchlichen Schutzherrn der Reformation. Immer wieder, so läßt sich räsonieren, muß der deutsche Grobian das Geflecht kosmopolitischer Kultur und Zivilisation, sei es aus Tölpelhaftigkeit, sei es aus Machtwahn, zerreißen. Frankreich hatte nur einen Napoleon, Schweden nur einen Karl XII., Preußen-Deutschland nach Friedrich unter dem Schnurrbart Wilhelms noch einen schnauzbärtigen Ludendorff und, mit eigenem Schnurrbart, einen Hitler.

Wer mit dem Hammer der Kulturkritik nicht so weit ausholen will, kann doch nicht umhin, den Friedrich der Jahre 1740 bis 1745 als einen der treulosesten Politiker anzusehen, die je agiert haben. Ja, es scheint wieder, als habe er die Schurkerei mit Vergnügen getrieben, was sogar der soeben erwähnte preußisch-deutsche Historiker empfindet, der zum ersten Mal im Jahre 1936 drucken ließ: »Nicht ein wirklicher Notstand, sondern jugendliche Ungeduld, im geheimen wohl auch eine Art neugieriger Ehrgeiz, alle anderen zu übertrumpfen in den Künsten einer rücksichtslos verschlagenen Diplomatie, ... hat diesen Entschluß Friedrichs bestimmt.«

Welchen Entschluß? Worum geht es? Friedrich hatte, mit Hilfe der Franzosen, Sachsens und Bayerns, große Teile Schlesiens erobert. Da er das Eroberte nicht aufs Spiel setzen wollte, schloß er am 9. Oktober 1741 in äußerster Heimlichkeit und ohne Verständigung des Hauptverbündeten die Konvention von Kleinschnellendorf, von der er selbst in der »Geschichte meiner Zeit« schrieb: »Der Schritt des Königs war bedenklich.« Neipperg, der gegnerische Feldherr, sollte unbehelligt aus Schlesien abziehen, die von ihm besetzte Festung Neiße wollte Friedrich nach einer Scheinbelagerung in Besitz nehmen. Das Abkommen, bestimmt und nicht imstande, geheim zu bleiben, war als Einleitungsschritt zu einem Sonderfrieden gedacht. Aber Friedrich kam jetzt in eine unhaltbare Situation, so daß er die Abmachung nach wenigen Wochen unter dem Vorwand, sie sei nicht geheim geblieben, aufkündigen mußte.

Da der Krieg sich länger hinzog, da er Angst vor der Schwäche der Franzosen empfand, da er gern seinen »Kopf aus dieser Schlinge ziehen« wollte (an Podewils), benutzte er seine nächste gewonnene Schlacht (Chotusitz), um seine Verbündeten zum zweiten Mal im Stich zu lassen. In Breslau schloß Podewils am 11. Juni 1742 den Vorfrieden, der es Friedrich erlaubte, sich mit einer größeren Beute als er selbst hoffte — ganz Schlesien plus die Grafschaft Glatz — in die Büsche zu schlagen.* »Kein Polichinell kann die Zuckungen Valorys nachahmen«, so beschrieb Friedrich die Überraschung des düpierten französischen Gesandten; »die Augenbrauen machten Zickzack, der Mund wurde weit, er zitterte in seltsamer Weise.« Was mag Friedrich (und was Voltaire) sich gedacht haben, als er seinem Mentor 1742 schrieb: »Betrügerei, Unredlichkeit und Falschheiten machen leider den Charakter der meisten aus, die an der Spitze der Völker stehen und deren Vorbild sein sollten. Das Studium des Menschenherzens ist bei dieser Art von Subjekten recht demütigend.« Es folgt die alte Litanei: Sehnsucht nach holder Zurückgezogenheit, nach den Künsten, den Freunden, nach der privaten Unabhängigkeit.

Friedrich triumphiert (an Voltaire): »Ich habe Europa mit der Seuche des Krieges angesteckt ... Zum Glück bin ich selbst davon geheilt und sehe nun zu, wie bei den anderen die Arzneien anschlagen werden, die sie einnehmen müssen.« Wenig später schluckte er selbst schon wieder. In der preußisch-deutschen Geschichtsschreibung heißt man das einen »schnellen Stellungswechsel«. Mit 80 000 Mann fiel er, angeblich in seiner Eigenschaft als Reichsfürst zur Unterstützung des bayrischen Schattenkaisers

* Der bescheidene und unbedeutende Podewils, besser unterrichtet als der König, hat damals die Bodenschätze Oberschlesiens, von denen noch niemand etwas wußte, an Preußen gebracht. Ein weiteres Mal hat er Geschichte gemacht, als auf seinen Rat hin die vierzehnjährige Prinzessin Sophie Auguste von Anhalt-Zerbst, Tochter des preußischen Gouverneurs von Stettin, als Gattin des russischen Thronfolgers Peter in Vorschlag gebracht wurde: die künftige Zarin Katharina.

Karl VII. und für die »Freiheit des Reiches«, in Böhmen ein, zu einem überaus fehlgelungenen Feldzug, der ihn zum ersten Mal an den Rand des Abgrunds trug.

Frankreich, das nur über die Manier der Treuebrüche Friedrichs, schwerlich über die Tatsache selbst empört sein konnte, hieß ihn verständlicherweise willkommen, als er am 10. August 1744 entgegen dem vor zwei Jahren beschworenen Breslauer Vertrag wieder in den Krieg gegen die Königin eintrat, nur weil seine frühere Feindin inzwischen gegen seine früheren Verbündeten zu große Fortschritte erkämpft hatte; alle Grielächerer zwischen Köln und Bonn müssen sich im Grabe verschlucken, wenn sie des Königs früh festgehaltene Erkenntnis lesen: »Betrügen ist sogar ein ausgesprochen politischer Fehler, wenn man darin zu weit geht.«

Daß er, um Schlesien zu behalten, so waghalsig vertragsbrüchig werden mußte, wagt heute kaum noch ein Historiker zu behaupten. Einstweilen hätte sich Maria Theresia zum Ersatz für Schlesien mit dem von ihr eroberten Bayern oder einem Teil Bayerns begnügt. Aber die Annexion Schlesiens – bürgerliche Gemüter würden sagen »sein schlechtes Gewissen« – ließ ihn an eine größere Gefahr glauben, als bei näherer Überlegung bestand: schon jetzt eine ähnliche Situation wie 1756. Daß Maria Theresia diesem Nachbarn und Reichsfürsten künftig nicht mehr trauen durfte, auch wenn sie gewollt hätte, lag offen zutage. Sie konnte ihn nur noch als einen Feind betrachten, auch wenn sie auf Schlesien hätte verzichten mögen (Friedrichs Ambitionen auf Sachsen und Böhmen muß sie damals noch gar nicht gekannt haben). Jedenfalls lesen sich Friedrichs bittere Beschwerden über das treubrüchige Albion der Jahre 1761 und 1762 einigermaßen spaßig. Später in Neiße, bei der Begegnung mit Kaiser Joseph im Jahre 1769, wird er sagen: »Als ich jung war, war ich ehrgeizig; ich bin heute nicht mehr derselbe. Ihr haltet mich für unzuverlässig. Ich weiß es. Ich habe es ein wenig verdient, die Umstände verlangten es, aber das hat sich geändert.«

Die Umstände waren im Frühjahr 1745 so düster, daß Friedrich einen Hilferuf nach Paris schicken mußte, von wo König Ludwig ihm einen ungemein süffisanten Brief schrieb: wer sei fähiger, sich selbst Rat zu erteilen, als König Friedrich, »unser gescheiter jüngerer Bruder«. Aber Friedrich schlug die Österreicher glanzvoll bei Hohenfriedberg und überraschend bei Soor (Botschaft nach Berlin auf einen Zettel gekritzelt: »faite Tedeomiser etc. Federic«). Indes, Sachsen, aufgestört auch durch Friedrichs Ambitionen auf Teile Böhmens (von Frankreich vertraglich zugestanden: der Königgrätzer Kreis samt Pardubitz sowie die rechtselbischen Teile der Kreise Bunzlau und Leitmeritz), Sachsen hatte die Partei gewechselt. Dem König drohte im Winter 45 auf 46 immer noch Vernichtung, falls er den Alten Dessauer nicht dazu brachte, die Sachsen zu schlagen, bevor diese sich mit den Österreichern vereinigen konnten. Im Fürsten Leopold von Anhalt-Dessau, seinem fast siebzigjährigen Feldmarschall, hatte Friedrich einen Ersatzmann für den gestorbenen Vater. Ihn konnte er als eine Art Watschenmann benutzen, aber von ihm wußte er sich auch argwöhnisch beobachtet und ständig kritisiert. In seinen Denkwürdigkeiten nennt er ihn später einen »schlechten Bürger« vom Schlage der Marius und Sulla. Fredersdorf, der Vertraute in Berlin, erfuhr: »Ich werde nicht Können vohr d. 20ten (Dezember) in Berlin Seindt, weillen der alte Krigcht und man inhn immer treiben Mus (weil der Alte Dessauer kriecht und man ihn immer antreiben muß).«

Fürst Leopold, Schöpfer der friderizianischen Armee, las: ».. Ich muss Ew. Liebden sagen, daß Ich Dero bisherige Operationes nicht approbiren kann, weil solche so langsam gehen, und wo was im Stande wäre, Mich hier in Unglück zu bringen, so wäre es gewiss Ew. Liebden Saumseligkeit ... wenn Dieselbe (Ew. Liebden) diesseits (der Elbe) kommen, so wäre solches eben so viel, als Mir hier das Messer an der Kehle gesetzet. Ich begreife auch nicht, wie Ew. Liebden diesseits der Elbe Meissen nehmen wollen, da dieser Ort jenseits der Elbe liegt ... dahero denn Ew. Liebden mit mehrerer Promptitude Dero Sachen zu machen und Meine Ordres zu executiren haben, sonst wir nicht Freunde bleiben können ... Sie gehen so langsam, als wenn sie Sich vorgenommen hätten, mich aus meiner Avantage zu setzen, und weiln diese Sache ernsthaft seind, so rathe Ihnen als ein guter Freund, solche mit mehrerer Vigeur zu tractiren, meine Ordres ponctueller zu executiren, sonsten sehe mir gezwungen, zu Extremitäten zu schreiten, die ich gerne evitiren wollte.«*

Der alte Mann, zum äußersten getrieben, siegte am 15. Dezember in grausamer Kälte bei Kesselsdorf, sein jüngster Sohn Moritz führte einen Teil der Truppen durch hüfttiefes Eiswasser — bei solcher Gelegenheit ließen die Prinzen sich tragen — in die Flanke des Feindes. Es war wohl nicht Malice, sondern Irrtum, daß der alte Dessauer dem König meldete, er habe »die Posaunen von Sodom ertönen lassen«.

Kesselsdorf, ein Sieg friderizianischer Suggestion und Antreibekunst so sehr wie des erbitterten Fürsten Leopold, ermöglichte Friedrich einen neuen, diesmal minder argen Stellungswechsel: England vermittelte den Sonderfrieden von Dresden, um Haaresbreite nur schloß Maria Theresia mit Friedrich ab und nicht mit Frankreich. Was Krieg und was Diplomatie hieß, wußte er nun; ebenso, wie er mit dem Reichsfürsten Leopold von An-

* Als der durchlauchtigste Fürst ein Jahr später in einer Personalangelegenheit nicht Ordre parieren wollte, schrieb ihm Friedrich: »Ich verstehe darunter keinen Scherz, und mögen Ew. Liebden Mich nicht vor einen Fürsten von Zerbst und Cöthen nehmen, sondern meinen Ordres einen Genügen thun, sonsten es nicht anders wie Verdruß machen (sic) kann.« Fürst von Zerbst und Cöthen, das war noch schlimmer als schlechter Bürger wie Marius und Sulla, denn Fürst Leopold war ja mit seinem Fürstentum Anhalt-Dessau nicht viel anders als ein Herr von Cöthen und Zerbst.

halt-Dessau umzugehen hatte. »Der alte Dessauer ist verreket«, wird er dem Faktotum für buchstäblich alles, dem geliebten Fredersdorf, zwei Jahre später melden, und der antwortet (»ich Küß Ew. Königl. Maj. die Füße«): »Der Alte Fürst wirdt sich recht freuen, wann Er Bey alle die Teüffel kommen wirdt, die er immer so fleißig geruffen.«

Den Zweiten Schlesischen Krieg schloß Friedrich schnell und maßvoll ab. Aus größter Gefahr hatte er sich diesmal weniger mit Glück, mehr kraft eigener Fähigkeiten herausgezogen. Vor dem Vater hatte er bestanden, hatte sich, wie er an Podewils schrieb, »an Wachsamkeit und Schnelligkeit übertroffen«. Der kriegerischen Selbstbestätigung bedurfte er künftig nicht mehr.

Inzwischen war Friedrich schon eine reinliche Scheidung gelungen. Den Philosophen, so hofft er, wird die Nachwelt vom Fürsten, den Ehrenmann vom Politiker zu trennen wissen. Daß die Mittel recht seien, wenn nur der Erfolg sich einstellt, galt ihm in Krieg und Frieden, in Theorie und Praxis. Um die venetianische Tänzerin Barberina, die ihren Kontrakt nicht einlösen wollte, zur Vertragstreue zu zwingen, läßt er den durchreisenden Gesandten der Republik Venedig am Hof von St. James in Berlin festsetzen. Die Republik konnte in der Ostsee ja nicht Krieg führen; die Barberina, eine exzellent schöne Frau, verdiente in Berlin 7000 Taler pro Jahr, ihr künftiger Schwiegervater, der Justizreformer Cocceji, bekam weit weniger.

Um Voltaire nach Berlin, in den »Tempel bedeutender Männer« zu locken, spielte er dem Bischof von Mirepoix 1743 einen Brief Voltaires in die Hände. Schriftlich tat er seinem Gesandten in Paris kund: »Meine Absicht ist dabei, einen Bruch zwischen Voltaire und Frankreich herbeizuführen, so daß ihm nichts zu tun übrig bleibt, als zu uns zu kommen.«

Dem Sondergesandten des Kurfürstentums Sachsen, das er 1756 überfallen und okkupiert hat, trägt er ein enges Bündnis zwischen Sachsen und Preußen, notabene gegen Österreich, an. Aber er fordert nicht nur, daß die sächsische Armee mit ihm marschieren, sondern sogar, daß sie ihm den Treueid leisten müsse. Auf den Einwand des Gesandten, das sei ohne Beispiel in der alten wie in der neuen Geschichte, erwiderte er: »Ich weiß nicht, ob Sie es wissen, daß ich mir etwas darauf zugute tue, originell zu sein.« Jedenfalls war er originell. Die Gefangennahme der Armee lehnte er ab, zwang statt dessen die Mannschaften und Unteroffiziere, ihm zu schwören. Aus dem frisch eroberten Schlesien wie später aus Böhmen ließ er arbeitsfähige Jungen und Mädchen wegschleppen, um seinen Kernlanden aufzuhelfen.

Der Pompadour, die er aus ehrlichem Adelsstolz bis dahin brüskiert oder nicht zur Kenntnis genommen hatte, ließ er nach Kolin, in tiefster Heimlichkeit vor England, das Fürstentum Neuchâtel »sa vie durant«, für deren Lebzeiten also, anbieten, falls sie den Frieden bewerkstelligen könne. Außerdem sollte sie 500 000 Francs bekommen. Die Favoritin, deren Charakter er hier möglicherweise zu niedrig einschätzte, hat von dem sonderbaren Angebot vielleicht nie erfahren.* Friedrich, nach seinem eigenen Stil, neigte dazu, die Macht der Umstände zu unterschätzen, den Einfluß der Persönlichkeiten aber zu hoch anzusetzen. Der Herzogin de Châteauroux, einer Preußen-Freundin und Vorgängerin der Pompadour, schickte er 1744 ein Handschreiben. Der Pompadour hat er eine Weile zu viel beredte Verachtung, später zu viel Aufmerksamkeit gewidmet.

Daß Friedrich immer zweckvoll handelte, und sei es auch im Schrecklichen zweckvoll, gefiel dem rationalen Zeitalter, dessen Rationalität freilich noch recht oberflächlich gegründet war. Goethes Herzog Karl August fand Friedrich »einzig und immer nach einem Zweck strebend; jede Handlung ursachsvoll« (Brief an Lavater). Einen solchen Schlittschuhläufer gebe es nur alle fünfhundert Jahre und kaum dann. Dennoch, Friedrich war einer der natürlichsten Menschen seiner Zeit, auch wenn er sich verstellte. Alle seine Handlungen, Worte und Gedanken waren ableitbar aus seinen persönlichen Zwecken, Wünschen, Ambitionen. Als ein Panoptikum seiner selbst gab er den Menschen Einblicke, die sie in ihre eigene Natur nicht hätten nehmen mögen.

Zweckvoll waren seine Handlungen nicht, wenn er die Eigenliebe gegen die Interessen des Staates und seiner Dynastie abwägen mußte. Seinen ältesten Bruder, den Thronfolger August Wilhelm, der während des sommerlichen Rückzugs 1757 unglücklich geführt hatte, ließ er durch schlechte und ungerechte Behandlung zu einem solchen Wrack herunterkommen, daß der Vorwurf, er habe des Bruders Tod verschuldet, wenig übertrieben erscheint. (Prinz Heinrich an Friedrich: »Achtung und Schmerz gebieten mir zu schweigen.«)

Er demütigte ihn vor allen Offizieren, schrieb ihm, er solle einen Harem von Hoffräuleins befehligen, er, Friedrich, werde ihm niemals auch nur zehn Mann anvertrauen. Daß August Wilhelm sich während der Fehlschläge auf der Höhe der Situation bewegt habe, behauptet niemand, aber die ihn begleitenden Generale Schmettau und Winterfeldt traf Mitschuld, und kein Wort des Tadels erging an den Günstling Winterfeldt. »Wohl dem, der diese Galeere verlassen hat«, schreibt August Wilhelm elf Monate vor seinem Tode und lange vor Lessing; in einer seit Molières »Scapin« überaus gebräuchlichen, in die Mark Brandenburg nicht ganz passenden Metapher. Obwohl der König ständig das Gift in der Kapsel mit sich führte, obwohl ihm in der Schlacht

* Interessant der Unterschied in der Beurteilung, die der Pompadur von den beiden Brüdern Mann zuteil geworden ist; Thomas Mann: eines Fleischers Tochter, Frau eines Zöllners und Kupplers und selber Kupplerin, talentierter Dirnenkopf, der Schmutz blieb ihr Element. Heinrich Mann: eine große Frau.

leicht etwas zustoßen konnte, schonte er den Thronfolger nicht, dessen Sohn, Friedrichs Nachfolger, 1757 erst dreizehn Jahre zählte. Obwohl Ostpreußen seine Visiten gewiß so sehr oder so wenig nötig hatte wie andere Provinzen, reiste er nie mehr dorthin, seit die Stände 1758 der Zarin Elisabeth gehuldigt hatten.
Um Infanterie schneller an den Feind zu bringen, läßt er sie in der Schlacht vor Prag (1757) mit geschultertem Gewehr avancieren, bis die schrecklichsten Verluste den Befehl ersticken. »Laßt die eigene Kavallerie nicht durch, schießt sie nieder!« befiehlt er seiner Infanterie bei Lobositz. »Hat man in Feindesland überhaupt kein anderes Mittel ...«, schreibt er 1746 in den »Generalprinzipien des Krieges«, »so nimmt man einen bemittelten Bürger, der Haus und Hof, Frau und Kinder hat, und gibt ihm einen gescheiten Menschen bei, den man als Knecht verkleidet, der aber die Landessprache verstehen muß. Der Bürger muß ihn als Kutscher mitnehmen und sich ins feindliche Lager begeben unter dem Vorwande, sich über die erlittene Unbill zu beschweren. Zugleich bedroht man ihn: wenn er Euren Mann nach genügendem Aufenthalt im feindlichen Lager nicht zurückbringe, werde man Frau und Kinder niederhauen und sein Haus plündern und anstekken. Dies Mittel habe ich anwenden müssen, als wir im Lager bei Chlum standen, und ich hatte Erfolg damit.«
Der Königin, seiner Mutter, begegnete er mit Respekt und Zuvorkommenheit. Hingegen mußte seine Frau, die schon den Kronprinzen als »größten Fürsten« und »Phoenix unserer Zeit« beschrieben hatte, die demütigendste Behandlung hinnehmen. In überaus geduldiger Liebe hing sie, die sich während der Rheinsberger Kronprinzenjahre glücklich gefühlt hatte, auch noch dem König an, den sie kaum zu Gesicht bekam. Nie hat sie Sanssouci auch nur von ferne gesehen. Da Friedrich für das Institut des Königtums wie für andere Institutionen wenig Verständnis hatte, mußte Elisabeth Christine über das Faktotum Fredersdorf »untherthänigst« anfragen lassen, ob sie zu den Festlichkeiten in Charlottenburg 1748, die Friedrich seiner ganzen übrigen Verwandtschaft gab, ebenfalls erscheinen könne (Fredersdorf: »... ob Ew. Königl. Maj. gnädigst er-Laubten, daß Sie auch Könte raus-Kommen«).
Er aß mit ihr zwei, drei Mal pro Jahr zu Mittag im Berliner Schloß, sie durfte ihn aber nicht anreden, und er schwieg. Seiner Schwester Ulrike stellte er sie 1776 mit den Worten vor: »dies ist meine alte Kuh, die Sie schon kennen.« Bindungen, die ihm nicht paßten, erkannte dieser König nicht an. Als der Bruder seiner Frau bei Soor (1745) gefallen war, teilte er Elisabeth Christine den Verlust nicht einmal mit. Fredersdorf erfuhr davon mit erster Post: »Denke Dir, wie wir uns geschlagen haben, achtzehn gegen fünfzig! Meine ganze Equipage zum Teufel, Annemarie ist todt gehauen, der Champion muß auch todt sein«; erst kommen

die Pferde, dann die Menschen: »Der gute brave Wedell ist todt; Albert auch; ist nicht viel verloren.« Albert war der Bruder seiner Frau, Wedell der Chef eines nahezu aufgeriebenen Grenadierbataillons.*

Unmenschlichkeit im privaten Bereich hatte ihre Entsprechungen in politischen Handlungen. Eben die Nichtachtung der dynastischen Bindungen, die er Elisabeth Christine bezeigte, ließ ihn 1756 im überfallenen Dresden die geheimen Kabinettsakten gegen den nahezu physischen Widerstand der Kurfürstin und Königin Maria Josepha gewaltsam wegnehmen, obwohl er doch gerade erst verkündet hatte, er wolle Sachsen nicht bekriegen, sondern nur als »heiliges Depositum verwahren«. »Wohl keine Handlung Friedrichs im siebenjährigen Kriege, selbst nicht der Überfall Chursachsens«, so Sybels »Preußische Staatsschriften«, »ist so allgemein und scharf verurteilt worden, wie die gewaltsame Eröffnung des dresdner Cabinetsarchivs.« Ein Jahr später starb Josepha, die 57jährige Tochter eines deutschen Kaisers. Koser meint, Roßbach habe ihr das Herz gebrochen.

Man hat eingewandt, Sachsen sei nur der Form nach neutral gewesen, es habe in Petersburg und Wien gegen Preußen gehetzt. Mag sein. Aber Sachsen hatte nur zu viel Grund, den eroberungslustigen Friedrich für den Todfeind zu halten. Daran ändern Brühls, des Leitenden Ministers, 365 Anzüge, noch mehr Perücken, seine zehn Schneider und hundert Intrigen gar nichts.

Die Altstadt Dresdens schoß der König am 19. Juli 1760 in Brand, aus Wut, kaum aus militärischem Zweckdenken. Er richtete das Feuer gegen die berühmte Kreuzkirche, auf deren Turm bis 1759 einige hölzerne Grüß-Auguste gestanden hatten, die an hohen Festtagen abgefeuert wurden; »der Turm habe auch den Verteidigern eine genaue Beobachtung der Belagerungs-Batterien ermöglicht«, so das Generalstabswerk »Der Siebenjährige Krieg«. Der satirische Schriftsteller Rabener, Bürger Dresdens, am 9. August an Gellert in Leipzig: ». . . wer sagt, daß das Feuer eine solche Verwüstung in der Residenz angerichtet und daß auf die Kreuzkirche um deswillen Bomben geworfen worden, weil von dasigem Thurme auf die Belagerer wäre geschossen worden, der spottet noch unseres Elends auf eine grausame Art.«

Es versteht sich, daß Friedrich vor seinen Leuten ständig über verbrannte Städte und Dörfer, über unglückliche Witwen und Waisen klagte. Dazu hatte schon Voltaire den Kommentar: »Pouf, pouf, er macht von beiden so viele er kann.« Zu des Königs Gunsten muß man anführen, daß er, anders als seine Feindinnen und

* Der jüngste Bruder der Königin, Franz von Braunschweig, fiel bei Hochkirch 1758. Bei Soor wurde ihr Bruder Ferdinand auf preußischer Seite, ihr Bruder Ludwig als österreichischer General-Feldzeugmeister verwundet. Er wurde später holländischer Feldmarschall und lehnte es 1757 ab, anstelle des Herzogs von Cumberland die Koalitions-Armee zu übernehmen, deren Oberbefehl dann Ferdinand von Braunschweig zufiel.

König Ludwig, während des Dritten Schlesischen Krieges um seine geschichtliche Existenz kämpfte, um seinen gesamten Ruhm und Ruf.

Friedrichs Methoden, Geld aus dem eroberten Leipzig herauszupressen, zeigen wiederum nüchternstes Zweckdenken. Lesen wir den zuverlässigen, wenngleich Friedrich bewundernden Gesandten Sir Andrew Mitchell, der unter dem 7. Januar 1761 schreibt: »Ich höre, daß der König von Preußen von der Stadt zwei Millionen Kronen fordert, eine Summe, die ihre Leistungsfähigkeit weit überschreitet, weil viele der reichsten Kaufleute geflohen sind; vorgestern wurden fünfzig oder sechzig Kaufleute verhaftet ... Diese Sache wird großen Lärm in ganz Europa machen, denn die Kaufleute wurden vier Tage nach der Eröffnung der Messe verhaftet, obgleich ihnen eine feierliche Erklärung für ihren Schutz und für die Sicherheit der Messen gegeben worden war.«

Das besetzte Leipzig hatte 500 000 Taler aufgebracht, diese Summe war schriftlich gesetzt worden, mit dem Versprechen, es solle damit sein Bewenden haben. Da der König mehr wollte, wurden die Notabeln und die reichsten Kaufleute, nicht sechzig (Mitchell), sondern hundertzwanzig an der Zahl, auf schikanöse Weise eingesperrt, die meisten aber nach zehn Tagen wieder entlassen. Siebzehn Einflußreiche hielt man dagegen vier Monate im Kerker. »Nun Ihr Hunde, wollt Ihr bezahlen«, war der tägliche Morgengruß ihres Steuermeisters.

Kein anderer Fürst dieser Zeit hat auf so bedenkenlose Weise das Geld verschlechtert wie Friedrich, nicht einmal nur in Kriegstagen. Schon 1753 hat er, eigens für den Handel mit Polen, unterwertige Dukaten holländischen Gepräges herstellen lassen. Nach der Eroberung Sachsens 1757 erhielt das Berliner Haus »Ephraim & Söhne« die Berechtigung, in sächsischen Münzstätten, also unter Mißbrauch ausländischen Münzkredits, Geld zu prägen, das nur noch etwa 70 Prozent des Vollwertes hatte. 1760 stellten die entsprechend verhaßten Ephraim und Itzig Drittel-Taler von nur 43 Prozent des Vollwertes her, und noch minderwertigere Münzen polnischen Gepräges. Zum Schluß gab es Taler zu 28 Prozent des Ursprungswertes. Die sächsischen Drittel-Taler wurden auch zu den preußischen Staatskassen zugelassen und verdrängten das bessere Geld. Ephraims Wanderhändler kauften alle besseren Münzen auf und lieferten sie in den Schmelztiegel der Genossenschaft. Auch die Nachbarstaaten wurden mit »Ephraimiten« überschwemmt, insbesondere Polen, Rußland und Ungarn, und verhältnismäßig bessere Währung wurde von dort nach Preußen gezogen. Die englischen Hilfsgelder verschlechterte der König ohne Ephraim und Itzig von Staats wegen. 1763 bei Kriegsende hatte man eine »Inflation« von etwa eins zu drei.

Des Königs Anstrengungen, den Krieg um keinen Preis zu verlie-

ren, waren freilich wirksamer als die der Maria Theresia, den Krieg zu gewinnen. Diese Fürstin bestimmte 1759, als die beiden deutschsprachigen Bühnen Wiens unter Geldmangel litten: »Spectacles müssen sein, ohne dem kann man nicht hier in einer solchen großen Residenz bleiben. Beide Komödien müssen bleiben und ich destiniere hiezu 150 000 Gulden.«
Die Mittel, die Friedrich anwandte, können ohne Kenntnis seiner Absichten nicht vollends beurteilt werden. Begann er den Krieg 1756 als einen Eroberungs- oder als einen Verteidigungskrieg? Des Königs politische Konstitution erlaubt keine schlüssige Antwort. Es lag ebenso in seiner Natur, das Prävenire zu spielen, wie aus solchem Anlaß einige hübsche Eroberungen zu machen. Wer den Krieg nicht ausdrücklich beginnt, um Belgien zu erobern, glaubt am Tag nach Kriegsbeginn, auf Belgien nie mehr verzichten zu können, wie wir 1914 gesehen haben. Der Streit der Historiker muß also unfruchtbar enden.
Ritter, auch er, sieht eine ähnliche Situation wie 1914. Aber er zieht nicht etwa den Schluß, so wie Friedrich, hätten auch Bethmann und der Kaiser besser abwarten sollen, ob der Krieg vermieden werden könne, sondern ganz umgekehrt: Sowenig man das Friedrich habe zumuten können, sowenig den Leuten von 1914: »Zu Beginn des Weltkrieges überrannten wir die belgische Neutralität, weil es schlechterdings keinen anderen Weg gab, die große Entscheidungsschlacht in Frankreich zu führen.« Auch so kann man aus der Geschichte lernen. Ritters Einwand, daß die Kräfteverteilung 1756 den Gedanken an Eroberung nicht zuließ, sticht nicht bei Friedrich. Er war, wenn es um Expansion ging, Optimist. Seinem General Lehwaldt gab er unmittelbar nach Ausbruch des Krieges die Instruktion, die Russen zu besiegen und, auf der Grundlage einer Annektion Westpreußens, einen Vor-Frieden zu schließen.
Wie Bethmann Hollweg sechs Wochen nach Kriegsausbruch wußte, daß er Belgien behalten wollte, und seine Maßregeln danach traf, so hat Friedrich Sachsen vom ersten Tag an als der neue Landesherr behandelt, wie der unvoreingenommene Max Lehmann herausgearbeitet hat.
Delbrück, auf Lehmanns Spuren, schildert die Situation Friedrichs vor dem Überfall plastisch, wenn auch mit Hintergedanken: »... ein unklarer, schwächlicher Sanguiniker, der beim ersten Schimmer einer entfernten Gefahr Maßregeln ergreift, stockt, sich nach einer Seite wendet, wo er nur Aufsehen und Unruhe erregt ohne wirklichen Nutzen, bewaffnet bleibt, wo es nicht mehr nötig wäre, dadurch abermals reizt und doch den Entschluß zum wirklichen Zuschlagen erst findet, als die beste Gelegenheit vorüber ist und durch die Offensive, die ihm selbst nur mäßigen Nutzen bringt, gerade das tut, was seine Feinde wünschen, nämlich das letzte Hindernis ihres Zusammenschlusses beseitigt.«

So, sagt Delbrück, müßte man Friedrich einschätzen, wenn er einen Verteidigungskrieg geführt hätte. Wenn! Anders wird das, wenn Lehmanns und Delbrücks These stimmt, wenn man unterstellt, daß zwei Offensiven aufeinandergestoßen seien und daß Friedrich den Krieg so dringend gewollt habe wie Kaunitz und Maria Theresia. Delbrück: »Friedrich hat ... mit der tiefsten Verschlagenheit auf einen großen Krieg hingearbeitet, der seinem Staate Sachsen und Westpreußen bringen sollte.«
Gewiß, ein »schwächlicher Sanguiniker« war Friedrich nicht, wohl aber, 1755 noch, ein schlechter, einseitig unterrichteter, ungeduldiger Diplomat. Man erinnert sich: Frankreich war in Friedrichs System die Rolle des klassischen Verbündeten zugeteilt, der durch seinen Einfall in Hannover England hindern konnte, auf seiten Österreichs und Rußlands wirksam Krieg zu führen. England und Frankreich kriegten bereits in Nordamerika. Preußens Bündnis mit Frankreich lief im April 1756 ab, Friedrich zögerte, es zu verlängern, er wollte sich die Hände frei halten. Als nun England mit Rußland im Herbst 1755 einen Subsidien-Vertrag einging, der die Russen verpflichtete, mit 55 000 Mann die Deckung Hannovers gegen Frankreich, aber auch gegen Preußen zu übernehmen, schloß er in einer Art Panik kurz: ohne den französischen Verbündeten, mit dem der Vertrag noch lief, zu konsultieren, ging er im Januar 1756 die Konvention von Westminster ein, in der sich England und Preußen verpflichteten, den Ein- oder Durchmarsch fremder Truppen in Deutschland gemeinsam zu verhindern.
Dies war ein Defensiv-Traktat, wie auch alle Abmachungen zwischen Rußland und Österreich formal einen defensiven Charakter trugen. Österreich wollte nicht ohne Frankreich angreifen, und Frankreich wollte, wie Friedrich wußte, überhaupt nicht angreifen. Weniger der Inhalt, als die Art des preußischen Vorgehens, das zu dem früheren Friedrich paßte, hat seinen Feinden in Paris Oberwasser für das Bündnis mit Österreich verschafft. Als der französische Außenminister geltend macht, der Bündnisvertrag mit Frankreich, mit dem Westminster-Vertrag nicht vereinbar, habe noch eine Laufzeit von drei Monaten, entgegnet Friedrich unwirsch, Schikane wegen der drei Monate solle man auf Kinder beschränken, die nach dem Tode des ehelichen Vaters geboren würden.
Die Konvention von Westminster, dieser schwerste Fehler seiner Laufbahn, könnte nun aber sehr wohl andere Fehler nach sich gezogen haben: daß er die Gefahr, die er heraufbeschworen hatte, für sich selbst übertrieb; daß er sich einredete, Rußland könne durch englische Subsidien neutralisiert werden; daß er die Folgen eines plötzlichen Überfalls, noch dazu auf das neutrale, zum Krieg nicht gerüstete Sachsen, nicht sehen wollte oder nicht sah. Unschlüssig in Delbrücks Argumentation ist auch der Kausalzu-

sammenhang. Wenn Friedrich den Krieg denn wollte, warum mußte er ihn unter den ungünstigsten Umständen wollen? Delbrück könnte antworten: er irrte sich eben hinsichtlich der Umstände, er wollte auf jeden Fall das Gesetz des Handelns behalten, auch als er sicher wußte, daß 1756 kein Angriff mehr zu erwarten war. Abwarten war seine Sache nicht, damals noch nicht.
Max Lehmann zieht als stärksten Trumpf einen Brief Friedrichs an Prinz August Wilhelm vom 19. Februar 1756 heran, in dem der König fragt, ob sein Bruder denn »das Vergnügen für nichts erachte, Sachsen zu demütigen, oder, besser gesagt, zu vernichten« (d'humilier, ou pour mieux dire, d'anéantir la Saxe). Aber er spricht hier noch im Frieden, will zwischen den bereits kriegführenden Mächten Mittlerdienste leisten, will der Königin von Ungarn den Hemmschuh anlegen und den russischen Großkanzler Besthushew zur Verzweiflung bringen. Ist das Wort »vernichten«, von anderen Historikern mit »zur politischen Null machen« übersetzt, verräterisch? Je nach Einstellung.
Tatsache ist, er wollte Sachsen, und es mildert Friedrichs Absichten nicht, daß er erwog, den Kollegen Kurfürsten mit böhmischem Land zu entschädigen. Die Mentalität des Königs spricht für Lehmann und Delbrück, das Aktenmaterial mehr für die Gegenpartei. Belassen wir es bei Thomas Manns Resumé, 1915 gezogen, als gerade eine zweite große Koalition durch das Prävenire hatte gesprengt werden sollen: Friedrich hatte 1756, so schreibt Thomas Mann, »den Krieg im Blut, er meinte den Krieg, wo die anderen vielleicht vorderhand nur diplomatische Mächlereien meinten«.
Sieben Jahre Krieg erschöpften Friedrichs Kräfte und die seiner Staaten so sehr, daß seine Leidenschaften hinfort gezügelt, wenn nicht erloschen waren.
Die nächste Eroberung tat er zusammen mit Rußland und Österreich, den Feinden von gestern. Durch schlaues Drängen und kluges Abwarten gewann er 1772 Westpreußen mit 600 000 Einwohnern und 26 000 qkm. Man hat der diplomatischen Kälte des Königs aus diesem Anlaß sehr begründete Elogen gemacht. Die deutschnationale Geschichtsschreibung gar hat sich nicht entblödet, die staatskluge Aktion zu rechtfertigen »durch das Lebensrecht einer aus langer Ohnmacht sich endlich wieder aufraffenden Nation auf Rückforderung von Grenzgebieten, die ihrem Staat in Zeiten hilfloser Schwäche von den Nachbarn entrissen worden waren« (Ritter 1936). Friedrich hat sich einer ähnlichen Wendung bedient, die Stände Westpreußens schworen »der wiederhergestellten Herrschaft Treue«. Daß Preußens Wohl nicht für die Dauer begründet werden konnte auf dem Wehe der Polen und ihrer Staatsgebilde, hat kein preußischer König noch Staatsmann je eingesehen, aber niemand weniger als der Hohenzoller der ersten Teilung Polens. Wenn die Nemesis 1945 zu hart zu-

rückgeschlagen hat, so doch gewiß nicht ohne den triftigsten Grund. Die Rache der Sachsen, symbolisiert durch Walter Ulbricht, mag man, je nach Einstellung, für unverdiente Strenge nehmen.

Wahr ist, daß ein machiavellistischer Grundzug die Außenpolitik der großen wie auch der kleineren Mächte bestimmt, aber es war von je gefährlich, zynisch mit der Richtschnur zu messen, was in der Hinterstube des menschlichen Selbstbewußtseins als Tribut an Natur und Gesellschaft, als auferlegtes Muß, zu tragen peinlich, sein nicht voll legitimiertes Dasein friste.t Zwei Friedriche, schrieb der schwedische Graf Tessin 1760, würden die Welt zerstören. Keine Großmacht der Neuzeit hat unter ihren großen Männern zwei so erfolgreiche Machiavellisten wie Friedrich und Bismarck. Die Geister, die Friedrich mit Namen rief, konnte Bismarck, der sich ihrer nur bediente, nicht mehr in die Flasche zurückbeordern.

Woher rührt Friedrichs alles zerfressender Zynismus, dem Privatmann so kleidsam, der Staatsfigur so gefährlich? Als häßlichste Eigenschaft schon des jungen Mannes macht sich der Kitzel bemerkbar, »die lächerlichen Seiten bei jedem hervorzusuchen« (General Schulenburg 1731), »jedermann etwas unangenehmes und anzügliches unter die Augen zu sagen« (Hannovers Gesandter von Schwicheldt 1742), »der Wunsch, bei jeder Gelegenheit den Ton anzugeben« (Sir Andrew Mitchell 1766). Voltaire, der eines Menschen schwächste Stelle wie mit dem Peilgerät ausfindig machen konnte, schrieb ihm 1760: »Der Schatz Ihrer Weisheit ist verdorben durch die unselige Freude, die es Ihnen immer gemacht hat, alle anderen Menschen demütigen zu wollen, ihnen verletzende Sachen zu sagen und zu schreiben, eine Freude, die Ihrer um so weniger würdig ist, als Sie durch Ihre Stellung und Ihre einzigartigen Gaben über ihnen stehen. Sie fühlen sicher, daß ich Ihnen die Wahrheit sage.«

Es spricht für den König, daß er den Briefwechsel nicht abbricht, daß er die Berechtigung mancher Vorwürfe sogar einräumt, beherzigen konnte er die Ratschläge nicht. Seine Taktlosigkeiten waren Legion und berühmt. Dem Minister General Grumbkow schrieb der Neunzehnjährige, lieber wolle er »Fräulein Jette ohne Geld und Gut« heiraten, Grumbkows Tochter Jette, als eine dumme Prinzessin. Grumbkows Schwiegersohn, dem Minister Podewils, hielt der König am 27. Januar 1756 vor, er könne nicht verstehen, warum ein so gescheiter Mann wie Grumbkow seine Töchter an lauter Dummköpfe verheiratet habe; Podewils, 60, war angeblich hellichten Tages in ein Bordell gegangen. Bei einem Essen in Berlin sagt der König gegen das Fräulein von Brand, daß die häßlichsten Damen dem Hofe blieben, während die hübschen sich verheirateten, man rieche jene garstigen Weiber zehn Meilen in der Runde. Die Gesellschaft, berichtet der

Chronist Ernst Ahasverus Graf Lehndorff, stob nach dem Essen auseinander, »als hätte die Erde gebebt«. Dem früheren Vorleser Darget, einem nicht so sonderlich vertrauten Menschen, schreibt der 42jährige König nach Paris: »Pissen Sie gut und seien Sie lustig. Das ist das einzige, was Sie auf Erden tun können.« Und auch: »Meine Hämorrhoiden grüßen Ihre Lustseuche.«

Seine Scherze auf Kosten der Untertanen waren manchmal merkwürdig. So bestellte er einen Prediger, der gegen einen Offizier von der Kanzel etwas hatte verlauten lassen, nach Potsdam ins Schloß; d'Argens, der Atheist, und Pöllnitz, Erbstück und Schnorrer vom seligen König Friedrich Wilhelm her, verhören und examinieren ihn, beide als Prediger verkleidet. Der Verhörte sticht sie durch seine Kenntnisse aus, der König lauscht hinter einem Wandschirm. Das Verfahren scheint ein wenig unköniglich, da nicht der Untertan eine Lektion, sondern nur die Bagage ihr Vergnügen bekommt.

Den 26jährigen Tunichtgut Graf Schaffgotsch zwang er dem Breslauer Fürstbischof und Domkapitel als Koadjutor auf (Fürstbischof Sinzendorff: »ein Liebestrank«). 1747 ernannte er ihn gegen den Willen der Kurie zum Nachfolger des verstorbenen Sinzendorff. Gegen die Grundsätze ihrer Kirche mußten die katholischen Geistlichen Schlesiens nach dem Siebenjährigen Krieg schwören, sie wollten Vergebung »in diesem wie in jenem Leben« verwirkt haben, wenn sie ihren Eid brächen.

Seine Besichtigungsreisen nach Schlesien benutzte der König, um sich auf Kosten der katholischen Geistlichkeit Scherze zu erlauben. Nie wurde ein protestantischer Geistlicher zur Mittagstafel geladen. Das Gespräch mit den Geistlichen hieß »die komische Unterhaltung«. Der königliche Geschmack ging oft unter Wasser. 1779 fragte er den Abt von Grüssau, Placidus Mundfering, ob der Esel das Wappen des Herrn Prälaten sei und ob eine dort (zum Spaß gegen die Österreicher) aufgestellte Eselsfigur einen seiner Vorfahren darstelle. So konnte es nicht fehlen, daß Friedrichs Bewunderer ihn einen »Feiertagsfreund« nannten und daß sie sich weigerten, seine Alltage mit ihm zu verbringen. D'Alembert, der Lobsprüche voll, versuchte es gar nicht erst. Der Fürst de Ligne, 1814 zu weltweitem Anekdoten-Ruhm und zum Ende seines wechselvollen Lebens gelangt, fand den König 1780 »etwas geschwätzig, aber erhaben« (»sublime«). Er, der doch selbst gewiß nicht ungesprächig war, mochte nicht des Kaisers (Joseph) »d'Argens oder Algarotti« sein, das Stichwort ist bezeichnend. Der wendige Leichtfuß Algarotti hatte sich schon 1753 für immer aus dem Staube gemacht, den vom König verliehenen Grafentitel im venetianischen Bürgerrock. Der Marquis d'Argens, dieser etwas seichte, aber treue Adorant, der seine beiden Hypochonder-Mützen, eine aus Wolle, eine aus Baumwolle, abzunehmen pflegte, wenn er einen Brief Friedrichs las, blieb am längsten, an

die dreißig Jahre. Während des Siebenjährigen Krieges durfte er sogar mit seiner Frau im verwaisten Sanssouci wohnen, wo dem König und seinen Freunden je fünf Zimmer zu Diensten standen.
Friedrich quälte den nicht mehr jungen Mann auf spitzbübische Weise, etwa indem er ihm eine kostbar eingebundene Bibliothek schenkte, deren Bücher nur leere Seiten enthielten. Mit einer erfundenen Bischofs-Bulle gegen den Atheisten d'Argens suchte er den zeitweilig nach Hause gekehrten seiner Heimat, der Provence, wieder abspenstig zu machen. Als der 72jährige endgültig nach Frankreich zurückging (1769) — er starb dort 1771 —, suchte er vorsichtshalber alle Briefe dem König wieder zuzustellen. Der Abschied war mißtönig. Übrigens bekamen Friedrichs Freunde, auch d'Argens, einen würdigen Nachruf in der Akademie.
Mit dem schottischen »Lord-Marschall« Keith, dem Bruder des bei Hochkirch gefallenen preußischen Marschalls, scheint er sich dergleichen Scherze nicht erlaubt zu haben. Der Lord-Marschall war kein geistreicher Kopf nach dem Herzen des Königs. Der Briefwechsel zwischen beiden offenbart Herzlichkeit und Würde, kaum Vertraulichkeit. Bis zu seinem Tode 1778 konnte der Edelmann, dem Friedrich 1764 am Rande des Parks von Sanssouci ein Haus gebaut hatte, den Abend mit dem König verbringen, wenn er wollte. Von 1772 bis zu seinem Tode (1775) war der wieder in Gnaden aufgenommene Quintus Icilius ständiger Abendgesellschafter. Icilius war zwölf Jahre jünger, der Lord-Marschall ganze sechsundzwanzig Jahre älter als der König. Den Strapazen eines regelmäßigen Gesellschafters konnte der nahezu 90jährige nur selten frönen. Den Abend verbrachte der König in den letzten acht Jahren meist mit bezahlten Gesellschaftern.
Bereits der vierzig Jahre alte König scheint nicht mehr in der Lage gewesen zu sein, neue Freunde an sich zu ziehen. Ob er die alten, denen er sich zärtlich zugetan glaubte, hätte halten können, wenn sie nicht alle gestorben wären, Jordan und Keyserlingk bereits 1745, Rothenburg und Stille* 1751 und 1752, muß offen bleiben. Denn der König gleicht einem Narziß, der den Spiegel, vor dem er sich doch drehen möchte, ständig mit Wasserdampf blind macht. Carlyle, der es tragisch findet, wie schlecht diesem Könige das »Sammeln von Freunden« gelang, meint außerdem, er habe seine Tisch-Kumpane nach Art jenes Dubliner Droschkenkutschers behandelt, der jedem Tier seine wunde Stelle beibrachte und es dann durch Berührung mit der Peitsche erstaunlich habe springen lassen.
Er habe eine Abneigung gegen glückliche Menschen in seiner Um-

* Friedrich Rudolf Graf Rothenburg (1701–1751), seit 1740 in preußischen Diensten, war zeitweilig Gesandter in Paris. Christoph Ludwig von Stille (1696–1752), Erzieher der Prinzen Heinrich und Ferdinand, wurde Kavallerie-General.

gebung, testiert der englische Gesandte Hanbury-Williams dem König 1750. Hatte er jemanden für sich eingenommen, schreibt Valory etwa um die gleiche Zeit, übersah er ihn.
Friedrich klagt, daß er schon mit vierzig Jahren all seiner Freunde, sämtlich älter als er, beraubt sei. Aber am gleichen Tag, an dem Graf Rothenburg starb, nach Friedrichs Zeugnis in seinen Armen, klagte der König seiner Schwester Wilhelmine ein anderes Unglück, zu einem Zeitpunkt also, wo der Freund schon todkrank gewesen sein muß: »Einen großen häuslichen Kummer hatte ich, der meine ganze Philosophie verwirrt hat. Ich vertraue Ihnen ruhig alle meine Schwächen an: Ich habe meine (Lieblingshündin) Biche verloren ... Ich habe mich geschämt, daß mein Hund meine Seele so stark eingenommen hatte, und doch, mein eingezogenes Leben und die treue Anhänglichkeit des armen Tieres hatten unser Verhältnis so innig gestaltet, seine Leiden hatten mich so heftig gerührt, daß ich ihm, wie ich gestehe, schmerzlich nachtrauere.«
Dreißig Jahre später wird er sich nicht genieren, die Geburtstage seiner Hunde zu feiern, sich über ihre Krankheiten durch tägliche Staffetten unterrichten zu lassen, ihnen im Schlafzimmer und im Lesezimmer je drei Sessel mit samtenem Fußtritt aufzustellen, sie sechsspännig mit einem Lakai auf dem Rücksitz zu kutschieren, sie zu lieben und zu begraben wie Menschen; ja sie nachts im Bett bei sich schlafen zu lassen. Unter vierzehn bemoosten Steinen im Park von Sanssouci pflegen ihre Kadaver der ewigen Ruhe: Alcmene, Thisbe, Diane, Phillis, Thisbe, Alcmene, Gigas, Diane, Pax, Superbe, Hasenfuß, Amourette, Alcmene, Arsinoe. Die allerliebste »Biche« muß ein eigenes Denkmal gehabt haben, das aber nicht mehr da ist. Friedrich war gut zu Hunden. Einem Kammerhusaren hingegen, den er trotz allen Flehens hinausgeworfen hatte und der sich mit einer Pistole erschoß, wird er den Kommentar gönnen: »Ich hätte nicht geglaubt, daß der Mensch so viel Courage besessen.«
Man sieht nicht, welche äußeren Umstände den vom Glück begünstigten König auf der Höhe seiner Friedensjahre (»Ich lasse hier bauen wie närrisch«) daran gehindert haben, mit Menschen menschlich umzugehen, etwa mit seinem Baumeister Knobelsdorff, der 1753 in Verbitterung starb; welche Umstände ihn auf den Briefwechsel mit seiner geistreichen, tief enttäuschten, neurotisch zerriebenen Schwester Wilhelmine in Bayreuth zurückgeworfen haben – es sei denn die letztlich doch durchgedrungene Unfähigkeit dieses Mannes, der zur Freundschaft geschaffen schien wie kein zweiter, zu lieben.
»Ma soeur de Bareith« war nach dem Urteil von Gooch »die einzige Frau, die er je liebte«. Nach Prag schrieb sie ihm: »Für Sie zu sterben, ist ein Glück, um das ich alle Gefallenen beneide.« Nach Kolin wollte sie, schwer krank, mit ihm gemeinsam aus dem Leben scheiden. Aber zwischen 1738 und 1747 stand sie mit ihm

auf beinahe schlechtem Fuß. Friedrich warf ihr Vorliebe für Österreich und für Maria Theresia vor, sicher zu unrecht. Aber ebenso sicher wußte er nicht, daß sie sich gegenüber dem Grafen Cobenzl, einem Diplomaten der Maria Theresia beklagt hatte, der reichsfürstliche Stand sei unterdrückt und werde so lange keinen Schutz finden, als das Kaisertum nicht wieder an das Haus Österreich komme (so Koser).

Nach ihrem Tode ließ sie Memoiren herausgeben, die bis ins Jahr 1742 reichen und in denen der Bruder übel wegkommt. Geiz und Mißtrauen, die beherrschenden Eigenschaften des alten, werden hier schon dem jungen Fürsten angekreidet, dazu noch Falschheit. Für das Gemütsleben der Hohenzollern, das auch in den Jahren 1888 bis 1890 seltsame Proben erbracht hat, ist folgende Stelle vom Tod des Königs Friedrich Wilhelm bezeichnend: »Der neue König führte die Königin (seine und der Memoirenschreiberin Mutter) sogleich in ihr Zimmer, wo viele Tränen vergossen wurden. Ich weiß nicht, waren sie aufrichtig oder falsch.« Koser fragt, wer wohl die Aufrichtigkeit des Schmerzes bezweifeln wolle, »in welchem man ihn an der Leiche des Vaters knien sah«. Die Antwort ist, daß Wilhelmine weniger bieder dachte als Koser.

Das Gefühl der Vereinsamung mag durch hypochondrische Selbstbeobachtung gewachsen sein. Seine Gesundheit schien dem König immer bedenklich, schon 1752 schrieb er dem Thronfolger August Wilhelm: »Ich flicke an einem alten Bauwerk herum, das in Trümmer zerfällt. Arbeite ich am Dach, so kracht's im Fundament.« Schon 1747, nach seinem nicht ganz geklärten Schlaganfall, glaubte er dem Reiche Plutos nur mit knapper Not entronnen zu sein, »ich hörte schon den Zerberus bellen!«

Der einzige Mensch in seinem Umkreis, den er nach dem Zerwürfnis und der tiefgreifenden Enttäuschung mit Voltaire (1753) noch gelten ließ, wurde er selbst. Aber es stimmt nicht, daß der König nicht lieben konnte. Einen Menschen hat er geliebt, einen einzigen, von dem wir wissen; er starb 1758. Schon 1741, vor der Feuerprobe von Mollwitz, zählt Friedrich ihn in einer Art letztwilligen Verfügung an den Thronfolger August Wilhelm zu den sechs Personen, »die ich lebend am meisten geliebt«: den Leibhusaren, Kammerdiener, seit 1740 Kämmerer, Theateragenten, Intendantur-Rat, Kabinettssekretär, Haushofmeister, immer noch Kammerdiener Michael Gabriel Fredersdorf. Ihm verzieh Friedrich sogar, daß er — 1753 — heiratete.

Außer Friedrich war in Friedrichs Staaten niemand wichtig. Aber der Wichtigste neben Eichel war über zehn Jahre ein Mann, der Friedrich täglich verbal den Rock oder die Füße küßte. Er zum Beispiel entschied, innerhalb eines gewissen Rahmens, wer bei Hofe eingeladen wurde, bestellte Monturen und Kleidung, zahlte Geld aus, verkehrte mit militärischen und politischen

Spitzeln, mit dem Baumeister Knobelsdorff, mit Sängern, Tänzern und deren Agenten. Fredersdorf war es, der des Königs gesamtes Silberzeug während der Krise 1744/45 heimlich bei Nacht über die Havel in die Münze schiffte. Der in Ungnade gefallene Voltaire schickt Kammerherrn-Schlüssel und Ordenskreuz 1753 an Fredersdorf: »Ich übergebe alles Ihrer Großmut und Ihrer Klugheit.«

Fredersdorf ließ Voltaire in Frankfurt auf Weisung des Königs festsetzen. Aber der Zwangsaufenthalt des Rückkehrers scheint durch Fredersdorfs Unvermögen, sich präzise auszudrücken, verlängert worden zu sein. Fredersdorf begriff nicht, daß es dem König »vor allem um eine Ausgabe meiner Gedichte« ankam (Brief an Wilhelmine), »die ich ihm unter keinen Umständen lassen will, da er schlechten Gebrauch davon machen kann«. Es war dies jener Gedichtband, der nur in zwölf Exemplaren gedruckt war und der dann doch 1759 in einer Piraten-Ausgabe erschien, obwohl Voltaire seinen Band hatte zurückgeben müssen.

Der 1926 erstmals gedruckte Briefwechsel* zwischen Friedrich und Fredersdorf reicht von 1745 bis 1756, deckt also einen Zeitraum, den nicht der Kammerdiener, sondern der Kämmerer erlebte. Der Verlag hat aber die Neugierde des Publikums bedient, indem er auf dem Titel die Briefe Friedrichs »an seinen vormaligen Kammerdiener« inseriert. Fredersdorf, vier Jahre älter als Friedrich, lernte den Kronprinzen in Küstrin kennen, wurde in Ruppin und Rheinsberg erst sein Lakai, dann sein Kammerdiener, »ein großer und schöner Mensch, nicht ohne Geist und Freiheit«, wie er schon 1739 beschrieben wird. Unmittelbar nach Friedrichs Thronbesteigung 1740 wurde er »Geheimer Camerier« und bekam das Rittergut Zernickow zum Geschenk – Friedrichs ständige Behauptung, er habe nie Staatsgelder für sich verbraucht, scheint nur zu stimmen, wenn man das »für sich« wörtlich nimmt, und auch dann wohl nicht ganz.

Friedrich hat Fredersdorf geliebt. Aber wie es uninteressant ist, ob je geschlechtliche Beziehungen zwischen den beiden Männern bestanden haben – zu Preußens Unglück müssen wir sogar für möglich halten, daß der König ziemlich früh geschlechtslos lebte –, so bezeugt der Briefwechsel eher ein Vater-Kind-Verhältnis als irgend sexuelle Bindungen. Der Kämmerer fungiert treu als »Mädchen für alles«, der König hingegen präsentiert sich meist als stellvertretender Arzt. 162 der uns erhaltenen, meist

* Der Herausgeber des Briefwechsels, Johannes Richter, rechnet Fredersdorf jenen sechs Personen zu, die Friedrich vor Mollwitz als die von ihm am meisten geliebten nennt, doch scheint die Einbeziehung zweifelhaft. Die Stelle heißt: »Sie sind mein einziger Erbe; ich empfehle Ihnen, falls ich sterben sollte, diejenigen, die ich während meines Lebens am meisten geliebt habe, Keyserlingk, Jordan, Wartensleben, Hacke, der ein höchst ehrenvoller Mann ist, Fredersdorf und Eichel, in den Sie vollständiges Vertrauen setzen können.« Den ehrenvollen Hacke, den vertrauenswürdigen Eichel hat Friedrich möglicherweise nicht am meisten geliebt, und Fredersdorf steht zwischen beiden.

eigenhändig geschriebenen Briefe Friedrichs beschäftigen sich mit Fredersdorfs, 33, auch recht ungeniert, mit des Königs eigenen Krankheiten. Achtzehnmal berichtet Fredersdorf von sich selbst (»ich Kan im Stehen etwas uriniren«). Sechzehnmal fragt er den König nach dessen Gesundheit. Der König klagt über Husten vom Magen, Auswurf, Kopfschmerzen, über Niere, Milz und Leber (»das alte luder ist nicht mehr wehrt, als daß es der Teüfel holt«), und über die »Lauffende hemeroiden«. Er hat Herzklopfen und krampfartige Koliken, kann fast nichts essen und wird »gantz schwinnlich«. Er kann nicht abführen, kann zu gut abführen oder stöhnt: »mein leib ist mihr So Dike als eine Trumel.« Friedrich, der sonst »Friderich« und »Frédéric«, sehr oft Federic und Féderic unterschreibt, zeichnet unter die Briefe an Fredersdorf »Fch.«

Fredersdorfs Krankheit wird nicht restlos klar (Friedrich: »Hemeroiden und geschwihr in denen Prostaten«). Aber da er früh an irgend etwas gestorben ist, kann man an Hypochondrie nicht glauben. Des Königs schlimmster Kummer galt den nichtapprobierten, jedenfalls nicht von ihm ausgesuchten Ärzten, den, wie er sie nennt, »tzahnärztte und charlatans«. Fredersdorf hat »30 Docters probiret«. Sie haben, »liderliches Gesindel«, alles nur schlimmer gemacht. »ich bite Dihr, folge doch hübsch und erinnre Dihr, daß du mihr (das) heilich versprochen hast.«

Gott soll Fredersdorf »vohr Zufälle und fremde Docters« bewahren. »es ist Deine haut«, fleht der König, »sie ist Dihr neher, wie Keinem anderen!« Fredersdorf kann sich selber nicht gut sein, daß er solche Proben an seinem Körper vornehmen läßt. »ich habe gemeinet, du hästt mihr lieb«, klagt der König, aber »wann einer Dihr was vohrsaget, so glaubestu ihm gleich.« Er will Schildwachen vor Fredersdorfs Tür aufstellen, daß kein Doktor hereinkommen könnte. Nur ein habiler (studierter, geschickter) Docter kann helfen, aber: »meine beiersche (bayrische) Köchin berühmt sich, daß sie dihr in der Cuhr hat!«

Da Fredersdorf darauf besteht, sich mittels seiner Kurpfuscher umzubringen, »Solstu zum wenigsten es Mit einer art anfangen, die nicht Schmertzhaft ist.« Immerhin, »wenn Man einmahl toht ist, so Kömt Keiner, Der einem Wieder auf-Wäket.« Jetztunder geht es auf Tod und Leben.

Was anderen Menschen keinen Schaden täte, »Kan Deinen abgemateten Cörper glatt über den haufen werfen. man mus wie mit einem Kindt mit Dihr umgehen!« Nicht nur wie mit einem Kind. Denn »du bist wie die Mimi! wann man meinet, man hilte sie feste, so sprung sie um der architrave von der camer herum.« Wie eine Katze? Nein, wie das Affenweibchen »Mimi« aus den nun vergoldeten Rheinsberger Tagen.

Der König könnte sich, so schreibt er, um sich selbst nicht mehr sorgen als um Fredersdorf, die Sorge um den Diener ist ihm so wichtig wie sein Leben. Gäbe es »vom Japan« einen Arzt, der »in zwei Minuten« helfen könnte, der König würde ihn holen, koste es, was es wolle. So aber schwört er auf seinen Leibarzt Cothenius. Der ist »im Grunde der Sellen (Seele) böße über alle die fremden Docters ... ich Sage ihm, das ist nun zu Späthe, davon zu sprechen, sondern er Sol nuhr handt anlegen, umb Dihr jetztunder zu helfen.« Aber Cothenius ist eigensinnig und von seiner Kunst eingenommen. Darum »sage du ihm auch nuhr ein guht Wohrt, dann thuht er mehr«. Lasse uns doch noch ein paar Monate walten, »lasse Cothenium und mir Wirtschaften«, bittet der König, »und dann, wann Du was Hazardiren wilst, so Tuh, was du Wilst.«

In Unruhe reist der König nach Schlesien: »Ich habe den Docter so aufgebunden, vohr Dihr zu Sorgen; alleine, blib ich hier und es Stiße Dihr was zu, so were ich Scherfer dahinter, daß zum wenigsten Keine Nachlässigkeit dabei vohrgieng. gott bewahre Dihr, ich mach (mag) nicht weiter davon Sagen!«

Wenn Cothenius nicht da ist, »bin ich Docter und Mus mihr Deiner annehmen!« Auch wohl sonst, denn »glaube mihr, ich verstehe mehr von anathomie und Medecin, wie Du!« Fredersdorf glaubt das wohl nicht. Beide haben ein Leiden gemeinsam: die Hämorrhoiden (Fredersdorf an Friedrich: »Ew. K. Maj. Gratulire ich Zu denen haemoroiden«, in Grammatik ist er etwas stärker als der König). Diese äußern sich, wie der König unverbrüchlich glaubt, »ordinair gegen den follen Mohnt«.*

»nuhr noch d. 16ten überstanden, und dan Würstu ein recht hübscher Kerel werden!« (Fredersdorf: »Kein hübscher Kerl werden, wohl aber ein alter und treüer Fredersdorf Bleiben!«)

»Nuhr Künftigen mohnaht die ohren Steif!«, mahnt Friedrich. »Nuhr jetzunder gedult, (bis) daß der 24. und 26te überstanden ist; dann kanstu schon was dreister werden.« Er droht, »das Handwerk« niederzulegen. Er empfiehlt erweichende Milchbäder, Diät, hat einen »Anschlag« (Plan) zur Heilung, »aber auf meine Hörner nehme ich ihn nicht«.

Fredersdorf soll sich für eine Ananas ansehen, die man kunstvoll zur Reife bringt. Sowenig eine Kirsche in einem Tag blühen könne, so wenig kann man »Dihr, lieber Fredersdorf«, in vier Wochen gesund machen. Auch könne nicht erreicht werden, was Fredersdorf nie verlangt hat, »daß Man Dihr 18 jahr alt machen sol«.

Fredersdorf schläft all die Jahre nicht viel. »Gott weiß«, schreibt

* Voltaire, die Grenzen der Feinheit »kätzchenartig« (Carlyle) streifend, dichtete seinem Gastgeber:

Quand pourrai-je d'une style honnête
Dire: »le cul de mon héros
Va tout aussi bien que sa tête«?

(Könnte ich doch auf manierliche Art sagen: »Mit dem Popo meines Helden steht es so gut wie mit seinem Kopf«?)

er im Stil des Onkel Bräsig, »ich wolte so gerne gesundt sein, um einmal aus der Kranckheit zu komen!« Wohl ein wenig diplomatisch berichtet er dem König, Cothenius sei ganz außer sich vor Freude, daß Ew. Königl. Maj. solche gute Diät halten. Der König am Rande: »da weiß Cothenius nichts davon!«
Muntere Sachen erzählen sich die beiden. Carel, der 15jährige Leibpage Karl, bekommt vom König einen jungen Hasen und einen Husarenpelz zum Geburtstag. Er ist, so der König, »noch nicht april geschiket worden«. Fredersdorf soll ihm weismachen, das »fröhlin« von Vitzthum bestehe darauf, wegen eines Heiratsversprechens, den Carel zu heiraten. Hat Carel Ausschlag im Gesicht (ist er »außgeschlagen«), so sagt ihm der König, das sei die Franzosenkrankheit von Fräulein Vitzthum. Carel müsse sechs Wochen »in der Casterole« (Krankenhaus).
Carel »hat vohr Kitzelln gequipt«, als der König »mit zwei butteillen ungerschen wein« Fredersdorfs Besserung »Celebriret«. Feiern war angebracht, denn es »fif mit Dihr außem letzten (Loch)«.
Auch Fredersdorf wird gelegentlich mit einem Scherz eingedeckt: »Ich schike Dihr ein Rares Eliksihr, das von Teofrastem Paratzelsio Komt, welches mihr und alle, die davon genomen haben, wunder gethan hat. nim nuhr von dießer Medecin. es leidet aber keine quacksalberein darnehben!! sonsten benimt (es) einem vohr Sein lebe-Tage die Mänliche Krefte der liebe!«
Dem Fredersdorf nimmt der König nichts übel, allenfalls gibt er ihm durch die Blume zu verstehen, anstatt zu heiraten, könne er doch auch männliche Bediente (»einen Kleinen Lakeien und einen Jäger«) nehmen, um sich pflegen zu lassen. Als die Goldmacherei Fredersdorfs, in die auch Friedrich schon höchst substantielle Hoffnungen gesetzt hatte, zunichte wird, schreibt der König nur: »Ich verlange weder goldt noch Silber von dihr, aber nuhr alleine, daß du den Docter folgest.«
Im Jahre 1757 scheidet Fredersdorf aus dem Dienst, ob aus Krankheit, wegen seiner Frau oder ob aus Eifersucht auf den neueingestellten Kammerdiener Glasow (der 1757 wegen angeblich verräterischer Umtriebe nach Spandau kam und dort starb), läßt sich nicht mehr feststellen. Wer den Briefwechsel ohne Voreingenommenheit und Hintergedanken liest, wird mit einer gewissen Rührung und Verwunderung auf jene Stelle vom April 1754 stoßen: »wohr (wenn) heüte gegen Mittag die Sone Scheint, So werde ich ausreiten. Kome doch am fenster! ich wolte Dihr gerne Sehen; Aber das fenster mus feste zubleiben und in der Camer mus Stark Feüer Seindt! . . .«
Vergleicht man die fröhlichen Briefpassagen des schon vereinsamten Königs, des Königs vor Kolin, vor Hochkirch, vor Kunersdorf, vor dem Tod seiner Mutter, seines von ihm ruinierten Bruders, seiner Lieblingsschwester Wilhelmine und Fredersdorfs

(beide 1758), vor dem Schlachtentod seines engsten Kriegskumpans Winterfeldt mit allen späteren Briefen und Zeugnissen, so ermißt man den grauenvollen Unterschied.
Während der heiteren Rheinsberger Jahre hatte der Kronprinz geschrieben: »Sie (die Damen) verleihen dem täglichen Leben einen unbeschreiblichen Reiz. Auch wenn man von der Galanterie absieht, so sind Frauen für das gesellige Dasein ganz unentbehrlich, ohne sie ist jede Unterhaltung matt oder stockend.« Den auf Kindergröße zusammengeschrumpften Leichnam des Königs durften die dafür schon bereitstehenden Weiber nicht waschen. Männer mußten das besorgen.
»Das Verhalten des Königs gegen seine Domestiken«, schrieb ein Nachfolger Fredersdorfs, der Kammerdiener Schöning, »war äußerst streng, besonders wenn er an ihnen Umgang mit dem anderen Geschlechte bemerkte. Er strafte sie mit harten Worten, Faust- und Stockschlägen, Arrest und Verabschiedung; steckte sie auch unter das Militär.« Schöning, der von 1766 bis zum Schluß in den Diensten Friedrichs stand, hat, nach Ansicht des Friedrich-Verteidigers Professor Volz, das Andenken des Königs vor Verunglimpfung und Entstellung bewahrt.

In seinen Armen starb König Friedrich.

6. *Kapitel* Die Unfreiheit des Rückens

»Daß Friedrich über Criminalrecht, Cabinetsjustiz, persönliche Freiheit der Bürger militärische Begriffe hatte, war sehr natürlich, da ein Staat, der wie eine Armee durch Ordres regiert wird, nimmer bestehen kann, wenn nicht der Regent als commandirender General im Nothfall über Leben, Freiheit und Eigenthum des Staatsbürgers wie des Soldaten verfügen darf.«
Friedrich Christoph Schlosser, »Geschichte des achtzehnten Jahrhunderts und des neunzehnten bis zum Sturz des französischen Kaiserreichs«, Heidelberg, 1843.

Daß jeder nach seiner Fasson selig werden solle (Marginalie vom 22. Juni 1740) und daß die »Gazetten wenn sie intereßant seyn solten nicht geniret werden müsten« (wie der Kabinettsminister Graf Podewils den Willen Seiner Königlichen Majestät unter dem 5. Juni 1740, fünf Tage nach der Thronbesteigung, seinem Kollegen Thulemeier weitergab), sind die beiden standardisierten Lesebuchweisheiten hinsichtlich der inneren Regierungskunst Friedrichs, garniert mit der Anekdote »Niedriger hängen!«. Der von den offenkundig widerstrebenden Kabinettsministern festgelegte Beschluß der »Zensurfreiheit« enthält schon die Einschränkung, die Zeitungen müßten »wegen auswärtiger Puissancen aber cum grano salis und mit guter Behutsamkeit« verfahren.
Das taten sie offenbar nicht, und die Zensur wurde im Dezember 1740, im Kriege also, wieder verschärft. Friedrich habe die Angriffe auf seine Person freigegeben, lesen wir bei dem vorzüglichen Preuss, finden aber kein Beispiel solch eines Angriffs in preußischen Drucksachen. Da die unberufene Einmischung in die Verwaltung des Königs und ebenso jede Erörterung der öffentlichen Verhältnisse durchaus unstatthaft waren und blieben, so wieder Preuss, und da die Zeitungen des Landes »durchaus wenigen Stoff zu Betrachtungen boten, wie sie gegenwärtig selbst aus dem unscheinbarsten Blatte zu schöpfen sind«, alles immer noch Preuss im Jahre 1833, so läßt sich die Interessantheit dieser Gazetten wohl vorstellen. Die erste deutsche politische Zeitschrift von Bedeutung soll Schlözers 1783 erstmals unter dem Titel »Stats-Anzeigen« in Göttingen erschienener Briefwechsel gewesen sein. Lessing, 1729 geboren, zwischen 1751 und 1755 Kritiker der Vossischen Zeitung, schrieb dem Vater, wegen der scharfen Zensur seien die Berlinischen Zeitungen »größtentheils so unfruchtbar und trocken, daß ein Neugieriger wenig Vergnügen darinne finden« könne.
»Wegen der Pressfreiheit und der Spottschriften« gesteht Fried-

rich gegenüber d'Alembert 1772, er sei fast überzeugt, »daß abhaltende Zwangsmittel erforderlich sind, weil die Freiheit stets mißbraucht wird«. Die allgemeine Sicherheit und das Wohl der Gesellschaft dürften nicht gefährdet werden. Wie kann man nun die Person eines Königs angreifen, ohne sich in dessen Verwaltung unberufen einzumischen und ohne die öffentlichen Verhältnisse zu erörtern? Offenkundig war das unmöglich, es sei denn, man wollte private Gewohnheiten verspotten, was natürlich erst recht niemand wagte. Friedrich verbot während seiner Regierung sämtliche fremden Flugschriften, die nicht in seinem Interesse waren, so etwa 1778 wegen »unerlaubter Parteilichkeit« die französischen Zeitungen, »die in Brüssel und Cöln herauskommen«, und die »Reichs-Ober-Post-Amts-Zeitung« zu Frankfurt und Köln. Wer solche Blätter hielt oder empfing, mußte fünfzig Dukaten (etwa 140 Taler) Strafe zahlen, »deren Hälfte dem Angeber zukommen soll«.

Mit »ma soeur à bareit« stritt er sich 1744 wegen des Erlanger Zeitungsschreibers Groß: »Ich weiß nicht, wodurch ich mir seine (des Redakteurs) Ungnade zugezogen habe; aber das steht fest, daß ich es nie zugegeben haben würde, daß man in meinem Lande Impertinenzen über meine Verwandten drucke«. 1746 zankte er gar mit ihr, weil man den Mann, der ihn zweimal die Woche öffentlich geschmäht hätte, nicht bestraft habe, sondern entwischen ließ.

Friedrich selbst übernahm manchmal das Strafen; laut eigener Bekundung ließ er einem Schreiber in Haarlem Prügel verabreichen. Das sei ein nach dem Geschmack der Zeit übliches Mittel gewesen, versichert uns Johann Gustav Droysen. Aber es gibt keine Belege bei einem anderen König, daß er die Tracht Prügel, die ja auf fremdem Staatsgebiet auszuteilen waren, selbst schriftlich befahl, wie Friedrich im Fall des Kölner Verfassers der »gazette de Cologne«. Dies war ein Herr Roderique, vulgo wohl Roderich, dem der König sogar die Verse widmete

> A Cologne vivait un fripier de nouvelles,
> Singe de l'Arétin, grand faiseur de libelles.

Roderich habe am meisten dazu beigetragen, daß Holland 1747 gegen Frankreich zu Felde zog. Wenn Georg von England seine Liga, sa ligue, gegen Frankreich festigen konnte, immer noch Friedrichs Poem, so

> Il ne dut ce secours qu'au pouvoir de Roderigue.

so verdankte er diese Hilfe nur der Macht von Roderique. Der Herr Roderique gelobte Besserung, nachdem man einen Strauchdieb für fünfzig Dukaten veranlaßt hatte, ihn zu prügeln, und weil man ihm für weitere fünfzig Dukaten Prügel androhte (das Verfahren dürfte bei vielen malträtierten Politikern Sympathien für Friedrich erwecken). Friedrichs Geheimsekretär Eichel gab am 4. Juni 1749 des Königs mündliche Resolution an den preußischen Residenten in Köln: »soll zu Roderique schicken und ihm sagen lassen, ob ihn der Rücken wiederum jucke und er ohne Schläge zu kriegen nicht leben könne.« Roderique hatte nicht etwa die persönlichen Gewohnheiten des Königs angegriffen, sondern politische Nachrichten verbreitet, auch falsche, die dem König unbequem waren.

Daß Friedrich auf fremdem Staatsgebiet prügeln ließ, mag auch nicht so bedeutsam erscheinen, wie daß es in seinen Staaten keinen Gazettier oder Buchhändler gab, den zu prügeln irgendwem verlockend erschienen wäre. Seine »Zeitungen«, dreimal wöchentlich, je vier Seiten im Schulheft-Format, wurden, anders als in Holland und England, vorzensiert, sie waren konzessioniert und privilegiert. »Die Einrichtung der Zensur (unter Friedrich) machte in vielen Fällen eine schnelle Berichterstattung unmöglich, hinderte in allen Fällen die Aussprache des eigenen Urteils«, konstatiert der Zeitungshistoriker Ernst Consentius 1904 in den »Preußischen Jahrbüchern«. Kein Privatmann durfte seine Ansicht zum Ausdruck bringen. Es gab nur die öffentliche Meinung des Königs.

Enthielt ein Artikel politische Information, so wußte jedermann, vor allem an den Höfen im Ausland, daß er von einer amtlichen Stelle inspiriert oder gar geschrieben worden war, so als 1741 gedruckt wurde, gedungene Meuchelmörder, gedungen vom Gatten der Maria Theresia, trachteten nach dem Leben des Königs. Der preußische Zaunpfahl war zu plump, Pressmanöver des Königs wurden leicht durchschaut. Nur als Pamphletist außerhalb seiner Blätter, als sein eigener Aretin konnte er Ruhm ernten.

Noch der bescheidenste Witz wurde vom Zensor weggeschnitten. Einzig der königliche Witzbold in Sanssouci konnte sich in seinen genirten Gazetten ein Späßchen erlauben. In den beiden Berliner Zeitungen – Vossische, Spenersche – ließ er am 5. März 1767 melden, am 27. Februar sei in Potsdam ein Hagelwetter niedergegangen, das einen Ochsen getötet und Hagelkörner von Kürbisgröße abgeladen habe; diese seien erst nach zwei Stunden geschmolzen. Vorstellungen der Einwohner Potsdams, die keinen Hagel wahrgenommen hatten, wurden nicht akzeptiert. Solche und andere königliche Nachrichten kamen den Blättern unter der Überschrift »article pour metre dans les Gazettes« ins Haus.

Nicht einmal, daß ein Minister in Gnaden entlassen oder ein Offizier befördert worden war, durfte ohne Genehmigung des die Oberaufsicht führenden Kabinettsministeriums gemeldet werden, Verordnungen des Generaldirektoriums waren ohnehin tabu. Über Rußland, dessen Hof in Pressdingen der empfindsamste war, konnte außer während des Siebenjährigen Krieges so gut wie nichts geschrieben werden. Ewald von Kleist seufzte im März

1756 an Gleim: »Ich soll Ihnen Neuigkeiten von hier aus melden; ich weiß aber keine. Wir erfahren, was hier Wichtiges vorgeht, erst aus der Amsterdamer oder Hamburger Zeitung.« Hamburg war die relativ pressefreundlichste Stadt Deutschlands.

Welchen Maßstab Friedrichs Zensoren noch gegen Schluß seiner Regierung anlegten, zeigt sich an einigen Fällen, in denen die Gazettiers gegen die Weisung gehandelt hatten. Im September 1781 wollten die Vossische wie die Spenersche melden, der König habe sich bei der Revue in Schweidnitz nach den neuen Versuchen, Brot in eisernen Öfen auf Steinkohlen zu backen, erkundigt »und deshalb mit dem dortigen Backmeister Friese vor der Bäckerey umständlich gesprochen«. Dem Herrn Prälaten von Grüssau habe er die Hand aus dem Wagen gereicht, »und sprachen einige Zeit mit ihm: alsdann verlangten Sie den Kaufmann, Herr Keller, dem Se. Maj. sagten, daß er Ihnen samt einigen andern von der Kaufmannschaft bis nach Schmiedeberg folgen sollte. An diesem letzteren Orte haben Sie eine lange Unterredung mit den Kaufleuten gehalten«. Beide Passagen untersagte der Zensor.

»Er wollte nicht«, schreibt Mirabeau, »daß über Dinge der Regierung und der Staatsverwaltung geschrieben würde.« Friedrich selbst hat sich im Jahre 1784 so geäußert: »Eine Privatperson ist nicht berechtigt, über Handlungen, das Verfahren, die Gesetze, Maßregeln und Anordnungen der Souveräne und Höfe, ihrer Staatsbedienten, Kollegien und Gerichtshöfe öffentliche, sogar tadelnde Urteile zu fällen oder davon Nachrichten, die ihr zukommen, bekanntzumachen oder durch den Druck zu verbreiten. Eine Privatperson ist auch zu deren Beurteilung gar nicht fähig, da es ihr an der vollständigen Kenntnis der Umstände und Motive fehlt.« Zum nur noch beschränkten Untertanenverstand hin war der Fortschritt schon nennenswert.

Allerdings konnte eine Schrift, die geistige Contrebande enthielt, manchmal gedruckt werden, wenn die Theologen deren Veröffentlichung zu hintertreiben suchten. Dank dieser Gedankenfreiheit, so behauptet Mirabeau 1788, gebe es kein Land, das mehr Gebildete in allen Bevölkerungsklassen aufzuweisen habe als Friedrichs Preußen; seine Toleranz strahle auf das übrige Deutschland zurück. In puncto Kirche und Religion sah der künftige Volkstribun einen Verbündeten in Friedrich.

Tatsächlich stand es um die »Geistesfreiheit« in Friedrichs Staaten besser als um die nicht vorhandene Pressefreiheit, aber nicht viel besser.

1742 wurde allen Berliner Buchdruckern bei schwerer Strafe untersagt, unzensierte Bücher zu drucken, 1743, »gottlose und ärgerliche« Bücher zu drucken. 1748 kam Johann Andreas Rüdiger, Verleger der späteren »Vossischen Zeitung«, für sechs Monate nach Spandau, weil er eine Schrift gedruckt habe, in der die christliche Religion und ihre Herolde angegriffen würden. 1749 wurden vier Zensoren ernannt, das »Allgemeine Zensur-Edikt« wurde erlassen, es blieb bis zum Tod des Königs in Kraft. Die Zensoren waren gehalten, keine Bagatellen »aufzumutzen«. Kleine Gedichte und Flugschriften mußten aber ebenfalls zensiert werden. Ein Buchhändler, der Voltaires »Candide« verkauft hatte, wurde 1761, als der König mit dem Dichter erst halb ausgesöhnt war, vom Fiskal belangt.

Eine »anständige und ernsthafte Untersuchung der Wahrheit« sollte erlaubt sein, aber den allgemeinen Grundsätzen der Religion und der moralischen wie der bürgerlichen Ordnung zuwider durfte nichts gedruckt werden. Wie danach handeln, da doch der König empfahl, so Koser, »mit vollen Händen Lächerlichkeit über den Aberglauben auszustreuen«? Eine Wochenschrift »Prediger-Critik« beschnitt der König 1783, da er »die Religion und den gemeinen Mann« nicht durch naseweise Leute, die selbst nicht predigten, herumhudeln lassen wolle. Lessings Herausgabe der Reimarus-Fragmente 1774 war in Braunschweig, wäre vielleicht nicht in Preußen möglich gewesen; aber die Fortsetzung erschien 1778 in Berlin.

Wer ein politisches Buch unzensiert druckte oder vertrieb, sollte 100 Dukaten zahlen und das Buchhändler-Privilegium verlieren. »Eine beißende Kritik«, ließ der ehemals bissige König 1785 mitteilen, »bessert niemals ... vielmehr erbittert solche nur die Gemüther und kann in keinem gesitteten State geduldet werden.« Erbittert waren hier einige Mitglieder seiner Akademie, die ein Professor de Laveaux angegriffen hatte. Immerhin, als d'Alembert über einen Zeitungsherausgeber in Kleve Klage führte, dieser Mann verdiene gehängt zu werden, henkte Friedrich den Geschmähten nicht niedriger, sondern überhaupt nicht. Dem Abbé Raynal, in dessen Schriften einige Ausfälle gegen Friedrichs ökonomische Leistungen enthalten waren, gewährte er Zuflucht.

Einem französischen Philosophen Asyl zu geben, war ihm selbst im Falle des Windbeutels La Mettrie Ehrensache, dazu wohl auch eine Angelegenheit seiner manchmal vorzüglichen Public relations. Daß er eine Karikatur, auf der er mit einer Kaffeemühle abgebildet gewesen sei, niedriger zu hängen befohlen habe, ist nicht beweisbar, würde im Falle der Richtigkeit aber auch wenig besagen. Spottschriften, die sich gegen Preußen, gegen seine Regierung oder gegen seine Person richteten, ließ er nicht zu, ließ weder zu, daß sie geschrieben, noch daß sie gedruckt, noch daß sie in seinen Staaten verbreitet wurden. Die Voltaire-Schrift »Vie privée du roi de Prusse«, die 1784 herauskam, wurde von ihm ignoriert. Daß sie von namentlich bekannten Buchhändlern Preußens verkauft worden sei, behauptet der Reichsgraf Lehndorff 1784 in seinem Tagebuch, glaubhaft ist es nicht. 1786 soll eine Fortsetzung der »Vive privée« unter dem Titel »Anecdotes pré-

cieuses« von preußischen Buchhändlern öffentlich feilgeboten worden sein, und der König habe, einen Monat vor seinem Tode, entschieden, man müsse derlei mit Verachtung strafen; aber wieder wissen wir keinen Namen solch eines frechen Buchhändlers.
»Unglaublich« fand der französische Gesandte Graf d'Esterno Friedrichs Langmut angesichts der gegen ihn gerichteten Schmähschriften. Es scheint sich da aber mehr um volkstümliche Karikaturen, sogenannte »Anschläge«, wenn überhaupt um was gehandelt zu haben. Friedrich ließ Kritik gar nicht erst hochkommen und reagierte langmütig nur, wenn er den Verfasser nicht belangen konnte, weil der tot, oder außer Landes, oder zu berühmt war. Voltaire im Jahre 1784 genoß diese Schutzbarrieren alle drei.
Den Verfasser der gelegentlich geistvollen Schmähschrift »Les Matinées du roi de Prusse«, einen Herrn Bonneville, der unklugerweise preußischen Boden betrat, habe Friedrich, so der gewissenhafte Preuss, ohne Prozeß bis an dessen Lebensende in Spandau einkerkern lassen. Wegen verschiedener Unstimmigkeiten hat man neuerdings bezweifelt, daß Bonneville in Preußen eingekerkert, ja daß er überhaupt in Preußen war. Aber merkwürdig und wohl auch typisch bleibt dann, daß der Hohenzollern-Verehrer Preuss, der den Vorfall als tatsächlich geschehen berichtet, ihn offenbar für möglich, ja für normal gehalten hat. Daß Friedrich Nicolai, der Verteidiger preußischer Geistesfreiheit gegen Lessing, den Hamann warnte, des Königs Schrift »De la Littérature Allemande« zu kritisieren, kann nach allem nicht wunder nehmen.
»Nie ist eine Satyre wider den König in Berlin oder in Potsdam gedruckt worden«, schreibt Nicolai, der es wissen muß. Er nimmt den König auch gegen die Meinung in Schutz, er habe zuweilen Bücher zum Schein verboten, unter der Hand aber die Verfasser aufmuntern lassen, dem Verbot zuwider zu handeln. Dazu Nicolai: »Was der König befahl oder verbot, das meinte Er wohl ernstlich. Wer wider Seinen Befehl gehandelt hätte, würde es wohl gefunden haben, daß es Ernst war.« So muß es das Geheimnis des Lobredners Hippolyte Guibert bleiben, auf Grund welcher Fakten er sich berechtigt glaubte, dem toten König nachzurühmen: »In Berlin herrschte große Freiheit des Wortes; die Preßfreiheit ging fast bis zur Zügellosigkeit. Nie hat ein Herrscher sich mehr Schmähschriften zugezogen, und doch hat er nicht eine bestraft.« Es stimmt wohl, daß er über Angriffe auf seine eigene Person, auch solche niedrigster Art, »selbstsicher und stolz« hinwegblickte, wie Ritter meint. Aber doch nur, wenn er den Urheber nicht fassen konnte!
Nein, des Königs philosophische Anschauungen haben sich mitnichten in seiner Praxis gegenüber irgendwelchen Kritikern niedergeschlagen; wohl aber suchte er sie auf einem anderen Gebiet

zu verwirklichen. Mit seiner Justizreform war es ihm bitterernst. Daß die unter seiner Herrschaft erreichten Lösungen die materiellen Interessen des Königs und einzelner Klassen widerspiegelten, konnte er nicht wissen, die Erkenntnis datiert erst von später. Aber, wie nicht anders zu erwarten, der König war und blieb auch in Justizfragen ein »Dilettante«, der nur an der Oberfläche herumritzte, ohne Übersicht und tieferes Verständnis für die Materie.

Den Justizreformer seiner ersten Regierungshälfte, Samuel von Cocceji, hat er nicht berufen, sondern vorgefunden. Diesen Juristen von höchstem Rang hatte Friedrich Wilhelm schon 1722 in einer für den Kronprinzen bestimmten Regierungsanweisung als den zur Leitung der gesamten Justiz geeignetsten Mann gekennzeichnet und 1738 zum ministre chef de justice mit der Oberaufsicht und Kontrolle über alle Justiz-Kollegien ernannt. Coccejis gewiß bruchstückhafte Reform, die in ihrem Kernstück, der Zivilprozeßordnung, »wesentlich nur auf dem Papier blieb«, so Exzellenz Schmoller, hat der König anfangs mehr gehemmt als gefördert.

Jahrelang griff der Vater der Reform kaum in die erbitterten Kämpfe zwischen Cocceji und den Kollegen Justizministern Arnim und Marschall ein – abgesehen von gelegentlichen Ermahnungen, nett zueinander zu sein. Ja, er bestimmte 1740, daß die Reform-Kommission, der beide, nicht aber Cocceji, angehörten, fortfahren solle, die von Cocceji noch unter Friedrichs Vater durchgesetzten neuen Einrichtungen zu untersuchen. Coccejis Gegner nahmen das zum willkommenen Anlaß, unter Juristen Gerüchte umgehen zu lassen wie: »S. Exzellenz von Cocceji sehen nun ein, daß dero neues Justiz-System nicht Bestand haben wird. Dahero sollen sie nicht abgeneigt seyn, ihre Dimission zu suchen und dero übrige Lebenszeit in Pommern auf dero Gütern zu verbringen.« Die Wirkung solcher Gerüchte auf die Arbeit der Kommission läßt sich abschätzen. Schließlich erhielten Arnim und Marschall vom König die »Direction des Werkes«; sie allein sollten die Entwürfe zeichnen und dem König vorlegen. Sie blokkierten den Neuerer und machten mit Zustimmung des Königs, teils ohne Cocceji zu unterrichten, auch Maßnahmen rückgängig, die schon Friedrich Wilhelm I. für vernünftig gehalten hatte und die später – zu des königlichen Reformers Lob – wiederum getroffen wurden. Cocceji erkannte, »daß Friedrich noch selbstherrlicher als sein Vater war und selbst den besten Plan schwerlich ausführen würde, wenn nicht er selbst, sondern ein Unterthan als der Erfinder desselbigen auftrat« (so der Chronist des Kammergerichts Friedrich Holtze). Eine Kabinettsordre vom 18. August 1747 bestätigte ihn: »Ich kann auch nicht umbhin Euch zu danken, daß Ihr in alle solche Sachen entriret, die meine idees und sentiments gantz völlig conform seyn.« Cocceji begriff.

Am dritten Tag seiner Regierung, am 3. Juni 1740, erließ Friedrich an Cocceji eine Kabinettsordre, die bis auf den heutigen Tag als exzellentes Beispiel friderizianischen Reformwillens gepriesen wird, deren Ausführung aber vom Chef-Justizminister Cocceji wie vom Kriminal-Collegium mißbilligt wurde. Der König ordnete »aus bewegenden Ursachen resolviret« an, »in seinen Landen bei denen Inquisitionen die Tortur gänzlich abzuschaffen«. Gänzlich, das hieß, »außer bei dem crimine laesae majestatis und Landesverrätherei, auch denen großen Mordthaten, wo viele Menschen ums Leben gebracht, oder viele Delinquenten, deren Connexion herauszubringen nöthig, impliciret sind«; ganz gänzlich wurde sie erst 1754 abgeschafft, und auch dann noch nicht. 1772 und 1777 ist die königliche Genehmigung, Tortur anzuwenden, nachweisbar. Auf dem Papier war dies eine »epochemachende Änderung des Strafverfahrens« (so der Rechtslehrer Friedrich Giese); in der Praxis änderte sich weder die inquisitorische Struktur des Prozesses noch das Beweisrecht mit der zentralen Bedeutung des Geständnisses.
Zur Anweisung an die Gerichte, nicht mehr auf Tortur zu erkennen, veranlaßte den König ein aufsehenerregender Fall, in dem die Unschuld des Angeklagten gerade noch entdeckt worden war, als dieser schon auf die Folter gebracht werden sollte. In einem anderen Fall indes verfügte der König, als die Verurteilung eines zweifellos schuldigen Verbrechers an dessen Leugnen zu scheitern drohte, das mangelnde Geständnis durch Prügel zu erzwingen.
Damit war die Tortur in einer neuen und gefährlicheren Form wiederhergestellt. Früher war ein förmliches Erkenntnis eines landesherrlichen Gerichts erforderlich, jetzt genügte, daß ein Untersuchungsrichter Lust zu prügeln verspürte; »die Inquirenten bedurften dazu keiner höhern Ermächtigung und wandten das erwünschte Mittel so energisch an, daß man bald einige eklatante Justizmorde zu beklagen hatte« (Alte und neue Rechtszustände in »Preußische Jahrbücher«, 1860).
So sieht Holtze denn wohl auch zu Recht in der Abschaffung der Folter nur »einen Geistesblitz von rein theoretischer Bedeutung«. Der »verzeihliche« Wunsch des Königs sei es gewesen, »der staunenden Welt zu zeigen, wie aufgeklärt er sei, sogar noch aufgeklärter als die von ihm vielbewunderten Franzosen«. Die Aufhebung der Tortur wie auch die Milderung mancher Strafen (Todesstrafe immer noch bei Mord, Giftmischerei, Straßenraub, Kindestötung, Brandstiftung und Verleitung zur Desertion) wurde nur den Kollegien und Schöppenstühlen mitgeteilt. Die Beschränkung ging auf Cocceji und das Kriminal-Collegium zurück; sie wollten verhindern, daß Verbrecher Mut zu weiteren Taten schöpften.
Erst im Januar 1745 fand Friedrich Zeit, sich mit der »Angele-

genheit, die ... ihm am meisten am Herzen lag« (Koser), zu beschäftigen, nachdem er die Jahre zuvor geäußert hatte, auf die ihm immer wieder von Cocceji unterbreiteten Reformvorschläge einzugehen, sei ihm »annoch bei den gegenwärtigen Conjuncturen«, will sagen, wegen der damit verbundenen Geldfragen, unmöglich – ein vom König in Sachen Justiz fleißig gebrauchtes Argument. Er gab den Geheimen Etatsministern Cocceji, Broich und Arnim auf: »so befehle ich Euch nochmals allergnädigst, ... dahin zu sehen, daß bei den Justizcollegiis solche feste und unveränderliche Einrichtung gemachet werde, damit alle vorkommende Prozesse, nach Beschaffenheit derer Sachen, sonder aller Weitläufigkeiten und Verzögerungen nach wahrem Rechte, kurz und gut, in jeder Jahresfrist abgethan, und entschieden werden mögen. Ich verlasse Mich auf Euch ...« Im übrigen wünschte er »einen recht soliden und fundamentalen Bericht«, der ihm nach seiner Rückkehr vorgelegt werden sollte; dann zog er nach Schlesien in den Feldzug des Jahres 1745.
Die Ergebnisse dieser Untersuchung, die – nebst einem dreizehn Punkte umfassenden »Unvorgreiflichen Plan wegen Verbesserung der Justiz« Coccejis – dem heimkehrenden Kriegshelden nach dem Abschluß des Dresdner Friedens vorgelegt wurden, waren niederschmetternd. Von den achtundzwanzig Räten am Kammergericht zum Beispiel bezog außer dem Präsidenten niemand die ursprünglich für seine Stellung angewiesene Besoldung in voller Höhe; die meisten Richter bezogen überhaupt kein Gehalt und waren auf Anteile an den Sporteln angewiesen; manche, wie etwa der Kammergerichtsrat von Jena, erhielten, trotz zehnjähriger Tätigkeit am Kammergericht, überhaupt nichts. Ähnliche Zustände fanden sich in allen Staaten des Königs. Weiterer Befund: Ein immenser Rückstand in der Bearbeitung anhängiger Verfahren (die Generalprozeßtabelle von 1745 zeigt, daß von 11 515 anhängigen Prozessen 4594 liegengeblieben waren); dazu eine Rechtsanwaltschaft, die in den Klauen der sogenannten Procuratoren fast schon zu einer fratzenhaften Institution geworden war. Am 12. Januar 1746 erließ Friedrich daraufhin seine berühmte, ihm wohl von Cocceji entworfene Kabinettsordre an Cocceji: »Da aus unzählig mir bekannten Exempeln erhellet, daß nicht ohne Ursach überall über eine gantz verdorbene Justiz-Administrazion in Meinen Landen geklaget werde, ich aber, bei nunmehro geschlossenem Frieden, dazu nicht stillschweigen, sondern mich selbst darinn meliren werde, so sollet Ihr an alle Meine Justiz-Collegia eine nachdrückliche Cirkulair-Ordre desfalls ergehen lassen, worinnen dieselben von denen bisherigen leyder eingerissenen und oft Himmel-schreienden Mißbräuchen durch Chikanen, Touren und Aufhaltungen der Justiz nach der alten Leyer der wohlhergebrachten Observantz und dergleichen öffentlichen tolerirten Mitteln der Ungerechtigkeit, ab-

gemahnet, hingegen angewiesen werden, künftig bey Vermeydung meiner höchsten Ungnade und unausbleiblichen Bestraffung allein darauf zu arbeiten, daß Jedermannen ohne Ansehen der Persohn eine kurtze und solide Justiz, sonder grosses Sportuliren und Kosten, auch mit Aufhebung derer gewöhnlichen Dilationen und Instantzien, administriret, und alles dabey bloß nach Vernunft, Recht und Billigkeit, der auch wie es das Beste des Landes und derer Unterthanen erfordert, eingerichtet werden möge.«

Cocceji nutzte die Gelegenheit zu einer schriftlichen Eingabe an den König, in der er erklärte: »die Hauptverhinderung (einer Reform) aber ist wohl diese, daß die wenigsten Justizbedienten Besoldung haben und die wenige, welche eine Besoldung haben, nicht davon leben können.« Die Folge sei Überfüllung der Kollegien mit Räten, »welche, da sie alle leben wollten, auf verbotene Wege verfallen«, in mehreren Gerichten arbeiteten und nach Commissionen suchten.

Er verlangte daher »wenige aber lauter erfahrene, redliche und gelahrte Räthe nebst einem tüchtigen Präsidenten ... mit nothdürftigen Besoldungen versehen ...« Das erstere Verlangen gefiel dem sparsamen Reformer, und er wird später auf die Liste der ihm zur Entlassung vorgeschlagenen Richter – beim Kammergericht siebzehn von achtundzwanzig – ein einfaches »Guht« setzen; die Frage der Besoldung, an der auch schon die Verbesserung der Rechtspflege in der vorigen Regierung gescheitert war, beschied der große König dahin, »zuförderst werde der Punkt wegen der Tractementer noch seine Schwierigkeiten haben.« Nicht zuletzt glaubte er wohl auch, die Kasse werde schon von selbst stimmen, wenn er nur genügend »juristische Perükken« entlasse. Mit »feiner Ironie« (so der Doktorand Grabinski) erkundigte er sich, wo Cocceji denn »lauter ehrliche Leute« finden wolle; für dieses Kunststück wolle er ihm »die größte Zulage recompensiren«.

Mit diesem vom Reformeifer berstenden Bescheid war der Sache der Justiz wenig geholfen. Wer weiß, wie lange Friedrich noch, mit Rücksicht auf die bei einer allgemeinen Justizreform der Staatskasse erwachsenden Kosten, die Verwirklichung der Pläne Coccejis verzögert hätte, wenn nicht im August 1746 die Eingabe eines Anonymus aus Stettin den Stein angestoßen hätte. Dieser Anonymus, hinter dem man vielfach Cocceji vermutete, erhob schwerste Klagen über die Rechtspflege am Stettiner Hofgericht, beschrieb die Personalverhältnisse als unhaltbar und bat den König, durch einen »habilen Mann eine gerechte Einsicht dort thun zu lassen«; Präsident und Räte müßten ausgewechselt werden. Jetzt endlich wollte der König energisch eingreifen. Der Mann der Stunde war Cocceji, der in einer Immediateingabe die Klagen des Anonymus für begründet erklärte. Er erbot sich, nach

Stettin zu gehen, »die Justitz nach meinem Plan zu reguliren, und die meiste Haupt-Prozesse in einem Jahr zum Ende zu bringen«, überhaupt »die gantze Justitz auf einen soliden Fuß setzen«.

Nach einer Audienz im September 1746 erhält Cocceji die Instruktion, sich »nach Pommern zu verfügen und bey denen Justizcollegiis in Stettin den Anfang der Reforme zu machen«. Mit einem von ihm ausgewählten, von Friedrich bestätigten Stab vorzüglicher Juristen aus allen Teilen des Landes, darunter die späteren Großkanzler* Jariges und Fürst, machte er sich sogleich an die Arbeit. In Stettin und dann in vielen Teilen des Landes erledigte er binnen kürzester Zeit fast alle der jahrelang liegengebliebenen Rechtssachen — nachdem schon die bloße Ankündigung, Cocceji kommt, genügt hatte, ameisenhafte Betriebsamkeit zu wecken. In Stettin zum Beispiel waren, als Cocceji Anfang 1747 ankam, bereits 400 Prozesse erledigt; Cocceji selbst bringt weitere 1200 zum Abschluß. In Cöslin, seiner nächsten Station, fand er bereits von 800 liegengebliebenen Prozessen nicht mehr als »ohngefähr 80« vor. Kein Wunder, daß man dem Jariges in dieser Zeit das Wort zuschreibt: »Marsch! Was fällt, das fällt«.

Einigen Erfolg hatte Cocceji bei der Verwirklichung seiner Vorstellungen von einer Reform des Richterstandes. Berechtigten Stolz aber konnte er angesichts der von ihm durchgesetzten Besserung des Advokatenstandes empfinden. Es war ihm gelungen, die Procuratoren, »eine wahre Pest in der Justitz: und mehrerentheils Laquayen gewesen und dirigieren gleichwohl den gantzen Prozeß«, fast völlig auszuschalten. Sie mußten, wollten sie nicht »cassiret, und überdem am Leibe gestraft werden«, die Direktion der Justiz den eigentlichen Anwälten überlassen, »bis sie aussterben«. Allerdings war dieser für die Rechtspflege nicht hoch genug einzuschätzende Erfolg, der gern unter Friedrichs Verdiensten aufgeführt wird, bereits durch eine Verordnung im Dezember 1737 erreicht, der Procurator schon damals zum bloßen Schreiber der Advokaten herabgedrückt worden. Eine der ersten Maßnahmen Arnims und Marschalls aber, denen der Vater der Reform die alleinige Direktion der Justizcommission übertragen hatte, war es gewesen, diese Regelung durch eine von Friedrich unterzeichnete und vollzogene Verordnung im Jahre 1740 wieder aufzuheben.

Cocceji beschränkte die Zahl der Anwärter auf Justizstellen, verlangte eine Auswahl bei den Obergerichten, Examina (später richtete er ein regelrechtes Justizprüfungswesen für alle juristischen Stände ein) und vorheriges »Exerciren« bei den unteren Instanzen; er bestellte einen Advokaten der Armen und be-

* Cocceji wurde 1747 der erste Inhaber dieses neu geschaffenen Titel, der den höchten Rang unter den drei oder vier Ministern des Justiz-Ministeriums (zuständig auch für Schulen, Konfessionen und Universitäten) nicht automatisch verbürgte; als ministre chef de justice versah der Großkanzler die allgemeinen Aufgaben der Justizverwaltung, die Anstellungssachen und die Federführung für Reorganisation und Gesetzgebung.

stimmte, daß Sporteln — bei Strafe der Cassation — erst nach Beendigung des Prozesses gezahlt werden dürften, was die Dauer der Prozesse erheblich verkürzte.
Handwerkerkinder sollten tunlichst nicht zugelassen werden, »weil dergleichen Leute keine Mittel haben, sich eine gute Theorie zu erwerben«. Unterdessen wurde Friedrich am 31. Mai 1746 vom Kaiser für alle seine Lande »nach Ziel und Maß der goldenen Bulle« ein privilegium de non appellando illimitatum gewährt, das die letzten reichsrechtlichen Hindernisse auf dem Wege der Vereinheitlichung der Gerichtsverfassung beseitigte und endgültig den Weg zur Reform freimachte.
Der Prozeßgang wurde zuerst geordnet in dem »Project des Codicis Pomeranici Fridericiani« und sodann in dem »Project des Codicis Fridericiani Marchici« (später Codex Fridericianus genannt), der pommerschen und märkischen Kammergerichtsordnung. Dieser Codex sollte künftig allen Provinzen zum Modell dienen. Kern der prozessualen Reform war: Beschleunigung und Vereinfachung des Prozeßverfahrens (unter anderem Verdrängung des langwierigen schriftlichen Prozesses in einfacheren Sachen durch das Prinzip der Mündlichkeit), Schaffung eines festen Instanzenzugs und einer einheitlichen, zentralisierten Gerichtsverfassung für die preußischen Staaten. Die Überwindung der mannigfachen Schwierigkeiten, insbesondere der partikularistischen Obstruktionen gegen eine einheitliche Gerichtsverfassung, ist eine der bemerkenswertesten Leistungen Coccejis. Insgesamt war der Codex jedoch »mehr eine Dienstpragmatik für die Richter als ein das Prozeßrecht neugestaltendes und verbesserndes Gesetzbuch« (Eberhard Schmidt). Am 4. April 1748 ging der Codex Marchicus den kurmärkischen Justizcollegien zu. Das materielle Recht wurde geregelt durch das »Project des corporis juris Fridericiani«, dessen erster und zweiter Teil in den Jahren 1749 und 1751 erschienen; der dritte Teil mit dem Obligationen- und Criminalrecht ging wortwörtlich verloren, nur das Ehe- und Vormundschaftsrecht erlangten Gesetzeskraft, und auch das nur in einigen Provinzen. Trotzdem schaffte die Mühe einen ersten Ansatz für ein deutsches Landrecht.
Ein zunächst mehr formaler, gleichwohl aber dank Coccejis Geschick höchst bedeutsamer Fortschritt lag in der Beschränkung des Königs bei den sogen. königlichen Machtsprüchen, ein »Recht«, das sich die beiden ersten Preußenkönige angeeignet hatten.
Recht der Fürsten, jedes Strafurteil zu »confirmiren«, war in vielen Ländern anerkannt. Umstritten war dagegen das Eingreifen in Zivilprozesse; insbesondere Cocceji hatte schon 1714, damals 35 Jahre alt, in seinem »Jus civile controversum« dagegen Stellung bezogen. Friedrich Wilhelm I. hatte, davon unbeeindruckt, in zahlreichen Fällen selbständig Urteile gefällt, früher ergangene umgestoßen, in anhängige Verfahren eingegriffen

oder — was am häufigsten geschah — auf die Petition einer Partei hin den Rechtsstreit einer Kommission anstelle des zuständigen Gerichts übertragen.
Friedrich, der sich, wie sein Biograph Koser weiß, »von der Rechtswissenschaft nie mehr als die allgemeinsten Grundbegriffe angeeignet« hatte und zumal vom bürgerlichen Recht und vom Zivilprozeß nichts verstand (für den Strafprozeß hatte er immerhin Interesse), zog es in den Anfängen seiner Regierungszeit vor, weniger selbst zu entscheiden und statt dessen Kommissionen zu bestellen mit der Folge, so der Geheime Oberjustizrath Adolf Stölzel im Kgl. Preuß. Justizministerium, daß »anstelle eines geregelten Verfahrens, eines Urteils nach Gesetz und Recht, ein diskretionaires Ermessen« trat. Cocceji hatte offenbar schon in der Audienz vom September 1746 beim König dieser Sache wegen Vorstellungen erhoben. Wenige Tage später nämlich erging die Kabinettsordre wegen Abschaffung »derer Commissionen«, die nur noch statthaft sein sollten, wenn das Verfahren »so allererst angefangen« hatte, oder bei Verfahren, »die zwar schon würcklich in Instantzien stehen, die aber ... bey Fortsetzung des ordinairen Processus weitläufig zu werden scheinen«.
Cocceji, wohl wissend, daß dieses königliche »Zugeständnis« auch in den Zivilsachen nicht weiterhalf, interpretierte das Circular in seiner »Instruction für die Reform in Pommern« dahin, die Intention des Königs sei, Kommissionen zu accordieren, »wann die Sache noch nicht rechtshängig, oder dieselbe im Gericht vorsetzlicher Weise verschleppt wird«; eine Interpretation, die den Sinn des Circulars umstößt. Springer vermutet, der König sei, als er die Instruktion billigte, wohl kaum über die Tragweite dieser Bestimmung unterrichtet gewesen. Koser bringt es auf die kurze Formel, die Sätze seien wohl eher der »doktrinären Willelei« Coccejis zuzuschreiben.
Der Codex Fridericianus Pomeranicus und später der Codex Fridericianus Marchicus nahmen schließlich zu einer seit langem gebräuchlichen Praxis der preußischen Herrscher Stellung, zu den sogenannten Reskripten. Durch diese Reskripte wurden die Gerichte auf Antrag einer Partei angewiesen, wie der Prozeß geführt und entschieden werden sollte — und zwar mit bindender Wirkung sogar dann, wenn das Reskript auf einer falschen Schilderung des Tatbestands und der Rechtslage beruhte. Die beiden Codices nun schärften den Gerichten ein, »auf keine Rescripte, wenn sie schon aus Unserm Cabinet herrühren, die geringste Reflexion machen, wann darin etwas wider die offenbare Rechte sub-et obrepirt worden oder der strenge Lauf Rechtens dadurch gehindert und unterbrochen wird«; das bezog sich auf Reskripte, deren Erlaß auf einer richtigen Darstellung des Sach- und Streitstandes beruhte, deren Inhalt aber auf andere Weise gegen eine gesetzliche Bestimmung verstieß.

Sowenig der König Coccejis »doktrinäre Willelei« zunächst verstanden hatte, sowenig gedachte er, sich an sie zu halten, als ihm klargeworden war, was er unterschrieben hatte. Das zeigen mehrere direkte Eingriffe; so hob er ein Urteil, durch das einem Halberstädter Bauern eine halbe Hufe aberkannt worden war, gänzlich auf, entgegen Coccejis Einwand, die Sache sei abgeurteilt, also nichts mehr zu helfen.
Zu den Strafsachen behielt der König, so der Rechtslehrer Eberhard Schmidt, die »unmittelbarsten Beziehungen«; fürwahr unmittelbarste, wenn man, wie Schmidt, »die Tätigkeit des erkennenden Gerichtes (in Strafsachen) überhaupt nur als eine vorbereitende, der Entscheidung des Königs vorarbeitende . . .« betrachtet. Folgerichtig sucht Schmidt (sein Buch »Staat und Recht in Theorie und Praxis Friedrich des Großen« erschien 1936) darzutun, daß des Königs »Bestätigungsrecht« im eigentlichen gar nicht unter die sogenannten Machtsprüche falle, da der König dort *über* den Gerichten mittels *eigener* Erkenntnisse, als oberste Strafinstanz »bestätige«, nicht aber »regelwidrig« entscheide; oberster Richter also, der, wie Mehring bemerkt, »nur wegen der praktischen Unmöglichkeit, jeden einzelnen Rechtsfall selbst zu entscheiden, einen Teil seiner richterlichen Gewalt auf andere übertragen habe . . .«
Trotz der gewichtigsten Gegengründe des erkennenden Gerichts wandelte er eine dreijährige Festungsstrafe in Todesstrafe um; oder er versteifte sich in insgesamt dreizehn Briefen, sein Küchenschreiber habe »gestohlen«, »viel gestohlen«, »entsetzlich gestohlen«, »ganz abscheulich gestohlen«.
Dieser Königliche Küchenschreiber Heinrich Wilhelm Röber hatte 1786 den ihm gesetzten Küchenetat – 60 000 Taler in fünf Jahren – um rund 5000 Taler überzogen, wohl weil er anders nicht auskam. Obschon er keiner Untreue beschuldigt werden konnte, wurde er auf unablässiges Drängen des Königs wegen unordentlicher und instruktionswidriger Rechnungsführung zu zwei Jahren Festungsarrest verurteilt, die der König in Karren-Strafe verschärfte. »Ja, wenn das Kammergericht nicht wäre« und »es gibt noch Richter in Berlin«, soll der zu Unrecht bestrafte Mann in gutem Humor und anekdotischer Pflichterfüllung geäußert haben.
Friedrichs Praxis fand schließlich im Corpus Juris Fridericiani ihren Niederschlag; in ihm wurde den Gerichten der wesentliche Unterschied zwischen Erlassen aus dem Geheimen Rat und Kabinettsordres klargemacht. Erlasse, sobald sie wider den klaren Buchstaben des Gesetzes verstießen oder durch falsche Angaben erschlichen waren, sollten unbefolgt bleiben. Für seine Kabinettsordres behielt sich der König die Entscheidung vor, ob ein Rechtsirrtum oder eine tatsächliche Unrichtigkeit zugrunde liege: »Wann aber aus Unserem Kabinett dergleichen Ordres ergehen,

müssen die Gerichte Vorstellung dagegen tun und nähere Ordre sich ausbitten«, aber »was alsdann erfolgt zur Execution bringen«. Friedrich bestand also, selbst wenn das Kollegium ihm erklärte, daß sein Befehl dem Gesetz zuwiderlaufe, darauf, seinen Willen durchzusetzen. Da mag man mit Koser herumdrucksen, zu fest wurzle in Friedrich die Anschauung, daß die richterliche Gewalt die ursprünglichste der dem Staatsoberhaupt übertragenen Pflichten sei; mehr bleibt zur Rechtfertigung nicht übrig.
Immerhin, seinen Nachfolgern gab er in seinem Testament von 1752 zu wissen, daß er die Unabhängigkeit der Gerichte fernerhin gewahrt wissen wolle. Spätere Äußerungen, wie etwa die Kabinettsordre vom 22. Oktober 1752 an Cocceji anläßlich eines Einzelfalles, die Sache »zu examiniren und überall darin denen Landesgesetzen und Rechten gemäß zu verfahren und zu decidiren; allermaßen Ich Mich hiervon keineswegs immediate meliren, noch vor einen oder andern Theil besonders portiren werde, vielmehr will, daß alles denen Rechten und denen Landesgesetzen gemäß tractiret werden soll, da Ich Mich Selbst solchen in Meinen eignen Sachen unterwerfe«, mögen zwar eine erfreuliche Zurückhaltung des Königs in Einzelfällen beweisen, können aber nicht die Tatsachen verschleiern, daß er strikt an seinem »Recht« festhielt.
Gnaden- und rücksichtslos verfuhr er gegen Personen, die seine oder des Staates Herrschaft gefährdeten.* Den früheren preußischen Offizier Friedrich von der Trenck, den er des verräterischen Umgangs mit dem Panduren-Oberst Franz von der Trenck, einem Vetter auf österreichischer Seite, verdächtigte, hielt er von 1754 bis 1763 in schmählicher Einzelhaft, Ketten an Armen und Beinen und am Hals. Trenck, der 1751 in die österreichische Armee eingetreten und 1754 von Danzig an Friedrich ausgeliefert worden war, behauptete in seiner »Merkwürdigen Lebensgeschichte«, ihm sei eine Liebesaffaire mit des Königs Schwester, der Prinzessin Amalie, während des Winters 1743 zum Verhängnis geworden; damals will er, achtzehn Jahre alt, Kornett gewesen sein. Aber die von Trenck angegebenen Details seiner Romanze stimmen nicht. 1763 kam er auf Intervention Maria Theresias frei.
Friedrichs Moral- und Strafkodex in Sachen der sogenannten fleischlichen Verbrechen hingegen spiegelt einerseits seine Toleranz mit sich selbst, andererseits seine Bevölkerungspolitik wider. Er verbot, gefallenen Mädchen Kirchenbuße aufzuerlegen, und untersagte jedem, ihnen wegen ihres Fehltritts Vorwürfe zu machen; er plädierte für Milde gegenüber unverheirateten Hof-

* Hegemann berichtet, Friedrich habe 1748 die Folter gegen den General Walrave, seinen tüchtigsten Ingenieur-Offizier, freigegeben, weil er diesen unerlaubter Beziehungen zum Kaiser verdächtigte. Hegemann hat aber seine Quelle falsch angegeben, und andernorts läßt sich hierzu nichts finden. Fest steht nur, daß Walrave von 1748 bis zu seinem Tod im Jahre 1773 gefangen gehalten wurde, wie Preuss schreibt »als Betrüger, vielleicht gar als Landesverräther«.

fräuleins, die ein Kind bekamen; er gestattete zwar, daß, wenn einer »in puncto sexi« (Mehring) sich vergangen hatte, zwei Prediger ihm den begangenen Fehler zu Gemüte führen könnten, aber er fügte hinzu, »ohne zu poltern oder zu schelten«; keiner der Geistlichen dürfe davon etwas verlauten lassen bei Strafe der Kassation; es müsse alles für wie in der Beichte gesprochen angesehen werden.

Er begnadigte gänzlich in Fällen von Blutschande, die vor die Gerichte gelangt waren. Nur als sich ein Ehemann bei Lebzeiten der Ehefrau an der Tochter vergangen hatte, lehnte er die Begnadigung mit der Begründung ab: »Das ist zu gropf.« Er bewies seine fortschrittliche Ansicht von den fleischlichen Verbrechen, indem er das über einen Kavalleristen wegen Sodomiterei verhängte Todesurteil mit der gerühmten Randschrift kassierte: »Der Kerl ist ein Schwein; er soll zur Infanterie.« Er beseitigte die Todesstrafe, die auf Abtreibung der Leibesfrucht gesetzt war, damit die Frauen durch spätere Geburten ihr Verbrechen wiedergutmachen könnten. Er ließ die Bigamie nicht nur ungestraft, sondern erkannte sie rechtlich an, wie beispielsweise beim General Favrat.

So bedenkenlos er seine Baumeister und Beamten und Küchenschreiber nach Spandau verfrachten ließ, kleine Diebe, die nicht ihn bestohlen hatten, wollte er dort nicht einsitzen lassen. Einen Klempner, der zwei Blechplatten gestohlen hatte, ließ er auf freien Fuß setzen. Im Durchschnitt der Jahre bestätigte oder verhängte er vierzehn bis sechzehn Todesurteile. Seinem praktischen Sinn lag es, den Totschlag möglichst streng, die fahrlässige Tötung möglichst milde zu bestrafen.

Coccejis Tod im Jahre 1755 bedeutete gleichzeitig das Ende der ersten »friderizianischen« Justizreform. Der König gab sich mit Coccejis Anlauf für lange Zeit zufrieden. Noch 1777 schrieb er in seinem »Exposé du gouvernement prussien«: »Die Gesetze sind hierzulande hinreichend weise geordnet. Ich glaube nicht, daß man nötig hat, sie zu überarbeiten.«

Den zweiten Reformversuch leitete die Kabinettsordre vom 14. April 1780 an den neuernannten Großkanzler Graf Carmer ein. Sie bestimmte, es solle »ein subsidiarisches Gesetz-Buch, zu welchem der Richter beym Mangel der Provinzial-Gesetze recurriren kann«, geschaffen werden. Diese Kabinettsordre gab Anstoß zu neuen Arbeiten, als deren Ergebnis 1781 Carmers und seines bürgerlichen, gleichwohl bedeutenderen Gehilfen Svarez »Corpus Juris Fridericianum, Erstes Buch: Von der Prozeßordnung« verkündet und in den Jahren 1784 und 1788 ein erster Entwurf der weiteren Bücher veröffentlicht wurde, der allerdings wegen seiner Kasuistik sehr umfangreich ausfiel. Friedrich bemerkte zum ersten Buch: »Es ist aber sehr dicke, und Gesetze müssen kurz und nicht weitläuftig sein.«

Carmer, ausgehend von den Bauernprozessen in Schlesien, suchte die Parteien und Advokaten auszuschalten und die Rechtsprechung in ein summarisches Vergleichsverfahren zu verwandeln. Solche Reform zum Ende des 18. Jahrhunderts hielt auch Exzellenz Schmoller nur so lange für gültig, als man im Richterstand »eine irdische Vorsehung anzuerkennen geneigt war«. Mit diesem Gesetzbuch, das dem Römischen Recht den Garaus machte, ohne zu neuen, zeitgemäßeren Formen vorzustoßen, »sprach der alte Absolutismus sein letztes Wort« (Treitschke).

Daß Friedrichs persönliche Auffassungen von Recht und Justiz nichts anderes waren als ein Den-weisen-Salomo-Spielen, bewies er radikal gegen Schluß seiner Regierung. Den des öftern geäußerten Willen, »den Lauf des Verfahrens niemals zu stören«, hatte er auch in den Zivilverfahren des öfteren nicht eingehalten. Aber 1779 legte er im Fall des beschwerdeführenden Müllers Arnold eine so rohe Dürftigkeit der Rechtsgesinnung an den Tag, daß Eberhard Schmidt mit Grund von einer »Katastrophe« spricht. Schule noch bis ins Jahr 1962 machte seine Sentenz an den Minister von Zedlitz, der gleichzeitig dem Criminal-Departement vorstand: »Das Federzeug verstehet nichts. Wenn Soldaten was untersuchen und dazu Ordre kriegen, so gehen sie den geraden Weg und auf den Grund der Sache, und da wissen sie denn immer einen Haufen daran auszusetzen. Allein Ihr Könnet das nur gewiss sein, daß Ich einem ehrlichen Officier, der Ehre im Leibe hat, mehr glaube als alle Eure Advocaten und Rechte.«

Am 27. November 1779 rügte er in einem Kabinettsschreiben an den Großkanzler von Fürst die Verschleppung eines in Kleve schwebenden Prozesses mit dem Ausdruck seiner »höchsten Unzufriedenheit« und forderte schleunige Abhilfe mit der Ankündigung: »widrigenfalls und wo das nicht geschiehet, werdet Ihr Händel mit mir kriegen.« Vierzehn Tage später wurde Fürst abgesetzt. Anlaß gab die Klage Arnolds, der mit zwei Adligen im Streit lag.

Der Wassermüller Arnold im Züllichauer Kreis schuldete dem Grafen Schmettau, seinem Grundherrn, rückständige Erbpacht für seine Mühle. Mehrfach wurden Aufschubfristen gewährt. Schließlich verfügte das Patrimonialgericht die Versteigerung der Mühle. Dagegen klagte Arnold beim Obergericht der Provinz mit der Behauptung, seiner Mühle sei durch einen Karpfenteich, den der Landrat von Gersdorff oberhalb der Mühle wieder instandgesetzt hatte, Wasser entzogen worden. Nach eingehender Beweisaufnahme wurde die Klage abgewiesen.

Unbeirrt wandte sich Arnold nun mit mehreren Bittschriften an den König; der bestimmte einen Offizier und ein Mitglied der neumärkischen Regierung (Appellationsgericht), den Sachverhalt zu klären. Das Verfahren, einen Militär anstelle der Federfuchser und Perücken zu beauftragen, war nicht neu. Schon 1746 hatte der König eine Unterschlagung in Stettin von den Chefs der bei-

den dort eingelagerten Regimenter untersuchen lassen, »um der Sache ein mehreres Gewicht zu geben und ohne viel Weitläufigkeit und Zeitzersplitterung auf den wahren Grund zu kommen« (Koser). So auch im Fall Arnold.
Der Oberst und ein Deichinspektor als Sachverständiger gaben dem Müller recht, der Regierungsrat hingegen schloß sich der Entscheidung des Obergerichts an. Friedrich dazu: »nicht einen Schuß Pulver da nutze«. Es kam zu neuer Verhandlung vor dem Küstriner Gerichtshof. Das Gericht hielt das Gutachten des Deichinspektors für oberflächlich, widerspruchsvoll und durch Zeugenaussagen entkräftet. Wieder wurde der Müller abgewiesen.
Jetzt griff der König, »von Hause aus mißtrauisch, sobald ein Edelmann gegen einen Bauern vor Gericht obsiegt« (Koser), zum ersten Mal ein: Er verwies die Sache zur Verhandlung an das Berliner Kammergericht. Auch dieses Gericht, einerseits durch den Codex Fridericianus verpflichtet, Kabinettsresolutionen nicht zu beachten, andererseits den massiven Wunsch des Königs sehr wohl erkennend, wies den Müller ab. Friedrich beharrte weiterhin unbeirrt, daß der Müller zu Unrecht aufs Trockene gesetzt worden und jede andere Ansicht »Fickfackerei« sei. Er selbst setzte sich in seinem Berliner Schloß zu Gericht über die drei Kammergerichtsräte, die das Urteil verfaßt hatten. Diese, völlig überrascht, wurden beschimpft (»meinen Nahmen cruel gemissbraucht!«), ihre Rechtfertigung wurde kaum angehört; er fragte sie, was der Landrat Gersdorff für das Urteil bezahlt habe. Den Großkanzler Fürst, der dem König erklären wollte, welches Gericht entschieden hatte, jagte er mit den Worten »Marsch, Marsch! Seine Stelle ist schon besetzt!« aus Amt und Saal. Schriftlich gab er, das Justizcollegium sei »gefährlicher und schlimmer, wie eine Diebesbande«.
In all dem vermag Ritter »ein Stück wirklicher Staatsräson« zu sehen. Direkt aus dem Audienzzimmer wurden die Kammergerichtsräte nach dem Kalandshofe in das Gemeindegefängnis abgeführt – zweiter Eingriff des Königs. Durch einen Machtspruch – dritter Eingriff – wurde das Urteil kassiert, der Müller in die Mühle wieder eingewiesen, die Teichanlage des Landrats zerstört. Gersdorff und der Präsident der neumärkischen Regierung, der Sohn Friedrich Ludwig Karl des dem König seit früher Jugend verbundenen Kabinettsministers Karl Wilhelm Graf Finck von Finckenstein, verloren ihre Ämter, ohne daß ihnen auch nur die Möglichkeit einer Rechtfertigung gegeben wurde. Finckenstein, nach dem Tode des Königs rehabilitiert, wollte keine amtliche Stellung mehr annehmen, da er sich für inhabil im weiteren Dienst des Königs von Preußen hielt; ein seltener Fall auch im alten Preußen. »Gott weiß, jeder rechtschaffene Patriot muß wünschen, daß diese Epoche nur erst überstanden«, seufzte der Kammerpräsident in Magdeburg.

Doch nicht genug: Die so willkürlich verhafteten Richter wollte der gerechtigkeitsliebende König auch verurteilt sehen. In einer an den Minister Zedlitz, Chef des Criminal-Departements, gerichteten Order heißt es »So gebe Euch hierdurch auf, sogleich die Verfügung zu treffen, daß von Seiten des Criminalcollegii über diese 3 Leute nach der Schärfe der Gesetze gesprochen und zum Mindesten auf Cassation und Vestungsarrest erkannt wird. Wobei Euch zugleich zu erkennen gebe, daß, wenn das nicht mit aller Strenge geschiehet, Ihr sowohl wie das Criminalcollegium es mit Mir zu thun kriegen werdet.«

Mutig weigerte sich der angegangene Kriminalsenat des Kammergerichts, dem Verlangen zu entsprechen, da er keine Schuld an den Richtern finden könne; relativ mutig, da er das gesamte »establishment« hinter sich wußte. Zedlitz sah sich, wie er Friedrich erklärte, deshalb außerstand, »wider die in der Arnoldschen Sache arretirte Justiz-Bediente ... ein Urthel abzufassen«, und deckte zwei weitere Male gegen Ordres des Königs »von äußerster, drohender Schärfe« (Eberhard Schmidt) das Criminalcollegium mit seiner Person. Zum vierten Male fällte der König – wie Koser meint »genötigt« – einen Machtspruch: Zwei der Richter wurden kassiert, zu Schadenersatz und einjähriger Festungshaft verurteilt, nach Ablauf dieses Jahres schließlich begnadigt. Man weiß nicht, ob man die Unrectifizierlichkeit des Königs oder die Zivilcourage dieses Ministers mehr vermerken soll. Sein Verhalten mildert sogar noch das Urteil über den König.

Daß Friedrich in jeder Hinsicht im Unrecht war, steht durchaus fest, Ritter spricht von einem »unzweifelhaften Querulanten, den der König zu Unrecht für ein Opfer adliger Klassenjustiz hielt«. Und selbst Koser, der den wahrhaft bemerkenswerten Satz niederschrieb: »Hätte der König richtig gesehen und richtig entschieden, so wäre es fürwahr mit der Justiz in preußischen Landen damals schlecht bestellt gewesen«, muß zugeben, daß des Müllers Vortrag, ihm sei durch Gersdorffs Karpfenteich Wasser entzogen worden, schon deswegen nicht zutreffen konnte, weil eine zwischen Arnold und Gersdorff liegende Schneidemühle nicht an Wassermangel litt. Zu Recht spricht daher auch der »entschlossene Lobredner Friedrichs II., Exzellenz Gustav Schmoller« (Hegemann) von einem »willkürlichen und ungerechten Akt der Kabinettsjustiz des Großen Königs«. Viermal in einer Sache hatte der Justizreformer, nach dessen eigenen Worten in den Gerichten nur die Gesetze sprechen sollten, in das Verfahren eingegriffen. Einem Kommißkopf hatte er mehr vertraut als allen seinen Justizorganen. In ganz Europa wurde er wegen seiner Gerechtigkeitsliebe gerühmt, daher der Verdacht nicht ganz abwegig sein dürfte, der Promoter seiner eigenen Public relations habe hier Salomos Zepter geführt. Im Wachsfigurenkabinett zu Lissabon sah der Preuße Nettelbeck den alten König Friedrich mit einem

Richtschwert in der Hand, über ihm ein Schild mit dem Namen »Arnold«. D'Alembert schrieb von den aller Orten wütenden »richterlichen Kannibalen«; ihm antwortete Friedrich, die Gesetze seien zum Schutze der Schwachen bestimmt und würden überall befolgt werden, wenn man aufmerksam die ausführenden Organe überwache.

Goethe in dem mit Recht vergessenen poetischen Drama »Die Aufgeregten« läßt einen Gevatter Breme zu einem Gevatter Martin über den großen König sagen: »Es war ihm einer wie der andere, und der Bauer lag ihm am mehrsten am Herzen. Ich weiß wohl, sagte er zu seinen Ministern, wenn sie ihm das und jenes einreden wollten, die Reichen haben viel Advokaten, aber die Dürftigen haben nur einen, und das bin ich.«

Derselbe Goethe liebte zu sagen, die ganze geschriebene Geschichte sei ein großer Euphemismus.

7. Kapitel Friedrichs Preußen

»Ich habe nie kein größeres Vergnügen, als wenn ich einem armen Manne kann ein Haus bauen lassen.«
Friedrich zu dem Arzt Ritter von Zimmermann, den er während seiner letzten Krankheit konsultierte.

Vernimmt man deutsche Beurteilungen des inneren Regiments Friedrichs noch aus jüngster Zeit, so sticht eine seltsam überhöhte, hochgesteigerte, eine für die Erben Hegels und Rankes immer noch staatssakrale Tonart ins Ohr, für die etwa Gerhard Ritters 1954 neu aufgelegte Friedrich-Studie als typisch gelten kann.

Friedrich, laut Ritter, hat »die politischen Traditionen der absoluten Monarchie bis zu letzter rationaler Konsequenz fortgebildet und gesteigert«, hat die Monarchie »vergeistigt«, hat sie »über den naiven Machtgenuß hinausgehoben«, hat bereits über die innere Entwicklung des Absolutismus hinausgewiesen.

Wir lesen da von »äußerster rationaler Konsequenz«, von »letzter Einheit« in der Person des Monarchen, vom Gipfel des absolutistischen Systems; der Begriff der Staatspersönlichkeit und des Staatsinteresses sei nie vorher und nie nachher mit solcher Klarheit und beinahe abstrakten Reinheit erfaßt worden wie im Staate Friedrichs; auf ein »letztes Höchstmaß« ist die Leistungsfähigkeit der Technischen Mittel in der friderizianischen Staatsverwaltung gesteigert; sein Regierungssystem ist von »unvergleichlicher Folgerichtigkeit«, alle Teile passen genau ineinander, der Plan ist »streng durchdacht«. Es hagelt Superlative, wo doch in Wahrheit nur gesagt werden soll und kann, daß der König sich um alles selber kümmerte, daß er besserem Rat unzugänglich war, und daß eben nicht geschah, was ihm überflüssig erschien, auch wenn es hätte getan werden sollen; oder, noch kürzer, daß er ein Autokrat, ein Selbstherrscher aller Preußen war.

Denn wonach bemißt sich die Effektivität solch eines unvergleichlich folgerichtigen und streng durchdachten Systems? All die sechsundvierzig Jahre seiner Regierung hat Friedrich sich penibel und pedantisch um alle Angelegenheiten der Armee gekümmert, hat gedrillt und exerziert, gelohnt und gestraft, und doch stimmen alle ihm wohlwollenden Kritiker darin überein, daß die Armee, die er zurückließ, in einem schlechteren Zustand war als die, die er im Jahre 1740 übernommen hatte; daß er eine überalterte und keineswegs eine geführte Armee zurückließ.

Er hatte eben zu lange regiert? Aber das haben Selbstbeherrscher

nun einmal so an sich, daß sie wie alle Menschen entweder kürzer oder länger leben.
Will man die Effektivität eines Systems an seiner Krisenfestigkeit messen, so stellt sich die Frage nach dem Nachfolger oder den Nachfolgern. Welche Anstalten waren in Friedrichs System für die Kontinuität getroffen — abgesehen davon, daß er zur Befriedigung seines schreiberischen Temperaments lange Testamente niederlegte, für den Historiker wahre Fundgruben, aber für den Thronfolger sicher das Papier nicht wert, auf dem sie abgefaßt? Hat er den Thronfolger günstig beeinflußt, hat er ihm eine Maschine hinterlassen, mit der sich weiterarbeiten ließ? Hat er die Fehler zu vermeiden gesucht, mit denen sein eigener Vater ihm das Leben verbittert hatte? Nichts von alledem. Seinen Bruder August Wilhelm hat er durch schimpfliche Behandlung in den Tod getrieben, von dessen Sohn, der ihm 1786 auf den Thron folgte, hielt er nichts, strafe ihn mit Nichtachtung und verschaffte ihm eine Frau nach dem Motto: »Für einen Dummen schickt sich eine Dumme.« Geld gab er ihm so wenig, daß der Kronprinz seinen moralischen Kredit genauso im Schuldenmachen verspielte wie ehedem Friedrich selbst. Bismarck gar möchte in seinem Lebensbericht »unerörtert« lassen, ob Friedrichs Triebfeder, die Ruhmsucht, gegen das Ende seiner Regierung degenerierte, »ob er dem Wunsche innerlich Gehör gab, daß die Nachwelt den Unterschied zwischen seiner und der folgenden Regirung merken möge«.
Aber Friedrich hat doch Kanäle und Manufakturen gebaut, hat Kolonisten ins Land gerufen und ganze Landstriche urbar gemacht? In der Tat, kaum einen Regenten gab es im 18. Jahrhundert, der nichts dergleichen getan hätte, und auch Friedrich hat sich die Kosten für öffentliche Arbeit nicht quasi vom Munde abgespart. Was Friedrich zuwege bringt, und er hat in 46 Jahren nicht umhin gekonnt, etwas zuwege zu bringen, ist bei Ritter sogleich »glänzend«, »glänzendste Leistung«, »bekannteste Großtat«, »großartig«, verrät »gewaltige Energie«, ob er nun meliorisiert oder Getreide hortet und dadurch den Preis stabil hält (das Verfahren hat er vom Vater übernommen).
Vergleichsdaten der Nachbarländer zuverlässig auszumachen, ist naturgemäß schwer. Aber kaum eine despotische Regierung des 18. Jahrhunderts hat versäumt, Kanäle und Manufakturen anzulegen, Sümpfe trocken zu legen und Siedler ins Land zu rufen; fast jede hat, mit einem Topos von heute, »Autobahnen gebaut«. Was denn sonst sollte Friedrich mit den Einnahmen, die Armee und Kriegsschatz ihm übrigließen, anfangen? Man mußte kein aufgeklärter Monarch sein, um zu wissen, daß nur größerer Wohlstand von immer mehr Bürgern den Unterhalt einer immer stärkeren Machtstellung ermöglicht; der Vater Friedrich Wilhelm beispielsweise hatte das nicht anders gewußt. Wer, außer dem

einzigen Kapitalisten des Landes, sollte denn sonst den Bromberger Kanal bauen, wer das Oderbruch oder den Netze-Distrikt trokkenlegen?
In der Wirtschaft zählen Erfolge, nicht Motive. Wenn der König seinen Staaten zu Wohlstand verhalf, vornehmlich, weil er seine Armee vergrößern wollte, so wird er die begrüßenswerten Nebenergebnisse, die Besserstellung der Bürger, doch nicht verachtet haben.
Auch Ritter rühmt des Königs Taten während der zehn Friedensjahre zwischen dem zweiten und dem dritten Krieg um Schlesien als »auf der Höhe seines Könnens«, erwähnt aber doch, daß Friedrichs Arbeit »vor allem der Vergrößerung und Verbesserung der Armee« gedient habe. Friedrichs Wirtschaftspolitik sei es »viel weniger um die Steigerung wirtschaftlicher Wohlfahrt der Regierten zu tun (gewesen), als um die Steigerung staatlicher Macht«. Sehr wahr. Aber warum ihn dann einen Apostel der Humanität nennen? Einen humanitären Völkerhirten, einen aufgeklärten Friedensfürsten, warum ihm »humanitäre Ideale des Wohlfahrtsstaates« unterschieben (alles Ritter), warum behaupten, er habe es »bitter ernst und heilig genommen« mit seiner Aufgabe, seinen Untergebenen das höchste, mit den Aufgaben des Staates noch zu vereinbarende Maß von irdischem Glück und materieller Wohlfahrt zu verschaffen (Friedrich Meinecke)?
Auch seine Kolonisten-Politik, die aus dem Rahmen des damals Üblichen hervorsticht, war mit dem Blick auf Krieg und Machtgewinn konzipiert. Die Kolonisten sollten dem platten Land auf- und dem Mangel an Arbeitern in Kriegszeiten abhelfen. »Jeder Krieg ist ein Abgrund«, schreibt Friedrich 1776, »der Menschen verschlingt. Man muß also auf eine möglichst hohe Bevölkerungszahl sehen. Daraus entspringt noch der weitere Vorteil, daß die Felder besser bebaut und die Besitzer wohlhabender werden.«
Entgegen dem Willen des Königs wurden etwa so viele Inländer wie Ausländer angesetzt, doch durfte der König von den Inländern nichts wissen. So erscheint die Ziffer von 300 000 Menschen, die er während seiner Regierungszeit ins Land gezogen haben soll, weit übertrieben. In Schlesien wurden zwischen 1763 und 1786 etwa 25 000 angesiedelt, Ausländer und Inländer. Es sei dem Schlesischen Minister und den Schlesischen Kammern, schreibt der Sachverständige Pfeiffer 1904, nur darauf angekommen, »daß und nicht wie die Kolonien angelegt wurden«. Das heißt: dem Willen des Königs mußte äußerlich Genüge getan werden.
Die umständlichen Verpflichtungserklärungen der Kolonisten waren in lateinischen Ausdrücken abgefaßt, die sie nicht verstanden. Oft wurde die ihnen versprochene Freiheit von allen Hofdiensten nicht eingehalten, ja, die Gutsherren wurden von den Landräten ausdrücklich ermahnt, sich die Hofdienste der Kolonisten zu si-

chern, und die Breslauer Kammer sprach es 1774 rundweg aus, daß die Kolonisten zu Handdiensten verpflichtet werden sollten. Der Schlesische Minister Graf Hoym fand das in Ordnung, sofern sie sich »von selbst« (!) zu einigen Diensten herbeiließen, so freiwillig etwa wie die getäuschten und gepreßten Rekruten. Nach 1779 scheint Friedrich seine »glänzende Leistung« gänzlich aus dem Gesichtskreis verloren zu haben. Es gibt in den letzten Jahren keinen einschlägigen Schriftwechsel mehr.

Begabung und Wille der Neuankömmlinge waren oft unzulänglich, die Siedlerstellen zu klein, der Boden war angesichts des widerstrebenden Adels zu schlecht, so daß viele unter Mitnahme ihrer Beihilfen und Handgelder von dannen strebten. Sie durch Polizeiaufsicht festzuhalten, wie unentwegt versucht wurde, war natürlich weder möglich noch zweckmäßig. Zuweilen liefen auch die zum zweiten Mal Angesetzten wieder fort.

Ob ein Despot den Begriff Staatspersönlichkeit in seltener Reinheit verkörpert, ist eine eher religiöse Fragestellung. Dem profanen Geist obliegt die Untersuchung, ob Friedrichs Wirtschafts- und Finanzsystem, ob seine Verwaltung nach den Vorstellungen seiner Zeit eher zweckmäßig oder eher unzweckmäßig genannt zu werden verdienen. Wieder wird man uns mit imaginären Größen begegnen, mit der militärischen Pünktlichkeit und Zuverlässigkeit des preußischen Beamten von später, mit dessen Integrität und Unbestechlichkeit, Werten also, die ebenso schwer auszumachen wie, ihrer Herkunft nach, eindeutig zu lokalisieren sind.

Wir halten uns an Friedrichs persönlichen Stil, der, alles in allem, mehr Verwirrung als Nutzen in der friedlichen Regierung des Landes gestiftet hat. Sein ungeduldiges, nervöses, egozentrisches Naturell, im militärischen Zugriff erprobt, verhinderte ein stetiges, von exzellenten Fachleuten geleitetes Wirtschaften. Seine vorurteilsfrohe Ignoranz, gepaart mit hochmütiger Abfertigung, machte ihm zeitigen oder gar vorzeitigen Fortschritt allenthalben unmöglich. Der subjektivste Dilettantismus trieb seine Blüten. Es gab keinen Colbert, und hätte es einen gegeben, der König hätte ihn mit »Marsch, marsch! Seine Stelle ist schon besetzt!« aus dem Amte gejagt, oder ihn gar zum Karren nach Spandau geschickt.

Daß der aufgeklärte Friedrich in der gesamten Innenpolitik »wesentlich konservativer« gewesen sei als seine nicht aufgeklärten Vorfahren Friedrich Wilhelm, der Kurfürst, und Friedrich Wilhelm, der Vater, ist auch Gerhard Ritter aufgefallen. Nur weiß er den rechten Vers nicht auf diese reichlich frappierende Erkenntnis: Friedrich wirtschaftete nach alten Rezepten fort, weil er sich seinem ganzen Regierungsstil nach keine Reformen zutrauen konnte, das ist's. Wo er befehlen konnte, wo er den von Bismarck mit Blick auf Friedrich zitierten Stil »einer durch Generäle ausgeführten Königlichen Ordre« praktizierte, mochte es hingehen.

Wo er aber gesellschaftliche Widerstände spürte, wo Schwierigkeiten nicht mit bloßen Ordres aufgehoben werden konnten, ließ er es mit verbalen Ermahnungen gut sein, die ihm das Gefühl gaben, seine, wenn auch erfolglos, »Pflicht getan zu haben«.
Persönliches Regiment kennzeichnet den gesamten Verwaltungsaufbau Friedrichs. Die Institutionen, die der Vater ihm hinterlassen hatte, bildete er nicht fort, er ließ sie verkümmern. Die hohe Beamtenschaft drückte er auf die Stufe unselbständiger Befehlsempfänger herunter. Die Minister sollten die Zeit nicht mit wunderlichen Disputen zubringen, sondern, wenn sie sich nicht innerhalb sechs Minuten über eine Sache einigen könnten, sogleich »Relatio at Regem« machen. Die laufenden Sachen könnten die Minister in drei Stunden erledigen, »wenn Sie Sich aber Historien vertzehlen, Zeitungen lesen, So ist der gantze Tag nicht lang genung«; sie brauchten daher kein Mittagessen aus dem königlichen Haushalt, wie es der Vater ihnen gelegentlich hatte auftragen lassen.
Friedrich Wilhelm hatte alle provinzialen Domänen- und Steuerbehörden zu einer Oberbehörde, dem »General-Ober-Finanz-Kriegs-und-Domänen-Direktorium«, kurz Generaldirektorium, zusammengefaßt. Es nahm die Aufgaben heutiger Ministerien für Landwirtschaft, Finanzen, Handel und Gewerbe wahr. Jeder der vier leitenden Minister verwaltete aber nicht etwa eines dieser vier Ressorts, sondern betreute eine Gruppe von Provinzen, als eine Art in Berlin residierender Oberpräsident. Für die gesamten Justiz-, Schul-, Universitäts- und Religions-Angelegenheiten war das Direktorium nicht zuständig. Daneben gab es auch Zentralbehörden, die sogenannten Realdepartements, etwa für Grenzwaltung, später, unter Friedrich, für Handel und Gewerbe, für Heeresökonomie, für das Forstwesen, für den Bergbau. Jedes »Realdepartement« war ohne System einem der Provinzialminister zusätzlich zugeteilt.
Diese schwerfällige Apparatur, zu Zeiten des Vaters gewiß eine Errungenschaft, wurde von Friedrich sogar noch entinstitutionalisiert. War das Generaldirektorium bislang ein Vereinigungspunkt der preußischen Finanzverwaltung, so sorgte Friedrich dafür, daß die Minister hinfort den Überblick über Einnahmen und Ausgaben nicht mehr gewinnen durften. Sie kannten den Gesamthaushalt nicht. Die Verwaltung der neuen Provinz Schlesien (zeitweise auch Westpreußens) oblag gar nicht dem Generaldirektorium, sondern einem in der Provinz residierenden Provinzialminister, einem Oberpräsidenten also, der direkt mit dem König umging. Der Kontrolle des Generaldirektoriums und der ihm parallel arbeitenden Oberrechenkammer hat er stetig immer größere Summen entzogen und einem Königlichen Dispositionsfonds überwiesen, über den er allein unkontrolliert verfügte. Alle Überschüsse Schlesiens und später Westpreußens, alle Er-

träge aus den von ihm erschlossenen Finanzquellen (Post-, Lotterie-, Bank-, Kaffee-, Tabak-Regie), alle Einnahmen aus indirekten Steuern (seit 1766 der dritte Teil der Gesamteinnahmen), ja alle Überschüsse in den Altprovinzen über den gewohnten Ausgabenstand hinaus entzog er dem Direktorium, dessen Minister derart zu Kassenvorständen von unorganischen Teilbereichen degradiert wurden. Zu allem übernahm der König das Fachdepartement für Handel und Gewerbe selbst. Das Generaldirektorium zog die Konsequenzen dieser sonderbaren Verwaltungsreform, indem es gegen Schluß der friderizianischen Regierung nicht einmal mehr gemeinsame Sitzungen abhielt.

Mit den Behörden der Provinzen verkehrte der König direkt über die Köpfe des Generaldirektoriums hinweg, das von den untergeordneten Organen mühevoll au courant gehalten werden mußte. Ebenso verkehrte er mit seinen Gesandten im Ausland, ohne das zuständige Departement für Auswärtige Angelegenheiten zu unterrichten. Mit den Eingaben, Beschwerden und Bittschriften der nichtadligen Untertanen ließ er sich im Auszug bekanntmachen und verfügte, zum Überdruß der geplagten, mit der Ausführung befaßten Behörden. Briefe der Adligen las er selbst, sie erhielten nur dann keine Antwort, wenn der Brief in den Kamin geworfen wurde.

Ritter glaubt, durch Ausrufungszeichen hervorheben zu sollen, daß der König seinen Dispositionsfonds »nicht nach Willkür, sondern nach festen Grundsätzen!« verwaltet habe. Er hält es für einen Vorzug dieser Regierungsform, daß eine rasche persönliche Entscheidung anstelle umständlicher kollegialer Beratungen und Mehrheitsbeschlüsse möglich gewesen sei. Tatsächlich hatten des Königs Manie, in alles hineinzufuchteln, und seine Angewohnheit, die meisten Provinzen alljährlich zu bereisen, den beträchtlichen Vorteil, daß die Amtsträger entlang der Reiserouten sich beobachtet glaubten; manche Untertanen mögen sich zudem in dem Bewußtsein wohlgefühlt haben, äußerstenfalls eine Beschwerde an den König richten zu können.

Ritter findet Friedrichs Tätigkeit »bewunderungswürdig«. Er sieht das großartige Bild des Herrschers, der seinen Staat im wahren, vollen Sinn des Wortes regiert, alle Zügel in seiner sicheren Hand vereinigt, ja, der das persönliche Regiment bis an die äußerste Grenze seiner Leistungsfähigkeit steigert. Im Rahmen des großen französischen Königreiches wäre eine solche Organisation, wie sie Friedrich genügte, praktisch undurchführbar gewesen, meint Ritter. Friedrichs Verwaltung habe sich nur in verhältnismäßig engen, leicht übersehbaren Verhältnissen praktizieren lassen. (Friedrich spottete, die vier Minister Frankreichs regierten wie vier Könige; keiner wisse vom anderen.) In Wahrheit: auch die preußischen Staaten eigneten sich nicht mehr für die Alleinherrschaft; die Geschäfte waren längst zu umfangreich

und unübersichtlich geworden. Fehler, meint Ritter, seien natürlich gemacht worden, denn der König konnte »unmöglich überall zugleich unfehlbar« sein. Überall zugleich unfehlbar: wo es doch darum ging, sachverständige Ansichten anzuhören und gegeneinander abzuwägen; dazu war der »unrectificirliche« König (Goethe) nicht geschaffen. Wollte er irgend etwas, und hatte er sich schon eine Meinung gebildet, so hörte er nicht einmal mehr den Widerspruch. Das für richtig Erkannte tat er oftmals nur deshalb nicht, weil es ihm überhaupt, oder von dem falschen Mann empfohlen worden war.
Alle Augenzeugen stimmen überein, daß er der Erledigung seiner schriftlichen Regierungsgeschäfte, dem Lesen und Diktieren, tagtäglich zwischen anderthalb und drei Stunden widmete, durchweg vor zehn oder elf Uhr: Außenpolitik, Armee, Innenpolitik, Bittschriften. So imposant diese Pünktlichkeit insgesamt als Lebensleistung erscheinen mag, so sehr leuchtet ein, daß die innenpolitischen Geschäfte jedenfalls zu kurz kommen mußten. Arbeitskraft und Arbeitseifer, die Ritter Friedrich nachrühmt, richteten sich in einem zu geringen Maß auf die innere Politik, die er nahezu kavaliersmäßig erledigte. Er verbrachte mehr Zeit mit der mittäglichen und abendlichen Konversation – bis zu fünf Stunden Mittagstafel sind keine Seltenheit – als mit den Verwaltungsgeschäften. Sich selbst im Gespräch zu illuminieren, war ihm stetiges Bedürfnis und zeitraubende Beschäftigung. Fleißig kann er nur genannt werden, wenn man seine Exerzier-Mühen und seine militärischen Besichtigungen voll in Rechnung stellt.
Der Vater hatte noch, zur Schonung der Uniform in Büroärmeln und Büroschürze, täglich sechs Stunden mit seinen hohen Beamten gearbeitet, in einem halb so großen Staatswesen. Wollte man sich wie Friedrich um alle Kleinigkeiten kümmern, wollte man sich allenthalben für sachverständig halten, so mußte man freilich mehr Zeit aufwenden, als er tat. Von Handel und Seefahrt verstand er am wenigsten, trotzdem bestellte er sich selbst 1749 zum Leiter der Zentralabteilung Handel und Gewerbe, wo er sein Steckenpferd, die Seidenindustrie, zu einer »freilich etwas künstlichen« (Ritter) Blüte brachte.
Das Bestreben des auf vielen Gebieten dilettierenden Königs, immer den Meister der souveränen Entscheidung herauszukehren, machte die Erörterung diskussionswürdiger Themen von vornherein unmöglich. Vorurteile, oft aus Kronprinzenzeiten, saßen fest wie einzementiert. Fehlentscheidungen konnten nicht rückgängig gemacht werden, weil der König es seiner Autorität schuldig glaubte, in der Innenpolitik gegenüber seinen Domestiken keinen Irrtum zuzugeben (obwohl er doch in seinen Schriften oft kritisch mit sich umging).
So war die »rasche persönliche Entscheidung« oft die falsche Entscheidung. Hypochondrischen Sparmaßnahmen im kleinen wurde

ohne geordnete Buchhaltung die gleiche Aufmerksamkeit gewidmet wie großen Projekten, getreu dem königlichen Grundsatz, »daß ein Staat wie ein Familienhaushalt eingerichtet werden kann, in welchem jeder Posten des Soll und Haben von dem Hausherrn abhängen muß« (mitgeteilt nach Lucchesini).
Natürlich wurde auch nur rasch entschieden, was entweder ohnehin entscheidungsreif war oder was dem König am Herzen lag. Die Versorgung seiner Invaliden etwa hatte dieser Soldatenvater, an den jeder persönlich sich wenden durfte, zwanzig Jahre nach Ende des Siebenjährigen Krieges noch immer nicht abgeschlossen. Die Eingaben der Untertanen durften tunlichst nicht länger als eine Seite umfassen und nur einen Gegenstand betreffen. Bescheid erging jeweils nur über ein Thema.
Der König regierte »aus dem Kabinett«, das heißt aus seiner Kammer. Mit den Ministern verkehrte er schriftlich, die meisten sahen ihn nur einmal im Jahr. Seine Befehle ließ er ihnen durch »Kabinettsordres« zustellen, die von den zwei bis vier Kabinettssekretären, später Kabinettsräten, nach Diktat oder Anweisung abgefaßt wurden. Diese unselbständig arbeitenden, im übrigen hochqualifizierten und hochbezahlten Hilfskräfte, berühmt der »getreue Eichel« (Koser), der »gute alte Eichel« (Friedrich), später der Kabinettsrat Coeper, hatten immer noch mehr Einfluß als die Minister, ebenso das Faktotum Fredersdorf. Sie referierten und notierten durchweg stehend, der Rat Stellter, bis er tot umfiel.
Die Kabinettsräte waren, bis auf zwei, unstudierte und, wiederum bis auf zwei, unverheiratete Leute.* Friedrich nannte sie »meine Schreiber«. Sie kamen aus der kameralistischen Subaltern-Karriere und verdienten 10 000 Taler im Jahr, mehr als irgendein Minister. Obwohl der König während seiner Regierungszeit an die 350 Nobilitierungen verfügt hat, darunter auch manchmal verdienter Beamter wie des Oberpräsidenten West- und Ostpreußens Domhardt, beließ er die Räte in ihrem bürgerlichen Stand. Zwei stieß er von sich, einer, Galster, kam für ein Jahr nach Spandau, unter nicht klärbaren Beschuldigungen. Die Räte, namentlich Eichel, gestorben 1768, und Schumacher, gestorben 1747, sollen auch ihren privaten Nutzen ansehnlich und sehnlichst im Auge gehabt haben, wogegen Friedrich nichts zu erinnern fand; doch sieht man bei Eichel den Nutzen seines großen Reichtums nicht ein: er lebte zurückgezogen wie ein Staatsgefangener, vermachte sein Vermögen der Tochter des Großkanzlers von Jariges. »Wenigstens sehr klug muß er gewesen sein«, sagt Preuss.
Die Kabinettsräte wirtschafteten wie die Freigelassenen eines Cäsaren. Die Justizreform sei nur durch Kriecherei vor dem einfluß-

*Eine Ausnahme war der Kabinettsrat Müller, der die Berufung nicht abzulehnen wagte, obwohl seine ganze Familie sich ob der künftigen Strenge und Demütigung, die der Vater zu erwarten hatte, schier in Tränen auflöste (so Thiébault); Stellter suchte seiner Berufung zu entkommen mit dem Hinweis, er könne nicht französisch und sei verheiratet. Friedrich: »Die Frau muß nicht alles wissen.«

reichen Eichel durchgesetzt worden, lästerten Coccejis Feinde. Eichel zumal, dem der König die Geheimnisse des gesamten Reiches anvertraut wähnte, läßt uns die Komik solch einer Existenz ahnen. »Es ist triste«, schreibt er im Sommer 1745 an Podewils, »daß, wenn man alles tut, um eine Sache in gehörigen konvenablen Terminis zu fassen, solches durch Umstände verdorben wird, wodurch man sich allerhand Chagrins und Ressentiments exponieret.« Die Umstände, sonst auch »man« genannt: »Wenn man gut ist«, so wieder Eichel an Podewils, »so ist man es ganz wunderbar, aber wehe, wenn die Heftigkeit über uns kommt!«

Ließ ein Kabinettsrat, der das Vertrauen des Königs genoß, den verantwortlichen Kabinettsminister nicht aus eigenem etwas wissen, so tappte der im Dustern. Friedrich unterrichtete den Thronerben hinsichtlich seiner Privatsekretäre, sie wüßten viele Dinge, »die selbst die Minister nicht wissen«.

Über den neuen Schlesischen Minister Schlabrendorff schrieb der zivile Vertraute Eichel 1756 an den General Winterfeldt, den militärischen Vertrauten seines Herrn: »Daß der Herr v. Schlabrendorff die Sachen zum öftern outriret, und nicht zu rechter Zeit zu geben noch zu nehmen weiß, solches kenne ich ... Ich wünschete auch, daß er mit den Subalternes belebter umgehen und dabey und gegen die Herrn Schlesier nicht zuweilen auf Pommerschen Fuß verfahren möchte.«

Eichel und Fredersdorf zusammen waren unschlagbar. Als der Generalmünzdirektor Graumann das Anerbieten eines Emdener Kaufmanns, feine Silbermünzen zu liefern, nicht beantwortet, wendet der sich an Fredersdorf, und der König erfährt: Wenn Seine Majestät einverstanden sei, wolle Fredersdorf »mit Eichelen« sprechen, wegen Ausfertigung einer Order: »Von Grauman is es Nachlässig, daß Er solche Sachen Nicht Mehr à Coeur nimbt.« Dazu der König: »gantz guht!«

Friedrich stehe »zu hoch über seinem Volk« und habe keinen, der ihn in seiner unermüdlichen Arbeit unterstütze, klagte der Friedrich-Besucher d'Alembert 1763 seiner Freundin, der Mademoiselle de Lespinasse. Aber Friedrich wollte es wohl nicht anders. An den Grafen Dona, der seine Instruktionen, eine Annäherung an Maria Theresia zu ventilieren, allzu wörtlich nahm, schreibt er am 20. Juni 1743: »... vergessen Sie nicht, mit welchem Gebieter Sie es zu tun haben, und wenn Sie schon an nichts anderes denken, so denken Sie an Ihren Kopf.« Auch seine höchsten Beamten sind ihm nur »Esel«, »Windbeutel«, »Erzschäkers«. Friedrich war, wie der Historiker Max Jähns entschuldet, gegen seine persönliche Umgebung »zuweilen auch von einer höhnischen Bitterkeit«, die zu ertragen gerade ausgezeichnete Menschen am wenigsten geneigt und geeignet seien. Seine Minister durften nicht auffallen, von ihnen wurde wenig mehr erwartet, als daß sie die gewünschten Antworten nicht schuldig blieben. Er ließ sie einmal

pro Jahr Revue passieren, bei der tatsächlich so genannten »Minister-Revue« in Potsdam. Befriedigte ein Minister bei der Besichtigung nicht, so klopfte der König ihm mit seinem Krückstock dreimal »sehr empfindlich« (Vehse) auf die Schulter und sagte: »Finde ich Ihn das nächste Mal wieder auf fahlem Pferde, so werde ich Ihn nach Spandau schicken!« – keine leere Drohung. Bismarck rühmt gleichwohl »die Geduld, mit welcher er (Friedrich) sich vor definitiven Entscheidungen über Rechts- und Sachfragen unterrichtete« und »die Gutachten competenter und sachkundiger Geschäftsleute hörte«.
Ja, dies tat er eben nicht. Meist beließ er es bei den guten Vorsätzen. Dem Grafen Hoym, seit 1770 Schlesischer Minister, sagte er 1769, die Relation über den Zustand des Kleveschen Landes »muß immediate, aber auch aufrichtig sein, sonst verliert er seinen Credit, versteht Er Mich«. Zu dem englischen Gesandten Mitchell sagte er: »Der größte aller Fürsten ist der, welcher die Wahrheit liebt und sucht; neben ihn stelle ich den achtenswerten Mann, der den Mut hat, sie ihm zu sagen.« In den »Denkwürdigkeiten zur Geschichte des Hauses Brandenburg« schrieb er: »Glücklich die Fürsten, deren minder empfindliche Ohren die Wahrheit lieben, selbst wenn sie aus unbescheidenem Munde kommt!«
Das war wieder für die Galerie. Er handelte anders. Seit Kriegstagen überzeugt, daß aus Kriegsräten und Konferenzen nichts herauskomme, entschied er allein, oft genug ohne sachverständigen Rat. Denn, wie er mit zweifelnder Bewunderung über seinen Vater schrieb: »Ein Herrscher, der Ratschläge anhört, ist auch imstande, sie zu befolgen.«
Wie von den Finanzen, so hatte der König auch von der Wirtschaft Detailkenntnisse, bis hin zur Anfertigung von Schnürsenkeln, aber weder Einblick noch Übersicht. Sein System der Kabinettsräte verhinderte, daß ein Problem sachverständig exponiert, daß eine Lösung entwickelt und die gewonnene Erfahrung verarbeitet werden konnte. Dem in Kursachsen geborenen Minister von Heinitz, der 1783 für kurze Zeit an die Spitze des Departements für Handel und Fabriken kam, neben Zedlitz nahezu der einzige Berliner Minister mit Format, schrieb er an den Rand eines Immediatberichts vom 30. Oktober 1783: »Ich dirigiere das selber, also habe das General-Directorium nicht nöthig.« Einem General schrieb er 1759, als er sich um die Verwaltung seiner Staaten kaum noch kümmerte: »Ihr müsset Euch beileibe nicht an die Faxen des General-Directorii kehren, sondern ihnen antworten, daß Ihr Euer Metier verstündet und danach thun würdet.«
Will man sich Friedrichs Art, selbst zu dirigieren, vor Augen halten, so untersucht man am besten die Verwaltung Schlesiens. Oberschlesien rechts der Oder besuchte Friedrich nach 1763 einmal, Niederschlesien rechts der Oder nie. Drüben war nämlich auch militärisch nichts zu besehen, da Polen als Machtfaktor nicht

zählte. Schlesien links der Oder bedachte er Jahr für Jahr mit durchschnittlich zweiundzwanzig Besuchstagen, in Breslau saß der nur ihm verantwortliche Schlesische Minister, so daß er selbst »der eigentliche Schlesische Minister« (Pfeiffer) war. Das Ergebnis, uns von Friedrich-Freunden wie Pfeiffer mitgeteilt, ist erstaunlich: der Schlesien-Handel – sein eigener Handelsminister war Friedrich ja auch – sank »in der Zeit von 1763 bis 1786 von seiner früheren Höhe herunter«, der jährliche Transithandel mit Rußland und Polen zwischen 1768 und 1782 von 1,8 auf 1,2 Millionen Taler; der Gesamtumsatz stieg, trotz wachsender Bevölkerung, nicht. Etliche Städte hatten 1778 nicht mehr oder sogar weniger Einwohner als zu Beginn des Siebenjährigen Krieges.
Wie erklärt sich das Absinken des Handels? So wie bei der Schwäbsche Eisebahne, die nicht zu wenig Wägen, aber zu viele Passagiere hat: der Schlesien-Handel ist zwar gut in Schuß, aber der anderer Länder ist besser. Der Fabrikenkommissar Hartmann 1784: »Schlesien hat seinen Wohlstand größtenteils der ehemaligen Nachlässigkeit seiner Nachbarn zu danken; wenn dieselben aber nach und nach klüger werden, so muß Schlesien das empfinden.« Österreich war ein gefährlicher Nachbar, ebenso Sachsen, das aus den hohen schlesischen Durchfuhrzöllen Vorteile zog. So fragt man sich vergebens, wieso Pfeiffer »den Hauptanteil an dem wirtschaftlichen Emporblühen Schlesiens« Friedrich zuschreibt. Da muß wohl ein späteres Emporblühen gemeint sein.
Aufschlußreich ist das Beispiel der beiden Schlesien-Minister zwischen 1755 und 1786, erst Schlabrendorff, dann Hoym. Schlabrendorff war ein unbeugsamer, dem Dienstweg ergebener Mann, der seine Beamten auch gegen den König deckte und sich nicht scheute, gegen schlesische Edelleute vorzugehen. Beides zog ihm den Zorn Friedrichs zu. Den Kriegsrat Greppi, den der König kassiert hatte, stellte er wieder an und empfing den königlichen Bescheid: »Nehmt Euch in acht, das Maß ist beinah voll, und wo Ihr nicht Eure hartnäckige Tücke und Euer infames Interesse conteniert, so kommt Ihr, so wahr ich lebe, zeitlebens in die Festung. Dies ist meine letzte Warnung.« Gerade dieser Minister, der 1769 verbittert starb, hatte es aber an der pünktlichen Ausführung der Friedrichschen Befehle nie fehlen lassen, die schlesische Wollindustrie verdankt ihm recht eigentlich ihren Aufschwung. Als Stallmeister verkleidet besuchte er Viehmärkte, um zu erkunden, ob sich der polnische Viehhandel nach Schlesien ziehen lasse. Aber Schlabrendorff nahm des Königs Wünsche für etwas, das erst mit Verstand ausgeführt werden mußte, und nicht für bereits geschehene Wirklichkeit; der König hingegen wünschte die Wirtschaft wie ein Feldwebel zu exerzieren. Widrige Wahrheiten ertrug er nicht. Als Schlabrendorff 1765 von dem guten Fortgang der Fabriken im österreichischen Opotschna berichtete, nannte Friedrich diese Nachrichten »grundfalsch und im Grunde erlogen«.

Überhaupt nahm der König ungünstige Nachrichten nicht entgegen, günstige ließ er sich gern zweimal berichten. Als 1771 der Steuerrat Müller in Glatz den Wollpreis zu sechs bis zehn Talern angab, korrekterweise, bemerkte der Oberst von Prittwitz, er habe für seine Wolle nicht mehr als fünf Taler erhalten können. Müller versuchte, zu widersprechen, aber der König hieß ihn sich entfernen: »Wie könnt Ihr Euch unterstehen, mir etwas weismachen zu wollen!« Ein Oberst, ein Adliger mußte das besser wissen.

Schlabrendorffs Nachfolger Hoym deckte den Steuerrat nicht, sondern wies ihn an, künftig nichts anzugeben, »was S. M. auffallen könne, am wenigsten aber sich mit S. M. in contestationes einlassen«. Nur nicht auffallen, die Devise des preußischen Beamten und Soldaten, war gefunden. Müller wurde versetzt. Müllers Nachfolger Schröder antwortete 1774 auf Friedrichs Frage wahrheitsgemäß, allerdings werde schlesische Wolle häufig über die Grenze nach Böhmen geschleppt (was bei Todesstrafe verboten war, Gott segne die Einsichten von Karl Marx). Hoym verwies ihm solche Offenheit, und Schröder folgte, er hätte sonst riskiert, ohne Pension weggejagt zu werden. Hoym, bemerkt Pfeiffer vielsagend, war in Hinterpommern an der polnischen Grenze geboren und stammte vielleicht aus einer polnischen Familie. Als der Steuerrat Schröder meldete, die böhmischen Tuchfabriken kämen in Flor, wurde der König ganz zornig, und Schröder, von Hoym instruiert, umging den Punkt beim nächsten Besuch des Königs.

Den Steuerrat Stabenow in Landeshut schickte Friedrich 1776 ebenfalls aus dem Zimmer, als der wahrheitsgemäß versicherte, die Stadt habe keine Schulden. Dem Kaufmann Ruths hingegen glaubte er dieselbe Auskunft sogleich. Die Steuerräte und die Kriegsräte*, diese von ihm selbst eingesetzten, diese später gerühmten zuverlässigen preußischen Beamten also, sind ihm allesamt »faule und schlechte Leute«, »Die faulen und idiohten Kriegsräte«. Besser sind die adligen Landräte, die kaum noch als Beamte gelten, fraglos zuverlässig aber ist nur ein Hauptmann oder Oberst. Auch die Landräte verhehlen dem König, was er nicht wahrzunehmen wünscht. Das Ergebnis solcher auf die Gemütsbefriedigung eines Herrschers abgestellten Regierungskunst ist immer gleich und nie gut.

Hoym, den der König schätzte, führte ihm Potemkinsche Dörfer vor. Er meldete ihm 1785, 150 Fabrikanten seien angesiedelt worden, obwohl es nur 50 waren. Den Zuwachs an Bevölkerung in einem Jahr verdoppelte er in seiner Statistik. Die inländischen Kolonisten setzte er so an, daß längs der Reiseroute des Königs nur Ausländer zu sehen waren. Die Kolonisten mußten sich in

* Titel nach den Arbeitsbereichen des »General-Ober-Finanz-Kriegs-und-Domänen-Direktoriums«.

geliehener, daher sauberer Kleidung an den Straßen bei der Feldarbeit zeigen, auch wenn es nur »Lumpengesindel« war. Ein Landrat in Oberschlesien ließ dem König 1779 das Schloß eines Adligen für eine Kirche und Schule ausweisen.
Der Landrat des Freystadter Kreises, von Dyhern, ein Liebling des Königs, erhöhte im mündlichen Bericht die Zahl der vorhandenen Schulen um zwei Drittel. Der Landrat gefiel dem König so gut, daß er zuweilen ein Extragehalt, angeblich aus der Privatschatulle, geschenkt bekam. Hoym wagte diesem ungebärdigen Landrat nichts vorzustellen.
Hoym beeinflußte auch die Umgebung des Königs in Berlin. So versicherte ihm der Sekretär an der Generalkriegskasse und Generaldomänenkassen-Rentmeister Reichel, er werde, wenn S. M. ihn über die Wege bei Landeshut fragen, sagen, alle Wege, die S. M. zu bauen befohlen habe, seien sehr gut angelegt worden; aber der Regen, der dies Jahr häufig gewesen sei, hätte gewiß einige Stellen ganz und gar ruiniert, und so sei es zweifelhaft, ob alle Wege in Ordnung seien. Hoym sorgte auch dafür, daß die Bettler von den Straßen kamen, zu den Bettlern gehörten auch »die störenden Geschöpfte, die Querulanten«. Hunde und Blumengefäße mußten wohl verwahrt werden.
1769 ersuchte der Steuerrat Eversmann in Schweidnitz den Magistrat von Striegau, bei der Durchreise des Königs so viele Arbeiter und Maurer als möglich bei der Ziegelbedachung einzusetzen. Der Magistrat meldete denn auch, S. M. hätten überall Baurüstungen und Zimmerleute angetroffen, die dann wohl anschließend die Gerüste wieder wegräumen mußten. Städte und Stadtviertel gingen in Brand auf, weil die Dächer mit Schindeln anstatt mit Ziegeln gedeckt waren, der König mußte dann Geld zur Verfügung stellen. Darum fragte er in jeder Stadt nach den Ziegeldächern. Aber das Fragen nützte nichts. Viele Städte hatten noch im Jahre 1780 hohe Schulden aus dem Siebenjährigen Krieg. Statt den Städten die Schuldenlast zu erlassen, visitierte der König lieber und zahlte für die abgebrannten Häuser. Ihm selbst kam die Idee nicht, die Steuern bedingungsweise zu erlassen, und anderen durfte sie nicht kommen.
Sicherlich ahnte Friedrich, daß er betrogen wurde. Er schrieb an einen Landjägermeister: »An die Wege, wo sie wissen, daß Ich durchpassiere, da geben sie sich etwas Mühe und findet man wohl etliche hundert Schritt etwas von Bäumen, dahinter aber ist alles kahl und wird nichts getan.« Seine Selbstliebe gestattete ihm nicht, den Betrug anders denn als einen Selbstbetrug aufzunehmen; er wollte die Wahrheit nicht wissen und stattdessen schelten, daß ihm die Wahrheit vorenthalten werde.
Die Ideen, die Friedrich den Handelsleuten unterbreitete, waren etwa: die Tuchweber in Brieg sollten die Tücher gelb und hellrot halten, das hätten die Polen gern. 1771 warnte er die Leinwand-

Exporteure in Hirschberg, den Engländern Kredit zu geben, da sich in England zahlreiche Bankrotts ereignet hätten. Als aber die Kaufleute in Schmiedeberg ihm 1781 sagten, die Abgaben seien zu hoch, der Verkehr der Messe in Frankfurt an der Oder deswegen zu gering, wechselte er das Thema und sagte: »Oh nein, meine Untertanen geben wenig, die Fremden müssen das geben.« In der (sächsischen) Lausitz, so behauptete er, würden »die Menschen wie Sclaven gehalten«.

Ein Minister, der von seinem Unterminister nichts Ungünstiges hören mag und von ihm hinters Licht geführt werden will, das war König Friedrich. Schrieb ihm Hoym von den hohen Getreidepreisen, so entgegnete der König, er selbst habe beobachtet, daß die vorjährige Ernte nicht so schlecht sei, mithin waren die Getreidepreise niedrig. Wies Heinitz ihm nach, daß der Aktiv-Überschuß drei Millionen jährlich betrage, so berechnete er ihn in eigenhändigen Aufzeichnungen auf 4,4 bis 4,5 Millionen. Die Staatseinkünfte fremder Länder schlug er absichtlich zu gering an. Hätte er die schlesischen Provinzen nie bereist, sondern sie, wie Ostpreußen, vom Generaldirektorium verwalten lassen, die Dinge hätten keinesfalls schlechter laufen können. Man wundert sich nicht, daß auch die Fabrikgründungen in Oberschlesien, wie die übrigen vom König beeinflußten Handelsunternehmungen, etwa die »Asiatische Kompagnie« und die »Bengalische« in Emden, meist fehlschlugen. Er vergab ja seine Ordres nach Gusto. 1780 mit den Worten: »Wenn aber dem Herrn es gesagt wird, wird es nicht geglaubt und man muß denken: dixi et salvavi animam meam.«

Dem Thronfolger schickte Hoym Berichte, in denen das Ungünstige nicht weggelassen war. Was wirklich zu tun gewesen wäre, wußte auch Hoym, der sich dem Thronfolger wenige Tage vor Friedrichs Tod mit dem Postskriptum angenehm machte: »E. H. werden daraus ersehen, daß Schlesiens Glückseligkeit könnte erhöht werden, wenn der Transito- und dessen Ökonomiehandel hergestellt, der Handel nicht durch eine Menge nachteiliger Verbotgesetze gehemmt und der Fleiß durch Monopolia erstickt würde.« Die zahlreichen Verbote, etwa der Flachs- und Garnausfuhr, und die Maßnahmen gegen den Schmuggelhandel waren gänzlich fruchtlos geblieben. Hoym wollte Juden ins Land ziehen, wegen der zahlreichen Steuern und Abgaben, die sie zu entrichten hatten; Friedrich aber schrieb an Hoym im Jahre 1780: »Wenn die Juden abgeschaffet und in deren Stelle Christen in die Wirtschaft genommen werden, so ist das zum Besten des Landes, und darum gehe ich nicht davon ab.« Hoym ließ sie heimlich herein, gegen den Willen des aufgeklärten ersten Dieners der preußischen Staaten. Der geschickte Diplomat blieb siebenunddreißig Jahre, bis 1807, auf seinem Posten.

Wie solch eine Wirtschaftsdespotie überhaupt durchgehalten werden konnte, erfährt man beiläufig, und auch nur bei so redlichen Leuten wie Pfeiffer: »Man kann wohl sagen, daß die Preußische Monarchie im 18. Jahrhundert ohne die Ausnützung Polens gar nicht hätte existieren können.« Polen, dessen innere Zerrüttung von Rußland und Preußen garantiert war, wurde geschröpft und ausgebeutet. Alle Fabrikwaren mußte es von den Nachbarländern, besonders aus Schlesien, beziehen. Polen lieferte ein Fünftel der in Schlesien verarbeiteten Wolle und fast das gesamte Getreide. Willkürlich ließ Friedrich die Grenze sperren und kaufte das polnische Getreide dann billig auf. Wollte Schlesien die Zahl seiner Tuchfabrikanten vermehren, so schickte man einige Regimenter über die Grenze, um die Fabrikanten sicher, und hoffentlich mit deren Willen, einzuholen.

Der preußisch-polnische Handelsvertrag von 1775 war ein Diktat. Die »vereinbarten« Zolltarife stellten, so der wohlwollende Hugo Rachel, »an ungleicher Behandlung wohl das äußerste dar ..., was je zwischen zwei Staaten vereinbart wurde, von Gewalt-Friedensschlüssen abgesehen«. »Polen unterschrieb«, so urteilte Koser, »nach einigem Sträuben«, um »nicht ganz von der Willkür des Nachbarn abzuhängen.« Das drei Jahre zuvor dreifach amputierte Polen mußte für den Transit polnischer Waren durch preußisches Gebiet und für die Einfuhr nichtpreußischer Waren nach Polen zwischen zwölf und dreißig Prozent ihres Wertes Zoll zahlen; Waren von Preußen nach Polen (und umgekehrt) sowie preußische Transitwaren wurden mit zwei Prozent belegt. Danzig, obwohl zu Polen gehörig, wurde als, von Polen aus gesehen, Zoll-Ausland behandelt.

Suchte Polen sich zu wehren, etwa 1782 gegen Friedrichs Geldfälschereien durch das Verbot des preußischen Kourantgeldes und durch eine Reduktion des polnischen Münzfußes, so beschloß Friedrich: »Wir machen ihr Polnisches Geld nach und suchen ihr gutes Geld an uns herauszuziehen, dass wir das einschmelzen und machen anderes, das dem ähnlich ist, nur in geringerer valeur, dass wir doch den Profit haben.« Noch einmal, die Grenze an Oder und Neiße kommt nicht von ungefähr.

Aber auch die Subordination des preußischen Beamten hat ihre Vorgeschichte. Was Friedrich von seinen Beamten, Räten und Richtern hielt, zeigte er ihnen unablässig und immer wieder.

Musterbeispiel friderizianischer Innenverwaltung ist die im Jahre 1766 eingerichtete »Generaladministrazion der königlichen Gefälle« (Administration générale des Accises et Péages), kürzer die Regie oder die französische Regie, die in beinah sträflicher Verkennung der Verhältnisse bis auf den heutigen Tag vielen Geschichtsschreibern als Kronjuwel des »friderizianischen ›Sozialismus‹« (Mehring) gilt. Die Legende beruht auf dem vielzitierten Satz des Königs gegenüber dem Leiter der Regie, dem Franzosen de Launay: »Nehmen Sie nur von denen, die bezahlen können; ich gebe sie Ihnen preis.« In einem Brief an de Launay nannte sich Friedrich den »Anwalt des Fabrikanten und Soldaten« (ce sont le Manifacturier et le Soldat dont je me déclare l'avocat), was Mehring und der ansonsten kundige Zottmann seltsamerweise mit »Anwalt des Arbeiters und des Soldaten« übersetzt haben. Der Arbeiter war in Friedrichs Begriffswelt noch nicht eingedrungen, aber in einem öffentlichen Patent erläuterte er seinen Willen dahin, daß »die Reichen mit ihrem Überfluß in gewisser Weise zur Entlastung der Armen beitragen und daß zwischen beiden ein gerechtes und verständiges Verhältnis besteht«.

So Friedrichs Worte; »seine Taten«, meint Mehring, »jagten über seine Worte dahin wie ein Regiment schwerer Kavallerie über den Töpfermarkt«. Man muß sich die Situation in Preußen nach dem Siebenjährigen Krieg verdeutlichen, die Schmoller, ein Verherrlicher Friedrichs, so beschreibt: »Zu Ende des Krieges waren die preußischen Provinzen freilich zu einem erheblichen Teil in einem entsetzlichen Zustand; die Menschen-, Vieh-, Kapitalverluste waren übermäßig; ein Drittel der Berliner lebte von Armenunterstützung; in der Neumark gab es notorisch fast kein Vieh mehr; Tausende von Häusern und Hütten waren niedergebrannt; eine volkswirtschaftliche Krisis der schlimmsten Art folgte dem Frieden und dauerte noch mehrere Jahre.«

Es stellt dem Sachverstand des Generaldirektoriums eine gute Note aus, daß es jeder Steuererhöhung abgeneigt war; sein Vizepräsident Valentin von Massow erklärte in der Minister-Besprechung vom 10. Juni 1765, »das durch den Krieg erschöpfte Land lasse an gar keine Abgabenerhöhung denken« (Preuss). Als man dem König während dieser Zusammenkunft auf seine Frage, wieviel Pfund Kaffee in seinen Staaten verbraucht würden, die Antwort schuldig blieb, beschloß er, für die indirekten Steuern ein unabhängiges Departement einzurichten, dem lediglich die westfälischen Provinzen nicht unterstanden. Das Generaldirektorium erfuhr davon durch die Kabinettsordre vom 9. April 1766: »Wir sind in Rücksicht, daß die Sachen, anlangend die Accise, bis dato so schlecht und unordentlich gewesen, zur Coupirung der dabei vorfallenden Defraudationen Allerhöchst bewogen worden, Fermiers aus Frankreich kommen zu lassen, so die Administration derselben übernehmen.« Mehring kommentiert, der König habe die willkommene Gelegenheit benutzt, seiner Beamtenschaft einen vernichtenden Schlag zu versetzen. Es war ein Narrenstreich, wie er nur in einem unterentwickelten Land denkbar ist. »Der Stat«, so Hamann, der niedere Akzisebeamte, an Jacobi, erklärte alle seine Untertanen für unfähig, seinem Finanzwesen vorzustehen.

Sicher sind die Eigenschaften dieser »Sansfaçons und Raubmarquis« von den deutschen Geschichtsschreibern zu sehr eingeschwärzt worden. Ihr Vorsteher de Launay, der unmittelbar nach Friedrichs Tod entlassen wurde, unterbreitete gelegentlich vernünftige, zeitgemäße Vorschläge, meist vergebens. Aber wieso Friedrich gerade aus Frankreich, dessen Finanzwirtschaft unter einer riesigen Schuldenlast kränkelte, tüchtige Sachverständige beziehen wollte, und wieso jene, die ein fremdes Land im eigenen Interesse besteuern wollten, gerade die Tüchtigsten sein sollten, bleibt sein Geheimnis. Vielleicht versprach er sich von ihnen mehr Rücksichtslosigkeit. Das einzige zählenswerte Ergebnis war nationaler Haß auf das »französische Gesindel«.

Der Kurhannoveraner Gottfried August Bürger schob in seine Ballade »Der Raubgraf« die Assoziation ein:

> Mein Herr, fällt mir der Käfich ein,
> So denk' ich oft bei mir:
> Er dürfte noch zu brauchen seyn!
> Und weiss der Herr wofür? — —
> Für die Französischen Raubmarquis,
> Die man zur Ferme kommen ließ.

»Während Frankreich an seinem schlechten Geldhaushalte schon sehr darniederlag«, kamen auf Friedrichs Wunsch »eben daher allmälig ganze Scharen von Finanzkünstlern, unter zum Theil sehr drolligen Namen: Directeurs, Inspecteurs, Vérificateurs, Controlleurs, Visitateurs, Commis, Plombeurs, Controlleurs ambulants (reitende Aufseher), Jaugeurs (Weinvisirer), Commis rats de cave (Kellermäuse), Brigaden von Anticontrebandiers zu Fuß und zu Pferde«, so Preuss, »eine Bande unwissender Spitzbuben«, so Hamann, »französische Blutigel« oder »lauter Schurkenzeug«, eine Bezeichnung, die dem König nach fast zwanzigjähriger Bekanntschaft einfiel (Brief an den Etatsminister von Werder vom 1. Dezember 1784): ». . . daß es lauter solch Schurken-Zeug ist, die Franzosen, das kann man wegjagen . . . daß Ich überhaupt darauf denke, und suchen werde, Mir nach und nach alle Franzosen vom Halse zu schaffen, und sie los zu werden.«

Mit de Launay, den er anfangs als einen »Jupiter« pries, schloß Friedrich am 14. Juli 1766 einen Vertrag auf sechs Jahre. Danach übernahm de Launay mit drei weiteren Regisseurs die Verwaltung der indirekten Steuern, der Akzisen und Zölle, gegen hohes Gehalt und Tantiemen. Ursprünglich waren fünf Regisseurs vorgesehen: Le Grand de Cressy, der schon vor Vertragsabschluß starb, sein Nachfolger de Lattre, der, ebenfalls noch im Jahre 1766, seinen Mitregisseur Trablaine de Candy im Zweikampf erstach, La Haye de Launay, Briere und de Pernety. Die gesamten indirekten Steuern den Franzosen zu verpachten, wie er ursprünglich geplant hatte, gab Friedrich auf, aber nicht, weil er zu »hochherzigen Sinns« war und seine Untertanen nicht »ganz der Willkür der Fremden übergeben« wollte, wie der liebenswerte Franz Kugler meint, sondern weil die französischen Kapitalisten die geforderte Kaution nicht zahlen wollten.

De Launay, dem zwölf Provinzdirektoren unterstanden, hat »mit einer Machtvollkommenheit geschaltet, wie sonst kein einziger Beamter Friedrichs, Cocceji nicht ausgenommen«, schreibt der Königliche Archivar Petersdorff. Jeder seiner Regisseurs bekam ein Jahresgehalt von ursprünglich 12 000 Talern, das sich bald auf 15 000 Taler erhöhte, da die verbleibenden Regisseurs das Gehalt und die Arbeit des erstochenen de Candy unter sich teilten. Der König machte de Launay außer dessen Jahresbezügen und Tantiemen insgesamt weitere 30 000 Taler zum Geschenk; auch sicherte er ihm für den Fall des Ausscheidens eine Pension von 5 000 Talern pro Jahr zu, die im Todesfall auf die Kinder übergehen sollte und auf die de Launay, doch wohl kein Strolch, bei seiner Entlassung 1786 verzichtete.

Nach Ablauf des ersten Sechsjahresvertrages, 1772, entließ Friedrich alle Regisseurs bis auf de Launay, ernannte aber insgesamt vier neue, zwei Franzosen und zwei Deutsche. Der diesen Regisseurs zum Schein vorgesetzte Minister von der Horst erhielt nur 4000 Taler. Preuss bemerkt denn auch, daß von der Horst, seinem Gehalt entsprechend, sich »in (das) eigentliche Verwaltungsgeschäft (der Regie) nicht mischen durfte«. Die Regisseurs schuldeten nur dem ihnen »nominell« vorgesetzten Staatsminister Rechenschaft; sie hatten eine »fast unbeschränkte Gewalt über die Beamten«, konnten sie »ein- und absetzen, wie es ihnen beliebt«, so Walther Schultze in seiner »Geschichte der Preußischen Regieverwaltung«. Auch Koser sagt, daß in der Akzise-Verwaltung der Minister »einen wirklichen Einfluß auf die Regie-Angelegenheiten nicht hatte«.

Bei der »Minister-Revue« am 16. Juni 1783 wollte der König mit Heinitz, der in Personalunion das Akzise- und das Fabriken-Departement neuerdings leitete und der andere Vorstellungen als de Launay hatte, überhaupt nicht sprechen; wie Heinitz meinte, »um den Regie-Direktor nicht zu verletzen«. Über seine Mitmenschen klagt Friedrich in seinem Testament von 1768: »Man liest wenig, man hat keine Lust, sich darüber zu unterrichten, wie man etwas anders machen kann.« Er hielt sich für einen Reformer.

Für die Berechnung der Tantiemen bot der König seinen Raubmarquis 25 Prozent des Überschusses an, den die Regie über den Reinertrag der Akzise im Etatjahr 1764 auf 1765 hinaus erzielen würde; de Launay hielt diesen Ertrag, kaum dreieinhalb Millionen Taler, wegen der Kriegsnachwirkungen für nicht normal und erreichte, daß der Ertrag des Etatjahres 1765 auf 1766 mit etwas über viereinhalb Millionen zugrunde gelegt wurde. Davon beanspruchte er auch nur fünf Prozent Tantieme, noch einmal zwischen 50 000 bis 100 000 Taler jährlich. Schultze vermag den scharfen Unterschied zwischen diesem »Sozialismus« Friedrichs und dem späteren proletarischen Sozialismus zu erkennen: ersterer habe sich durchaus in den Grenzen der Realität gehalten und nicht versucht, seine Ideale »auf Kosten des Bestehenden, des historisch Gewordenen« zu verwirklichen. Zwar ließen sich die Raubmarquis Friedrichs Satz: »Nehmen Sie nur von denen, die bezahlen können; ich gebe sie Ihnen preis« nicht zweimal sagen. Aber so sehr sie auch versuchten, den Adel zu schröpfen, dem sozialen König gelang es, seine Junker zu schützen. Die Leidtragenden dieses realistischen Sozialismus waren die Schwachen, als deren Anwalt sich der König bezeichnet hatte: schlicht die Masse des Volkes.

So war zwar das »platte Land« nominell überhaupt von der Akzise frei; aber eben deswegen blieb auch der Betrieb von Handwerk und Industrie dort fast durchweg verboten. Die Landbevölkerung, die ohnehin unter den bisherigen direkten Kontributionen schwer zu leiden hatte, mußte alles, was sie an Kleidung und Nahrung, an Arbeitswerkzeugen und Genußmitteln nicht selbst produzierte, in den Städten kaufen und derart die Verbrauchssteuer mitbezahlen. Zugunsten seiner Junker verfügte Friedrich, daß, was an Bier, Wein oder sonstigen steuerpflichtigen Waren für ihre Güter eingekauft wurde, von der Akzise völlig befreit sein solle. Ludwig Reiners hingegen sieht Friedrichs Steuerpolitik »stark von sozialen Erwägungen« beeinflußt. Selten seien die Unterschiede in der Lebenshaltung so gering gewesen wie im alten Preußen.

Erst durch Edikt vom 1. April 1772 wurden Wein und Kaffee mit einem hohen Aufschlagsimpost belegt, welcher, anders als die bis dahin üblichen Zoll- und Lizenzgefälle, auch von den akzisefreien Ständen entrichtet werden mußte. Bei Einrichtung der Regie (Brief an de Launay vom 16. März 1766) hatte Friedrich freigegeben, »alle fremden Weine ... so hoch zu besteuern als ihr für gut findet« (»sowas bezahlt der Arme nicht«), dagegen für eine Herabsetzung der Branntweinsteuer plädiert und höchstens eine kleine Steigerung der Biersteuer (»Das einheimische Bier muss nicht zu hoch versteuert werden: ... es mag 12 Gr. bezahlen, aber non plus ultra«) zulassen wollen.

Tatsächlich wurden jedoch eine kleine Steigerung der Weinsteuer, eine Steigerung der Branntweinsteuer um die Hälfte und die Verdoppelung der Biersteuer verfügt; Bier war das ohnehin hoch besteuerte Volksgetränk. Einziger Vorteil für das Volk war eine Ermäßigung der Brotsteuer, eine Erleichterung von nur kurzer Dauer. Wenig später wurde nämlich eine »Eingangsakzise vom Getraide und Mehl mit respektive 4 und 6 Pf. für den Scheffel (Umschüttegeld)«, so Preuss, erhoben, die eine neuerliche Verteuerung zur Folge hatte. Alles, »was der Mensch zum Leben und Sterben braucht« (Mehring), wurde besteuert, so daß schließlich das Verzeichnis der akzisepflichtigen Waren (etwa Fleisch, Getränke, Salz, Tabak und Kaffee) allein für Berlin 107 Folioseiten umfaßte, deren jede durchschnittlich 30 bis 40 Artikel enthielt.

»Daß damit die Nahrungsmittel des gemeinen Mannes zu hoch besteuert waren, wollte der König nicht anerkennen«, schreibt sein Biograph Koser, wie der König denn überhaupt mit solchen Anerkennungen der Tatsachen sparsam war. Grotesk darum Kosers Feststellung: »Die sozialpolitische Absicht der Reform blieb im wesentlichen unerfüllt, jedenfalls ganz ohne Anerkennung, ganz ohne Dank.« Da doch ohne Erfolg, warum schändlicherweise ohne Dank?
Wenn dann wenigstens, da die Steuerreform ihr »soziales« Ziel nirgends erreichte, der finanzielle Effekt erreicht worden wäre! Die Regie hat aber in den einundzwanzig Jahren ihres Bestehens pro Jahr allenfalls eine Million Taler zusätzlich abgeworfen. Preuss, ein gewiß loyaler Beobachter, meint zu Recht, die indirekten Einkünfte wären »bei steigender Kultur und Wohlhabenheit, ohne die Fremdlinge, bei sorgsamerer Verwaltung der Eingeborenen« in der lediglich durch ein Kriegsjahr unterbrochenen Friedenszeiten von 1766 bis 1786 vielleicht noch höher gekommen.
Zum ersten verschlang die Regie etwa 500 000 Taler mehr als die alte Verwaltung; die Jahreskosten der Regie stiegen auf insgesamt 800 000 Taler pro Jahr. Dazu kamen die Tantiemen der Regisseurs, die oft noch in die eigene Tasche wirtschafteten, und schließlich mußte – trotz eines »scheußlichen Denunziations- und Spioniersystems« (Mehring) – eine derart drückende Besteuerung einen Schmuggel von ungeheurem Ausmaß provozieren. Dazu hat sicherlich auch beigetragen, daß Friedrich, sobald es sich um Einschwärzung preußischer Waren durch die Zollschranken der Nachbarländer handelte, ein eifriger Beschützer des Schmugglerhandwerks war. Dohm schreibt in seinen »Denkwürdigkeiten«: »Vielleicht ist kein Gedanke Friedrichs je für sein Land verderblicher gewesen (als die Regie), und wir glauben, die Periode, wo die Ausführung desselben begann, als die traurigste der Regierung des Königs ansehen zu können.«
Den letzten Vorstoß der preußischen Beamtenschaft gegen diese »fürchterliche Plackerei«, die der König mit Stolz »mein Werk« nannte, unternahm das Generaldirektorium mit einer »Pflichtmäßigen Anzeige«. Die Behörde wies die »Behinderungen im Commercio in den Königlichen Landen« nach; »in der ruhigsten und sachlichsten Weise« (Mehring) beschrieb sie die Schädlichkeit der Regie, die »verschiedenen im Land eingeführte Monopolia ... in Sonderheit der allergrößeste Bedruck aus der seit einem Jahr eingeführten General-Tabacks-Verpachtung« als »dem allgemeinen Commercio höchst schädlich«; erklärte die – vom König nicht gewünschte – Steigerung des Arbeitslohns aus der höheren Belastung der Getränke, des Fleisches und anderer Nahrungsmittel. Der König erhielt diese Eingabe am 2. Oktober 1766 und schrieb mit eigener Hand: »ich erstaune über der impertinenten Relation so sie mir schicken, ich entschuldige die Ministres mit ihre Igno-

rence, aber die Malice und corruption des Concipienten muss exemplarich bestraffet werden sonsten bringe ich die Canaillen niemahls in der Subordination.« Nächsten Tages eröffnete die Verfügung dem Generaldirektorium, »wie allerhöchst Dieselbe den Geheimen Finanzrath Ursinus cassiret und nach Spandow zur Festung bringen lassen«, und »daß alle Diejenigen, welche sich dagegen auf unrichtigen Wegen oder wohl gar Corruptionen werden betreten lassen, sichere Rechnung darauf machen können, daß Se. K. M. . . . selbigen, es mögen Räthe oder Ministres sein, ohne alle Umstände arretiren und auf Zeit Lebens zur Festung bringen lassen«.

Malice und Korruption sah der König, wenn ihm mit Gründen widersprochen wurde. Podewils hatte er schon 1742 Bestechlichkeit vorgeworfen, als der Minister gegen das Bündnis mit Frankreich und für England votierte. Ursinus, dieser »achtenswerte Mann«, der eine dem König unangenehme Wahrheit konzipiert hatte, mußte ins Gefängnis und aus dem Dienst: hier, und nicht später, wurde Preußens Beamten das Rückgrat gebrochen. Ritter nennt das eine »Episode«.

Ähnliche Erfolge wie mit seiner Regie erzielte der große König im Postwesen. An die Spitze der neuen Generalpostadministration setzte er ebenfalls Franzosen: Jacques Marie Bernard wurde Generalintendant, de la Hogue Superintendant und Moret Regisseur. Moret mußte »Schändlichkeiten halber« (Preuss) schon im Dezember 1766, ein halbes Jahr nach seiner Ernennung, Berlin binnen vierundzwanzig Stunden verlassen; sein Nachfolger Edème Guiard wurde 1767 abgesetzt, und Bernard entzog sich einer gerichtlichen Untersuchung durch Flucht. Nur de la Hogue schied unter normalen Umständen. Noch merkwürdiger ist die Geschichte der friderizianischen Tabaks- und Kaffeeregie. Am 4. Mai 1765 nahm der König den Tabakhandel zum Monopol (Friedrichs »ganz eigene Erfindung«, wie Preuss bemerkt), wofür Franz Lazarus Roubaud, »ein bankbrüchiger marseiller Kaufmann«, und der Italiener Johann Anton von Calzabigi »eine Million Thaler Pacht zahlten« (Friedrich über Calzabigi: er habe »en compagnie« gestohlen). Der Vertrag enthielt bei tausend Taler Strafe das Verbot für jedermann, Tabak zu kaufen oder zu verkaufen, der nicht von der »Ferme« (das war die geplante Einrichtung) entnommen und signiert war. Die Beamten dieser Ferme sollten das Recht erhalten, bei Verdacht »Nachforschungen wegen Contrebande anzustellen an allen und jeden Orten und in allen Häusern, sowohl in den Städten wie auf dem Lande«.

Die beiden Ausländer versagten ebenso wie ihre Nachfolger, zehn Berliner Tabakfabrikanten und Kaufleute; die Gesellschaft wurde deshalb bereits am 1. Juli 1766 wieder aufgelöst; der König bestellte die sogenannte »Generaltabacksadministrazion«, die er, nachdem sie nur kurze Zeit mit der Regie verbunden gewesen

war, als besonderen Verwaltungszweig einrichtete. Die neue Regie funktionierte besser, brachte aber auch nicht den erwarteten finanziellen Erfolg.
Der Kaffee, damals höchstens auf den Festtagstischen der Wohlhabenden, wurde um so beliebter, je höher die Kaffeeregie ihn besteuerte. Durch Edikt vom 1. April 1772 wurde die bisherige Steuer von 4 Groschen pro Pfund* Kaffee um weitere 2 Groschen erhöht. Trotz dieser enormen Abgabe nahm der Kaffeeverbrauch immer mehr zu, ebenso allerdings der Schleichhandel, so daß die Einkünfte rapide zurückgingen. Friedrich beauftragte deshalb de Launay, eine staatliche Kaffee-Regie einzurichten.
Die neue Kaffee-Ordnung erschien 1781. Insgesamt 21 Entrepots wurden eingerichtet; die königlichen Entreposeurs, Kaufleute, erlegten 6 000 Taler Kaution und erhielten dafür die Erlaubnis, ungebrannten Kaffee an die Privilegierten, gebrannten in Büchsen an Händler zu verkaufen. Die mit einer königlichen Verordnung beklebte Büchse gebrannten Kaffees enthielt vierundzwanzig Loth gleich vier Fünftel Pfund und kostete einen Taler, davon vier Groschen Pfand für die Büchse, die man zurückgeben konnte. Da die »Privilegierten«, Adel, Offiziere, Geistliche, Mitglieder der Landeskollegien und einige andere Bevorrechtigte, auf ihre vom Akzisenamt ausgestellten Brennscheine für dieselbe Menge ungebrannten Kaffees nur 9 Groschen bezahlen mußten, blühte auch der Schleichhandel mit ungebranntem Kaffee.
Der König setzte französische Kaffeeriecher ein, auch preußische Invaliden, die Personen und Häuser nach frisch gebranntem Kaffee durchsuchten und dabei vor dem Durchstöbern der Keller sowenig haltmachten wie vor der peinlichen Visitation weiblicher Verdächtiger. Schopenhauers Mutter beschreibt das Vorgehen der französischen Regiebeamten in Danzig: ». . . die damals Mode gewordenen Poschen der Damen, eine Art leichterer Reifröcke, die freilich aus sehr geräumigen Taschen bestanden, denen man ihren Inhalt von außen durchaus nicht ansehen konnte, waren dem französischen Gesindel ein Hauptgegenstand des Argwohns . . . Haussuchungen nach Konterbande, denen niemand bei schwerer Strafe sich widersetzen durfte, fielen täglich vor, und Kaffeeriecher, von ihrem ehrenvollen Amte so benannt, spürten in Höfen, Häusern und Küchen dem Geruch des frischgebrannten Kaffees nach, der innerhalb der preußischen Grenze nicht anders als schon gebrannt verkauft werden durfte.«
Diese Kaffeeschnüffler wurden ein »Gegenstand des bittersten Volkshasses« (Preuss); das Ergebnis ihrer verhaßten Tätigkeit ließ sich an der enormen Steigerung der für Schleichhandel verhängten Strafen ablesen, die schließlich ein solches Maß erreichten, daß Friedrich auf de Launays Vorschlag in zwei Etappen den Preis für das Pfund gebrannten Kaffee von sechsundzwanzig

* Damals zwischen 400 und 600 Gramm, ein Pfund teilte sich in dreißig Loth.

Groschen auf zehn Groschen heruntersetzen mußte. In einem Bescheid (27. August 1779) auf eine Beschwerde der hinterpommerschen Landstände empfiehlt der König, der seinen Privilegierten einen jährlichen Verbrauch von wenigstens zwanzig Pfund zur Pflicht machte, »ein jeder Bauer und gemeiner Mensch« sollte sich wieder an das Bier gewöhnen, denn auch »Sr. K. M. Höchstselbst (sind) in der Jugend mit Biersuppe erzogen ... Das ist viel gesunder, wie der Kaffee.«*

Die Landstände könnten sich um so mehr beruhigen, als »denen für beständig auf dem Lande wohnenden vom Adel so viel Wein und Kaffee, wie sie zu ihrer und ihrer Familien Konsumzion nöthig haben, fernerhin frei gelassen wird«.

Daß Friedrich den Anbau der Kartoffel gefördert hat, steht in allen Schulbüchern, und es stimmt auch. Aber die wichtigste Erfindung des Berliner Chemikers Andreas Marggraf in der Berliner Hofapotheke, aus Runkelrüben Zucker zu gewinnen (1747), nahm er nicht zur Kenntnis; (Marggraf wurde 1754 Leiter des chemischen Laboratoriums der Königlichen Akademie). Statt dessen ergab Friedrich sich im Verein mit Fredersdorf der Alchimie.

Im Sommer 1753 präsentierte ihm der Kämmerer eine Frau Nothnagel (Friedrich: »Mad. Nothnaglin«). Erst wollte er sie nicht sehen, »weillen ich mihr aber nicht gahr wohl mit Solchen leüten abgeben mach«. Ende September aber: »wann sie mihr sprechen wil, so kan sie umb 3 uhr in Mans-Kleidren drüben in der Camer Kommen.«

Die Frau beschwert sich über Fredersdorf, und Friedrich mahnt: »traktire sie nicht übel!« Sie bittet den König um einen Abtreiber. Der Sohn der Aufklärung weiß nicht, ob er an die Fähigkeiten der Goldmacherin glauben soll, er präpariert sich schon darauf, daß nichts daraus wird, es ist ein angenehmer Traum, der ihn »Divertiret«; er sagt der Frau, sicher habe sie ihn nicht betrügen wollen, sondern habe sich selbst betrogen.

Aber wenig später hat er »würklich hoffnung«. Er unterschreibt einen Vertrag. Er braucht das Gold, weil in der Außenpolitik »lauter Stürmische aspecten sich hervohr thun«. Er ist schon im Handel wegen der Aufstellung neuer Regimenter, »doch ohne mihr zu vergalopiren«, und dann soll der Teufel den holen, »der an (Ost-)Preusen oder Frisland mit der Nasen an-Kömt!«. Er stellt in Gedanken an das viele Gold der Frau, ausgerechnet, Nothnagel 17 000 Mann handschriftlich neu auf, für jährlich 1 154 000 Taler, darunter »150 garducorps« und »100 huzaren vohr mihr«. Aber das Gold muß bald kommen.

Große Enttäuschung. Im Dezember 1753: »Ich glaube an keine

* Der König war in jüngeren Jahren ein ungemein starker Kaffeetrinker. Dem französischen Gesandten Valory, der ihn dieserhalb warnte, gab er recht und sagte: »Ich trinke morgens nur noch sieben bis acht Tassen und nach Tisch nur eine einzige Kanne Kaffee«; zum Abgewöhnen.

goldtmachers mehr in mein leben!« Sein Schwager, der Herzog (Karl) »zu Brunschweich«, hält mehr als zehn Goldmacher »in seine Vestung«, er hat es ihm »vertzehlet«; »ich bin nicht so schlim, ich lasse sie laufen«. Er hat sich sehr geschämt und sich alle Narrenpossen aus dem Kopf geschlagen. Du, Fredersdorf, sollst nun auch damit aufhören, sonst bringen die Goldmachers dir »umb Deine bakenberen« (Bickbeeren gleich Piepen gleich Mäuse gleich Zaster und so fort).

Das Geschäft, lustig zu lesen, wirft auf den Charakter des Königs ein günstiges Schlaglicht, nicht aber auf sein Geschäftsgebaren in Angelegenheiten des Handels. Nie bemüht er sich um den wirtschaftlichen Zusammenhang. Mit den nationalökonomischen Theorien eines Adam Smith, seines Zeitgenossen, und der französischen Physiokraten mußte er sich gar nicht erst abgeben, weil er sich überhaupt mit Erörterungen nicht abgab.

Er hatte ja seine Überzeugungen, die er in die beiden Gürzenich-Kernsätze faßte: »2 Sachen gereichen zu des landes besten. I. eine auß fremden landen gelt einzutzihen. dießes ist das Comertzium. 2. zu verhindern, das nicht unnöthig geldt aus dem Lande gehe, Dießes sind die Manifacthuren.« Nimmt man alle Tage Geld aus seinem Beutel, sagt er, und tut nicht hinein, so ist der Beutel bald leer. Allen Ernstes glaubte er seinem Kabinettsminister Hertzberg, die in seinen Staaten hergestellten Kunstprodukte hätten den dreifachen Wert der produzierten Naturalien, und Mirabeau folgerte daraus, »daß er vom Staatshaushalte auch nicht die allergeringste Kenntniß gehabt habe«.

Man hat zu seiner Verteidigung gesagt, er habe lediglich die Fehler des damals herrschenden merkantilistischen Systems – Autarkiestreben, Reglementierung statt privater Initiative – sowenig bemerkt wie die anderen Regierungen, habe sie dazu noch lückenlos praktiziert und auf die Spitze getrieben.

Aber der große Colbert, hundert Jahre vor Friedrich, kein Adliger, ein bürgerlicher Minister seines Königs, wollte die Wirtschaft des bis dahin überwiegend agrarischen Frankreich entwikkeln. Ludwigs XIV. Kriege konnte er nicht hindern. Friedrich hingegen sah die Wirtschaft mit den Augen eines Intendanturrats, der im Kriegsfall unabhängig sein will von fremden Zufuhren und der über einen Kriegsschatz in barem Geld verfügt. Folgerichtig fiel er auf mittelalterliche Bann- und Zwangsrechte zurück.

Er ahmte unbedacht Maßnahmen nach, die einem großflächigen Wirtschaftsraum, nicht aber dem zerstückelten Preußen angemessen waren; Reformen aber, die auch seinem Land wohlangestanden hätten, nahm er nicht in Angriff. War Colberts Ziel die Beseitigung oder Eindämmung lokaler Wirtschaftsschranken, etwa der Binnenzölle und Stapelrechte, so stellte Friedrich in Preußen, einem Gebiet des Durchfuhrhandels, ein kompliziertes Zollsystem auf. Schützte sich Frankreich gegen ausländische Konkurrenz durch Zölle und Einfuhrverbote, so hatte das seine Berechtigung, da Frankreich eine Nation mit zusammenhängendem Territorium war. In fortschrittlichen Steuerreformen schuf es den Ausgleich nach innen. Friedrich hingegen mit seinem zerfetzten Königreich war auf eben den Transithandel angewiesen, den er auf jede Weise hemmte.

Allein in der Kurmark gab es achtundsechzig verpachtete und neunundzwanzig nicht verpachtete Zölle, acht verpachtete und sechs nicht verpachtete Schleusen. 1765 verbarrikadierte sich der König zollpolitisch gegen Westpreußen und stellte seinem Gesandten in Petersburg 70 000 Taler zur Verfügung, um durch Bestechung die russische Zustimmung für eine Zollstätte bei Marienwerder zu erkaufen. Ging das nicht nur gegen Danzig, sondern auch gegen die Untertanen in Ostpreußen, diese »ohngeleckten Bären«? Noch später schloß er die Schranken gegen seine jenseits der Weser liegenden Provinzen. Er behandelte sie »als zollpolitisches Ausland und verbot ihren Waren den Eingang in seine übrigen Provinzen; aber auch zwischen diesen ließ er Zölle bestehen« (Max Lehmann). Die abgesprengten Vorlande seines Territoriums betrachtete er als Zoll-Ausland, sagt Koser. Auf den Landstraßen blieben »tausenderlei Binnenzölle mit den verschiedensten Tarifsystemen« (Ritter) erhalten. Seine gerühmten Kanalbauten legte er selbst durch Zölle wieder lahm.

So findet sich denn sogar bei dem entschlossenen Lobredner Schmoller der Hinweis, das Colbertsche System habe sich auf Preußen nicht übertragen lassen – eine Erkenntnis, die Friedrich versagt blieb. Statt Reformen und Verbesserungen zu ersinnen, verwickelte der König Preußen lieber in Handelskriege, die gewöhnlich mit der Einführung sehr hoher Kampfzölle begannen. Die übliche Antwort der Betroffenen waren Einfuhrverbote für preußische Waren, und diese lösten Gegenmaßnahmen aus, die zu einer »ganz empfindlichen Schrumpfung des Handels« (Anton Zottmann 1937) beider Staaten führten. Derartige Handelskriege führte Friedrich gegen Österreich, Sachsen, Hamburg, Polen und insbesondere Danzig. Schließlich versuchte man, nachdem unermeßlicher Schaden angerichtet war, durch Handelsverträge wieder vernünftige Beziehungen herzustellen.

So schrieb die Kurfürsten-Witwe Maria Antonia, von Friedrich verehrt und mit ihm durch vielfältige Interessen verbunden, 1765 an Friedrich: »Unser großes Prinzip ist die Freiheit des Handels und die Gegenseitigkeit. Wenn Eure Majestät dieses System sich zu eigen machen will, mit den Einschränkungen, die das innere Bedürfnis eines jeden Staates notwendig machen mag, so werden Sie uns zu allem bereit finden.« Friedrich verwies auf die Federfuchser in beiden Ländern, auf die großen Perücken, gab aber dann zu, seine »große Perücke« werde ihre Instruktionen aufgrund

der Interessen seines Volkes erhalten. Aus dem Zollabbau wurde also nichts. Friedrich hielt sich an seinen 1748 definierten Leitsatz: »Die Sachsen sollen chikaniret, ihre Waren bei der Entrée difficiliret werden.«
Er hatte die Meinung, »wenn man den Fremden schadet, so schafft man seiner Nation Vortheile« – ein Grundsatz, den schon Mirabeau »ganz ungeheuer und eines Politikers aus dem eilften Jahrhundert« würdig nennt. Seine Handelssperre schadete zunächst auch Sachsen, vor allem aber trug die Last die Stadt Magdeburg. Den Durchfuhrhandel von Sachsen nach Hamburg und umgekehrt belastete er zu Lande durch unerhört hohe Transitimposte; auf der Elbe durch Benachteiligung der Dresdner und Hamburger Schiffer und Erneuerung des alten Magdeburger Stapelrechts. Die Folge war, daß die Ausländer andere Wege für ihre Waren suchten. Der Hamburg-Leipziger Verkehr nahm den beschwerlichen Umweg über den Harz, der Polnisch–Leipziger ging über Bielitz, der Polnisch–Litauische Handel wandte sich nach Riga und Libau oder nach Österreich und Triest. Dohm berichtet: »Man schlug alle Wege ein, um den preußischen Boden nicht zu berühren, man zog einen weitern und kostbarern Weg zu Lande, der um das Preußische herumführte, der kürzern und wohlfeilern Wasserfahrt durch dasselbe vor, weil leztere durch die vielen Zölle vertheuert und lästig gemacht war.«
Die schönste Rechtfertigung findet wieder Gerhard Ritter: ». . . nur im Kampf, nicht in friedlicher Zusammenarbeit mit den Nachbarn *schien* die Steigerung der wirtschaftlichen Kräfte des Landes erreichbar« – man fragt sich bloß, welche noch katastrophaleren Folgen es endlich auch Friedrich ermöglicht hätten, den Schein als solchen zu erkennen und zu einer vernünftigen Sicht der Dinge durchzudringen.
Ebenso rücksichtslos wie gegen Sachsen ging der König gegen Hamburg vor. Er gab Berliner und Magdeburger Kaufleuten das Schiffahrtsmonopol auf preußischen Gewässern und verdrängte dadurch die Hamburger Schiffer; er monopolisierte die Berliner Zuckersiedereien und schloß damit den weit billigeren Hamburger Zucker vom preußischen Markt aus. Er versuchte schließlich, die preußischen Kaufleute von der Hamburger Vermittlung freizumachen, indem er Holz- und Getreidehandel umorganisierte.
»Ein Denkmal für Friedrichs II. wirtschaftspolitische Weisheit« (Hegemann) ist seine Zollpolitik gegen Danzig. Wohl zu Recht gibt Hegemann Friedrich die Schuld, daß sich Danzig, im Delta eines dem Rhein vergleichbaren Stromes gelegen und mit einem riesigen Hinterland, nicht wie Hamburg oder Amsterdam entwickelt hat.
Schopenhauers Mutter Johanna berichtet über das Auftreten der Preußen in »Jugendleben und Wanderbilder«: »Der Preuß ist über Nacht gekommen . . . An jenem Morgen überfiel das Unglück

wie ein Vampyr meine dem Verderben geweihte Vaterstadt, und saugte jahrelang ihr bis zur völligen Entkräftung das Mark des Lebens aus!« Der alten, einst mächtigen Hansestadt wurde zwar die republikanische Verfassung gelassen, rund um Danzig aber, teilweise schon in den äußeren Vorstädten, wurden Zollgrenzen gezogen, die, ebenso wie der Hafen, von den verhaßten Beamten der preußischen Regie besetzt wurden. Johanna schildert uns, wie ein fürwitziger Zoll-Franzose von der empörten Menge gelyncht wurde.

Unter Ausschaltung Danzigs versuchte Friedrich, mit Polen in den Seehandel zu kommen: Anlaß für die Gründung des Seehandlungsinstituts im Jahre 1772. Die Seehandlung erhielt das Monopol für die Einfuhr spanischer, englischer und französischer Salze und ein Stapelrecht für Wachs. Das Stapelrecht war ausschließlich gegen Danzig gerichtet und schädigte die Danziger Kaufmannschaft, ohne Preußen zu nützen; es schadete Königsberg und Memel. Das die polnisch-österreichischen Salzbergwerke in Galizien schädigende Salzmonopol vertrieb die Schiffe aus dem Danziger Hafen und machte wegen der erheblichen Verteuerung, eine oft zu bemerkende Folge friderizianischer Monopole, die Ausfuhr preußischen Salzes unmöglich.

Neben fachlicher Unkenntnis bewies Friedrich auch hier sein erprobtes Geschick, Geschäftemacher zu segnen. Zum Präsidenten bestellte er den Staatsminister Goerne, der dann »wegen der ihm nachgewiesenen Unterschlagungen ... im Jahre 1782 zur Konfiskation seiner Güter und zu lebenslangem Festungsarrest« verurteilt wurde (Schrader in seiner Untersuchung über die Seehandlung). Acht Jahre indes hatte der Gute ungestört wirken können und rund 1 400 000 Taler beiseitegebracht. Der Freiherr vom Stein hält dem Defraudanten zugute, daß er vor Aufnahme seiner Tätigkeit zwei Jahre unschuldig auf Festung gesessen habe. Die Seehandlung geriet in solche Zahlungsschwierigkeiten, daß man 1786 ihre Auflösung überlegte. Da Friedrich aber in diesem Jahr starb, konnte man das Institut umstrukturieren und dadurch erhalten.

Der allwissende Selbstherrscher kümmerte sich um die Details der Einfuhr- und Ausfuhrmöglichkeiten von Waren. Jede Reise ins Ausland samt Reisegeld mußte von ihm genehmigt werden. Alle Luxusartikel, vor allem etwa Seide, feinere Damast- und Baumwollgewebe und Porzellan, sollten im eigenen Land hergestellt, ausländische Konkurrenz, vor allem die »verhaßte sächsische« Konkurrenz (Ritter), völlig ausgeschaltet werden. Aber auch die Ausfuhr folgender Gegenstände war verboten: Papier, Zucker, Federn, altes Eisen, rohe Häute, Schafvließe, ungeschorene Schafe, Schaffüße und anderes Material zum Leimsieden, Knochen, Hörner, Speck, Flachs, Hopfen, Hanf, roher Tabak, Krapp, Bronze, Garne, Gold und Silber, gemünzt und ungemünzt,

Korn, Leder und Lumpen. Es gab eine Verordnung gegen den Absatz von Eiern aus Böhmen, und 1766 erneuerte Friedrich die alten Verbote, Wolle und Wollfelle auszuführen, 1774 stellte er gar die Ausfuhr unter »Lebensstrafe«. Diese Verbote bestanden auch, wenn im Ausland ein weit höherer Preis erzielt werden konnte. Die Einfuhrverbote gegen die Fertigwaren des Auslands umfaßten 1766 bereits 490 Artikel.
Wo immer Friedrich eingriff – mit unfehlbarer Sicherheit tat er es zum Nachteil Preußens, allerdings oft auch zum Schaden seiner Nachbarn. Mirabeau hat ihm vorgehalten, »que les prohibitions commerciales et les codes réglementaires ruinent en résultat deux bons cultivateurs pour donner un mauvais fabricant!«; zwei gute Landwirte habe Friedrich ruiniert, um einen schlechten Fabrikanten zu bekommen. Ob er gegen Monopole war oder Monopole verlieh, hing von seinen Launen ab. Ob er Schutzzölle bewilligte oder verurteilte, dito. Eine geregelte Geschäftsführung gab es ja nicht.
Friedrichs Ausfuhrverbot für Wollwaren (1774) hatte vor allem für sein Schlesien verheerende Folgen – daß es den Abbruch des sächsisch-polnischen Zwischenhandels bedeutete, versteht sich. Der schlesische Handel mit Österreich und Galizien, den eigentlichen Absatzmärkten, kam zum Erliegen, zahlreiche Schäfereien verfielen, weil die Schäfer außerstande waren, die für den Unterhalt notwendigen Kosten aufzubringen. Der reglementierfreudige König griff in gewohnter Manier ein: er ließ den ohnehin am Hungertuch nagenden Landsleuten bei tausend Dukaten Strafe verbieten, ihre Schäfereien eingehen zu lassen. In England wurde ein ähnliches Verbot, als sich die Folgen abzeichneten, sofort wieder aufgehoben; in Preußen bestand es fast vierzig Jahre, bis der Markt um 1810 in einem Wollboom explodierte.
Auch des Königs Versuch, den Außenhandel durch eine Staatsbank und monopolistische Handelsgesellschaften (für Holzhandel, Seeversicherung, Handel nach dem Nahen und Fernen Osten) zu aktivieren, schlug fehl. Wie fast allen derartigen Unternehmungen Friedrichs fehlte es auch der monopolisierten Staatsbank an jenem Unternehmungsgeist, der erforderlich gewesen wäre, sich gegenüber der geschickten und geschäftstüchtigen Konkurrenz der Ausländer zu behaupten. Die Staatsbank war lange Jahre hindurch kaum aktionsfähig. Dazu kam ein Ausfuhrverbot von Edelmetallen, von Friedrich ergänzt durch fortwährende Neumünze von Schlechtgeld mit immer weniger Edelmetallgehalt, bestimmt für das Ausland, von dem er selbst gutes Geld verlangte.
Ob er subventionierte oder schenkte oder gar nicht subventionierte, unterlag keinem Plan. Den Fabrikanten in Berlin und in Potsdam schenkte der König die Fabriken, außerhalb dieser beiden Städte gab er nur Unterstützungen, und 1781 antwortete er

dem Oberpräsidenten Domhardt, der ihn um 6000 Taler Zuschuß für die Gründung einer Segeltuchfabrik anging, unwirsch: »Wenn die Leute diese Sachen für ihr eigenes Geld machen, so wenden sie auch mehr Fleiß darauf und haben auch mehr Mühe darum.« Für neun Millionen Taler hat er zwischen 1763 und 1786 in Berlin Fabriken weggeschenkt.

Schmoller schließt seine Betrachtung friderizianischer Wirtschafts- und Finanzpolitik mit dem Satz: »Volkswirtschaftlich und finanziell steht er (Friedrich) auf der Höhe seiner Zeit.« Den Zeitgenossen schien das nicht so. Englands Gesandter James Harris meldete seiner Regierung 1773: »Seine Preußische Majestät ist zweifellos begierig, seine Handelsmacht zu entwickeln, und ist von Zeit zu Zeit überzeugt, daß das unmöglich ist, ohne den Handel vorher von den Hemmungen zu befreien, unter denen er in seinen Ländern darniederliegt; gleichzeitig aber vermag der König sich nicht zu überreden, die kleinen Vorteile aufzugeben, die er aus diesen Handelsbeschränkungen und aus den Belästigungen, mit denen seine Beamten sie durchführen, zieht. Sofortiger Gewinn, wie klein er auch sein mag, wird immer vom König vorgezogen werden. Seine Grundsätze auf diesem Gebiete sind so falsch und so äußerst kurzsichtig, daß ich überzeugt bin, seine großen Erwerbungen von Küstenland und Seehäfen werden nur anderen schädlich sein, ohne ihm selbst je zu nützen. Jedes Handelsunternehmen seiner Regierung ist bis jetzt unweigerlich fehlgeschlagen.« Friedrich sagte nicht Gott, aber er meinte leider auch nicht Kattun.

Durch Friedrichs Getreidemagazinierung konnte in schlechten Jahren Notständen abgeholfen und der Preis in erträglicher Höhe gehalten werden. Das ist, angesichts der unvorstellbaren Getreidehamsterei Friedrichs, nicht anders denkbar; seine Idee ging dahin, im Krieg genug Getreide für seine Armeen zu haben. Aber den Hungernden, denen geholfen werden konnte, durfte das Motiv des Königs gleichgültig sein.

Die Kehrseite erhellt aus der Klage des Liberalen Martin Philippson: »Auf daß das Brod im Lande billiger und damit der Preis der industriellen Handarbeit niedriger sei, wurde der magdeburger, der halberstädter, der pommersche Bauer verhindert, sein überflüssiges Getreide exportiren zu lassen und hiedurch außer seinen schweren Abgaben an Staat, Gutsherren und Kirche auch sich selbst und seiner Familie etwas Behaglichkeit zu verschaffen.« Auf den Kornböden der Bauern gab es Zwangsdurchsuchungen und, bei Erfolg, Zwangsverkäufe. Der Königliche Oeconomie-Rath Stadelmann kritisiert denn auch: »Eine weitere Schattenseite bestand darin, dass ein so weit ausgreifendes Fürsorgen und Bestimmen die Entwickelung der Selbstbestimmung, Selbstthätigkeit und Selbsthilfe der ländlichen Bevölkerung beeinträchtigen mußte.«

Nach Paris gehen derweil gloriose Meldungen: »Ich war in Preußen, um da die Leibeigenschaft aufzuheben« (an Voltaire 1773). Dem Unglücklichen muß ja der Fürst »zur letzten Zuflucht dienen«, an den Waisen muß er Vaterstelle vertreten, den Witwen beistehen und »ein Herz haben für den letzten Armen«. Amtlich geht die Intention Seiner Königlichen Majestät dahin, »daß die Bauern freie Leute sein sollen und keine Sklaven« (Instruktion an den Oberpräsidenten von Domhardt aus dem Jahr 1782).

Aber da gibt es ja die alten Verträge zwischen den Grundherren und den Ansiedlern (wohl von ähnlicher Qualität wie die zwischen dem Fürsten und den Regierten). Der Ackerbau ist nun einmal auf die Frondienste der Bauern zugeschnitten. Man kann ja nicht die ganze Landwirtschaft über den Haufen werfen. Der Adel müßte dann Entschädigung erhalten, und wer soll die zahlen?

Die glückliche Mäßigkeit der Schweden zieht er dem Reichtum der Engländer, Holländer und Franzosen vor (an Prinz Heinrich 1781); daß es viele Untertanen gab, die mit dem Vieh und wie das Vieh leben mußten, war nun einmal, außer geringfügig auf den staatlichen Domänen, nicht zu ändern, jedenfalls nicht zu seinen Lebzeiten. Zwar, man hätte auch die staatliche Grundsteuer, die Kontribution senken können, von der die Adligen, außer in Schlesien und Ostpreußen, gänzlich frei waren. Vierzig Prozent vom Reinertrag ihrer Höfe mußten die Bauern an den Fiskus abführen. Für den Staat, für den Festungsbau, für die Anlieferung in die Magazine leisteten sie Frondienste, dazu Vorspanndienste bei Reisen des Königs, der Beamten und Offiziere.* »Daß auf Bauernhöfen die Verpflichtung zu täglicher Stellung eines Gespanns lastete, gehörte nicht zu den Ausnahmen«, schreibt Koser.

Waren die Dienste gemessen, das heißt festgelegt, so war es schon gut, meistens waren sie ungemessen. In einigen »Urbarien«, jenen Verzeichnissen zur Feststellung der »Dienste, Pflichten Schuldigkeiten und Gerechtsame der bäuerlichen Bevölkerung« (Petersdorff), war noch bestimmt, daß die Hofgärtner bei Mangel an Pferden vor dem Pflug zu gehen hatten.

Wahrlich, ein König der Bettler hätte hier wohl ein Betätigungsfeld gehabt. Wer, wenn nicht Friedrich mit seinem großen Prestige, hätte reformieren sollen? Aber er war nur literarisch der König der Bettler, in seiner Regierung war er der König des Adels. Sollte es gehen, wie es ging, wenn er nur seine Soldaten rekrutieren und seinen Kriegsschatz füllen konnte.

Pfeiffer, der gute Mann, kommt auch hier zu dem Ergebnis, der König habe »unablässig« für den Bauernstand gesorgt, »hauptsächlich aus Gründen der Staatsraison«. Das ist schön ausge-

* Friedrich reiste mit untergelegten Vorspannpferden, mindestens 120 waren für seinen Zug erforderlich. Er selbst brauchte 64 Pferde, je acht für seine acht Wagen, er wechselte alle zwei Meilen. Ein einziges Mal, im Riesengebirge, schlug seine Kutsche um, 1785.

drückt. Aber Pfeiffer gibt uns für Schlesien dankenswerterweise auch die Einzelheiten.
Friedrichs Versuche von 1748 und 1763, die Aufhebung der Erbuntertänigkeit, vulgo Leibeigenschaft, zu erreichen, waren nämlich schlicht »erfolglos«. Zwar sollte die Freiheit von Handdiensten besonders Platz greifen, wie Hoym 1774 meldete, aber die Kolonisten durften sich ja »von selbst« zu einigen Diensten herbeilassen, dagegen habe S. M. »nichts zu erinnern«.
Nicht nur auf dem platten Land, auch in den einem Grundherrn unterstehenden Mediatstädten mußten Handdienste geleistet werden, und Schlabrendorff erkannte, dies sei vornehmlich die Ursache ihrer Armut. Die Breslauer Kammer antwortete dem Schlesischen Minister, die Bürger könnten ja, im Gegensatz zu den Bauern, »ohne Losbrief abziehen und brauchten bei ihrem Abzuge nicht das lystrum pro persona et bonis* zu erlegen«. Die Bewohner seien zwar armselig, aber das rühre von den veränderten Zuständen der neuen Zeit her. Wenn sie dem Ortsherrn Dienste leisteten, wenn sie die Schafe scheren, den Schloßteich fischen, den Mühlengraben räumen müßten, so drücke sie das weniger als die neue Steuer, die Akzise.
Schlabrendorff beharrte, kam aber nicht weiter. Hoym bemühte sich überhaupt nicht. Am 9. Mai 1786, offenbar in Vorahnung des königlichen Todes, schrieb die Glogauer Kammer der Breslauer Kammer – Schlesien war in zwei Kammerbezirke eingeteilt –, sie habe schon 1764 den Bericht über die Naturaldienstbarkeit und Untertänigkeit in den Mediatstädten eingesandt, bis jetzt aber noch keine Resolution erhalten. Die Breslauer antworteten am 12. Juli 1786, es habe sich ergeben, daß die Bürger nicht untertänig seien, wohl aber Zinsen abführten und bescheidene Dienste zu leisten hätten. Eine Abänderung lasse sich nur mit Zustimmung der Gutsherrschaft erreichen, daher man besser nichts weiter unternehme.
Den Erfolg bei seiner Pariser Claque auch in Punkto Bauernbehandlung kann man aus der Äußerung des Franzosen de Laveaux ablesen: »Wenn ein Minister einen zu hohen Ton gegen einen Bauern anschlug, setzte der Bauer den Hut auf den Kopf und sagte: Ich gehe zum König! und diese Freiheit, dem König alles zu sagen, erleichterte anscheinend die Last, die man für diesen König trug.«
Wenn Friedrich, wie 1783 in Neiße, erfuhr, daß ein Bürgerlicher Adelsgüter besitze, geriet er in großen Zorn. Daß die Nichtbefolgung seiner Befehle, die Lage der Bauern zu erleichtern, seinen Zorn erregt hätte, wird nirgends berichtet. Im Gegenteil, der getreue Pfeiffer berichtet uns, die Klagen der Bauern hätten Friedrich

* »Losbrief«, verkürzte Form von »Loslassungsbrief«, der dem Freizulassenden überreicht wurde, später auch von ihm gekauft werden konnte. Für den Freibrief wurde eine Gebühr, das »Freigeld«, »Losgeld« oder »lytrum« (nicht lystrum) bezahlt.

in seinen letzten Lebensjahren in eine ihnen abgeneigte Stimmung versetzt. Als der Oberst Hautcharmoy 1783 von den begründeten Beschwerden der Oppelnschen Bauern sprach, entgegnete ihm der Kabinettsrat Stellter, S. M. hätten derartige Klagen überdrüssig. Wurden Bauern aufrührerisch, ließ Friedrich ihre Regungen niederschlagen, auch wenn er die Beschwerden für begründet hielt. »Mit den durch falsche Vorspiegelungen aufgewiegelten Kerls werde man schnell fertig werden« (Koser), lautete ein Bescheid aus dem Jahre 1784.

Als er 1785 vor Grünberg einige Bauernburschen in leinenen Kitteln mit blauen Aufschlägen sah, sagte er: »Wart, wart, ich werde Euch diese Kittel ausziehen.« Auf allen Reisestationen fragte er erzürnt, ob Beschwerdeführer wider die Urbarien da wären, die neu festzustellen er gegen den Rat seines schlesischen Justizministers befohlen hatte. Wollte sich wer gegen die Verewigung dieser Fronlisten beschweren, dann beachtete er, so Pfeiffer, »in seiner Aufwallung andere Suppliken überhaupt nicht«. Es läßt sich denken, mit welcher Aufgeschlossenheit er dann jenen Supplikanten entgegentrat, die er »beachtete«.

Nur vor Gericht, da sollten die Bauern nicht benachteiligt werden, wenn sie denn schon einmal wagten, sich vor einem Gericht zu Tode zu siegen. Mochten sich Bauern der gerichtlichen Entscheidung der über sie zu Gericht sitzenden Gutsherren nicht unterwerfen, so hatte Friedrich es nicht gern, wenn sie von ihren Herren dafür bestraft wurden. Die Gleichheit aller vor Gericht sollte der Form nach gewahrt werden, und auch das »Bauernlegen«, die kapitalistische Enteignung der Bauern, verbot er; natürlicherweise, weil der Stand, der ihm Lasttiere und Rekruten stellte, nicht aussterben durfte. So schärfte Friedrich seinen Gerichten anläßlich des Arnoldschen Prozesses ein, daß »der geringste Bauer, ja was noch mehr ist, der Bettler eben sowohl ein Mensch ist, wie Seine Majestät sind«.

Einheimische Bauern und auswärtige Polen waren aber die unfreiwilligen Stützen eines nach den Begriffen damaliger Zivilisation rückständigen, eines unzeitgemäß autokratischen und feldwebelhaften, eines nur noch nach den Kategorien des Karl Marx richtig zu beurteilenden Wirtschaftssystems.

8. Kapitel Prag, Kolin, Roßbach, Leuthen

»Ja, sehn Sie, wie dieser Napoleon eben war, ein seelensguter Kerl, aber dumm, dumm.«
Der Major, spätere Generalleutnant und preußische Außenminister von Canitz um 1820 vor der Allgemeinen Kriegsschule in Berlin.

Ohne Hohenfriedberg, ohne Soor, ohne Leuthen, ohne die Eroberung und Behauptung Schlesiens wäre Friedrich nicht Friedrich, sondern irgendein bemerkenswerter Monarch des 18. Jahrhunderts. Nicht sein geistreicher Zynismus, nicht seine ambitionierte Schriftstellerei, nicht seine Justizreform haben ihn »zum ersten Mann des Jahrhunderts« gemacht, wie Treitschke ihn in läßlicher Übertreibung genannt hat (da denn von der ersten Frau wohlweislich nicht die Rede ist), sondern seine Schlachten um Schlesien, davon zwölf mehr oder weniger Siege und drei ausgemachte Niederlagen. Daneben vier Siege und vier Niederlagen, für die seine Generale die Verantwortung trugen (Siege: Fürst Leopold bei Kesselsdorf, Ferdinand von Braunschweig bei Krefeld und bei Minden, Prinz Heinrich bei Freiberg in Sachsen; Niederlagen: Lehwaldt bei Groß-Jägersdorf in Ostpreußen, August Wilhelm von Braunschweig-Bevern bei Breslau, Ferdinand von Braunschweig bei Bergen in Hessen, Wedell bei Kay in der Nähe von Züllichau). Insgesamt also 16 Siege und 7 Niederlagen, pas trop mal.
Aber der Sieger von Hohenfriedberg, Roßbach, Leuthen im dritten Krieg um Schlesien ist auch der Verlierer von Kolin, Hochkirch, Kunersdorf, die drei letzten ebenso desaströs wie die ersten bravourös. War Friedrich ein großer Feldherr? Das oft bestaunte Zahlenverhältnis des Siebenjährigen Krieges – fünf Millionen Bevölkerung gegen neunzig Millionen – ist ein wenig schematisch aufgestellt. Frankreichs Bevölkerung (zwanzig Millionen) mußte gleichzeitig die Mittel für den Kampf gegen England in Amerika aufbringen. Englands Subsidien (vier Millionen Taler jährlich über vier Jahre) kamen Preußen zugute. Unter dem Herzog Ferdinand von Braunschweig, dem Schwager des Königs, stand ein Hilfskorps in Norddeutschland, das nur wenige Preußen, sonst aber zeitweise bis zu 100 000 Mann umfaßte: Hessen, Hannoveraner, Braunschweiger, Engländer. Selten standen gegen Friedrich mehr als 100 000 Franzosen im Feld, nie mit den Österreichern vereint. Schweden, wo die Vertrauten seiner Schwester Ulrike, die Grafen Horn und Brahe, unmittelbar vor Kriegsbeginn auf dem Schafott geendigt waren, vermochte so wenig, daß Friedrich auf das Ansuchen um Friedensverhandlungen 1762 er-

widern konnte, sein Oberst Belling habe da ein wenig Krieg geführt, sicher sei er zum Friedensschluß bereit. Die Schweden boten kaum je mehr als 15 000 Mann auf. Die 25 000 Leute der Reichsarmee waren nur zur Hälfte Kampftruppen, die andere Hälfte, das Aufgebot der reichsfreien Städte, war nach Art einer freiwilligen Feuerwehr aufgeboten. Bei einer schwäbischen Kompanie etwa stellte die Stadt Gmünd den Hauptmann, die Stadt Rottweil den ersten, die Äbtissin von Rothmünster den zweiten Leutnant und der Abt von Gengenbach den Fähnrich. Die Reichstruppen zählten erst, als Friedrichs Soldaten nicht mehr für voll zählten. Sie galten als relativ beliebte Besatzung, weil sie weniger Untaten anrichteten. Die Stadt Leipzig wurde von Friedrich unter anderem so übel behandelt, weil sie sich die Reichsarmee zum Schutz gewünscht hatte.

Rußland mit seiner Bevölkerung von rund zwanzig Millionen war weit und weit weg. Die strikten Befehle der Zarin Elisabeth, die 1758 fünfzig Jahre alt war, wurden mit Rücksicht auf den Thronfolger nicht strikt ausgeführt, am wenigsten, wenn sie sehr krank schien. Dennoch schlugen sich die russischen Truppen unter im ganzen miserabler Führung über Erwarten, wie sich bei Zorndorf herausstellte, wo 36 500 Preußen mit 44 000 wegen ihres Nachschubs gehandikapten Russen nicht recht fertig wurden. Die einzige Armee aber, hinter der ein ungebrochener politischer Wille und eine ruhmreiche Tradition standen, war die der Maria Theresia, die aber die Hilfsquellen ihrer dreizehn Millionen Untertanen nicht mit friderizianischer Rigorosität ausbeutete. Rußland hat nie mehr als 87 000, Österreich nie mehr als 154 000 Soldaten gegen Friedrich aufgeboten.

So kann man über den Daumen schätzen, daß die Zahlenstärken der beiden Lager sich bis zum Ausscheiden der Russen aus dem Krieg selten anders als im Verhältnis 1:2 befunden haben. Im März 1759 schreibt Friedrich an d'Argens: »Bedenken Sie, daß ich 300 000 Mann auf dem Halse habe und ihnen selbst nur 150 000 entgegenstellen kann.« In vier von zehn Friedrich-Schlachten des Siebenjährigen Krieges waren die Preußen annähernd so stark wie ihre Gegner, bei Prag sogar stärker.

Friedrichs Kunststück bestand darin, auf der inneren Linie zu rotieren und die gegnerischen Streitkräfte zu hindern, sich zu vereinigen und ihn vereint zu schlagen. Tatsächlich hat er nie die gesammelte Hauptmacht der Russen und Österreicher in einer Schlacht gegen sich gehabt. Daß ihm das gelang, hat er ebenso seinem seit Soor legendären Ruhm, an dem er ja nicht unschuldig war, wie der Disordination der gegnerischen Regierungen und Heerführer zu danken. Kein französisches Kontingent durfte einem österreichischen Verband zugeteilt werden, obwohl die Generale Browne, Daun, Laudon und Lacy den französischen Heerführern überlegen waren.

Betrachtet man die Stärkeverhältnisse der berühmtesten Siege Friedrichs seit 1740, so findet man: Hohenfriedberg 65 000 gegen 70 000, Soor 22 000 gegen 39 000, Leuthen 35 000 gegen 65 000, Torgau 44 000 gegen 53 000. Bei seinen berühmtesten Niederlagen war das Verhältnis: Kolin 33 000 gegen 54 000, Hochkirch 30 000 gegen 78 000, Kunersdorf 49 000 gegen 79 000. Die Verluste freilich waren auch im Falle des Sieges oft so hoch wie die des geschlagenen Feindes: Torgau 17 000 Mann, davon 3 900 tot, gegen 16 000 Mann Gesamtverluste der Österreicher; »es kostet ihm seinen Kopf, wenn je die Anzahl ruchbar wird«, sagte er seinem Adjutanten Berenhorst, der ihm die Verlustrechnung überbrachte.
Zorndorf: 13 000 Mann gegen 22 000 der Russen. Bei Leuthen sogar, wo er mit seinen 35 000 Mann über 12 000 Österreicher gefangennahm, verlor er 6 500. Bei Lobositz (Eichel: »miraculeuse Protektion des Himmels«) hatten beide Seiten an die 2 900 Mann Verluste. Bei Prag an die 14 500 Mann gegen eine ähnliche Zahl der Österreicher. Während der sieben Kriegsjahre (eigentlich nur sechs, von der ersten bis zur letzten Kampfhandlung) hat er mehr Leute durch Tod, Desertion oder Krankheit eingebüßt als seine Armee bei Kriegsbeginn zählte, er selbst schätzte 180 000.
Da die Erschöpfung seines gedrillten Personals einen wesentlichen Aktivposten der Gegenseite ausmachte, mußte er, wie er 1759 nach Kunersdorf und Maxen auch tat, überlegen, ob seine Strategie des unablässigen Angreifens sich letztlich bezahlt machte. Vor dem Untergang hätte sie ihn nicht bewahren können, wenn die Zarin Elisabeth ein oder zwei Jahre länger am Leben geblieben wäre. Weder ein strategisches Konzept noch ein politisches hat er 1756, nach dem Überfall auf Sachsen, durchsetzen können.
Im Ersten Schlesischen Krieg hatte er kein anderes Rezept verfolgt, als der allenthalben angefochtenen Kaisertochter »einen guten Teil Schlesiens«, so sein Bevollmächtigter in Wien, Graf Gotter, zu entreißen; erst verstand er darunter ganz Niederschlesien mit Breslau (Forderung gegenüber dem englischen Vermittler, dem Gesandten Hyndford), dann, in der Abmachung von Kleinschnellendorf, Niederschlesien mit Breslau und Neiße, ohne Oberschlesien und Glatz. Im Vorfrieden von Breslau — 11. Juni 1742 — sollte sich Podewils notfalls mit Niederschlesien und Neiße zufriedengeben, so konsterniert war der König angesichts der Schwäche seines französischen Verbündeten. Podewils, das »Angsthuhn«, hatte aber Wind, daß die Königin mehr bewilligen würde, und erhielt auch noch Oberschlesien nebst der Grafschaft Glatz.
Die glückliche Eroberung mußte der König im Zweiten Schlesischen Krieg, den er sich wohl auch hätte sparen können, nur behaupten. Freilich, er erstrebte auch noch Teile Böhmens, aber die Kriegslage war nicht danach. Ob ein minder angriffslusti-

ger Friedrich nach dem Frieden von Breslau ungestört im Besitz des einmal eroberten Schlesien hätte bleiben können, ist eine müßige Frage, denn ein minder angriffslustiger Friedrich hätte Schlesien 1740 gar nicht erst erobert.
Die vom König geführte preußische Armee scheint, nach Kopfzahl gerechnet, einen höheren Kampfwert ins Treffen gebracht zu haben als jede vergleichbare Armee seiner Gegner. Ein preußisch exerzierter Offizier und Fußsoldat scheinen mehr wert gewesen zu sein als sogar ein österreichischer Infanterist. Jedenfalls dachte der klug rechnende Daun so, der mit diesem Argument 1760 einem Austausch der Gefangenen erfolgreich widerriet, wie immer in seinem für ihn charakteristischen Sprachgemisch: »... il ne faudroit pas se presser und die Sache von selbsten an sich kommen lassen.«
Im Jahre 1756 wurde Preußens Armee, die schlagkräftigste der Welt, von einem König trainiert und geführt, der sich für einen Kriegskönig hielt, der selbst schon drei Schlachten gewonnen hatte, darunter zwei unbestreitbar kraft Verdienst, und der noch keine verloren hatte. Keiner seiner gegnerischen Heerführer, den Schlachten-Verlierer Karl von Lothringen ausgenommen, hatte vor 1756 je in einer Schlacht geführt: Browne, Daun, Laudon, Lacy nicht, die Russen Apraxin, Fermor und Soltikow nicht, nicht die Prinzen Soubise und Hildburghausen. Keiner der gegnerischen Fürsten hatte Ahnung vom Soldatenhandwerk, weder Maria Theresia noch Elisabeth noch die Pompadour, und König Ludwig auch nicht: Ein Monarch, dessen panische Angst vor Krankheit und Tod sprichwörtlich war, scheint nicht prädestiniert für Meriten auf dem Schlachtfeld.
Mit Recht ist geltend gemacht worden, der Chef und Inhaber einer Firma könne an der Börse waghalsiger und deshalb aussichtsreicher spekulieren als der Prokurist (so Franz Mehring). Maria Theresia etwa konnte ihrem Feldmarschall Daun noch so aufrichtig versichern, sie werde ihm eine verlorene Schlacht nicht ankreiden: zum Inhaber der Firma konnte sie ihn nicht machen, demgemäß seine Verantwortung auch nicht mindern. Während Friedrich seine Kommandos ohne Rücksicht auf verwandtschaftliche Bande umbesetzte, den Thronfolger August Wilhelm durch einen General vor allen Offizieren der kriegsgerichtlichen Todesstrafe würdig erklärte, dem feindseligen Bruder Prinz Heinrich aber nach Verdienst die höchsten Befehlsstellen übertrug, rang sich Maria Theresia nicht dazu durch, ihrem Schwager 1756 das Kommando (zugunsten des im nächsten Jahr bei Prag tödlich verwundeten Browne) zu verweigern und es ihm rechtzeitig, noch vor Leuthen, zu nehmen.
Arneth, der Biograph der Maria Theresia, sieht »einen der schwersten Vorwürfe«, die man mit Recht gegen die Kaiserin erhoben habe, in der Bestellung ihres Schwagers, der sich schon im Feld-

zug des Jahres 1745 als durchaus unzureichend bewiesen habe. Vielleicht war es ihr folgenschwerster Fehler, nicht den Feldmarschall Browne und, nach dessen Tod, nicht sogleich den Feldmarschall Daun an die Spitze ihres Heeres gestellt zu haben. Des Kaisers, ihres Gatten, Einsicht in die militärischen Fähigkeiten seines Bruders hatte Grenzen, ihre Zuneigung zu ihrem Mann dagegen nicht.

Über die Einrede der Anciennität konnte sie naturgemäß noch weniger hinweggehen als Friedrich. Die Generale Laudon, Jahrgang 1716, oder Lacy, Jahrgang 1725, konnte sie nicht an die Stelle des vielleicht zu methodischen Feldmarschalls Daun, Jahrgang 1705, setzen, auch nicht wenn sie gewollt hätte (sie wollte nicht, weil sie Daun, dem Sieger von Kolin, Hochkirch und Maxen dankbar war: »Ich bin gewiß so lang ich lebe seine gnädigste Frau«, schrieb sie ihm 1758). Auch konnte sie ja nicht sicher sein, daß der angriffslustige Laudon insgesamt die bessere Wahl wäre; Laudon verlor 1760 bei Liegnitz und verpaßte den König in diesem Jahr so lange, bis der bei Bunzelwitz sein berühmt gewordenes »festes Lager« unangreifbar gemacht hatte. Die Generale O'Donell und Sincere mußten abgelöst werden, weil sie sich weigerten, unter dem rangjüngeren Laudon zu dienen — ein bei König Friedrich undenkbarer Vorgang.

Die französische Kriegführung insgesamt machte einen etwas desolaten Eindruck, an tüchtigen Heerführern, einer effektiven Organisation und am Kampfgeist scheint es gleichermaßen gefehlt zu haben. Die Franzosen hatten, von der Scharte bei Roßbach abgesehen, nichts mit Friedrich auszumachen. Der Eifer der Pompadour reichte so wenig hin, wie der Haß der Zarin Elisabeth her. Die Gegeneinflüsse ihres Neffen und designierten Nachfolgers konnte die Zarin so wenig überwachen wie die Eifersüchteleien ihrer Generale untereinander und gegen die Österreicher. Eine koordinierte Aktion nach Kunersdorf hätte Friedrich im Jahre 1759 den Garaus bringen müssen, aber es kam nicht dazu. »Ich verkündige Ihnen das Mirakel des Hauses Brandenburg«, meldete er am 1. September 1759 an Heinrich; der Feind, dessen Stärke ausgereicht haben würde, den Krieg zu beendigen, »ist von Müllrose nach Lieberose marschiert«.

Aber Dauns ausweichende, temperamentlose Kriegführung, lange Zeit verspottet, war am Ende vielleicht immer noch die am wenigsten falsche gegen einen Friedrich. Wenn es stimmt, daß Friedrich die Entscheidung immer wieder erzwingen mußte, so lag es nahe, daß der gegnerische Feldherr immer wieder zu manövrieren suchte, daß er dem Risiko einer Entscheidungsschlacht auswich. »Sie kennen Daun«, schrieb Friedrich im Juli 1760 seinem Bruder Heinrich, »er liebt es nicht, von heute auf morgen Schlachten zu liefern; im Gegenteil, man muß, um ihn dazu zu bringen, sich der verschiedensten Umwege und Hilfsmittel bedienen.«

Daun war aber auch eine etwas treuherzige Haut. So konnte er sich den letztlichen Verlust von Torgau, wo er das Schlachtfeld, nach tapferstem Einsatz verwundet, als vermeintlicher Sieger verlassen hatte, nicht anders erklären, als daß Gott es nun einmal absolute so hatte haben wollen, wie er seiner Kaiserin schrieb, »sonsten wäre es nicht möglich, daß es so unglücklich hätte endigen können. Dieu est juste«. Schlachten, deren Mißlingen allzu möglich sei, wollte er nicht wagen, bat statt dessen, daß ihn Gottes Barmherzigkeit »mehrmals als bishero erleuchte«.
In Paris, anders als in Wien, gab es einige politische Widerstände gegen das Bündnis und gegen die Aussicht, den ehemals wirksamsten Verbündeten Frankreichs zu vernichten. Neben dem Prinzen Soubise führte auch der wohl fähigere Herzog von Richelieu, Urgroßneffe des Kardinals, eine Armee in Deutschland, die sich durch ungewöhnlich happige Plünderungen einen Namen machte. Er war ein Haupt der preußenfreundlichen Partei und wurde nach Roßbach bald abberufen, nachdem ihn Ludwig recht unmißverständlich gefragt hatte, wie oft er schon in der Bastille gesessen habe (dreimal, auf dringendes Ersuchen seiner Verwandten, denn er war schon als kindlicher Tunichtgut der vielversprechende Galan dieses galanten Jahrhunderts). Frankreichs Außenminister de Bernis faßte die Kalamität der Alliierten 1758 treffend zusammen: »Wir dürfen nicht vergessen, daß wir mit einem Fürsten zu tun haben, der sein eigener Feldherr, sein Staatslenker, Armee-Intendant und nötigenfalls auch sein Generalprofos ist. Diese drei Vorteile wiegen mehr als alle unsere schlecht angewandten und schlecht kombinierten Hilfsmittel.«
Daß Friedrich ausgehalten hat, bis der rettende Zufall ihn 1762 erreichen konnte, daß er sich immer wieder der Nervenprobe eines Treffens stellte, daß er nach vernichtenden Niederlagen jeweils bald wieder hochkam, wird man als die stolzeste Eigenschaft dieses Heerführers ansehen müssen. Des weiteren scheint die von ihm zwischen 1745 und 1756 gedrillte Armee mindestens zu Beginn des Krieges in der Lage gewesen zu sein, sich schneller, überraschender und präziser zu entfalten als jede andere. Bei Leuthen zum Beispiel marschierte er mit vier Kolonnen nebeneinander gegen das österreichische Zentrum vor und entschied, für den Feind erkennbar erst in letzter Minute, ob er sich gegen die rechte oder gegen die linke Flanke des Feindes wenden wolle.
Strategisch und taktisch hat er Fehler gemacht, die keiner seiner Brüder und seiner Generale sich hätte leisten dürfen, ohne von ihm schimpflich abberufen zu werden. Aber er sog »sogar aus seinen Fehlern mehr Vorteil als die anderen aus ihren Erfolgen«, wie der Abbé de Raynal rühmt. Aus jedem Fehler zog er den Schluß, sich nun erst recht behaupten zu müssen. Nach Maxen beunruhigte es seinen kaustischen Freund in London, Horace Walpole, daß der König seine Unvorsichtigkeit offenbar nicht ein-

gestehe; »so oft er das nämlich tut, ist er imstande, sie wieder gutzumachen«. Walpole will die Mode, den (soeben bei Maxen siegreichen) Daun niederzuschreien, nicht mitmachen. Friedrich, meint er, »wäre froh gewesen, sich mit einem zu messen, der ihm selbst ähnlicher war, als einem Feldherrn wie der Marschall, der in allem sein Gegenteil ist«. Wie immer Daun dahin gelangt war, er hatte Friedrich Anfang 1762 so weit, daß der König nur noch Maßnahmen »eines Verzweifelnden« (Prinz Heinrich) vorzuschlagen hatte. »Da es sich übrigens«, so schrieb der Prinz unter dem 16. Januar 1762 an Friedrich, »ohnedies um nichts anderes handelt als zugrunde zu gehen, ist es nur notwendig zu wissen, welcher Tod der langsamste sei.« Ganz Schlesien sollte Friedrich nach den Vorstellungen seines soeben noch Verbündeten England an Maria Theresia zurückgeben; Ostpreußen hingegen war schon fest in den Händen der Russen.

Allen Kritikern ist aufgefallen, daß seine Theorien und seine nachträglichen Schilderungen in der »Geschichte des Siebenjährigen Krieges« mit seinen tatsächlichen Zügen und Handlungen nicht eben viel gemein haben. »Die theoretischen Äußerungen Friedrichs«, sagt der Mainzer Historiker Eberhard Kessel, »bewegen sich häufig ganz in dem Gedankenkreis der Manöverstrategie des 18. Jahrhunderts, während seine Entscheidung und Schlachten suchende Kriegführung dem keineswegs immer entsprach.« Seinen Marsch auf Schildau in den Rücken der feindlichen Stellung bei Torgau rechtfertigt er mit der Manöverstrategie, während er in Wahrheit auf Schildau marschiert war, weil er dort Daun vermutet hatte. Fast durchweg erklärt er sich auf der Linie der gängigen Lehre, so seiner eigenen Verurteilung Vorschub leistend.

Aus der »schiefen Schlachtordnung«, deren Vorteil er vor Mollwitz durch einen Zufall begriffen zu haben meinte, entwickelte er eine Lehre, ohne zu bedenken, daß eine »Theorie der schiefen Schlachtordnung« es dem Gegner ermöglicht, desto zuverlässiger Gegenzüge zu ersinnen. Alles kam ja darauf an, daß der Feind den ins Auge gefaßten Schwerpunkt nicht merkte oder daß er getäuscht würde. Beides gelang, auch infolge der Unsicherheit des Prinzen Karl, bei Leuthen. Eine Scheinbewegung täuschte den Feind, ein Höhenrücken verbarg den Aufmarsch der Preußen. Aber Friedrich ist die »schiefe Schlachtordnung« nur einmal geglückt, oder, besser gesagt, »ein einziges Mal hat sie genügt« (Delbrück), bei Leuthen, wohingegen er bei Kunersdorf »in die Schlinge seines eigenen Systems der schiefen Schlachtordnung gefallen ist« (Clausewitz). Mit 30000 Mann könne man 100000, wenn man sie in die Flanke fasse, schlagen, meint Friedrich in den »Generalprinzipien des Krieges« von 1748, aber den Beweis ist selbst er schuldig geblieben.

Delbrück hat Friedrichs Heerführung »subjektiver als die irgendeines anderen Feldherrn der Weltgeschichte« genannt. Freilich zeigen sich die Grenzen jeder kritischen Schlachtenbeurteilung sogleich augenfällig, wenn Napoleon Torgau Friedrichs einzige Bataille ohne Feldherrntalent nennt, weil der König seine Armee in zwei Haufen geteilt habe, deren jeder einzeln hätte geschlagen werden können, während doch Delbrück, und mit ihm der Freiburger Historiker Walter Elze, die Fortentwicklung der Flügelschlacht rühmen. Aber: »Die Schwierigkeit bei diesem Verfahren war, daß sich auf keine Weise die Gleichzeitigkeit der beiden Angriffe (hier des Königs und Zietens) verbürgen ließ.« Eben. Friedrich gab die Schlacht auch schon wieder einmal verloren und befahl dem General Hülsen, eine Auffangstellung zu bilden. Da kam Zieten und entschied den Tag, oder besser die Nacht. Nur ein absoluter König, nur ein oberster Kriegsherr konnte sich einen Schlachtplan leisten, der im Falle des Mißlingens als von vornherein zum Mißlingen verurteilt hätte erscheinen müssen. Friedrich, meint Delbrück, kannte Daun und rechnete nicht damit, daß Zieten angegriffen würde — hier wird die Spekulation bodenlos. Daß der im übrigen für eine solche Aufgabe kaum geeignete Zieten versagt habe, behauptete nur Friedrich selbst.

Friedrichs Fehler wurden von niemandem argwöhnischer und auch höhnischer registriert als vom Prinzen Heinrich, worunter die Zusammenarbeit dieser beiden wichtigsten Figuren des preußischen Heeres aber nicht entscheidend, jedenfalls nicht über einen längeren Zeitraum, gelitten zu haben scheint. Nur den Winter 1760 auf 61 verbrachte Heinrich zürnend fern vom Heer in Glogau und Breslau; daß der König das Jahr 1761 überstand, verdankte er Heinrich.

Friedrich, der die militärischen und, später, diplomatischen Verdienste seines Bruders im ganzen immer anerkannt hat, bedichtete ihn nach Kolin:

Bruder hör: Der Blick der Jugend
Hängt an Deiner Hochgestalt.
Künftig tätger Mannestugend
Hehres Vorbild, Zier und Halt;
Hilf dem Staat in unsrem Streite,
Eh' sein Ruhmesglanz erblindet,
Eh' er ganz in Nacht verschwindet,
Bruder, stehe uns zur Seite!

Heinrich hingegen kultivierte unter der Fassade der gebotenen Freundlichkeiten einen Haß, dem krankhafte Züge nicht fehlen. Während des Kartoffelkrieges, der die Beziehung wohl ganz einfrieren ließ, wähnte er sich durch widerspruchsvolle Befehle absichtlich in Gefahr gebracht und äußerte schriftlich, er sei »gegen die Falschheit des Königs mehr auf der Hut als gegen die Unternehmungen des Feindes«.

Der Prinz, dreizehn Jahre jünger als Friedrich, war zu Beginn des Siebenjährigen Krieges dreißig Jahre alt. Er scheint in ständiger Opposition gegen den König, was nun freilich nicht wundernimmt, wenn man die brüske, selbstgerechte Art bedenkt, in der Friedrich die Brüder zu schulmeistern und zu kujonieren liebte. Der Hochzeit Heinrichs im Jahre 1752 blieb Friedrich, der Ehestifter, fern. Friedrichs Schauspielerei, sein übertriebenes Wesen (er hat, am 30. Juli 1757, »nur noch wenige Tage zu leben«), sein Immer-etwas-scheinen-Wollen, seine fehlende Contenance im Unglück müssen dem Jüngeren zuwider gewesen sein. Heinrich hielt den Bruder für falsch und treulos, mißtraute seinen Nachrichten (»widerspruchsvoll und unsicher wie sein Charakter«). Das sprunghafte, auf Geltung bedachte Naturell des Königs war ihm ein Greuel. »Seitdem er zu meiner Armee gekommen ist«, klagt Prinz Heinrich in einer Marginalie nach Maxen, »hat er sie in Unordnung und Unglück gebracht.«
Wie der Höfling vom Höhergestellten, den er nicht näher bezeichnen will, spricht Heinrich von Friedrich in seinen Briefen an den 1730 geborenen Bruder Ferdinand per »man«, bestenfalls. Meistens heißt Friedrich »die Person«, »unser Wüterich«, »der Tyrann«, »der raubgierige Mensch«, »der Hanswurst«, »der Schurke«, »der garstige und boshafteste Dummkopf« oder auch »größter Schmutzfink und Geizhals«, ja »die gemeinste Bestie, die Europa hervorgebracht hat«. Die schandbare Behandlung und den Tod des Thronfolgers August Wilhelm trug Heinrich dem König nach, hatte sich auch geweigert, das Kommando zu übernehmen, aus dem August Wilhelm verjagt worden war. Aus der Feder des mittlerweile zweitältesten Bruders liest sich der Wunsch vom 4. Januar 1762 ein wenig gefährlich: »Hätte es doch Gott gefallen, daß unsere verstorbene Mutter am 24. Januar 1712 eine Fehlgeburt gehabt hätte!« Ferdinand, 1757 Generalleutnant und siebenundzwanzig Jahre alt, wurde bald nach Kriegsausbruch zu krank, um noch im Felde zu stehen.
Heinrich, dem der König gegen Kriegsende bescheinigt haben soll, er sei der einzige gewesen, der keinen Fehler gemacht habe, sah des Königs Fehler aus nächster Nähe und an der Spitze einer Corona von argwöhnischen Generalen. Aber die Brüder betrachteten den 1756 angefachten Krieg von verschiedenen Blickpunkten. Heinrich hielt den Bruder für den Herausforderer, wohl nicht zu Unrecht: »Er hat uns in diesen grausamen Krieg gestürzt«, schrieb er im Dezember 1759, »die Tapferkeit der Generäle und Soldaten allein kann uns herausziehen.« So wenig wie andere Kritiker, so wenig konnte Prinz Heinrich dem König sagen, wie man den Krieg gegen die Österreicher durch schnelle Schläge siegreich hätte beenden können. »Stark genung, den Feind zu schlagen, aber zu schwach, was rechtes zu decidiren«, wie Friedrich im Dezember 1736 eigenhändig an den (nicht Französisch sprechen-

den) General Winterfeldt schrieb. Alles lag daran, daß »der große Streich gelingt, von dem das Heil des Staates, das Geschick des Heeres und die Reputation von uns allen abhängt«, Brief an Schwerin vom April 1757. Dieser große Streich gelang nicht, er wäre einem Gewinn in der Lotterie gleichgekommen.

Vielleicht hätte Friedrich die Sachsen in ihrem Lager bei Pirna nicht vierzig Tage bis zur Kapitulation belagern, sondern das Lager stürmen sollen (was er wohl auch mit Rücksicht auf seine Einverleibungs-Absichten nicht tat), anderthalb Monate hätte er gewonnen. Sicher, die verlustreiche Schlacht bei Prag hätte er vielleicht nicht annehmen und keinesfalls Kolin riskieren sollen – Fehler, die dem methodischen Prinzen Heinrich kaum unterlaufen wären. Aber daß der Krieg zu Ende gewesen, wenn Friedrich blitzartig in Böhmen eingefallen und vor die Tore Wiens gerückt wäre, daß es dem König, wie er hoffte, gelingen könnte, den Krieg nach Mähren zu verlegen, wo er »mit Gottes Hilfe sich endigen soll«, konnte nur ein Wunschdenker annehmen, Heinrich jedenfalls nicht. Irgendwo wartet ja bei einer zu ehrgeizigen Überspannung der Operationspläne immer ein Wunder an der Marne. Heinrich glaubte nicht, daß der Krieg gewonnen werden könne, hätte ihn demgemäß auch nicht angefangen. Nach Kolin riet er, dessen persönliches Prestige nicht involviert war, Frieden zu machen und »eine Provinz« zurückzugeben.

Eine von Friedrichs Eigentümlichkeiten scheint gewesen zu sein, daß er während der Schlacht, daß er »im Fluge handeln« konnte, wie er selbst vom Feldherrn fordert, daß er aber im Fall eines anscheinenden Mißlingens leicht zu früh aufsteckte. Bei Mollwitz hatte er die Schlacht in einem Billet an den Alten Dessauer bereits verloren gegeben. Bei Lobositz am 1. Oktober 1756 (wo der »Arme Mann im Tockenburg« Ulrich Braeker desertierte) waren die Preußen wegen eines gegen die Anordnung unternommenen Kavallerieangriffs fast schon geworfen, und der König hatte das Schlachtfeld bereits verlassen, mußte deswegen zurückgeholt werden. Man hat die »Flucht« bei Lobositz bestritten, weil sie von Prinz August Wilhelm und Prinz Heinrich berichtet wird, aber der Junker von Lemcke schildert alles recht minuziös und glaubhaft; ebenso scheint Friedrich Kolin, wenn man seinem Bruder Heinrich glauben will, verloren gegeben zu haben, bevor die Schlacht entschieden war.

Eichel beobachtete an seinem Gebieter, »wie schwer es sei, Unglück zu ertragen, ohne sich einem gewissen Desespoir zu ergeben«. Nach Kolin und Kunersdorf wollte Friedrich am liebsten sterben, jedenfalls aber das Kommando abgeben. Mollwitz hat ihn so sehr getroffen, daß er seine Flucht nie erwähnte (der »lange Schimmel«, der »Mollwitzer Schimmel«, auf dem er die Nacht durch geritten war, wurde demonstrativ in Ehren gehalten, bis er 1762 klangvoll begraben wurde: Friedrichs Art, sich ein Versagen vor Augen zu halten). Bei Prag wurde ihm vor Aufregung so übel, daß er nichts bei sich behalten konnte. Kolin war gegen jede Regel der Kriegskunst unternommen, weil Daun sich zu stark und zu günstig placiert hatte. Aber zu stark waren die Österreicher auch bei Leuthen, wo ein König Heinrich schwerlich alles auf eine Karte gesetzt hätte, wie Friedrich tat.

Bei Kolin gab er Moritz von Dessau, Mitsieger von Kesselsdorf, späterem Mitsieger von Leuthen, einen unpräzisen, später bereuten Angriffsbefehl und ging mit dem Degen auf ihn los, als der nicht gleich gehorchte. Bei Prag ließ er das Gelände entgegen dem Rat seines 72jährigen Feldmarschalls Schwerin nicht hinlänglich erkunden – der Marschall fiel, eine Fahne in der Hand (laut Archivar von Petersdorff »der schönste Schlachtentod, von dem die preußische Kriegsgeschichte zu erzählen weiß«). Das Auge Friedrichs und ein Fehler des Prinzen Karl von Lothringen brachten den zu teuer eingekauften Sieg. Daß Prinz August Wilhelm nach Kolin auf dem Rückzug nach Schlesien versagte, hatte ebenso der König zu verantworten, der den Nachrichten über Stärke und Entschlossenheit des Gegners nicht glauben wollte. Friedrichs Vorstoß im nächsten Frühsommer gegen Olmütz erwies sich als Fehler, weil wieder, wie 1742 und 1744, der Nachschub nicht hinlänglich gesichert worden war. Der Ingenieur-Oberst Balbi mußte es büßen.

Beim Beziehen des Lagers von Hochkirch warnte ihn der Feldmarschall Keith (der eben dort fiel), die Österreicher müßten gehängt werden, wenn sie die Preußen in diesem Lager unangefochten ließen (Friedrich: »Wir müssen hoffen, daß uns die Österreicher mehr fürchten als den Galgen«). Auch Prinz Moritz von Dessau erhob Vorstellungen. Der Generalquartiermeister von Retzow weigerte sich, das Lager abzustecken, und ging für zwei Tage in Arrest. Die Truppen durften sich zur Nacht, trotz der Gefährdung des Lagers, entkleiden.

Die Österreicher kamen bei Nacht. Der, seit Kolin, Generalmajor Seydlitz bittet, der König möge seine nutzlos geopferte Infanterie zurückgehen lassen. »Aber«, antwortet der König, »wenn ich sie zurückziehe, so werde ich die Schlacht verlieren.« Seydlitz gibt zurück, »nun, so möge Euer Majestät sie gewinnen«, und reitet ab zu seiner Kavallerie (so de Catt). Friedrich verliert über hundert Geschütze, den größten Teil seines Artillerieparks, ein Drittel seiner Armee; seiner fähigsten Unterführer, auch der verwundete Moritz erholt sich nicht, ist er nun beraubt. Aufs höchste irritiert, behält er die Nerven und sitzt binnen weniger Stunden auf den Höhen vor Bautzen.

Bei Kunersdorf soll ihm neben anderen Generalen auch Seydlitz geraten haben, sich damit zu begnügen, daß er den russischen Flügel der Verbündeten über den Haufen geworfen hatte. Friedrich wollte nicht. Er schickte die ausgebrannte Infanterie, die seit fünfzehn Stunden auf den Beinen war, noch einmal ins Feuer, vor die Hufe der frischen Kavallerie des Generals Laudon (Friedrich an d'Argens: »Die Truppen hatten nur gute Beine, um zu fliehen, aber nicht, um den Feind anzugreifen«). In seiner Depression gibt Friedrich dem General Schmettau in Dresden, jüngerem Bruder des Feldmarschalls, den Befehl, es bei der Verteidigung der Stadt nicht zum Äußersten kommen zu lassen, sondern vornehmlich die Kassen und Magazine zu retten. Schmettau kapituliert, nicht ahnend, daß ein Entsatzcorps schon unterwegs ist. Angesichts solcher Leistungen kann man sich die Verzweiflung ausmalen, die den Prinzen Heinrich und seine Generale befiel, als sie den gichtkranken König in seiner Sänfte zu ihnen nach Sachsen einschweben sahen, »auf den Flügeln der Vaterlandsliebe und der Pflicht«, so Friedrich an Heinrich. Der Neuankömmling schrieb Gedichte und befahl dem General Finck, Dauns Rückzug aus Sachsen zu beschleunigen, dieses »Hundes in einer fremden Küche, wo der Koch ihn fortpeitscht«. Fincks Gegenvorstellungen tat er ab: »Er weiß, daß ich keine Difficultäten leiden kann; mach' Er, daß Er fort kommt.« Maxen war das Ergebnis.

Recht und Billigkeit gegenüber seinen Unterführern waren bei Friedrich Glücks- und Stimmungssache. Dem Heerführer gibt er folgende Regel: »Hat im Kleinkrieg irgendeins seiner Streifkorps eine Schlappe erlitten, so untersucht er die Ursachen davon und findet allemal heraus, daß das falsche Benehmen oder die Unwissenheit des Führers daran schuld war. Er erklärt öffentlich, daß die Schuld an der erlittenen Schlappe nicht der mangelnden Tapferkeit der Truppen zuzuschreiben sei, untersucht die Fehler des Offiziers und gibt den andren eine Lehre.«

Sich selbst darf der Feldherr offenbar erst die Schuld geben, wenn er seine Memoiren schreibt. Den Feldmarschall Schwerin hat er im März 1742 mit kränkenden Worten ablösen lassen, weil der Nachschub für Mähren nicht besorgt worden war — ein Versäumnis, das Friedrich mehr sich selbst als Schwerin zuschreiben durfte. Das Verhältnis zu diesem »kleinen Marlborough«, den er in einem Epigramm »die schlechte Kopie eines elenden englischen Originals« nannte, scheint seit Mollwitz prekär geblieben zu sein. Auch 1757 hätte er sich mit seinem Bruder August Wilhelm in das Schuldkonto teilen dürfen. Aber sein Naturell brauchte Sündenböcke. Daß er dem Regiment Anhalt die Seitengewehre und die Huttressen nahm (beides gab er nach Liegnitz zurück), nennt Koser »wohl unverdient«.

Seinen tüchtigen Generaladjutanten Wobersnow schickte er Anfang 1759 zur Ostarmee, ließ ihn aber nach dem ersten Mißerfolg wissen, daß »ein mediocrer General, der betrunken, die Armee nicht toller kommandieren könnte«. Anstelle Wobersnows soll der General Wedell, Bruder des bei Soor gefallenen, als ein »altrömischer Diktator« mit den Vollmachten eines solchen die Russen um jeden Preis schlagen. Entgegen dem Rat Wobersnows, der den Tod dabei suchte und fand, schlug Wedell bei dem Örtchen Kay los und verlor jämmerlich. Der König tröstete seinen Diktator schriftlich, auf deutsch sogar (»nur mehr nicht daran gedacht«) und schalt dafür dessen Leute. Den General de la Motte-Fouqué, seinen Freund, trieb er mit dem Satz: »Meine Generale schaden mir mehr als meine Feinde« zum Angriff, in die Arme des fast zweieinhalbfach überlegenen Laudon. Fouqué unterlag im Juni 1760 bei Landeshut, geriet in Gefangenschaft, blieb aber des Königs Freund, anders als Schmettau, der geschaßt und nie mehr empfangen wurde.

Korrigierende Befehle wurden Wedell wie Fouqué wie auch Schmettau hinterhergeschickt, kamen aber zu spät; genug fataler Führungskunst, sollte man meinen, in fünf Jahren. »Wenn ich nicht an alles denke, wird an nichts gedacht«, lamentierte Friedrich. Manchmal dachte er auch zuviel.

Den Prinzen Heinrich brachte er durch kleinliche, noch dazu widersprüchliche Instruktionen auf. Mal schrieb er: »Sie halten zu wenig Gelände«, mal »Sie versuchen, zuviel Gelände zu halten«, obwohl Heinrich ihm in der Manövrierkunst gewiß überlegen war. Der Prinz antwortete: »Ich bin ganz Ihrer Meinung, daß enge Stellungen besser als ausgedehnte sind; aber man muß sich seine Stellung nicht suchen, wie man wohl möchte, sondern wie das Terrain es gestattet.« Den Halbsatz »non comme on le souhaiteroit, mais comme le terrain le permet« unterstrich er mit eigener Hand.*

Delbrück, unter einem bestimmten Gesichtswinkel, der gewiß auch der des Feldmarschalls Daun und des Prinzen Heinrich gewesen wäre, hat ganz recht mit seinem Urteil, daß Friedrich den Krieg besser hätte überstehen können, wenn er Prag, Kolin, Zorndorf und Kunersdorf nicht geschlagen hätte. Diese Unternehmungen sind kaum aus sachlicher Notwendigkeit, eher aus dem persönlichen Gutbefinden, der Subjektivität des Kriegsherrn zu erklären. Friedrichs Naturell hätte es ihm nicht gestattet, die Armee des Prinzen Karl von Lothringen in Prag einzuschließen und den Erfolg geduldig heranreifen zu lassen; sein eigener Tadel übrigens gegen Karl XII., dem er Tapferkeit und Schnelligkeit zumißt, dem er berechnete Maßregeln und Pläne, die nur durch Zeit und Geduld zur Reife zu bringen wären, aber abspricht.

Beim Anmarsch auf Zorndorf war Friedrich an dem großen russischen Fuhrpark »mit stolzer Verachtung« (Koser) vorbeigegangen, entgegen den herrschenden strategischen Anschauungen.

* An den Bruder Ferdinand schrieb Heinrich damals (1762): »Ich habe niemals eine sehr hohe Meinung von den Meriten eines gewissen Menschen gehabt, aber . . . nach sechs Jahren, während derer ich ihn immer besser kennen lernen konnte, hat er in mir nur die größte Verachtung und Entrüstung erregt . . . Die Person weiß wohl, daß ich sie kenne (in ihrem wahren Wesen).« Nach dem Kriege werde er von der Person, die eitel, neidisch und boshaft sei, wohl verfolgt werden, für die Dienste, die er ihr jetzt leiste.

Nach dem allzu unvollständigen Sieg wollte er die Wagenburg überfallen: »das ist besser als eine Bataille«. Nun aber paßten die Russen auf, der Anschlag konnte nicht ausgeführt werden. Nach Zorndorf hielt Friedrich die Russen für die »wildesten« seiner Gegner. Er habe diesmal im Zuge seines Wanderzirkus Racines »Thébaide« gegeben, »es war kaum jemand übrig, die Kerzen zu löschen«.

Unter einem bestimmten Gesichtswinkel hat Delbrück recht. Die Kehrseite ist, daß gerade Friedrichs Unberechenbarkeit, seine Fähigkeit, gegen alle Regeln der Kriegskunst zu handeln, ihn so gefürchtet machten. Und nur die Furcht vor Friedrich konnte Friedrich vor dem Ärgsten bewahren. Gegen alle Regeln der Kriegskunst geschlagen zu werden, trotz größerer Truppenzahl, das eben fürchtete Daun. Friedrich mußte seine Gegner aus seinen Staaten »herausmarschieren«. Der französische Verbindungsoffizier im Hauptquartier der Österreicher, General Montazet, schrieb nach Liegnitz den Kommentar: »Man hat gut reden, daß der König von Preußen schon halb zugrunde gerichtet ist, daß seine Truppen nicht mehr dieselben sind, daß er keine Generale hat: all das kann wahr sein, aber sein Geist, der alles belebt, bleibt immer derselbe, und unglücklicherweise bleibt der Geist bei uns auch immer derselbe.«

Seine ersten beiden Kriege hat er als Lektionen betrachtet, und wer weiß, ob er Schlesien hätte behalten können, wenn Maria Theresia Friedrichs »Lehrmeister« Traun 1745 nicht nach Süddeutschland versetzt hätte. Entweder, schreibt Friedrich über den Schweden Karl, muß man seine Lehrzeit in der Schule und unter den Augen eines großen Feldherrn durchgemacht haben – das war auch bei Friedrich nicht der Fall –, oder man muß die Regeln nach vielen Fehlern auf eigene Kosten lernen – das traf auf Friedrich zu, ebenso sah er, wie Karl XII., »den Feind nicht eher, als bis er zum ersten Mal an der Spitze seiner Truppen stand«. Karl mußte die Regeln der Kriegskunst nicht lernen, weil er keine adaquaten Gegner und zuviel Glück hatte. Für seine Fehler wurde er zu lange nicht bestraft. Beides kann man von Friedrich nicht sagen. Der erfolglose Vorstoß nach Mähren im Sommer 1742, der desaströse Rückzug aus Böhmen im Winter 1744 auf 1745 machten ihn zum Berufsoffizier.

Hohenfriedberg war bravourös geplant. Außerdem hatte er bis zu diesem Treffen seine Schlachten-Kavallerie erfolgreich entwikkelt, die unter dem Alten Dessauer nur eine geringe Rolle spielte. Soor war eine Falle des Leichtsinns, aus der er sich, »im Fluge handelnd«, glänzend herauszog. Leuthen hat man genug gerühmt, die Schlacht allein genüge, meinte Napoleon, Friedrichs Namen unsterblich zu machen. Bei Liegnitz im Sommer 1760, mit 30 000 Mann gegenüber insgesamt 90 000 Österreichern, schlug er die an Zahl unterlegene Armee des General Laudon, ohne daß der neun Kilometer entfernt stehende Daun es überhaupt merkte. »Ich habe bei Liegnitz soviel Glück gehabt, wie ich nur eben haben konnte«, schreibt er an d'Argens. Finckenstein in Berlin soll ein Tedeum anordnen, obwohl, wie der König erkennt, »meine Sache (durch den Sieg) nicht vorwärts gekommen ist«.

Zwei in der Anlage unbestritten glänzende Schlachten, Hohenfriedberg und Leuthen, eine mit Geistesgegenwart ausgenützte Situation bei Liegnitz, ein dito ins Glückliche gewendeter Fehler bei Soor, dazu sechs mit Glück bestandene, halb zufällige Siege, Chotusitz (1742), Lobositz (1756), Prag (1757), Zorndorf (1758), Torgau (1760), Burkersdorf (1762), dazu immer wieder Improvisation und Standhaftigkeit: dies die Haben-Seite des Feldherrn Friedrich. Täuschung des Feindes etwa durch Wachtfeuer, die von Bauern unterhalten werden und den Ab- oder Anmarsch der preußischen Truppen verheimlichen, und ähnliche Pfadfindertricks hat er einfallsreich angewandt, so bei Hohenfriedberg und Liegnitz. Jedenfalls hat er samt seinen Unterführern mehr Schlachten gewonnen als verloren, mehr Verluste beigebracht als erlitten, und war der Gesamtstärke nach meistens, während des Siebenjährigen Krieges fast durchweg, im Nachteil.

Seine Einstellung zum Schlagen ändert sich freilich während des Siebenjährigen Krieges. Nach Kunersdorf und Maxen wagt er keine Entscheidungsschlachten mehr, glaubt auch nicht mehr, daß er durch Schlagen »decidiren« könne. Liegnitz und Torgau sieht er nur noch wie Scharmützel an, Torgau als zu verlustreiches Scharmützel, solche Siege helfen ihm nicht weiter, verhindern allenfalls, daß ihm ein großes Unglück widerfährt. Zwar, allen denen, die ihm kunstvolles Manövrieren empfehlen, antwortet er nach Kunersdorf (in einem Brief an d'Argens): »Ich stehe hier in einem Dreieck, wo ich zur Linken die Russen, zur Rechten Daun und im Rücken die Schweden habe. Da führen Sie doch bitte einen Defensivkrieg! Ganz im Gegenteil. Ich behaupte mich bisher nur dadurch, daß ich alles angreife, was ich kann, und kleine Erfolge erringe, die ich zu vervielfältigen suche, soviel ich vermag.« Eben um diese Zeit begann er seine Studie über Karl XII., in der erstaunlicherweise der Satz steht: »Unser Held hätte bei mancher Gelegenheit sparsamer mit Menschenblut sein können.«*

Welche Überraschung! Wenn man »bataillieret«, wenn man »decidirt«, wenn man die Kavallerie immer angreifen, niemals einen Angriff abwarten läßt; wenn die Infanterie schnellstmöglich dem Feind mit dem Bajonett in den Rippen sitzen, die Kavallerie sich nicht anders als mit dem Degen einlassen soll; wenn man nicht fragt, wie stark ist der Feind, sondern, wo steht er, alles gol-

* Den Vorwurf machte er im Alter auch dem Marschall von Sachsen, wie Lucchesini erzählt. Friedrich kannte schon das später Napoleon zugeschriebene Wort: »Das bringt eine Nacht in Paris alles wieder ein.« Condé, sagt er seinen Tischgästen, soll sich nach der Schlacht von Seneffe (1674) so geäußert haben.

dene Friedrich-Regeln — wie soll man da Menschenblut sparen? Le saigneur des nations, Blutsauger aller Völker, hat Voltaire den König schon 1742 genannt.

Sollte Friedrich das brillante Werkchen über Karl XII. geschrieben haben, um für den Fall seines Untergangs zwischen sich und den Abenteurer Karl eine Scheide zu legen, wie der Schriftsteller Friedrich Förster 1823 vermutete, dann ist jedenfalls seine miserable Lage seinem Stil nur zugute gekommen. Wieder tun wir gut, Friedrich keine gewaltigen Denkprozesse zu unterstellen, die in eine neue Theorie einmünden. Sein strategisches Konzept, falls er eines hatte, war materiell am Ende, mehr nicht. Die Verluste an exerzierten Soldaten konnte er nicht ersetzen. »Ich sehe voraus«, soll er Maria Theresia im Dezember 1757 geschrieben haben, »daß es um mich getan sein wird, wenn Ihre Bundesgenossen Ihnen so beistehen, wie es ihre Schuldigkeit ist«. Der Brief, bei Reiners für echt genommen, ist eine Fälschung. Nicht gefälscht ist der Brief des Grafen Kaunitz, der »dem hochmüthigen König in Preußen so viele Feinde auf den Hals ziehen« wollte, »daß er darunter erliegen muß, und es ihme wie vormahlen dem in der Historie berühmten Henrico Leoni ergehe«.

Was immer man über Saumseligkeit auf französischer Seite, Unfähigkeit der russischen Generale, Sabotage des Zarewitsch, schlechte Kooperation und schlimme Eifersüchteleien sagen mag, die vielen Feinde taten im ganzen ihre Schuldigkeit. Der Krieg war falsch angelegt. Kam nicht ein glücklicher Zufall, oder eine Kette glücklicher Umstände, mußte er verlorengehen, so wahrscheinlich wie der des Jahres 1914.

Friedrich, sagt Carlyle, hatte ein kürzeres Schwert als manch andere Länder, aber er brachte es schneller aus der Scheide. Das Bild läßt sich umdrehen, er hatte das längste, beste Schwert, aber eben nur eines. Die anderen hatten drei oder vier kürzere. Wenn er Österreich Böhmen entrissen hätte, um den Kurfürsten von Sachsen abzufinden, hätten die drei großen Mächte, durch ihn gegen ihn verbunden, sich wohl damit abgefunden oder abfinden müssen? Das ist nicht sehr wahrscheinlich. Heinrich hatte recht, dem König zu grollen. Aber Heinrich, dem König an Kühnheit in seinen naturgemäß kleineren Unternehmungen ebenbürtig, hätte den Krieg, war er einmal im Gange, vielleicht nicht ohne Einbuße an Territorium beenden können.

Als Friedrich starb, erwies Kaiser Joseph II. dem Feldherrn Friedrich in einem Brief an Kaunitz seine Reverenz, meinte aber, als Bürger hätte er gewünscht, daß Friedrich dreißig Jahre früher, 1756 also, gestorben wäre. Hätte Preußen dann Schlesien wieder hergeben müssen, wenn Prinz Heinrich Generalissimus und Regent geworden wäre? Das ist nicht einmal sicher. Ebenso hätte Heinrich, der sich mit der Zarin Katharina besser verstand als sein Bruder (Katharina: »Oft öffnen wir den Mund im gleichen

Augenblick, um dasselbe zu sagen«), eine Chance gehabt, Westpreußen zu gewinnen, den rechten Augenblick hat Heinrich erspäht und seinem Bruder eingeschärft. Mit Österreich hätte er sich auf Kosten anderer Reichsmitglieder eher verständigen können. Aber Heinrich wäre ja nur Regent geworden für den noch nicht regierungsfähigen Neffen, späteren Friedrich Wilhelm II., dessen erster Berater er allenfalls hätte werden können. So zerplatzt, wie alle ähnlichen, auch diese schöne Spekulation.
Den meisten Kritikern Friedrichs schien es im Ergebnis absurd, wenn sie zu dem Befund kamen, er sei im kunsttechnischen Sinne ein ungenügender General gewesen, obschon viele seiner Handlungen im einzelnen das Verdammungsurteil herausforderten. Eine andere Frage ist, ob Friedrich, ohne König zu sein, einen Heerführer hätte abgeben können, gar einen Konnetabel wie Prinz Eugen. Daß er sich mit irgendeinem »Chef« hätte arrangieren können, darf man füglich bezweifeln. Wirklich? Er hat sich der Notwendigkeit immer gebeugt, ist kein »Hanswurst im Furchtbaren« geworden, wie er Karl XII. einmal gesprächsweise (gegenüber Lucchesini) genannt hat.
Freilich, die Geschichte ist zuweilen langmütiger als so mancher Chef im Ornat eines Kaisers oder Königs.
Der persönliche Einsatz eines Strategen hat in neuerer Zeit keine nennenswerte Schlacht mehr entschieden, und das war bei Friedrich nicht anders. Trotzdem nehmen alle volkstümlichen Schilderungen sogleich einen verklärerischen Ton an, sobald die Rede auf des Königs persönliche Tapferkeit und auf sein Verhältnis zu den preußischen Soldaten kommt, die nur zum Teil »seine Soldaten« waren. Wenn der König einer heiklen Situation heil entkam, ist es allemal ein Wunder, auch noch bei deutschen Historikern des 20. Jahrhunderts. Daß er von Natur aus tapfer gewesen sei, wird zuweilen bezweifelt. Ob oder nicht, macht aber kaum eine Wichtigkeit. Berenhorst, der von allen zeitgenössischen Kriegsberichtern wohl am engsten um ihn gewesen ist, meinte, Friedrich habe »keinen persönlichen Mut gehabt«; so habe ihn in den Krisensituationen »Unruhe und eine gewisse Verlegenheit überfallen, die ihn ganz unkennbar machten«. Richtig und vielleicht bezeichnend ist, daß er ein Pferd, von dem er heruntergefallen war, nie wieder bestieg. Jedenfalls war er in der Schlacht nicht »heiter, ruhig und gelassen«, wie der spätere General Tempelhoff, Artillerie-Unteroffizier bei Hochkirch, in seiner »Geschichte des Siebenjährigen Krieges« rühmt. Daß er von physischer Angst nichts weiß, weiß Ritter, man weiß nicht, woher er das weiß. Aber mutig oder nicht, wir haben keinen Grund anzunehmen, daß Friedrich es an persönlichem Einsatz je hat fehlen lassen; immer war er da zu finden, wo sein Überblick und seine rasche Entscheidung noch etwas beschicken konnten.
Freilich hatte er, wenn er selber führen wollte, auch keine an-

dere Wahl. Er konnte nicht, wie Moltke, auf dem Feldherrnhügel Zigarren rauchen, dafür war das Schlachtfeld zu klein, die Improvisation zu entscheidend. Daß er selbst weichende Truppen aufgefangen und ins Gefecht zurückgeführt hätte, wie Napoleon bei Arcole, wird uns mit soviel umschreibender Zaghaftigkeit berichtet (bei Mollwitz, Kolin, Kunersdorf, Torgau), daß wir die Vorfälle als Dekoration betrachten dürfen. Dazu war der König auch nicht da, von seinem Überleben hing zuviel ab. Er selbst sah das ganz richtig: »Herrscher sollen zweifellos die Gefahr verachten, aber ihr Stand nötigt sie auch, sich sorgfältig vor Gefangennahme zu hüten, nicht um ihrer selbst willen, sondern wegen der verhängnisvollen Folgen, die daraus für ihre Staaten erwachsen.« Bei Kunersdorf wurde Friedrich von den Leuten des Rittmeisters von Prittwitz vor einem Hümpel Kosaken beschirmt. Er rief »Prittwitz, ich bin verloren«, oder »Prittwitz, je suis perdu«; der Rittmeister bekam 1763 die Ämter Quilitz und Rosental zum Geschenk.

Den Pferden nach zu urteilen, die ihm als unter seinem Leib erschossen zugeschrieben wurden, muß er tatsächlich die Kugeln abgelenkt haben: je eins bei Chotusitz, Hohenfriedberg, Soor, Hochkirch, Liegnitz, zwei bei Kunersdorf, bei Torgau gleich drei. Er soll ein über siebenmal verwundetes Pferd, den Vogel, besessen haben. Aber dieselben Kugeln, die den Pferden leicht tödlich wurden, hatten auf Menschen offensichtlich nicht eben die schreckliche Wirkung. Er blieb immer unverletzt, große Zeit für Tabaksdosen und Medaillons: ». . . brach sich die Kraft des Schusses an der Kleidung« (Petersdorff). »Wir sind alle durchlöchert«, schreibt er nach Kunersdorf, »fast jeder hat zwei oder drei Schüsse in den Kleidern oder im Hut«, und: »Eine Dose in meiner Tasche rettete mir das Bein.« Nach Liegnitz: »Mein Rock und meine Pferde sind verwundet.« Nach Torgau: »Ich habe einen Streifschuß an der Brust erhalten, aber es ist nur eine Quetschung, etwas Schmerz ohne jede Gefahr.« Berenhorst, der den König nach dem Streifschuß untersucht hatte, konnte physische Einwirkungen nicht feststellen.

Das Beispiel des Königs dürfte Nennenswertes nicht bewirkt haben. Ebenso überschätzt man wohl die Kraft gelegentlicher Jovialitäten, wie das gerühmte »Guten Morgen, Kinder!« oder das Mit-den-Soldaten-am-Wachtfeuer-Liegen. Er wird da nicht oft gelegen haben, allenfalls in der Nacht vor oder nach einem Gefecht, wie etwa vor Hohenfriedberg oder Liegnitz, wo er nachts auf der Erde, nur in seinen Mantel gehüllt, geschlafen haben soll, oder vor Lobositz, wo er sich, auf einer Trommel sitzend, am Wachtfeuer gewärmt habe. Ansprachen an die Soldaten gehörten, anders als bei Napoleon, der ein Volksheer führte, nicht zu seinem Repertoire.

Außerdem ist der einfache Soldat nicht so albern, die Herablassung der Leute, die etwas von ihm wollen, nicht zu durchschauen. Der Heerführer, sagt Friedrich, »muß mit den Soldaten reden, wenn er an ihren Zelten vorbeikommt, oder auf dem Marsche. Bisweilen sieht er nach, was sie zu kochen haben, kümmert sich um ihre kleinen Bedürfnisse, tut sein möglichstes, um ihnen das Leben zu erleichtern, und erspart ihnen unnötige Anstrengungen ... Wollt Ihr Euch die Liebe Eurer Soldaten erwerben, so überanstrengt und exponiert sie niemals, ohne daß sie selbst einsehen, daß es notwendig ist. Seid ihr Vater und nicht ihr Henker.« Das liest sich alles schön, aber der überanstrengte Soldat ist überanstrengt, ob die Überanstrengung nun notwendig ist oder nicht, und die Schlächterei bleibt auch immer dieselbe. Auf die Unterführer kommt dabei vieles an, das Beispiel des Königs aber muß notgedrungen einen etwas exotischen Anstrich bekommen. Man halte das Gesindel, das Friedrich in seiner Armee hatte, für abgefeimt, aber nicht für dümmlich.

Man glaube auch nicht, daß die Pommern und Märker so einfältig waren, nicht zu bemerken, wie wenig ihr König sich während des schrecklichen Winters 1759 auf 1760, als Tausende in dem von ihm ausgesuchten »Eislager« bei Wilsdruf in Sachsen erfroren, um sie kümmerte. Archenholtz, der 1758 mit dreizehn Jahren in das Regiment Forcade eingetreten war und den Krieg kämpfend erlebte, nennt dies Lager, das die Österreicher zu einem gleichen Wahnwitz zwang, »mehr durch Laune als durch Absichten bestimmt«. Die Zelte waren »Heiligtümer des Frostes« (Carlyle), ihre Leinwanddächer Eisplatten. Die Offiziere hatten Häuschen, die Soldaten liefen »wie die Unsinnigen im Lager herum«, um sich zu wärmen, lagen in der Asche der Wachtfeuer oder in den Zelten aufeinander. »Scharenweise wurden sie zu Grabe getragen«, erinnert sich Archenholtz.

Daß ihr König Freud und Leid (Reiners) und also auch das Winterlager mit ihnen teilte, erwarteten die Soldaten ganz sicher nicht. Daß er keine Anstalten traf, ihnen zu helfen, war ihnen wohl selbstverständlich. Für die Verbesserung des kaum existenten Lazarettwesens hat er ja auch nie etwas getan, obwohl er die Lazarette, oder was so hieß, doch mehr als jeder andere bevölkerte. »O ihr Schweine«, rief er seinen Feldchirurgen 1742 zu, die einen Soldaten amputieren mußten. Der König, so hören wir, war gegen das Amputieren. Daß er befohlen habe, Soldaten, die nicht wieder dienstfähig werden könnten, krepieren zu lassen, behauptet zwar der preußische Husarengeneral von Warnery, und daß er so etwas niederschreiben konnte, mag bezeichnend sein; stimmen dürfte die Geschichte trotzdem nicht.

Den Winter 1759 auf 1760 verbrachte der König in Sachsen bei Flötenmusik und leider ohne den göttlichen Marquis d'Argens. Ein Gedicht von zwanzig Druckseiten über den Zufall wurde überarbeitet. Er hatte den König, wie Hegemann richtig bemerkt, auf den Thron, die Soldaten aber ins Eislager verschlagen. »Für diese armen Soldaten fällt sehr wenig Ehre ab, denn von Anfang an bekommen sie mehr Prügel als Brod«, hat Friedrich einmal zu de Catt gesagt. Den Offizieren ging es naturgemäß besser. Jeder Kompaniechef hatte Anspruch auf eine Pack-Kalesche und zwei Reitpferde. Jeder Leutnant hatte ein Packpferd und ein Reitpferd. Die hohen Offiziere führten Kutschen und Rüstwagen und allerhand Gepäck mit sich, damit sie sich allenthalben häuslich einrichten konnten.

So scheint es denn, als hätte mehr die Unnahbarkeit als die Nahbarkeit des Königs zu gelegentlicher Begeisterung, kaum hingegen zu einer besonderen Anstrengung hingerissen. Seine Faszination reichte nur für das eine gloriose Jahr 1757. Bei Zorndorf 1758 (»Lehren Sie Ihre Infanterie den Stock respektieren«, an Prinz Heinrich), bei Kunersdorf 1759 (»Beine nur zum Fliehen, nicht zum Angreifen«) und noch vor Torgau 1760 (»weil ich nur noch Kujone zu kommandieren habe«) fühlte er sich von seinen Truppen, besonders von der Infanterie, im Stich gelassen. Auch die Ausgabe von Branntwein wollte nicht helfen.*

Bei Leuthen schlug sich die preußische Infanterie in Gegenwart des Königs nicht tapferer als bei Kesselsdorf, wo nur sein Geist über ihr schwebte. Dennoch kann das Wissen, der König sei anwesend, die Truppen angetrieben haben. Die Menschen haben einen ebenso seltsamen wie unbezwinglichen Hang zu jenen, von denen sie um überpersönlicher Ziele willen geopfert werden. Daß Friedrichs ihnen sonst entrücktes Schicksal mit dem ihrigen auf eine ihnen nicht erklärliche Art verbunden sein könnte, und sei es durch die Unwägbarkeiten einer Schlacht, mögen die nicht Abgebrühten empfunden haben. So sollen einige nach Kunersdorf und Maxen, auf dem zweiten, noch tieferen Tiefpunkt des Krieges also, in Erwartung der vorbeiziehenden Truppen Dauns gerufen haben: »Sie sollen nur kommen, wir werden sie als gute Preußen empfangen ... wir siegen oder sterben für unseren Fritz.« Aber zur gleichen Zeit fluchten sie ihm auf dem Rückzug fast in die Ohren, so daß er gelegentlich klagte, er fürchte seine Truppen mehr als den Feind. Wurden sie gut geführt, wie bei Liegnitz, so siegten sie immer noch, kraft ihrer Geschwindigkeit, oder sie verrichteten, wie die wortgewaltigen Schlachtenmaler kleckten, »Wunder der Tapferkeit«.

Die den Kriegsgeschichtlern interessanteste Schlacht Friedrichs, die bei Zorndorf nahe Küstrin im August 1758, und die kriegsgeschichtlich am wenigsten interessante, Roßbach im November 1757, machten beide aus anderen Gründen Aufsehen. Bei Zorndorf, wo Friedrich um die Armee des Generals Fermor herum-

* Am 27. Juni 1756 stürmte der Marschall Richelieu, ein Jahr später Plünderer Norddeutschlands, die Felsenfestung Minorca unter dem Tagesbefehl: »Wer von euch betrunken befunden wird, darf nicht an dem Sturm Theil nehmen« (so Carlyle).

marschierte und diese sich diametral drehte, um Front zu machen, traten zum ersten Mal die Russen in Mitteleuropa auf. Es war einer von Friedrichs Pyrrhussiegen, aber die Russen zogen ab. Bei Roßbach hingegen schlug er, mit innerem Widerstreben, den Reichsfeind Frankreich und jene Reichsarmee, die bewaffneter Ausdruck der von Frankreich beschirmten Immobilität des Reiches war. Uneinigkeit und Unfähigkeit der gegnerischen Feldherren, der Prinzen Soubise und Hildburghausen, schlechte Ausrüstung und fehlendes Training der Reichstruppen sowie die Abseitsstellung einer zweiten französischen Armee unter Richelieu ermöglichten einen mit Seydlitzscher Bravour geführten Überfall. Der Sieg bewog England, weiter am Krieg teilzunehmen, Frankreich, sich nicht zu weit vorzuwagen, und gab der preußischen Armee jenes Selbstvertrauen zurück, ohne das der König Leuthen nicht hätte wagen können. Zwischen Kolin und Leuthen ist Friedrich hinreißend.

Feldherren über ihre Kollegen und Vorgänger reden zu hören, das ist, wie wenn Strawinski über Richard Wagner und Boulez über Benjamin Britten schreibt. Friedrich schätzt Gustav Adolf von Schweden nicht als einen Feldherrn der allerersten Garnitur, nicht in einem Rang mit Scipio Africanus Minor, dem Zerstörer Karthagos, nicht mit Cäsar und, merkwürdigerweise, Ämilius Paullus; obwohl doch neben der Büste des Philosophen-Kaisers Marc Aurel nur Gustav Adolfs Bild sein Schlaf- und Sterbezimmer schmückte. Es fällt auf, daß unter den Neueren, nach Ansicht des Königs, keiner in den ersten Rang gehört, allenfalls Prinz Eugen; von Wallenstein spricht er nie. Gustav Adolf, sagt er, sei in Bayern und Schwaben herumgezogen, statt geraden Wegs nach Böhmen zu gehen und den Kaiser zum Frieden zu zwingen.

Es scheint, als versuche Friedrich mit Gustav Adolf, was seine Kritiker später mit ihm exerzierten: das handelnde Subjekt aus den Bedingungen seiner Zeit herauszulösen und nach nicht zeitgenössischen Gegebenheiten zu beurteilen. Bei Prinz Eugen, meint Friedrich, sei der Feldzugsplan unübertrefflich gewesen; offensichtlich nicht Friedrichs stärkste Seite. Sein Einfall nach Böhmen 1757 basierte auf den nun allerdings abgeänderten und später gescheiterten Plänen des Generals Winterfeldt, wohingegen sein eigener, fallengelassener Plan sich »durch große Zersplitterung der Kräfte, den Mangel jeden Initiativgeistes und durch eine ganz merkwürdige, fast unbegreifliche Künstelei« ausgezeichnet haben soll, wie in den Beiheften zum Militär-Wochenblatt von 1882 und 1884 zu lesen war. Winterfeldt fiel 1757 im Gefecht bei Moys, nachdem er das Scheitern seines Planes noch mit angesehen hatte. Die glänzenden Feldzugspläne werden ja oft nicht erfüllt, weil der Feind auch noch mitspricht. Napoleon hält Friedrichs Geschick im Operieren nicht für bedeutend, wohl aber seinen Wagemut. Friedrich habe seine Operationslinie oft verlassen und so getan, als verstünde er nichts von der Kriegskunst. Leuthen, auch in den Augen Napoleons ewig denkwürdig, sei letztlich doch nur durch Zufall gewonnen worden, da Friedrich nicht darauf rechnen konnte, daß Prinz Karl ihm so gar keine Spähtrupps entgegenschickte.

Von der Artillerie habe Friedrich nichts verstanden, meint Napoleon, »die besten Heerführer sind frühere Artilleristen«. Es stimmt, die Artillerie Dauns wie auch der Festungsbau der Österreicher waren besser, aber es scheint doch so, als übertrage Napoleon die Erfahrung mit technisch besserem Geschütz auf gängigeren Straßen nach rückwärts in die Zeit Friedrichs. Für die zunehmende Bedeutung der Artillerie hatte Friedrich freilich kein Organ, das war ja etwas Neues. Nach 1763 beklagte er sich des öfteren über »diese Mode«, die »ungeheuer übertriebene Anwendung zahlreicher Artillerie, die jedes Heer schwerfällig macht«. Es folgt die bekannte Klage der Soldaten aller Zeiten: Früher, da seien Siege noch durch Mut und Kraft gewonnen worden, aber heute!

Von den sechzehn Schlachten des Siebenjährigen Krieges, meint Napoleon, habe Preußen genau die Hälfte gewonnen. Eine strategische Meisterleistung kann er nicht entdecken. Seit der Erfindung des Pulvers habe es keinen solchen Fehler gegeben wie das Lager von Hochkirch. Maxen aber war noch schlimmer: der »unverzeihlichste Fehler«, den er je begangen habe. Bei Leuthen hätte »eine einzige Feldwache oder eine Patrouille«, ausgeschickt vom Prinzen Karl, ihm verhängnisvoll werden können. Bei Torgau habe Friedrich »die meisten Fehler gemacht«, bei Liegnitz »mehr Glück als Verstand« bewiesen. Über Liegnitz scheint Friedrich der gleichen Meinung gewesen zu sein: Wären die Preußen eine Viertelstunde später oder früher aufmarschiert, meint er, so hätten sie auf einen Sieg nicht rechnen können.

Napoleon stellt Turenne, den Marschall Ludwigs XIV., neben und über Friedrich, der seinerseits, ebenso wie Napoleon, Turenne und Condé schätzt, der erste, laut Napoleon, Feldherr durch Erfahrung, im Alter kühn geworden, der zweite ein geborener Feldherr. Napoleon wundert sich: Bei Beginn seiner Feldzüge ist Friedrich seinen Feinden immer überlegen, auf dem Schlachtfeld aber regelmäßig schwächer als sie. Das läuft auf die Anklage hinaus, er sei zu langsam vorgegangen, habe nicht blitzartig und nicht mit gesammelter Kraft geschlagen. In der Tat bleibt schwer verständlich, warum Friedrich sich bei Kunersdorf nicht stärker gemacht hatte. Aber berücksichtigte Napoleon hinreichend die jammervollen Straßen des Jahres 1756, die Abhängigkeit von den Wasserwegen, etwa der Elbe, und von den Brotmagazinen? (Friedrich 1745 in Böhmen: »Hier befehle nicht ich: Mehl und Futter regieren uns.«)

Die Verpflegung aus Feindesland konnte Friedrich seinen Truppen weniger überlassen als irgendein Heerführer seiner Zeit, da er mehr Desertionen befürchten mußte. Der schreckliche Rückzug aus Böhmen 1744 auf 1745, wo ihm 15 000 Mann davonliefen, muß ihn sein Lebtag als Alpdrücken heimgesucht haben. Schneller als die Fourage nachkam, konnte er nicht marschieren. Seine festen Plätze mußte er verteidigen. Den Winter brauchte er, um sein Heer aufzufüllen und neu zu disziplinieren; ausnahmsweise, wie bei Kesselsdorf, ließ er ja auch im Winter schlagen. Er hatte sein Heer in der Hand, aber nur, solange er es unter Augen und unter dem Stock hatte.

Wie immer man es wendet, der Hauptvorwurf verengt sich zu der Frage, ob es ihm 1756 oder 1757 möglich gewesen wäre, den Österreichern so schnell und vernichtend über den Kopf zu kommen, daß die Kaiserin hätte um Frieden bitten müssen: einen Frieden, der ihm Sachsen oder Böhmen oder Westpreußen brachte, anders wäre der Feldzug sinnlos gewesen. Auch Napoleon wirft ihm vor, daß er Prag nicht im ersten Jahr genommen, nicht aber, daß er nicht bis Wien vorgestoßen sei: an den Festungen Olmütz und Brünn hätte der König nicht vorbeigekonnt, meint Napoleon.

Wäre Friedrich jener Kriegsgott, den der preußische Heroenkult aus ihm gemacht hat und der Napoleon in der Tat war, so hätte ihm vielleicht schon lange vor dem Krieg eine seine eigenen Fesseln sprengende Aushilfe einfallen können, eine neue Heeresorganisation etwa oder sonst eine revolutionäre Neuerung. Aber Friedrich war das Gegenteil eines Revolutionärs. Seine wichtigste Errungenschaft ist seine Schlachten-Kavallerie, die einen Seydlitz, den Mann des Tages von Roßbach und Zorndorf, erst möglich machte (Verhältnis der Reiter zum Fußvolk 1:3). Mit den Mitteln, über die er 1756 verfügte, konnte er vielleicht die gegnerische Koalition auseinandersprengen und eine Kriegsentschädigung eintreiben, aber kaum auf Eroberungen hoffen. Napoleon ist nicht nur als Heeres-Organisator und Stratege ein Revolutionär, sondern stand sicher auf der revolutionären Errungenschaft des ruhmreichen Volksheeres. Seine schnell beweglichen Truppen lebten aus dem Land.

Man kann Friedrich nicht vorwerfen, daß er den Krieg mit den Mitteln führte, die ihm zu Gebote standen. Wohl aber war es ein wiederum aus seiner Person zu erklärender Fehler, daß er die im Krieg ausgebrannte Armee nach 1763 mit all ihren festgestellten Mängeln so wieder aufbauen wollte, wie sie gewesen war; daß er über eine zweckmäßige Organisation nicht nachsann, tüchtige Leute nicht hochkommen ließ und jede Initiative lähmte. Der zu früh Verkrustete zwang die Armee, ebenfalls zu verkrusten. Den General Seydlitz entfremdete er sich, da dessen Schlagfertigkeit sich nicht auf die Kavallerie-Attacke beschränkte. Ferdinand von Braunschweig, der andere bedeutende Heerführer neben

Prinz Heinrich, erbat als Gouverneur von Magdeburg 1766 seine Entlassung, nachdem der König ihn während einer Revue gekränkt hatte.
Generale wurden kaum noch ernannt, Feldmarschälle, deren er bis zum Jahre 1760 einundzwanzig promoviert hatte, seitdem überhaupt nicht mehr. Außer dem emeritierten Herzog Ferdinand von Braunschweig hatte Friedrich bei seinem Tod nicht einen Feldmarschall. Sehr reiche und sehr vornehme Edelleute sah der König bei seinen Regimentern nun nicht mehr gern, er hatte eine »Idiosynkrasie gegen Grafen« (Berenhorst). 1783 verbot er ihre Einstellung gänzlich. Hier auf einmal waren Titel und Geburt »nur Narrenspossen«.
In Pünktlichkeit und Drill erschöpfte sich Friedrichs Vorstellungswelt. Bei den Revuen, Spezial-Revuen und General-Revuen ließ er seinen Vorurteilen gegen einige Offiziere freien Lauf, wechselte auch Lob und Tadel von Jahr zu Jahr willkürlich, damit sich nur ja keiner seines Wohlwollens sicher wähnen konnte. Bataillone, die noch vom Krieg her übel angeschrieben waren, konnten nichts zu Dank machen, »wenn sie auch im ganzen Offizierskorps verändert waren« (Pfeiffer), ebenso die ostpreußischen Truppenteile, die während der Kriegsjahre mit den übrigen Truppen nicht einmal hatten umgehen dürfen. Chefs, die nicht beliebt waren, brachten Unheil über Offiziere und Gemeine. »Die königliche Willkür und Laune war unnachsichtig«, bemerkte Pfeiffer in einer bezeichnenden Diktion.
Als der König die Werbegelder auf seine Zentralkasse zog, durften einige Regimenter in Anerkennung ihrer vorzüglichen Haltung vor dem Feinde die alte Finanzwirtschaft beibehalten. Demgemäß wurden den Hauptleuten verschieden hohe Nebeneinkünfte zudiktiert, je nachdem, wie das Regiment eingeschätzt wurde. Ganze Regimenter wurden nach unerforschlichem Ratschluß in eine niedrigere Konduitenklasse versetzt. Mancher Hauptmann half sich, indem er mit »toten Seelen« operierte, um sich die ihm zustehenden Einkünfte zu erhalten.
Während des Bayerischen Erbfolgekrieges 1778/79 verlor die friderizianische Armee angesichts ihrer sichtbaren Mängel das Selbstgefühl, wie schon Mirabeau zu erzählen wußte. Außer seinem Bruder Heinrich hatte Friedrich, denn Seydlitz war tot, keinen begabten General mehr. Ihm genügte damals schon, dem Ausland gegenüber seinen Ruf zu pflegen, obwohl das Alter an seinem Kampfgeist allzu spürbar gezehrt hatte. In diesem Krieg ohne Schlachten starben 7000 Mann seiner Truppen an Krankheit, weit über 40 000 wurden krank, und auf die »hohe Zahl von Deserteuren« wird in allen Berichten hingewiesen. »Besser als irgendwer kennt er die schlechte Verfassung seines Heeres«, hatte vier Jahre zuvor der französische Gesandte Marquis de Pons an seine Regierung berichtet. Friedrich pflege das Ansehen

seines Namens, das seiner tatsächlichen Macht mehr Gewicht gebe, und suche »mehr zu imponieren und als vielseitiger außerordentlicher Herrscher zu erscheinen . . ., als seine Regierung zu vervollkommnen«.

In Nordamerika studierte der Sachse Gneisenau, der in Ansbachschen Diensten 1782 mit seinem Regiment zur Verstärkung der Engländer hinübergefahren war, den Volkskrieg. Die dort gewonnene Erkenntnis brachte er freilich erst nach Friedrichs Tod zu Papier. Er schrieb die berühmt gewordenen Sätze: »Dünkt dies (die Proklamation der Freiheit des Rückens) nicht möglich, nun, so laßt uns Verzicht tun auf unsere Ansprüche an Kultur und die Bewegungsgründe zum Wohlverhalten noch fernerhin im Holze aufsuchen, da wir sie im Ehrgefühl nicht zu finden vermögen.«

Von Roßbach führt der Weg nach Jena und Auerstedt. Staat und Armee konnten aus eigenem die friderizianische Verkrustung nicht sprengen. Erst mußte Napoleon kommen, wie der vorzügliche Max Lehmann erkannte: »So schwer das Geständnis einem patriotischen Herzen wird, erst mußte das mit den Ansprüchen der absoluten Monarchie und den Aspirationen des Erbadels so eng verbundene friderizianische Heer auf dem Schlachtfeld unterlegen sein, ehe von einer Reform im Ernste die Rede sein konnte.« Unterlegen aber war das preußische Heer, eben weil es mit den Ansprüchen der absoluten Monarchie und des Erbadels so eng verbunden war.

Erst mußte Napoleon an Friedrichs Sarg stehen, damit das überständige Zwangskorsett der preußischen Militärmonarchie wenigstens teilweise auf den Schutthalden der Geschichte abgeladen werden konnte. Napoleon, in Siegerlaune, konnte sehr höflich sein. So sagte er denn zu seinen Offizieren: »Wenn der (Friedrich) noch lebte, stünde ich nicht hier.«

9. Kapitel ». . . und der König absolut«: Ecce homo

»Die Fürsten zügeln ihre Leidenschaften nicht eher, als sie ihre Kräfte erschöpft sehen.«
Friedrich im Vorwort zur »Geschichte meiner Zeit«, 1742.

Friedrichs System ist aus zwei Ecken gerechtfertigt worden. Aus der einen wird Friedrich gutgebracht, sein Preußen sei weit mehr als irgendein anderer Staat seiner Epoche auf militärische Machtentfaltung ausgerichtet gewesen, weil Preußen »weitaus am dringendsten« der Vergrößerung seines Länderbestandes bedurfte (Ritter). Es mußte schneller als die anderen zur Stelle sein, mußte vollendete Tatsachen schaffen und rücksichtsloser vorgehen, wie vergleichsweise auch das kaiserliche Deutschland von 1914. Dieser kategorische Imperativ der Expansion, wertfrei an sich, wurde nun sittlich gerechtfertigt durch die »vergeistigte« Art des Monarchen Friedrich, durch die seltsam überhöhte Beziehung zwischen dem Herrscher und dem von ihm personifizierten Expansionsdrang. Das einsilbige Schlüsselwort ist gut-preußisch, gut-kantisch; es heißt »Pflicht«.

Was immer zu Friedrichs Regierungssystem, zu den von ihm angewandten Mitteln und den dadurch errreichten oder nicht erreichten Erfolgen angemerkt werden kann, unbestreitbar ist der Expansions-Erfolg: Mehr als ein Drittel Fläche hinzugewonnen, die Bevölkerung auf das Zweieinhalbfache vermehrt: Sittlich gerechtfertigt sah man den äußeren Gewinn aber erst durch die ethisch ausgepolsterte Figur des Königs, der sich selbst, seine Wünsche und Neigungen der Pflicht zum Opfer bringt, der sich im Staatsdienst verzehrt, dessen Pflichtgefühl so weit reicht, daß er sich nicht umbringt; der eine strenge Bindung hat an abstrakte Pflichten, an das »ewige Gebot der Pflicht«, der »dieses stahlharte, durch nichts zu beugende Pflichtbewußtsein« (wieder Ritter) sein eigen nennt. Zur Entsagung, zu hartem, unablässigem Staatsdienst im Feldlager und zu unendlicher Kleinarbeit täglicher Verwaltungsgeschäfte hat er sich aus Pflichtgefühl gezwungen; sein Pflichtgefühl war ganz einfach, ganz irrational, aber unbedingt gebietend. Seine auseinanderstrebenden Neigungen hat er unter den »kategorischen Imperativ seiner Königspflicht« gezwungen (Koser), Königsberg will zu Potsdam: So weiß es, bis in die jüngste Zeit, die preußische Legende.

Die literarischen Figuren des Königs, an denen sich der große Schauspieler auch selbst berauscht hat (»wie verabscheue ich dieses Handwerk, zu dem mich der blinde Zufall meiner Geburt verdammt hat«), sind ihm willig honoriert worden. Er, der nicht so sehr die Menschen wie sich selbst kannte, war kein Freund solch idealisierender Illusionen; das sittliche Handeln, auch sein eigenes, hat er, laut Gerhard Ritter »sehr unzulänglich«, aus verfeinertem Egoismus erklärt. Er hat sich nicht umgebracht, aber weniger, weil er an seine Verantwortung dachte, weniger, weil er »das geschehene Unglück wieder gutmachen« wollte (nach Kolin an Wilhelmine), sondern weil er noch einen Hoffnungsschimmer sah, sich herauszuziehen. Kolin war die erste verlorene Schlacht seiner Laufbahn. Konnte er da wohl sogleich die Neigung verspüren, Schluß zu machen? Das wäre eine sanguinische, nicht recht ernste Todessehnsucht. Er gab nicht nach, weil sein reizbares Ehrgefühl, weil sein Sportsgeist das nicht zuließen. Wie ursprünglich und ehrlich klingt, was er im August 1760 sagte: »Bei diesem ganzen Handel ist es die Ehre, die mich leitet, das Vermögen, mich glücklich aus der Klemme zu ziehen, mich gegen so viele Leute, die mich zu Boden drücken wollten, behauptet zu haben.« Gern würde er sich ins Privatleben zurückziehen, aber doch nicht gezwungen, nachdem man ihn eines Teils seiner Staaten beraubt hätte!

Er will nicht zum Gespött seiner Feinde werden, er sieht sie, wie sie sich in ihrem Dünkel anschicken, ihn mit Füßen zu treten. »Nachdem ich mit Erfolg gegen ganz Europa gefochten habe, wäre es allzu schmachvoll, wenn ich durch einen Federstrich verlöre, was ich mit dem Degen behauptet habe.« So 1759. Aber noch 1773 wird er schreiben (an Voltaire): »Trotz alledem werde ich nichtsdestoweniger für den Ruhm arbeiten, müßte ich darüber auch sterben. Denn mit einundsechzig Jahren ist der Mensch unverbesserlich, und es steht fest, daß jemand, der nicht nach der Achtung seiner Zeitgenossen trachtet, sie auch nicht verdient. Das ist das ehrliche Geständnis meines Wesens und dessen, was die Natur aus mir hat machen wollen.« Seine Beschäftigungen sind von Beginn derart, daß er sie »gern einem anderen überlassen möchte, wenn nicht dieses Phantom, Ruhm genannt, allzuoft mir erschiene. In der Tat eine große Tollheit, aber eine Tollheit, von der man sehr schwer loskommen kann, wenn man einmal davon besessen ist«. So schreibt er Weihnachten 1740, während der Eroberung Schlesiens.

Am Besitz Schlesiens hingen Ruhm und Ruf, er durfte nicht drei opferreiche Kriege geführt haben für nichts. »Man muß zugeben«, sagt er zu de Catt, »daß die Hartnäckigkeit der Königin (Maria Theresia) und meine eigene sehr viel Unheil anrichten.« Und: »O weh, mein Lieber, ich sehe wohl, es muß weiter gerauft sein, und wofür? Um uns einen Namen zu machen.« Mit dem Namen der Könige kann das Wohl ihrer Staaten durchaus verknüpft sein. Aber hatte Alexander das Wohl seines »Vaterlandes« Mazedonien vor Augen, oder die Verantwortung für Vorder-

Asien, und Caesar die Pflicht gegen Rom? Wie sollte Friedrich durchhalten, wenn er nicht als Pflicht dem Vaterland gegenüber ausgewiesen hätte, auch vor seinen eigenen Ohren, was er doch seinem Ehrgeiz, seinem Sportsgeist schuldete? Pflicht ist bei ihm ein schillernder Begriff. Schrieb er doch: »Es ist mein Stolz, daß ich mehr als irgendeiner meiner Vorfahren für die Größe meines Hauses getan habe, daß ich unter den gekrönten Häuptern Europas eine bedeutende Rolle gespielt habe; mich darin zu behaupten, ist sozusagen eine persönliche Pflicht, die ich erfüllen werde, und koste es mich Glück und Leben.«

Kann jemand sich diesen König als Privatmann vorstellen, der sein Königtum mit solcher Ruhmsucht ergriffen und der sich von Jugend auf alle Güter dieser Welt verschafft hatte, nach denen es ihn verlangte? Kann man auch nur einen Augenblick zum Nennwert nehmen, was er zuerst in äußerster Bedrängnis, später in zunehmender Misanthropie immer wieder abspielt: Er wolle Privatmann sein, nicht mehr mit den Händeln dieser Welt zu tun haben, sich von den Geschäften zurückziehen, der philosophischen Betrachtung, seinen Schriftstellereien, seinen Freunden leben?

Zwar rühmt er sich, ehemals, wohl als Kind, von 1200 Talern pro Jahr existiert zu haben. Aber woher sollte allein die Apanage dieses von klein auf kostspieligen Privatmanns kommen? Er könnte sich die Einkünfte einer Provinz zurückbehalten. 12 000 Taler, so sagt er de Catt nach dem »Finckenfang« bei Maxen, will er jährlich allein für sein Essen ausgeben, denn sein »Fras« ist, wie er Fredersdorf bei Gelegenheit versichert, »nicht Kostbahr, aber Nuhr Delicat«. 20 000 Taler will er seinen Lieblingslaunen vorbehalten, das Zwanzigfache jener Summe, die er Winckelmann und Lessing hatte anbieten lassen, die restlichen 68 000 Taler — denn 100 000 insgesamt will er haben — sollen seinen Freunden und Gefährten zukommen.

»In meinem Handwerk muß man sein Joch das ganze Leben tragen«, schreibt er 1754 an den »Maréchal d'Ecosse« Keith, den preußischen Gesandten in Paris. Das Glück, sich von den Geschäften zurückziehen zu können, werde er wohl niemals genießen dürfen. Er mag an dieses Glück zeitweise geglaubt haben, wir vermögen es keineswegs. Im Leben dieses berufenen Königs dürfte es, außer in den Momenten äußerster Niedergeschlagenheit, keinen Augenblick gegeben haben, an dem er sein Königslos mit irgendeinem anderen hätte tauschen mögen. Konnte er leben, ohne zu befehlen, ohne anderen seinen Willen aufzuzwingen, ohne seine geistige Überlegenheit von einer unangreifbaren Warte aus spüren zu lassen? Konnte er das gleiche Interesse für seine Ansichten, Gedichte und sonstigen Soli erwarten, wenn er Privatmann oder abgedankter König war? Hatte er denn als Deserteur der vom Vater ventilierten Abdankung nicht mit aller Schlauheit widerstrebt?

Hätte er Schlesien zurückgeben müssen, wohl, dann hätte er, vielleicht, nicht länger König sein mögen. Aber daß es dazu nicht kam, war ja der Zweck all seiner Anstrengungen, Opfer und Entbehrungen, seiner Existenz als eines »Königs der Aushilfen« (Horace Walpole). Das friedliche Leben eines kunstsinnigen Philosophenkönigs hätte er ja mindestens probieren können; nur lag es nicht in seiner Vorstellung von einer ruhmreichen, literarisch überglänzten Laufbahn. Ludwig XIV. war sein Stern, der ein großes Land arm gemacht, die Stellung aller Könige aber hoch erhoben hatte. Liefen die Dinge allzu »Schüf«, so mag er sich ernsthaft gewünscht haben, niemals eine Katze angegriffen zu haben. Aber kaum hatte er die Nase »aus der Supen«, so fielen ihm neue Aushilfen ein, und er plante wieder als »l'unique roi de Prusse«.
Das dürre Pflicht- und Moralschema der deutschnationalen Professorenstube paßt nicht für Friedrich, der von Grund auf zwei Intentionen hatte: anderen seinen Willen aufzuzwingen (in seinen Worten: »Leute glücklich zu machen, die es nicht sein wollen«) und in der Welt des Geistes zu glänzen. Daß er »nur durch Willensentschluß« (Delbrück) zum Helden geworden sei, ist denn das wohl annehmbar? Hat er sich »mannhaft zur Entsagung« gezwungen (Ritter)? Hat er »niemals auch nur eine Stunde der Pflicht dem Glücksstreben geopfert« (Spranger)? Hat er nicht vielmehr unwichtigeren Antrieben entsagt, um sich den ihm wichtigeren widmen zu können? Friedrich hat gewählt, wie die Menschen müssen, und hat den Weg gewählt, der in Krieg und Ruhm, und nicht in die Freuden geselligen Hoflebens führen sollte. Aber am geselligen Hofleben lag ihm nichts, das ja übrigens ganz ohne Frauen auch nicht hätte bewerkstelligt werden können. Wohl aber am Ruhm und am Befehlen. Wollte er auf allen Gebieten glänzen, keinem anderen Menschen Einfluß gönnen, und trotzdem bis zur Krankhaftigkeit mißtrauisch und geizig sein, so konnte sein Leben nicht viel anders aussehen.
Nie dachte er über seine Person hinaus, selbst nicht beim Bauen. Ausdrücklich sagte er: »Ich will nicht wie die Römer bauen; wenn es nur hält, solange ich lebe.« Regieren hieß Beschäftigung mit der Welt. Aber schon 1763, von seinen eigenen Kriegen zerstört, schrieb er an d'Alembert: »Ich lebe mit der Welt in Ehescheidung und trenne mich von ihr, ehe sie mich verläßt.« Er trennte sich nicht, und sie verließ ihn nicht.
1762, dem Untergang entronnen und immerhin schon 50 Jahre alt, schrieb er dem Lord-Marschall Keith: »Allerdings sind der ganze asiatische Luxus, das Raffinement guten Essens, Wollust und Weichlichkeit zu unserm Leben nicht nötig. Wir könnten sehr wohl einfacher und mäßiger leben – doch warum auf die Reize des Daseins verzichten, wenn man sie genießen kann? Die wahre Philosophie besteht nach meiner Meinung darin, sich den rechten Genuß nicht zu versagen, aber den Mißbrauch zu verurteilen.

Man muß alles entbehren können und doch auf nichts verzichten.«
Wohl gesprochen, sehr im Sinne Epikurs und auch der Tante Frieda. Aber er versagte sich keinen Genuß. Gaumen und Magen mißbrauchte er durch unmäßigen, wahllosen Obstkonsum und den Genuß scharfer, überwürzter Speisen; wurde auch der Unterleib noch so sehr in Mitleidenschaft gezogen, nichts aß er bis zuletzt »lieber als preußische Erbsen, die härteste Art von Erbsen in der Welt: Erbsen, von denen man sogar in Niedersachsen und vollends in Westfalen sagen würde, sie sind zu hart!« (Kammerdiener Schöning über den todkranken König zu dem aus Hannover herbeigeeilten Arzt Zimmermann.)
Den Beruf eines Stabsoffiziers übte er aus, weil nach seiner Ansicht »die Sicherheit seines Landes und sein Ruhm, der ihm noch teurer ist« (Nivernais 1756) davon abhingen. Seine Soldaten drillte er bis ins hohe Alter an mindestens zwanzig Tagen im Jahr, weil er es für seine Pflicht hielt, »die Klingen gut zu schärfen«, aber doch auch, weil ihm das Exerzieren mittlerweile zu einer sein Leben stabilisierenden Gewohnheit geworden war. »Wir exerzieren, daß es eine Pracht ist«, schreibt er am Jahrestag der Schlacht von Prag 1770 dem Waffengefährten Fouqué. Wie hätte der alte Mann seine Zeit befriedigender verwenden sollen? Er bereiste die Provinzen, weil er es tatsächlich für seine Pflicht hielt, die Armee-Einheiten zu besuchen und, erst in zweiter Linie, die Ausgaben-Wirtschaft zu überwachen. Aber doch auch, weil die Abwechslung, das Befehlen, das Schikanieren seinen eintönigen Tag unterbrachen, weil er sich zwischen anderen Tapeten nützlich wissen wollte, wie so viele Menschen; ja sogar, weil er Gutes tun will. Als er sich soweit versteigt, dies für seine Pflicht zu deklarieren, ist er an die siebzig.
Er war der selbstsüchtigste aller Menschen. Trotzdem wird es ihm »bisweilen sauer«, seine Pflicht zu tun (1770 an die Schwester Ulrike). Er würde seine Inspektionsreisen »gerne einschränken« (1774 an den Bruder Heinrich), aber sie sind so nötig, daß er sie nicht aufgeben kann. 1784 schreibt er ihm: »Meine Rundreisen sind für dies Jahr sämtlich beendet und ich fange an, etwas Ruhe zu genießen.« Er zitiert Marc Aurel, der gesagt habe, »Du bist eine Seele, die einen Leichnam herumschleppt«. Sein Leichnam müsse sich eben tummeln.
Sieht man das Pflichtleben dieses Königs an, so fällt auf: seine regelmäßige Lebensführung mit festen Stunden am Morgen; seine regelmäßige Überwachung des militärischen Drills, seine alljährlich stattfindenden Reisen in die Provinzen: Ende Mai zuerst nach Küstrin und Pommern, dann nach Magdeburg, seit 1772, nach der Inbesitznahme Westpreußens also, zuerst nach Magdeburg, dann Revue in Küstrin und Stargard und zuletzt die westpreußische Revue bei Mockrau. Anfang bis Mitte August bricht er für

drei bis vier Wochen nach Schlesien auf, am 21., 22., 23. September sind große Manöver in Potsdam. Die Exerzierzeit in Potsdam fing am 21. März an – im April bezog er Sanssouci bis zum Kälteeinbruch im Herbst – und endete mit der Revue am 16. und 17. Mai; Ausfall nur, wenn er krank war.

Den Winter über wohnte er im Potsdamer Stadtschloß, seit 1769 im fertiggestellten »Neuen Palais«. Mitte Dezember zog er zum »Karneval« nach Berlin, wo er mindestens bis zu seinem Geburtstag am 24. Januar blieb. An diesem Tag gab Prinz Heinrich ihm, jedenfalls bis zum Kartoffelkrieg, ein Kostümfest. Der König trug einen roten Domino, immer.

Also, der König setzte sich Pflichten, soviel steht fest. Aber konnte er der inneren Verwaltung weniger Aufmerksamkeit widmen, als er tat, wenn er doch partout keinem anderen Menschen Verantwortung übertragen, wenn er gar allergnädigst Resolution erteilen wollte über gelieferte Mauersteine, Luchsbälge (zehn Stück), Einstellung eines neuen Pfarrers und während der Schonzeit zu schießende Hirsche, auch darüber, daß die Dienstmägde nicht »die besten Lumpen zu Zunder verbrennen, um Feuer zu machen«? Sollte er die Armee vernachlässigen, die er als Instrument seines Ruhms vom ersten Tag schätzengelernt hatte und für die er ebenfalls niemandem eine Verantwortung übertragen wollte, selbst und erst recht dem Prinzen Heinrich nicht? Daß er besser getan hätte, weniger zu drillen und statt dessen ein zeitgemäßeres Heeres-System einzuführen, bedarf keiner Begründung.

Seine Provinzen alljährlich zu besuchen, mag ihm notwendig erschienen, es mag ihm auch ein Bedürfnis gewesen sein; auffällig und typisch für sein nach festem Plan ablaufendes Dasein ist nur die immer gleiche Reisezeit und Bestimmung. In einem Land, dessen Schulmeister Kants Philosophie schon deshalb für groß halten, weil die Königsberger ihre Uhr nach diesem Pünktlichkeitsfanatiker stellten, mußte Friedrich derart zum größten aller Pflichtmenschen avancieren.

Zeugt sein Regierungswandel von Pflichtgefühl? Wenn damit ein Gefühl für die eigene Lebensbestimmung gemeint ist, für das Von-den-Dingen-in-Pflicht-genommen-Werden, sehr wohl. Daneben spricht es aber auch für die frühe Verkrustung einer gegen neue Einflüsse sich zunehmend abschließenden Existenz. Pflichten in dem Sinn, daß er seine zeitraubenden Liebhabereien nicht befriedigt hätte, sein unablässiges Im-Gespräch-sich-Produzieren, seine Schriftstellerei, sein Flötenspiel und Komponieren, solche Pflichten hat er nicht übernommen. Er wurde nicht Alter Fritz, weil er soviel zu tun hatte; das Alter-Fritz-Werden war vielmehr der Kunstgriff seiner Natur, ihn beschäftigt zu halten.

Er stand nicht mehr morgens um sechs, sondern morgens um vier auf, im Winter um fünf, weniger aus Pflichtgefühl, sondern weil er nicht länger schlafen konnte, auch nicht mehr als fünf bis sechs Stunden nötig hatte. Nur Thiébault will uns erzählen, Friedrich habe im Alter mehr geschlafen als zuvor, ebenso will er gehört haben, dem Kronprinzen habe ein Bedienter um vier Uhr morgens ein kaltes in Wasser getauchtes Handtuch auf das Gesicht legen müssen. Das klingt sehr nach den üblichen Kaltwasser-Legenden berühmter Leute. Aus anderer Quelle wissen wir, daß Friedrich in Ruppin und Rheinsberg manchmal erst gegen elf Uhr »seine Nasenspitze zeigte«, wie auch er selbst mitgeteilt hat.

Über das Leben schalt er routinemäßig, er glaubte, die Menschen stiegen ins Grab, »tief empört über die alberne Rolle, die wir spielen mußten«; und doch, wie andere Misanthropen, hoffte er im kränksten Zustand kurz vor seinem Ende, »noch eine Reihe von Jahren leben zu können« (so der ob solcher Aspekte wohl wenig erbaute Kabinettsminister von Hertzberg). Seinen Leibarzt Professor Selle halfterte er kurz vor dem Ende noch ab, weil der ihn habe »die unlaugbare Wahrheit, daß Er (der König) unheilbar sey, zu deutlich merken lassen«, so der an Selles Statt gerufene Zimmermann.

Eine zeitraubende Beschäftigung königlicher und unköniglicher Personen, die mit dem anderen oder auch mit dem eigenen Geschlecht, entfiel bei ihm schon frühzeitig; seine nicht sehr robuste, eher kränkliche Natur scheint nach dem Zweiten schlesischen Krieg kaum noch derlei Bedürfnisse angemeldet zu haben. Einzelheiten und Spekulationen ersparen wir uns.* Fest steht immer noch, daß er für seine Neigungen unverhältnismäßig viel Zeit aufwandte, und auch, daß diese Neigungen geistiger und minder platt waren als die Vergnügungen der meisten seiner Standesgenossen. (Die Qualität eines Herrschers nach seinen Geistesgaben zu messen, wäre freilich wieder ein Fehler. Friedrich war wohl der geistreichste Fürst seiner Zeit, aber er machte von seinen Geistesgaben keinen so wohltätigen Gebrauch wie die minder geistreiche Maria Theresia.) Hat Friedrich mehr gearbeitet als Maria Theresia, als Katharina, als Kaunitz, Pitt, Washington? Nein. Er war

* Man bewundert nur wieder die göttliche Sicherheit, mit der etwa Gerhard Ritter feststellt, Friedrichs Geschlechtsleben sei »nach keiner Richtung hin abnorm« gewesen. Woher weiß der Mann das alles? Fest steht nichts. Es war auch nicht Voltaire, wie Professor Volz in einer sehr gründlichen Studie (»Auf dem Andenken König Friedrichs des Großen ruht ein Schatten«) behauptet, aus dessen Inspiration sich »die erste Spur der Verleumdung Friedrichs« 1753 ergossen habe. Vielmehr, schon 1742 berichtete der kurhannöversche Baron Schwicheldt seiner Regierung von einem Unteroffizier, einem Mann namens Georgii, der im vergangenen Sommer dem Fredersdorf den Rang abgelaufen und der »wenige Wochen darauf sich selber vorsätzlicher Weise« erschossen habe. Erwiesenermaßen starb der 23jährige Kammerdiener »Karlchen« Glasow, ebenfalls mit Friedrich und Fredersdorf durch Gerüchte verbunden, 1757 in der Festung Spandau. Verhaftet worden war er offiziell, weil er, aufgefordert von seiner Geliebten, vertrauliche Korrespondenz an die sächsische Regierung geliefert habe. Nicolai, nicht leichtfertig im Umgang mit Nachrichten, behauptet, Glasow habe einen Haftbefehl gegen einen mißliebigen Mitwisser seines leichtsinnigen Lebenswandels gefälscht und dafür ein Jahr Arrest bekommen. Drei Wochen vor Ablauf der Strafe sei er gestorben, und der König habe geweint. Beiden Lesarten, der offiziellen wie der Nicolais, ist gemeinsam der Umgang Glasows mit ein oder zwei sächsischen Frauenzimmern, ein, laut Nicolai, dem König politisch verdächtiger Umgang.

nur der Uhrwerkhafteste, und er hat sich am ausdauerndsten beschäftigt.

Daß es die Pflicht der Fürsten sei, ihr Land glücklich zu machen, hatte er dem späteren Landesherrn Schillers, dem tyrannischen Herzog Karl Eugen, zu dessen sechzehnten Geburtstag mit auf den Weg gegeben. Daß er selbst sein Pensum als »eine religiöse Hingabe an meine Pflichten« empfand (Brief an Wilhelmine Anfang 1756), ist glaublich. Aber ein Königtum, das bis zur Erschöpfung auf Krieg und Eroberung aus war, das überdies mit den politischen, wirtschaftlichen und zivilisatorischen Errungenschaften der Zeit nicht Schritt halten mochte, hatte notwendigerweise einen eigenartigen Begriff vom Glück der Untertanen. Nimmt man die Pflichten der Könige in einem sittlich-politischen, und nicht in dem recht äußerlichen Sinn des merkantilistischen Zeitalters, nimmt man den Geisteszustand der Bevölkerung, die Ausbildung ihrer moralischen Kräfte, nimmt man die staatlichen Intentionen und die Krisenfestigkeit des herrscherlichen Systems zum Maßstab, so trifft Fichtes großes Wort aus dem Jahre 1813 über die Fürsten auch auf König Friedrich zu, deren erste Pflicht die wäre, »in dieser Form nicht dazusein«. In diesem Fall: so unrektifizierlich, so in Vorurteilen befangen, so allwissend und ignorant, so selbstsüchtig nur auf die eigene Geltung bedacht – nicht zu sein.

Ritter möchte Friedrich nicht als »echte politische Führergestalt« gewertet wissen, offenbar nicht als einen Hitler also, denn das veröffentlichte er 1936. 1954 hielt er Friedrich mehr für einen Dämon als für eine »populäre politische Führergestalt«. Nun hat sich aber Ritters »echte politische Führergestalt« von 1936 als ein Dämon entpuppt, wohingegen eine unromantische, eine undeutsche Geschichtsbetrachtung in Friedrich wenig Dämonisches entdecken wird. Da er Schlesien nicht wohl aus literatenhafter Eitelkeit überfallen haben konnte, nicht aus purer Liebe zum Seiltanzen, zur Macht, zum Ruhm, so oft er das auch beteuern mochte, mußte ein Dämon ihn geleitet haben, oder, um mit Thomas Mann zu reden, ein geheimer Instinkt, ein Element des Dämonischen in ihm, das überpersönlicher Art war: der Drang des Schicksals, der Geist der Geschichte.

Er war Opfer und Werkzeug höheren Willens, durfte nicht Philosoph, mußte König sein, mußte Unrecht tun, um große notwendige Erdendinge in die Wege zu leiten, eines großen Volkes Erdensendung, etc. etc. Thomas Mann nennt das ganze hübsche Gebäude eine »deutsche Denkbarkeit«, und das war es wohl auch.

Also, weder eine echte Führergestalt noch eine populäre Führergestalt soll Friedrich laut Ritter gewesen sein, sondern mehr ein Dämon. Thomas Mann hingegen erschaudert bei dem Gedanken, daß hier der Dämon populär geworden sei, verkleidet als Alter Fritz. Populär in dem Sinn, daß er Massen auf die Beine brachte,

war Friedrich freilich nicht. Das vermochten aber, vor Hitler, schon Carnot und Saint-Just, sechs Jahre nach Fritzens Tod.
Die friderizianische Spielart des Absolutismus war das Ende einer Epoche, war nicht fortführbar, wie Ritter schon 1936 und auch noch 1954 wußte. 1936 hingegen war Friedrich »der erste deutsche Staatsmann wirklich modernen Stils«. Maria Theresia war eine Frau, kein Staatsmann also, Prinz Eugen war wohl nicht »wirklich modern«, aber wenn nicht er, was heißt dann wirklich modern? Wir halten uns lieber an Gooch, der in Friedrich »die erste führende Gestalt auf der deutschen Bühne seit Karl V.« sieht. Von den drei außer Friedrich bedeutendsten Figuren der Jahrhundertmitte – Maria Theresia, Voltaire, Rousseau – gruppieren sich zwei um ihn; nur die Frau ein edler Charakter.
Friedrich huldigte einem Despotismus »unerhört und grenzenlos«, so Thomas Mann in seiner Pro-Friedrich-Schrift von 1915, er entzog »der Arbeit aller anderen die Würde«. Jedenfalls, eine politische Führergestalt, wenn auch keine echte, war Friedrich mithin sogar in Ritters Augen. Denn das ist nun einmal auf dem Kontinent so, anders als in England, die kontinentalen Militär-Monarchien bringen notwendig Führergestalten hervor; haben sie doch, laut Ritter, Aufgaben zu lösen, »die offenbar am besten gelöst werden können, wenn die Befehlsgewalt Eines Mannes sich möglichst ungehemmt auswirken kann«. So hörte die deutsche Jugend 1936, nach dem Röhm-Gemetzel, von ihrem Historiker, der damals noch nicht Gelegenheit genommen hatte, einen Ludendorff zu verdammen. Die despotischen Regierungsformen des friderizianischen Staates seien vergänglich gewesen, beteuert Ritter 1936, das Bedürfnis einer starken monarchischen Führung hingegen nicht. 1954 noch meint er, ganz große politische Erfolge würden immer nur dann erreicht, wenn politisches und militärisches Genie eng zusammenwirkten (Gert Kalow hat den Begriff Genie einen Kassiber genannt, mit dessen Hilfe das alte Herr-Knecht-Verhältnis aus dem feudalen ins bürgerliche Zeitalter hinübergeschmuggelt werden konnte).
Der ungehemmte Despot, der allen anderen die Würde eigener Arbeit entzog, welche Ansichten hatte er? Vor Verbrechen, um bei seiner nutzbringendsten Auffassung zu beginnen, sollte nur abgeschreckt, sie sollten nicht namens eines höchsten Richters in Stellvertretung bestraft werden. Die »Milde der Gesetze« war aus seinem Mund keine Floskel, solange es nicht um Anschläge ging, die seine Herrschaft betrafen.
Die ewige Vorsehung kümmert sich nicht um das Schicksal von Völkern und Einzelnen, es gibt kein Seelenheil, das der Staat mittels Strafmaßnahmen zu fördern hätte. Jeder soll glauben, was er mag. Der Aberglaube ist offenbar unausrottbar, das dumme Volk, die große Masse bedarf seiner; sinnlos also, dagegen anzugehen, und wenn sinnlos, dann schädlich. So befahl der Kö-

nig 1779, daß die kleinen Heiligenbilder wohlfeiler verkauft würden; die Fabrikanten sollten sich zudem erkundigen, welche Heilige am beliebtesten seien. Die müßten am meisten gemacht werden. Seine königliche Akademie der Wissenschaften ernährte sich hauptsächlich vom Vertrieb der Kalender, auf denen die albernsten Bauernregeln und sonstiger Hokus-Pokus verzeichnet waren. Da die Leute die neu einzuführenden, purgierten Kalender nicht wollten, kehrte diese Leuchte der Wissenschaften zu ihrem früheren, von ihr so bezeichneten Verfahren zurück, »den alten Unsinn herzustellen« (Preuss). Aktivität als Freimaurer entfaltete Friedrich nicht, obschon er 1738 in die Hamburger Loge aufgenommen worden war.

Der Protestantismus ist nach Friedrichs Auffassung weniger schädlich als der Katholizismus, weil er »weniger verfolgungssüchtig und abergläubisch ist«. Hätte der König zu Martin Luthers Zeiten gelebt, so hätte er den Mönch kräftig unterstützt, damit der nicht auf halbem Wege stehenbleibe. Die elenden Marktschreiereien des Bischofs von Rom verfangen nicht mehr, er, Friedrich, wäre ebenso gern Schuhflicker wie Papst. Das Ende aller Religionen zu erleben, kann er nicht hoffen, vielleicht wird es in ein paar Jahrhunderten soweit sein.

Die Jesuiten, dies »schädliche Ungeziefer«, würde er am liebsten vom Erdboden verschwinden lassen, wenn er sie nur eben für die Schulen in Schlesien nicht doch ganz gut gebrauchen könnte. Darum eröffnet er ihnen, als der Papst sie verschwinden lassen will, als »armer, toleranter Ketzerfürst eine Freistatt«. Dem in Rom einsitzenden Ordensgeneral Ricci will er 1773 Asyl in Preußen anbieten. Die deutschen Bischöfe sind Trunkenbolde. Aber den bestehenden Glauben darf man nicht verunglimpfen. Wer das tut, soll sich nicht wundern, wenn er entsprechend den landesüblichen Gesetzen bestraft wird, wie jener 18jährige La Barre, der 1776 in Abbeville hingerichtet wurde, weil er ein Kruzifix verschandelt haben sollte, sein angeblicher Mittäter Etallonde entkam nach Preußen, wo er unter dem Namen Morival Offizier in der preußischen Armee wurde.

Die Philosophen sollen vernünftig sein und sich friedlich benehmen. Alle Wahrheiten der Philosophie zusammen, dies jedenfalls Friedrichs Erkenntnis schon 1766, wiegen nicht die Ruhe der Seele auf, das einzige Gut, das die Menschen genießen können. Friedrich hält sich in der zweiten Hälfte seines Lebens für einen »unbegeisterten Denker« (raisonneur sans enthousiasme), die Menschen sollen vernünftig und »vor allem ruhig« sein.

Die Philosophen sollen den Leuten nicht mit höllischen Grundsätzen einheizen, sonst suchen Wirrköpfe wie Damiens ihren König Ludwig zu ermorden (schwerlich wäre ein Attentäter in Preußen so viehisch gemartert worden wie Damiens 1757, man hätte ihn wohl nur aufs Rad geflochten).

»Vernünftig und ruhig« ist gleichzusetzen mit »den Alleinherrscher regieren lassen«. Friedrich hat da eine eigene Theorie, die gleichwohl nicht sehr originell klingt. Einen Vertrag zwischen dem Herrscher und den Regierten nimmt auch er an. Sie haben irgendeinmal zu irgendwem gesagt: »Wir bedürfen Ihrer, damit die Gesetze, denen wir gehorchen wollen, aufrechterhalten werden, damit wir weise regiert und verteidigt werden; im übrigen verlangen wir von Ihnen, daß Sie unsere Freiheit achten.«

Nun wollten die Untertanen vielleicht gar nicht immer Gesetzen gehorchen, die von einem Einzelnen, noch so weise, ohne ihre Mitwirkung dekretiert wurden; und wenn sie verteidigt werden wollten, wollten sie dann unbedingt erobern? Auch für das Entstehen von Kriegen hat Friedrich eine Theorie: »Der Krieg ist eine Geißel, aber ein notwendiges Übel, weil die Menschen verderbt und boshaft sind; weil die Annalen der Weltgeschichte beweisen, daß man von jeher Krieg geführt hat, und vielleicht auch weil der Weltschöpfer ununterbrochene Umwälzungen gewollt hat, damit die Menschen sich überzeugen, daß es nichts Beständiges unter dem Monde gibt. Die Fürsten befinden sich manchmal in der Notlage, ihren offenen und versteckten Feinden entgegentreten zu müssen – so ist es mir ergangen. Habe ich andere unglücklich gemacht, so bin ich selbst nicht minder unglücklich geworden.« Man merkt es, hier spricht nicht mehr der Fürst von 1756, der, wie er dem Feldmarschall Schwerin schrieb, aufs Hochseil wollte.

Die Freiheit, die der König achten will und soll, ist die Freiheit der Untertanen, eben dem abstrusen Aberglauben anzuhängen, den sie für ihrer Fasson gemäß halten, und sei es der des Mohammed. Lessing hat das aufgespießt, in seinem berühmten Brief an Nicolai: »Sonst sagen Sie mir von Ihrer Berlinischen Freiheit zu denken und zu schreiben, ja nichts! Sie reduciert sich einzig und allein auf die Freiheit, gegen die Religion so viel Sottisen zu Markte zu bringen, als man will. Und dieser Freiheit muß sich der rechtliche Mann nun bald zu bedienen schämen. Lassen Sie es aber doch einmal einen in Berlin versuchen, über andere Dinge so frei zu schreiben, als Sonnenfels* in Wien geschrieben hat; lassen Sie es ihn versuchen, dem vornehmen Hofpöbel so die Wahrheit zu sagen, als dieser sie ihm gesagt hat; lassen Sie einen in Berlin auftreten, der für die Rechte der Unterthanen, der gegen Aussaugung und Despotismus seine Stimme erheben wollte, wie es jetzt sogar in Frankreich und Dänemark geschieht, und Sie werden bald die Erfahrung haben, welches Land bis auf den heutigen Tag das sklavischste Land von Europa ist.«

Nicolai entgegnete, und auch das hört sich nicht ganz unverständig an: »Ich will von Wien gern alles Gute glauben; aber berufen

* Joseph von Sonnenfels (1733 bis 1817), seit 1763 Professor der Staatswissenschaften an der Wiener Universität, Sohn des Gelehrten Lipmann Perlin.

Sie sich nur nicht auf Sonnenfels! wenn er dem niederen Adel ein paar Wahrheiten sagt, so bückt er sich zugleich desto tiefer vor dem höheren Adel und vor allem, was die Kaiserin tut.« Wenn man in einem monarchistischen Staate lebe und also an der Regierung keinen Anteil habe, könne man die politische Freiheit, meint nun gar Nicolai, entbehren, nicht aber die »gelehrte« Freiheit. Die Kaiserin sei in Sachen der Religion doch sehr bigott.
Friedrichs Untertanen waren »Population«, dazu da, regiert oder, andersherum, glücklich gemacht zu werden. Kritik an Glaubenssätzen, Kritik sogar an philosophischen Lehrsätzen war erlaubt, Kritik an der Regierung des Königs in keinem Fall und von niemandem. Dem Kaiser Joseph fiel das unterwürfige Benehmen des Prinzen Heinrich und des Thronfolgers Friedrich Wilhelm auf, er fand es, in einem Brief an seine Mutter, »unglaublich«. Bei Mahlzeiten von furchtbarer Länge täten beide nicht einmal den Mund auf.
»Der Bauer, der Soldat, der Handwerker werden vom Könige ebenso gut empfangen wie der Mann von Stand«, schreibt der von Friedrich hochgeschätzte Sondergesandte des Jahres 1756, der Herzog von Nivernais, etwas überschwenglich. Derselbe Nivernais läßt ihn auch von elf Uhr bis halb eins mit seinen Ministern arbeiten, was der König nie getan hat. Tatsächlich, und das Gegenteil wäre ja auch verwunderlich, konnte niemand zum König vordringen, kein Bauer, kein Soldat, kein Handwerker; es stimmt aber, daß Sanssouci schwach bewacht war. Der Marquis de Toulongeon berichtet, wie er den König hinter einer Hecke stehend von weitem beobachten durfte, sich aber unbedingt still verhalten mußte, weil der Kastellan sich fürchtete: »Wenn der König Sie gewahren sollte, müßte ich morgen in Spandau karren.«
Wären des Königs Schlösser so gänzlich unbewacht gewesen, hätte Voltaire seine gelungene Beschwerde kaum loswerden können: »Ich will in Ihrem Garten in Potsdam wandeln und arbeiten. Ich glaube das sei erlaubt; in Gedanken versunken trete ich hinein, — finde große Teufel von Grenadiere, die mir Bajonette in den Leib stoßen, und mich anschreien: Furt und Saccrament, und der König! Und ich fliehe, wie Östreicher und Sachsen vor ihnen fliehen würden.«
Seine Mitarbeiter, die Minister, die Beamten, hielt er allesamt für Esel, wie der 27jährige Herzog von Lauzun, der 1774 bis 75 Berlin besuchte, dem französischen Außenminister berichtet. »Ich würde lieber ein Postpferd sein als sein erster Minister oder sein Bruder oder seine Frau«, schreibt der englische Gesandte Hanbury-Williams 1750 an seinen Freund Henry Fox. Auf seine Waffengefährten war er eifersüchtig. So suchte er Torgau, das er doch zuletzt und nicht zuletzt dank Zieten gewonnen hatte, als eine fast durch Zieten verlorene Schlacht darzustellen (gegenüber dem österreichischen Gesandten Freiherr von Ried, einem gewesenen

Feldmarschalleutnant, wie auch in seiner »Geschichte des Siebenjährigen Krieges«). Daß sein Bruder Heinrich 1770 in Schweden von seiner Schwester Ulrike, der dortigen Königin, gefeiert worden war, mißfiel ihm, er beschwerte sich darüber bei seinem 22-jährigen Neffen, Ulrikes Sohn. Heinrichs glänzenden Erfolg bei Freiberg 1762 nannte er gegenüber Dritten einen »kleinen Sieg«.

Über seine Mitarbeiter spricht und schreibt er, wie sich das für ein deutsches Anekdoten-Genie gehört. Die Minister seines Vaters hätten diesen veranlaßt, »vierzig Verträge oder Abmachungen zu unterzeichnen, deren Aufzählung wir uns erspart haben, weil sie zu nichtig sind« (»Geschichte des Hauses Brandenburg«). »Die Minister« dachten weniger an die Würde ihres Herrn (wie sollten sie auch?) als an die Mehrung der Einkünfte aus ihren Ämtern. Einmal wollte der Vater großherzig auf einen Vorteil verzichten, aber »nach der Gepflogenheit der Minister ließ Ilgen (Kabinettsminister, Friedrich Wilhelm nannte ihn »einen alten treuen brandenburgischen Vater«) nicht ab, ihm vorzustellen, er müsse seinen Vorteil wahrnehmen«. Wer die Minister anhört, man muß das zweimal lesen, der folgt ihnen auch.

Auf das Gesuch einer Beamten-Witwe um eine Pension gibt er die uns schriftlich erhaltene und wahrhaft staatserhaltende Bemerkung: »Ich habe den Esel an die Krippe gebunden, warum hat er nicht gefressen?« Über einen früheren Diener, den man ihm als in Not geraten schildert, sagt er nur: »Der Dummkopf! Ich hatte ihn an die Raufe gestellt; warum zog er sich kein Heu heraus?«, so zu lesen bei Thiébault. Seine hochbezahlten Kabinettsräte nahmen Geschenke. Angst vor diesseitiger Strafe war das einzige Ethos, das König Friedrich gelten ließ. Hoffnung auf Belohnung machten sich seine Beamten besser nicht. Auf ein Gesuch um Beförderung ließ er antworten: »Ich habe ein Haufen alte Maulesels im Stal, die lange den dienst machen aber nicht das Sie Stalmeisters werden.« Daß diese Beamten sich für ihren König oder für seinen Staat abgemüht haben, dürfte ein frommes Märchen sein. Daß die Minister nicht eben viel zu tun hatten, daß sie vier Stunden zu Mittag speisten und anschließend ein Schläfchen hielten, will schon Frankreichs Gesandter von 1782, der Graf d'Esterno, bemerkt haben.

Im Direktorium wünschte sich Friedrich, laut Testament von 1752, lieber anschlägige Leute von zweifelhafter Rechtschaffenheit als ehrenwerte Dummköpfe. An dem Anhaltiner Franz Balthasar Schönberg von Brenckenhoff, einem früheren Pagen des Alten Dessauers, hatte er solch einen »dreisten Spekulanten mit sorgloser Verachtung einer ordentlichen Buchführung« (Koser). Brenckenhoff, der erste Verwalter des Netzedistrikts, galt als Paradepferd preußischer Kolonisation, er hat das Netze- und Warthebruch urbar gemacht und starb mit 100 000 Talern Defizit in der Kasse. Aber auch über den ebenso berühmten Braunschwei-

ger Roturier Johann Friedrich Domhardt, den ersten »Oberpräsidenten der preußischen Kammern«, mußte, als er noch Kriegsrat in Königsberg und an der Kammer in Gumbinnen war, sein Vorgesetzter melden, »beinahe die Hälfte der Generalpächter hiesiger Provinz« zähle zu seinen Verwandten.
Die Unbestechlichkeit der Sulbalternbeamten scheint erst Sitte geworden zu sein, als die Beamten menschlich bezahlt wurden. Das war unter Friedrich nicht der Fall. Konsequenterweise hatte der große König nichts dagegen, daß sogar seine persönlichen Bedienten »ein Douceur« nicht verschmähten, wie das auch im ehemals österreichischen Schlesien, und man darf wohl annehmen, auch in seinen anderen Provinzen noch üblich war. Seinem Ordnung liebenden Gens d'armes-Gemüt entsprang die inzüchtige Idee, nur Söhne von Beamten zu Beamten zu machen.
Daß eine Marketenderin Zarin geworden war (Peters Frau Katharina I.), daß eine Bürgerliche, übrigens gebildeter als Friedrichs Neffe und Nachfolger, König Ludwigs Leben und Bett teilte, daß der Reichsfürst Leopold, Schöpfer der friderizianischen Armee, eine Apothekerstochter geheiratet, daß Cromwell einen König enthauptet hatte, daß Friedrich selbst mit dem Bürgerlichen Karl Stephan Jordan engstens befreundet gewesen, all das konnte den aufgeklärten König an dem kostbaren Blut der Könige und des Adels und vielleicht sogar der Beamten nicht irre machen.
Zwar glaubte er, Bastarde täten den regierenden Familien gut, erwähnte sogar den Marschall von Sachsen, August des Starken Sohn, und »meine beiden Herren von Anhalt«*; zwar gab er in der Theorie zu, daß man in den untersten Schichten Genies finden würde, wenn man die Menschen durchschauen könnte, Genies wie Marc Aurel, Julius Caesar, Elisabeth von England, Sappho, Cicero und Virgil. Aber das hinderte ihn doch nicht, seinen Offiziersstand von Bürgerlichen freizuhalten und den General von Dierecke, der für seinen Schwager und dessen bürgerliche Verlobte um Heiratserlaubnis nachsuchte, brüsk zu bescheiden (»Fui, wohr er So was vohrschlagen kan!«). Einem unehelich geborenen Artillerie-Leutnant, dem Sohn eines adligen Obersten, schrieb er auf dessen Gesuch um Legitimierung: »Wer wirdt alle hurkinder naturalisiren?« Unter den vom Oberkonsistorium vorgeschlagenen Stipendiaten für ein Universitätsstudium befand sich 1779 der Sohn eines Spritzenmachers. Der König schrieb an den Rand: »was wil ein feuerspritzen Meisters Sohn Studiren, der mus Feuer Spritzen vom Vahter lernen. Die andern Müsen ausgesuchet werden nach Capassité.« Der Chronist, Oberkonsisto-

* Heinrich Wilhelm von Anhalt, 1734 als natürlicher Sohn des Erbprinzen von Anhalt-Dessau geboren, 1760 »Capitain Anhalt«, nach Torgau »Major von Anhalt«, später Generalquartiermeister und Generaladjutant, »Tyrann der Armee«, von Friedrich als »neuer Turenne« angesehen; bezeigte dem Herzog Ferdinand von Braunschweig 1766 so rauhe Sitten, daß der aus preußischen Diensten schied. – Karl Philipp von Anhalt, älterer Bruder Heinrich Wilhelms, 1732 geboren, 1760 geadelt, 1795 Generalmajor, Artilleriekommandeur.

rialrat Büsching, findet die Entscheidung unvollkommen, tröstet sich aber: »Dieses Beyspiel, wie sehr der König sich in das Kleine und Besondere der Regierungsgeschäfte eingelassen habe, muß die Leser sehr für Ihn einnehmen.« Ungefähr ahnt man, daß Vorteil und Nachteil eines Königs, der alles weiß und sich um alles kümmert, einander die Waage halten.

Vor fremden Besuchern brilliert er durch Liebenswürdigkeit. »Ich kenne«, schreibt der englische Gesandte Harris 1776 über den Besuch des Großfürsten Paul in Berlin, »keinen Mann, der so die Gabe der Unterhaltung besäße wie der König von Preußen oder der sie so zu gelegener Zeit und so am rechten Orte anzuwenden verstünde.« Dem alten Waffengefährten de la Motte- Fouqué, Dompropst in der Stadt Brandenburg, läßt er die ältesten Weine aus dem Keller heraussuchen.

An seine Lieblingsnichte, die 23jährige Prinzessin von Oranien im Haag, die ihm, wie Ulrike in Schweden, manchen diplomatischen Ärger machte*, schreibt er 1775: »Ich habe erfahren, daß die Damen in Paris Federbüsche von 22 Zoll Höhe tragen, zudem mit Federspannkraft und einer Art von Musik (versehen), die auf ihren Köpfen wie ein Glockenspiel klingt, und ich zweifle nicht, liebe Nichte, daß Sie mit jenem schönen Aufputz geschmückt sind. Hier sind die Frauen wie rasend dahinter her, so daß sogar die Hahnenfedern teurer und die Schreibfedern seltener werden. Ich alter Stubenhocker habe zwar von diesen Wunderwerken sprechen hören, habe aber selber noch keinen Federbusch-Kopf zu Gesicht bekommen.«

Er ist liebenswürdig aus Erinnerung und brillant aus Allwissenheit. Seine Handlanger aber erfuhren von der ersten Stunde seiner Regierung an, daß sie nun einen König hatten, der Fachwissen nicht gelten ließ. Ob der Kastrat Annibali beim Vorsingen richtig oder einen Ton zu hoch singt, ob er die Tempi zieht, hat nicht der Kapellmeister Graun zu beurteilen, der den König ängstlich am Rock zupft, sondern der Alles- und Besserwisser selbst macht seinem Mißvergnügen noch während der Darbietung vernehmlich Luft.

Ob eine Fassade des Fischer von Erlach auf den Berliner Opernplatz paßt, kann der Baumeister nicht wissen, der ja ohnehin nur ein Geldschneider und Scharlatan ist. »Alle unsere Landtbaumeister«, so eine Instruktion aus dem Jahr 1748, »sindt Idiohten oder Betriger« (Dummköpfe oder Verräter etc.). Die Inschrift dieser seiner Königlichen Bibliothek, Nutrimentum spiritus, legt Zeugnis ab von dem königlichen Latein. Er konnte nicht dafür,

* Als 1772 Ulrikes Sohn König Gustav einen diesmal erfolgreichen Staatsstreich machte und die Adelsherrschaft wieder herstellte, lief Friedrich Gefahr, an der Seite Rußlands gegen Schweden Krieg führen zu müssen. Ulrike, auf der Rückreise, antwortete ihm, noch aus Stralsund: »Sie werden Ihre eigene Schwester diesen Platz verteidigen sehen. Ich werde überall sein, wo Ihre Kugeln einschlagen. Sie werden Stralsund einnehmen, daran zweifele ich nicht, aber es wird geschehen um den Preis meines Blutes, und noch mit meinem letzten Atemzug werde ich Ihrer würdig sein.«

daß er kein Latein verstand, denn sein Vater hatte Lehrer und Schüler geprügelt, wenn sie beim Lateinlernen erwischt wurden. Aber warum hörte er nicht auf Quintus Icilius, der ihm klarzumachen versuchte, daß dies Küchenlatein war? Warum verlangt er, daß in den Ouvertüren zu den in Berlin aufgeführten Opern ein für alle Mal keine Fugen stehen dürften? Die Librettisten der Oper müssen es sich gefallen lassen, daß der König alles ändert und neu schreibt, desto schlechter sind die Librettisten.

Warum führte er nur wenige Opern von Hasse, dafür aber sechsundzwanzig Opern seines Kapellmeisters Graun auf? Weil er dem bei ihm Angestellten hineinreden, weil er Arien neu schreiben, weil er sogar die fertige Oper »Orpheus« noch ändern lassen konnte. Keine Oper eines Italieners wurde je gegeben; Kritik an seinem Opernbetrieb verbot der König 1770 durch Dekret. »Die Musik«, schrieb 1772 der reisende Musikschriftsteller Charles Burney, »ist in diesem Land vollkommen im Stillstehen, und sie wird es so lange bleiben, als Seine Majestät den Künstlern so wenig Freiheit in der Kunst läßt, wie den Bürgern im öffentlichen Leben, da er zu gleicher Zeit Herrscher über das Leben, das Vermögen und die Geschäfte seiner Untertanen sein will und der Regulator ihrer kleinsten Vergnügungen.«

Friedrich spricht viel und hört nicht zu. Einwände, auch in Gesprächen über Kunst und Literatur, läßt er nicht gelten, schneidet sie ab, zieht sie ins Lächerliche. Der Marchese Lucchesini, 1787 Sondergesandter, um von der Kurie die Anerkennung der Markgrafen von Brandenburg als preußische Könige zu erlangen, erlebte ihn bei den endlosen Mittagessen als einen Herrn, »der sich allein die Gesetze auch in der Kunst und Wissenschaft gibt. Despot ist er auch als Dichter, Redner, Geschichtsschreiber und Philosoph« (Notiz aus dem Jahre 1782).

Durch den Panzer seiner Verkrustung drang kein neuer Gedanke mehr. In seiner »Geschichte des Hauses Brandenburg«, 1751 veröffentlicht, schreibt er, König Georg habe sich durch die Einführung einer Akzise-Steuer eine zusätzliche, von den Parlamentariern unabhängige Einnahmequelle verschaffen wollen. Englands Gesandter Harris berichtet, sein Vorgänger Mitchell habe dem König den Irrtum – so als hätte eine vom Parlament unabhängige Einnahmequelle je zur Diskussion gestanden – auszureden versucht. Friedrich hörte weder zu noch ließ er sich bedeuten. Auch in künftigen Auflagen blieb die unsinnige Stelle unverändert. Einen literarischen Irrtum auf Grund fremden Hinweises zuzugeben war nicht seine Sache, ein Stein wäre ihm aus der Krone gefallen. Eher zieh er – aber eben: er selber! – sich dreier fehlangelegter Schlachten.

Von der Seefahrt, vom Handel, von England wußte er gleich wenig. Den Einfluß, den Handel und Seefahrt auf die politischen Systeme Europas gewonnen hatten, »sieht er nicht, und will nicht, daß man ihn darauf hinweist« (Nivernais). Mal hielt er, späteren deutschen Oberhäuptern nicht unähnlich, die englischen Hilfsquellen für unerschöpflich, mal sagte er den Engländern einen schrecklichen Bankrott voraus (da er nie in England gewesen sei, könne er nicht voraussagen, welche Folgen das für England haben werde). Als Lord Bute, der ihn ziemlich schnöde aus dem Krieg hatte lotsen wollen, gestürzt war, konnte man ihm nicht ausreden, daß Lord Bute auch die nachfolgenden Regierungen dirigiere.

Sulzer, der Pädagoge seiner Akademie, bittet um Erlaubnis, wegen seiner Gesundheit den Winter in Italien verbringen zu dürfen. Bescheid: »Kann Er thun. Ich habe aber Noch nicht gehört, daß einer in Italien gesund worden der in Deutschland krank gewessen.« Nie gehört? Als seine Schwester Wilhelmine Besserung im Süden suchte, wollte er sie auf seinen Händen hintragen, »damit Sie dort wieder hergestellt werden. Allem Anschein nach wird das Milde Klima Ihnen gut tun.«

Was weder nützlich noch angenehm sei, habe keinen Wert, schreibt er 1749, und die nützlichen Dinge seien sämtlich gefunden. Geometrie und Astronomie, behauptet er, hätten der Schiffahrt noch keinen Beistand geleistet, die Elektrizität ist nur eine Sache für Neugierige. Als der Mediziner Bloch 1781 für eine wissenschaftliche Arbeit um Einsendung seltener Fische durch die Kriegs- und Domänenkammern bat, beschied ihn Friedrich: »Es ist nicht nöthig, von den Kammern eine Liste von den Fischen zu erfordern; denn das wissen sie schon allerweges, was es hier im Lande für Fische giebt. Das sind auch durchgehends dieselben Arten von Fischen; ausgenommen im Glatzischen, da ist eine Art, die man Kaulen nennt, oder wie sie sonst heißen. Die hat man weiter nicht: Sonsten aber sind hier durchgehends einerlei Fische, die man alle weiß und kennt. Und darum ein Buch davon zu machen, würde unnöthig sein; denn kein Mensch wird solches kaufen.«

Bitaubé, Altphilologe, Mitglied der Königlichen Akademie, möchte 1772 für sechs Monate nach Holland, um die Geschichte der Republik Holland zu schreiben. Abschlägig beschieden: »Er kan hier die historie Schreiben, was braucht er deßhalb herum zu laufen.«

Der König entschied auf der Stelle, wie man unablässig rühmt. Er selbst, mit der ihm eigenen doppelbödigen Ironie, die wir im Zusammenhang mit seinen Dichtkünsten schon kennen, beschreibt sich, je älter er wird, desto beharrlicher, als einen alten Schwätzer (vieux radoteur): »Es ist bei manchen Leuten leichter, sie zum Reden als sie zum Schweigen zu bringen.« Aber diese Mischung von selbstzufriedener Begriffsstutzigkeit und unablässigem Wortschwall, diese frustrierende Rastlosigkeit, die kaum noch einen Spaziergang im Park gestattet, es sei denn, er kann jemanden damit ärgern, gefährdet des Königs System. Er versäumte es, seinen Staat abzustützen. Graf Mirabeau, dem König, was Machtinstinkt und Freigeisterei betrifft, innig verbunden, schreibt 1788, vor der Französischen Revolution also, daß Friedrichs Staat von einem einzigen Sturm völlig umgeworfen werden könne; die preußische Monarchie könne keine Mißgeschicke ertragen, »nicht einmal das auf die Dauer unvermeidliche Unglück einer unfähigen Regierung«. Die falschen Maßnahmen eines rein fiskalischen Systems hätten den Staat untergraben. Er bräuchte eine Radikalkur, die aber während der (Nachfolge-)Krise schwer durchführbar sei. Mirabeau, das muß man zugeben, verstand etwas von der Physik der Macht.

Warum konnte gleichwohl keine Revolution wie die Französische das friderizianische System hinwegfegen? Zwei Antworten. Einmal gab es in Preußen keinen irgendwie selbstbewußten dritten Stand, und auch keine Geistlichkeit, deren niedere Chargen dem dritten Stand hätten zu Hilfe eilen können. Preußen war gesellschaftlich ein rückständiges Land. Die deutsche Nation hatte sich, in Herders Worten (1792), »durch gutwillige Treue und fast blinden Gehorsam gegen ihre Landesherren seit Jahrtausenden in der Geschichte bemerkbar gemacht«.

Zweitens aber hatte die Finanzwirtschaft Friedrichs, anfechtbar wie sie war, keine Schuldenlast entstehen lassen wie in Frankreich; Friedrich füllte ja unablässig seinen Kriegsschatz. Nach der Inflation von 1763, die der König wie der Doktor Eisenbart nach den Rezepten des Generals Tauentzien behandelte, und nach den unendlichen Zerstörungen des Krieges hatten die Bürger Preußens die Gnade des Nullpunktes ergriffen und ein erstes Wirtschaftswunder zuwege gebracht; hatten die »geheimen und unmerklichen Gegenwirkungen des privaten Gewerbefleißes« (Mirabeau) gegen die stets verhängnisvollen Folgen eines auf zu engem Raum betriebenen, zu dirigistisch aufgefaßten Merkantilismus durchgesetzt. Daß der König jedes Jahr für einen neuen Krieg in einem Juliusturm Geld hortete (bei seinem Tod hatte er 51 Millionen Taler), war zwar volkswirtschaftlich Unfug, aber es verhinderte die Franzosenkrankheit, die fast die Hälfte der Einnahmen Frankreichs für den Zinsendienst aufzehrte. Eine Hauptstadt, Umschlagplatz revolutionärer Ideen, gab es in Preußen erst in Umrissen, wenngleich eine, die laut Carlyle »Witz und einen Anflug Wermuth in sich« hatte. Nein, es fehlte so ziemlich an allen Voraussetzungen für eine Revolution, der Anstoß zum Untergang des preußisch-friderizianischen Staates mußte schon von außen kommen.

Daß er von Napoleon kam, von einem Dämon, von einer Naturgewalt, hat die Ursachen aus dem Bewußtsein gedrängt. Der bei uns so beliebte Unglücksfall konnte aus dem Ei kriechen. Der Historiker Max Lehmann hat die ungeliebte Wahrheit ins Licht gerückt, daß Preußen nicht von seinen königstreuen, standesbewußten Adligen und nicht von seinen unbestechlichen, pflichtbewußten Beamten über die tödliche Krise hinweggerettet worden ist. Die westdeutschen Gebiete, fast nur sie, stellten das Personal der Reformer, Altpreußen die Widersacher. Nachdem das von Friedrich geschwächte Österreich die deutschen Interessen immer noch kraftvoller vertreten hatte als Preußen, blieb auch Treitschke und Delbrück, wenn sie auf Preußens Erniedrigung zu sprechen kamen, nichts Altpreußisches mehr zu rühmen übrig als die Erinnerung an Roßbach und Leuthen, an »die letzte sittliche Kraft, welche das lecke Schiff der deutschen Monarchie noch über dem Wasser hielt«, o Bilder, Bilder! Der sittliche Grund der strengen kantischen Pflichtenlehre sei, so immer noch Treitschke, hinzugekommen, »bewußt oder unbewußt«. Ei, wohl mehr unbewußt.

Preußens Friedrich wollte die westdeutschen Besitztümer nicht; gegen einen vorteilhaften Tausch, etwa in Mecklenburg, Pommern, Schleswig-Holstein, Sachsen, hätte er sie abgestoßen. Das hatte nicht nur — einsehbare — geographische Gründe, sondern, ebenso einsehbar, andere. Er wurde mit diesen schon zu weit von Borussien wegentwickelten Gebieten nicht fertig. Er besuchte sie nur zweimal in den letzten dreiundzwanzig Jahren. Der preußische Westen war »über die vornehmste Maxime der friderizianischen Staatskunst längst unwiderruflich hinweggeschritten« (Max Lehmann). Friedrich baute im Westen keine Festungen und richtete gegen seine eigenen Provinzen westlich der Weser Zollschranken auf. In diesen bei Gelegenheit abzustoßenden Gebieten widerrief er die erfolglosen Anläufe, die preußische Heeresverfassung einzuführen, und ließ die parlamentarischen Grundrechte der Stände bestehen.

Steins und Hardenbergs Reformen ermöglichten zwar die Wiederaufrichtung Preußens, aber der »preußische Volksstaat« des Reichsfreiherrn scheiterte an altpreußischen Widerständen. Der König, Friedrichs Großneffe, besann sich, kaum der Verlegenheit entronnen, auf seine erhabene Hohenzollern-Mission. Preußen wurde jenes Land von 1850, dessen »hitzige Feindschaft gegen alle Forderungen und Menschen der neuen Zeit«, dessen »System des dumpfen Druckes und Zwanges«, dessen »vergebliches Ringen mit den vorwärtsdrängenden gesellschaftlichen und staatlichen Kräften des Tages« dem konservativen Historiker Erich Marcks wörtlich so aufgefallen sind.

Dem Staat Preußen, das muß man sehen, ist seine gesamtdeutsche Ausdehnung ein wenig wider Willen von den Regisseuren des Wiener Kongresses vorgeschrieben worden, als ihm die westlichen Provinzen anstatt des begehrten Sachsen zudiktiert wurden. Prinz Heinrich, der in manchem angenehmere, gewiß weniger auffällige, vielleicht ebenso begabte, sicher nicht so geniale Bruder Friedrichs, den die Zarin Katharina später »citoyen Henri de Rheinsberg« und »l'oncle Jacobin« schimpfte, hat sich noch zu

Lebzeiten des Königs über Preußens Ambitionen folgendermaßen vernehmen lassen: »Wir haben keine Grenzen, wir müssen Herren des Elblaufes sein, uns zwischen der Elbe und Weichsel befestigen und dürfen niemanden im Rücken haben. Dies Ziel muß erreicht werden, und dann Fluch dem König von Preußen, wenn er noch weitere Gebietserwerbungen begehrt!«

Was wäre Friedrich, was wäre aus Friedrich geworden, wenn das Erstgeburtsrecht dem Prinzen Heinrich zugefallen wäre?
Die Kurfürstin Maria Antonia von Sachsen, Tochter des bayrischen Gegen-Kaisers Karl VII., Opern-Komponistin, Witwe des 1763 während einiger Monate regierenden Kurfürsten Friedrich Christian von Sachsen, fragte ihren Briefpartner Friedrich 1767: »Wenn Sie nicht als Thronerbe geboren wären, wären Sie ein — geworden. Ich wage es nicht auszusprechen. Sie können uns besser als jeder andere sagen, was Sie geworden wären.« Er antwortete: »Hätte ich nur mein persönliches Glück im Auge, ich fände meinen größten Vorteil im Privatleben, in einem Stande, der mir die Annehmlichkeiten des Lebens ohne Überfluß verschaffte, weit mehr als im Glanze der Herrschermacht.« Die Antwort klingt etwas formelhaft, und die Kurfürstin antwortet denn auch: »Trotz aller Vorschriften Epikurs hätten Sie nicht tatenlos dahingelebt. Ihr Genie hätte Ihnen unaufhörlich zugerufen, daß Sie zum Handeln geboren sind; es hätte Sie vorwärts getrieben und Ihre Natur würde über Ihre Grundsätze gesiegt haben.«
Durch Zufall war Friedrich der älteste lebende Sohn eines Königs. Aber was ist nicht vom »Zufall«, was nicht von »Zufälligkeiten« bestimmt? Friedrichs äußere Erscheinung hat den jungen Mann, mit seinen empfindlichen Ansprüchen, kaum zufriedengestellt. »Gott würde ihn nicht auserwählt haben«, schreibt der Hamburger Kaufmannssohn und Logenbruder Bielfeld über den Kronprinzen, »um an Stelle des Königs Saul zu regieren.«
Die Augen des Königs bezeugen jene Faszination, die von Aura und Geheimnis umwitterte Personen ausüben. ». . . solch ein Paar Augen wie sonst kein Mensch noch Löwe noch Luchs in jenem Jahrhundert«, Carlyle; »graublaue Augen«, Reiners; »Augen mehr schwarz als Braun«, Baron von Schwicheldt; »blaue Augen, bald dunkler, bald heller«, so Adalbert von Taysen gegen Schwicheldt. Die Augen des Königs haben Phantasie und Schreibkünste aufs Unterschiedlichste angeregt, von dem »durchdringenden Blick seiner großen, dunkelblauen Strahlenaugen« (Ritter) bis zum Erschrecken der zwölfjährigen Gräfin Henriette Egloffstein, die im Frühjahr 1785 notierte: »Ungeheure Nase, kleinen eingekniffenen Mund und große Farrenaugen . . . wandte seine furchtbaren Augen nach mir hin.« »Sehr kurzsichtige Augen« (Beauveau), »Augen von mittlerer Größe«, so Preuss, wie Ritter und Reiners und Carlyle nur nach Bildern; »großes, offenes Auge«

entnimmt der Anatom Waldeyer der Totenmaske, »die Stirn ist vorn schmal und fliehend«.
Der Marquis von Beauvau sah ihn 1740: »Er neigt ziemlich zum Starkwerden, und obwohl er sehr schlecht auf den Beinen ist, die dick und häßlich sind, ist sein Gang nicht ganz ohne Anmut.« Sein Kopf hing schon früh ein wenig nach rechts, oder, die Augenzeugen differieren hinsichtlich dieses bedeutsamen Faktums, nach links, Taysen meint, erst nach links und später, infolge des vielen Flöteblasens, mehr nach rechts, so daß die ursprüngliche Fehlneigung einer gewissen Affektiertheit entsprungen sein könnte. Als König hat er keinem Maler mehr gesessen oder gestanden (Taysen sagt: 1771 dem Maler Ziesenis); Antoine Pesne und Knobelsdorff malten nur den Kronprinzen. Da man ein Apollo, Mars oder Adonis sein müsse, um sich malen zu lassen, berichtet der König 1774 an d'Alembert, habe er sein Gesicht dem Pinsel des Malers, soviel es von ihm abhinge, entzogen. Zu Pferde machte er keine gute Figur, da er zwar ausdauernd und sicher, aber nicht kunstgerecht zu reiten verstand. Er konzentrierte sich selten auf sein Pferd, fiel darum des öfteren herunter.
Auffällig ist der Kontrast zwischen dem Aufzug des Königs während der ersten Hälfte seines Lebens und seinem anekdotischen Auftreten seit dem Siebenjährigen Krieg. Hält man Anfang und Ende gegeneinander, ist man versucht, mit Ionesco auszurufen: »Herr Schmetterling ist Nashorn geworden!« Aber der Kontrast täuscht.
Der hannöversche Geheime Kriegsrat von Schwicheldt sieht ihn 1742 »beständig Handschuhe und an den Fingern kostbare Ringe« tragen. Fredersdorf muß »6 gläser von die Stärkst riechende pomade« aus Rom kommen lassen. Er tanzt bis zum Jahr 1750; wie er selbst später meint, »für einen König recht gut«. Um die Ausstattung seiner Person ist er sehr bemüht. 1748 schreibt er an Fredersdorf wegen gestickter Röcke, denn in Bayreuth heiratet die Tochter seiner Schwester: »vohr der bareitischen Reiße (Bayreuther Reise) mus ich 2 Kleider haben, eines blau Samt mit goldt gestikt, Drapdargen-Weste (drap d'argent gleich Silberstoff) und aufschläge eben (ebenfalls) mit goldt gestikt, (das zweite Kleid) blümurandt (bleu mourant – zartblau) ohne geschohrenen Samt mit Gold gestik, eine Citronfarbene Weste von reich Stof mit Silber, und aufschläge einthuend (ebenso). Wievihl wirdt ein jeder Kosten?«
Auch um seinen Fuhrpark kümmert sich der König selbst: »Wegen die Wagens, Sehe ich wohl, ist ein Mißverstandt; Schike mihr nuhr die tzeichnungen zurüke, dann wil ich es deüdlicher machen lassen. Der Sönste (Schönste) wird hel-Roht und goldt und mus Magnific seindt, der andere Seladon-Samt mit Silber, und darf nuhr So gemacht werden, wie der, den ich in berlin gebrauche.« Es kann nicht fehlen, daß der Aufzug, den der König seit 1763

an den Tag kehrte, die Meinung nährte, das abgeschabte, dürftige, mit Tabakresten Beschmutzte seiner Kleidung, auch im Gesicht hatte er Tabak, lasse auf Absicht schließen. Zwar, die prächtige Ausstattung seiner Potsdamer Leibpagen lag ihm immer noch am Herzen. Für deren Kleidung hatte er früher freudig Preise bezahlt, die bis zu dreifacher Höhe übersetzt waren. Er selbst aber hatte jetzt nur noch zwei Uniformen auf einmal, und ohne Uniform ging er nicht aus.

Vom Aufstehen bis zum Bett trug er Stiefel, die nicht gewichst sein durften und daher oft sehr rot aussahen, Stiefel ohne Sporen. Er ritt nie gespornt, die Pferde trieb er zum Entsetzen des Reiter-Generals Seydlitz an, indem er ihnen mit einem Stock zwischen die Ohren schlug, »wozu seine Pferde gewöhnt waren«, so Nicolai. Seydlitzens Pferde waren das nicht gewöhnt, und so mochte der General bei einem Manöver dem König, dem das Pferd unter dem Leibe davongelaufen war, nicht aushelfen. Den Hut hatte er immer auf, außer beim Essen und wenn er mit Personen höchsten Standes sprach, manchmal sogar im Bett (Carlyle: »die gewöhnliche königliche Nachtmütze«). Ein neuer Hut mußte so weich gerieben werden, bis er einem alten glich. Doch scheint der König in den letzten zwanzig Lebensjahren kaum noch einen neuen Hut angeschafft zu haben. Dieser für den Reiz seiner körperlichen Hülle empfängliche Mensch mußte das frühzeitig Verbrauchte, Unansehnliche seines eigenen königlichen Gestells doppelt empfinden: den Kopf grau, rechts grauer als links, die meisten Zähne ausgefallen, die Glieder gichtig, die Haut faltig bis pergamenten. Man muß nicht annehmen, daß er während seiner Kriegsjahre mehr ausgestanden habe als etwa ein fünfzigjähriger Infanterie-Oberst in fünf Weltkriegsjahren, eher weniger. Aber seine Misanthropie scheint frühzeitig von körperlichen Zuständen beeinflußt und auf diese wiederum zurückzuwirken.

War es Absicht, daß er 1770 zum Treffen mit Kaiser Joseph in Mährisch-Neustadt eine einzige Uniform bei sich hatte, extra angefertigt, weiß, damit die Augen des früheren Gegners nicht durch preußisch-blau beleidigt wurden, und die er dann am Ofen sitzend trocknen mußte? War es Absicht, daß er auch diese weiße Uniform mit spanischem Tabak vollgekleckert hatte?

Seit Prinz Eugen, der in seinen alten Tagen ähnliches Auftreten liebte, seit Friedrich Wilhelm I. mit seinen Ärmelschonern, und erst recht seit Karl XII., der alte Tage gar nicht erst erlebte, war Kargheit unter alten Soldaten Mode, auf daß sie sich von den Kleidermagazinen und Perücken der Kaunitz und Brühl abheben konnten. Insbesondere der »blaue Rock mit Messingknöpfen«, einzige Garderobe Karls XII., war weltberühmt geworden, seit dieser wilde Abenteurer 1718 vor den Wällen von Frederikshald gefallen war, 36 Jahre alt. War es Absicht, daß Friedrich so dahergeritten kam, wie Ludwig von der Marwitz als Kind ihn erlebt hat: »Die weiße Generalsfeder im Hut war zerrissen und schmutzig, die einfache blaue Montierung mit roten Aufschlägen, Kragen und goldenem Achselband alt und bestaubt, die gelbe Weste voll Tabak ...« (Friedrich zu de Catt: »Sehe ich nicht ein bischen wie ein Schwein aus?«). Schon 1763 schreibt der österreichische Gesandte Freiherr von Ried an Kaiser Franz: »Karl XII. übertrumpft er durch seine Nachlässigkeit in der Kleidung, die bis zur Unsauberkeit geht.«

Nicht erst der ganz alte Fritz von 1785, der 60jährige König wird 1773 so geschildert, und zwar von seinem späteren Lobredner, dem französischen General Guibert: »Man denke sich einen großen Hut mit einstmals weißer Feder, gekräuselt wie auf all seinen Bildern, eine Stutzperücke mit Zopf und Schleife, die von vorn und seitlich mit ihren Locken anschließen sollte, aber durch den Hut und den Schweiß derart in Unordnung geraten ist, daß man das fettige Band, das sie fest umschnürt, überall sieht.« Der Rock übermäßig lang, mit einem einstmals feuerroten Plüsch gefüttert, der jetzt aber abgeschabt gelb-rot und an der Stelle, wo er den Degen trägt, mit einem Zeugstück ausgeflickt ist; die Eichel der Quaste des kleinen kupfernen Degens – Pendant zu dem Krückstock mit goldener diamantbesetzter Krücke – besteht nur noch aus Holz.

Die Hose ist mit immer neuen Flicken ausgebessert. Die Wasserstiefel, ehemals schwarz, jetzt gelb, sind über dem Knie umgeschlagen, ohne Stulpen und mitten auf dem Schenkel mit Strippen befestigt. Die Schärpe trägt er »gewiß seit seiner Thronbesteigung« (man sieht den alten Albert Schweitzer auf dem Weg zur Entgegennahme des Nobel-Preises in einem Eisenbahnabteil Dritter Klasse fahren).

Er trägt endlose, scheußliche, gestickte Manschetten und streicht heraus, daß er nicht ein einziges Paar Spitzenmanschetten besitze. »Sein Wagen, sein Bett, sein Schlafzimmer sind von unvergleichlicher Unsauberkeit«; man sieht den Kammerdiener den Kammerhusaren auszanken, weil der frisches Bettzeug aufgezogen hat. Der König wechselt das Hemd nicht täglich. Zuweilen geht er gestiefelt zu Bett. »Er ist stets gestiefelt«, schreibt der Berlin-Besucher Herzog von Lauzun, »obwohl es für ihn oft bequemer wäre, Schuhe zu tragen, und von Hunden umgeben, die ihn mehr belästigen als erfreuen.« Mehr noch belästigen die Hunde seine Besucher, die der König grob anfährt, wenn sie im Halbdunkel des Entrées den herbeistürzenden Windspielen auf die Pfoten treten.

All die tausend Absonderlichkeiten, meint der Herzog von Lauzun, hat er nur angenommen, um als außerordentlich zu erscheinen. Den spanischen Tabak streut er absichtlich auf seine Uniform. Er will die mannigfachen und lächerlichen Ansichten, die über ihn in Umlauf sind, aufrechterhalten, um sich unerforsch-

lich zu machen. Seine Todesfurcht macht ihn kindisch abergläubisch. So sehr er abgerissen, so wenig will er krank erscheinen, darum schminkt er sich bei Revuen das Gesicht rot. Stets ist er mit seiner Gesundheit beschäftigt, stets von der Furcht gepeinigt, man könne ihn für krank halten, und von der Anstrengung, die es ihn kostet, sich Krankheiten, die er hat, nicht anmerken zu lassen. »Anfangs war wohl bewußte Absicht im Spiel«, meint auch Guibert, »der Wunsch, außergewöhnlich zu erscheinen; heute« — und hier ist er anderer Meinung als Lauzun — »heute ist es seine Lebensart, sein Wesen.«
Mißtrauen und Geiz sind die beiden nach außen hin hervorstechenden Eigenschaften des alten wie des jungen Friedrich. Verschwendung und Geiz, Großvater und Vater machen sich von früh an nebeneinander bemerkbar, so als wohnten in Friedrichs Seelengehäuse zwei Personen. Derselbe Mensch, der Unsummen für sein Opernhaus, seine Sänger und Tänzer ausgibt, der Schlösser und Gärten baut, schreibt dem Kämmerer Fredersdorf den Preis eines gestickten Rockes vor. Fredersdorf muß den Sticker wechseln, denn der bisherige Sticker, ein Mann namens Haynischer, »Kan Sie Nicht vor den Preiß machen«. Die Stickerei muß nach dem Preis bemessen werden. 1754, nicht etwa 1744 auf 45 während des schlechten Winters, schreibt er an Fredersdorf: »ich Schike Dier den Paß (die Maße) vohr die Stühle. ich höhre aber nicht gern von Rechnungen Sprechen! Das Stof werde Kaufen zur Weste, aber ich Kan es noch nicht betzahlen.«
Er findet nichts dabei, Privatleuten noch fünfzehn Jahre nach seiner Thronbesteigung hohe Summen zu schulden, die der Kronprinz geborgt hat. Dem Mann der von ihm in hölzernen Gedichten besungenen Frau von Wreech, einem Oberst — König Friedrich Wilhelm hielt ein Wreechkind für einen freudvollen Beweis der Potenz seines Sohnes —, blieb er 6 000 Taler auf immer schuldig. Einen Kontrakt, den er über die Lieferung eines Postens Marmor abgeschlossen hat, läßt er kurzerhand, wie Fredersdorf ihm vorschlägt, »umstoßen«; der Kämmerer hat inzwischen eine billigere Bezugsquelle ausfindig gemacht. Da der König nie aufhört, selbstgerecht zu entscheiden, welche Ausgaben angemessen sind und welche nicht, und da er ohne moralische Belehrungen nicht leben kann, läßt sich wohl denken, warum Prinz Heinrich seinen Friedrich für einen »Schmutzfink und Geizhals« hielt.
Denn natürlich hatte Friedrich immer Geld, wenn er für sich etwas haben wollte. Seine Statuen in Sanssouci, seine Bilder im Neuen Palais, seine Dosen und Brillanten, kosteten sie nichts? Als Beispiel für die Sparsamkeit des Königs führen uns die Heiligenbild-Fabrikanten einen Brief vor, in dem Friedrich einen Raffael, für den der König von Polen angeblich 30 000 Dukaten geboten haben sollte, dem König von Polen lassen wollte, dessen Finanzwirtschaft er für miserabel hielt (daran stimmte, daß die sächsi-

schen Auguste mehr Geld für Kunst und Wohlleben als für ihre Armee erübrigten. Die Armee entsprach den Maßstäben Frankreichs, Österreichs etc. und war übrigens recht brauchbar). Friedrich, so scheint es, wollte nicht übervorteilt werden, er kannte den Raffael auch gar nicht. Er hoffte, billiger einen zu bekommen. Was weiter? Ständig besaß er vierzig bis sechzig Reitpferde, die er häufig weiterverschenkte: nicht zu viel für den König von Preußen, aber doch auch nicht zu wenig? Thiébault meint, Friedrich habe niemals mehr als sechs bis acht Gespanne gehabt und dazu vielleicht zwanzig Reitpferde, aber Nicolai weiß das wohl besser.

Allein seine Gärten in Sanssouci, in denen er Obst für jede Jahreszeit zog, kosteten ihn jährlich 20 bis 22 000 Taler; nicht zuviel, aber doch wohl den Einkünften seiner Staaten angemessen? »Du wirst schmälen«, schreibt der König an Fredersdorf, »daß gestern für hundert-achtzig Taler Kirschen gegessen worden; ich werde mir eine liederliche Reputation machen.« Er zahlte im Winter bis zu zwei Taler, das sind nach allerdings nicht ganz zulässiger Umrechnung sechzig Mark, pro Stück. Da konnten denn die beiden Küchenmeister nicht einsehen, warum ihnen der König plötzlich die tägliche Flasche Wein entzog, die er ihnen viele Jahre lang hatte zukommen lassen.

Bei allen Hoffesten bestimmte der König selbst alles und jedes, auch Zahl und Größe der Wachslichter und wann sie angezündet werden durften. Das Gefolge saß oft im Dustern. Dem 55jährigen Baron von Pöllnitz, jenem Schnorrer, auf dessen Kosten er sich gern lustig machte, ließ er für 300 Taler einen Rock machen, Weste inklusive. Warum sollte er nicht? Aber warum sparte er dann an den Stickereien für seine eigenen Kleider? Immer fürchtete er, betrogen zu werden. Im Kleinen hatte er die Übersicht, oder glaubte sie zu haben, die er im Großen nicht haben konnte, und im Kleinen tobte er sich dann aus. Die Kosten für Ausstattung, Dekorationen und Kostüme der Opern »Cleopatra« und »Tito« von Hasse kosteten zusammen, so sprudelt es aus kundiger Quelle, 210 000 Taler.

Das Vermögen, das er hinterließ, war für einen kinder- und freundlosen König beträchtlich genug. Teilweise hatte er es in seiner eigenen Tabak-Regie angelegt, deren Bank er zeitweilig, unvorsichtig genug, dem dafür unzuständigen Quintus Icilius anvertraute. Liest man Geschichts- und Lesebücher, so hat er den Bürgern Potsdams aus lauter Güte und Gnade Privathäuser gebaut und geschenkt – er lieferte auf seine Kosten die Außenwände, die Verzierungen und das Dach –, hat Stadt und Land aus Güte und Gnaden wieder aufgeholfen; so als stamme das Geld nicht aus dem Gut des Volkes, sondern aus seiner Privatschatulle. Es mag sein, daß er für sich pro Jahr nicht über 220 000 Taler entnommen hat. Aber wie er der preußischen Oberrechenkammer

jede Kontrolle über die öffentlichen Ausgaben planvoll unmöglich machte, so gibt es keine Übersicht über das, was er als seine privaten Entnahmen ansah und was nicht. Wer Pferde, Lakaien, Schlösser und Gärten umsonst hatte, wer Holz und Wildbret nicht bezahlen mußte, wäre der mit 220 000 Talern pro Anno denn sparsam? Er war, wie Mirabeau sagt, »der einzige Reiche« im Lande, und gerade hier nahm die Schule der französischen Physiokraten volkswirtschaftlichen Anstoß.
Er hatte zwölf Köche unter zwei Chefköchen, warum nicht? Aber brauchte er mehr? Er suchte täglich aus, was er essen wollte, und, was ihm nur die frugale deutsche Geschichtsschreibung hat streitig machen wollen, er war ein Epikuräer in jedem und im feineren Sinn. Täglich nach dem Essen kam der Haushofmeister und Chefkoch Noël, wenn er Dienst hatte, in galonierter Livree, um das Lob zu kassieren. Aber der Küche vorzurechnen, daß die Köche gestohlen haben mußten, war sein Schönstes, schon in jüngeren Jahren.
Wie sich der ganz alte Mann müht, seinen angeblich ungetreuen Küchenschreiber im Loch zu halten, aus dem die Justiz ihn entlassen will, weil sie ihn für unschuldig hält, ist ein peinlicher Anblick. Über den kranken Friedrich sagt ausdrücklich der durchaus zur Ehrenrettung des Königs herangezogene Kammerdiener Schöning, es sei immer ein sicherer Beweis seiner Besserung gewesen, »wenn er denjenigen übel begegnete, mit denen er während der Leiden zufrieden gewesen war«. Ob Minister, General, Koch oder Leibhusar, wer immer in Abhängigkeit und nicht als sein Zuhörer mit ihm zu tun hatte, konnte diesen Herrn wohl nicht mit allzu großer Trauer in die Grube fahren sehen, dessen »königliches Dasein einen lastenden, entwürdigenden Druck für alle Welt« bildete, wie Thomas Mann 1914, geistig doch unter Stahlgewittern, zugesteht. »Der Himmel lasse uns nur erst eine andere Epoche erleben«, schreibt der unermüdlich tätige Domhardt, zum Schluß verbittert wie Schlabrendorff, an einen seiner Söhne.
Daß Friedrich »in einem Prozeß großartigster Selbsterziehung einen bösartigen, eitlen, literatenhaften Genießer in einen menschenfreundlichen, unermüdlichen Greis mit beispielloser Härte gegen sich selbst« verwandelt habe, wie der Populär-Schreiber Reiners wissen will, davon kann kein Wort stehenbleiben. Der Alte Fritz kroch aus dem jungen Fritz, ruhmbegierig und stets auf sein Ich bedacht. Wer ein überzeugendes Beispiel von Selbsterziehung will, muß sich anderswo umsehen. Der Pflichtmensch, nur für andere lebend, alles, was er noch an zärtlicher Fürsorge empfindet, seinen Windspielen zuwendend (Ritter), diese erhöhte Karikatur eines Staatsmannes wollen wir uns nicht länger vorgaukeln lassen. »Man geht immer fehl«, sagt uns der Philosoph von Sanssouci 1747, »wenn man den Ursprung menschlicher Hand-

lungen außerhalb der Leidenschaften des menschlichen Herzens sucht.«

Für eine psychologische Ausdeutung bietet Friedrich eine riesige Zielscheibe, kein Schuß geht daneben. Aber ins Schwarze treffen kann man auch nicht, die Scheibe ist nicht rund und hat kein Zentrum. Die umfassende psychoanalytische Studie, die uns Erik H. Erikson mit aller gebotenen experimentierenden Behutsamkeit über den jungen Luther geliefert hat, steht im Falle der mindestens ebenso ergiebigen Auskunftsperson Friedrich noch aus. Bei Friedrich mehr noch als bei Luther könnte das Verhältnis zum Vater pathologisch konstituierend gewesen sein: zu jenem Vater, der nach seiner Gemütsart sehr wohl als fähig betrachtet werden mußte, den Sohn umzubringen wie Vater Kronos. Eine systematische Durchleuchtung aller traumatischen Beeinflussungen, die dieser beeindruckbare Sohn erfuhr und die seinen Charakter definitiv ge- und verbildet haben könnten, hat sich leider noch kein einschlägig gebildeter Historiker beikommen lassen. Es kann daher ernsthaft eine Diagnose – etwa schwere Charakter-Neurose vom Typus des analen Narzißmus? – nicht erörtert werden.

Fürlieb nehmen müssen wir mit einigen nicht durchweg erhellenden Streiflichtern, die das zu beackernde Feld markieren. »Es bedurfte«, resümiert Edith Simon in ihrer Studie »Das Werden eines Königs«, »der besessenen Strenge (des Vaters), um Friedrichs Trieb zur Selbstbehauptung so hoch zu schrauben, daß ihm nichts als das Unmögliche zu vollbringen wert schien.« Die Lesart läßt außer acht, daß es nicht nur gebürtige, sondern auch geborene Könige gibt, wie man umgekehrt zweifeln darf, ob aus Friedrich eine nennenswerte Figur geworden wäre, wenn er nicht als Thronerbe aufgewachsen und zur Regierung gelangt wäre. Um sich einen Namen machen zu wollen, dafür muß man nicht unbedingt vom Vater verprügelt worden sein, wie neben vielen anderen Beispielen Philipps Sohn Alexander zeigt.

Restitution der Erniedrigung, die er fünfzehn Jahre lang erleiden mußte, könnte Friedrich im Kriegsruhm gesucht haben. Aber wäre nicht auch denkbar, daß ein seelisch unbeschädigter Friedrich Schlesien erobert und die Eroberung über zwanzig Jahre mit Zähnen und Klauen verteidigt hätte; »Junior wird alle Welt täuschen«, schrieb Grumbkow, der Drei-Schulter-Träger, nach Wien. Junior narrt auch uns, seine Laien-Psychologen.

Aber denkbar (und vielleicht auslotbar) ist das alles: daß seine infantilen Erfahrungen mit anderen Menschen ihn zutiefst verletzt und dazu gebracht haben könnten, nur ein einziges Objekt, sich selbst, zu lieben, als ein absoluter, königlicher Narzissus, der die Macht hat, seinen Mitmenschen aufzuspielen. Das Bedürfnis, andere zu demütigen, könnte – muß nicht! – in den Demütigungen begründet sein, denen er als Kind und als junger Mann ausgesetzt war. Die Mitmenschen, mit denen zu fühlen ihm versagt

blieb, wären dann überwiegend Mittel zum Zweck einer quälerischen Lustbefriedigung gewesen, die eine starke Ersatzfunktion hätte: alles möglich, nichts, bislang, hinlänglich belegt.
Daß seine Potenz mit sechzehn Jahren, nach einem Besuch im liebesschwelgerischen Dresden, mittels einer mißlungenen Operation verstümmelt worden sei, ist eine interessante, auch gar nicht rundweg auszuschließende Version. Sie paßt nicht zur fröhlichen Kronprinzenzeit; nicht unbedingt zu den doch recht substantiierten Gerüchten von seiner homoerotischen Aktivität, mindestens bis ins Jahr 1744. Daß er »sexuellen Verbrechen«, wie etwa der Sodomie mit Tieren, eine für seine Zeit außergewöhnliche Laxheit entgegensetzte (Marginalie: »das Schwein zur Infanterie versetzen«), scheint den Ruch von den Zwecken seiner Windspiel-Hündinnen zu verdichten; nach Soor, wo sein Lager aufgehoben wurde, ließ er, vor allem Gefangenen-Austausch, nach seiner »Biche« fahnden, die ihm auch vor irgendeinem menschlichen Wesen, noch vor seinem Geheimsekretär Eichel, zurückgebracht wurde.
Erklärt das aber seine Vereinsamung, seinen Drang, Freunde zu »besitzen« — dies immer wieder sein Ausdruck — und vor den Kopf zu stoßen? Kann man auf bloßen Gerüchten, noch dazu der Matratze, ein Haus bauen? »Die männliche Ruthe hatte eine natürliche Größe«, stellten die zur Ehrenrettung kommandierten Leichenschau-Ärzte fest; ebensowenig ein Beweis.
Die mit Brillanten überladenen, die Finger mit den Riesen-Brillanten werden von früh an bis ins höchste Alter erwähnt, ebenso seine Vorliebe für kostbare Tabaksdosen, deren drei oder vier er während der Unterhaltung durch die Finger gleiten läßt, jene Dosen und kostbaren Sächelchen, die er zum Karneval auf einem Kamel von Potsdam nach Berlin vor sich hertragen läßt und die er während seiner letzten Krankheit stundenlang betrachtete; derlei gilt oft als Indiz für Impotenz oder Kapaunentum. Es stimmt, er hatte sehr viel mehr Dosen, als der leidenschaftlichste Tabakschnupfer benutzen konnte. Aber soll man so weit gehen, seinem Flötenspiel »die geläufige psychologische Deutung« zu geben? War die Flöte »Anlaß und Symbol für Friedrichs schweren Konflikt mit seinem Vater«, beides Edith Simon? Anlaß ja, aber welche Symbolik soll zwingend im Spiel gewesen sein? Ist die »geläufige psychologische« Bedeutung solch eines Musikinstruments zwangsläufig die einzige und richtige? Muß man nicht mindestens auch für möglich halten, daß er Flöte spielte, weil er gern Musik, diese Musik produzierte? Der Achtzehnjährige in Küstrin wünscht in einem mit le prisoner unterschriebenen Bleistiftbrief an Wilhelmine die Wiederkehr »jener glücklichen Tage, wo Ihr Principe und meine Principessa sich küssen werden« (se baiseront). Ihre Laute, erklärt Wilhelmine, hieß Principe, weil er seine Flöte Principessa genannt hatte. Wilhelmine verändert an dem

in ihren Memoiren sonst fast wortgetreu wiedergegebenen Brief die Anrede – aus »Meine sehr liebe Schwester« wird »Meine liebe Schwester« – und mildert »sich küssen werden« in »eine süße Harmonie machen« (feront une douce harmonie).

Daß er »mit außergewöhnlicher Energie bestimmte Wesenszüge in sich unterdrücken«, daß er »ein anderer werden« wollte, als er war (wie man etwa an einem Walther Rathenau beobachtet hat), läßt sich behaupten, müßte aber belegt werden. Wenn es stimmt, daß er »übertrieben in allem« war (Valory), mit sechzig Jahren schon als sein eigenes Denkmal stilisiert, muß er dann auch eine Kunstfigur, schlechtweg »ein künstlicher Mensch« gewesen sein, als welchen ihn Otto Heinrich von Gablentz vorführt?

Es gibt sehr wohl zweckhafte, dem Außenstehenden einsichtige Gründe, die Friedrichs Wandlung von einem »effeminierten« Gegner des »Sterbekittels« zu einem passionierten Exerziermeister und Kriegsmann erklären können. Aber denkbar ist auch ein schweres Trauma, als Friedrich angesichts der Hinrichtung seines Freundes Katte (als »die Grenadiere meinen Kopf am Fenster festhielten«), mehr noch angesichts der eigenen Gefahr, vom Vater hingerichtet zu werden, erlitten haben kann. Ob und wie er um Katte getrauert hat, wissen wir nicht. Vom Vater habe er noch während des Siebenjährigen Krieges geträumt, daß er ihn nicht genug geliebt habe, daß er von ihm belobigt worden sei, so erzählte er selbst. Denkbar ist, daß in der seelischen Blockade seiner Furcht vor Hinrichtung die Transformation seiner Persönlichkeit gefördert worden ist.

Ernst Lewy in einer psychoanalytisch ausgearbeiteten Friedrich-Studie sieht einen »ungelösten Identitätskonflikt« als den tragischen Zwiespalt dieses Lebens: Friedrich habe Krieg und das Leben eines militärischen Heros führen müssen, wo er sich doch immer nach Frieden und den Errungenschaften eines friedlichen Lebens gesehnt habe. Ja, so hat er alle Welt immer glauben machen wollen. Aber wie steht es dann mit dem belegbaren Sachverhalt der Jahre 1740 bis 45, der anderes bezeugt?

Lewy stellt uns vor interessante Behauptungen, die man besser in Frageform weitergibt: Ist Friedrichs Frigidität gegen Frauen das Ergebnis eines frustrierenden, vergeblichen Wollens? Stärkte sie seine Berufung zum König und zum Supervater seiner Staaten? Motiviert sie »strongly« seine kriegerischen Aktionen gegen die »rasenden Weiber« in den feindlichen Hauptstädten? Mußte er sich selbst seine Männlichkeit im Krieg bestätigen? Hat seine Vorliebe für scharf gewürzte Speisen, hat seine Unsauberkeit, sein Hang zu Possen ziemlich grausamer Natur, hat sein beißender Sarkasmus mit dem Fehlen eines normalen Geschlechtslebens zu tun, und hat dies Fehlen zurückliegende, rückläufige Anal- und Oral-Gewohnheiten wiederbelebt?

Es lohnt sich, jede einzelne Behauptung für möglich zu halten und in Friedrichs Persönlichkeitsbild experimentierend einzusetzen. Hingegen sollte man nicht nachsinnen, ob er das fehlgewählte Lager von Hochkirch fünf Tage lang bezogen hat, um seine todkranke Schwester Wilhelmine, die ja am Tage des Unglücks von Hochkirch starb, durch ein schmerzliches Opfer zu retten, in einem Akt »magischer Einbildungskraft« (Lewy). Daß Friedrichs Kriege eine Reinigungsfunktion gehabt hätten, um ihn für seine inzestuösen Wünsche oder für eine Geschlechtskrankheit zu bestrafen, scheint aus einem zu tiefen Brunnen geschöpft. Der Friedensliebhaber, zum Kriegen gezwungen — dieser Identitätskonflikt scheint vorerst nicht genügend belegt; versuchen wir eine andere Erklärung.
Der junge Friedrich, unterdrückt und mißhandelt von der doppelten Vaterfigur auf dem Thron, wandte seine Interessen von denen des verabscheuten und auch irgendwie lächerlichen Königs ab; er kultivierte den Umgang mit den natürlichen Gegnern des Königs, mit seiner Mutter und seiner zweieinhalb Jahre älteren Schwester Wilhelmine, deren Neigungen ihm mehr zusagten. Seine Identität konnte der junge Mensch im Vater nicht suchen. Seine Flucht und Kattes Tod bezeichnen nur die äußerste Zuspitzung dieses in der Tat vorhandenen Identitätskonflikts.
Nach dem Tod Kattes, nach der Entladung, nach der jugendlichen Erschütterung plante er seinen Weg schlauer und mit Verstellung. Er fand es vorteilhaft, seinen bislang entwickelten Neigungen zu frönen und keinen zu lebhaften Ehrgeiz zu zeigen. Die »künftige Sonne«, in der Sprache des Vaters, suchte er nicht herauszukehren, da er den Vater noch für fähig hielt, ihm das Licht zu löschen. Weder die Identität mit dem regierenden, noch die mit einem demnächst zur Herrschaft berufenen König konnte er, aus verschiedenen Gründen, anstreben.
Am Tage der Thronbesteigung fiel das Tarnwerk, mit dem er sich umstellt hatte, in sich zusammen. Aus den Trümmern erhob sich der König, identisch mit sich selbst und seiner Bestimmung. Da er aber vom aufklärerischen, aufrührerischen Geist der Zeit genippt, wenn nicht in vollen Zügen getrunken hatte, suchte er sein bisheriges Leben mit dem künftigen zu versöhnen, indem er eine Rationalisierung vornahm: nur gezwungen war er König. Daß er dem Vater durch die neue Eigenschaft des Königseins ähnlich geworden, daß er jetzt demselben Über-Ich zu folgen gehalten war, muß ihm, und das spricht für sein Sensorium, in den ersten Tagen nach des Vaters Tod aufgegangen sein. So sprach und schrieb er kein übles Wort mehr gegen ihn, und das hieß, gegen sich. Wie »das Volk« es von seinen Vorbildern erwartet, ließ er mehr leiden als andere Könige, litt selbst mehr und wurde dadurch größer.
Friedrich identifizierte sich als König sogleich mit der überzeitlichen Vaterfigur. Solche Figuren, wie Freud sie an der Gestalt des

Moses exemplifiziert, mit der Entschiedenheit des Denkens, der Stärke des Willens, der Energie des Handelns, mit aller Unabhängigkeit und göttlichen Rücksichtslosigkeit, Vaterfiguren, die man bewundert, denen man vertraut und die man fürchtet, hat Preußen-Deutschland zweimal im Innersten erlebt, durch Friedrich und Bismarck, zweimal in hundert Jahren (England nie, Frankreich, diesmal verspätet, erst mit de Gaulle), so daß nur noch die alte Huhn-und-Ei-Frage bleibt, ob die Deutschen zu Vaterfiguren schon vorher prädestiniert waren, oder, durch das Erlebnis dieser beiden Figuren, erst wurden: Glaubensjünger Hindenburgs, zum Schluß, wie Adenauers.

Man zögert, Hitler und die beiden Napoleons in diese Reihe zu rechnen, nicht nur, weil sie scheiterten. Lincoln wäre vielleicht, hätte er länger gelebt, zur Vaterfigur geworden, Kennedy sicher nicht, auch Churchill wurde es nicht. Nur Friedrich deckte jene beiden Urbilder der Menschheit in einer Person, den jungen Helden und den allmächtigen wie allwissenden Vater. Die allmähliche Transformation zwischen diesen beiden Identitäten über 46 Jahre kann uns alle zu Fehlschlüssen verleiten, weil solch extrem lange Zeiträume mit solch extremen Gegenpolen extrem selten vorkommen; ein unausgetragener Konflikt, der ständig Affekt-Entladungen provoziert, müßte gleichwohl erst vorgewiesen werden.

Dies Leben sieht sich an wie eine große Kerbe. Öffentlich vor unseren Augen wie kaum ein zweites, ist es groß, weil es uns, übertreibend, die Natur des Menschen und seinen Lebenslauf exemplarisch ahnen läßt. Der erfolgsgerühmteste Mann des Jahrhunderts bewegt sich mit der Automatik einer Totentanz-Figur in die einsamste Verkümmerung, der autonomste, emanzipierteste Mensch preßt sich in das immer engere Korsett des Vorurteils und der Festgelegtheit; rechtfertigen könnte er sich mit der Erwähnung, daß er es mit keinem schlechter meine als mit sich selbst. Enttäuscht muß er werden, weil er vertrauen nicht kann; die Tragödie des Selbstherrschers erfüllt sich wie nach Plan.

Der Freund geistreicher und gebildeter Männer, der einer Artus-Runde des Geistes präsidieren wollte, sieht sich zum Schluß einer Tischgesellschaft konfrontiert, die nur noch Münder zum Essen und Ohren zum Nicken braucht, um als stumme Zeugen herzuhalten für das in Stein gehauene Geschwätz, unbedeutende Männer, die, so sein Gesellschafter Thiébault, »sogar als Zielscheibe seiner Witzworte bereits abgenutzt waren«: der Ingenieur-Oberst Graf Pinto, der des Königs seltsame Ansichten über das Befestigungswesen hätte korrigieren können, wenn er gedurft hätte; der General und Oberstallmeister Graf Schwerin, der fast nur zu Pferde gesessen hatte und den der König sich deshalb zum Spaziergänger auserkor, weil er ihn wegen seiner dicklich hastenden Atemlosigkeit ärgern konnte; der General Friedrich Adam Graf Görtz, Bruder jenes Ministers in Sachsen-Weimar, der durch Goethe verdrängt worden war; der Minister Ewald Friedrich Graf von Hertzberg, der sich als 30jähriger Legationsrat mit umgänglichen Zensurmethoden einen guten Namen bei den schlechten Berliner Gazetten gemacht hatte, Verfasser der Rechtfertigungsschrift für den Einfall in Sachsen 1756, Unterhändler des Hubertusburger Friedens, in Abwesenheit des Königs einer jener über den großen Menschen zum Mißvergnügen Goethes räsonierenden »Lumpenhunde«; und schließlich der Leichtfuß zwischen allen Angeln, der preußische Kammerherr und Marchese Girolamo Lucchesini, Schwager Pintos; in dem damals 36jährigen Marchese hat Goethe, der ihn 1787 in Neapel traf, »einen rechten Weltmenschen gesehen und recht gesehen, warum ich keiner seyn kann«. Der Korse Napoleon hingegen traf in diesem italienischen Weltmenschen, der 1802 Gesandter Preußens in Paris und Haupt der pronapoleonischen Partei geworden war, einen »Wucherer« und »Hanswurst«.

Der seine Maschine »l'unique roi de Prusse« mit soviel Schwung und Dampf in Betrieb genommen hatte, war von der Maschine, Stich vor Stich, Faden für Faden, im Apparat befestigt worden, so daß er zum Schluß nur noch das wichtigste, ja das einzig wichtige, ja das einzige Teil seiner scheppernden Apparatur überhaupt war: fixiertes Sinnbild menschlicher Vergeblichkeit. Der 1730 nach England hatte fliehen wollen, in welches Traumland hätte er nun desertieren sollen? Er spürte, aufrichtig mit sich selbst, es gab keines mehr. Zu Pferde hockt er wie ein alter Affe. Gegen die Stagnation setzte er die Unermüdlichkeit, gegen die Verzweiflung Entsagung, aber um welchen Preis.

Das reichste Leben endet im kargsten Geiz. Der Freund der Literaten verzweifelt an der Literatur, der Liebhaber der Franzosen an Frankreich. Die noch nicht ertaubten Ohren mögen keine Musik mehr hören. Einsamer ist auch der andere große Aushäusige, Heinrich Heine, nicht gestorben, reich im Elend der Poet, elend im Reichtum der König. Bis zuletzt möchte er keinem anderen etwas abgeben; die Minister sollen dumme, unwissende Leute bleiben, auf deren Ansichten es nicht ankommt. Zum ersten Mal am 9. August 1786, acht Tage vor seinem Tod, scheint er seinem Kabinettsminister Hertzberg, dem ersten seiner beiden Außenminister also, vertraulich von den Geschäften gesprochen zu haben. Er trug, wegen seiner wassersüchtigen Beine, »große aufgeschnittene Stiefel«. Da er dicke Oktavbände nicht mehr halten konnte, hatte er sich, was er noch lesen wollte, zerstückeln und in kleinere Bände binden lassen. Sein Todestag war der erste Tag seit seiner Thronbesteigung, an dem er nichts befahl.

Der Franzose Graf Mirabeau und der Russe Graf Romanzow, beide damals in Berlin, wunderten sich über das geringe Aufsehen, das die Todesnachricht in der Hauptstadt machte. Romanzow: »Das Bedauern scheint äußerst gering zu sein.« Mirabeau:

»Friedrich hegte mehr Liebe für die, denen er sich verpflichtet fühlte, als für die, die sich ihm verpflichtet fühlten, und nur die letzteren umstanden sein Grab.«
Mirabeau erinnerte sich an den Tod des österreichischen Statthalters Prinz Karl von Lothringen in Brüssel sechs Jahre zuvor, eines Mannes, der weder auf sein Land noch auf sein Zeitalter Einfluß ausgeübt habe. Tief und allgemein sei der Schmerz gewesen, Offiziere, Soldaten und Arbeiter hätten geweint. Aber um ein Volk emporzureißen, sagt Mirabeau, um es groß zu machen, es zu erziehen, ja, um es glücklich zu machen, kommt es mehr auf Gehorsam an als auf Liebe. »Gewiß haßt der Mensch die Bedrükkung«, schreibt der spätere Volkstribun, »aber er will beherrscht sein.«
Prinz Karl von Lothringen hatte indessen die Geschichte beeinflußt, wenn auch anders, als es Mirabeau vor Augen stand. Der Schwager der Maria Theresia und Bruder des Kaisers Franz I. hatte nämlich auf eine beinahe schon bewährte Manier jene drei Schlachten verloren, die Friedrichs Ruhm ausmachten und ihm Schlesien sicherten: Hohenfriedberg, Soor, Leuthen.

In Friedrichs Preußen, das noch 1756, zu Kriegsbeginn, von den Berliner Predigern als »alle diese Provinzen, die wir zusammen für unser Vaterland achten müssen« beschrieben wurde, gab es pro Kopfzahl weniger Todesurteile als in England und Frankreich, dafür mehr Selbstmorde und sicher mehr Prügel mit tödlichem Ausgang in der Armee. Keine Hexe wurde verbrannt, wie noch 1782 im schweizerischen Glarus, kein Lästerer des Kruzifixes hingerichtet, wie noch 1766 in Abbeville, kein neunjähriger Brandstifter gehenkt, wie noch 1838 in England. Die Schriften der Philosophen, die den Aberglauben der christlichen Kirchen verdammten, konnten kaum irgendwo offener gedruckt werden als in Preußen, obschon nicht ungehindert. Friedrich richtete keine Generale hin, die nach seiner Ansicht versagt hatten, wie die Engländer 1757 ihren Admiral Byng, jenen »Admiral der Blauen Flagge«, die Menorca nicht gegen Richelieu hatte retten können, oder die Franzosen 1766 den Grafen von Lally, der sich in Pondicherry den Briten hatte ergeben müssen: beides krasse Unrechts-Akte. Wollte er eine Schutzimpfung gegen die Pocken einführen lassen, so holte er nicht erst das Gutachten einer theologischen Fakultät ein, wie das Pariser Parlament (eine Rechtskammer) im Jahre 1763 tat (er »sprang fast an die Decke vor Überraschung«, schreibt d'Alembert, der ihm davon erzählte). Zwar, Thron und Altar fanden schon 1788 unter Friedrichs Nachfolger wieder zusammen, Friedrich Wilhelm II. erließ unter dem Einfluß seines Staatsministers Wöllner sein famoses Religionsedikt. Verständlich bleibt dennoch der Ausruf des im übrigen überaus kritischen Johann Georg Forster: Den Tod des großen Königs möge Europa

nur beweinen! Denn nunmehr sei der Schimmer von Aufklärung und Denkfreiheit wohl auf immer dahin.
Die Bewohner der preußischen Staaten genossen nach den insgesamt zehn Jahren Krieg den Frieden einer stetigen, gewohnten Verwaltung, ohne die Furcht, aufgeteilt und vom Ausland gebeutelt zu werden wie die Polen, ohne besondere Kriegsfurcht, ohne die Besorgnis, daß Landeskinder an fremde Kriegsherren verkauft würden, wie noch bis 1782 besonders in Hessen-Kassel und dem Herzogtum Braunschweig. Der Königshof verfuhr im ganzen nicht verschwenderisch, sondern den beschränkten Mitteln des Landes angemessen, vermittelte auch niemandem so leicht das Gefühl, in einem »buhlerischen Zeitalter« zu leben — was etwa den (bis 1757) französischen Kriegsminister, Graf d'Argenson, an Paris empörte, wo König Ludwig zwischen 1737 und 1744 mit fünf hochadligen Schwestern gebuhlt hatte, nacheinander und gleichzeitig. Der Dienst im Heer drückte die Bürger nicht, deren Wohlstand entgegen mancherlei administrativer Beschränkung wuchs. Unter der Nichtachtung des Königs konnte die bürgerliche Bildung sich entfalten.
Recht und Gesetz entwickelten sich den Fortschritten des vergleichbaren Auslands entsprechend, mal voran, mal hinten nach, eher hinten nach; daß etwa die landesherrliche Gewalt sich jeder Einmischung in den Gang der Zivilgerichtsbarkeit zu enthalten habe, war laut Koser in England und Frankreich, anders als unter Friedrich, ein »vorlängst anerkannter Grundsatz«. Preußisches Staatsbewußtsein bildete sich parallel dem Bewußtwerden der deutschen Nationalität. Katholiken wurden, außer im Staatsdienst, nicht benachteiligt. In Rechts- und anderen Kollegien sollten sie in der Minderzahl bleiben. Denn nach ihren Grundsätzen, so die Verfügung vom 19. April 1786, »würden sie immer suchen, die Protestanten zu überstimmen und sich die Oberhand zu verschaffen«; ein wohl nicht völlig aus der Luft gegriffener Einwand.
Juden wurden mehr aus Geringschätzung denn aus christlicher Verfolgungssucht drangsaliert. Aber gerade Friedrich bestand darauf, daß die Haftpflicht der gesamten Judenschaft bei Hehlereien einzelner Glaubensgenossen bestehen blieb (Koser). Eheschließungen wurden Juden nur unter der Bedingung erlaubt, daß sie bestimmte Mengen Porzellan bei der Berliner Manufaktur kauften.
Die neu erworbene Provinz Westpreußen erfuhr die Segnungen einer geordneten Verwaltung; ihre polnischen Bewohner, das, laut Friedrich, »garstige und koddrige Polenzeug«, »diese ganze imbecille Gesellschaft mit ihren Namen auf ki«, wurden benachteiligt und germanisiert. Entgegen den Vorschlägen seines Oberpräsidenten Domhardt ließ Friedrich die neunundsiebzig Domänenämter in Westpreußen, die aus den eingezogenen Gütern der Starosten und Geistlichen entstanden waren, nur an Deutsche verpachten.

Eine Verfügung von 1764 bestimmte, daß den Untertanen in Oberschlesien das Heiraten nicht eher erlaubt werden sollte, als sie deutsch gelernt hätten. Nur deutsch sprechendes Gesinde durfte angestellt werden. Friedrichs Siedlungspolitik im allgemeinen weist einige übertreibende Züge auf, hat aber den Wohlstand insgesamt wohl eher günstig beeinflußt.

Im ganzen: man wird nicht sagen können, daß Friedrichs Preußen, was die Lebensmöglichkeiten für die Bewohner anlangt, hinter den Errungenschaften im josephinischen Österreich oder im England König Georgs III. zurückstand, obwohl die Staatsverwaltung und die Volksschule in Österreich, die Universität in Frankreich, die Bildung und soziale Fürsorge in Baden, die Pressefreiheit in Braunschweig und Hamburg deutlich Vorzüge aufweisen. Kaiser Joseph II. war nicht nur dem Namen nach ein Befreier der Bauern. Dem vierten Stand, den Bauern und Arbeitern, ging es in allen europäischen Staaten miserabel, den Bauern im ostelbischen Preußen noch schlechter als in vielen deutschen Landstrichen.

Wenn man Friedrich »den Großen« nennen will, so kann man es gewiß nicht, weil er im Durchschnitt seiner Regentenjahre eine idealere oder praktikablere, gar eine fortschrittlichere Regierung durchgehalten hätte als die politischen Systeme vergleichbarer Länder. Sein Preußen war, in der Metapher John Stuart Mills, »wie eine Schule, wo der Lehrer seinen Schülern ihre Aufgaben macht«. Daß der Staat so, wie Friedrich ihn hinterließ, anfälliger war für einen Zusammenbruch als Österreich und England, ja als Bayern und Sachsen, ja als Frankreich, muß nicht länger bewiesen werden. Er hinterließ das Land, »wie er es vorgefunden hatte: seinem Wesen nach noch ein Feudalstaat, mit den alten Schranken zwischen den Ständen, mit Bauern, die Leibeigene waren, mit einem Adel, der von den Steuern befreit war« (Gooch); er begründete jenen Staat, dessen, so Golo Mann, Traditionen und Wertmaßstäbe, dessen führende Kasten und Klassen in ihren materiellen Interessen mit der Demokratie am schwersten, oder gar nicht, zu versöhnen gewesen seien.

Seine Siege legitimierten eine schnöde Praxis; vor Napoleon und Hitler wurde da schon ein Europäer »zum allgemeinen Feind der Menschheit gestempelt«, den man schmälern und teilen müsse (Carlyle). Das Beispiel seiner politischen Verbrechen wurde, anders als letztlich bei Napoleon, durch seine Erfolge legitimiert, wie der schwedische Graf Tessin, Brautwerber um Friedrichs Schwester Ulrike, 1763 hellsichtig erkannte. Nur »der Heldenmut der Verteidigung machte die Erbärmlichkeit des ursprünglichen Raubes vergessen« (Trevelyan).

Daß man ein nicht allzu großes Land eine Nummer größer machen könne, wenn ein Mann alle Kräfte zusammenzwinge, haben viele Deutsche nicht für eine Ausnahme, sondern für eine Aufgabe genommen. Bismarcks Reich trat auf als Fortsetzung der Friederichschen Gegengründung zum Heiligen Reich, als ein protestierendes (Dostojewski), als ein »Antireich« (Sebastian Haffner). Den demokratischen Strömungen der Zeit stemmte es sich entgegen, bis es zerrieben war. Zweihundert Jahre preußisch-deutscher Geschichte unseres Schullesebuchs endeten mit Hitler und fingen an mit Friedrich.

Sind dies die einzigen Hypotheken, die Friedrich den deutschen Staaten insgesamt aufgebürdet hat? Daß er den Dualismus Preußen-Österreich zugunsten Preußens beeinflußt hat, oder richtiger, daß man von einem Dualismus erst seit Friedrich sprechen kann (»Rom und Karthago können nicht nebeneinander bestehen«, Friedrich 1770 an den Erbprinzen von Braunschweig), fällt ins Auge. War er vermeidbar? Konnte er in schonenderer, zivilisierterer Form ausgetragen werden? Letzteres sicher. Daß aber Österreich-Ungarn auf Dauer alle deutschen und norddeutschen Staaten hätte majorisieren können, wenn es nur Schlesien nicht verloren und/oder Bayern gewonnen hätte, ist zweifelhaft. Schauen wir zurück, so will es uns vorkommen, als hätte der Deutsche Bund des Wiener Kongresses mit seinen Balancen und Konterbalancen nicht die schlechteste Lösung der deutschen Frage anvisiert; aber das nationalistische 19. Jahrhundert vermochte so nicht zu sehen. Ein in Norddeutschland dominierendes Preußen ohne Schlesien ist vorstellbar (und daß Friedrich auch Oberschlesien noch bekam, war ja Zufall), ist aber, bedenkt man die schwerindustrielle Achse um 1860 von Oberschlesien über den Bankenplatz Berlin hin zum Ruhrgebiet, nicht leicht vorstellbar.

Die Lesart, Friedrich habe Preußen den Ehrgeiz, eine Großmacht zu werden, eingepflanzt, findet nirgends Widerspruch, scheint aber trotzdem nicht zweifelsfrei. Der Ehrgeiz lag, bei so ausgebreitet zerstückeltem Territorium, in der Sache selbst; Friedrichs Bruder Heinrich hätte, wäre er König geworden, ebenfalls versuchen müssen, Westpreußen, Pommern oder Mecklenburg zu erwerben, wenn ihm Schlesien oder Sachsen zu riskant waren. Freilich, das Wachstum des preußischen Staates hätte auch durch Druck, Gegendruck und Kompensationen zwischen Berlin und dem Wiener Kaiserhaus betrieben werden können, wie etwa Kaiser Joseph und Prinz Heinrich beide erwogen haben. So aber wurde »Preußen der positive Pol der deutschen Entwicklung, Oestreich der negative«, wie Droysen namens einer gleichgestimmten Historikerschar erkannte.

Daß Preußen letztlich eine zerstörerische Funktion in Mitteleuropa übernehmen würde, hat Friedrich, obwohl vieles auch anders hätte kommen können, potentiell vorbereitet. Während sich in England das Prinzip der Volkssouveränität seit der »glorious revolution« (1688 bis 1789) wenigstens als Doktrin durchgesetzt hatte, während in Frankreich die »Parlamente« dem absoluten

Königtum hinhaltenden, die Brutnester der neuen Idee schützenden Widerstand leisteten, erlebte Deutschland seine erste absolute Ein-Mann-Despotie, die, durch aufklärerisches Blendwerk vergoldet, recht eigentlich aber durch gewonnene Schlachten, und durch nichts sonst, legitimiert wurde. Nirgendwo anders, urteilt Gooch, hat sich damals der Glaube an die Waffen als das natürliche Mittel, Streitigkeiten auszutragen, durchgängigerer Achtung erfreut; wurde die Drohung mit dem Krieg als einem Instrument der Politik so systematisch angewandt; bestand so wenig Gefühl für internationale Zusammenarbeit.

Die bindungslose Amoralität dieses Fürsten Friedrich hat das Bürgertum von der garstigen Politik fortgescheucht, hat dem ausschließlichen Denken in Divisionen Vorrang bis zur Katastrophe des preußischen Staatswesens zwischen 1932 und 1945 garantiert. Die Bürger gewöhnten sich, ihr wirtschaftliches Wohl für den Inbegriff ihres politischen Interesses zu halten, wie es der verdienstvolle Friedrich Nicolai so unvergeßlich getroffen hat: solange er an der Regierung keinen Anteil habe, könne er die politische Freiheit entbehren.

Die Verbindung von Adel, ausbeutendem Junkertum und Armee wurde unter Friedrich im Feuer gehärtet, die bürgerliche, die egalitäre Tendenz verspätet und zurückgedrängt. Genießerischer, unzivilisierter Machiavellismus wurde zur heimlichen Staatsreligion. Die Behandlung Sachsens und Polens zeigte, wie man mit Schwächeren umzugehen hatte, gar noch mit Untermenschen aus der »polnischen Wirtschaft«. Die Bindung an das zaristische Rußland, an dessen despotisch-feudale Rückständigkeit, gepaart mit dem Unverständnis für den englischen Parlamentarismus und die großen See- und Handelsstaaten, wurde die Kronmaxime der preußisch-deutschen Politik.

Daß der Bürger sich um Politik und Krieg nicht zu scheren habe, hätte ihm ohne Friedrich so fortwirkend nicht eingeimpft werden können, fortwirkend auch noch in jene Zeit, da er immer noch nicht für die Politik, wohl aber für den Krieg sich anschirren sollte. Daß der Nicht-Besitzende im deutschen Verständnis auf Egalité und Chancengleichheit nicht hoffen darf, mag eher den gesellschaftlichen Verhältnissen der preußischen Staaten als der Person Friedrichs zuzurechnen sein. Aber die Macht der königlichen Persönlichkeit bewährt sich wieder auf das Schönste in der Beamten-Legende. So schreibt Ludwig Reiners: ». . . mit seiner glasharten Sachlichkeit hat er — als Erster in Europa — die Vertreter adeliger Standesinteressen allmählich in unparteiische Beamte verwandelt.«

Was die Pflichttreue der preußischen Beamten anlangt, so möchte man ja gern mit sich reden lassen; aber ihre Sparsamkeit? Die höheren Beamten waren zu Friedrichs Zeit Adlige; es gab reiche und arme, die armen dienten häufiger als die reichen, die reichen unterhielten die riesigsten, herrlichsten Schlösser. Auch kann die Unbestechlichkeit zur Zeit der beiden Soldatenkönige noch nicht recht im Schwange gewesen sein, bestechlicher als der Hof Friedrich Wilhelms I. war kaum ein anderer; aber das unablässige Visitieren, eher noch die Legende davon, mag wirklich in die Zukunft gewirkt haben.

Die preußische Pflichterfüllung der Soldaten und Beamten zeigte ja später ihre schaurige Kehrseite: Beamte, die Sonderzüge für die Gaskammern zusammenstellen, eine Generalität, die den Massenmord an nichtkriegführenden jüdischen Kindern, Frauen und Männern in ihrem Operationsgebiet geschehen läßt, ja beschützt. Da ist nichts mehr von dem Ehrbegriff, den Prinz Friedrich Karl, der Sieger von Gravelotte und Neffe Kaiser Wilhelms I., in einem Essay aus dem Jahre 1860 formuliert hat: Ehre in höchster Potenz und als eine Macht für sich, der sich kein Fürst und kein König entziehen kann.

Die friderizianischen Offiziere wußten noch wenig von diesem Ehrbegriff, den Offizieren Hitlers war er keine Verpflichtung mehr. Hitler, meinte der Rundfunkjournalist Burghard Freudenfeld in einem Gespräch mit Klaus von Bismarck und Sebastian Haffner, hätte die Macht nicht übernehmen und behalten können »ohne die berechenbare Funktion der preußisch-deutschen Verwaltung in allen ihren Etagen«. Haffner deutete die bescheidene, dienende, treue, zuverlässige Rolle der preußischen Beamten und Militärs unter Hitler als »furchtbare Warnung«, die bedingungslose Treue zur Obrigkeit als etwas Subalternes. Bismarck hingegen sah in seinem Wirkungskreis des Radio- und Fernseh-Intendanten noch genügend Leute mit Treuhänder-Bewußtsein, die ihre Funktionen ausübten »wie ein Leben, das ihnen übertragen wurde«.

Altpreußen, wie es durch Friedrich konstituiert worden war, machte nach 1806 das Werk der aus Westdeutschland nach Berlin gezogenen Reformer halb zunichte, das nachnapoleonische Preußen erreichte den Stand seiner bildungsbeflissenen Aufgeklärtheit gesellschaftlich und politisch nicht. Der französischen Denkart Robespierres und Napoleons, nicht der französischen Denkart Friedrichs dankte Deutschland einigen, zu wenigen Fortschritt.

In der zäh zum Überlebten zurückstrebenden Obrigkeitsmisere machte sich der deutsche Idealismus ans Werk, jene ganz unfriderizianische Fast-schon-Gewohnheit, der Wirklichkeit nicht mit Gegenvorstellungen auf den Leib zu rücken, sondern ihr ein ideales Bild überzustülpen, in der Hoffnung, die Wirklichkeit werde sich dem Leitbild irgend von selbst annähern. Mißverstandener Kant: so, als sei es platterdings die kategorische Pflicht eines jeden Deutschen, in den Befreiungskrieg und fortan in Kriege für Preußens Gloria zu ziehen. Mißverstandener Fichte: so, als sei nicht ein ideal gedachtes Deutschtum, sondern das real existierende auserwählt. Mißverstandener Hegel: so, als verkörpere der konkrete Staat Preußen, und nicht ein abstrakt zu denkender, irgendein nordisch-protestantischer, irgendein nichtparlamentarischer Staat das »aufsteigende Prinzip«, dem sich alle anderen Staaten als rechtlos unterzuordnen hätten. Mißverstandener Ranke: so, als sei jede Machtpolitik auch Realpolitik und als solche unmittelbar zu Gott. Alle Mißverständlichkeiten flossen zusammen in dem nur zu verständlichen Blut-und-Eisen-Barden Treitschke, der Bismarcks neues Reich als den Staat kantischer Pflichterfüllung, als das Gefäß des auserwählten deutschen Volkes, als die Inkarnation des aufsteigenden Prinzips und als mächtiges Instrument einer Irgendwie-Vorsehung hochdonnerte.

Mit Bismarck und Moltke schien Preußen-Deutschland binnen hundert Jahren ein zweites Mal, und gleich doppelt, und gleich doppelt so hoch, in der Lotterie gewonnen zu haben. Offenkundig lag in dieser Bevorzugung System. Zwar, Bismarck war kein Anhänger des Präventivkrieges; Friedrichs Prävenire von 1756 wollte er nicht kopieren, da aus solchen Eiern, wenn man sie zerschlage, sehr gefährliche Küken hervorkriechen könnten. Zwar, das Regieren durch Generaladjutanten und königliche Kabinettsordres hat er für seine Person abgewendet. Gegen Eroberungen à tout prix hat er sich erbittert gestemmt. Moltke, der Generalstabschef, war kein Hasardeur von der Mentalität des großen Königs.

Aber Bismarck konnte nicht verhindern, daß zuviel erobert wurde; er selbst hat das böseste Beispiel gegeben, als er, ohne Not, Hannover schluckte, wie Friedrich Sachsen hatte schlucken wollen. Das Regiment der Flügeladjutanten und Militärkabinette verdarb nach Bismarcks Abgang die Ministerverantwortung. Der Militärmonarch Wilhelm II. gerierte sich als großer König, ohne doch mehr als ein Manöver- und Operettenkaiser zu sein. Die Militärkaste, repräsentiert durch Tirpitz und Schlieffen, hasardierte, ohne die Regeln des Spiels auch nur zu kennen, die dem Preußen Friedrich doch immerhin von drei Kaiserinnen eingebläut worden waren. Der »Leutnant und zehn Mann«, der die schwatzenden Politiker auseinanderjagt und im elsässischen Zabern die Zivilisten einsperrt, der Reichswehrgeneral, der nicht »auf Truppe« schießen will, sie sind auf den Mistbeeten Friedrichs wie Bismarcks hochgeschossen. Ganze Historikergenerationen haben sich an dem Friedrich-Wort aus dem Jahre 1767 (Eloge auf den 19jährig verstorbenen Neffen Heinrich) aufgerichtet: »Die Stärke der Staaten beruht auf den großen Männern, welche die Natur ihnen zur rechten Stunde geboren werden läßt.«

1914 in der Sackgasse, stürzte sich Deutschland auf den Spuren des großen Friedrich gegen die Große Koalition in den Präventivkrieg. Besser den Angriff selbst bestimmen als abwarten. Das Gesetz des Handelns diktieren. Attaquez donc toujours! Wir mußten Belgien überrennen, schreibt Ritter zur Rechtfertigung Friedrichs. Belgien, wie Sachsen 1756, soll sich Preußen-Deutschland anschließen. Polen kann nicht selbständig werden oder bleiben. Nie wieder Große Koalition gegen Deutschland! Durchhalten wie Friedrich nach Kolin und nach Kunersdorf, siegen wie Friedrich bei Hohenfriedberg: das waren schon die Parolen des Ersten Weltkrieges, bis man einen Hubertusburger Frieden, einen ohne Sieger und Besiegte, verpaßt hatte. Vergessen war, daß Friedrich sein fehlangelegtes Spiel 1762 schon verloren hatte; daß er seine zu ehrgeizige Politik mit dem Untergang hätte bezahlen müssen, wenn ihm der Zufall nicht mehr als berechenbar zur Hilfe gekommen wäre. Nicht vergessen war sein »alles oder nichts«, sein »oder uns vor den Batterien des Feindes begraben lassen«. Seine Feldzüge, meint Heinrich von Treitschke, hätten dem kriegerischen Geiste des preußischen Volkes und Heeres für immer seine Eigenart gegeben. Friedrich wußte, daß die Großmacht Preußen »in ewigen Gefechten ihren Weg gehen mußte«. (Koser).

»Was uns in Fleisch und Blut übergegangen ist, wenn auch den meisten heute unbewußt«, schreibt 1912 Koser, der gründlichste Friedrich-Biograph, »das ist der Niederschlag, den Friedrichs Wesen und Wirken in unserem Nationalcharakter hinterlassen hat. Preußens Geschichte ist von einem Vertreter der Rassentheorie* als Beispiel dafür angeführt worden, wie im hellen Licht der Geschichte eine neue Rasse, mit neuen Eigenschaften ausgestattet, emporkommen kann. Unsere aus so verschiedenen deutschen Stämmen gemischte neue Abart der germanischen Rasse hat einen ihr wesentlichen Zug doch erst erhalten in der Epoche, da alle Einwohner des Hohenzollernstaates sich als Preußen zu fühlen und ohne Unterschied sich Preußen zu nennen begannen.«

Der Übergang zur Rassen-Theorie ist gefunden. Die Kontinuität des Irrtums von 1914 kann sich festsetzen. 1936 preist Gerhard Ritter, Interpret aller Friedrich-Traditionen, die Einmann-Herrschaft als eine dem kontinentalen Europa gemäße Regierungsweise. 1939 stecken die Hitler-Komplizen Giftampullen in ihre Taschen; 1945 vergleicht Goebbels den Tod Roosevelts mit dem Ende der Zarin Elisabeth, es fehlte nur der halb verrückte Zarewitsch; läßt sich der Führer vor den Batterien des Feindes begraben. Er wollte entweder siegen, oder ganz Brandenburg, Preußen, Deutschland, Europa sollte mit ihm zugrunde gehen.

Preußen wurde, wie Polen 1795, formal aufgelöst, fast die Hälfte seines Gebietes entdeutscht und polonisiert. Die Reste wurden zerteilt, aber nicht, wie Herder prophezeit hatte, in der Verbrüderung zerteilt. Das Junkertum, jene vorzügliche »racce«, die »auf alle art meritiret Conserviret zu werden« (Friedrich), wurde entschädigungslos enteignet in den deutsch gebliebenen Gebieten Ostelbiens.

* Houston Stewart Chamberlain.

In Westdeutschland kam der unpolitische Bürger zur Herrschaft, der, wie nach dem Siebenjährigen Krieg, seinen Wohlstand und seine Ruhe suchte. Der führende Politiker war kein Staatsmann der friderizianischen Überspannung, sondern des vorsichtigen Maßes, Repräsentant des katholischen, des rheinpreußischen Milieus, Feind des friderizianischen, des borussischen Berlin. Aber seine Mentalität ließ ihm keine Wahl, er konnte partnerschaftliche Zusammenarbeit nicht riskieren, mußte seinen Anekdoten-Paternalismus, ganz auf den Spuren des großen Königs, hervorkehren; mußte die intelligente Erwägung und Überlegung als suspekt abtun, wie nur je der große König. Mußte die Politiker neben sich als eitle Nichtskönner, wenn nicht als Schurken im kleinen behandeln, mußte das Mindere züchten, indem er es einzig in Rechnung stellte. Der Volkssouverän (eine verräterische Wortkopplung!) wurde unfähig gemacht zu entscheiden, indem man an seine Unzurechnungsfähigkeit appellierte. Die Häuptlings-Trommel siegte über die Demokratie. Alles ging gut, bis es nicht mehr gut ging. Ist politische Selbstbestimmung mehr als die Selbstergänzung des Regenwurms, den ein Spatenstich zerteilt hat? In Deutschland, zumindest, stimmt die Antwort skeptisch.

Der Weg von Roßbach und Leuthen nach Königgrätz und Sedan endete, wann immer der Zug entgleist sein mag, in Versailles und Stalingrad. Der Geist von Potsdam starb in Potsdam. Gerhard Ritter hat den Unterschied auf rührende Weise bezeichnet. Hieß es in der ersten Auflage seines Friedrich-Buches 1936 noch: »Er (Friedrich) hat damit den Grund für die Größe Preußens gelegt; und so ist seine Tat vor der Geschichte gerechtfertigt«, so stand da 1954: »Er hat damit den Grund für die Größe Preußens gelegt; und so lange dessen Aufstieg dauerte, konnte seine Tat als gerechtfertigt vor der Geschichte erscheinen.«

Diese Geschichtsüberlieferung, die im Schützengraben 1914 »den Geist Friedrichs des Großen lebendig in uns fortwirken« spürte; die den Überfall auf das von aller Welt bedauerte Sachsen mit dem Überfall auf das von aller Welt bedauerte Belgien rechtfertigte; die 1936 in Friedrich-Büchern »gläubige Gefolgschaft« gelobte und den wieder gültigen Primat der Außenpolitik pries; und die 1954, wie schon 1918, wieder nichts besseres wußte, als sich in all der »Schwächung unseres nationalen Selbstbewußtsein nach der großen Katastrophe« am Geist des großen Preußenkönigs, an altpreußischer Strenge, Mannhaftigkeit und Zucht aufzurichten: diese uns leibhaftig vorgelebte »Kontinuität des Irrtums«, die alle Stürme überdauern soll, wollen wir nun doch mit Schaden den Altmeistern und Altvätern überlassen. Fiat.

Quellen

Im folgenden sind die für den Text benutzten Quellen, die zitierten Autoren und Bücher zusammengestellt. Die Zahlen am Rand entsprechen den Seitenzahlen in den voraufgegangenen neun Kapiteln, die kursiv gesetzten Stichworte jeweils einer Passage auf diesen Seiten.

1. KAPITEL

Friedrich II. nach einem englischen Stich aus dem Jahre 1776.

10 *In mir lebt:* Brief des Historikers Heinrich von Treitschke an seine Braut Emma von Bodman, 29. 6. 1866, in »Heinrich von Treitschkes Briefe«, ed. Max Cornicelius, t. II., Leipzig 1913, p. 487.

Hauptpastor Herder: Der ostpreußische Dichter, Theologe und Philosoph Johann Gottfried Herder (1744 bis 1803) schrieb 1774 in seinem Aufsatz »Auch eine Philosophie der Geschichte zur Bildung der Menschheit« über die Geschichte: »dies ein ›unendliches Drama von Szenen! Epopöe Gottes durch alle Jahrtausende, Weltteile und Menschengeschlechte, tausendgestaltige Fabel, voll eines großen Sinns!‹« (In: J. G. Herder »Zur Philosophie der Geschichte – eine Auswahl in zwei Bänden«, Ost-Berlin 1953, t. I., p. 506.)

11 *geistige Wesenheiten:* Leopold von Ranke (1795 bis 1886), laut George Peabody Gooch der größte Historiker der Neuzeit, schrieb 1836 in seinem »Politischen Gespräch« über Staaten: »Statt jener flüchtigen Conglomerate, die sich dir aus der Lehre vom Vertrag erheben wie Wolkengebilde, sehe ich geistige Wesenheiten, originale Schöpfungen des Menschengeistes – man darf sagen, Gedanken Gottes.« (Abgedruckt in »Zur Geschichte Deutschlands und Frankreichs im neunzehnten Jahrhundert«, ed. Alfred Dove, Leipzig 1887, p. 329.)

damit eines großen Volkes: Thomas Mann (1875 bis 1955) schrieb 1915 in seinem Aufsatz »Friedrich und die große Koalition«: »Er (Friedrich II.) war ein Opfer. Er mußte Unrecht tun und ein Leben gegen den Gedanken führen, er durfte nicht Philosoph, sondern mußte König sein, damit eines großen Volkes Erdensendung sich erfülle.« (Nach »Altes und Neues«, Frankfurt 1953, p. 96.)

wir Lutheraner: Georg Wilhelm Friedrich Hegel (1770 bis 1831) äußert in der Einleitung zu seinen »Vorlesungen über die Geschichte der Philosophie«: »Dieses Verhalten des Geistes nur zu sich selbst ist die absolute Bestimmung; der göttliche Geist lebt in seiner Gemeinde, ist darin gegenwärtig. Dieß Vernehmen ist Glaube genannt worden. Das ist nicht historischer Glaube. Wir Lutheraner – ich bin es und will es bleiben – haben nur jenen ursprünglichen Glauben.« In Hegel »Sämtliche Werke« (WW.), Jubiläumsausgabe, ed. Hermann Glockner, t. XVII., p. 105.

In aller Geschichte: Briefliche Äußerung Rankes während seiner Gymnasialzeit in Frankfurt an der Oder, veröffentlicht im Band »Zur eigenen Lebensgeschichte (»Sämtliche Werke« [SW.], t. 53/54, p. 89). Empfänger dieser Frankfurter Briefe war vor allem Rankes Bruder Heinrich.

12 *Nur die Einsicht:* Schlußworte der Hegelschen »Vorlesungen über die Philosophie der Weltgeschichte« (PhdWg.) nach der vom Herausgeber durch neu aufgefundene Vorlesungsnachschriften ergänzten Ausgabe Georg Lassons, 4. A. Leipzig 1944 (1. A. 1970), p. 938.

diesen wirklichen Gott: Die Stelle findet sich in der von den Schülern Hegels, hier von Eduard Gans, herausgegebenen Ausgabe der Werke Hegels, die im Unterschied zur ersten Auflage der »Grundlinien der Philosophie des Rechts« (1821) (PhdR.) zu verschiedenen Paragraphen »Zusätze« nach Kollegnachschriften über das gleiche Thema aufweist. Die Authentizität und Bedeutung gewisser Zusätze ist in der Hegel-Philosophie (Johannes Hoffmeister) umstritten. Hoffmeister brachte daher in der von ihm edierten 4. A. des Originals (Hamburg 1955) keine Zusätze; der angekündigte Ergänzungsband mit den redigierten Zusätzen steht noch immer aus. Im Zusatz zu § 258 heißt es: »Bei der Idee des Staates muß man nicht besondere Staaten vor Augen haben, nicht besondere Institutionen, man muß vielmehr die Idee, diesen wirklichen Gott, für sich betrachten.« (In Hegel WW. VII. [Glockner], p. 336.)

unmittelbar zu Gott: Leopold von Ranke »Über die Epochen der neueren Geschichte«, ed. Dove, 5. A., Leipzig 1899, p. 17: Ich aber behaupte: jede Epoche ist unmittelbar zu Gott, und ihr Wert beruht gar nicht auf dem, was aus ihr hervorgeht, sondern in ihrer Existenz selbst, in ihrem eigenen Selbst.« Dieses Werk Rankes besteht aus Vorträgen, die er 1854 dem bayerischen König Maximilian II. gehalten hat. Es wurde von Ranke-Schüler Professor Dove zum erstenmal als Anhang zu Rankes »Weltgeschichte« veröffentlicht.

weniger auf sich: Hegel in PhdWg., ed. Lasson, p. 937: »Allerdings ist es für ein großes Glück zu halten, wenn einem Volk ein edler Monarch zugeteilt ist. Doch auch das hat in einem großen Staat weniger auf sich; denn dieser hat die Stärke in seiner Vernunft.«

alle von ihrem Gegenstand getrennte Reflexion: Aus Ranke »Politisches Gespräch«, in op. cit., p. 327: »Aus dem Unscheinbaren erhebt sich durch eine neue Belebung das Gewaltige; aus der Zerstörung selbst erwachsen, es ist wahr, unter Zuckungen, aber doch haltbar neue Formen. Dies zu beobachten, die Regel des Werdens zu finden, halte ich für wichtiger und ist mir wenigstens interessanter als alle von ihrem Gegenstande getrennte Reflexion.«

Auszusprechen, daß die Revolution: Die in diesem Abschnitt angeführten Thesen finden sich in Hegels PhdWg., ed. Lasson, pp. 925, 928, 933.

Ormuzd und Ahriman: Ranke schrieb 1878 nach den Attentaten auf Kaiser Wilhelm I.: »Ormuzd und Ahriman kämpfen immer. Ahriman arbeitet immer an der Erschütterung der Welt, aber sie gelingt ihm nicht. So denkt ein alter Mann.« Zitiert nach Karl Kupisch. »Die Hieroglyphe Gottes – Große Historiker in der bürgerlichen Epoche von Ranke bis Meinecke«, München 1967, p. 36.

13 *wüste Vorstellung:* In der Anmerkung zu § 279 seiner PhdR. (4. A., Hamburg 1955, ed. Hoffmeister, p. 245) äußert Hegel: »... in diesem Gegensatze gehört die Volkssouveränität zu den verworrenen Gedanken, denen die wüste Vorstellung des *Volkes* zugrunde liegt.«

blutiger Irrwahn: Ranke schrieb in einem Brief nach Ausbruch der Revolution von 1848: »Wie könnte Ordnung aus ruchlosem Umsturz hervorgehen ... wenn man sieht, daß die Einheit des heiligen Reiches an den blutigen Irrwahn der Nationalsouveränität geknüpft wird.« Zitiert nach Kupisch, op. cit., p. 31.

Glück und Lebensbedürfnis: Bald nach der Thronbesteigung König Friedrich Wilhelms IV. 1840 schrieb Ranke in einem Brief: »Für mich ist es ein Glück und ein Lebensbedürfnis, einem Staate anzugehören, mit dessen Intentionen – im allgemeinen verstanden – ich übereinstimme.« Zitiert nach Kupisch, op. cit., p. 31.

Wirklichkeit: Hegel begann den § 257 seiner PhdR. (4. A., ed. cit., p. 207) mit den Worten: »Der Staat ist die Wirklichkeit der sittlichen Idee ...«

in der Beamtenwelt: Auf p. 937 (ed. Lasson) seiner PhdWg. sagt Hegel: »Jeder Bürger hat Zutritt zu den Staatsämtern; doch ist Geschicklichkeit und Brauchbarkeit notwendige Bedingung. Die Regierung ruht in der Beamtenwelt, und die persönliche Entscheidung des Monarchen steht an der Spitze; denn eine letzte Entscheidung ist ... schlechthin notwendig.«

bei feststehenden Gesetzen: Fortsetzung der oben angegebenen Stelle.
Regierungsgewalt: Hegel, op. cit., ed. Lasson, p. 929: »Das Budget aber ist seinem Begriffe nach kein Gesetz, denn es wiederholt sich alle Jahre, und die Gewalt, die es zu machen hat, ist Regierungsgewalt.«
in der Beamtenwelt: Nach Hegel, op. cit., p. 933.
Einsicht in die Vernunft: In Hegels PhdR. § 301, Anmerkung, ed. Hoffmeister, pp. 261 sq.: »Die Vorstellung, die das gewöhnliche Bewußtsein über die Notwendigkeit oder Nützlichkeit der Konkurrenz von Ständen zunächst vor sich zu haben pflegt, ist vornehmlich etwa, daß die Abgeordneten aus dem Volk oder gar das Volk es *am besten verstehen müsse,* was zu seinem Besten diene, und daß es den ungezweifelt besten Willen für dieses Beste habe. Was das erstere betrifft, so ist vielmehr der Fall, daß das Volk, insofern mit diesem Worte ein besonderer Teil der Mitglieder eines Staats bezeichnet ist, den Teil ausdrückt, *der nicht weiß was er will.* Zu wissen, was man will, und noch mehr was der an und für sich seiende Wille, die Vernunft, will, ist die Frucht tiefer Erkenntnis und Einsicht, welche eben nicht die Sache des Volkes ist.«
14 *das an und für sich seiende Göttliche:* Bei Hegel PhdR. § 258, Anm., ed. Hoffmeister, pp. 209 sq.: ». . . so wird die Vereinigung der Einzelnen im Staat zu einem *Vertrag,* der somit ihre Willkür, Meinung und beliebige, ausdrückliche Einwilligung zur Grundlage hat, und es folgen die weiteren bloß verständigen, das an und für sich seiende Göttliche und dessen absolute Autorität und Majestät zerstörenden Konsequenzen.«
höchste Pflicht: Hegel, op. cit., § 258, ed. Hoffmeister, p. 208: »Diese substantielle Einheit ist absoluter unbewegter Selbstzweck, in welchem die Freiheit zu ihrem höchsten Recht kommt, sowie dieser Endzweck das höchste Recht gegen die Einzelnen hat, deren *höchste Pflicht* es ist, Mitglieder des Staats zu sein.«
ist die göttliche Idee: In der alten Ausgabe von Hegels PhdWg., so auch bei Glockner WW. XI., p. 71, heißt die Passage: »Der Staat ist die göttliche Idee, wie sie auf Erden vorhanden ist«; bei Lasson, p. 91, jedoch: »Das Göttliche des Staates ist die Idee, wie sie auf Erden vorhanden ist.«
Bei der Idee des Staates: In Hegels PhdR., § 258, Zusatz. (WW. VII. [Glockner], p. 336.)
was von der Staatsverfassung: In Hegels PhdWg., ed. Lasson, p. 928: »Es können vielerlei Meinungen und Ansichten über Gesetze, Verfassung, Regierung sein, aber die Gesinnung muß die sein, daß alle diese Meinungen gegen das Substantielle des Staates untergeordnet und aufzugeben sind; sie muß ferner die sein, daß es gegen die Gesinnung des Staates nichts Höheres und Heiligeres gebe, oder daß, wenn zwar die Religion höher und heiliger, in ihr doch nichts enthalten sei, was von der Staatsverfassung verschieden oder ihr entgegengesetzt wäre . . . wenn Religion und Staat auch dem Inhalte nach verschieden sind, so sind sie doch in der Wurzel eins, und die Gesetze haben ihre höchste Bewährung in der Religion.«

15 *die Freiheit des Geistes erst zur Realität:* Hegel, PhdWg., ed. Lasson, pp. 765 sq.: »Das Staatsleben soll nun mit Bewußtsein, der Vernunft gemäß eingerichtet werden. Sitte, Herkommen gilt nicht mehr, die verschiedenen Rechte müssen sich legitimieren als auf vernünftigen Grundsätzen beruhend. So kommt die Freiheit des Geistes erst zur Realität.«
über alle Verantwortlichkeit: Hegel, PhdR., ed. Hoffmeister, p. 251, § 284: »... die eigentümliche Majestät des Monarchen, als die letzte entscheidende Subjektivität, ist aber über alle Verantwortlichkeit für die Regierungshandlungen erhoben.« Über die Kompetenzen der »fürstlichen Gewalt« äußert sich Hegel op. cit., p. 283, § 329.
Vom König versprochene ... Verfassung: Hierzu z. B. E. R. Huber »Deutsche Verfassungsgeschichte«, t. I., Stuttgart 1957, pp. 310 sqq.
das schlechthin an und für sich Seiende: die Stelle bei Hegel, PhdR. § 273 Anm., ed. Hoffmeister, p. 239. Der Satz beginnt: »Überhaupt aber ist es schlechthin wesentlich, daß die Verfassung, obgleich in der Zeit hervorgegangen, *nicht als ein Gemachtes* angesehen werde; denn sie ist vielmehr ...«
etwas Überflüssiges: In Hegels PhdR. § 311, ed. Hoffmeister, p. 270: »... Wählen ist entweder überhaupt etwas Überflüssiges oder reduziert sich auf ein geringes Spiel der Meinung und der Willkür.«
Gegen dies sein absolutes Recht: Mit diesem Satz endet § 347 (vor der Anmerkung) von Hegels PhdR., ed. Hoffmeister, p. 291.
welche zwar nicht geradezu nachzuweisen: Die Stelle findet sich in einem Brief Rankes an seinen Sohn, die zuerst von Alfred Dove »Ausgewählte Schriften«, Leipzig 1898, p. 231, abgedruckt wurde. Cf. auch Gerhard Masur »Rankes Begriff der Weltgeschichte«, München 1926, p. 62[2]. Ranke schrieb: »Über allem schwebt die göttliche Ordnung der Dinge, welche zwar nicht geradezu nachzuweisen, aber doch zu ahnen ist. In dieser göttlichen Ordnung, welche identisch ist mit der Aufeinanderfolge der Zeiten, haben die bedeutenden Individuen ihre Stellen ...«
Die Menschheit ist dann: Ranke in »Über die Epochen ...«, ed. cit., p. 18.

16 *Der Große Kurfürst:* Friedrich Wilhelm von Brandenburg-Preußen (1620 bis 1688) regierte von 1640 bis 1688. Erlangte im Westfälischen Frieden 1648 Hinterpommern, Halberstadt, Minden und 1680 Magdeburg. Behauptete sich gegen Schweden (Fehrbellin) und Polen (Warschau), entzog sich der polnischen Oberlehnshoheit im Herzogtum Preußen und verschaffte seinem Staat europäische Geltung.
Wenn ich nicht: Zitiert nach »Der Briefwechsel Friedrichs des Großen mit Fredersdorf«, Berlin 1926, ed. Johannes Richter, pp. 203 sq.
Volksgefühl: Paul Achatius Pfizer »Briefwechsel zweier Deutscher«, Stuttgart/Tübingen 1831, p. 198: »Unter der Pflege des großen Kurfürsten hat sich der neue Staat aus einem kräftigen Keime entwickelt und sich zum ersten jugendlichen Selbstbewußtsein aufgeschwungen unter Friedrich dem Großen, der, als der Schöpfer seines Volksgefühls, dieser Lebenskraft und Seele einer

jeden Nation, Preußens zweiter Stifter und sein eigentlicher Begründer geworden ist.«
Verhängniß: Pfizer, op. cit., p. 201: »Wenn nicht alle Zeichen trügen, so ist Preußen auf das Protectorat über Deutschland durch dasselbe Verhängniß angewiesen, das ihm einen Friedrich den Großen gab.«

17 *Ich glaube:* Pfizer, op. cit., p. 233.
der es wohl verdient: loc. cit.
diesem klügsten: Der Philosoph Friedrich Nietzsche (1844 bis 1900) schrieb (»Zur Genealogie der Moral«) über Ranke: »Die Deutschen, anbei gesagt, haben den klassischen Typus der letzteren (der »klugen Indulgenz gegen die Stärke« ist von Nietzsche gemeint) zuletzt noch schön genug herausgebracht, — sie dürfen ihn sich schon zurechnen, zugute rechnen: nämlich in ihrem Leopold Ranke, diesem geborenen klassischen advocatus jeder causa fortior, diesem klügsten aller klugen ›Tatsächlichen‹.« (Zitiert nach WW., Kröner-Taschenausgabe, Bd. 76, ed. Alfred Bäumler, Stuttgart 1953, p. 385.)
Er arbeitete: Ranke in seinem frühen, programmatischen Aufsatz »Die großen Mächte« von 1833: »Er arbeitete an der Befreiung der Nation, die deutsche Literatur mit ihm; doch kannte er seine Verbündeten nicht.« (Abgedruckt im Sammelband »Geschichte und Politik«, ed. Hans Hofmann, Leipzig 1936, p. 34.)
Wenn man das Geheimnis auch wüßte: Ranke im gleichen Aufsatz, ed. cit., pp. 34 sq.
die großen Interessen: Ranke in seinem Werk »Die deutschen Mächte und der Fürstenbund«, t. I., Leipzig 1871, p. 225: »Womit sich König Friedrich von Anfang seiner Regierung an getragen, aber ohne es durchzuführen, die großen Interessen des deutschen Reiches mit dem Bestand und Wachsthum seines Staates zu vereinigen, das wurde jetzt möglich und dringend für beide Theile.«
nothwendige Neubau: Heinrich von Treitschke, sächsischer Generalssohn, Wahlpreuße und deutscher Historiker (1834 bis 1896), schrieb in seinem Hauptwerk »Deutsche Geschichte im Neunzehnten Jahrhundert«, t. I., Leipzig 1879, p. 31: »Die Welt hielt es für das willkürliche Wagniß einiger Lieblinge des Glücks, was der nothwendige Neubau des uralten nationalen Staates der Deutschen war.«
gezwungen, für das Reich zu handeln: Treitschke, op. cit., t. I., p. 28: »Eine Macht in solcher Lage konnte nicht mehr in dem engen Gesichtskreise deutscher Territorialpolitik verharren; sie mußte versuchen ihre weithin zerstreuten Gebiete zu einer haltbaren Masse abzurunden, sie war gezwungen für das Reich zu handeln und zu schlagen, denn jeder Angriff der Fremden auf deutschen Boden schnitt in ihr eignes Fleisch.«
Daß Preußens Waffen: Treitschke, »Die Zukunft der norddeutschen Mittelstaaten«, Berlin 1866, p. 1: »Von den Rednern des englischen Parlaments mögen wir lernen, was es bedeutet, daß dies alte waffengewaltige Deutschland endlich wieder die gebührende Stellung einnimmt unter den Staaten, daß Preußens Waffen Deutschland neugestalten und Venetien für Italien erobern, daß nicht mehr Frankreich oder Rußland die Geschicke des Festlandes bestimmt, sondern ein wirkliches Gleichgewicht der

Mächte, wie einst vorübergehend durch das Genie Friedrich's des Großen . . .«

aufgeklärter Despotismus: Treitschke »Deutsche Geschichte . . .«, t. I., p. 70: »Er stand am Ende der großen Tage der unbeschränkten Monarchie und erschien gleichwohl den Zeitgenossen als der Vertreter eines neuen Staatsgedankens, des aufgeklärten Despotismus.«

ungeachtet eines Lessing: Gotthold Ephraim Lessing (1729 bis 1781), begründete als Dramatiker das bürgerliche Trauerspiel, bekämpfte als Kritiker den französischen Klassizismus (»Hamburgische Dramaturgie«), Mitbegründer der klassischen Literaturperiode in Deutschland.

der erste Publicist: Treitschke, op. cit., t. I., p. 84.

als sei dies Preußen: Treitschke, op. cit., t. I., p. 85: »Ein lang entbehrtes Bewußtsein der Sicherheit verschönte den Deutschen im Reiche das Leben; Ihnen war, als sei dies Preußen von der Natur bestimmt die Friedenswerke der Nation gegen alle fremden Störer mit seinem Schilde zu decken; ohne dies kräftige Gefühl bürgerlichen Behagens hätte unsere deutsche Dichtung den frohen Muth zu großem Schaffen nicht gefunden.«

die Franzosen von Hannover fernhalten: Der Historiker Max Lehmann erklärte mit Blick auf Ranke in seinem Werk »Friedrich der Große und der Ursprung des siebenjährigen Krieges«, Leipzig 1894, p. 88: »Es war ein Irrthum, wenn unser größter Historiker annahm, Friedrich habe den siebenjährigen Verzweiflungskampf dadurch auf sich geladen, daß er 1756 die Franzosen von Hannover fern halten wollte.«

18 *Zarin Elisabeth:* Elisabeth (1709 bis 1762) war die Tochter Peters des Großen und wurde 1741 Kaiserin. Unter dem Einfluß ihres Kanzlers Bestushew trat sie im Österreichischen Erbfolgekrieg auf die Seite Maria Theresias und blieb bei diesem Bündnis, auch weil Friedrich II. sie beleidigt hatte. 1755 gründete sie die erste russische Universität in Moskau.

deutsche Kraft allein: Treitschke, op. cit., t. I., p. 59: ». . . jetzt genügten den ärmsten Gebieten des Reichs sieben Jahre um den Ansturm einer Welt in Waffen abzuschlagen, und deutsche Kraft allein entschied den Sieg, denn die einzige fremde Macht, die dem Könige zur Seite stand, gab ihn treulos preis.«

der geborene Gegner: Treitschke, op. cit., t. I., p. 31.

ein Beruf für das Ganze: Johann Gustav Droysen (1808 bis 1884), neben Sybel und Treitschke bedeutendster Historiker der kleindeutsch-borussischen Schule, schrieb im Ersten Teil seiner »Geschichte der Preußischen Politik«, Berlin 1855, p. 4: »Auch Preußen umfaßt nur Bruchtheile deutschen Volkes und Landes. Aber zum Wesen und Bestand dieses Staates gehört jener Beruf für das Ganze, dessen er fort und fort weitere Theile sich angegliedert hat. In diesem Beruf hat er seine Rechtfertigung und seine Stärke. Er würde aufhören nothwendig zu sein, wenn er ihn vergessen könnte . . .«

der einzige große Regent: Der Friese Friedrich Christoph Schlosser (1776 bis 1861), Jahrzehnte hindurch Professor in Heidelberg und vielgelesener Verfasser einer »Weltgeschichte für das deutsche Volk«, gehörte noch ganz in die universale, aber auch liberal-demokratische Richtung der Aufklärung. In seinem Hauptwerk, der »Geschichte des achtzehnten Jahrhunderts ...«, t. II., 3. A., Heidelberg 1843, p. 270, schrieb er: »Friedrich II. würde schon darum den Namen des einzigen großen Regenten des achtzehnten Jahrhunderts verdienen, weil er seiner Zeit vorauseilte und den überlieferten Vorurtheilen aller Art militärisch trotzte, noch ehe die öffentliche Meinung ihm zum Beistand dienen konnte, wenn er auch keine Heldenthaten gethan hätte.«

Seit den Tagen jenes Löwen: Bei Treitschke, op. cit., t. I. p. 49.

sie hätte ahnen müssen: Droysen »Geschichte der Preußischen Politik«, Fünfter Theil, Erster Band, Leipzig 1874, p. 151.

Die Nation empfand: Droysen, op. cit., V.–2, Leipzig 1876, p. 659.

Winckelmann: Johann Joachim Winckelmann (1717 bis 1768) begründete die Kunstwissenschaft vom klassischen Altertum und erfand das Griechenland-Bild der deutschen Klassik wie des deutschen Idealismus (das noch bei Marx und Engels lebendig blieb): die antike Kultur und Kunst als Kanon der Vollkommenheit aus »edler Einfalt und stiller Größe«.

der Nation eine Zukunft: Droysen, op. cit., V.–2, p. 5: »... daß damit das alte Staatensystem in seinen Grundfesten erschüttert wurde, schien den Bann, der über Deutschland lag, zu brechen, der Nation eine Zukunft zu verheißen.«

Gefühl der Macht: Droysen, op. cit., V.–1, p. 487: »Was die deutschen Lande sonst in der Ohnmacht ihrer Zersplitterung nicht mehr hatten und kaum mehr empfanden zu entbehren, das Gefühl der Macht, der ächten Staatlichkeit, der Bedeutung in Europa, das erfüllte und erhob nun einen Theil dieses deutschen Volkes und begann über die preußischen Schlagbäume hinaus zu wirken.«

19 *der deutschen Selbständigkeit:* Heinrich von Sybel (1817 bis 1895), der durch seine Bismarck-Verehrung bei Wilhelm II. in Ungnade fiel und die Archive des Auswärtigen Amts nicht mehr benutzen durfte, schrieb in seinem Werk »Die Begründung des Deutschen Reiches durch Wilhelm I.« – bei dem Bismarck Korrekturen mitlas –, t. I., 2. A., München/Leipzig 1889, p. 22: »Welch' eine Bedrohung Deutschlands aber in jenen Abtretungen (Sybel meint Ostpreußen und Belgien) gelegen hätte, bedarf keiner Erörterung; die Niederlage Preußens wäre zugleich ein Stoß in das Herz der deutschen Selbständigkeit gewesen.«

Welch andere Nation: Sybel, op. cit., t. I., pp. 23 sq.

Maria Theresia (1717 bis 1780), Gattin des Kaisers Franz I., Königin von Ungarn und Böhmen, Tochter Karls VI., setzte im Österreichischen Erbfolgekrieg (1740 bis 1748) gegen Frankreich, Preußen und Bayern die Pragmatische Sanktion, den Übergang der habsburgischen Erblande und der Kaiserwürde an die neue Linie Habsburg-Lothringen (aus ihrer Ehe mit Herzog Franz Stephan von Lothringen) durch. Der Versuch, durch ein Bündnis mit Frankreich und Rußland das von Preußen geraubte Schlesien wiederzugewinnen, scheiterte. Nur widerstrebend willigte sie (die nach dem Tode ihres Mannes 1765 ihren Sohn Joseph nur als Mitregenten angenommen hatte) in die Erste Teilung Polens 1772. 1779 schloß sie mit Friedrich II. den Frieden von Teschen, in dem sie auf Josephs Annexionspläne in Bayern verzichtete. Die Rettung der Großmacht Österreich, Reformen im Innern (Verwaltung, Heer, Schulwesen, Wissenschaft, Landwirtschaft) machen M. Th. zum bedeutendsten Habsburger Herrscher seit Karl V.

Peter der Große (1672 bis 1725) regierte als zunächst umstrittener Zar seit 1689. Erhob Rußland durch seinen Sieg über Karl XII. im Nordischen Krieg anstelle Schwedens zur europäischen Großmacht, baute noch im Krieg auf schwedischem Gebiet die neue Hauptstadt St. Petersburg. Erzwang gegen Bojaren, Strelitzen und Kirche die Europäisierung Rußlands.

Schon damals galt: Reinhold Koser (1852 bis 1914), Schüler Droysens und bedeutendster Friedrich-Spezialist der Geschichtswissenschaft, schrieb in seiner »Geschichte Friedrichs des Großen« (reprint Darmstadt 1963, in der Paginierung mit 6. u. 7. A. 1923 und 4. u. 5. A. 1913 übereinstimmend), t. III, p. 555: »... schon damals galt, daß Deutschland gewann, was Preußen erwarb, mochte es sich um das alte Ordensland und das schwedische Pommern, oder um Westpreußen und ... und Schlesien handeln.«

die kühne prophetische Formel: Koser, op. cit., t. I., p. 437: »Aber wie hätten die Zeitgenossen, blöden Blickes und trägen Herzens, die kühne prophetische Formel des Preußenkönigs verstanden, das künftige Zauberwort der deutschen Auferstehung!«

ein Bild: In dem Aufsatz »Der Ursprung des Siebenjährigen Krieges« des Berliner Historikers Hans Delbrück (1848 bis 1929), abgedruckt in »Erinnerungen, Aufsätze und Reden«, Berlin 1902, p. 263.

heldische Strahlkraft: Arnold Berney »Friedrich der Große, Entwicklungsgeschichte eines Staatsmannes«, Tübingen 1934, p. 273: »Der große König war durch Herkunft, Sprache und Kultur zwar keineswegs von deutscher Art allein, aber die eigentliche staatsmännische und heldische Strahlkraft seiner Erscheinung kam aus den heiligsten Bereichen deutschen Geistes.«

20 *Karl XII.* (1682 bis 1718) von Schweden bestieg 1697 den Thron und verlor den Nordischen Krieg (1700 bis 1721) gegen Dänemark, Sachsen-Polen und Rußland. Als der König nach glänzenden Waffentaten – der Niederlage Dänemarks, der Besetzung Polens und der Demütigung Sachsens – nach Rußland zog, wurde er bei Pultawa 1709 besiegt und mußte in der Türkei Schutz suchen. Er schloß ein Bündnis mit der Pforte, mußte dann aber fliehen und traf 1714 in Stralsund ein. Nunmehr griff auch Preußen in den Krieg gegen Karl ein. Als der König das dänische Norwegen angriff, fiel er 1718 vor der Festung Frederikshald.

immer noch imposante Leiche: In Villermont »Marie-Thérèse«, t. I., Paris 1895, p. 26.

Franz Stephan von Lothringen: Franz I. Stephan (1708 bis 1765), heiratete 1736 Maria Theresia, trat 1738 sein Stammland, das Herzogtum Lothringen, im Austausch gegen das Großherzogtum Toskana an Stanislaus Lesczynski, Ludwigs XV. Schwiegervater, ab. Wurde 1745 deutscher Kaiser, blieb jedoch von den Regierungsgeschäften ausgeschlossen, interessierte sich mit Erfolg für Staatshaushalt, Bankwesen und Geldgeschäfte.

Kaunitz: Wenzel Anton Graf, später Fürst von Kaunitz-Rietberg (1711 bis 1794) wurde nach Rechtsstudien und Reisen durch Westeuropa Diplomat. 1748 verhandelte er über den Abschluß des Friedens von Aachen und war schon kurze Zeit danach für ein Bündnis mit Frankreich, das er auch als Botschafter in Paris (1750–53) befürwortete. 1753 wurde er Staatskanzler, 1756 schloß er mit Ludwig XV. ab und genoß seitdem das unbegrenzte Vertrauen Maria Theresias und Josephs II. Nach Divergenzen mit Kaiser Franz II. nahm er 1792 den Abschied.

21 *das österreichische System:* Treitschke, op. cit., t. I., p. 69: ». . . es eröffnete sich die Aussicht, das österreichische System in seinen Grundlagen zu erschüttern, wie Graf Hertzberg freudig ausrief . . .«

dem heiligen Reiche: Treitschke, op. cit., t. I., p. 58: »Der unversöhnliche Gegensatz der beiden führenden Mächte Deutschlands bestimmte auf lange hinaus den Gang der europäischen Politik, entzog dem heiligen Reiche die letzte Lebenskraft.«

den Gnadenstoß: Treitschke, op. cit., t. I., p. 60: »Jetzt gab eine protestantische Großmacht dem heiligen Reiche den Gnadenstoß, und durch die Schlachten am Ohio und am Ganges wurde für alle Zukunft entschieden, daß die Herrschaft über das Weltmeer und die Colonien den protestantischen Germanen gehörte.«

Der König wird: Zitat nach Werner Hegemann »Fridericus«, Hellerau 1924, p. 150.

in Auflehnung: Bismarck »Gedanken und Erinnerungen«, Berlin/Stuttgart o. J., p. 267. Der Satz beginnt: »Ich sehe in dem deutschen Nationalgefühl immer die stärkere Kraft überall, wo sie mit dem Partikularismus in Kampf gerät, weil der letztere, auch der preußische, nur entstanden ist . . .«

Neuwahl des deutschen Kaisers: Im Allianzvertrag vom 25. Oktober 1679 zu St. Germain en Laye zwischen Frankreich und Kurbrandenburg heißt es unter dem Punkt 13: »Stürbe der Kaiser vor erfolgter Wahl eines römischen Königs, dann verpflichtet sich der Kurfürst seinerseits und durch sein äußerstes Bemühen bei den übrigen Kurfürsten die Wahl lediglich auf den König von Frankreich fallen zu machen, als den durch seine persönlichen Eigenschaften und seine Macht geeignetsten.« (Abgedruckt in »Kurbrandenburgs Staatsverträge von 1601 bis 1700«, ed. Theodor von Moerner, Berlin 1867, p. 414.)

böse Durchsteckereien: Der Prozeß gegen den Redakteur Wilhelm Hopf von den »Hessischen Blättern« ist dargestellt in »Die preußische Geschichte vor den Schranken der Justiz – Aktenmäßige Darstellung eines Preßprozesses vor 30 Jahren«, ed. Paul Bartels, Hannover 1921.

22 *wie die schweifenden Tartaren:* In seinen »Mémoires pour servir à l'histoire de la Maison de Brandebourg« schrieb Friedrich II. über seinen Großvater: ». . . il sacrifia trente mille hommes de ses sujets dans les différentes guerres de l'Empereur et de ses alliés, afin de se procurer la royauté . . .« Und: »il trafiquait du sang de ses peuples avec les Anglais et les Hollandais, comme ces Tartares vagabonds qui vendent leurs troupeaux aux bouchers de la Podolie pour les égorger.« (Abgedruckt in »Oeuvres de Frédéric le Grand« (Oe.), ed. Preuss, Berlin 1846 ff., t. 1, p. 122.) Deutsch in »Die Werke Friedrichs des Großen«, ed. G. B. Volz, t. I, Berlin 1913, p. 117.

ich wünschte: Der Passus aus dem Politischen Testament von 1752 deutsch in »Die Werke ...«, t. VII., p. 163; das Original in »Die Politischen Testamente Friedrich des Großen«, ed. Volz, Berlin 1920, p. 66: »Je voudrais qu'on eût assez de provinces pour entretenir 180 000 hommes, ce qui en feraient 44 000 de plus qui'il y en a à présent ...«

23 *Preußen ist:* Der deutsche Text aus dem Testament von 1752 hier nach der vollständigen Ausgabe: Friedrich der Große »Die politischen Testamente«, ed. Volz, Berlin 1922, p. 82. Original op. cit., p. 78.

dauernd sekretiert: Mitgeteilt von George Peabody Gooch in seinem Werk »Frederick the Great«, London 1947; dt. Ausgabe Göttingen 1951, p. 384.

Nächst Sachsen: Im Politischen Testament von 1752, deutsch op. cit., p. 64, im Original, op. cit., p. 61: »De toutes les provinces de l'Europe il n'en est aucune qui convienne mieux à l'État que la Saxe, la Prusse polonaise et la Poméranie suédoise, à cause que toutes trois l'arrondissent.«

Die Eroberung würde erleichtert: Testament von 1752, Original op. cit., p. 62.

Ich gestehe: Testament von 1752, op. cit., p. 63.

Die veraltete wunderliche Reichsverfassung: Ausdruck aus dem Testament von 1752, deutsch op. cit., p. 71; im Original, op. cit., pp. 67 sq.: »L'Empire: Voici une autre question. Le gouvernement surанné et bizarre de l'Empire se soutiendra-t-il ou peut-on prévoir qu'il changera? Je suis d'opinion que la forme du gouvernement se soutiendra par les jalousies des membres de l'Empire mêmes et par celle des puissances voisines; mais je n'en crois pas moins que le nombre des petits princes, surtout des villes impériales, ira en diminuant.«

dreißig Jahre später: 1782 prophezeite der alte König, Kaiser Joseph II. werde die deutschen Fürsten zu unterwerfen suchen und Friedrichs Neffen und Nachfolger zu Fall bringen. Die Stelle findet sich am Schluß der kurzen Abhandlung »Considérations sur l'état politique de l'Europe«, Original in der Ausgabe der Politischen Testamente, Berlin 1920, p. 250, eine deutsche Übersetzung der Schlußpassagen bei Gooch, op. cit., dt. Ausgabe, Göttingen 1951, p. 326. Der König schloß mit dem Satz: »Je fais mille voeux pour que mon pronostic se trouve faux par l'évènement, que mes successeurs fassent leur devoir comme des gens sensés, et que la Fortune détourne la plus grande partie des fléaux dont nous sommes menacés.« Gooch urteilte über Friedrichs Pessimismus: »Keine vernichtendere Kritik seines Einmannsystems hätte niedergeschrieben werden können als der Notschrei des Siebzigjährigen.« (p. 326.)

Wenn sich die Kurfürsten: Politisches Testament von 1752, op. cit., pp. 68 sq.

24 *Nachahmungen abfallen:* Testament von 1752, Original op. cit., p. 49: »... un coup d'éclat, comme la conquête de la Silésie, est semblable aux livres dont les originaux réussissent et dont les imitations tombent.«

Mein Leben ist zu kurz: Testament, 1752, loc. cit.

noch Böhmen entreißen: Testament von 1752, Original op. cit. p. 67.

Zumal seit der Erwerbung Schlesiens: Testament von 1752, Original op. cit., p. 48.
Schon in seinen Jugendschriften: Treitschke, op. cit., t. I., p. 53.
Melden Sie ihrem Herrn: Zitiert nach Hegemann, op. cit., p. 342.
Ich habe den Wechselbrief eingelöst: Das Briefzitat an Ludwig XV. nach »Mémoires des négociations du Marquis de Valori ...« ed. Comte H. de Valori, t. I., Paris 1820, p. 227[1]. In der Fußnote heißt es: »Frédéric écrivit à Louis XV: ›Je viens d'acquitter la lettre-de-change que votre Majesté a tirée sur moi à Fontenoy.‹«
Was reizt denn sonst: So schrieb der König in »Histoire de mon temps«, Oe. 3, 37; deutsch in »Werke ...«, t. II., p. 160, in etwas anderer Übersetzung.
25 *Ludwig XV.* (1710 bis 1774) folgte 1715 seinem Urgroßvater L. XIV. auf den französischen Thron, zunächst unter der Regentschaft des Herzogs Philipp von Orléans, dann mit seinem Lehrer Kardinal de Fleury als Premierminister. Von dessen Friedenspolitik distanzierte sich der junge König während des österreichischen Erbfolgekrieges, überließ jedoch nach dessen Scheitern die Regierung seiner politisch begabten Mätresse Marquise de Pompadour und deren Günstlingen. Das Bündnis mit Habsburg brachte Frankreich Nachteile, es engagierte sich auf dem Kontinent gegen Preußen und verlor währenddessen seine wertvollsten Besitzungen in Kanada und Indien.
zwecks Diversion: »la diversion« ist, militärisch betrachtet, ein Ablenkungs- oder Entlastungsangriff. Das meinte Friedrich, als er schrieb, op. cit., Oe. 3, 49: »Schmettau apprit au Roi Très-Chrétien que le roi de Prusse entrerait en campagne le 17 d'août, et qu'il emploierait cent mille hommes à la diversion qu'il allait faire en faveur de l'Alsace.«
Kaiser Karl VII. (1697 bis 1745) war von 1726 bis 1745 Kurfürst von Bayern und von 1742 bis 1745 römisch-deutscher Kaiser. 1741 koalierte er mit Preußen, Frankreich und Spanien. Am 24. 1. 1742 wurde er von der Kurfürstenmehrheit mit französischer Unterstützung zum Kaiser gewählt. Erschöpft und krank starb er im Januar 1745.
Diversion in das Kurfürstentum Hannover: Die entsprechende Stelle im Testament von 1752, o. cit., p. 63, deutsch op. cit., p. 66.
Hannover wollte er nicht schützen: Koser zieht aus der Unterredung des Königs mit dem französischen Gesandten Latouche (27. 7. 1755) – in der Friedrich die Franzosen aufforderte, in Flandern einzumarschieren und nicht nach Hannover zu gehen (»aus Mangel an Niederlagsplätzen«) – den Schluß: »... er wünschte den vor einem Vierteljahr von ihm empfohlenen Heereszug nach Hannover überhaupt nicht mehr. In seinen reiflicher überdachten, zur Mitteilung an das französische Ministerium bestimmten Eröffnungen an Knyphausen hütete er sich, das offen zu sagen.« (op. cit., t. II., p. 336.)
Herzog Ferdinand von Braunschweig (1721 bis 1792), preußischer Generalfeldmarschall, nahm 1766 nach einem Konflikt mit seinem Schwager Friedrich II. den Abschied. Er hatte in allen drei Schlesischen Kriegen gedient. 1757 erhielt er auf Wunsch Georgs II.

von England den Oberbefehl der Westarmee gegen die Franzosen. Er schlug sie 1758 bei Krefeld, verlor gegen sie 1759 bei Bergen, gewann 1759 bei Minden und 1761 bei Vellinghausen. Trotz seiner Unterlegenheit an Truppenstärke konnte er 1762 das verlorene Hessen wieder gewinnen. F. war der fünfte Sohn des regierenden Herzogs Ferdinand Albrecht II. zu Braunschweig.
Jusqu'en ses grottes profondes: Eine Strophe aus der 1758 gedichteten Ode an den Herzog Ferdinand von Braunschweig über den Rückzug der Franzosen (cf. Oe. 12, 9). Treitschkes Übersetzung op. cit., t. I., p. 53.

26 *Voltaire,* François Marie Arouet de (1694 bis 1778), vom Juli 1751 bis März 1753 in Potsdam und nach Friedrich »Virgil des Jahrhunderts«, polemisierte gegen den Obskurantismus der Justiz und der Kirche und hat in seinem »Dictionnaire Philosophique« als Propagandist der Aufklärung gewirkt. Als Historiker wichtig durch die »Henriade« (über Heinrich IV.), »Le Siècle de Louis XIV« und vor allem »Essai sur les moeurs et l'esprit des nations«. Verlor den aufklärerischen Vernunft-Optimismus nach dem Erdbeben von Lissabon 1755. Seitdem Skeptiker und Satiriker (»Candide«). Blendender Stilist, schrieb außer klassizistischen Dramen, Epen und Gedichten auch die Persiflage »La Pucelle« auf Johanna von Orléans.
Und Du, der mürrisch trägt: Im August 1757 dichtete der König eine lange Epistel an seine Lieblingsschwester Wilhelmine (Oe. 12, 36–42), in der sich einige Zeilen mit Ludwig XV. beschäftigen: »Toi, monarque indolent que la pourpre embarasse,/ Ne te souvient-il plus qui délivra l'Alsace?« (p. 38)
Ich vertraue meine Interessen: Am 6. September 1757 schrieb der König an den Herzog von Richelieu (1696 bis 1788), Marschall von Frankreich, Urgroßneffe des großen Kardinals, Günstling Ludwigs XV. und größter Lebemann des Jahrhunderts: »... peut-être que je juge des autres par moi-même, quoi qu'il en soit, enfin je préfère de confier mes intérêts au Roi votre maître plutôt qu'à tout autre.« (Abgedruckt nach »Politische Correspondenz Friedrichs des Großen« (PC.), Berlin 1879 ff., t. XV., p. 336.) Im Entwurf (p. 336[1]) heißt es: »... j'aime mieux confier mes intérêts dans ses mains que dans celles de puissances que sont ennemies de la Prusse par état.«
Meinen Verlust: Brief an Wilhelmine aus der ersten September-Dekade 1757 über die Franzosen: »Ils m'auront sacrifié de gaieté de coeur, et j'ose prédire qu'il ne leur sera pas facile de réparer ma perte.« (In PC. XV., 328.)
Luc möchte gern Frieden: Brief Voltaires an den Comte d'Argental vom 24. November 1759 (Oeuvres complètes – Correspondance, t. VIII., p. 242, Paris 1880): »Luc voudrait bien la paix. Y aurait-il si grand mal à la lui donner, et à laisser à l'Allemagne un contre-poids? Luc est un vaurien, je le sais; mais faut-il se ruiner pour anéantir un vaurien dont l'existence est nécessaire?«
war eher das seine: Heinrich Mann über Friedrich und die Franzosen; in »Die traurige Geschichte von Friedrich dem Großen – Der König von Preußen«, Hamburg 1962, p. 155.
Friedensvorschlag: Brief an den Gesandten Knyphausen in Lon-

don vom 12. Oktober 1759, PC. XVIII., 592. Cf. deutschen Text und Kommentar bei Koser, t. III., p. 54.

27 *Kann ich denn keinen Handel machen:* Brief an den Staatsminister Finck von Finckenstein vom 30. Oktober 1759, PC. XVIII., 612.

Zar Peter III. (1728 bis 1762) war als Enkel Peter des Großen und Neffe der Zarin Elisabeth seit 1742 erbberechtigt, obschon er zunächst Herzog von Holstein-Gottorp war. Als Großfürst heiratete er 1745 die Prinzessin Sophie Auguste von Anhalt-Zerbst, später als Zarin Katharina die Große. Durch exaltiertes Wesen und kritiklose Bewunderung Friedrichs II. machte er sich in Rußland verhaßt und wurde schon sechs Monate nach seiner Thronbesteigung gestürzt und ermordet, nachdem er im Siebenjährigen Krieg überstürzt die Partei gewechselt und mit Friedrich Frieden und ein Militärbündnis geschlossen hatte.

Patriotisch wie Friedrich, hat Richelieu: Ernst Moritz Arndt (1769 bis 1860), der getreue Eckermann des Freiherrn vom Stein, deutscher Patriot, Publizist, relegierter Geschichtsprofessor, Abgeordneter der Paulskirche und Dichter, schrieb 1806 in seinem gegen Napoleon gerichteten Pamphlet »Geist der Zeit« über Friedrich II.: »Es ist nichts lächerlicher, als ihm patriotischteutsche Ideen beilegen zu wollen. So patriotisch hat Richelieu und Louvois an Teutschland gedacht und darüber gesprochen, so patriotisch führt jetzt Bonaparte und Talleyrand, sein Knecht, und die teutschen Churfürsten, seine Knechte, den Namen Teutschland und Teutschlands Freiheit im Munde.« (p. 316 der Ausgabe von 1806.)

Heldentum ist eine Aussaat: Delbrücks Aufsatz »Der Ursprung des Siebenjährigen Krieges«, abgedruckt in »Erinnerungen, Aufsätze, Reden«, Berlin 1902, p. 269.

Wie konnte ich ahnen: Nach der Schlacht von Kolin verfaßte der König im Sommer 1757 eine »Apologie de ma conduite politique«, der die zitierte Stelle entnommen ist. Das Original cf. Oe. 27, 283; der deutsche Text in »Werke ...«, t. III., p. 213, in etwas anderer Übersetzung.

28 *Joseph II.* (1741 bis 1790), deutscher Kaiser seit 1765, Alleinherrscher jedoch erst seit dem Tode seiner Mutter Maria Theresia 1780. Js. schroffer Rationalismus widerstrebte dem Sinn für Maß und Humanität seiner Mutter. Js. deutsche Politik, die Arrondierung der Erblande durch die Erwerbung Bayerns, scheiterte 1778/79 an Friedrich II. und an der Kaiserinmutter, 1785 an dem von Friedrich II. patronisierten Deutschen Fürstenbund. Die »josephinischen« Reformen im Innern: Verwaltungszentralisation und Kirchenreform, mißlangen im wesentlichen, nicht hingegen sein Versuch, die Bauern besser zu stellen. Friedrich II. hatte geurteilt, der Kaiser sei ein Mann, der den zweiten Schritt vor dem ersten tue.

Prinz Heinrich von Preußen (1726 bis 1802), zweitjüngster Bruder und Gegner Friedrichs II., hatte im Siebenjährigen Krieg als überragender Manövrierfeldherr gewirkt und in der Schlacht bei Freiberg (1762) gesiegt. In Literatur und Musik noch konservativer als sein Bruder, von einigen Aspekten der Französischen Revolution beeindruckt. Fühlte sich ständig von Friedrich zurückgesetzt, obschon der ihn als Regenten vorgesehen und auf seinen

Rat hin die Erste Polnische Teilung mit der Erwerbung Westpreußens initiiert hatte.

Ich habe alle Argumente erschöpft: Das Original in PC. XL., 203: »J'ai épuisé tous les arguments qui peuvent les (die Franzosen) déterminer, soit gloire, soit foi donnée, soit intérêt, soit facilité des opérations; je vous défie qu'on en dise davantage.«

Jetzt ist der Augenblick: Brief vom 20. August 1778, das Original in PC. XLI., 379.

Finckenstein: Karl Wilhelm Graf Finck von F. (1714 bis 1800), Sohn eines Feldmarschalls, preußischer Staatsminister. Zunächst Gesandter in Kopenhagen, Stockholm und St. Petersburg. Von 1749 bis zu seinem Tode Kabinettsminister unter drei Königen. Vertrauter des Königs aus Jugendtagen, verlor in der zweiten Hälfte der Regierungszeit Friedrichs an Einfluß zugunsten des Ministerkollegen Hertzberg.

Hertzberg: Ewald Friedrich, Freiherr, dann Graf von H. (1725 bis 1795), preußischer Staatsminister. Zunächst Leiter des Geheimen Kabinettsarchivs, 1756 »Mémoire raisonné«, Rechtfertigung des Einfalls in Sachsen. Verhandelte 1762/63 über den Frieden von Hubertusburg und wurde dafür zweiter, zeitweise wichtigerer Staats- und Kabinettsminister. Gegen Österreich noch schroffer als Friedrich II. Von Friedrich Wilhelm II. in den Grafenstand erhoben, glaubte selbständig Außenpolitik treiben zu können. Unterstützte den Papst gegen Joseph II. und verhinderte Entstehung einer deutschen, katholischen Nationalkirche. 1791 abberufen.

bewaffnete Unterhandlung: Ranke in »Die deutschen Mächte und der Fürstenbund«, t. I., Leipzig 1871, p. 27.

Deutschland ist: Friedrich in seinem Traktat »De la Guerre de 1778«, Oe. 6, 179: »Que résulte-t-il donc de cette guerre qui a pensé mettre toute l'Europe en mouvement? Que, pour cette fois, l'Allemagne a été garantie du despotisme impérial; Que l'Empereur a essuyé une espèce d'humiliation, en rendant ce qu'il avait usurpé.«

Der Wilddieb war zum Jagdaufseher geworden: Gooch, op, cit., dt. Ausgabe, p. 118. George Peabody Gooch, 1873 in London geboren, Nestor der britischen Historiographie, von Kennedy bewundert, in der ganzen Welt für eine Vielzahl bedeutender Geschichtswerke belobt, nimmt auch für die Geschichte des 18. Jahrhunderts eine Sonderstellung ein, da er fast alle Protagonisten dargestellt hat, so in Biographien außer Friedrich II. auch Ludwig XV., in Essays Katharina d. Gr. und Maria Theresia.

29 *Niederbayern zwar nicht geradezu überfallen:* In einem Brief an Kaiser Joseph II. schrieb Friedrich am 14. April 1778 (PC. XL., 394): »Voilà donc ce qui a fait crier tout le Corps Germanique contre la façon violente dont la Bavière vient d'être envahie.«

Karl Theodor (1724 bis 1799), seit 1733 Pfalzgraf in Sulzbach, folgte seinem Vetter Karl Philipp 1742 als Kurfürst von der Pfalz und wurde 1777 als nächster Erbe auch Kurfürst von Bayern. Auf Drängen Kaiser Josephs II. wollte er Niederbayern abtreten, was durch den Protest des nächsten Erben und die bewaffnete Intervention Friedrichs II. verhindert wurde. Auch der Austausch Bayerns gegen das österreichische Belgien wurde 1785 von Karl Theodor akzeptiert, von Friedrich II. aber mittels des Fürstenbundes vereitelt.

Zwar habe ich: Der Text des Briefes bei Henry Vallotton, »Kaiserin Maria Theresia«, Hamburg 1968, p. 287.

Mein Gott: Schreiben des Königs aus dem Februar 1785, abgedruckt bei Ranke »Die deutschen Mächte und der Fürstenbund«, t. I., Leipzig 1871, p. 215.

abgelebte Löwe: Brief Goethes an Friedrich Heinrich Jacobi aus dem Januar 1786 (WW. IV-7, Weimar 1891, p. 173): »Der Herzog ist nach Berlin, dort wie natürlich wohl aufgenommen. Der abgelebte Löwe mag ihn mit seinem letzten Athem segnen.«

Der nationalen Einheit: Ranke in seinem Essay für die »Allgemeine Deutsche Biographie« (ADB.) über Friedrich II., abgedruckt im Sammelband »Geschichte und Politik«, ed. Hofmann, Leipzig 1936, p. 407.

mit seinem guten Schwerte: Treitschke, op. cit., t. I., p. 70: »Die entsetzliche Verschrobenheit aller Verhältnisse erhellt mit unheimlicher Klarheit aus der einen Thatsache, daß der Held, der einst mit seinem guten Schwerte die Nichtigkeit der Institutionen des Reichs erwiesen hatte, nun damit enden mußte, diese entgeisteten Formen selber gegen das Reichsoberhaupt zu vertheidigen.«

30 *natürlichen Gegner:* Ranke »Die deutschen Mächte ...«, t. I., p. 261: »Für ihn bildete es immer die vornehmste Rücksicht, daß sein natürlicher Gegner, der Kaiser, weder an der einen noch der andern eine Unterstützung fand.« Ähnlich Treitschke, op. cit., t. I., p. 55.

Georg III. (1738 bis 1820), Enkel seines Vorgängers Georg II., König von Großbritannien und Irland, Kurfürst (seit 1814 König) von Hannover, regierte von 1760 bis 1820, mußte jedoch seit 1811 wegen einer Geistesstörung ständig durch den Prinzen von Wales (später Georg IV.) vertreten werden. Nach 1783 kein Versuch einer Kabinettsregierung mehr; stürzte im Oktober 1761 mit Hilfe seines schottischen Günstlings Lord Bute den Premierminister William Pitt d. Ä. (Earl of Chatham), wodurch der Friede mit Frankreich vorbereitet und das Bündnis mit Preußen gesprengt wurde. Der König schlitterte durch sein schroffes persönliches Regime in den amerikanischen Unabhängigkeitskrieg.

in Kupfer gestochene: In M. Doeberl »Entwicklungsgeschichte Bayerns«, t. II., München 1928, 3. A., p. 344: »Friedrich II. wurde in Bayern fortan wie ein Nationalheros gefeiert. ›Es ist fast kein Haus‹, berichtete der österreichische Gesandte, ›in dem man nicht das in Kupfer gestochene Porträt des Königs von Preußen aufhängt und als Schutzgott Bayerns verehrt.‹«

das muß man verheimlichen: Brief vom 9. März 1778, PC. XL., 224: »Je sais fort bien que notre propre intérêt nous oblige seul d'agir dans ce moment, mais, mon cher frère, il faut bien se garder de le dire. De même, s'il y a quelques avantages à espérer, il faut s'en cacher comme meurtre, et, supposé que le bonheur nous favorise, ne demander que des indemnisations pour les frais de la guerre.«

31 *ohne und gegen Preußen:* Dazu Wilhelm Mommsen »Die politischen Anschauungen Goethes«, Stuttgart 1948, pp. 43 sq.

die großen Interessen: Cf. Ranke »Die deutschen Mächte ...«, t. I., p. 225.
Heinitz: Friedrich Anton Freiherr von H. (1725 bis 1802), preußischer Staatsminister. Gebürtiger Sachse, studierte das Berg- und Hüttenwesen. Plan zur Errichtung der Freiberger Bergakademie. Reisen nach Schweden, Frankreich und England. 1777 Chef des preuß. Bergwerks- und Hüttendepartements. Förderung der Industrie (Eisen, Steinkohle) in Schlesien und der Grafschaft Mark. 1783 auch Leiter der Manufaktur- und Kommerzdepartements. Als Gegner der Steuerregie und eines schroffen Merkantilismus aus diesem Departement wieder abberufen. Lehrer des Freiherrn vom Stein, unter F. W. II. auch Salz- und Münzdepartement sowie Provinzialminister für Westfalen und Neuchâtel.
Da drängten sich Teutoniens Fürsten: Aus einem Gedicht des herzoglich-württembergischen Hohenasperg-Opfers und Lyrikers Christian Friedrich Daniel Schubart (1739 bis 1791), abgedruckt in »C. F. D. Schubarts sämtliche Gedichte«, t. II., Stuttgart 1839, p. 328.
gewaltiger zu werden: In den »Considérations sur l'état politique de l'Europe« von 1782, in der Original-Ausgabe der Politischen Testamente, Berlin 1920, p. 246.
Europa hätte zittern machen können: 16 Tage nach der Schlacht bei Leuthen und einen Tag nach der Eroberung von Breslau, am 21. Dezember 1757, soll Friedrich aus Lissa einen Brief an Maria Theresia gerichtet haben, der in dem heute sehr seltenen t. III. der »Oeuvres diverses du philosophe de Sans-Souci«, 1761, (p. 131) gedruckt wurde. Sowohl Preuss (im Ergänzungsband der »Oeuvres«, Berlin 1857, pp. 157 sq.) wie die Herausgeber der PC. (t. XVI., p. 125[1]) betrachten den Brief als Fälschung. Trotzdem wurde der angebliche Friedrich-Brief im Sammelband »Der König ...«, ed. Gustav Mendelssohn Bartholdy, Ebenhausen 1912, p. 328, nochmals auf deutsch reproduziert, ebenso noch 1952 bei Ludwig Reiners.
32 *Als Grundgesetz:* Im ersten Entwurf zum Avant-Propos der »Histoire de mon temps«, der bereits aus dem Jahr 1743 stammt und zum erstenmal von Hans Droysen im Programm des Königstädt'schen Gymnasiums zu Berlin von 1905 (pp. 27 sqq.) veröffentlicht und dann in die deutsche Ausgabe der »Werke«, t. II., p. 2, übernommen wurde.
ist bestimmt für das Wohl: In etwas anderer Übersetzung cf. Ernst Pfeiffer »Die Revuereisen Friedrich des Großen ...« (Berlin 1904, reprint Vaduz 1965), p. 185.
neue Eroberungen: Schon in der Erstfassung des Antimachiavell »Réfutation du Prince de Machiavel«, Oe 8, 171: »Les nouvelles conquêtes d'un souverain ne rendent pas les États qu'il possédait déjà plus opulents ni plus riches, ses peuples n'en profitent point, et il s'abuse s'il s'imagine qu'il en deviendra plus heureux.« Deutsch in »Werke ...«, t. VII., p. 11.
Soldat und oberster Kriegsherr: Entsprechende Äußerungen des Königs finden sich im Politischen Testament von 1752, Original op. cit., pp. 78 und 80. Deutscher Text in »Werke ...«, t. VII., pp. 165 und 167.
33 *der Glanz, die Dauer, die Macht:* Ernst Moritz Arndt, op. cit.,

p. 318. Die Stelle beginnt: »Ganz offen ist er (Friedrich II.) darin über seinen höchsten Zweck. Dieser war nicht die Ewigkeit und der Glanz des teutschen Namens, nicht das Ideal eines glücklichen und tapfern Staats, sondern . . .«

Bricht ein Krieg aus: Testament von 1768, op. cit., p. 122: »Or, si la guerre se fait, il faut d'abord se rendre maître de la Saxe. On en peut tirer en argent et vivres 5 millions d'écus . . .« Deutscher Text in: Friedrich der Große, »Die Politischen Testamente«, ed. Volz, Berlin 1922, p. 131.

Graf Mirabeau: Gabriel-Honoré Riqueti, Comte de M. (1749 bis 1791), französischer Staatsmann und Revolutionär. Glänzender Schriftsteller und Redner. Sein Vater ließ ihn wegen seiner Ausschweifungen einkerkern, zum zweitenmal, nachdem der Sohn das Vermögen seiner Frau durchgebracht hatte. 1774, nach dem »Essai sur le despotisme«, dritte Haft. Ging mit der Frau des Festungskommandanten nach Holland durch. In Frankreich daher 1777 wegen Raubes und Entführung in absentia zum Tode verurteilt, bald verhaftet und in Vincennes inhaftiert. Dezember 1780 Aufhebung des Todesurteils, Entlassung. Reisen nach Berlin, zweimal von Friedrich empfangen. Werk über die preußische Monarchie, aber auch Klatschbuch »Histoire secrète de la cour de Prusse«. 1789 Abgeordneter des Dritten Standes für Aix und Marseille. 5 Bände Reden in der Nationalversammlung. Verlangte (und erwirkte) die Immunität für Abgeordnete, Mitarbeiter an der Erklärung der Menschen- und Bürgerrechte sowie der Zivilverfassung des Klerus. Suchte Nation und Königtum in einer starken konstitutionellen Monarchie zu versöhnen. Geheimer Ratgeber des Königs. Starb als Präsident der Nationalversammlung. Zuerst im Panthéon, dann als Verräter auf einem Vorstadtfriedhof beigesetzt.

künstliche Schöpfung: Treitschke, op. cit., t. I., p. 31.

die lange blutige Arbeit: Treitschke, op. cit., t. I., p. 33.

34 *Duldung, Gerechtigkeit:* Schlosser, op. cit., t. II., p. 271: »Alles was Friedrich für Aufklärung, Duldung, Gerechtigkeit, Gleichheit vor dem Gesetz that, ward nur durch die an sich für seinen kleinen Staat ganz unnatürliche Stärke des Heeres möglich.«

Gleich aus dem ersten Kampfe: Ranke »Zwölf Bücher Preußischer Geschichte«, Bd. 5 (SW. 29), Leipzig 1879, 2. A., p. 4.

Ohne Friedrichs Preußen: Ludwig Reiners »Friedrich«, München 1952, p. 345: »Bis Friedrich kam, war die Mitte Europas machtpolitisch leer; sie besaß nicht die Kraft sicherer Selbstbehauptung: durch Preußens Aufstieg bekam sie Gehalt und Sicherheit. Ob ein Deutschland ohne preußische Führung Europa vor Asien geschützt, ob nicht Friedrich trotz seines rein preußischen Lokalpatriotismus in Wahrheit für Deutschland, ja für Europa gekämpft hat: niemand vermag das zu sagen.«

als unseren Herrn Jesum Christum: Brief Kaiser Wilhelms I. an Papst Pius IX. vom 3. September 1873: »Der evangelische Glaube, zu dem Ich Mich, wie Eurer Heiligkeit bekannt sein muß, gleich Meinen Vorfahren und mit der Mehrheit Meiner Unterthanen bekenne, gestattet uns nicht, in dem Verhältniß zu Gott einen andern Vermittler als unseren Herrn Jesum Christum anzunehmen.« (Abgedruckt in: »Actenstücke betreffend den preußischen Culturkampf ...«, ed. Nikolaus Siegfried, Freiburg 1882, p. 199.)

35 *Schicksale von Völkern und Staaten:* Der Schweizer Kulturhistoriker Jacob Burckhardt (1818 bis 1897), wie Schlosser davon überzeugt, daß die »Macht an sich böse« sei, schrieb die zitierte Stelle in seinen »Weltgeschichtlichen Betrachtungen« (Ullstein-Taschenbuchausgabe, p. 173).

selbstverständlich ist Friedrich: Äußerung des Ranke-Schülers und Schnabel-Lehrers Hermann Oncken (1869 bis 1945) zu Werner Hegemann, abgedruckt in dessen »Fridericus«, 4. A., Hellerau 1926, p. 663.

2. KAPITEL

36 *Sein Ruhm:* »La gloire, l'intérêt, voilà son Dieu, sa loi, / Il pense en philosophe, et se conduit en Roi.« Distichon von Jean-Jacques Rousseau (1712 bis 1778), der die zweite Zeile in seinen »Confessions« zitierte, die erste ergänzte der maßgebende Biograph Musset-Pathay. (Hierzu cf. »Confessions«, ed. Jacques Voisine, Paris 1964, p. 699, u. p. 700[1].)

Ich habe wie ein Benediktiner: Brief Friedrichs an d'Alembert vom 17. Mai 1770, abgedruckt in »Hinterlassene Werke Friedrichs II. ...«, deutsche Übersetzung, t. XI. Berlin 1789, p. 60.

Ich gehöre nicht mir selbst: Maria Theresia schrieb (zitiert nach Henry Vallotton »Maria Theresia«, Hamburg 1968, p. 292): »Eine Wahrheit steht mir ständig vor Augen: ich gehöre nicht mir selbst, ich gehöre meinen Völkern ...«

ich diene dem Staat: Brief des Königs an George Keith, Lordmarschall von Schottland (1686 bis 1778), vom 23. Oktober 1753: »Je sers l'État avec toute la capacité et toute l'intégrité que la nature m'a departies; quoique mes talents soient faibles, je n'en suis pas moins quitte envers l'État, car on ne saurait donner plus qu'on a soi-même, et d'ailleurs c'est une des choses attachées au caractère de personne publique que de servir de plastron à la critique, à la satire, souvent même à la calomnie.« (Abgedruckt in PC. X., 135.)

eine alte Wahrheit: Friedrich in seiner kurzen Schrift von 1770 »Examen de l'Essai sur les Préjugés«, Oe. 9, 139.

le premier domestique: Ausdruck des Kronprinzen aus dem »Antimachiavell«, später stets durch »serviteur« oder »magistrat« wiedergegeben. Schon Voltaire änderte für eine zweite Ausgabe des »Antimachiavell« den Ausdruck »domestique« und schrieb »magistrat«. Die Stelle »premier domestique« cf. Oe. 8, 66. In den »Mémoires pour servir à l'histoire de la Maison de Brandebourg« schrieb Friedrich »premier serviteur et premier magistrat de l'État«: Oe, 1 123; im Testament von 1752 »Le premier serviteur de l'État«: »Die Politischen Testamente ...«, ed. Volz, Berlin 1920, p. 38; im »Essai sur les formes de gouvernement ...« von 1776 »premier serviteur de l'État«: Oe. 9, 197. Ähnliche Stellen in Briefen: Oe. 27 (3), 279, u. 24, 109.

Finanzminister und Feldmarschall: »Je suis Financier et Feldmarchall du Roy de Prusse, et cela soutiendra le Roy de Prusse.« Zitiert von J. G. Droysen in »Geschichte der Preußischen Politik«, IV.–2, p. 22.

37 *eine Marquise de Pompadour:* Äußerung des Königs, nicht ganz dem Wortlaut entsprechend bei Dieudonné Thiébault »Friedrich der Große und sein Hof«, deutsche Bearbeitung: Heinrich Conrad, t. I., 6. A., p. 133, Stuttgart o. J. Thiébault war von 1765 bis 1784 Literaturprofessor an der Adelsakademie (Académie des Nobles) in Berlin und wurde in Ungnaden entlassen. Reinhold Koser bemerkt: »Seine Erinnerungen bedürfen überall der Kontrolle.« (op. cit., t. IV., p. 138.) Die erste Auflage der französischen Memoiren erschien 1804 in Paris. Jeanne Antoinette Poisson, Marquise de P. (1721 bis 1764), wurde 1745 die Mätresse Ludwigs XV. Lenkte den König später durch Einrichtung des »Hirschparks« und nahm Einfluß auf die Politik. Trug auch wegen der Sottisen Friedrichs II. entscheidend zum Bündnis mit Österreich bei. Unterstützte gegen die bigotte kgl. Familie die Jansenisten statt der Jesuiten, förderte Kunst, Literatur und Philosophie. Ihre Günstlinge Kardinal de Bernis und Duc de Choiseul wurden leitende Minister, durch ihren Einfluß auf den König verlor der preußenfreundliche Marschall von Richelieu dessen Gunst.
denken, leben und sterben: Brief an Voltaire vom 9. Oktober 1757, Oe. 23, 15.

38 *der Schöngeist:* Äußerung Hans Delbrücks in seinen Vorlesungen über »Weltgeschichte«, t. III., p. 673, Berlin 1926: »Bei Napoleon ist Alles ungeheure und unerbittliche Notwendigkeit, bei Friedrich freier, aber ebenso unerbittlicher Entschluß. Er hat dabei nicht die Unerschütterlichkeit Napoleons; er ist ja der Schöngeist, der nur durch Willensentschluß zum Helden geworden ist.«
durch einige kühne und glückliche Unternehmungen: Brief des Königs an seinen Vorleser und Freund Karl Stephan Jordan (1700 bis 1745), aus einer Berliner Hugenottenfamilie, zunächst Pfarrer in der Uckermark, auf Reisen durch Europa mit Voltaire und Fontenelle, mit Pope und s'Gravesande bekannt geworden, 1736 vom Kronprinzen nach Rheinsberg berufen, Brief vom 30. November 1740, Oe. 17, 73.
Oui, mon cher comtchen: Äußerung des Kronprinzen aus dem Jahre 1734 zum Grafen Alexander Wartensleben. Vollständig und deutsch bei Koser, op. cit., t. I., p. 151: »Ja mein liebes Gräflein, ich werde eines Tages viel Arbeit haben, aber ich hoffe, damit fertig zu werden, und es soll doch eine Lust sein, ganz allein in Preußen König zu sein.«
Die letzte große Scißion: Ernst Moritz Arndt in »Geist der Zeit« (1806), t. I., p. 208: »Nun beginnt die letzte große Scißion teutscher Nation, die unheilbare, die vielleicht mit dem Volke endigen wird.«
Eine solche Kleinigkeit: Brief vom 28. Oktober 1740 an Algarotti: »Une bagatelle comme est la mort de l'Empereur ne demande pas de grands mouvements.« (Oe. 18, 20.)
Lange fertig im Kopf: An der gleichen Stelle fährt Friedrich fort: »Tout était prévu, tout était arrangé. Ainsi il ne s'agit que d'exécuter des desseins que j'ai roulés depuis longtemps dans ma tête.«
Mein lieber Herr Jordan: Brief an Jordan vom 14. Januar 1741; cf. Oe. 17, 84.

ich schreibe jetzt: Brief an Jordan, aus dem Jahre 1740, cf. Oe 17, 66. »Von diesem Kaliber« = »de cette espèce«.

39 *Meine Jugend:* Brief an Jordan vom 4. März 1741. Oe. 17, 91: »Mon âge, le feu des passions, le désir de la gloire, la curiosité même, pour ne te rien cacher, enfin, un instinct secret, m'ont arraché à la douceur du repos que je goûtais, et la satisfaction de voir mon nom dans les gazettes et ensuite dans l'histoire m'a séduit.«

Besitz schlagfertiger Truppen: Deutsch »Geschichte meiner Zeit« in »Werke ...«, t. II., p. 5: »Außerdem war ich im Besitz schlagfertiger Truppen, eines gut gefüllten Staatsschatzes und von lebhaftem Temperament: das waren die Gründe, die mich zum Kriege mit Theresa von Österreich, Königin von Böhmen und Ungarn, bewogen.« Der Text entstammt dem 1742/43 entworfenen ersten Konzept seines Werkes, das nur wenige Seiten, jedoch ein Vorwort von grundsätzlicher Bedeutung umfaßt.

unbestreitbare Ansprüche: In der deutschen Ausgabe »Hinterlassene Werke Friedrichs II. ...«, t. I., Berlin 1788, p. 91: »Augenblicklich entschloß er sich, die Fürstenthümer Schlesiens, auf welche sein Haus unbestreitbare Rechte hatte, zurückzufordern, und zugleich setzte er sich in Stand, diese Ansprüche, wenn es sein müßte, durch das Mittel der Waffen zu unterstützen.«

schlimmster Schurke des Universums: Brief an seine Schwester Wilhelmine vom 12. April 1753: »Il s'est comporté ici comme le plus grand scélérat de l'univers.« (Oe. 27 [1], 226.)

Verbrecher, der aufs Rad gehört: Im gleichen Brief an Wilhelmine heißt es: »On roue bien des coupables qui ne le méritent pas autant que lui.« (p. 227.)

Göttlicher Voltaire: Brief an d'Alembert vom 22. Juni 1780, Oe. 25, 155: »je lui fais tous les matins ma prière, je lui dis: Divin Voltaire, *ora pro nobis!*«

unerträgliche Unverschämtheiten: Brief an Voltaire vom 10. Juni 1759: »Comprenez qu'il y a des libertés permises et des impertinences intolérables ...« (Oe. 23, 50 sq.)

ich hasse alle Helden: Abgedruckt in Voltaire »Ouevres complètes«, Paris 1785, t. XIV., p. 282. Der von Voltaire erwähnte Lentulus, Rupert Scipio Freiherr von (1714 bis 1787), war Schweizer, Flügeladjutant des Königs und später Generalleutnant, sein Vater österreichischer Feldmarschall. Im Zorn über den Fall von Prag 1744 hatte der junge Offizier, damals noch in österreichischen Diensten, seinen Degen lieber zerbrochen, als den Preußen ausgeliefert. Der König zog den jungen Kriegsgefangenen auf seine Seite, nach dem Frieden von Dresden 1745 trat Lentulus in preußische Dienste und zeichnete sich im Siebenjährigen Krieg bei Leuthen, Zorndorf und Reichenbach aus.

40 *Sie haben das Vorrecht:* Brief vom 16. Februar 1774 an Voltaire, Oe. 23, 274.

Hätten die Schlüssel: Brief an d'Alembert vom 22. Juni 1780, Oe. 25, 154.

Niemand hat die Philosophie: Zitiert nach Reinhold Koser, op. cit., t. III., p. 461.

Sie sind ein Philosoph: Brief an Voltaire vom 23. August 1750, Original Oe. 22, 255.

Die Politik hat ausgeplant: Brief Voltaires aus Brüssel vom 28. Januar 1741, im Brief ein Gedicht »M. de Keyserlingk et un questionneur«, daraus die Verse: »Sa politique imagina / Un projet belliqueux et sage / Que personne ne devina. / L'activité le prépara, / et la gaieté fut du voyage.« (Oe. 22, 61.)
Schwerin: Kurt Christoph Graf von Schw. (1684 bis 1757), preußischer Generalfeldmarschall, hat als Leutnant unter Marlborough und Prinz Eugen bei Höchstädt (1704) mitgekämpft, nach holländischen und mecklenburgischen Diensten seit 1720 im preußischen Heer. Von Friedrich 1740 mit Spitze gegen den Alten Dessauer zum Feldmarschall und Grafen erhoben, siegte 1741 bei Mollwitz, 1742 dienstenthoben, leitete 1744 den Rückzug aus

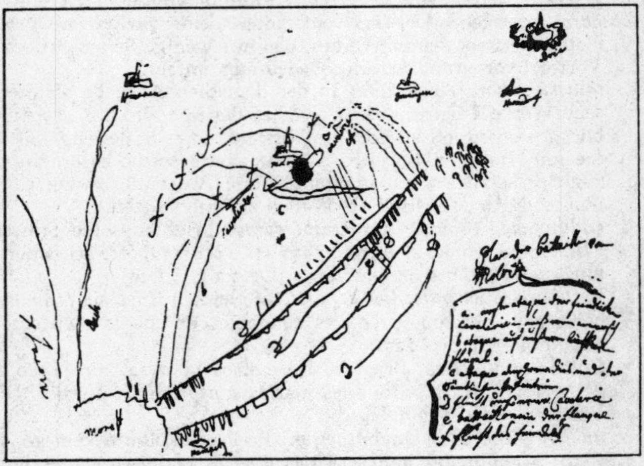

Skizze Friedrichs: Plan der Schlacht von Mollwitz

Böhmen, zog sich aber nach einem Streit mit Leopold Maximilian, dem Sohn des Alten Dessauers, auf seine Güter zurück. 1756 ranghöchster Heerführer in Böhmen, bei Prag 1757 gefallen. Galt als Kavalier einer ritterlichen Kriegführung und als Lebemann.
Ein Überläufer zeigt uns die Gefahr: »Épître sur le Hasard à ma soeur Amélie«, Oe. 12, 57–69, darin p. 66: »Un transfuge arrivé découvrit le mystère; / On se prépare, on marche, on joint son adversaire; / La victoire pour nous décida des combats.«
41 *Frohen Sinn:* Das Abhandenkommen beklagt Friedrich am 28. Mai 1759 in einem Brief an den Marquis d'Argens, Oe. 19, 74: »Vous verriez un vieillard grisonnant, privé de la moitié de ses dents, sans gaieté, sans feu, sans imagination . . .«
Du Nebenbuhlerin Athens: Voltaire WW. XII., Paris 1785, p. 434.
Er sündigt nur dadurch: Am 29. Juli 1762 hatte Friedrich an George Keith geschrieben: »Donnons, mon cher mylord, asile au malheureux.« Im nächsten Brief, vom 1. September 1762, schrieb der König: »Je vois que nous pensons de même; il faut soulager

ce pauvre malheureux, qui ne pèche que par avoir des opinions singulières, mais qu'il croit bonnes.« Im gleichen Brief: »J'avoue que mes idées sont aussi différentes des siennes qu'est le fini de l'infini; il ne me persuaderait jamais à brouter l'herbe et à marcher à quatre pattes.« (Oe. 20, 288 sq.)
Durch seine Grundsätze: In seinen »Convessions«, ed. cit., p. 699, schrieb Rousseau: »Cet amour inné de la justice, qui dévora toujours mon coeur, joint à mon penchant secret pour la France, m'avait inspiré de l'aversion pour le Roi de Prusse qui me paraissait, par ses maximes et par sa conduite, fouler aux pieds tout respect pour la loi naturelle et pour tous les devoirs humains.«
zum Studium des französischen Ausdrucks: Brief an Algarotti vom 12. September 1749: »Il a les gentillesses et les malices d'un singe ... cependant je ne ferai semblant de rien, car j'en ai besoin pour l'étude de l'élocution française. On peut apprendre de bonnes choses d'un scélérat.« (Oe. 18, 66.)
Ich will, daß mein Gedicht: Diese Begründung gegenüber seinem Vorleser Henri de Catt bezieht sich auf die oben zitierte »Épître sur le Hasard à ma soeur Amélie«. Mitgeteilt in »Unterhaltungen mit Friedrich dem Großen – Memoiren und Tagebücher von Heinrich de Catt«, ed. Koser, Leipzig 1884, p. 289: »... je veux qu'elle soit à l'abri des critiques des d'Olivet présens et futurs.« Der ehemalige Jesuit Pierre Joseph Thoulier d'Olivet (1682 bis 1768), französischer Grammatiker und Literaturkritiker, galt im 18. Jahrhundert wie Boileau im 17. als Schiedsrichter über französische Sprache und Literatur.
Luc bleibt immer Luc: Brief Voltaires vom 24. November 1759 an Madame de Fontaine »Oeuvres complètes – Correspondance«, t. VIII., Paris 1880, p. 240: »Luc est toujours Luc, très-embarrassé et n'embarrassant pas moins les autres; étonnant l'Europe, l'appauvrissant, l'ensanglantant, et faisant des vers ...«
bald beißend, bald gebissen: Der Ausdruck »Luc, tantôt mordant, tantôt mordu« stammt aus Voltaires Briefwechsel und wird von G. B. Volz in seinem Aufsatz »Friedrich der Große und seine sittlichen Ankläger« in »Forschungen zur Brandenburgischen und Preußischen Geschichte«, 41. Band, München/Berlin 1928, p. 14, zitiert.
42 *da ich nicht trinken mag:* Zitiert nach Gerhard Ritter »Friedrich der Große«, Heidelberg 1954, 2. A., p. 138.
Kann ich mich nicht an diesem ... Abend: In »Unterhaltungen mit Friedrich dem Großen«, ed. cit., p. 154: »puis-je pas ce soir comme un autre m'occuper de vers et me distraire, en en faisant peut-être d'assez mauvais? j'ai été toute la journée à l'affaire capitale, que j'ai tournée de toutes les façons, mon plan est fait, mon parti est pris ...«
In einer Krise wie dieser: Brief an Algarotti vom 20. März 1742, Oe. 17, 36.
Der Patriarch: Äußerung zu de Catt im Winterquartier zu Freiberg Anfang 1760, op. cit., p. 293.
Sagen Sie mir bitte: Brief vom 19. Februar 1760 an d'Argens: »Dites-moi, je vous prie, si vous trouvez que mes vers se ressentent de l'étude que j'ai faite de Racine. Je voudrais le savoir par curiosité, car je me le persuade peut-être sans raison.« Jean

Baptiste Racine (1639 bis 1699) gilt neben Corneille als größter Dramatiker des französischen Klassizismus.
Kein schönerer Anblick auf der Welt: In Oe. 12, 71. Die wilhelminische Übersetzung in »Werke ...«, t. X., p. 148. Einen Tag nach Roßbach, am 6. November 1757, schrieb Friedrich ein Spottgedicht »Congé de l'Armée des Cercles et des Tanneliers«, »Abschied für die Armee der Reifen und Böttcher«, in dem er die Franzosen als Böttcher oder Küfer ansprach, die aus den »Reichskreisen« (oder Reifen) der Reichsarmee das Faß eines schlagkräftigen Heeres hätten zusammenklopfen wollen. Darin die Verse: »O fortune inconstante et folle!/Tu veux qe dans tous les climats / D'un cul le mouvement frivole / Décide du sort des États ...«.

43 *Für die Franzosen:* Brief Voltaires an M. Thieriot vom 20. November 1757, in »Oeuvres complètes – Correspondance«, t. VII, Paris 1880, p. 303.
Herrn von Soubise: Charles de Rohan, Prince de Soubise (1715 bis 1787), Marschall von Frankreich, Freund Ludwigs XV., Günstling der Pompadour, verlor die Schlacht bei Roßbach (5. November 1757) gegen Friedrich II., eroberte zusammen mit Marschall de Broglie 1758 Hessen, dafür 1759 Marschall. Operierte dann wieder erfolglos gegen Ferdinand von Braunschweig. Seit 1759 bis zu seinem Tode Minister.
Der Schwächling auf dem Thron: Aus der am 6. April 1758 geschriebenen und am 28. Februar 1759 korrigierten »Ode au Prince Ferdinand ...« (Oe. 12, 8–14.) Auf p. 13: »Quoi! votre faible monarque, / Jouet de la Pompadour / Flétri par plus d'une marque / Des chaînes d'un vil amour, / Lui que, détestant les peines, / Au hasard remet les rênes / De son royaume aux abois, / Cet esclave parle en maître, / Ce Céladon sous un hêtre / Croit dicter le sort des rois!« Voltaire teilte den Text der ihm am 2. März 1759 übersandten Ode dem leitenden Minister und Pompadour-Günstling Herzog von Choiseul mit, der dem Schriftsteller Palissot den Auftrag erteilte, für eine Entgegnung – die nur für den Fall geplant war, daß die »Ode« des preußischen Königs veröffentlicht würde – ein Schmähgedicht auf Friedrich II. zu verfassen. In diesem Gedicht heißt es: »Peux-tu condamner la tendresse, / Toi, qui n'en as connu l'ivresse / Que dans les bras de tes tambours?« Zum ganzen cf. Volz »Friedrich der Große und seine sittlichen Ankläger«, in op. cit., pp 16 sq.
Er versandte Gedichte: Bismarck »Gedanken und Erinnerungen«, Stuttgart/Berlin o. J., o. 671.

44 *ein filosofies lehben führen:* Äußerung Friedrich Wilhelms I., zitiert nach Reiners, op. cit., p. 26: »Denn ich in dieser weldt nits Nutze bin und mir über alles ergerdt; als denn ich ein filosofies lehben führen will.«
ich wage zu vermuten: Brief des Königs vom 18. Dezember 1772 an d'Alembert nach der deutschen Ausgabe »Hinterlassene Werke Friedrichs II. ...«, Berlin 1789, t. XI., p. 83: »Ich wage es also, in diesem Systeme des unvermeidlichen Verhängnisses irgend einen Widerspruch zu vermuthen; denn nimmt man es in aller Strenge an, so muß man die Gesetze, Erziehung, Strafen, und Belohnungen für überflüssig und unnütz halten.«

Nicht darfst Du Gottes Weisheit: Wenige Jahre vor seinem Tode schrieb der König das Gedicht: »Vers sur l'existence de Dieux ...« (Oe. 14, 18–20). Auf Seite 19: »Loin d'accuser la divine sagesse, / De ton esprit reconnais la faiblesse.«

45 *Alles, selbst das Wachstum:* Deutscher Text nach Friedrichs Schrift »Über die deutsche Literatur« (1780), »Werke . . .«, t. VIII, p. 90.

einzig auf die Freiheit: in einem Brief an den Berliner Buchhändler, Verleger, Aufklärer und Schriftsteller Friedrich Nicolai vom 25. August 1769. Der Satz beginnt: »Sie reduciert sich einzig und allein . . .« (Abgedruckt in der Quellensammlung »Friedrich der Große im Spiegel seiner Zeit«, ed. Volz, t. III., Berlin o. J., p. 20.)

verwirklichter Voltaire: Äußerung Carlyles nach Hegemann, op. cit., 4. A., p. 305. Hierzu Carlyle in »Geschichte Fr. II. von Preußen . . .«, t. II., Berlin 1859, p. 594: »›Voltaire war die geistige Ergänzung Friedrichs‹, sagt Sauerteig einmal; ›das Wenige, was an Nachhaltigem ihr armes Jahrhundert hervorbrachte, liegt hauptsächlich in diesen Zweien. Ein sehr schlafwandelndes Jahrhundert! Aber das, was es that, müssen wir Friedrich, das Wenige, was es dachte, Voltaire nennen. Andere der Rede werthe Frucht von demselben besitzen wir heute nicht. Voltaire, und was auf den Voltaire'schen Glauben ehrlich geleistet werden kann, verwirklichter Voltaireanismus – bekenne es, Leser, nicht in allzu triumphirender Laune –, ist das nicht so ziemlich das reine geschichtliche Facit des achtzehnten Jahrhunderts?‹« Sauerteig ist wie auch Smelfungus eine Erfindung Carlyles, dem er zuweilen eigene Meinungen in den Mund legt. Der puritanische Heldenverehrer Thomas Carlyle (1795 bis 1881), Amateurhistoriker und bedeutender Schriftsteller, studierte Theologie, Jura, Mathematik sowie deutsche Sprache und Literatur, übersetzte »Wilhelm Meisters Lehrjahre«, schrieb ein »Leben Fr. Schillers«, eine Geschichte der Französischen Revolution, die Tirade »Über Helden und Heldenverehrung«, gab die Briefe und Reden Cromwells heraus und verfaßte eine sechsbändige Biographie Friedrichs II.

solch einem Mann nicht kongenial: Cf. Nancy Mitford »Tam and Fritz: Carlyle and Frederick the Great«, in »History Today«, London, vol. XVIII., number 1, January 1968, p. 3: »For this civilized, un-Barbarrossa-like, side of Frederick he blamed, and rightly, the age in which he lived: ›the life-element, the epoch, though Friederich took it kindly and never complained, was ungenial tu such a man.‹«

46 *Schöngeister:* Bismarck, op. cit., p. 671: »Im Gegensatz zu seinem Vater hatte Friedrich II. unter dem Einfluß der veränderten Zeiten und seines Verkehrs mit ausländischen Schöngeistern ein Beifallsbedürfnis, das sich früh im kleinen verriet.«

Eine Krone ist ein Hut: Zitiert nach Edith Simon »Friedrich der Große – Das Werden eines Königs«, Tübingen 1963, p. 195.

Ich habe in den Bergen: Brief an Voltaire vom 24. Oktober 1773, Oe. 23, 260: »J'ai fait faire des grands chemins dans les montagnes pour la facilité du commerce . . .«

Friedrich hat: In Preuss »Friedrich der Große . . . «, t. III., Berlin 1833, p. 68: »Merkwürdig bleibt es, daß Friedrich . . . keine einzige

Meile Kunststraße gebaut hat. Denn wenn er auch an Voltaire, den 11. Oktober (Datum später korr.) schreibt ...; so darf man darunter höchstens die eine oder die andere gewöhnliche Landstraße verstehen ...«

Das würde die drei: Brief an den Prinzen Heinrich vom 9. April 1772, Oe. 26, 356: »... et cela, mon cher frère, réunira les trois religions grecque, catholique, et calviniste; car nous communierons du même corps eucharistique, qui est la Pologne, et si ce n'est pas pour le bien de nos âmes, cela sera sûrement un grand objet pour le bien de nos États.«

Ein Fürst: deutsch in »Denkwürdigkeiten zur Geschichte des Hauses Brandenburg«, in »Werke ...«, ed. Volz, t. I., Berlin 1913, p. 23.

47 *der Dichter, der Redner:* Der französische Gesandte in Berlin, Marquis de Valory, verfaßte 1753 für seinen Minister »Observations sur le caractère du roi de Prusse«, deren zitierte Stelle auf deutsch in »Friedrich der Große im Spiegel ...«, t. I., p. 260, wiedergegeben ist. Der Satz beginnt mit den Worten: »Er jagt einem Rufe der Vielseitigkeit nach: ...«

Der Kronprinz tut sich: Brief des Kammerdirektors Hille an den General von Grumbkow vom 8. Februar 1732, abgedruckt in op. cit., t. I., p. 52.

Dieser Narrenstreich: Brief an dem Marquis de Valory vom 27. März 1750: »Cette folie, vous le savez, n'a été que l'emploi de mon loisir, l'amusement d'un carnaval, et une espèce de défi que je me suis fait à moi-même ...« (Oe. 17, 313.)

Ich wage zu versichern: Gegen Schluß des Artikels »Prusse« in der »Encyclopédie ...«, t. XIII., Neufchastel (= Neuchâtel) 1765, p. 533, heißt es: »J'ose assurer que si le monarque qui les écrivoit à plus de trois cens lieues de la France, s'étoit promené un an ou deux dans le fauxbourg saint Honoré, ou dans le fauxbourg saint Germain, il feroit un des premiers poètes de notre nation. Il ne falloit que le souffle le plus léger d'un homme de goût pour en chasser quelques grains de la poussière des sables de Berlin.«

Schwan der Sachsen: Das unter dem Namen »Au Sieur Gellert« bekannte Gedicht des Königs vom 16. Oktober 1757 war in Wahrheit nicht an den sächsischen Fabeldichter und Lyriker Christian Fürchtegott Gellert (1715 bis 1769), sondern an den Leipziger Literaturprofessor und Geschmacksrichter Johann Christoph Gottsched (1700 bis 1766) gerichtet (hierzu Herausgeber Preuss in Oe. 12, 82a.) In diesem Gedicht (p. 83): »cygne des Saxons«.

48 *über den Sprung von ihrem Wagen:* Das Gedicht des Königs stammt aus dem Jahr 1773 und trägt den Titel »Épître à Mademoiselle de Knesebeck, sur le saut qu'elle fit de son carrosse lorsque ses chevaux prirent le mors aux dents«, abgedruckt in Oe. 13, 114–119.

und in dieser Notlage: Brief an Voltaire vom 16. Mai 1749, nach dem deutschen Text in »Die Briefe ...«, ed. Hein. t. I., Berlin 1914, p. 271.

nordischen Don Quijote: Ausdruck des Königs über sich selbst laut Henri de Catt, erwähnt in der deutschen Übersetzung von »Gespräche Friedrichs des Großen mit Henri de Catt und dem Marchese Lucchesini«, Auswahl, ed. Fritz Bischoff, Leipzig 1885,

p. 56. Der König sagte: »Sie ermessen selbst die Notwendigkeit, Voltaire zu dem Geständnis zu bringen, daß sich der nordische Don Quijote (diesen Ausdruck gebrauchte der König d. C.) in der Dichtkunst nicht vernachlässigt hat ...«

Karl XII. liebte: In Friedrichs »Denkwürdigkeiten ...«, deutscher Text in »Werke ...«, t. I., p. 107: »Peter war mehr für List als für Kühnheit, August mehr für Vergnügen als für Arbeit; Karl liebte den Ruhm mehr als den Besitz der ganzen Welt.«

In allen Büchern: In »Betrachtungen über die militärischen Talente und den Charakter Karls XII.«, deutscher Text nach »Werke ...«, t. VI., p. 380.

Hanswurst im Furchtbaren: Äußerung vom 17. September 1783 zu Marchese Lucchesini, in op. cit., p. 276.

Feldmarschall Daun: Leopold Joseph Maria Graf von D. (1705 bis 1766), wurde 1718 Offizier und kämpfte unter Prinz Eugen gegen die Türken; später am Rhein und in Italien. 1742 vertrieb er die Franzosen aus Böhmen und schlug sie 1744 bei Ludwigsburg. Bei Chotusitz, Hohenfriedberg und Soor kämpfte er im österreichischen Heer gegen Friedrich II., übernahm aber erst nach Leuthen das Oberkommando, nachdem er seit 1748 das Heer reorganisiert hatte. Daun siegte bei Kolin, Breslau, Hochkirch und Maxen, verschuldete durch sein Zaudern die Niederlage Laudons bei Liegnitz, wurde bei Torgau verwundet und nicht zuletzt deshalb gescnlagen.

49 *göttliche Eselei:* Brief an Prinz Ferdinand vom 5. September 1759: »Ma tâche est très-difficile, et, à moins de quelque miracle, ou de la divine ânerie de mes ennemis, il sera impossible de bien finir la campagne.« (Oe. 36, 543 sq.)

Noch ein Fehlschlag: Brief des Königs vom 15. Januar 1760 an den Marquis d'Argens, im Original Oe. 19, 119: »Cela étant, ma situation demeure la même; encore un revers, et ce sera le coup de grâce.«

Wenn es als ehrlicher Mann: Brief an Podewils vom 12. Mai 1741: »S'il y a à gagner à être honnête homme, nous le serons, et s'il faut duper, soyons donc fourbes.« (PC. I. 245.) Der Brief wurde von den Österreichern abgefangen und von Graf Neipperg nach Wien geschickt. (Hierzu Ritter von Arneth »Geschichte Maria Theresias«, t. I., Wien 1863, pp. 348 sq. u. 415.)

Georg II. (1683 bis 1760), König von Großbritannien und Irland, Kurfürst von Hannover, regierte von 1727 bis 1760 und war im Gegensatz zu seinem Enkel – aber wie sein Vater, Georg I., der als erster Fürst des Hauses Hannover 1714 auf den britischen Thron gelangte – noch ganz deutscher Reichsfürst, der zum Ärger der Briten die Interessen seiner Stammlande oft über die Englands stellte. 1743 schlug er die Franzosen bei Dettingen und bremste gemeinsam mit Maria Theresia die Hegemonialpolitik Ludwigs XV. Neue Verwicklungen mit Frankreich führten zum Westminster-Vertrag mit Preußen, dem der König, ein Onkel Friedrichs II., nur widerstrebend zustimmte. Erst im Juni 1757 berief G. William Pitt. d. Ä. endgültig zum Staatssekretär des Auswärtigen, ein Amt, das P. schon 1756/57 für wenige Monate innehatte. Während Lord Newcastle – bis November 1756 Premierminister – Juni 1757 nominell die Leitung des Ministeriums zurückerhielt, übte P. (später Earl of Chatham) die Regierungsgewalt völlig selbständig aus: Unter seiner Führung stieg Großbritannien durch den Sieg über Frankreich zur ersten Weltmacht auf.

50 *Was ungefähr ebenso ist:* Brief des Königs an George Keith vom 13. Juli 1753: »Sur quoi, le poète s'est adressé au Roi mon oncle, en lui demandant une pension de 800 livres sterling par an; c'était demander sa maîtresse à un héros de roman.« (PC. X., 14.)

Im Zustande ruhiger Überlegung: de Catt in op. cit., p. 58.

Das ist das sicherste Mittel: So bei Reiners, op. cit., p. 177. Die »Flötentöne« bei Koser, op. cit., t. II., p. 332. Koser hat den Bericht des französischen Gesandten Latouche vom 5. April 1755 an seine Regierung aus dem Pariser Archiv des Ministeriums zuerst in Preußische Jahrbücher XLVII., p. 476, mitgeteilt. Latouche vermied das »kavaliermäßige Epitheton«, das die Forscher mit »Schweinehund« interpolieren.

ein erlauchter Räuber: Schon in Friederichs Urfassung »Réfutation du Prince de Machiavel«, Oe. 8, 186 sq.: »La valeur et l'adresse se trouvent également chez les voleurs de grand chemin et chez les héros; la différence qu'il y a entre eux, c'est que le conquérant est un voleur illustre, qui frappe par la grandeur de ses actions, et qui se fait respecter par sa puissance, et que le voleur ordinaire est un faquin obscur, qu'on méprise d'autant plus qu'il est abject; l'un reçoit des lauriers pour prix de ses voiwences, l'autre est puni du dernier supplice.« Deutscher Text »Werke ...«, t. VII., p. 24.

Warum nicht gar: Ähnlich in »Geschichte des Siebenjährigen Krieges«, »Werke ...«, t. III., p. 33, Original Oe. 4, 31. Cf. auch Thomas Carlyle »Geschichte Friedrichs II. ...«, deutsche Übs., t. IV., Berlin 1866, p. 565.

Wenn ich schon mal Kaiser habe: Brief vom 19. Oktober 1762 an Madame de Camas, Oe. 18, 148: »Mais des imbéciles de commandants m'en perdent souvent d'une façon honteuse; et quand j'ai empereurs qui me veulent du bien, on me les étrangle.«

51 *dilettante in jedem Sinn:* Brief an Voltaire vom 1. Mai 1760, Oe. 23, 81: »Je suis un *dilettante* en tout genre ...« Was Friedrich darunter versteht, erläutert er im gleichen Satz: »... je puis dire mon sentiment sur les grands maîtres; je peux vous juger, et avoir mon opinion du mérite de Virgile; mais je ne suis pas fait pour le dire en public, parce que je n'ai pas atteint à la perfection de l'art.«

Podewils: Heinrich von, seit 1741 Graf von P. (1695 bis 1760), preußischer Staatsminister. Zunächst Gesandter in München, Köln, Kopenhagen und Stockholm. Seit 1730 Minister und Leiter der auswärtigen Angelegenheiten. Berater Friedrichs II. im Ersten und Zweiten Schlesischen Krieg, schloß die Friedensverträge von Breslau (1742) und Dresden (1745).

Entweder werde ich meine Macht behaupten: Brief vom 27. April 1745 an Podewils: »... mais j'ai passé le Rubicon, et ou je veux soutenir ma puissance ou je veux que tout périsse et que jusqu'au nom prussien soit enseveli avec moi.« (PC. IV., 134.)

Welcher Schiffskapitän: Im gleichen Brief, loc. cit.: »... quel capitaine de vaisseau est assez lâche, lorsqu'il se voit entouré de l'ennemi, et qu'il a fait tous les efforts pour se dégager, et ne voyant plus de secours, qu'il ne mette généreusement le feu aux poudres, pour priver ainsi l'ennemi dans son attente?« Podewils als »poule-mouillée«: PC. IV., 60.

Eichel: August Friedrich E. (1695 bis 1768), engster politischer Mitarbeiter Friedrichs II., starb als »Geheimer Etats-, Kriegs- und Kabinettsrat«. Vehse urteilte: »Eichel war unzweifelhaft in der ersten Hälfte der Regierung Friedrichs der einflußreichste Mann in Preußen.« (»Illustr. Gesch. d. preuß. Hofes«, t. I., p. 465.) In der Schlacht von Soor 1745 gefangen, einen Tag später auf Forderung des Königs wieder freigelassen.

Überhaupt aber declarirten: Schreiben Eichels vom 24. April 1745 an Podewils. PC. IV., 131.

52 *oder uns alle:* Rede des Königs kurz vor der Schlacht von Leuthen, gehalten am 3. Dezember 1757 in Parchwitz vor den Generalen und Stabsoffizieren. Abgedruckt in Oe. 27 (3), 261–264. Auf p. 262: »Ich muß diesen Schritt wagen, oder es ist alles verloren; wir müssen den Feind schlagen, oder uns alle vor seinen Batterien begraben lassen.«

Hier, mein Freund: Henri de Catt berichtet in seinen Memoiren am 14. Oktober 1758: »›Voilà, mon ami, tout ce qu'il faut pour mettre fin à la tragédie.‹ – Il ouvre la petite boîte, où étaient dix-huit pillules, que nous comptâmes. – ›Ces pillules‹, dit-il, ›sont d'opium ...‹« (In »Unterhaltungen mit Friedrich dem Großen«, ed. Koser, Leipzig 1884, p. 190.)

den Purzelbaum schlagen: Bei Henri de Catt, ed. cit., p. 432: »Cela ira encore un mois, et nous ferons la culbute.«

Das Glück ist eine Frau: Angeblicher Brief des Königs vom 18. Juni 1757 an den Lordmarschall Keith, Oe. 20, 267; von Gooch, op. cit., dt. Ausg. Göttingen 1951, p. 56, als echt zitiert. In PC. XV., 173, als Fälschung bezeichnet mit Verweis auf Schäfer (HZ. XV., 317–320) und Kutzen in »Abhandlung d. schles. Gesellsch. f. vaterländ. Kult.«, Philos.-histor. Klasse, 1866, pp. 19 bis 29.

Phaeton ist gestürzt: Brief des Prinzen Heinrich an seine Schwester Amalie nach der Schlacht von Kolin (18. Juni 1757), abgedruckt in C. V. Easum »Prinz Heinrich von Preußen«, Göttingen o. J., p. 66. Der Brief wurde von den Österreichern aufgefangen und aus den Archiven von Ritter von Arneth 1875 in seiner »Geschichte Maria Theresias« (t. V., p. 502) publiziert.

Einen Schauspieler: Brief an Wilhelmine vom 17. September 1757: »On siffle un acteur qui reste sur la scène quand il n'a plus rien à dire ... Si vous prenez la résolution que j'ai prise, nous finissons ensemble nos malheurs et notre infortune ...« (Oe. 27 (1), 305 sq.)

53 *Mein Freund:* Épître au Marquis d'Argens, gedichtet am 23. September 1757: »Ami, le sort en est jeté; / Las du destin qui m'importune, / Las de ployer dans l'infortune / sous le poids de l'adversité, / J'accourcis le terme arrêté ...« (Oe. 12, 50.)

vielleicht die letzten Verse: zitiert nach Koser, t. II., p. 526.

Ich sehe voraus: Brief an Wilhelmine aus dem September 1757: »La nécessité obligera de négocier, et je prévois que les meilleures conditions qu'on pourra obtenir de ces gens-là, seront hu-

miliantes et affreuses; mais on se tue de me dire que le salut de l'État l'exige, et je suis obligé d'en passer par là.« (Nach PC. XI., 356.)
lieber unter den Trümmern seines Thrones: In HZ. Bd. 11 (Neue Reihe) von 1882 veröffentlichte Max Posner eine Untersuchung über »Die Montesquieu-Noten Friedrichs II.«, nachdem 1879 in Paris zwei Ausgaben der »Betrachtungen über die Ursachen der Größe und des Verfalls der Römer« mit den Kommentaren und Anmerkungen Friedrichs erschienen waren. Auf p. 273 zitiert Posner die Äußerungen Montesquieus. Friedrichs Kommentar (»Das ist gut gedacht ...«) findet sich im Original bei Posner, op. cit., pp. 273 sq.
Wir sind verloren: Brief an Finckenstein vom 1. Oktober 1757: »Nous sommes abîmés mais je périrai, l'épée à la main.« (PC. XV., 395.)
Glaubt mir, wenn ich heut' Voltaire: Brief an Voltaire vom 8. Oktober 1757. Das Original cf. »Briefwechsel Friedrichs des Großen mit Voltaire«, ed. Koser/H. Droysen, Leipzig 1909 ff., t. III., pp. 27 sqq.
54 *Glauben Sie mir:* An den Comte d'Argental hatte Voltaire am 2. Dezember 1757 geschrieben: »J'ai goûté la vengeance de consoler un roi qui m'avait maltraité ...« (Zitiert nach Friedrich II., Oe. 23, 13[a].) – Brief von Voltaire aus dem September 1757: »... croyez-moi, si votre courage vous portait à cette extrémité héroïque, elle ne serait pas approuvé, vos partisans la condamneraient, et vos ennemis en triompheraient.« (Briefwechsel ...«, t. III., p. 27.)
Sie wissen: Im Oktober 1757 schrieb Voltaire dem König: »Il faut se rendre justice; vous savez dans combien de cours on s'opiniâtre à regarder votre entrée en Saxe comme une infraction du droit de gens.« (Oe. 23, 12 sq.)
Eure Majestät schreiben mir: Brief Voltaires vom 15. April 1760: »V. M. m'écrit qu'elle va se mettre à être un vaurien; voilà une belle nouvelle qu'elle m'apprend là! Et qui êtes-vous donc, vous autres maîtres de la terre?« (Oe. 23, 75.)
55 *Jetzt werde ich zufrieden:* Brief vom 5. November 1757 an seine Schwester Wilhelmine: »A présent, je descendrai en paix dans la tombe, depuis que la réputation et l'honneur de ma nation est sauvé.« (PC. XVI., 8.)
nur seinen Sarg neu vergoldet: Der britische Schriftsteller Horace Walpole (1717 bis 1797), Sohn des britischen Premierministers Sir Robert Walpole, Earl of Oxford und Führer der Whigs (1676 bis 1745), in einem Brief vom 28. August 1760 an den Staatssekretär Sir Horace Mann: »... yet it looks to me as if he was but new gilding his coffin; the undertaker Daun will, I fear, still have the burying of him!« (»The Letters of Horace Walpole«, ed. Cunningham, vol. III., Edinburgh 1906, p. 335.)
Nach einem Jahr, Arbat: Die Verse aus Racines »Mithridate« II. 3 sind im Original und mit den Änderungen des Königs wiedergegeben bei de Catt »Unterhaltungen«, ed. cit., p. 189.
Finger einer Vorsehung: Nach der deutschen Auswahl der Gespräche mit de Catt und Lucchesini, notiert unter dem 7. Juli 1760, op. cit., p. 117.

Das ist ein grausames Mißgeschick: Brief an Finckenstein vom 12. August 1759: »C'est un cruel revers ... je crois tout perdu; je ne survivrai point à la perte de ma patrie. Adieu pour jamais!« (PC. XVIII., 481.)

56 *Der General Fink Krigt:* Die »Instruction vohr den General Fink« nach dem Abdruck in Preuss »Friedrich der Große«, t. I., Berlin 1831, p. 450 (in Anhang I.).

Wie in einem Rebhühner-Netz: Horace Walpole an Sir Horace Mann, Brief vom 13. Dezember 1759: »Fourteen thousand soldiers and nine generals taken, as it were, in a partridge-net! and what is worse, I have not heard yet that the monarch owns his rashness.« (op. cit., vol. III, p. 270.)

Finck an der Spitze meiner Feder: Ausspruch des Königs, berichtet von Henri de Catt in »Unterhaltungen ...«, ed. Koser, p. 267: »›Eloigner, mon cher, la chose est bien difficile, je vois toujours Finck au bout de ma plume.‹«

57 *Die Ehre, mein Lieber!:* Äußerung zu de Catt (op. cit., p. 265).

voreilig verfertigt: Am 19. November 1759 hatte Friedrich dem Marquis d'Argens ein Gedicht übersandt, von dem er im gleichen Brief meinte: »Ils (die Verse) ne sont bons que parce qu'ils vous annoncent une bonne fin de campagne.« (Oe. 19, 106.) Am 22. November schrieb er: »Ce petit hymne que je vous ai envoyé, adressé à la Fortune, a été fait trop vite; il ne faut chanter victoire qu'après avoir vaincu.« (Oe. 19, 106 sq.)

Glauben Sie: Frage an Henri de Catt am 25. November 1759, in de Catt »Unterhaltungen ...«, p. 410: »›Croyez-vous que cela peut aller de pair avec celui de Voltaire?‹« Die Frage bezog sich auf den Vergleich zwischen Voltaires und Friedrichs »Salomon«.

Es ist schwer zu sagen: Thomas Babington Lord Macaulay (1800 bis 1859) schrieb in seinen »Essays« für die Edinburgh Review auch über »Frederick the Great«, cf. »Critical and Historical Essays ...«, vol. II., London 1860, p. 276.

58 *Was hilft es:* Brief an Finckenstein vom 22. Dezember 1758. (PC. XVII., 432 sq.)

Ein geschickter Musiker: Brief an den Marquis d'Argens vom 11. November 1761, im Original Oe. 19, 262 sq.

Bedenken Sie: Brief an den Marquis d'Argens vom 9. Januar 1762, Oe. 19, 279.

Catos Rat folgen: Brief vom 18. Januar 1762 an d'Argens: »Ce ne sera qu'au mois de février que nous pourrons en parler avec certitude, et c'est le terme que je me suis proposé pour décider si je m'en tiendrai à l'avis de Caton, ou s'il faudra suivre les *Commentaires* de César.« (Oe. 19, 282 sq.) Friedrich nannte hier als Termin den 20. Februar: »Patience donc, mon cher, jusqu'au 20 février.« (p. 283.)

Ich habe keinen Hoffnungsschimmer: Im Dezember 1761 zu de Catt, nach dem deutschen Text in »Gespräche Friedrichs des Großen«, ed. v. Oppeln-Bronikowski/Volz, Berlin o. J., p. 121.

der König, mein Herr: Zitiert nach Schlözer »Friedrich der Große und Katharina die Zweite«, Berlin 1859, p. 81.

59 *Operationspläne ... endeckt:* Alfred Ritter von Arneth (1819 bis 1897), der Maria-Theresia-Biograph, in seiner »Geschichte Maria Theresias«, t. VI., Wien 1875, p. 235: »... man ahnte damals

noch nicht oder gab sich wenigstens den Anschein es nicht zu ahnen ..., daß ein hochgestellter russischer Beamter, der Conferenzsecretär Wolkoff in dem Solde des Großfürsten Thronfolgers sich befand und ihm insbesondere die militärischen Plane und Verabredungen der Verbündeten unverzüglich und vollständig mittheilte. Der Großfürst aber gab allsogleich dem gekrönten Heerführer davon Kunde, welcher Rußlands Armeen als deren furchtbarster Feind gegenüberstand.« In der Anmerkung bringt Arneth aus den Archiven einen Bericht des österreichischen Diplomaten Mercy an den österreichischen Staatskanzler Fürst Kaunitz vom 3. Mai 1762: »Im übrigen solle ich noch gehors. beyzumercken ohnermanglen, daß der Russ. Kayser dieser Tägen im Gespräch von dem König von Preußen und in gegenwart mehr dan 20 Personen scherzweise vorgebracht habe, gedachter König wäre ein großer Zauberer, indeme derselbe von jedem vormaligen zwischen unserem und dem hiesigen hof verabredeten operationsplan allezeit und ohnverzüglich vollständige wissenschaft erlanget hätte. Unter solcher äußerung wandte sich der Monarch lächlend zu dem ebenfals anwesenden Wolkow mit der frage ob deme nicht also wäre? Da nun Wolkow hierüber mit niedergeschlagenen augen erröthete, brach der Kayser in helles lachen aus, mit dem vermelden, besagter Wolkow hätte nun nicht mehr nöthig, die Sache zu bergen, weder ursache etwas zu beförchten, mithin könnte er frey und ungehindert eingestehen, daß er die erwähnte Plans jedesmahl dem Kayser als Großfürsten mitgetheilt, dieser aber selbe sodann dem König in Preußen habe zugelangen laßen.« (Arneth VI., 464 sq.)

König der Katzen: Brief Horace Walpoles vom 4. März 1763: »The Peace is now general, and the King of Prussia, who has one life more than Rominagrobis the monarch of the cats had, lights upon all his legs.« (op. cit., vol. IV., p. 57.) Rominagrobis ist eine Figur aus den Fabeln des französischen Dichters La Fontaine (1621 bis 1695).

Ihr Vater, Knyphausen: Friedrich an Knyphausen, seinen Gesandten in London, am 25. März 1762: »Votre père, Knyphausen, avait pris de l'argent de la France et de l'Angleterre, pourquoi il fut chassé. Vous aurait-il légué cette coutume en héritage?« (PC. XXI., 318, cf. auch Anmerkungen 1 und 2.) Dodo Heinrich Freiherr von Inn- und Knyphausen (1729 bis 1789) war preußischer Diplomat und Beamter. Von 1754 bis Ende 1756 als Nachfolger des Lordmarschalls Keith preußischer Gesandter am Hofe von Versailles, 1758 als Vertreter des Königs am Hofe von St. James dem preußischen Geschäftsträger Michell übergeordnet. 1756 bis 1775 Generalkommissar für Handel und Finanzen im Manufaktur- und Kommerzdepartement. Sein Vater Friedrich Ernst Freiherr von K., unter Friedrich Wilhelm I. als Staatsminister mitverantwortlich für die Außenpolitik, ein Gegner Österreichs, Seckendorffs und Grumbkows, mußte nach dem Fluchtversuch des Kronprinzen seinen Abschied nehmen, blieb aus Berlin verbannt und starb bald darauf.

60 *Ich mache Ihnen streitig:* Brief des Königs vom 30. Mai 1741 an André Hercule de Fleury (1653 bis 1744), seit 1698 Bischof von Fréjus, Lehrer Ludwigs XV., seit 1726 Kardinal und Leitender Minister. Seit 1740 hatte er an Einfluß gegenüber dem Geheimkabinett des Königs eingebüßt, da er dessen Kriegspolitik skeptisch gegenüberstand. Friedrich schrieb ihm: »... je vous dispute à présent, M. le Cardinal, d'être meilleur Français que je le suis.« (In »Politische Correspondenz Friedrichs des Großen« [PC.], Berlin 1879 ff., t. I., p. 251.)
Dictators: Am 20. Juli 1759 schrieb der König an Generalleutnant Graf Dohna: »Er, der Generallieutenant von Wedell, stellet bei der dortigen Armee vor, was ein Dictator bei der Römer Zeiten vorstellete.« (PC. XVIII., 424.)
Mihr hat es geahnet: Brief an Wedell vom 24. Juli 1759, nach Preuss »Urkundenbuch zu der Lebensgeschichte Fr. d. Gr.«, Zweiter Theil, Berlin, 1833, p. 66.
bey Zorndorf: 1768 an den Chef des (ostpr.) I. R. 16, G. M. v. Syburg; nach Preuss »Fr. d. Gr. – Eine Lebensgeschichte«, t. II., Berlin 1833, p. 161[2].
Hier würde ich leichte: Eigenhändiger Zusatz zum Brief vom 20. September 1757 an den Prinzen Moritz von Anhalt-Dessau (PC. XV., 361.)
Ich werde zur Anfeuerung: Bemerkung zu de Catt im Juli 1760. Der Satz begann: »Sollten wir zu einem Gefecht kommen, so werde ich mit gutem Beispiele vorangehen; ...« Zitiert nach der deutschen Auswahl »Gespräche Fr. d. Gr. mit H. de Catt und dem Marchese Lucchesini«, ed. Bischoff, Leipzig 1885, p. 124.
61 *hier Schlagen wier:* Brief an Fredersdorf vom 24. September 1745, in »Die Briefe Fr. d. Gr. an seinen vormaligen Kammerdiener Fredersdorf«, ed. Johannes Richter, Berlin 1926, p. 51.
es hat bei Sohrr: Brief an Fredersdorf vom 9. Oktober 1745, op. cit., p. 58.
Sol die Fükse: loc. cit.
nicht vom Flek: Brief an Fredersdorf vom 24. Oktober 1745. Der Satz beginnt: »Es Sihet hier Noch Was weitlaüfich aus und Kan ich noch nicht Sagen, ob sich alles in Die Winterquartire zur Ruhe begeben Wirdt, oder ob es den Winter zur Zigeunerei kommen wirdt ...« (op. cit., p. 69.)
wohr mihr Mein Stern: Brief an Fredersdorf vom 6. Dezember 1745. Der Satz beginnt: »ich Weiß nicht, ...«, und geht dann nach »wirdt« weiter: »indessen Mache (ich), Was ich Kan, und lase die Sachen gehen, in So-weit ich Sie nicht Endren (ändern) Kan.« (op. cit., p. 77.)
es ist hier ein gehuste: Brief vom 23. März 1747 an Fredersdorf, op. cit., p. 113.
nuhn Solte Dein Profet: Brief von Mitte November 1753 an Fredersdorf, op. cit., p. 249.
Naturlaute deutschen Volkstums: Gerhard Ritter »Friedrich der Große«, 3. A., Heidelberg 1954, p. 63: »Vielmehr gehört es durchaus zum Wesen dieses Königtums, daß es nicht mitten im deutschen Volkstum steht, aus ihm herauswächst, seine Naturlaute spricht, sondern sich bewußt davon distanziert, in einsam ragen-

der Höhe, Volk nur als ›Population‹ eines Staatsgebietes, als naturhafte Grundlage der Staatsmacht kennt, als Masse von Untertanen, auf deren Nationalität politisch wenig ankommt.«
in der astrua: Brief vom 20. März 1747 an Fredersdorf, op. cit., p. 109.
Schurken, Huren: Brief des Königs von Ende August 1754 an Fredersdorf: »Eine Mademoiselle ist ganz gut, aber es müssen noch drei Schurken (männliche Schauspieler) dazu.« op. cit., p. 323. Am 19. März 1747 schreibt der König: »Es wundert mihr, daß der Loria noch nicht in berlin ist, nuhn wirdt die hure auch zu Spähte Kommen.« op. cit., p. 108.
Eine Canaille: Brief an Fredersdorf von Ende Februar 1754, op. cit., p. 268.
Die Opern-Leute: op. cit., p. 277.
So viele Verhandlungen: Brief an George Keith, damals preußischer Gesandter in Paris, vom 21. April 1754. (PC. X., 305.)

62 *hokwolgebor:* Brief an Fredersdorf von Ende Juni 1754: »gottbewahre ihr hokwolgebor und gebe Kesundtheit und Kraften ...«, op. cit., p. 297.
maken nuhr rictic: cf. op. cit., p. 364.
Tisiens: Der König schreibt: »... Wohr Tablos verkaufet werden, (so solle er zusehn) ob (er) von Tisiens, Paul Veronesse, Jourdans und Corege vohr Honete (annehmbare) preise (etwas) Kaufen Könte ...«, op. cit., p. 310.
huntzfotiesche heilige: loc. cit.
Schlaff und apetit: Brief vom 6. Dezember 1745, op. cit., p. 77.
wann man Dihr Könte: op. cit., p. 215.
Zum Zipfel, zum Zapfel: Abgedruckt bei Reinhold Koser »Geschichte Fr. d. Gr.«, reprint Darmstadt 1963 (Paginierung mit 4. u. 5. A. 1913 und 5. u. 6. A. identisch), t. I., p. 98.
hat mich nit der Nar: Das Tagebuch des Kronprinzen Friedrich aus dem Rheinfeldzug des Prinzen Eugen im Jahr 1734 veröffentlichte Koser in »Forschungen zur Brandenburgischen und Preußischen Geschichte«, Vierter Band. Leipzig 1891. Hierin p. 226 nach dem eigentlichen Tagebuch (in französischer Sprache) einige Verse, Namen etc. Die Verse hatte Friedrich »offenbar von den österreichischen Kameraden« (Koser).
Ma vivasite: Zitiert nach Henry Vallotton »Kaiserin Maria Theresia«, Hamburg 1968, pp. 183 sq.

63 *Wivasitet* etc.: Nach der Orthographie des Königs im Briefwechsel mit Fredersdorf, op. cit., pp. 303, 377, 77.
ein Tablo etc.: Die französische Orthographie Friedrichs cf. op. cit., pp. 310, 178, 179, 294, 306, 194, 256.
Consentius »Fr. d. Gr. und die Zeitungs-Zensur«, in Preußische Jahrbücher, Bd. 115, Berlin 1904, p. 249.
Magnibus in Minibus: Eigenhändiges Konzept zum Brief an Finckenstein vom 21. September 1757. Cf. PC. XV., 361[5].
Beatus est posedendi: Original des Briefes an Podewils vom 4. Juni 1742. Cf. PC. II., 185. Zu Friedrichs Lateinkenntnissen cf. auch Preuss »Fr. d. Gr.«, t. I., Berlin 1832, p. 24.
stante pede morire: Erwähnung des Herausgebers Richter in »Briefwechsel Fr. d. Gr. mit seinem ...«, p. 111. Cf. auch Koser, op. cit., t. II., p. 20.

Ich remittire Euch: Kabinettsschreiben vom 7. August 1744, in Herman von Petersdorff »Fr. d. Gr. – Ein Bild seines Lebens und seiner Zeit«, Berlin 1902, Beilagen 8 und 9 zu p. 202.

64 *Ich schreibe diesen Brief:* Brief an Voltaire vom 28. Februar 1751. Original cf. »Briefwechsel Fr. d. Gr. mit Voltaire«, ed. Koser/H. Droysen, t. II., Leipzig 1909, p. 331: »J'écris cette lettre avec le gros bon sens d'un Allemand, qui dit ce qu'il pense, sans employer de termes équivoques et de flasques adoucissements qui défigurent la vérité . . .«

Man sage, was man wolle: Deutscher Text des Briefes an Darget vom 13. Mai 1754 in »Briefe Fr. d. Gr.« ed. Hein, t. I., Berlin 1914, p. 297.

Gerhard Ritter: R. (1888 bis 1967), deutscher Historiker, wie sein Antipode Franz Schnabel (1887 bis 1966) Schüler des Ranke-Schülers Hermann Oncken. Nach Promotion und Staatsexamen höherer Schuldienst, von 1915 bis 1918 Soldat. 1921 Privatdozent in Heidelberg, von 1924 bis zur Emeritierung 1956 (wegen eines Augenleidens) Ordinarius in Freiburg i. Br. Nach dem 20. Juli 1944 bis April 1945 in Haft, Verfahren vor dem Volksgerichtshof. R. begann mit Studien zur Spätscholastik, arbeitete über Luther und den Freiherrn vom Stein (1931), ließ 1936 eine Friedrich-Biographie erscheinen (3. A.: 1954). Verfaßte für die zweite Propyläen-Weltgeschichte eine Darstellung der Reformation. 1954 erschien »Carl Goerdeler und die deutsche Widerstandsbewegung«, 1956 eine Kritik des Schlieffenplans. Hauptwerk: »Staatskunst und Kriegshandwerk – zur Geschichte des Militarismus in Deutschland« (t. I. 1954, t. II. 1960, t. III. 1964, t. IV. 1968).

nationale Eigenart des Deutschen: In Ritter »Fr. d. Gr.«, 3. A., Heidelberg 1954, p. 66.

kerndeutsch: In Ludwig Häusser »Deutsche Geschichte vom Tode Fr. d. Gr. bis zur Gründung des deutschen Bundes«, 4. A., t. I., Berlin 1869, pp. 52 sq.: »Eine Persönlichkeit wie die des Königs, so außerordentlich überlegen den leeren Copien des Siècle de Louis XIV., von denen die deutschen Fürstenhäuser und ihre Höfe noch erfüllt waren, so gesund und einfach und, ungeachtet seiner französischen Politur, so kerndeutsch, war an sich schon ein Ereigniß.«

deutschem Wesen in der Schule der Franzosen: Gerhard Ritter »Fr. d. Gr.«, 1. A., Leipzig 1936, p. 57.

zur Weckung und Kräftigung: Ritter, op. cit., p. 257: »Nicht zur Überfremdung und Unterdrückung, sondern zur Weckung und Kräftigung des deutschen Geistes sollte nach seiner Meinung der französische Kultureinfluß dienen: als bloßes Hilfsmittel, nicht als Endziel deutscher Nationalerziehung.«

65 *Seine geistige Erscheinung:* Ritter, op. cit., 3. A., pp. 250 sq.

Über Gundlings Begräbnis: Brief des Kammerdirektors Christoph Werner Hille an den Feldmarschall und Staatsminister Friedrich Wilhelm von Grumbkow (1678 bis 1739), der neben dem österreichischen Gesandten Graf Seckendorff den größten Einfluß auf Friedrich Wilhelm I. hatte und zwischen Vater und Sohn vermittelte, vom 17. April 1731, abgedruckt in »Friedrich der Große im Spiegel seiner Zeit«, ed. Volz, t. I., Berlin o. J., p. 31.

nichts als Preußisch: In einem Brief vom 2. Juni 1731 an Grumbkow teilte der Hofmarschall Gerhard Heinrich von Wolden, der zur Umgebung des Kronprinzen gehörte, dem Feldmarschall ein Schreiben Friedrich Wilhelms I. vom 25. Mai 1731 mit. Der König hatte über seinen Sohn geschrieben: »Er soll nur meinen Willen thun, das französische und englische Wesen aus dem Kopf schlagen, und nichts als Preußisch, seinem Herrn Vater getreu sein und ein deutsches Herz haben ...« (Abgedruckt in op. cit., t. I., p. 36.)

66 *mit den großen blauen Augen:* Brief Voltaires vom 31. August 1751 aus Berlin an den Herzog von Richelieu: »Des Königs große blaue Augen, sein sanftes Lächeln und seine Sirenenstimme, seine fünf Schlachten, seine ausgesprochene Vorliebe für zurückgezogenes Leben und Arbeit, für Vers und Prosa, kurz, seine Güte, die einen umnebeln konnte, köstliche Unterhaltung, Freiheit, Vergessen der Königswürde im Verkehr, tausend Aufmerksamkeiten, die schon bei einem Privatmann bestechend wären – das alles verdreht mir den Kopf.« (Abgedruckt im deutschen Text op. cit., t. I., p. 244.)

Courage, empressez: Randbemerkung Voltaires auf einem Korrekturexemplar der »Oeuvres du Philosophe de Sanssouci«, im Faksimile abgedruckt in »Fr. d. Gr. – Potsdam«, ed. Hans Kania, Berlin 1923, p. 79.

Klopstock: Friedrich Gottlieb K. (1724 bis 1803), Epiker (»Der Messias«) und Lyriker, Mitbegründer der klassischen Periode in der deutschen Literatur.

Kant: Immanuel K. (1724 bis 1804), Philosoph in Königsberg i. Pr., eröffnete mit seinen Vernunftkritiken eine neue, entscheidende Phase der Kritik an der klassischen Metaphysik. In der Ethik Formalist des »Kategorischen Imperativs«, des Handelns um der sittlichen Pflicht willen; in der Politik Visionär eines republikanischen Weltstaates (»Vom ewigen Frieden«).

Metaphysik der Subalternität: Gert Kalows Urteil über Kant in »Hitler – Das gesamtdeutsche Trauma«, München 1967, p. 34: »... Seine Lehre von den ›Dingen an sich‹, von der prinzipiell unerkennbaren Wirklichkeit – eine kaum verhüllte Transposition des Deus absconditus – ist, politisch betrachtet, eine wahre Metaphysik der Subalternität.«

Nun höre ich aber: Cf. Kant »Was ist Aufklärung?« (1784) in WW. (Akademie-Ausgabe), Erste Abt., t. VIII., Berlin 1912, pp. 36 sq.

Tempel der großen Männer: Brief an Voltaire vom 7. Oktober 1743: »... je veux que ma capitale devienne le temple des grands hommes.« (Nach »Oeuvres de Frédéric la Grand« [Oe.], ed. Preuss, Berlin 1846 ff., t. 11, p. 145.)

Man brachte Friedrich I.: Deutscher Text in Friedrichs »Denkwürdigkeiten zur Geschichte des Hauses Brandenburg«, in »Die Werke Fr. d. Gr.«, ed. Volz, t. I., Berlin 1913, p. 105.

67 *Moses Mendelssohn* (1729 bis 1786) war Begründer der deutschen Popularphilosophie in der Aufklärung, Anhänger von Leibniz und Wolff, schrieb Dialoge nach dem Vorbild Platons, auch über die Unsterblichkeit der Seele, trat für die Emanzipation der Juden ein, besuchte Kant in Königsberg und war der Großvater

des romantischen Komponisten Felix Mendelssohn-Bartholdy. Adolf von Harnack behauptet entgegen Friedrich Nicolai und ohne Quellenangabe, der König habe sich mit M. »mehrmals ... freundlich unterhalten«. (In »Geschichte der Königl. Preuß. Akademie der Wissenschaften zu Berlin«, Erster Band – Erste Hälfte, Berlin 1900, p. 470[1]).

68 *itzt das Wort:* Brief vom 8. Januar 1761, Gleim über Ramlers Oden: »Ich machte diese fürtrefflichen Oden dem Major Quintus bekannt, der bei dem König itzt das Wort in deutschen Sachen hat.« (In »Fr. d. Gr. im Spiegel ...«, t. III., p. 40.)
ich verbot ihm: Gleim am 16. November 1780 an den Historiker Johannes von Müller: »Der König kennt die deutsche Literatur durch Quintus. Quintus konnte nicht deutsch lesen; ich verbot ihm, dem Könige meine ›Kriegslieder‹ vorzulesen.« (In op. cit., t. III., p. 89.)

69 *Herzblatt des Königs von Polen:* So nach Franz Kugler »Geschichte Fr. d. Gr.«, VA., 4. A., Leipzig 1895, p. 320.
Nicht ganz leicht zu finden: Kugler, loc. cit.
der volkstümliche Franz Kugler (1808 bis 1858) war Zeichner (Heine-Porträt), Maler, Kunsthistoriker, Dichter und populärster Biograph Friedrichs II., weil seine schlichte Erzählung (»Geschichte Fr. d. Gr.«, 1. A. Leipzig 1840) mit den eindrucksvollen Zeichnungen Adolph von Menzels (1815 bis 1905) illustriert war.
er wählte Ungnade: Paul Sethe teilte in einer Glosse »von der Marwitz« (»Die Welt«, 20. Mai 1967) diese, von Hans Werner Graf Finckenstein durch Augenschein bestätigte Grabinschrift mit; in der Sammlung militärischer Biographien »Soldatisches Führertum«, ed. Kurt von Priesdorff, t. II., Hamburg o. J., p. 121, heißt es: »Auf seinem Grabstein zu Friedersdorf stehen die Worte: ›Er sah Friedrichs Heldenzeit und kämpfte mit ihm in allen seinen Kriegen, wählte Ungnade, wo Gehorsam nicht Ehre einbrachte.‹«
unmittelbar nach dem Abschlusse: Kugler, op. cit., p. 349. Zu den Zitaten insgesamt: »Ja, damit er der Welt zeige, wie kräftig er sich, trotz all' des Übels, welches er erduldet, noch fühle, damit Niemand, auf seine etwaige Erschöpfung bauend, neue Pläne wider ihn zu schmieden geneigt sein möge, begann er unmittelbar nach dem Abschlusse des Friedens einen Prachtbau, den des sogenannten neuen Palais bei Sanssouci, auf den er im Verlaufe von sechs Jahren viele Millionen verwandte ...« (pp. 349 sq.)

70 *viele sächsische Untertanen:* Brief Sir Andrew Mitchells vom 16. Januar 1761 an den Earl of Holdernesse (»Memoirs and Papers«, London 1850, ed. Bisset, vol. II., pp. 217 sq.): »The demands of contributions of all sorts made by the Prussians in Saxony are most exorbitant, and far exceeding the abilities of the country to comply with, so that many of the subjects are now actually under military execution, equally ruinous to the country, and to the officers employed upon that service, who, when they have once tasted the sweets of plunder, cease to be soldiers.« Am 5. Februar 1761 schrieb Mitchell aus Leipzig in einem bislang nicht edierten Brief, den Hegemann – wohl nach Norwood Young »The Life of Frederick the Great«, London 1915 –, op. cit., 4. A., pp. 335 sq., wiedergibt, bei der Plünderung des Jagdschlosses Hubertusburg

hätten sich »Dinge von solcher Gemeinheit begeben, daß ich mich wirklich schäme, sie zu erzählen«. Zudem: »Diejenigen unter Friedrichs Offizieren, die Ehre im Leib haben, betrauern im geheimen, was geschehen ist und was sich noch begeben kann ...« Der Brief konnte im vol. V. der *Mitchell Papers* im Britischen Museum – der die Korrespondenz dieser Wochen enthält – nicht aufgefunden werden.
Tausend Thaler: Cf. Franz Mehring »Die Lessing-Legende«, Stuttgart 1909, p. 335: »... Nicolai meldete zurück, der König stoße sich an den 2 000 Thalern; für einen Deutschen seien 1 000 Thaler genug. Es ist bekannt, wie beschämt und erbittert Winckelmann durch diese Abweisung wurde, aber es ist noch gar nicht bekannt, daß der König seine schäbige und Winckelmann seine lächerliche Rolle nur gespielt hat, weil die Humbugs Quintus und Nicolai und als Dritter im Bunde anscheinend auch Sulzer es so wollten.«
Er konnte sich auch als Spekulant: Koser »Geschichte Fr. d. Gr.«, op. cit., t. III., pp. 230 sq.: »Ein Versuch, das Monopol zu verpachten, war unter den unsauberen Händen des uns schon bekannten Livornesen Calzabigi, des ihm verbündeten Quintus Icilius und anderer Spekulanten kläglich gescheitert.«
doch von zu schlechter Extraktion: zitiert nach Reiners, op. cit., p. 326.
Quintus speist wieder: Brief von Gleim an den Dichter Wilhelm Heinse vom 28. Juni 1772 (in »Fr. d. Gr. im Spiegel ...«, t. III., p. 42).
71 *bis auf den heutigen Tag:* Brief Lessings an Friedrich Nicolai in Berlin vom 25. August 1769: »... lassen Sie einen in Berlin auftreten, der für die Rechte der Unterthanen, der gegen Aussaugung und Despotismus seine Stimme erheben wollte, wie es itzt sogar in Frankreich und Dänemark geschieht: und Sie werden bald die Erfahrung haben, welches Land bis auf den heutigen Tag das sklavischste Land von Europa ist.« (Lessing »Sämtliche Schriften«, t. XII., Berlin 1840, p. 234.)
Was hatt' ich: Lessing an Gleim am 1. Februar 1767 aus Berlin. (op. cit., t. XII., p. 177.)
für jene verzehrende Not: Friedrich Nietzsche in »Unzeitgemäße Betrachtungen I. – David Strauß, der Bekenner und der Schriftsteller« in WW., Kröners Taschenausgabe Bd. 71, ed. Alfred Bäumler, Stuttgart 1955, p. 29.
Aufseher der Bibliothek: Ausdrücke Winckelmanns in einem Brief an Muzel-Stosch vom 30. August 1765, abgedruckt in »Fr. d. Gr. im Spiegel ...«, t. III., p. 36.
ich erkenne kein anderes: Brief Winckelmanns an Berendis vom 5. Februar 1758: »Wollte Gott, ich könnte wünschen, Dich und mein Vaterland – das ist Sachsen, ich erkenne kein anderes, und es ist kein Tropfen preußisches Blut mehr in mir – wiederzusehen ...« (op. cit., t. III., p. 32.)
Besser ist es: Brief an den Züricher Professor Leonhard Usteri vom 17. Januar 1763, darin der italienische Satz: »Meglio farsi Turco circonciso che Prussiano.« (op. cit., t. III., p. 34.)
Es schaudert mich: loc. cit.
Klag' es nicht: Gleim »An ...«: »Klag' es nicht, daß unsre Für-

sten, / Die nach Lob der Musen dürsten, / Dein Gedicht verschmähn / Und mit goldgefüllten Dosen / Nur den witzigen Franzosen / Und nicht Dir entgegengehn! / ...« (op. cit., t. III., p. 45.)

kein deutsches Werk: Brief vom 21. März 1781 an Herder (op. cit., t. III., p. 73).

Daher ist mir: Brief Wielands an Merck vom 16. Juni 1780, op. cit., t. III., p. 72.

72 *Die Staaten des Königs:* Äußerung Herders nach Otto Heinrich v. d. Gablentz »Die Tragik des Preußentums«, München 1948, p. 51.

Hamann schrieb über die Herrschaft: Koser, op. cit., t. III., p. 521.

Hamann: Johann Georg H. (1730 bis 1788), Ostpreuße aus Königsberg, zuerst von Friedrich Karl von Moser »der Magus im Norden« genannt. Tiefsinniger philosophischer Schriftsteller. Studierte zunächst Theologie, ging dann zur Philologie, Literaturkritik und Poesie über. Reiste im Auftrag eines Rigaer Handelshauses 1756 nach Berlin, Lübeck, Holland und England. Später Kanzlist, Akzise-Sekretär und Packhofverwalter. 1787 Abschied, lebte dann in Düsseldorf und Münster im Umgang mit Fr. H. Jacobi und der Fürstin Galizyn. Gegner der Aufklärung, deutscher Anreger des Geniekults von Sturm und Drang, beeinflußte Herder und Jacobi nachhaltig, Wirkung auch auf Goethe, Jean Paul und die Romantiker.

Preußens Volk: Heinrich von Treitschke »Deutsche Geschichte im Neunzehnten Jahrhundert«, t. I., Leipzig 1879, p. 78.

man haschte: Treitschke, op. cit., t. I., p. 63.

eines Blutes: Treitschke, op. cit., t. I., p. 81.

der Regent: 1751 schrieb Lessing in seinem Prosastück »An Mäzen«: »Dort der Regent ernährt eine Menge schöner Geister und braucht sie des Abends, wenn er sich von den Sorgen des Staats durch Schwänke erholen will, zu seinen lustigen Räten. Wieviel fehlt ihm, ein Mäzen zu sein!« (In »Fr. d. Gr. im Spiegel ...«, t. III., p. 13.)

73 *eines kanadischen Wilden würdig:* Friedrich 1780 in seiner Abhandlung »Über die deutsche Literatur«, in »Die Werke ...«, t. VIII., Berlin 1913, p. 88: »Da sehen Sie die abscheulichen Stücke von Shakespeare in deutscher Sprache aufführen, sehen alle Zuhörer vor Wonne hinschmelzen beim Anhören dieser lächerlichen Farcen, die eines kanadischen Wilden würdig sind.«

keinen Schuß Pulver, Hochgelahrter: Brief an Professor Myller vom 22. Februar 1784, nach der deutschen Ausgabe »Briefe Fr. d. Gr.«, ed. Hein, t. II., Berlin 1914, p. 257: »Hochgelahrter, Lieber, Getreuer, ... Meiner Einsicht nach sind solche nicht einen Schuß Pulver wert und verdienten nicht aus dem Staube der Vergessenheit gezogen zu werden.«

Damit der Feind: Deutsche Übersetzung in »Die Werke ...«, t. VI., p. 413.

vielleicht vollendetste: In Otto Hintze »Die Hohenzollern und ihr Werk«, 7. A., Berlin 1916, p. 357.

74 *Quantz:* Johann Joachim Qu. (1697 bis 1773), Flötenvirtuose und Komponist, Lehrer Friedrichs II. Zuerst in Merseburg, Dresden und Warschau Musiker, dann Studium bei Allessandro Scar-

latti in Neapel und Reisen nach Frankreich und England. Rückkehr nach Dresden, seit 1741 in Potsdam. Qu. verbesserte die Flötentechnik, schrieb eine Instrumentationslehre, korrigierte gelegentlich die Kompositionen des Königs und schrieb für ihn zahlreiche Flöten-Sonaten und -Konzerte, deren Dresdener Partituren reicher ausgeschriebene Stimmen aufweisen.

Graun: Karl Heinrich Gr. (1701 bis 1759), Komponist aus Wahrenbrück in Sachsen. 1725 als Tenor nach Braunschweig engagiert. Wurde bald Vizekapellmeister, da seine Arien und Opern großen Anklang fanden. 1735 von Kronprinz Friedrich als Kammersänger nach Rheinsberg berufen. 1740 Kapellmeister des Königs, ging nach Italien, um Sängerinnen und Sänger für die neue Berliner Oper zu engagieren. Bis zu seinem Tode ständig neue Opernkompositionen im Auftrag des Königs. Passions-Oratorium »Der Tod Jesu«.

bac ligt!: Brief des Königs an Fredersdorf, op. cit., p. 377

an das sogenannte Forte: Bericht der »Berlinischen Nachrichten von Staats- und Gelehrten Sachen« vom 11. Mai 1747 über den Besuch Johann Sebastian Bachs (1685 bis 1750) in Potsdam: »Höchstdieselben erteilten sogleich Befehl, ihn hereinkommen zu lassen, und gingen bei dessen Eintritt an das sogenannte Forte und Piano ...« (In »Fr. d. Gr. im Spiegel ...«, t. I., p. 220.) Gemeint ist ein Silbermann-Flügel, eines der ersten Hammerklaviere (oder »Pianoforte«).

ausbündig schön: »Herr Bach fand das ihm aufgegebene Thema so ausbündig schön, daß er es in einer ordentlichen Fuga zu Papiere bringen und hernach in Kupfer stechen lassen will.«: loc. cit. – Das aus dieser Absicht entstandene »Musikalische Opfer« ist eine Suite von Variationen über das königliche Thema.

75 *Auf die moderne Musik:* Äußerung zu Lucchesini am 14. Mai 1783, nach der deutschen Auswahl »Gespräche Fr. d. Gr. ...«, ed. Bischoff, Leipzig 1885, p. 239.

76 *Rousseau und Diderot:* Am 3. Dezember 1779 schrieb der König an d'Alembert: »... j'espère que vous aurez assez bonne opinion de moi pour croire que je ne confonds pas les d'Alembert avec les Diderot, avec les Jean-Jacques, et avec les soi-disant philosophes qui sont la honte de la littérature.« (Oe. 25, 134.)

All die neuen Hervorbringungen: Brief vom 10. Februar 1763 an die Herzogin Luise Dorothea von Gotha, deutsch nach »Briefe ...«, t. II., p. 113: »Es betitelt sich ›Emile‹ und läßt mich Ihnen, Frau Herzogin, völlig beipflichten: all die neuen Hervorbringungen taugen nicht viel.«

recht zuwider: Brief an d'Alembert vom 2. Juli 1769, deutsch in op. cit., t. II., p. 175: »Offen gestanden, sind mir die neuesten französischen Bücher recht zuwider.«

recht deutsch, da merkt man: Brief an Voltaire vom 13. August 1766, deutsch op. cit., T. II., p. 156.

Die wahre Darstellung; Es ist wahr: Brief an d'Alembert vom 5. August 1775, op. cit., t. II., p. 219.

Knobelsdorff: Hans Georg Wenceslaus Freiherr von K. (1699 bis 1753), Baumeister Friedrichs II. Zunächst Soldat, nahm als preuß. Hauptmann 1729 den Abschied. Besuchte auf Wunsch und Kosten des Königs 1740 Paris und Italien. Anhänger des französischen Klassizismus. Baute am Schloß Charlottenburg das sogenannte neue Schloß, dann Sanssouci in Potsdam, das Opernhaus in Berlin unter den Linden, das Schloß in Zerbst, entwarf den Berliner Tiergarten und veränderte Schloß und Park in Potsdam.

Prospekt von Sanssouci (Zeichnung: J. F. Schleuen)

4 portreter, Tableaux von *Wato, Watau:* Briefe des Königs an Fredersdorf vom 24. September 1745 und 13. Oktober 1745, op. cit., pp. 51 und 59.

77 *Lasse doch mein bette:* Brief vom 10. April 1747 an Fredersdorf, op. cit., p. 121.
Heute ragt: Hegemann, op. cit., 4. A., p. 505.
unverzeihlich ledern: Nach Hegemann, loc. cit.
fragwürdiger Latinität: Akademierede von Emil Du Bois-Reymond vom 27. Januar 1887 in Berlin »Friedrich II. in der Bildenden Kunst«, gedruckt Leipzig 1887, p. 36. Koser, op. cit., t. III., p. 182 sq.: »Überhaupt bediente er (Quintus Icilius) in Bedarfsfällen mit seiner Gelehrsamkeit den Gebieter: widerraten haben soll er die berufene Inschrift Nutrimentum spiritus über der Berliner Bibliothek, die allzu wörtliche Übersetzung der ›Nourriture de l'Esprit‹, die dem König als Bezeichnung für eine Bibliothek aus dem einst mit vielem Vergnügen gelesenen Sethos, dem ägyptischen Roman des Abbé Terrasson, in Erinnerung geblieben sein wird.«

78 *bloß nach der Wirkung:* In »Anekdoten von König Friedrich II. ...«, ed. Friedrich Nicolai, Viertes Heft, Berlin/Stettin 1789, p. 8. Der Satz beginnt: »Der König pflegte aber meistens die Facciaten, die Er wählte, nur ...«
nicht allemal daran: op. cit., p. 9. Der Satz beginnt: »Ferner dachte der König ...«
Ertz-Schäckers: Cf. H. L. Manger »Baugeschichte von Potsdam«, Potsdam 1789/90, drei (durchnumerierte) Bände, p. 568.
wegjagen: op. cit., p. 571.
Diebereien: op. cit., p. 570.

Man sagt: Brief vom 30. März 1782, in »Fr. d. Gr. im Spiegel ...«, t. III., p. 68.

zu groß geratenen: Der Literaturhistoriker Professor Otto Pniower, seit 1911 Direktor des Märkischen Museums in Berlin, veröffentlichte »Goethe in Berlin und Potsdam«, Berlin 1925. Hierin p. 14: »An seiner Fassade werden ihm die zu groß geratenen, stark grimassierenden, mit breiten Flügeln versehenen Engelsköpfe aufgefallen sein, die an den kleinen Rundfenstern des obersten Geschosses aller Fronten als Schlußsteine angebracht sind.«

Lucchesini: Girolamo Marchese L. (1751 bis 1825), Gesellschafter Friedrichs II., später preußischer Staatsminister, dann Oberkammerherr Elisa Bonapartes. Kam auf Empfehlung d'Alemberts 1780 nach Potsdam, schrieb später über die Tischgespräche des alten Königs, der ihn zum Kammerherrn, Bibliothekar und Vorleser machte. Seit 1789 preuß. Gesandter in Warschau, im März 1790 Allianz mit Polen, damit Gegner des Ministers Hertzberg. Nach dessen Entlassung mit dem Günstling Bischoffwerder Leiter der preuß. Politik. 1792 mit Fr. W. II. zur Campagne in Frankreich, 1793 Minister und Gesandter in Wien. Drängte auf den Baseler Frieden 1795 mit Frankreich. 1797 nach Kontakten mit Bonaparte in Wien »persona non grata«. 1800 Mission in Paris, seit 1802 dort preuß. Gesandter. Für eine Allianz mit Frankreich. Nach Jena im November 1806 Abschluß des Vertrags von Charlottenburg, den Fr. W. III. nicht ratifizierte; Entlassung. In seiner Heimatstadt Lucca Bekanntschaft mit Elisa Bonaparte, die 1809 Großherzogin von Toskana wurde.

Fanfaronnade: Im Gespräch mit Lucchesini am 30. November 1780, in »Gespräche . . .«, ed. Bischoff., p. 185.

79 *Wie ein Gespenst:* Bernhard Suphan »Friedrich des Großen Schrift über die Deutsche Litteratur«, Berlin 1888, p. 47.

Man darf nicht eher: Brief an Jordan vom 24. September 1740. Der König kritisierte eine von der Voltaire-Freundin Madame de Châtelet veröffentlichte »Physik«. Die zitierte Briefstelle deutsch in »Briefe . . .«, t. I., p. 180.

Sie werden mich auslachen: Brief an d'Alembert vom 6. Januar 1781, deutsch in »Werke . . .«, t. VIII., p. 311.

Wie kann man von den Menschen: In »Über die deutsche Literatur«, deutsch in op. cit., t. VIII., p. 76.

Ein Augustus: Op. cit., deutsch t. VIII., p. 99.

80 *Lection* und *lapidar:* Erich Schmidt »Lessing«, 2. A., t. I., Berlin 1899, p. 332: »Die Lection über die ›zween Auguste‹ hat er (Gellert) kaum in ihrer ganzen Schärfe verstanden . . .«, p. 324: »Als Gellert im Gespräch so etwas von augusteischer Huld fallen ließ, deren die Wissenschaften und Künste bedürften, gab Friedrich die lapidare Antwort: ›Sachsen hat ja zween Auguste gehabt.‹«

Was man in Schwaben: In »Über die deutsche Literatur«, deutsch op. cit., t. VIII., p. 75.

sagena etc.: Brief an d'Alembert vom 24. Februar 1781, deutsch in op. cit., t. VIII., p. 85: »Man füge diesen Endungen ein a hinzu und bilde daraus sagena, gebena, nehmena: diese Laute tun dem Ohre wohl.«

die französische Sprache . . . verbessern: Friedrich in einem Brief

an Voltaire vom 16. September 1749 (den Theodore Besterman zusammen mit acht anderen, bis dahin unveröffentlichten in der Ursprache und deutscher Übersetzung im August 1958 in »Der Monat«, Heft 119, publizierte.) Auf p. 13/II heißt es in der deutschen Übersetzung: »Da man ›mourir subitement‹ sagt, scheint mir, man könnte auch sagen ›subit dans ses résolutions‹, schriebe der Sprachgebrauch hier nicht das Wort ›prompt‹ vor. Ich wollte, man bereicherte Ihre Sprache, indem man neue Wörter von Verben ableitete, die willkürlich an der Weiterentwicklung gehindert werden. Man sagt beispielsweise ›haine‹, aber man könnte nicht von einem ›homme haineux‹ sprechen. ›Riche‹ jedoch hat ›richard‹ gebildet, ohne Widerspruch zu erregen. In dieser Sache erwarte ich Ihren Orakelspruch und Ihr Urteil.«
erträglich: op. cit., t. VIII., p. 76: »Die Dichtungen von Canitz sind erträglich, nicht wegen ihrer Diktion, sondern eher als schwache Nachahmung des Horaz.«

81 *Aber nun erscheint noch:* op. cit., t. VIII., p. 88.
an Würde und Glanz: Brief an den Berliner Konrektor Karl Philipp Moritz vom 21. Januar 1781, deutsch in »Briefe ...«, t. II., p. 244: »Mahlten alle deutsche Dichter, wie Ihr in Euren mir zugefertigten Gedichten, mit so viel Geschmack, und herrschte in ihren Schriften eben der Verstand und Geist, welcher aus den beigelegten zwei kleinen Briefsammlungen hervorblickt, so würde ich bald meine landesväterlichen Wünsche erfüllt und die deutschen Schriftsteller an Würde und Glanz den auswärtigen den Rang streitig machen sehen.«
was ist rühmlicher: Brief an den Rektor der Oberschule in Frankfurt a. O. Johann Friedrich Heynatz vom 12. August 1785, op. cit., t. II., p. 261.
von brennendem Eifer: Ritter, op. cit., 3. A., Heidelberg 1954, p. 64: »Seine Schrift über die deutsche Literatur ist in Wahrheit von brennendem Eifer erfüllt für die Größe des deutschen Namens, zugleich aber für den Sieg der Aufklärung, der neuen Menschheitsideen, für die Befreiung der Deutschen vom Wahn dumpfer Vorurteile, uralten Aberglaubens, von barbarischer Formlosigkeit ihrer Sprache und Bildung.«
Ich werde sie nicht mehr: op. cit., t. VIII., p. 99.
Wie heiß er wünschte: Ritter., op. cit., 3. A., p. 251.

82 *Das Ausschließende:* Brief Goethes an Jenny v. Voigts vom 21. Juni 1781 (WW., Weimarer Ausgabe, IV.–5, Weimar 1889, p. 145).
Was Friedrich II.: In Friedrich Wilhelm Riemer »Mitteilungen über Goethe ...«, ed. Arthur Pollmer, Leipzig 1921, p. 338.
in seinem verschabten blauen Rock: Brief Goethes an Merck vom 14. November 1781 (WW., Weimarer Ausgabe, IV.–5, Weimar 1889, p. 221).
eigensinnigen, voreingenommenen: loc. cit.

83 *große Mensch:* Goethe an Merck am 5. August 1778: »Und dem alten Fritz bin ich recht nah worden, da ich hab sein Wesen gesehn, sein Gold, Silber, Marmor, Affen, Papageien und zerrissene Vorhänge und hab über den großen Menschen seine eignen Lumpenhunde räsonniren hören.« (WW., Weimarer Ausgabe, IV.–3, Weimar 1888, p. 239.)

wirft: Johann Peter Eckermann »Gespräche mit Goethe«, Frankfurt 1955, p. 426, unter dem 8. März 1831: »So wirft sich auch das Dämonische gern in bedeutende Individuen, vorzüglich wenn sie eine hohe Stellung haben, wie Friedrich und Peter der Große.«
hohen Genius: Aus Herders »Briefen zur Beförderung der Humanität« (1793). Cf. WW. XVII., Berlin 1881, p. 28.
Euer Friedrich: Zitiert nach Wilhelm Mommsen »Die politischen Anschauungen Goethes«, Stuttgart 1948, p. 78[2].
altes Weltgeschichts-Inventarienstück: Im Brief an Zelter vom 20. Januar 1818.
Ich sage alt: Im gleichen Brief.
hab in preußischen Staaten: Brief an Merck vom 5. August 1778 (WW., Weimarer Ausgabe, IV.–3, Weimar 1888, p. 240).
immer bereitwilligen Krallen: WW., Weimarer Ausgabe, I.–17, Weimar 1894 pp. 107 sq.: »Schwarz, die Krone auf dem Haupt, sperrt er seinen Schnabel auseinander, streckt eine rothe Zunge heraus, und zeigt ein Paar immer bereitwillige Krallen.«
unangenehm, verhaßt: (WW., Weimarer Ausgabe, IV.–4, Weimar 1889; p. 4.) Brief an den Herzog Karl August von Sachsen-Weimar vom Ende Januar 1779: »Will man endlich sich entschließen eine Auswahl selbst zu machen und ihnen die Leute auszuliefern; so ist darinn wohl fürs ganze das geringste übel aber doch bleibt auch dieses, ein unangenehmes verhaßtes und schaamvolles Geschäfft.«
er schreibt vom König: Goethe an Charlotte von Stein am 5. Juni 1784, abgedruckt in »Fr. d. Gr. im Spiegel ...«, t. III., p. 5.
85 *Elenderes:* Brief Leopold von Gerlachs vom 6. Mai 1857 an Bismarck, in Bismarck »Gedanken und Erinnerungen«, VA., t. I., Stuttgart/Berlin 1921, p. 189.
88 *Friedrich! du:* Ramler Ode »An den König« (1766), zitiert nach »Fr. d. Gr. im Spiegel ...«, t. III., p. 54.
Die Kugel treffe: Ramler »Schlachtgesang« (1778), op. cit., t. III., p. 56.
Kann ein Gott sein: Acht Tage nach der Schlacht vom Kunersdorf schrieb Gleim am 20. August 1759 an den dort tödlich verwundeten Dichter Ewald von Kleist (1715 bis 1759), den Lessing – so z. B. Koser, t. II., p. 366 – zum Vorbild seines Majors von Tellheim nahm: »So wie itzt ist mir noch nie zu Mute gewesen; noch nie habe ich den gottlosen Gedanken gehabt: ...« (Nach op. cit., t. II., p. 85.)
Aus deinem Schädel: Die dritte Strophe von Gleims »1757 – Schlachtgesang bei Eröffnung des Feldzuges« (Aus der Sammlung »Preußische Kriegslieder ...«), op. cit., t. II., p. 14.
Zwei Blicke tat Er hin: Gleim »Die zwei letzten Blicke Friedrichs«, nach op. cit., t. III., p. 45.
diesen Charakter: Schiller (1759 bis 1805) an seinen Freund Körner am 28. November 1791: »Ich kann diesen Charakter nicht lieb gewinnen; er begeistert mich nicht genug, die Riesenarbeit der Idealisierung an ihm vorzunehmen.« (op. cit., t. III., p. 111.)
89 *der deutschen Nation:* Goethe in seiner Schrift »Literarischer Sansculottismus«, WW., Hamburger Ausgabe, t. XII., 4. A., Hamburg 1960, p. 241.
Ihren König etc.: Lessings Fabel im Brief an Gleim vom 10. Mai

1757. In ihm heißt es: »Sie verlangen von mir eine Ode auf Ihren König? ... Nun, mein lieber Gleim, was sagen Sie zu diesem Gerippe? ... Wie froh werde ich sein, wenn ich wieder in Berlin bin, wo ich es nicht länger nötig haben werde, es meinen Bekannten nur ins Ohr zu sagen, daß der König von Preußen dennoch ein großer König ist.« (Nach »Fr. d. Gr. im Spiegel ...«, t. III., pp. 14 sq.)

4. KAPITEL

91 *Die preußische Monarchie:* Georg Heinrich von Berenhorst »Aus dem Nachlasse«, ed. v. Bülow, Dessau 1845, Erste Abt., p. 187. Berenhorst (1733 bis 1814) war begleitender Brigade-Major des Königs von 1759 bis Kriegsende, lebte dann in Dessau. Er schrieb ein Buch über die Kriegskunst (1797 bis 99). Zu Berenhorst vgl. auch Anm. S. 309.
Der Vorwurf Treitschkes: In »Deutsche Geschichte im Neunzehnten Jahrhundert«, t. I., Leipzig 1879, p. 46.
hängen und braten: Friedrich Wilhelm I.: »die Leute wollen mir forcieren, sie sollen nach meiner Pfeife danzen oder der Deuffel hole mir: ich lasse hängen und braten wie der Zar und tractiere sie wie Rebeller.« (Nach Gerhard Ritter, op. cit., 3. A., p. 190.)
92 *Jeder Untertan:* nach Werner Hegemann »Fridericus«, Hellerau 1924, p. 92.
per Gedicht: Im Oktober 1743 sandte Voltaire dem König ein Gedicht über den französischen Edelmann Courtils, der in den preußischen Militärdienst gepreßt worden war und sich wegen Teilnahme an einem Desertions-Komplott seit 1730 in Ketten und verstümmelt auf der Festung Spandau befand. Erst 1749 wurde der Franzose aus dem Festungslazarett entlassen und dem Dominkaner-Kloster in Halberstadt zur weiteren Pflege übergeben, obschon Voltaire diesen Wunsch des Gepeinigten schon 1743 vorgetragen hatte. (Cf. »Briefwechsel Fr. d. Gr. mit Voltaire«, ed. Koser-Droysen, t. II., Leipzig 1909, p. 199 u. Anmerkung 2.)
und dann auf allen Ecken: Ordre Friedrich Wilhelms I.: »Sr. K. M. befehlen dem Hofrat Klinte, daß er morgen die in Arrest allhier sitzende Cantors-Tochter soll auspeitschen lassen, und soll dieselbe alsdann ewig nach Spandau in das Spinnhaus gebracht werden. Erstlich soll dieselbe vor dem Rathause gepeitscht werden, hernach vor des Vaters Haus, und dann auf allen Ecken der Stadt.« (Nach Ludwig Reiners »Friedrich«, München 1952, p. 51.)
Ich habe einen zwei Meter langen Holländer: Nach Edith Simon »Friedrich der Große«, Tübingen 1963, p. 168.
93 *einen Kerl zu dressiren:* Nach »Reglement vor die Königl. Preußische Infanterie von 1726«, Faksimiledruck der Ausgabe von 1726, Osnabrück 1968, pp. 39 sq.
Charles Louis Auguste Fouquet, Duc de Belle-Isle (1684 bis 1761), Marschall von Frankreich. 1732 Generalleutnant, kämpfte mit Auszeichnung im Polnischen Erbfolgekrieg. Verdienste auch um den Friedensschluß von 1738. Bewog den König und Fleury zum Krieg gegen Maria Theresia. Eroberte im November 1741 Prag,

mußte nach dem Abfall Preußens im Dezember 1742 auf Eger zurückgehen. 1744 auf einer Gesandtschaftsreise in Hannover verhaftet und nach England deportiert, erst nach einem Jahr frei. Verteidigte 1746 die französische Südostgrenze gegen die Österreicher und Sardinier erfolgreich. Danach 1748 Pair und Marschall von Frankreich, von 1757 bis zu seinem Tode Kriegsminister.

Der einzelne Mann feuert: Marschall Belle-Isle nach der Schlacht bei Mollwitz, als er das 2. Bataillon Garde exerzieren sah: »Ils tirent en détail jusqu'à 12 coups par minute et au moins 6 quand c'est par pelotons ou par divisions, ce qui paraît incroyable quand on ne l'a pas vu.« (Bei Curt Jany »Geschichte der Preußischen Armee ...«, t. I., p. 814; als reprint Osnabrück 1967.)

Ich kann wohl sagen: nach Simon, op. cit., p. 237.

94 *Was Schopenhauer ... schreibt:* Enthalten in »Die Welt als Wille und Vorstellung«, Bd. II., Cap. »Über Geschichte«, ed. Frauenstädt, Leipzig 1919, pp. 505 sq.: »Zudem, wie in der Natur nur die Species real, die genera bloße Abstraktionen sind, so sind im Menschengeschlecht nur die Individuen und ihr Lebenslauf real, die Völker und ihr Leben bloße Abstraktionen.«

95 *Der friedliche Bürger:* Nach Heinrich v. Treitschke, op. cit., t. I., p. 75.

Wenn jetzt die Kriegsdrommete: Brief des Königs an d'Alembert vom 18. Oktober 1770, deutsch in »Briefe Friedrs. d. Gr.«, ed. Max Hein, Berlin 1914, t. II., p. 193.

gewiß ein sehr ungewöhnlicher: Gerhard Ritter »Friedrich der Große«, 3. A., Heidelberg 1954, p. 134.

Sein ganzes Militär: Reskript der Kaiserin an Esterházy vom 23. Dezember 1757 mit den Betrachtungen über Preußen, die zitierte Stelle bei Arneth, op. cit., t. V., p. 281.

binnen vierzehn Tagen: Arneth, op. cit., t. V., p. 229. Cf. auch Anm. 325 in t. V.

Das seit 1757 feindliche Mecklenburg: Nach der »Geschichte des siebenjährigen Krieges ...« (1. A., 1793; hier Berlin 1830, 4. A., p. 246) des ehemaligen preußischen Hauptmanns Johann Wilhelm Freiherr von Archenholtz (1743 bis 1812), der seit 1760 am Kriege teilgenommen, 1763 jedoch wegen seiner Verwundungen den Abschied erhalten hatte. Wichtiger Chronist des Siebenjährigen Krieges, schrieb nach Reisen durch Europa 20 Bände »Annalen der britischen Geschichte«.

96 *der Sache eine andere Tournure geben:* Friedrich am 4. Februar 1778 an den General v. Tauentzien (J. D. E. Preuss »Urkundenbuch zu der Lebensgeschichte Friedrichs des Großen«, Vierter Teil, Berlin 1834, p. 208): »Ich ertheile Euch auf Euren Bericht vom 1. dieses, wegen Complettirung der Regimenter aus den Cantons, hierdurch zur Antwort, daß, was die beiden Regimenter Markgraf Heinrich und Falckenhayn betrifft, man der Sache eine andere Tournure geben muß, man kann nehmlich die Leute unterm praetext, daß sie bei Brieg an der Festung arbeiten sollen, einholen und die Officiers hinschicken, daß sie solche nach Brieg hinbringen, und wenn man sie da hat, so werden sie, statt an der Festung zu arbeiten, dorten exerciret ...«

Scharnhorst: Gerhard Johann David von Sch. (1755 bis 1813),

preußischer Heeresreformer, zunächst Artillerie-Offizier in Hannover, dann in preußischen Diensten, 1801 nach Berlin berufen, 1804 geadelt, Direktor der Kriegsschule. Unter seinen Schülern Boyen, der Schöpfer der preußischen Heeresverfassung 1814, und Clausewitz, Theoretiker des Krieges. Nach dem Zusammenbruch von 1806/07 Reform. Benutzung des Krümpersystems, um die Maximalstärke von 42 000 Mann (im Frieden von Tilsit) zu umgehen und Reserven zu bilden. Von 1808 bis 1810 wirklicher, wenn auch nicht nomineller Leiter des neugeschaffenen Kriegsministeriums und Generalstabschef. Strebte nach Einführung der Allgemeinen Wehrpflicht (1814 verwirklicht) und Schaffung einer Nationalmiliz. Wurde 1813 bei Groß-Görschen schwer verwundet und starb etliche Wochen später.
Boyen hielt den Kern des friderizianischen Heeres: In »Denkwürdigkeiten und Erinnerungen 1771–1813«, Bd. I., Stuttgart 1899, p. 188.
aus der Hefe des Volkes: In Friedrichs »Antimachiavell«; deutsch »Die Werke Fr. d. Gr.«, ed. Volz, t. VII., Berlin 1903, p. 48. Das Original »Oeuvres de Frédéric le Grand« (Oe.), ed. Preuss, Berlin 1846 ff., t. 8, p. 101.
Deserteure: Als General Schmettau 1759 Dresden übergab, bildeten die Österreicher entlang den abziehenden Preußen Spalier und bewogen jeden zweiten mit dem Ruf »Wer ein braver Sachse,

Spießrutenlaufen, Stich von Daniel Chodowiecki

ein braver Österreicher oder Reichsmann ist, komme zu uns« zur Desertion. Carlyle op. cit., t. V., p. 580.

97 *Da mußten wir zusehn:* In »Das Leben und die Abentheuer des Armen Mannes im Tockenburg – Von ihm selbst erzählt«, Ausgabe Berlin 1910. p. 122, Cf. Jany, op. cit., t. II., p. 246, und Gustav Freytag »Bilder aus der deutschen Vergangenheit«, t. IV., pp. 202 sqq.

98 *Der Preußische Soldat:* in Ernst Pfeiffer »Die Revuereisen Friedrichs des Großen ...«, Berlin 1904, reprint Vaduz 1965, p. 79.

Ein Kantonnist hat also: Pfeiffer, op. cit., p. 121 ff.
aus gröster Melancholie etc.: Am 4. April 1744 meldete der General Peter Ludwig du-Moulin aus Groß Glogau dem König: »Ew. Königl. Maj. habe hierdurch allerunterthänigst melden sollen, wie ich die allergnädigst confirmirte Sententz wegen des Fusilier Marufski, so 10 Zoll misset und sich aus Melancholy die zwei fordersten Finger abgehauen, deshalb auch zu 24 mahl Spißruthen und zwei Jahr Vestungsarbeit condemniret worden, weil selbiger noch nicht völlig curiret, bis Dato nicht exequiren lassen können; da nun sowohl viele Geistliche als weltliche Personen für ihn intercediren, und der Kerl aus gröster Melancholie diese gottlose That verübet, sein 80jähriger alter Vater auch einen andern schönen Kerl von eben seiner Größe an seines Sohnes Stelle der Compagnie zu verschaffen und zu stellen, sich obligiret, wenn Ew. Königl. Maj. Ihm die dictirte Strafe, allergnädigst zu erlassen geruhen wollen; Als stelle Ew. Königl. Maj. allerunterthänigst anheim, was Allerhöchst Dieselben desfalls allergnädigst zu resolviren geruhen werden ...« Die Marginalie des Königs auf der Rückseite des Briefes: »Quelle faiblesse, mon cher Du-moulin! il faut exécuter les loix; car dans ces occasions les exemples sont nécessaires; ne mollisez point, et tenez Vous en à la rigidité.« (Abgedruckt bei Preuss, op. cit., t. IV., p. 334, Anm. 4.)
99 *Es gibt für einen Offizier:* Die Tagebuchnotiz des britischen Gesandten in Berlin, Sir James Harris, später Lord Malmesbury, aus dem Jahr 1767 bei Hegemann, op. cit., p. 409.
Mein Oberstleutnant, Sie müssen den Pater Faulhaber hängen: Oberstleutnant d'O, der Befehlshaber der Festung Glatz, erhielt am Abend des 29. Dezember 1757 einen Kabinettsbefehl des Königs, der mit den Worten begann: »Mon Lieutenant-Colonel, Vous avez à faire pendre le Père Jésuite Faulhabre, sans lui laisser un Confesseur.« Der Priester Andreas Faulhaber war Weltgeistlicher geworden, seit März 1757 gab es in Glatz keine Jesuiten mehr. Das ganze bei Preuss, op. cit., t. III., pp. 236 sq. Cf. auch Reinhold Koser »Geschichte Fr. d. Gr.«, reprint Darmstadt 1963, t. II., p. 576.
Ich bohrte ihm achtungsvoll: In »Leben des Vittorio Alfieri aus Asti – von ihm selbst geschrieben«, ed. Ernst Benkard, Berlin 1924, pp. 116 sq. in etwas anderer Übersetzung. Original cf. »Opere di Vittorio Alfieri« (Vita, Epoca 3, Kapitel 8).
100 *so soll derselbe:* Noch im »Reglement für die Königlich Preußische Infanterie«, das am 13. September 1788 von Friedrich Wilhelm II. unterzeichnet wurde, heißt der 6. Artikel des »Titul III. Wie gute Disciplin bey den Soldaten gehalten werden muß«: »Wenn aber ein Soldat besoffen auf Parade kömmt, oder sich sonst im Dienst besoffen einfindet, oder besäuft, wenn er ohne Urlaub von der Wacht oder vor der Ablösung, von seinem Posten gehet, wenn er auf der Schildwacht schläft oder sein Gewehr von sich setzet; so soll selbiger in Arrest geschickt und es folgenden Tages ohne weiteres Verhör und Kriegsrecht durch Gassenlaufen bestraft werden.«
Da werden furchtbare Strafen ausgeteilt: Der Text ist 1782 erschienen, und zwar als Erläuterung zu den Kupfern des aus Danzig stammenden Malers, Kupferstechers und Radierers Daniel Cho-

dowiecki (1726–1801), der Jahrzehnte hindurch in Berlin lebte, in Basedows »Elementarwerk für die Jugend . . .«, Berlin und Dessau 1774. Adolph von Menzel hat Chodowieckis Kupferstich unter einer eigenen Zeichnung »Der Profos« durchgezeichnet und, offenbar an der Weisheit solcher Maßnahmen zweifelnd, dazugeschrieben: »Der Soldat muß seine Offiziere mehr fürchten als den Tod.«

Der Profos. Zeichnung von Adolph von Menzel, der unten Chodowieckis Stich vom Spießrutenlaufen nachskizziert hat.

101 *Auf dem Exerzierplatz:* Hier nach »Das Leben und die Abentheuer . . .«, Berlin 1910, pp. 122 sq.

Auf dem nur durch eine niedrige Hecke: In Johanna Schopenhauer »Jugendleben und Wanderbilder«, Velox-Verlag 1958, p. 65.

heillosen und unmenschlichen Art: Joachim Nettelbeck (1738 bis 1824) wurde nach seiner Flucht Seemann und verteidigte im Alter zusammen mit Gneisenau 1807 die Festung Kolberg erfolgreich gegen die Franzosen.

Das Beste, was: Friedrichs Testament von 1768 nach »Die Politischen Testamente Friedrichs des Großen«, ed. Volz, Berlin 1920, p. 147: »Quant au soldat, tout ce qu'on en peut tirer, est lui donner l'esprit du corps, c'est-à-dire meilleure opinion de son régiment que de toutes les troupes de l'univers, et comme, en de certaines occasions, les officiers le doivent conduire à travers les plus grands dangers (l'ambition ne pouvant pas agir sur lui) il faut qui'l craigne plus ses officiers que les périls auxquels on l'expose, ou jamais personne ne pourra le mener à la charge à travers une tempête de trois cents canons qui le foudroient. La bonne volonté n'engagera jamais le vulgaire dans de semblables périls; il faut que ce soit la crainte.«

102 *Lehren Sie Ihre Infanterie:* Brief an den Prinzen Heinrich vom 1. September 1758 in »Politische Correspondenz Friedrichs des Großen« (PC), Berlin 1879 ff., XVII, 204: »Il n'ya a pas le mot à dire sur votre conduite, mais par ce que j'ai vu ici le 25, je me crois obligé de vous dire de tenir votre infanterie sous une sévère discipline, de leur faire NB. respecter le bâton et de prendre dans votre armée tous les canons, de tout calibre, que le temps vous permettra d'y rassembler. Frederic.«

mehr gestohlen als errungen: Äußerung des Königs laut Walter Elze »Fr. d. Gr. ...«, Berlin 1936, pp. 182 sq.: »Die Schlacht bei Zorndorf haben wir eigentlich nicht gewonnen, sondern gestohlen. Wir gewannen sie, weil die Russen nicht gewinnen wollten.«

Nach dieser Anschauung: Das Delbrück-Zitat bezieht sich unmittelbar auf Friedrichs Brief an Prinz Heinrich: Delbrück »Über die Verschiedenheit der Strategie Friedrichs und Napoleons« in »Historische und politische Aufsätze«, Berlin 1887, pp. 22 sq.

zween Augusten: Äußerung des Königs in seinem Leipziger Gespräch mit dem Dichter Christian Fürchtegott Gellert. Hochdeutsch mitgeteilt in »Gespräche Fr. d. Gr.«, ed. Oppeln-Bronikowski/Volz, Berlin 1919, p. 242. Gemeint waren die sächsischen Kurfürsten und Könige von Polen August II., der Starke (1670 bis 1733), und dessen Sohn August III. (1696 bis 1763).

die vielen blauen Sklaven: Ausdruck des Goethe-Freundes und Herzogs (1815 Großherzog) Karl August von Sachsen-Weimar (1757 bis 1828) in einem Brief vom 26. Dezember 1785 an seinen Freund Knebel nach »Fr. d. Gr. im Spiegel seiner Zeit«, ed. Volz, Berlin o. J., t. III., p. 263.

Die Art, wie das Heer: Brief des Marschalls von Sachsen an Friedrich nach Hegemann, op. cit., p. 387.

103 *Das ist nicht wahr:* nach Simon, op. cit., p. 181.

Wie hätten wir es nicht: Nach »Gespräche Fr. d. Gr. mit H. de Catt und dem Marchese Lucchesini«, Auswahl, ed. Bischoff, Leipzig 1885, p. 129. Der junge Schweizer Henri de Catt (1725 bis 1795), den Friedrich auf einer kurzen Holland-Reise kennengelernt hatte, war von März 1758 bis 1780 Vorleser des Königs als Nachfolger des Abbé de Prades, der nach Roßbach (1757) »wegen eines verräterischen Einverständnisses mit den Franzosen« (cf. Koser, t. II., p. 588) verhaftet und auf die Festung Magdeburg geschickt wurde.

Leistungsfähigkeit der technischen Mittel: Gerhard Ritter, op. cit., 3. A., p. 183: »Was von der Kriegführung Friedrichs des Großen gilt: daß sie die Leistungsfähigkeit der technischen Mittel, die dem alten absoluten Fürstenstaat zur Verfügung standen, durch rationale Konsequenz ihrer Durchbildung auf ein letztes Höchstmaß gesteigert habe – eben dies bezeichnet auch das Wesen friderizianischer Staatsverwaltung.«

104 *Daß die Junkers ihre Autorität:* Joh. Gustav Droysen »Geschichte der Preußischen Politik«, IV. – 2, p. 198, gibt eine Marginalie

Friedrich Wilhelms I. vom 25. April 1716 wieder. Originaltext bei Walter Elze: »... ich komme zu meinem zweg und stabiliere die souverenitet und setze die krohne fest wie ein Rocher von Bronse und lasse die herren Junker den windt von Landthage. Man lasse die leutte windt wen man zum zweg kommet.« Die Herausgeber des großen »Büchmann« (30. A.) halten für unhistorisch, der König habe auf einen Bericht der preußischen Ständte über die neue Besteuerung geschrieben: »... Nihil kredo, davon glaub' ich nichts, aber das Kredo (glaub' ich), daß die Junkers ihre Autorität nie pozwalam (»Ich erlaube es nicht«, Worte, mit denen jedes polnische Reichstagsmitglied einen Beschluß verhindern konnte) wird ruiniert werden. Ich stabiliere die Souveränetät wie ein Rocher von Bronze.« (»Geflügelte Worte«, 30. A., Berlin 1961, p. 665.)
seine Verachtung für die Bürgerlichen: Brief des Kammerdirektors Hille an den General v. Grumbkow vom 28. April 1731: »Letzten Dienstag hat er (der Kronprinz) uns Montolieus Flucht und Thieles Tod mitgeteilt und über beides gelacht. Der letztere scheint ihn sehr gehaßt zu haben, ebenso sein Bruder, der Oberst, weshalb weiß ich nicht, es sei denn, daß sie als Unadlige nach seiner Meinung zu hohe Stellen inne hatten; denn er verhehlt seine Verachtung für die Bürgerlichen nicht.« Der Brief ist abgedruckt in »Friedrich der Große im Spiegel ...«, t. I., p. 32.
Den ersten Schritt: Zitiert nach Mehring, op. cit., p. 115, der sich auf Oe. 9, 186, bezieht. Der Text steht in dem 1775 oder 1776 verfaßten, kurzen »Exposé du Gouvernement Prussien ...« und lautet: »Si l'on préfère les fainéants de cour au militaire, on verra que tout le monde préférera cette fainéantise au laborieux métier des armes, et alors, au lieu que nos officiers sont nobles, il faudra avoir recours aux roturiers, ce que serait le premier pas vers la décadence et la chute de l'armée.«
105 *Deßen Söhne das Landt Defendiren:* Nach Borchardt-Murawski »Ihr Wintbeutel und Erzschäker – Die Randbemerkungen Friedrichs des Großen«, Bad Nauheim o. J., p. 32.
Wo die Rechte der Geburt: Der Text nach der deutschen Ausgabe »Die Werke Friedrichs des Großen«, ed. G. B. Volz, t. VII. (Berlin 1913), p. 245. – Der König verfaßte die Abhandlung »Examen de l'Essai sur les Préjugés« im Jahre 1769. Der Originaltext lautet in Oe. 9, 140: »Ne pas rendre à la naissance ce qui lui est dû n'est point l'effet d'une liberté philosophique, mais d'une vanité bourgeoise et ridicule.«
106 *Stinkent Fet:* Bemerkung des Königs am 26. Juli 1765 auf einer Beschwerde des Prinzen von Anhalt-Bernburg, daß seine Heirat von seinen Stiefbrüdern aus einer »successiven Begierde«, also aus Erbschaftsgründen, noch immer für eine »Mesalliance« ausgegeben werde. Der König schrieb an den Rand: »Stinkent Fet und Schmirige buter – ne Finke –«. Abgedruckt bei Preuss »Urkundenbuch zu der Lebensgeschichte ...«, Zweiter Theil, Berlin 1833, p. 226.
lieben Capitaine v. der Albe: Der Brieftext bei Preuss »Urkundenbuch ...«, Erster Theil, Berlin 1832, pp. 168 sq.
nicht durch die Scheide: Am 20. Oktober 1746 schrieb der König »Mein lieber Gen.Major von Bronikowski, Ich gebe euch auf eure

Vorstellung vom 12. dieses, wegen Versorgung eurer Schwester durch eine Heirath mit dem Cornett von Zmiewsky in Antwort, daß die Husaren nicht durch die Scheide, sondern durch den Säbel ihr Glück machen müssen. Ich bin etc.« Abgedruckt bei Preuss, op. cit., Erster Theil, Berlin 1832, p. 20.

Die Ehelosigkeit: in Eduard Vehse »Illustrierte Geschichte des preußischen Hofes . . .«, Stuttgart o. J., t. I., p. 375.

107 *Gneisenau:* August Graf Neithardt von G. (1760 bis 1831) war seit 1786 in preußischen Diensten, seit 1807 durch die Verteidigung der Festung Kolberg (mit Nettelbeck) berühmt. Gehilfe Scharnhorsts. Sein Appell, die Adelsprivilegien für das Offizierskorps abzuschaffen, war nur zeitweilig erfolgreich. Nach der Entlassung Steins 1808 nahm er den Abschied, erst 1813 wieder preußischer Offizier. Stabschef der Schlesischen Armee unter Feldmarschall Blücher. Verdienste in der Völkerschlacht bei Leipzig. Höhepunkt seiner Laufbahn die Schlacht bei Waterloo/Belle-Alliance (18. Juni 1815). Nahm 1816 den Abschied, wurde 1831 noch einmal in Posen wegen des polnischen Aufstandes kommandierender General und starb wie Clausewitz und Hegel im gleichen Jahr an der Cholera.

Wuchernden Krämern: Das Zitat bezieht sich auf das preußische Heer kurz vor dem Krieg von 1806. Hermann von Boyen (1771 bis 1848), preußischer Generalfeldmarschall, schrieb in seinen »Denkwürdigkeiten und Erinnerungen 1771–1813«, Stuttgart, 1899, t. I., p. 193: »Anstatt daß ein solcher Vorgesetzter als der Vater seiner Soldaten erscheinen soll, bekam er hier die Stelle eines wuchernden Krämers.«

Den Officiers muß nicht gestattet werden: Aus den Instruktionen des Königs für die Kommandeure vom 11. Mai 1763, die nach dem im Text gegebenen Zitat fortfahren: »Wenn man siehet, daß Officiers mit dergleichen Leuten Umgang haben, so ihnen nicht anständig, und daß sie sich nicht korrigieren und von selbigen abhalten lassen wollen, so muß man suchen, solche junge Leute, indem sie niemals rechte Ambition kriegen werden, vom Regiment zu schaffen.« (Mitgeteilt von Jany, op. cit., t. III., p. 37.)

Sprung nach Spandau: nach Hegemann, op. cit., p. 131: »Dann verschwand der alte ›böse Mann‹ (wie ihn Maria Theresia nannte), der seine verdienten höchsten Beamten im deutschen Stil seines Vaters mit ›Halt er das Maul‹ anfuhr oder mit ›einem Sprung nach Spandau‹ bedrohte, und der seine geliebten Flöten den Kammerdienern auf dem Kopfe zerschlug.«

108 *Ihre Unwissenheit erstickt:* Das Schreiben des britischen Gesandten in Berlin, Sir James Harris, später Lord Malmesbury (1746 bis 1820), vom 18. März 1776 an Lord Suffolk, in etwas anderer Übersetzung in »Fr. d. Gr. im Spiegel . . .«, t. II., p. 254.

dann wann einer ehrlich: Randbemerkung des Königs auf einem Antrag der Westpreußischen Kammer, wegen der Wohnungsnot in Marienwerder 1774 die Garnison zu verlegen: »Ihr seyd alle Narrens: Meint Ihr, daß Ich um einen Krieges-Rath (was eigentlich ein Dieb ist, der mit Beamten und Defraudeurs unter einer Decke sticht), meint Ihr, daß Ich um solche Schlüngels einen winzigen Dragoner umquartieren sollte, so betriegt Ihr Euch sehr, unter 100. Krieges Räthe kann man immer mit gutem Gewissen

99. hängen lassen: dann wann einer ehrlich mank sie ist, so ist es viel ... Ein wenig modester gegen das Militarium.« Abgedruckt bei Borchardt-Murawski, op. cit., p. 84.

109 *In lichten Scharen:* Ausdruck von Preuss »Fr. d. Gr.«, t. IV., Berlin 1834, p. 334.

Das ist die Wirkung des Despotismus: Aus einem Brief des Prinzen Heinrich an den Erbprinzen von Braunschweig, im Archiv zu Wolfenbüttel; wiedergegeben bei Reinhold Koser »Friedrich der Große«, reprint Darmstadt 1963 (gleiche Paginierung wie 4. u. 5. A., Stuttgart und Berlin 1913), t. III., p. 405.

Ich vermag nicht zu entscheiden: In Georg Heinrich von Berenhorst »Betrachtungen über die Kriegskunst ...«, Leipzig 1827, 3. A. (1. A. 1797), p. 75. Bis in die neue Brockhaus-Enzyklopädie hinein (Bd. 2, Wiesbaden 1967, p. 466) hat sich die Legende gehalten, Berenhorst sei ein natürlicher Sohn des »Alten Dessauers«, des Fürsten Leopold I. von Anhalt-Dassau (1676 bis 1747), gewesen. So auch der Große Brockhaus (Bd. I., Wiesbaden 1953, p. 715), Hegemann (op. cit., 4. A., p. 602) und Max Jähns (»Geschichte der Kriegswissenschaften ...«, Dritte Abteilung, München/Leipzig 1891, p. 2122). Sogar Koser (op. cit., t. IV., p. 140) schreibt »natürlicher Sohn des alten Dessauers«. Der Irrtum leitet sich vom Herausgeber des Berenhorst-Nachlasses, Eduard von Bülow, her. Er schrieb im ersten Bande des Nachlasses 1845, Berenhorsts Vater sei Fürst Leopold I., seine Mutter ein Fräulein Söldener gewesen. In der Biographien-Sammlung »Soldatisches Führertum«, ed. Kurt von Priesdoff, Hamburg – in der u. a. alle Generale der Preußischen Armee dargestellt werden –, heißt es jedoch über Leopolds I. Sohn Leopold II. Maximilian (1700 bis 1751): »Mit Sophie Eleonore Soeldner zeugte er einen Sohn, Georg Heinrich, geb. 26. Oktober 1733 in Sandersleben, der am 27. März 1747 den Namen ›von Berenhorst‹ erhielt.« (t. II., p. 143.)

aus einer tiefen und ursprünglichen Empfindung heraus: bei Friedrich Meinecke »Die Idee der Staatsräson in der neueren Geschichte«, in »Werke«, Bd. I., 3. A., München 1963, p. 333 (1. A. 1924): »Friedrich hat es bitter ernst und heilig genommen mit der Aufgabe, seinen Untertanen das höchste, mit den Anforderungen seines Staates vereinbare Maß von irdischem Glück, materieller Wohlfahrt, Erweckung der Vernunft und sittlicher Tüchtigkeit zu verschaffen, aus einer tiefen und ursprünglichen Empfindung heraus, die man nicht überhören darf über den schneidenden Tönen seiner Menschenverachtung.«

Aber, lieber Bruder: Brief des Königs an den Prinzen Heinrich vom 22. April 1764, deutsch in »Briefe Friedrichs des Großen«, ed. Max Hein, Berlin 1914, t. II., pp. 136 sq. Im Original cf. Oe. 26, 300 sq.

Denken wir uns eine beliebige Monarchie: Brief des Königs vom 8. Januar 1770 an d'Alembert. Abdruck aus »Briefe Friedrichs des Großen«, Berlin 1914, t. II., p. 179.

110 *Es ist verlorene Mühe:* Aus dem gleichen Brief an d'Alembert nach der deutschen Ausgabe der Briefe, op. cit., t. II., p. 180.

Denken Sie sich aus, was Sie wollen: Brief des Königs an Prinz Heinrich vom 4. Dezember 1781, deutsch op. cit., t. II., p. 246; das Original Oe. 26, 480.

Das Regiment hat den ganzen Krieg: Als ein adliger Major nach dem Siebenjährigen Krieg eine Unterstützung erbat, schrieb der König an den Rand: »er hat die Stadt Ordensburg verbrennen laßen und das Regiment hat den ganzen Krieg geberenheitert Solche Leute Krigen nichts.« Abgedruckt bei Borchardt-Murawski, op. cit., p. 55.
Im Altenburgschen: Nach Friedrich Nicolai »Anekdoten von Friedrich ...« Berlin und Stettin 1791, Heft 5, p. 40.
von Zedlitz: Karl Abraham Freiherr von Z. (1731 bis 1793), preußischer Staatsminister. 1770 als Wirkl. Geh. Etats- und Justizminister nach Berlin berufen, erhielt 1771 das Kriminaldepartement sowie das Kirchen- und Unterrichtswesen. Errichtete die Gymnasien, führte 1788 das Abitur ein. Errichtung eines Oberschulkollegiums 1787, das die Kirchenaufsicht durch die des Staates ablöste. Im Falle des Müllers Arnold lehnte Z. die Befolgung der Anweisung des Königs ab. 1788 trat Z. von seinem Amt als Kultus- und Unterrichtsminister zurück, 1789 auch als Justizminister.
Die Saksen: Nach Nicolai, op. cit., H. 5, p. 47.
Sie haben aber zu viel Professores: Nach Nicolai, op. cit., H. 5, p. 45.
111 *höchstens die Philosophie:* Zitat Lamprecht bei Hegemann, op. cit., p. 104: »... gefördert wurde an den Universitäten höchstens die Philosophie; im übrigen mußte Halle mit einem Etat von 18 116 Thalern, Königsberg gar mit einem solchen von 6100 Thalern auskommen.«
Bringen denn Erfahrung: Die Äußerung Mirabeaus nach der ersten deutschen Übersetzung seines Werkes »Von der Preußischen Monarchie unter Friedrich dem Großen ...«, ed. Mauvillon, t. I., Braunschweig/Leipzig 1793, p. 183.
wo junge Leute zum Dienst des Staates: Aufgrund einer Kabinettsordre des Königs vom 21. Juni 1771 hieß es in einer Mitteilung an den General-Fiskal d'Anières im Departement des Staatsministers v. Massow vom 24. Juni: »Nachdem Sr. K. M. in Pr. etc. Unser Allergnädigster Herr mittelst allergnädigster Cabinetsordre vom 21. hujus befohlen haben, daß die öffentliche Schau-Spiele sich ganz und gar nicht für Städte und Örter schicken, wo junge Leute zum Dienst des Staats gebildet werden sollen, indem solche vielmehr der Jugend nur Anlaß geben, Zeit und Geld unnützer Weise zu verschwenden, und die auf diesen Pflanz-Schulen so unumgänglich nöthige gute Zucht zu stören, und zu unterbrechen, dergleichen Schauspiele weder auf Dero Universitäten noch in deren Nachbarschaft weiter gestattet werden sollen ...« (Nach Preuss »Urkundenbuch zu der Lebensgeschichte Friedrichs des Großen«, Dritter Theil, Berlin 1833, p. 287.)
Meine Hauptbeschäftigung ist: Brief an Voltaire 1770, deutscher Text in »Briefe ...«, Berlin 1914, t. II., p. 189.
welchen Schaden der Gesellschaft: Brief an d'Alembert vom 6. Oktober 1772, op. cit., t. II., p. 204: »Je älter man wird, um so mehr erkennt man, welchen Schaden der Gesellschaft die Vernachlässigung der Jugenderziehung tut ...«
Es kann doch nicht bezweifelt werden: Friedrich verfaßte »Examen critique du Système de la Nature« im Jahre 1770, wollte aber

die Polemik gegen den Atheisten und Materialisten Paul Heinrich Baron von Holbach (1723 bis 1789), obschon er sie an Voltaire und d'Alembert schickte, nicht drucken lassen. So erschien sie zum ersten Male in den »Oeuvres posthumes«, Berlin 1789, t. VI. Deutscher Text in »Die Werke Friedrich des Großen«, t. VII., Berlin 1913, p. 265. Der Originaltext: Oe. 9, 164.

112 *Flößt man ihnen Liebe zur Tugend:* Friedrich in »Denkwürdigkeiten zur Geschichte des Hauses Brandenburg«: deutscher Text cf. »Werke ...«, t. I., p. 142.

Gustav von Schmoller: Schm. (1838 bis 1917) gehörte der historischen Schule der Volkswirtschaft an: »Kathedersozialist«, der dem Dirigismus des Staates und dem Ausgleich mit der Arbeiterklasse das Wort redete, Mitbegründer und seit 1890 Leiter des Vereins für Sozialpolitik.

stellte alle Macht: Schmoller »Preußische Verfassungs-, Verwaltungs- und Finanzgeschichte«, Berlin 1921, p. 167.

Diese Nation ist schwerfällig und faul: Der Text aus dem Politischen Testament von 1768 deutsch in Friedrich der Große »Die Politischen Testamente«, ed. Volz, Berlin 1922, p. 137. Der Originaltext in »Die Politischen Testamente ...«, ed. Volz, Berlin 1920, p. 129: »Cette nation est lourde et paresseuse. Ce sont deux défauts contre lesquels le gouvernement a sans cesse à lutter. Ce sont masses qui se meuvent à votre impulsion, et qui s'arrêtent, si l'on discontinue un moment de les pousser. Personne ne connaît (autre chose) que les usages de ses pères; on lit peu; on n'est guère avide de s'instruire sur ce qui se pratique autre part, de sorte que toutes les nouveautés les effarouchent; et moi qui ne leur ai jamais fait que du bien – ils pensent que je leur vais porter le couteau à la gorge, dès qu'il s'agit de faire quelque réforme utile ou quelque changement nécessaire. Dans des cas pareils, je me suis confié à la droiture de mes intentions, à l'aveu de ma conscience et aux connaissances que je m'étais procurées, et j'ai tranquillement poursuivi mon chemin.«

zu essen, zu trinken: Brief an d'Alembert vom 6. Januar 1781, Oe. 25, 172: »Vous vous moquerez des peines que je me suis données pour indiquer quelques idées du goût et du sel attique à une nation qui jusqu'ici n'a su que manger, boire, faire l'amour et se battre; toutefois on désire d'être utile; souvent un mot jeté dans une terre féconde germe, et pousse des fruits auxquels on ne s'attendait pas.«

5. KAPITEL

113 *sein Vaterland zu lieben:* Aus Friedr. Karl Freiherr von Moser »Von dem Deutschen national-Geist« (1765), pp. 15 sq.

bunte Mischung: Bericht des britischen Gesandten in Berlin, Sir James Harris (später Lord Malmesbury) vom 18. März 1776 (zitiert nach George Peabody Gooch »Frederick the Great«, London 1947, dt. Ausgabe Göttingen 1951, p. 164): »... diese bunte Mischung von Barbarei und Humanität, die seinen Charakter so stark kennzeichnet. Ich habe gesehen, wie er in der Tragödie weint, gewußt, daß er für einen kranken Windhund so sehr sorgte wie eine liebevolle Mutter für ihr Lieblingskind; aber am Tage darauf hat er Befehl zur Verwüstung einer Provinz gegeben oder durch eine willkürliche Steuererhöhung einen ganzen Landstrich unglücklich gemacht. Er ist so wenig blutdürstig, daß er es kaum zuläßt, daß ein Verbrecher mit dem Tode bestraft wird, wenn es sich nicht gerade um ein notorisches Verbrechen handelt; dennoch gab er im letzten Krieg Geheimbefehle an mehrere Feldärzte, lieber den Tod eines verwundeten Soldaten auf sich zu nehmen als durch die Amputation eines Gliedes die Zahl seiner Invaliden und die Unkosten für sie zu erhöhen. So verliert er nie sein Ziel aus dem Auge und läßt im entscheidenden Augenblick alle Gefühle beiseite. Und obwohl er als Individuum oft nicht nur so erscheint, sondern auch wirklich human, wohlwollend und freundlich ist, lassen ihn, wenn er als König handelt, diese Eigenschaften plötzlich im Stich, und Vernichtung, Jammer und Verfolgung begleiten ihn, wohin er geht. Obwohl die Menschen die eiserne Rute spüren, mit der sie regiert werden, sind nur wenige unzufrieden, und zu murren wagt keiner.«

114 *zu Geld zu kommen:* Im Februar oder März 1739 schrieb der Kronprinz dem Jugendfreund und sächsischen Diplomaten Ulrich Friedrich von Suhm, damals Gesandter in St. Petersburg, chiffriert und eigenhändig zum Schluß eines Briefes: »Le Roi est mal. Que cela vous serve d'argument qu'on m'avance une bonne somme l'été prochain; car assurément, si l'on veut m'obliger, il faudra se presser.« (Oe. 16, 362).

tränenseligen Gedicht: Im Brief vom 26. Februar 1740 übersandte der Kronprinz Voltaire ein Gedicht über seinen Vater, das mit den Zeilen beginnt: »Aux portes de la mort, un père à l'agonie, / Assaillie de cruels tourments, / Me présente Atropos prête à trancher sa vie. / Cet aspect douloureux est plus fort sur mes sens / Que toute ma philosophie ...« Atropos, die »Unabwendbare«, ist eine der drei Parzen der griechischen Mythologie, sie schneidet den Schicksalsfaden des Menschen ab. (Cf. »Briefwechsel ...«, ed. Koser/H. Droysen, t. I., Leipzig 1908, p. 330.)

Bärengesundheit: Brief des Kronprinzen aus dem Juni 1735 an seine Schwester Wilhelmine: Original in »Oeuvres de Frédéric le Grand« (Oe.), ed. Preuss, Berlin 1846 ff., t. 27 (1), p. 27: »La maladie du Roi n'est que politique; il se porte bien dès qu'il en a l'envie, et se rend plus malade lorsqu'il le trouve à propos. J'y ai été trompé dans le commencement, mais à présent je m'aperçois du mystère. Vous pouvez compter, ma très-chère soeur, que, grâce à Dieu, il a la nature d'un Turc, et qu'il survivra à la postérité future, pour peu qu'il en ait envie et qu'il veille se ménager.«

was Kuckuck willst Du auf dieser Galeere tun?: Ein von der Markgräfin von Bayreuth wiedergegebener Brief des Kronprinzen, von dem der Herausgeber der »Oeuvres de Frédéric le Grand«, J. D. E. Preuss, in einer Anmerkung zum Briefwechsel mit Wilhelmine, Oe. 27 (1), 79^d, bemerkt: »... une prétendue réponse de Frédéric, qui n'est au fond que notre n° 77 fortement altér.« Laut Oe. 27 (1), pp. 78 sq., hatte der Kronprinz am 10. April 1740 seiner Schwester aus Ruppin geschrieben: »Je ne conçois pas comme il est possible d'avoir une si vive envie de venir ici dans les circonstances présentes. Le Roi, à la vérité, est très-mal; mais, ma très-chère soeur, c'est à Berlin une vie qui ne vous convient en vérité nullement... Je pars après-demain pour retourner à la galère...« Der »erheblich veränderte« (Preuss) Text findet sich übersetzt in »Eine preußische Königstochter – Denkwürdigkeiten der Markgräfin von Bayreuth...«, ed. Johannes Armbruster, Ebenhausen b. München 1910, p. 454.

davonkommen kann er nicht: In den Memoiren der Markgräfin, op. cit., p. 454, angeblich im gleichen Brief; in Oe. jedoch schon im Brief vom 21. März 1740, Oe. 27 (1), 77: »Ne vous faites plus d'espérance de sa guérison, car il a l'inflammation dans les poumons, et il est impossible qu'il en réchappe.«

Der Tod des Kaisers: Brief an Algarotti vom 28. Oktober 1740, Oe. 18, 20: »Mais la mort de l'Empereur fait de moi un très-mauvais correcteur. C'est une époque fatale pour mon livre, et peut-être glorieuse pour ma personne.«

dessen einzige Beschäftigung: Brief an Voltaire vom 12. Juni 1740: »Je vous avoue que la vie d'un homme qui n'existe que pour réfléchir, et pour lui-même, me paraît infiniment préférable à la vie d'un homme dont l'unique occupation doît être de faire le bonheur des autres.« (»Briefwechsel Friedrichs des Großen mit Voltaire«, ed. Koser/H. Droysen, t. II., Leipzig 1909, p. 4.)

115 *Die Günstlinge des Kronprinzen von Preußen: In* »The Letters of Horace Walpole«, ed. Peter Cunningham, Edinburgh 1906, vol. III., p 478; Brief an Sir Horace Mann vom 29. Januar 1762: »The favourites of the Prince Royal of Prussia, who had suffered so much for him, were wofully disappointed, when he became the present glorious Monarch; they found the English maxim true, that the King never dies; that is, the dignity and the passions of the Crown never die.«

einen Krieg légèrement anzufangen: Bericht des Staatsministers Podewils über den Tod König Friedrich Wilhelms I., in »Friedrich der Große im Spiegel seiner Zeit«, ed. Volz, Berlin o. J., t. I., p. 87: »(Sie [der Kronprinz] würden) ... auch am besten dabei fahren, wenn Sie zur Erhaltung Ihres Etats, zum Besten und Aufnahme Ihrer Untertanen und zu Ihrer eigenen Beruhigung den Frieden so lange als möglich zu erhalten suchten und keinen Krieg légèrement anfingen, weil man nicht allemal Meister wäre, denselben zu endigen, wie man wollte ...«

Bettet zu Gott: Politisches Testament Friedrich Wilhelms I. von 1722, Auszug bei Gooch, op. cit., pp. 309 sq.: »An euch mein lieber Successor ist was eure vorfahren angefangen zu suttenieren und eure Pretensionen und lender darbeyschaffen die unsserm hausse von Gott und rechtswehgen zugehören bettet zu Gott und fanget niehmalen ein ungerechten Krig an aber wozu Ihr recht habet da lasset nicht ab.« Cf. auch Gerhard Ritter »Friedrich der Große«, 3. A., Heidelberg 1954, p. 32.

Fritz, wenn Du der Herr bist: Depesche des französischen Botschafters in Berlin, Marquis de Valory, an den französischen Außenminister d'Argenson (nach dem Pariser Archiv-Original in »Friedrich der Große im Spiegel seiner Zeit«, ed. Volz, t. I., p. 174) vom 8. Januar 1745: »Was der verstorbene König von seinem Nachfolger dachte, ist mir von Leuten, die dabei gewesen sein

wollen, mehrmals anvertraut worden. Diese Leute haben mir versichert, Friedrich Wilhelm hätte gesagt, daß er seinen Sohn besser kenne als irgendwer, und sich an ihn selbst wendend, hätte er hinzugefügt: ›Ich weiß, wenn Du der Herr sein wirst, wirst Du sie alle hintergehen.‹ (Er sprach von allen Nachbarn und den Höfen, mit denen er zu tun haben könnte.) ›Denn‹, fuhr er fort, ›das liegt in Deinem Charakter, und Du kannst nicht anders. Aber mach es gut und bei einer wichtigen Gelegenheit, wo es der Mühe wert ist; denn Du wirst es nur einmal können.‹« Cf. auch op. cit., t. I., p. 261 (aus »Observations sur le caractère du Roi de Prusse«, verfaßt 1753, abgedruckt in »Mémoires de négociations ...«, Paris 1820, t. I.). – Hier wird als Gewährsmann der Prinz von Preußen, Friedrichs II. Bruder August Wilhelm, genannt. Der Kronprinz erwähnt diese Verstellung in einem Brief an General von Grumbkow 1735: »Conserver son honneur et s'il le faut, ne tromper qu'une fois de ses jours, et cela dans une occasion des plus pressantes, c'est la fin et le grand art de la politique«; in »Briefwechsel Friedrichs d. Gr. mit Grumbkow und Maupertuis«, ed. Koser, p. 124. Der entgegengesetzte Gedanke im Urtext des Antimachiavell »Réfutation du Prince de Machiavel«, Oe. 8, 248: »Je ne parle point, en ce moment, de l'honnêteté ni de la vertu; mais, ne considérant simplement que l'intérêt des princes, je dis que c'est une très-mauvaise politique de leur part d'être fourbes et de duper le monde: ils ne dupent qu'une fois, ce qui leur fait perdre le confiance de tous le princes.«
Deserteur Friedrich: Nach seinem Fluchtversuch 1730 wurde der Kronprinz als Deserteur behandelt und vor ein Kriegsgericht gestellt. Der österreichische Gesandte in Berlin, Graf Seckendorff, entwarf daraufhin ein Handschreiben des Kaisers Karl VI. an König Friedrich Wilhelm I., das für Friedrichs Begnadigung eintrat. Das Handschreiben des Kaisers, datiert vom 11. Oktober 1730, wurde jedoch vom König selbst erst dann eingefordert und von Seckendorff eingereicht, als die Begnadigung feststand. Am 31. Oktober unterbreitete der Gesandte dem König in Wusterhausen einen schriftlichen »Generalplan« über die weitere Behandlung des Kronprinzen, in dem zu lesen steht: »Ew. Königl. Maj. haben gnädigst befohlen, das kaiserliche Handschreiben einzusenden und ein Project zu machen, was ferner zu thun. Meine ohnmaßgebliche Gedanken sind, Ew. Majestät sollten dem Kronprinzen durch einige Generale und Officiere, auch wenn es gnädigst gefällig, durch mich mit eröffnen zu lassen, daß Sie zwar nach der von Gott Ihnen zukommenden Königlichen und väterlichen Gewalt durch ein ordentliches Kriegesrecht über seine Conduite sprechen lassen; weil aber der Kaiser, als Ew. K. M. wahrer Freund, eine Vorbitte vor ihn eingelegt, gleich aus dem dem Kronprinzen vorzulesenden Kaiserlichen Handschreiben zu ersehen, so wollen Ew. K. M. in Ansehen derselben Gnade vor Recht ergehen lassen ... Findet dieser Generalplan Ew. K. Maj. Allerhöchste Approbation, so kann er gar leicht in bessere Ordnung gebracht werden, und damit der Kaiser Gelegenheit hat, dem Kronprinzen schriftlich Vermahnung zu nehmen, Gehorsam gegen Ew. Maj. zu haben, so wäre ohnmaßgeblich nöthig, daß der Kronprinz in einem Schreiben dem Kaiser dankte, daß er hätte wollen

bei Ew. Maj. vor Ihn intercediren. Wusterhausen, den 31. Oct. 1730 v. Seckendorf.« (in Preuss »Urkundenbuch...«, Zweiter Theil, Berlin 1833, pp. 164 sqq.) Der Dankesbrief des preußischen Kronprinzen an den Kaiser ist im Sonderdruck »Fürsprache« 1965 der Verlage Propyläen und Ullstein, p. 21, abgedruckt. Oberarchivrat Branig kommentierte auf p. 29: »Man liest die kühlen Formeln, die dem Kronprinzen wahrscheinlich von der Kanzlei diktiert worden sind, nicht ohne Bewegung...«

116 *wahrhaft widerlich:* Ritter von Arneth schrieb in seiner »Geschichte Maria Theresias«, t. I., Wien 1863, p. 134: »Daß er (Friedrich) sich jedoch fortwährend das Ansehen gab, von der Gerechtigkeit seiner Sache überzeugt, und wie er gegen den Großherzog (Franz Stephan) sich ausdrückte, darüber in Verzweiflung zu sein, nicht anders handeln zu können, als es von seiner Seite geschah, und gegen einen Fürsten feindselig auftreten zu müssen, welchem die festeste Stütze zu sein er sich zum Ruhme angerechnet haben würde, dieß bringt einen wahrhaft widerlichen Eindruck hervor.«

In London: Randbemerkungen des Königs zu einem Memorandum von Podewils vom 11. November 1740, abgedruckt in »Politische Correspondenz Friedrichs des Großen« (PC.), Berlin 1879 ff., t. I., pp. 99 sq.: »... à Londres il faut dire que, sachant sûrement que le duc de Lorraine veut conclure avec la France, je m'approche de Vienne pour le forcer en quelque façon à se mettre du parti des marins et de la religion... A Hanovre, Mayence et Ratisbonne, il faut parler du coeur patriote qu'il faut et que je veux soutenir l'Empire; que je veux protéger les débris d'une maison faible, et les tirer dans le bon chemin, pourvu qu'ils veuillent le suivre, qu'il faut soutenir l'Empire et exterminer ceux de ces membres qui tendent à le détruire.«

Das an die feierlichen Bedenken: Bei Heinrich von Treitschke »Deutsche Geschichte im Neunzehnten Jahrhundert«, t. I., p. 54, Leipzig 1879.

als wir: Gerhard Ritter, op. cit., 3. A. 1954, p. 101: »Und darum war man drüben immer leichter geneigt als wir, machtpolitisches Handeln als Gewalttat, als Verletzung der Humanitätsidee moralisch zu verurteilen.«

117 *Nicht ein wirklicher Notstand:* Ritter, op. cit., 3. A., Heidelberg 1954, p. 107.

118 *Der Schritt des Königs...:* In »Histoire de mon temps«, Oe. 2, 93: »la démarche du Roi était scabreuse...«

Neipperg: Wilhelm Reinhard Graf N. (1684 bis 1774), Österreichischer Feldmarschall, schloß 1739 den Frieden von Belgrad nach unglückseligem Feldzug gegen die Türken und wurde von Karl VI. zunächst in Festungshaft geschickt. Als Günstling Maria Theresias und Franz I. kommandierte er jedoch die österreichische Armee im Ersten Schlesischen Krieg, verlor die Schlacht bei Mollwitz und schloß mit Friedrich II. die Konvention von Kleinschnellendorf. Später war er Präsident des Reichshofkriegsrates und Kommandant von Wien.

Kopf aus dieser Schlinge ziehen: Brief an Podewils vom 7. Juni 1742, PC. II., 187: »Je vous avoue que je souhaiterais de bon coeur de pouvoir tirer au plus tôt possible mon épingle de ce jeu, puisque je n'augure rien de bon, et qu'à la fin cela ira mal.«

Kein Polichinell: Brief des Königs an Podewils vom 19. Juni 1742 in PC. II., 210.
Betrügerei, Unredlichkeit: Brief an Voltaire vom 3. Februar 1742, op. cit., t. II., p. 118: »La supercherie, la mauvaise foi et la duplicité font malheureusement les caractères dominants de la plupart des hommes qui sont à la tête des nations, et qui en devraient être l'exemple. C'est une chose bien humiliante que l'étude du coeur humain dans ces sortes de sujets; elle me fait mille fois regretter ma chère retraite, les arts, mes amis et mon indépendance.«
Ich habe Europa: Brief an Voltaire vom 15. November 1742, op. cit., t. II., p. 160: »J'ai donné mal épidémique de la guerre à l'Europe, comme une coquette donne de certaines faveurs cuisantes à ses galants. J'en suis guéri heureusement, et je considère à présent comme les autres vont se tirer des remèdes par lesquels ils passent.«
schneller Stellungswechsel: cf. Ritter, op. cit., 3. A., p. 100: »Die Politik dieser jüngsten Großmacht glaubte nur durch überraschenden Angriff zum Erfolg gelangen zu können; deshalb war sie bald als rücksichtslos, kriegerisch, ›militaristisch‹ verschrien. Sie war, als die Politik des Schwächeren, oft zu schnellem Stellungswechsel, zu bedenkenloser Ausnützung jeder rasch wechselnden Lage genötigt; darum geriet sie bald in den Ruf, besonders verschlagen, treulos, machiavellistisch zu sein.«

119 *Freiheit des Reiches:* Cf. Gooch, p. 36: »Se. Majestät greift nur zu den Waffen, um die Freiheit des Reiches, die Würde des Kaisers, und die Ruhe Europas wiederherzustellen.« Schluß der öffentlichen Erklärung des Königs, im August 1744 kurz vor dem Beginn des Zweiten Schlesischen Krieges entworfen.
Betrügen ist sogar: Im Urtext des Antimachiavell »Réfutation...«, Oe. 8, 248: »La fourberie est même un défaut en style de politique, lorsqu'on la pousse trop loin.«
Als ich jung war: Brief Josephs II. an seine Mutter, die Kaiserin Maria Theresia, abgedruckt bei Gooch, op. cit., p. 89: »Er versicherte mir, daß er als junger Mann ehrgeizig gewesen sei und falsch gehandelt habe, daß diese Zeiten aber vorüber und seine jetzigen Erwägungen viel beständiger seien. ›Sie glauben, daß ich voller Treulosigkeit bin; das weiß ich, ich habe es auch ein wenig verdient; das erforderten damals die Umstände, aber das hat sich geändert.‹«
faite Tedeomiser etc.: Die handschriftliche Bemerkung des Königs nach dem Faksimile in Herman Petersdorff »Fr. d. Gr....«, Berlin 1902, Beilage 6, nach p. 168.

120 *Fürst Leopold von Anhalt-Dessau:* Reichsfürst L. I. (1676 bis 1747), der »Alte Dessauer«, war kaiserlicher und preußischer Generalfeldmarschall zugleich, woraus manche sein Zögern vor Kesselsdorf 1745 erklären. Seine Mutter aus dem Hause Oranien, sein Vater Feldmarschall des Großen Kurfürsten, er selbst seit 1695 in brandenburgischen Diensten. Systematiker der Truppenausbildung, Teilnahme am Spanischen Erbfolgekrieg (so bei Höchstädt, Turin), dafür 1712 kais. Fm. und Wirkl. Geh. Kriegsrat, auch am Nordischen Krieg (Eroberung Stralsunds und Rügens). Freund Friedrich Wilhelms I., mit ihm Schöpfer der preußischen

Armee. Seit 1698 mit der Dessauer Apothekerstochter Anna Luise Föse verheiratet, die der Kaiser 1701 in den Reichsfürstenstand erhob, wodurch die Kinder sukzessionsberechtigt wurden.
schlechter Bürger: Urteil über den Fürsten Leopold von Anhalt-Dessau in Friedrichs »Denkwürdigkeiten zur Geschichte des Hauses Brandenburg«, Oe. 1, 133: »C'était un homme d'un caractère violent et entier; vif, mais sage dans ses entreprises, qui, avec la valeur d'un héros, avait l'expérience des plus belles campagnes du prince Eugène. Ses moeurs étaient féroces, son ambition démesurée; savant dans l'art des sièges, heureux guerrier, mauvais citoyen, et capable de toutes les entreprises des Marius et des Sylla, si la fortune avait favorisé son ambition de même que celle de ces Romains.«
Ich werde nicht Können: In »Die Briefe Friedrichs des Großen an seinen vormaligen Kammerdiener Fredersdorf«, ed. Johannes Richter, Berlin 1926, p. 79, Brief vom 10. Dezember 1745 an Fredersdorf.
Ich muß Ew. Liebden sagen: Brief des Königs an den Fürsten Leopold von Anhalt-Dessau vom 9. Dezember 1745, in PC. IV., p. 369.
Ich verstehe darunter: In der Fußnote Brief des Königs an den Fürsten Leopold I. von Anhalt-Dessau vom 5. November 1746, abgedruckt in Preuss »Urkundenbuch zu der Lebensgeschichte Friedrichs des Großen«, Erster Theil, Berlin 1832, pp. 28 sq.
sein jüngster Sohn Moritz: Prinz M. von Anhalt-Dessau (1712 bis 1760), preuß. Generalfeldmarschall. Seit 1725 in der preuß. Armee, zeichnete sich 1745 bei Hohenfriedberg und Kesselsdorf aus. Leitete die Gefangennahme der Sachsen bei Pirna 1756, zog sich durch ein Mißverständnis bei Kolin den Unwillen des Königs zu, kämpfte bei Roßbach, trug zum Sieg von Leuthen bei – noch auf dem Schlachtfeld Fm. War auch bei Zorndorf 1758 erfolgreich, fiel verwundet bei Hochkirch in die Hände der Österreicher, die ihn nach Dessau entließen. Das Fürstentum Anhalt-Dessau hatte der Achtserklärung des Regensburger Reichstags gegen Friedrich zugestimmt, deshalb versuchte M. vergebens, durch Drohungen des Reichshofrates eingeschüchtert, nach Kolin seinen Abschied zu nehmen. Starb 1760 an Lippenkrebs.
die Posaunen von Sodom: Zitiert bei Edith Simon »Friedrich der Große«, Tübingen 1963, p. 320.
der alte Dessauer: Brief an Fredersdorf vom 8. April 1747, ed. Richter, p. 118.
Der Alte Fürst: Brief Fredersdorfs an den König vom 9. April 1747, op. cit., pp. 120 sq.
121 *Meine Absicht ist dabei:* Brief vom 17. August 1743 an Graf Rothenburg, abgedruckt in Oe. 25, 523: »Voici un morceau d'une lettre de Voltaire, que je vous prie de faire tenir à l'évêque de Mirepoix par un canal détourné, sans que vous et moi paraissions dans cette affaire. Mon intention est de brouiller Voltaire si bien en France, qu'il ne lui reste de parti à prendre que celui de venir chez moi.«
Ich weiß nicht: Gespräch des Königs am 14. September 1756 mit dem sächsischen Unterhändler General Arnim. Der Bericht über das Gespräch bei Koser, op. cit., t. II., pp. 409 sq.; der Bericht Ar-

nims in (Vitzthum) »Die Geheimnisse des sächsischen Cabinets«, Stuttgart 1866, t. II., pp. 93–103.
sa vie durant: Brief des Königs vom 26. September 1757 an den Obersten von Balbi, in PC. XV., pp. 377 sq.: »Comme, entre autres, le susdit porteur m'a dit que la négociation serait bientôt faite, si je voulais me résoudre de céder à Madame de Pompadour sa vie durant la principauté de Neuchâtel et Valangin je suis bien de vous dire que je ne ferais point de difficultés sur cet article, de sorte que je vous ordonne et autorise expressément, par le présent, d'en parler à vos amis là où vous êtes, et où il convient, afin qu'ils puissent hardiment insinuer et promettre à Madame de Pompadour de ma part que, la paix entre la France et moi faite, je céderais d'abord et de bonne foi à elle sa vie durant la principauté de Neuchâtel et de Valangin, avec toute appartenance et revenu, ne m'en conservant que le retour et le rechange au cas de sa mort ...«

122 *einzig und immer nach einem Zweck:* Brief des Herzogs Karl August von Sachsen-Weimar an Lavater vom 22. Februar 1786, in »Fr. d. Gr. im Spiegel ...«, t. III., p. 263.
Achtung und Schmerz: Äußerung des Prinzen Heinrich in einem Brief vom 28. Juli 1758 an den König, kurz nach dem Tode des Prinzen von Preußen. Abgedruckt in Oe. 26, 178.
Wohl dem, der diese Galeere verlassen hat: Original in »Aus der Zeit des Siebenjährigen Krieges. Tagebuchblätter und Briefe der Prinzessin Heinrich und des Königlichen Hauses«, ed. Berner/Volz, Berlin 1908, p. 310. Brief des Prinzen von Preußen an die Prinzessin Heinrich vom 13. August 1757: »Heureux est celui qui est sorti de cette galère, le risque de la vie et de la santé de bras et jambes est rien, tous militaires le courent partout, mais l'honneur et la réputation exposée, cela est trop, et dans aucun service au monde court un général ce risque, à moins qu'il y ait fait de la faute, et alors il est puni suivant les lois militaires.«

123 *Laßt die Kavallerie:* Äußerung des Königs laut Privatbrief eines Feldwebels vom Regiment Anhalt, abgedruckt in »Fr. d. Gr. im Spiegel ...«, t. II., p. 8.
Hat man in Feindesland ...« In Friedrichs Schrift »Les Principes Généraux de la Guerre«, die 1746 geschrieben, 1748 und 1752 überarbeitet wurde, den beiden Politischen Testamenten von 1752 und 1768 beigefügt war und 1753 in deutscher Übersetzung in Kleinstauflage für die Generale abgedruckt wurde: Oe. 28, 47 sq.
seine Frau: Kronprinz Friedrich heiratete 1733 die Prinzessin Elisabeth Christine von Braunschweig-Bevern (1715 bis 1797). Als Königin residierte sie allein auf Schloß Schönhausen, das der König niemals besuchte. Die Gatten sahen sich nur gelegentlich bei Hoffesten oder Soupers im Berliner Stadtschloß. Die Königin schrieb in späteren Jahren einige Bücher, so »Méditation sur les soins que la providence a pour les humains ...« (1777), »Réflexions sur l'état des affaires publiques en 1778, adressées aux personnes craintives« (1778), »La sage révolution« (1779).
größter Fürst: Brief der Kronprinzessin Elisabeth Christine an ihre Großmutter aus dem Jahre 1736, zuerst abgedruckt im Hohenzollern-Jahrbuch von 1916, dann übersetzt in der Quellen-

sammlung »Friedrich der Große im Spiegel seiner Zeit«, ed. Volz, Berlin o. J., t. I., p. 65: »Wahrlich, man kann sagen: Er ist der größte Fürst unserer Zeit, nicht nur als Fürst, sondern als Zeitgenosse. Er ist Gelehrter, besitzt Geist, soviel man haben kann. Er ist gerecht, hilfsbereit, mag niemandem etwas Böses tun, ist großmütig, mäßig, liebt keine Ausschweifung, weder im Wein noch sonstwie. Er hat das Herz auf dem rechten Fleck. Kurz und gut, er ist ein Phönix unserer Zeit, und ich bin selig, die Frau eines so großen Fürsten mit so vielen guten Eigenschaften zu sein.«

ob Ew. Königl. Maj. gnädigst er-Laubten: Brief Fredersdorf an den König vom 2. August 1748, ed. Richter, p. 150: »Ihr Majest. die Königin lassen untherthänigst Anfragen, ob Ewr. Königl. Maj. gnädigst er-Laubten, daß Sie auch könte raus-Kommen.«

dies ist meine alte Kuh: Eine Behauptung des Reichsgrafen Heinrich von Lehndorff, der Kammerherr der Königin Elisabeth Christine war. Karl Eduard Schmidt-Lötzen gab 1907 unter dem Titel »Dreißig Jahre am Hofe Friedrichs des Großen« Auszüge aus Lehndorff-Tagebüchern und später noch zwei Ergänzungsbände heraus. Auf Seite 491 sagt der Herausgeber: »Eigentümlich mutet uns die derbe Äußerung an, die der König zu seiner Schwester (Ulrike Königin von Schweden) gelegentlich mit einem Hinweis auf seine Gemahlin tut.« Auf Seite 498 wird die Anmerkung, die letzte des ganzen Buches, wie oben im Text wiedergegeben.

Die polnische Königin Maria Josepha verteidigt in Dresden das Geheime Staatsarchiv gegen den preußischen General Wylich – eine nicht ganz historische Szene, nach einer Zeichnung von Kimpfel gestochen von Chodowiecki (vgl. auch Seite 398).

Denke Dir, wie wir uns geschlagen haben: Brief des Königs vom 2. Oktober 1745 an Fredersdorf, ed. Richter, p. 53.

124 *Maria Josepha:* Die habsburgische Erzherzogin Maria Josepha (1699 bis 1757) war die Tochter des deutschen Kaisers Joseph I. und heiratete 1719 den sächsischen Kurprinzen Friedrich August, später als August III. nach dem Tod seines Vaters August des Starken und nach dem Polnischen Erbfolgekrieg auch König von Polen (seit 1736). Die Königin wurde 1756 von den in Dresden einmarschierenden Preußen unter Aufsicht gestellt; sie durfte Hof halten, blieb jedoch gleichsam interniert und wollte auch nicht zu ihrem Mann nach Warschau reisen. Nach ihrer Tochter, Gattin des Dauphin von Frankreich hieß die französische Interventions-Armee »la Dauphine«.

Wohl keine Handlung, heiliges Depositum: In der von Sybel und Schmoller besorgten Sammlung »Preußische Staatsschriften ...« bearbeitete Otto Krauske den Band III. (Berlin 1892), der den Beginn des Siebenjährigen Krieges behandelt. Dort erscheint unter Nr. XXXVII, das »Schreiben eines Vaters an seinen Sohn, von der Heiligkeit der Archive«. Ihm hat Krauske eine Einleitung vorangestellt, die mit dem zitierten Satz beginnt. (t. III., p. 553.)

der Turm habe auch den Verteidigern: Gen. St. W., t. XII. (Landeshut und Liegnitz), Berlin 1913, p. 147: »Da die preußischen Artilleristen zu bemerken glaubten, daß der Feind auf dem Turm der Kreuzkirche Kanonen aufgestellt habe, der Turm auch den Verteidigern eine genaue Beobachtung der Belagerungsbatterien ermöglichte, lenkten sie das Feuer der Mörser dorthin, und bald stand der Turm in hellen Flammen ...« Carlyle bezweifelt die These des Königs, Dresden sei wider seinen Willen eingeäschert worden, das Feuer habe sich ohne weiteres Zutun nach der notwendigen Beschießung des Kreuzkirchenturms durch den Kirchenbrand verbreitet. (Cf. Th. Carlyle »Geschichte Friedrichs II. ...«, t. VI. p. 42.)

wer sagt ...: Cf. Gottlieb Wilhelm Rabener »Briefe«, ed. C. F. Weiße, Leipzig 1772.

Pouf, pouf: Cf. Henri de Catt »Unterhaltungen mit Friedrich dem Großen«, ed. Koser, Leipzig 1884, p. 301, Anm. I.

125 *Ich höre, daß der König:* Brief des britischen Gesandten in Preußen, Sir Andrew Mitchell, vom 7. Januar 1761 an Staatssekretär Earl of Holdernesse in London, in »Memoirs and Papers of Sir Andrew Mitchell«, ed. Andrew Bisset, London 1850, t. II., pp. 214 sq.: »I am informed that the King of Prussia has made a demand of two millions of crowns upon this town, a sum much exceeding their force, as many of the richest merchants are retired from this place; and the day before yesterday fifty or sixty merchants were arrested and carried to the townhouse, where they still are, for nothing is yet agreed upon. This affair cannot fail to make a great noise all over Europe, as the merchants were arrested four days after the fair was opened, notwithstanding a solemn declaration made for their protection, and the immunity of the fair.« Wenige Tage zuvor hatte Mitchell geschrieben (p. 213): »The very harsh manner in which the country of Saxony is treated fills me with horror, though there is now the fatal plea of necessity for adopting measures which were practised before that necessity existed.«

Nun, Ihr Hunde: In J. W. von Archenholtz »Geschichte des siebenjährigen Krieges in Deutschland«, 4. A., Berlin 1830, t. I., p. 122.

126 *Spectacles müssen sein:* Ein »Kaiserlicher Bescheid vom 9. Juni 1759«, abgedruckt in »Geschichte des Wiener Theaterwesens«, Wien 1896, 2. Bd., I. Halbband, p. 95.

Zu Beginn des Weltkrieges: Bei Gerhard Ritter, op. cit., 3. A., p. 131.

ein unklarer, schwächlicher Sanguiniker: Der Beginn des Satzes bei Delbrück »Der Ursprung des Siebenjährigen Krieges«, in »Erinnerungen, Aufsätze und Reden«, Berlin 1902, p. 263: »Mehr als das: unter jenen Voraussetzungen erscheint Friedrich als ...«

127 *Friedrich hat ...:* Bei Delbrück, op. cit., p. 247: »Die Lösung aber ist: Friedrich hat allerdings nichts von einem idealen Vorkämpfer deutscher Interessen in sich verspürt, aber er ist sich völlig darüber klar gewesen, daß es seine Aufgabe sei, eine widerstandsfähige Großmacht Preußen zu schaffen, und zu diesem Zwecke hat er mit der tiefsten Verschlagenheit auf einen großen Krieg hingearbeitet, der seinem Staate Sachsen und Westpreußen bringen sollte.«

Schikane wegen einiger Monate: Randbemerkung des Königs auf einem Bericht seines Pariser Gesandten von Knyphausen über eine Unterredung mit dem französischen Außenminister Rouille, 16. Februar 1756, in PC. XII., p. 177.

128 *das Vergnügen für nichts erachte:* Brief des Königs vom 19. Februar 1756 an den Prinzen von Preußen, von Max Lehmann in seinem Buch »Friedrich der Große und der Ursprung des siebenjährigen Krieges«, Leipzig 1894, p. 68, als Beweis für seine These des offensiven Expansionskrieges benutzt. Der König hatte geschrieben (PC. XII., p. 125): »Cette année-ci que je compte avoir gagnée, me vaut autant que cinq des précédentes, et si dans la suite je peux servir de médiateur aux puissances belligérantes, j'aurai fait à la Prusse le plus grand rôle qu'elle puisse représenter en temps de paix; et ne comptez-vous pour rien le plaisir de faire enrayer la reine de Hongrie, d'humilier, ou pour mieux dire, d'anéantir la Saxe, de désespérer Besthushew? Voilà quelles sont les suites qu'aura un petit coup de plume.«

den Krieg im Blut: Thomas Mann »Friedrich und die große Koalition«, geschrieben 1915, wieder abgedruckt in »Altes und Neues – Kleine Prosa aus fünf Jahrzehnten«, Frankfurt 1961, p. 73.

durch das Lebensrecht: Gerhard Ritter, op. cit., p. 255 der 3. A.: »Ähnliches galt dann für die Besitznahme Westpreußens; sie erscheint nicht nur begründet durch die unzweifelhaft echte ›Staatsräson‹ der preußischen Monarchie, ihren weitentfernten Außenposten Ostpreußen zu sichern, zu verhindern, daß sich das mächtige Rußland quer durch preußisches Gebiet bis an die Weichselmündung vorschob, sondern zugleich durch moralische Ansprüche: durch das ›Lebensrecht ...‹, unter Hinweis auf die vielen großen und wertvollen Randgebiete in Ost und West, die seit dem Hochmittelalter nach und nach vom Körper des alten Reiches abgebröckelt waren«. (Erstauflage S. 239.)

der wiederhergestellten Herrschaft Treue: So Heinrich von Treitschke, op. cit., t. I., p. 65. Die Umschrift der Huldigungsgedenkmünze lautet jedoch laut Koser, op. cit., t. III., p. 340, »Regno redintegrato«, wobei »regnum« hier nicht »Herrschaft«, sondern »Königreich« meint: »Dem wiederhergestellten Königreich«, weswegen der König fortan auch den Titel »König *von* Preußen« annahm.

129 *zwei Friedriche:* Graf Karl Gustav Tessin (1695 bis 1770) hatte 1744 in Berlin die Verhandlungen über die Ehe der Schwester Friedrichs II., Ulrike, mit dem schwedischen Thronfolger Adolf Friedrich zu Ende geführt. In seinem Tagebuch notierte er unter dem 2. Dezember 1760: »Viele Heinriche (gemeint: Friedrichs Bruder) würden die Welt glücklich machen können, gleichwie zwei Friedriche sie zerstören würden.« (Deutscher Text nach »Fr. d. Gr. im Spiegel . . .«, t. II., t. 192.)

die lächerlichen Seiten: General Schulenburg in einem Brief vom 19. Oktober 1731 an den General von Grumbkow (»Friedrich der Große im Spiegel . . .«, t. I., p. 48): »Ich merke wohl, daß er Ratschläge nicht liebt; er gefällt sich nur im Umgang mit solchen, die geistig unter ihm stehen. Er sucht sogleich die lächerlichen Seiten bei jedem hervor und spottet gern – ein großer Fehler bei einem Fürsten.«

jedermann etwas unangenehmes: Der kurfürstlich-hannöversche Diplomat Baron von Schwicheldt 1742 in einem vertraulichen Bericht über »König Friedrich und sein Hof«, abgedruckt op. cit., ed. Volz, t. I., p. 181: »gleichergestalt sehen manche den beständigen Spott, welchen der König über die Religion zu treiben sich befleißet, seinen Kitzel, jedermann etwas unangenehmes und anzügliches unter die Augen zu sagen, und endlich die häufigen Ursachen des Mißvergnügens, so er der Armee und allen seinen Bedienten überhaupt giebet, als so viel Kennzeichen des Mangels der Überlegung, mithin auch der Klugheit an.«

Der Schatz Ihrer Weisheit: Brief von Voltaire vom 22. April 1760, op. cit., t. III., p. 99.

Fräulein Jette ohne Geld und Gut: Brief des Kronprinzen an den General von Grumbkow vom 11. Februar 1732, abgedruckt in »Briefwechsel Friedrichs des Großen mit Grumbkow und Maupertuis«, ed. Reinhold Koser, Leipzig 1898, p. 29: »Tout dépendra d'elle, et j'aimerais mieux épouser Mademoiselle Jette, sans avantage et sans argent, que d'avoir une sotte princesse pour compagne.«

130 *als hätte die Erde gebebt:* Der Kammerherr der Königin, Graf Lehndorff, schreibt in op. cit., p. 246, über den 29. Januar 1756: »Der König gibt ein großes Diner, das ein schreckliches Ende nimmt. Fräulein von Brand, die sich an die erste Tafel setzt, erregt den Zorn des Königs dermaßen, daß er sie beinahe fortgewiesen hätte. Nun fährt er überhaupt in ganz unglaublicher Weise über die armen Hofdamen her, indem er sagt, daß die Scheusale am Hof blieben, während die hübschen sich nach der Reihe verheirateten, und daß man jene garstigen Weiber schon auf zehn Meilen in der Runde röche. Alles atmet erleichtert auf, als das Mahl beendigt ist, und will sich schleunigst aus dem Staube machen, wobei man ganz die Rangverhältnisse vergißt. Es ist, als hätte die Erde gebebt und jeder wäre nur auf seine eigene Rettung bedacht.«

Pissen Sie gut: Brief vom 13. Mai 1754; Oe. 20, 47: »Adieu, mon cher; pissez bien et soyez gai; c'est là tout ce qu'il y a à faire pour vous dans ce monde.«

Meine Hämorrhoiden grüßen: Brief an Darget, 1750; Oe. 20, 30: »Mes hémorroïdes saluent affectueusement votre v...«

Feiertagsfreund: Ausdruck d'Alemberts, bei Johannes Richter, p. 295, in dessen Ausgabe der Briefe an Fredersdorf: »Wir glauben nicht, daß auch diesmal das Heimweh nach Frankreich sein Beweggrund war, sondern die Hellsichtigkeit eines großen Seelenkenners, die ihn ahnen ließ, daß mit diesem König nur eine ›Feiertagsfreundschaft‹ möglich sei, keine solche des Alltags.«

etwas geschwätzig, aber erhaben: Ausdruck des Fürsten von Ligne aus »Mémoire sur le roi de Prusse Frédéric le Grand«, Berlin 1789, das später etwas verändert in die »Mémoires et mélanges historiques et littéraires«, t. I., Paris 1827, pp. 3 sqq., übernommen wurde.

132 *Einen großen häuslichen Kummer hatte ich:* Brief des Königs vom 29. Dezember 1751 an seine Schwester Wilhelmine, in Oe. 27 (1), 204.

Ich hätte nicht geglaubt...: Äußerung des Königs über seinen Kammerhusaren Deesen, der sich am 23. Juli 1775 in Sanssouci erschoß, weil er eines Unfugs wegen »Trommelschläger« werden sollte. Cf. Preuss »Friedrich der Große«, t. I., Berlin 1832, p. 424 und Anmerkung 2.

Ich lasse hier bauen...: Brief an seine Schwester Wilhelmine vom 29. Mai 1752, Oe. 27 (1), 212: »Je fais bâtir ici comme un fou...«

133 *Der neue König:* In »eine preußische Königstochter – Denkwürdigkeiten der Markgräfin von Bayreuth...«, ed. Joh. Armbruster, Ebenhausen bei München 1910, p. 455.

Ich flicke an einem alten Bauwerk herum: Brief des Königs an den Prinzen von Preußen aus dem März 1752. Deutsch in: »Briefe Friedrichs des Großen«, ed. Hein, Bd. I., Berlin 1914, p. 284. Original in PC. IX., p. 65: »j'étage un vieux bâtiment qui tombe en ruines, et quand je travaille au toit, fondement s'écroule.«

ich hörte schon den Zerberus bellen: Brief des Königs vom 20. Februar 1747 an den Prinzen von Preußen, Oe. 26, 95.

die ich lebend am meisten geliebt: Brief an den Prinzen von Preußen vom 8. April 1741, Oe. 26, 85: »Vous êtes mon unique héritier; je vous recommande en mourant ceux que j'ai le plus aimés pendant ma vie, Keyserlingk, Jordan, Wartensleben, Hacke, qui est un très-honnête homme, Fredersdorf et Eichel, sur qui vous pouvez mettre une entière confiance.«

134 *Ich übergebe alles:* Brief Voltaires an Fredersdorf vom 1. Januar 1753, abgedruckt im Briefwechsel des Königs mit Fredersdorf, op. cit., p. 208: »je remets tout à votre envie d'obliger, et à votre prudence.«

ein großer und schöner Mensch: Brief des Freimaurers Bielfeld vom 30. Oktober 1739; B. gehörte zum Rheinsberger Freundeskreis des Kronprinzen. Übersetzt wiedergegeben in op. cit., p. 19: »Der erste Kammerdiener des Kronprinzen, Herr Fredersdorf, ist ein großer und schöner Mensch, nicht ohne Geist und Feinheit, er ist höflich und zuvorkommend, geschickt und in seiner Gewandtheit überall brauchbar, auf seinen geldlichen Vorteil bedacht und zuweilen etwas großartig. Ich glaube, daß er dereinst eine große Rolle spielen wird.«

135 *ich Kan im Stehen:* Brief Fredersdorfs an den König vom 23. Juli 1754, op. cit., p. 309: »mit mir fanget es an, gut Zu gehen, ich Kan im Stehen etwas urinieren und Merke kein Fieber.«

das alte luder ist nicht mehr wehrt: Brief des Königs vom 3. März 1747.

Lauffende hemeroiden: Brief des Königs vom 7. März 1747: »Ich habe gestern die Lauffende hemeroiden gekrigt...« (op. cit., p. 98).

gantz schwinnlich: Brief des Königs vom 27. März 1747: »gestern wahr ich ein augenblick draußen, ich wurde aber gantz schwinnlich.« (op. cit., p. 116.)

mein leib: Brief vom 25. Dezember 1745, op. cit., p. 86.

Hemeroiden: Brief vom 30. April 1754, op. cit., p. 289.

tzahnärztte: Brief aus dem September 1751, op. cit., p. 181.

30 Docters: Brief vom 24. Januar 1752, op. cit., p. 184.

liderliches Gesindel: Brief vom 16. November 1754, op. cit., p. 348.

ich bite Dihr: Brief vom 22. Februar 1752, op. cit., p. 186.

vohr Zufälle: Brief aus dem September 1753, op. cit., p. 225.

es ist Deine haut: ebendort.

ich habe gemeinet: Brief vom 22. Februar 1752, op. cit., p. 186.

wann einer Dihr: Brief vom 30. April 1754, op. cit., p. 289.

meine beiersche Köchin: Brief vom 16. November 1754, op. cit., p. 348.

Solstu zum wenigsten: Brief vom 19. Dezember 1754, p. 355.

wenn Man einmahl: Brief aus dem Sommer 1753, op. cit., p. 213.

Kan Deinen abgemateten Cörper: Brief von Anfang Februar 1752, op. cit., p. 185.

du bist wie die Mimi!: op. cit., p. 345.

136 *vom Japan:* op. cit., p. 326.

in zwei Minuten: Brief vom 24. Januar 1752, op. cit., p. 184.

im Grunde der Sellen: Brief vom Frühjahr 1752, op. cit., p. 193.

sage du ihm auch nuhr: ebendort.

lasse Cothenium und mir: Brief vom Dezember 1754, op. cit., p. 354.

und dann, wann Du was Hazardiren: op. cit., p. 326.

ich habe den Docter: Brief vom 25. Oktober 1753, p. 236.

bin ich Docter: Brief vom Dezember 1753, op. cit., p. 261.

glaube mihr: op. cit., p. 326.

Ew. K. Maj. Gratulire ich: Brief Fredersdorf vom 21. Oktober 1754, op. cit., p. 342.

ordinair gegen den follen Mohnt: Brief vom 5. Juni 1755, op. cit., p. 384.

nuhr noch d. 16ten überstanden: Brief vom Mai 1755, op. cit., p. 379.

Kein hübscher Kerl werden: Brief Fredersdorf, op. cit., p. 380.

Nuhr Künftigen mohnaht: Brief vom 24. Februar 1754, op. cit., p. 268.

nuhr jetzunder gedult: Brief vom Dezember 1753, op. cit., p. 262.

das Handtwerk: Brief vom Januar 1755, op. cit., p. 357.

aber auf meine Hörner: Brief vom August 1753, op. cit., p. 217.

daß Man Dihr 18 jahr alt machen sol: op. cit., p. 326.
Gott weiß: Brief Fredersdorfs vom 29. April 1754, op. cit., p. 288.
137 *da weiß Cothenius:* op. cit., p. 378.
noch nicht april geschiket: Brief vom Ende März 1755, op. cit., p. 369.
in der Casterole: Brief vom Januar 1755: »Carel hat eine außgeschlagene Stirn. ich Sage (ihm), es Seindt die frantzosen und er Sol 6 Wochen in der Casterole. er ist bange Davohr!« (op. cit., p. 356.) Und: »Carel hat einen ausschlag ins gesichte. ich habe ihm gesagt, es wären Frantzosen von der freülein fitzthum.« (Brief vom 18. Mai 1755, op. cit., p. 381.)
Carel hat vohr Kitzelln gequipt: Brief aus dem April 1754, op. cit., p. 281.
denn es fif mit Dihr: Brief vom November 1753, op. cit., p. 244.
ich Schike Dihr: Brief vom Ende Juni 1755, op. cit., p. 389.
einen Kleinen Lakeien: Brief von Anfang November 1753, op. cit., p. 240.
ich verlange weder goldt: Brief vom 25. Oktober 1753; op. cit., p. 237.
wohr heüte gegen Mittag: Brief vom April 1754, op. cit., p. 281.
138 *Winterfeldt:* Hans Karl von W. (1707 bis 1757), preuß. Generalleutnant und Freund Friedrichs II. Seit 1723 in der Armee, Schwiegersohn des russischen Feldmarschalls und Ministers Münnich, 1740 in diplomatischer Mission am Zarenhof. Kämpfte 1741 bei Glogau, Mollwitz und Rothschloß; im Zweiten Schlesischen Krieg Generalmajor und Erfolge bei Landeshut, Hohenfriedberg und Kath.-Hennersdorf. 1756 Generalleutnant, als mit Geheimdienstaufgaben betrauter Günstling des Königs unbeliebt bei dessen Brüdern und der Generalität; trieb 1756 zum Krieg, entwarf den Feldzugsplan des Jahres 1757; kämpfte bei Prag, im September bei Moys überrumpelt und tödlich verwundet.
Sie (die Damen) verleihen dem täglichen Leben ... Brief an Voltaire vom Juni 1738, op. cit., t. I., p. 184: »Je leur dois bien quelques mots en leur faveur, car elles répandent des charmes inexprimables dans le commerce de la vie; et, en faisant abstraction de la galanterie même, elles sont d'une nécessité indispensable dans la société, et sans elles toute conversation est languissante.«
Das Verhalten des Königs: Nach Schöning »Friedrich II., König von Preußen. Über seine Person und sein Privatleben«, Berlin 1808; abgedruckt in »Friedrich der Große im Spiegel seiner Zeit«, ed. Volz, t. III., p. 204.
In seinen Armen: Die Biographen, so Kugler, so Koser (op. cit. III., p. 547), sind der Ansicht, daß Friedrich – nach den Mitteilungen der zeitgenössischen Quellen: Selle »Krankheitsgeschichte Friedrichs II.« (1786), Kletschke »Letzte Stunden und Leichenbegängnis Friedrichs II.« (1786), (v. Massenbach) »Kurze Nachricht von dem Tode Friedrichs II.« (1786) – in den Armen seines Kammerhusaren Strützky verstorben sei. Ebenso urteilt Preuss »Friedrich der Große«, t. IV., Berlin 1834, pp. 266 sq. Schöning war jedoch im Sterbezimmer des Königs anwesend (Preuss, op. cit., p. 268[2]). Irrtum konnte im Text nicht mehr berichtigt werden.

139 *Daß Friedrich über Criminalrecht:* Friedrich Christoph Schlosser »Geschichte des achtzehnten Jahrhunderts ...«, Heidelberg, 3. A., t. II., 1843, p. 273.

Daß jeder nach seiner Fasson selig werden solle: cf. Preuss »Friedrich der Große. Eine Lebensgeschichte«, t. III., Berlin 1833, p. 196: »Als der Minister des geistlichen Departements von einer Beschränkung der katholischen Soldatenschulen in Berlin, am 22. Jun. 1740 schrieb; da antwortete der Monarch ihm: ›Die Religionen Müsen alle Tolleriret werden und Mus der Fiscal nuhr das Auge darauf haben, das keine der andern abrug Tuhe, den hier mus ein jeder nach Seiner Fasson Selich werden.‹«

Gazetten wenn sie ...: cit. nach Peter de Mendelssohn »Zeitungsstadt Berlin«, Berlin 1959, bei p. 28: »Sr. Königl. Mayestät haben mir nach auffgehobener Taffel allergnädigst befohlen des Königl. Etats undt Krieges Ministri H. von Thulemeier Excellenz in höchst Deroselben Nahmen zu eröffnen, daß dem hiesigen Berlinschen Zeitungs Schreiber eine unumbschränckte Freyheit gelaßen werden soll in dem articul von Berlin von demjenigen was anizo hieselbst vorgehet zu schreiben was er will, ohne daß solches censiret werden soll, weil, wie höchst Deroselben Worthe waren, ein solches Dieselbe divertiren, dagegen aber auch so denn frembde Ministri sich nicht würden beschweren können, wenn in den hiesigen Zeitungen hin und wieder Paßagen anzutreffen, so Ihnen misfallen könnten. Ich nahm mir zwar die Freyheit darauff zu regeriren, daß der Rußische Hoff über dieses Sujet sehr pointilleuz wäre, Sr. Königl. Mayestät erwiederten aber daß Gazetten wenn sie interreßant seyn solten nicht geniret werden müsten; welches Sr. Königl. Mayestät allergnädigsten Befehl zu folge hiedurch gehorsahmst melden sollen.« Etwas ungenau bei Preuss, op. cit., t. III., pp. 251 sq.

Niedriger hängen: cf. Preuss, op. cit., t. III., p. 275: »Hängt es doch niedriger, daß die Leute sich den Hals nicht ausrecken müssen!« Preuss (und ebenso Koser, op. cit., t. III., p. 521) berufen sich auf einen Vorfall, der sich in den letzten Lebensjahren des Königs am Werderschen Markt in Berlin zugetragen haben soll – der Anschlag einer Karikatur gegen den Kaffee-Regenten Friedrich –, wie ein angeblicher Augenzeuge, der Kapellmeister Heffner, 1827 im »Berliner Conversazionsblatt ...«, Nr. 253, mitteilte. Ritter von Zimmermann, Friedrichs letzter Arzt, verlegt die Anekdote nach Potsdam und spricht von einem Pasquill, das an die Schloßmauer gepappt worden sei, so hoch, daß der von Friedrich aus dem Fenster bemerkte Volkshaufen es nicht habe lesen können. Der König habe laut Zimmermann befohlen: »Man soll das Pasquill herunternehmen und sofort wieder unten an der Ecke des Schlosses ankleben, damit sich die Leüte das Genick nicht verdrehen ...« (Zimmermann »Fragmente über Fr. d. Gr. ...«, t. II., Leipzig 1790, pp. 326 sq.)

wegen auswärtiger Puissancen: nach Preuss, op. cit., t. III., p. 252: »Wegen des Artikels von Berlin ist dieses indistincte zu observiren, wegen auswärtiger Puissancen aber cum grano salis und mit guter Behutsamkeit.«

Friedrich habe die Angriffe auf seine Person freigegeben: cf. Preuss, op. cit., t. III., p. 252.

durchaus wenigen Stoff: Preuss, op. cit., t. III., pp. 252, 253.

größtentheils so unfruchtbar: Gotthold Ephraim Lessing »Sämmtliche Schriften«, t. XII., Berlin 1840, p. 19.

Wegen der Pressfreiheit: cit. nach Preuss, op. cit., t. III., p. 253.

140 *unerlaubter Parteilichkeit:* nach Preuss, op. cit., t. III., p. 253: »Da seit dem Anfange der gegenwärtigen Kriegsunruhen einige fremde Zeitungsschreiber sich einer unerlaubten Parteilichkeit gegen den Königlich Preußischen Stat schuldig gemacht; So verbieten Sr. Königlichen Majestät von Preußen u. hierdurch allen Ihren Unterthanen, wes Standes und Würden sie sein mögen, alles Ernstes, daß Niemand in Dero Landen die französischen Zeitungen, die in Brüssel und Cöln herauskommen, und die zu Cöln und Frankfurt a. M., wie auch an anderen Orten herauskommende sogenannte Reichs-Ober-Post-Amts-Zeitung halten, kommen lassen oder debitiren soll. Wenn jemand dawider handeln möchte, der soll bei jedem Contraventions-Fall in 50 Ducaten Strafe verfallen sein, davon die eine Hälfte dem Fisco und die andere Hälfte dem Angeber zukommen soll. Wonach sich also ein Jeder zu achten; und haben die Regirungen einer jeden Provinz darüber zu halten.« Dieser Befehl vom 3. November 1778 ist mit den Worten »Auf Sr. K. M. allergnädigsten Spezialbefehl v. Finckenstein. E. F. v. Hertzberg« unterzeichnet und stand in den Berlinischen Nachrichten N. 133 vom 5. November 1778: hierzu Preuss, op. cit., t. III., p. 253, Anm. 1.

Ich weiß nicht: »Oeuvres de Frédéric le Grand« (Oe.), ed. Preuss, Berlin 1846 ff., t. 27 (1), p. 133: »Je ne sais point comment j'ai mérité sa disgrâce; mais sais-je bien que je ne permets pas dans mon pays que l'on imprime des impertinences sur le sujet de mes parents.«

weil man den Mann: In Oe. 27 (1), 142: »Depuis, vous avez souffert qu'un faquin de gazetier d'Erlangen me déchirât publiquement deux fois par semaine; au lieu de le punir, on le laissa évader.«

laut eigener Bekundung: cf. »Gespräche Friedrichs des Großen mit H. d. Catt und dem Marchese Lucchesini«, ed. Fr. Bischoff, Leipzig 1885, p. 269: »Ich hörte zu meinem Spaße, wie der König erzählte, daß er im Schlesischen Kriege den Haarlemer Zeitungsschreiber, der ihm sehr viel böses nachgeredet hatte, hat durchprügeln lassen.«

nach dem Geschmack der Zeit . . .: cf. Johann Gustav Droysen in dem Artikel »Die Zeitungen im ersten Jahrzehnt Friedrichs des Großen«, aus der »Zeitschrift für preußische Geschichte und Landeskunde«, Bd. 13 (1876), p. 11.

A Cologne vivait: aus der Épître X au Général Bredow, »Sur la réputation« um 1750/51, Oe. 10, 136 sqq. (142):
»A Cologne vivait un fripier de nouvelles,
Singe de l'Arétin, grand faiseur de libelles.
Sa plume était vendue, et ses écrits mordants
Lançaient contre Louis leurs traits impertinents;
Deux fois tous les sept jours pour lui roulait la presse,
Et ses feuillets, notées par sa scéleratesse.

Décorés des vains noms de foi, de liberté,
Étaient lus du Batave avec avidité.
De ce poison grossier le succès fut rapide,
Le peuple et les régents suivant leur nouveau guide,
Ces bons marchands, heureux dans le sein de la paix,
Publièrent la guerre en haine des Français.
Si George de leurs bras fortifia sa ligue,
Il ne dut ce secours qu'au pouvoir de Rodrigue.«

141 *soll zu Roderique schicken:* Nach Droysen, op. cit., p. 25.

Die Einrichtung der Zensur: Ernst Consentius »Friedrich der Große und die Zeitungs-Zensur« in Preußische Jahrbücher, t. 115 (1904), p. 237.

sei in Potsdam ein Hagelwetter: In »Die Werke Friedrichs des Großen«, ed. G. B. Volz, t. V., Berlin 1913, p. 233: »Wie wir aus Potsdam hören, verdunkelte sich am 27. Februar gegen Abend die Luft. Finstere Wolken, von einem fast beispiellosen Sturme zusammengetrieben, bedeckten den ganzen Horizont; Blitz und Donner folgten sich Schlag auf Schlag, und während dieses furchtbaren Gewitters prasselte ein Hagel hernieder, wie er noch nie erlebt ward. Von zwei Ochsen, die einen Bauernwagen in die Stadt fuhren, wurde der eine buchstäblich gesteinigt. Viele Leute aus dem Volke wurden auf der Straße verletzt, einem Brauer wurde der Arm gebrochen. Der Hagelschlag hat Dächer zerstört, alle Fensterscheiben in der Richtung des Wettersturms wurden zertrümmert. In den Straßen sah man kürbisgroße Hagelkörner, die erst zwei Stunden nach dem Unwetter schmolzen ...«

article pour metre: cf. Consentius, op. cit., p. 249.

142 *Ich soll Ihnen Neuigkeiten:* Nach Consentius, op. cit., p. 247.

Im September 1781 Wollten: cf. Consentius, op. cit., p. 241.

Er wollte nicht: nach »Friedrich der Große im Spiegel seiner Zeit«, ed. Volz, t. III., p. 169; dort cit. nach Mirabeau, »De la monarchie prussienne sous Frédéric le Grand«, London 1788.

Eine Privatperson ist nicht berechtigt: zitiert bei Jürgen Habermas »Strukturwandel der Öffentlichkeit«, Neuwied 1962, p. 38, nach O. Groth »Die Zeitung«, t. I. Mannheim, 1928, p. 623.

Dank dieser Gedankenfreiheit: Nach »Fr. d. Gr. im Spiegel seiner Zeit«, loc. cit.

143 *Die Zensoren waren gehalten ...* cf. Preuss, op. cit., t. III., p. 255: »Es wollen aber Sr. K. M. hiebei auch, daß ein ganz vernünftiger Mann zu solcher Zensur ausgesuchet und bestellet werden soll, der eben nicht alle Kleinigkeiten und Bagatelles releviret und aufmutzet.« Heinz Küpper erklärt in seinem »Wörterbuch der deutschen Umgangssprache« 1963, t. I., »aufmutzen« aus »ufmützen« = »aufputzen«, d. h. »jemandem etwas tadelnd vorhalten«.

anständige und ernsthafte Untersuchung ...: cf. das »Allgemeine Zensuredikt« vom 11. Mai 1749, § 10, cit. nach Preuss, op. cit., p. 256: »Bei dieser vorgeschriebenen Zensur ist Unsre Allergnädigste Absicht jedoch keineswegs dahingerichtet, eine anständige und ernsthafte Untersuchung der Wahrheit zu hindern, sondern nur vornehmlich Demjenigen zu steuern, was den allgemeinen Grundsätzen der Religion und sowohl moralischer als bürgerlicher Ordnung entgegen ist.«

Eine Wochenschrift »Prediger – Critik«: cf. Preuss, op. cit., t. III., p. 262.
Eine beißende Kritik ... cf. Preuss, op. cit., t. III., p. 262.
d'Alembert über einen Zeitungsherausgeber: cf. Preuss. op. cit., t. III., p. 258.
Abbé Raynal: cf. Preuss, op. cit., t. III., p. 269.
La Mettrie: Julien Offray de L. M. (1709 bis 1751), Arzt und Philosoph, verfaßte 1745 seine »Histoire naturelle de l'âme«, wegen derer u. a. er aus Frankreich fliehen mußte. Aus Leiden, wo er zunächst Zuflucht gefunden hatte, vertrieb ihn die Erregung »aller Pfaffen von Leiden« (Friedrich) über sein berühmtestes Werk »L'Homme machine« (1748). 1748 kam er nach Berlin, wo er von Friedrich eine Pension erhielt und Mitglied der Akademie wurde.
von namentlich bekannten Buchhändlern ...: »Des Reichsgrafen Ernst Ahasverus Heinrich Lehndorff Tagebücher nach seiner Kammerherrnzeit« ed. K. E. Schmidt-Lötzen, t. I., Gotha 1921, p. 435.
144 *gelegentlich geistvollen Schmähschrift:* cf. Oe., Ergänzungsband, Berlin 1857 (Table chronologique ...), p. 159. Preuss beruft sich dort auf Thiébeault's »Souvenirs«, quatrième édition, t. IV., pp. 181–183, und nennt in Fußnote a) den Namen des »officier français«: Bonneville, den Thiébault nicht angibt.
Nie ist eine Satyre ...: Friedrich Nicolai »Anekdoten von König Friedrich II. ...«, Drittes Heft, Berlin und Stettin, 1789, p. 318.
Was der König befahl oder verbot ... Nicolai, op. cit., p. 319.
In Berlin herrschte große Freiheit ...: Hippolyte Guibert »Éloge du roi de Prusse«, 1787, t. II., pp. 234 sqq.: Nach »Friedrich der Große im Spiegel ...«, t. III., p. 153.
selbstsicher und stolz: Gerhard Ritter »Friedrich der Große«, 3. A., Heidelberg 1954, p. 209
145 *Cocceji:* Samuel Freiherr v. C. (1679 bis 1755), Sohn des Geheimen Rats und Professors der Rechte Heinrich v. C., in Heidelberg geboren. 1701 erhielt er den Ruf als ordentlicher Professor an die Universität Frankfurt, 1704 Regierungsrat in Halberstadt, 1711 dort Regierungsdirektor und 1714 Geheimer Justiz- und Ober-Appellationsgerichts-Rat in Berlin. 1722 berief ihn Friedrich Wilhelm zum Präsidenten des Kammergerichts, 1727 zum Wirklichen Geheimen Etatsrath und 1738 zum Chef aller Justiz-Kollegien (ministre chef de justice). Friedrich ernannte ihn 1747 zum Großkanzler und erhob ihn zwei Jahre später in den Freiherrnstand.
wesentlich nur auf dem Papier blieb: Gustav Schmoller »Preußische Verfassungs-, Verwaltungs- und Finanzgeschichte«, Berlin 1921, p. 160.
S. Excellenz von Cocceji sehen nun: Nach Max Springer »Die Coccejische Justizreform«, München und Leipzig 1914, p. 86.
Direction des Werkes: Ordre vom 12. November 1740, cit. nach »Acta Borussica« (A. B.), t. VI.–2, pp. 169 sq.
noch selbstherrlicher als sein Vater: Friedrich Holtze »Geschichte des Kammergerichts in Brandenburg-Preußen«, t. III., Berlin 1901, pp. 208/209: »Aber Cocceji hatte in den letzten Jahren mit seinem durchdringenden Verstande richtig erkannt, daß Friedrich im Grunde noch weit selbstherrlicher als sein Vater war und selbst

den besten Plan schwerlich ausführen würde, wenn nicht er selbst, sondern ein Unterthan als der Erfinder desselben auftrat.«
Ich kann auch nicht umbhin: Nach »Jahrbücher . . .«, t. LIX., pp. 145 sqq. (146, 147, 148).

146 *aus bewegenden Ursachen resolviret:* cit. nach A. B., t. VI.–2, p. 8: »S. K. M. in Preußen haben aus bewegenden Ursachen resolviret, in Dero Landen bei denen Inquisitionen die Tortur gänzlich abzuschaffen, außer bei dem crimine laesae majestatis und Landesverrätherei, auch denen großen Mordthaten, wo viele Menschen ums Leben gebracht oder viele Delinquenten, deren Connexion herauszubringen nöthig, impliciret sind. Hingegen sollen in allen übrigen Fällen, wann die Delinquenten die stärkesten und sonnenklare Indicia und Beweise durch viele unverdächtige Zeugen und dergleichen wider sich haben und doch aus hartnäckiger Bosheit nicht gestehen wollen, dieselben nach denen Gesetzen bestrafet werden. Höchstdieselben befehlen also Dero Wirklichen p. von Cocceji allergnädigst, das nöthige dieserhalb zu besorgen.«
epochemachende Änderung des Strafverfahrens: Friedrich Giese »Preußische Rechtsgeschichte«, Berlin und Leipzig 1920, p. 72.
inquisitorische Struktur des Prozesses: Eberhard Schmidt »Rechtsentwicklung in Preussen«, in der »Enzyklopädie der Rechts- und Staatswissenschaft«, t. VI, Berlin 1932, p. 17: »Von großer Bedeutung war die Abschaffung der Folter (1740), die jedoch an der inquisitorischen Struktur des Prozesses nichts änderte und auch keineswegs das Beweisrecht als solches mit seiner zentralen Bedeutung des Geständnisses umwandelte.«
die Inquirenten bedurften: »Alte und neue Rechtszustände in Preußen« in: »Preußische Jahrbücher«, t. V. (1860), p. 390.
Geistesblitz von rein theoretischer Bedeutung: Bei Holtze, op. cit., T. III, p. 186: »So war denn auch seine erste vielgefeierte That auf dem Gebiete des Rechtswesens die Aufhebung der Folter, wenn man genauer zusieht, vorwiegend ein Geistesblitz von rein theoretischer Bedeutung, den man sehr unrichtig als Zeichen einer neuen Ära zu bezeichnen liebt. Es war wohl hauptsächlich der ja verzeihliche Wunsch, der staunenden Welt zu zeigen, wie aufgeklärt er sei, sogar noch aufgeklärter als die von ihm bewunderten Franzosen; aber praktisch war die Sache ohne Wirkung, denn es war seitdem nur üblich, die gegen Verbrecher zur Erzielung von Geständnissen angewandten Zwangsmaßregeln nicht mehr Folter zu nennen, und man nahm dabei noch den Übelstand mit in den Kauf, daß diese Zwangsmaßregeln jetzt ohne die bei der Folter vorgeschriebenen Cautelen angewendet wurden. Dies war unvermeidlich, da das damalige Strafverfahren die Folter nicht entbehren konnte und es nicht angängig war, ohne eine Änderung desselben ein Glied daraus zu entfernen.«

147 *annoch bei den gegenwärtigen Conjuncturen:* Nach Springer, op. cit., p. 102.
so befehle ich Euch nochmals: In »Jahrbücher . . .«, t. LIX., p. 71: »Allerhöchste Kabinets-Ordre vom 14. Januarii 1745 . . . Meine liebe würckliche Geheimte Etats-Ministri von Cocceji, von Broich und von Arnim. Es wird Euch in gutem Andenken schweben, was für viele ernstliche Verordnungen und Einrichtungen, wegen Ver-

kürtzung derer landverderblichen Processe in denen vorigen Zeiten ergangen, und gemacht worden. Wenn Ich aber noch zur Zeit keine Frucht davon spühre, wohl aber mehr als zuviel erfahre, daß dem ungeachtet fast keine wahre Justice im Lande mehr zu finden, sondern dasselbe über die Protraction derselben zu seufzen Ursache habe. So befehle ich Euch nochmals allergnädigst diese so angelegene als dem Lande sehr ersprießliche Sache, bei Eurer Obliegenheit, zu dem ersten und genauesten Augenmerk zu machen, und dahin zu sehen, daß bei den Justiz-Collegiis solche feste und unveränderliche Einrichtung gemachet werde, damit alle vorkommende Prozesse, nach Beschaffenheit derer Sachen, sonder alle Weitläufigkeiten und Verzögerungen, nach wahrem Rechte, kurz und gut, in jeder Jahresfrist abgethan, und entschieden werden mögen. Ich verlasse mich auf Euch, Ihr werdet schon, nach reiflicher Ueberlegung, solche Mittel ausfündig machen, welche zur Erreichung dieses Zwecks erforderlich sind. Ich bin Euer wohl affectionirter König.«

Verbesserung der Justiz: Nach Koser, op. cit., t. II., p. 45: »Die leitenden Gesichtspunkte für diese Prozeßordnungen hatte ihr Verfasser schon im Mai 1746 in einem ›Unvorgreiflichen Plan wegen Verbesserung der Justiz‹ aufgestellt.« Cf. auch Victor Grabinski »Die Coccejische Justizreform in den Jahren 1746–48«, Dissertat. Breslau 1912, p. 3.

unzählig mir bekannten Exempeln ...: cit. nach »Jahrbücher ...«, t. LIX., pp. 72/73.

148 *die Hauptverhinderung (einer Reform) ...:* Bericht vom 9. Februar 1745, cit. nach A. B., t. VI.–2, pp. 841 sqq. (842).

wenige, aber lauter erfahrene ... Räthe: Bericht des Etatsministers v. Cocceji vom 9. Mai 1746, cit. nach »Jahrbücher ...«, t. LIX., p. 75.

Guht: Koser, op. cit., t. II., p. 43

wegen der Tractementer: nach »Jahrbücher ...«, t. LIX., p. 84: »Allerhöchste Cabinets-Ordre vom 12. Mai 1746. Mein lieber Geheimder Etats-Ministre von Cocceji. Ich habe Euer Schreiben vom 9. dieses nebst dem von Euch aufgesetzten Plan, wegen beßerer Justiz-Administration, erhalten; Und danke Euch vor die genommene Mühe, daß Ihr solches so klar und deutlich aufsetzen wollen. Alles, so Ich noch zur Zeit darinnen gesehen habe, ist recht gut, zuförderst aber wird der Punkt wegen der Tractementer noch seine Schwierigkeit haben, und demnächst ist es ein sehr großer Article, lauter ehrliche Leute zu finden, dergestalt, daß, wenn Ihr solchen ausmachen könnet, Ich Euch die größte Zulage recompensiren wolle.«

feiner Ironie: Grabinski, op. cit., pp. 7/8: »und mit feiner Ironie hält er seinen Chef de justice die Frage entgegen, ›wo er denn lauter ehrliche Leute‹ finden wolle ...«

habilen Mann: Nach A. B., t. VII, pp. 138 sq.: »Die anonyme Eingabe bittet den König, durch einen habilen Mann, eine gerechte Einsicht in das Stettiner Hofgericht thun zu lassen: es gingen gar enorme und himmelschreiende Sachen daselbst vor, wodurch das Land gedrückt werde ...«

149 *die Justitz nach meinem Plan zu reguliren ...:* Immediatbericht Coccejis vom 2. September 1746, nach »Jahrbücher ...«, t. LIX., pp. 87 sqq. (88).

die gantze Justitz auf einen soliden Fuß: Immediatbericht Coccejis vom 7. September 1746, nach »Jahrbücher ...«, t. LIX., pp. 88 sq. (89): »sondern ich habe zuförderst die Combination in loco bewerkstelligen und mit Zuziehung einiger Räthe aus Ew. Königl. Majestät übrigen Justitz-Collegiis die neue Einrichtung vornehmen, die eingeschlichene Mißbräuche abschaffen, alle alte Prozesse mit deren Assistentz in einem Jahr abthun, und die gantze Justitz auf einen soliden Fuß setzen wollen«.
Jariges: Philipp Joseph Pandin v. J. (1706 bis 1770). Über Tätigkeiten am Hof- und Kriminal-Gericht und französischen Obergericht wurde er 1748 Präsident des Instruktions-Senats des Kammergerichts. 1755 ernannte Friedrich ihn – als Nachfolger Coccejis – zum Großkanzler.
Fürst: Carl Joseph Maximilian Freiherr v. F. und Kupferberg (1717 bis 1790), übernahm 1755 von Jariges den Präsidentenstuhl des Instruktions-Senats, wurde 1763 Etats- und Justiz-Minister sowie Chef-Präsident des Kammergerichts. 1770 Nachfolger von Jariges, am 11. Dezember 1779 (»Marsch, Marsch! Seine Stelle ist schon besetzt!«) entlassen.
In Stettin zum Beispiel ...: Cf. die Immediatberichte Coccejis vom 2. und 4. Mai 1747 in »Jahrbücher ...«, t. LIX., pp. 140 sqq.
nicht mehr als ohngefähr 80: Nach Anton Frdr. Büsching »Beiträge zu der Lebensgeschichte denkwürdiger Personen, insonderheit gelehrter Männer«, t. V., Halle 1788, Charakter Friedrichs des Zweiten, König von Preußen, p. 239.
eine wahre Pest in der Justiz: Anlage 2 des Berichts von Cocceji vom 9. Mai 1746, nach »Jahrbücher ...«, t. LIX., p. 81.

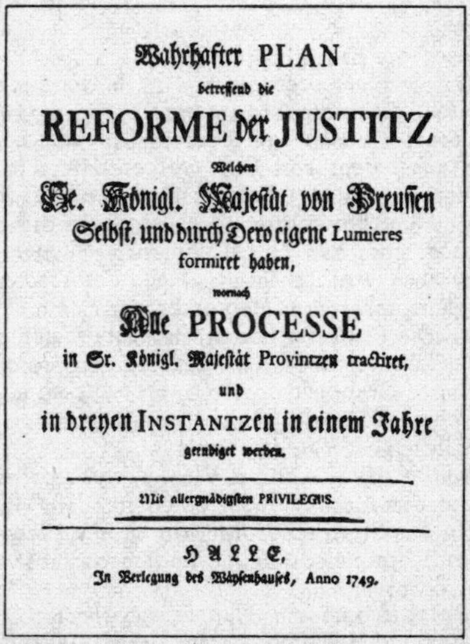

Wahrhaffter PLAN
betreffend die
REFORME der JUSTITZ
Welchen
Se. Königl. Majestät von Preussen
Selbst, und durch Dero eigene Lumieres
formiret haben,
wornach
Alle PROCESSE
in Sr. Königl. Majestät Provintzen tractiret,
und
in dreyen INSTANTZEN in einem Jahre
geendiget werden.

Mit allergnädigsten PRIVILEGIIS.

HALLE,
In Verlegung des Wäysenhauses, Anno 1749.

Titelblatt des Planes zu einer Justizreform, 1749

am Leibe gestraft werden: Rescript an die Pommersche Justiz-Collegia, nach »Jahrbücher ...«, t. LIX., pp. 111 sqq. (115).
bis sie aussterben: Nach Adolf Trendelenburg »Friedrich der Große und sein Großkanzler Samuel von Cocceji«, Berlin 1863, p. 22.
Exerciren bei den unteren Instanzen: Anlage 1 zum Bericht Coccejis vom 9. Mai 1746, 3, nach »Jahrbücher ...«, t. LIX., p. 76: »Es müssen keine Advokaten weiter angenommen werden, als welche gute Wissenschaft in den Rechten haben, und sich einige Jahre bei denen Untergerichten exerciret, auch das examen rigorosum ausgestanden ...«

150 *weil dergleichen Leute keine Mittel:* Nach Koser, op. cit., t. II., p. 44: »Leute von ›verächtlichem und armseligem Herkommen‹ sollten dem Stande fern gehalten werden, auch der Handwerker Kinder, ›weil dergleiche Leute keine Mittel haben, sich eine gute Theorie zu erwerben‹.«
mehr eine Dienstpragmatik: Eberhard Schmidt »Rechtsentwicklung in Preußen«, p. 17.
von der Rechtswissenschaft: Koser, op. cit., t. II., p. 60: »Ein persönliches Eingehen auf Einzelheiten des hier zunächst ausschließlich behandelten Zivilrechts lag ihm durchaus fern, da er sich von der Rechtswissenschaft nie mehr als die allgemeinsten Grundbegriffe angeeignet hat.«

151 *derer Commissionen:* Kabinettsordre vom 17. September 1746, nach »Jahrbücher ...«, t. LIX., pp. 90 sqq. (91): »als haben Höchstgedachte Se. Königl. Majestät in Gnaden resolviret, hierdurch ein vor allemahl zu declariren, und als ein beständiges Principium regulativum fest zu setzen, daß von nun an ... es darunter nachfolgender massen gehalten werden soll. Daß, wenn nemlich ein solches Memorial einen Prozeß betrifft, so allererst angefangen ist, alsdenn den Supplicanten die gebethene Commission zugestanden werden soll, weil dadurch gleich bey Anfang des Prozesses die Sache füglich gehoben, und die prozessirende Theile kürtzlich auseinandergesetzt werden können. Wenn ferner Commissiones in Sachen gesuchet werden, die zwar schon würcklich in Instantzien stehen, die aber, wegen allerhand dabey vorkommenden Umständen, bey Fortsetzung des ordinairen Processus weitläufig zu werden scheinen; so soll alsdenn die gebethene Commission, zu Coupirung dergleichen besorglichen Weitläufigkeiten, gleichfalls accordiret werden.«
wann die Sache noch nicht rechtshängig: Instruktion vom 2. Oktober 1746, nach »Jahrbücher ...«, t. LIX., p. 94 ff. (96): »Wenn Se. Königl. Majestät Commissiones durch Dero Cabinets-Ordres accordiren, so ist Dero Intention, daß solche nur gelten sollen, wann die Sache noch nicht rechtshängig, oder dieselbe im Gericht vorsetzlicher Weise verschleppt wird, und durch die Commission kürtzer abgethan werden kann.«
Springer vermutet: Springer, op. cit., p. 326.
doktrinäre Willelei: Koser, op. cit., t. II., p. 46.
auf keine Rescripte: nach Trendelenburg, op. cit., pp. 29/30.

152 *unmittelbarsten Beziehungen ...:* Eberhard Schmidt »Staat und Recht in Theorie und Praxis Friedrichs des Grossen«, Leipzig 1936, p. 30: »... Strafrechtspflege; denn sie ist dasjenige Gebiet

der Rechtspflege überhaupt, zu dem der König infolge des von ihm streng festgehaltenen sogenannten ›Bestätigungsrechts‹ die unmittelbarsten Beziehungen hatte ... In den dem Bestätigungsrecht unterliegenden Sachen, deren Festlegung nicht ganz so eindeutig war und gelegentlich schwankte, war also der König sozusagen eine über dem Gericht stehende, letzte und von selbst eingreifende Instanz, wenn man nicht die Tätigkeit des erkennenden Gerichtes überhaupt nur als eine vorbereitende, der Entscheidung des Königs vorarbeitende und sie ermöglichende betrachten will.«
Folgerichtig sucht Schmidt: Eberhard Schmidt »Staat und Recht ...«, p. 43: »Das strafrechtliche Bestätigungsrecht, von dem oben bereits die Rede gewesen ist, ist als eine Ausnahme von dem hier ausgesprochenen Grundsatz nicht anzusehen; denn es bedeutet, wie wir sahen, nicht, daß der König einem Gericht Anweisungen hinsichtlich des Inhalts der von ihm zu fällenden Entscheidung erteilt, dem Gericht also eine andere Rechtsansicht aufnötigt, als wie es sie selbst aus dem Gesetze herausliest; vielmehr übt der König das strafrechtliche Bestätigungsrecht über den Gerichten mittels eigener richterlicher Erkenntnisse aus. Man mag das als Kabinettsjustiz bezeichnen; jedenfalls war es keine mittels ›Machtspruchs‹ betätigte Kabinettsjustiz, da es den Machtspruch kennzeichnet, daß er als regelwidrige Erscheinung da erfolgt, wo ›eigentlich‹ ein gerichtliches Urteil hätte erfolgen müssen, oder daß er wenigstens den Inhalt eines gerichtlichen Urteils gegen den Willen der Richter nach Maßgabe einer Entschließung der Krone bestimmt.«
jeden einzelnen Rechtsfall: Franz Mehring »Historische Aufsätze zur Preußisch-Deutschen Geschichte«, Stuttgart 1947, p. 93.
gestohlen: Brief an den Geh. Kr. Rath Beyer vom 4. Februar 1786, bei Preuss »Urkundenbuch zur Lebensgeschichte Fr. d. Gr.«, t. III., Berlin 1833, p. 207.
viel gestohlen: Brief an das Hof- und Kammergericht zu Berlin vom 4. Februar 1786, cit. nach Preuss, op. cit., p. 208.
entsetzlich gestohlen: Brief an das Hof- und Kammergericht zu Berlin vom 21. Februar 1786, nach Preuss, op. cit., p. 210.
ganz abscheulich gestohlen: Brief an das Hof- und Kammergericht zu Berlin vom 28. März 1786, nach Preuss, op. cit., p. 211.
Dieser Königliche Küchenschreiber: cf. Preuss, op. cit., t. III., p. 206.
Wann aber aus Unserem Kabinett: Cf. Koser, op. cit., t. II., p. 47.
153 *Immerhin, seinen Nachfolgern:* Testament Politique (1752), in »Die Politische Testamente Friedrich's des Grossen«, ed. Volz, Berlin 1920, p. 2: »Je me suis résolu de ne jemais troubler le cours des procédures: c'est dans les tribunaux où les lois doivent parler et où le souverain doit se taire ...«
die Kabinettsordre vom 22. Oktober 1752: cit. nach A. B., t. IX., pp. 494 sq.
Friedrich von der Trenck: cf. Gustav Berthold Volz »Friedrich der Große und Trenck«, Berlin 1926. Trenck saß zweimal in Haft; zuerst von 1745–1746 in Glatz wegen angeblichen Landesverrats (p. 10). Nach seiner Flucht wurde er 1747 durch ein Kriegsgericht zum Deserteur erklärt; sein Vermögen wurde konfisziert (p. 11). 1750 ließ Friedrich ihm über Podewils ausrichten, er würde ihm

Pardon gewähren, »allerdings mit der ausdrücklichen Bedingung, daß er in völliger Zurückgezogenheit in Ostpreußen lebe und sich nie wieder um Eintritt in das Heer bemühe« (p. 12). 1754 wurde er, inzwischen, seit 1751, Rittmeister im österreichischen Heer, auf Antrag Friedrichs vom Rat der Stadt Danzig, wo er sich zur Regelung einer Erbschaftsangelegenheit aufhielt, ausgeliefert (p. 13/14) und bis 1763 zu Magdeburg in Haft gehalten (p. 1). Bismarck schreibt in »Gedanken ...«, t. III., Stuttgart und Berlin 1919, p. 124: »Bei Friedrich II. waren Geist und Muth so groß, daß sie durch keine Selbstüberschätzung entwerthet werden konnten und daß man Übertreibungen seines Selbstvertrauens, wie bei Colin und Kunersdorf, bei der Vergewaltigung des Kammergerichts in dem Arnold'schen Processe und bei der Mißhandlung Trenck's ohne Schaden für das Gesammturtheil in den Kauf nimmt.« Die von Trenck in den »Winter 1743« verlegte Begegnung mit der Prinzessin Amalie fand, wenn überhaupt, am 17. Juli 1744 statt, anläßlich der von Trenck als Anlaß bezeichneten Vermählung der Prinzessin Ulrike (cf. Volz, op. cit., p. 33); damals war er, am 16. Februar 1726 geboren, zwar achtzehn Jahre alt (p. 1), aber noch nicht Kornett; dazu wurde er im August 1744 ernannt (p. 6).

Hegemann: Hegemanns Quelle ist Max Wild in dem Aufsatz »Friedrich der Große und Trenck« in »Literarische Rundschau« der »Täglichen Rundschau« 1926, No. 268; Preuss, op. cit., t. III., p. 326.

154 *in puncto sexi, ohne zu poltern oder zu schelten, Das ist zu gropf, Der Kerl ist:* Nach Mehring, op. cit., p. 95.

Spandau: Hierzu cf. Johannes Richter »Briefwechsel Fr. d. Gr. mit ... Fredersdorf«, Berlin 1926, p. 62.

Die Gesetze sind hierzulande: nach Koser, op. cit., t. III., p. 411.

Carmer: Johann Heinrich Kasimir Graf v. C. (1721 bis 1801), in Kreuznach geboren, 1763 Präsident der Regierung in Breslau, wurde 1768 von Friedrich zum schlesischen Justiz-Minister und Chefpräsidenten sämtlicher Regierungen (Appellationsgerichte) in Schlesien ernannt. 1779 nach dem Abgang Fürsts Großkanzler und ministre chef de Justice. Der König übertrug ihm die Reform des Justizwesens. 1791 Freiherr, 1798 Graf.

Svarez: Der »größte preußische Gesetzgeber« (so Erik Wolf in seinem Werk »Große Rechtsdenker«) hieß ursprünglich Carl Gottlieb Schwaretz (1746 bis 1798). Schöpfer des Preußischen Allgemeinen Landrechts, das 1794 in Kraft trat.

155 *eine irdische Vorsehung:* Gustav Schmoller, op. cit., p. 164.

der alte Absolutismus: Heinrich von Treitschke »Deutsche Geschichte im Neunzehnten Jahrhundert«, Leipzig 1879, t. I., p. 78: »Mit diesem Gesetzbuch sprach der alte Absolutismus sein letztes Wort: er umgab seine Gewalt mit festen Schranken, erhob das Gemeinwesen zum Rechtsstaate; er betrat zugleich, indem er die Herrschaft des römischen Rechts zerstörte, ahnungslos den Weg, der zu einer neuen Rechtseinheit des deutschen Volkes führen mußte.«

Katastrophe: Eberhard Schmidt »Staat und Recht ...«, p. 44.

Das Federzeug verstehet nichts: nach Preuss, op. cit., t. III., p. 519.

höchsten Unzufriedenheit: nach Koser, op. cit., t. III., p. 413.
156 *nicht einen Schuss Pulver da nutze:* nach Preuss, op. cit., t. III., p. 490.
von Hause aus mißtrauisch, ...: Koser, op. cit., t. III., p. 414.
meinen Nahmen cruel gemissbraucht: nach einem Aufsatz von Ransleben (einem der drei gemaßregelten Kammergerichtsräte), abgedruckt bei Preuss, op. cit., t. III., pp. 495 sqq.
gefährlicher und schlimmer, wie eine Diebesbande: So in Friedrichs Protokoll über das Verhör der drei Kammergerichtsräte, abgedruckt bei Preuss, op. cit., t. III., pp. 494 sq.: »Denn ein Justiz-Collegium, das Ungerechtigkeiten ausübt, ist gefährlicher und schlimmer, wie eine Diebesbande, vor die kann man sich schützen; aber vor Schelme, die den Mantel der Justiz gebrauchen, um ihre üble Passiones auszuführen, vor die kann sich kein Mensch hüten. Die sind ärger, wie die größten Spitzbuben, die in der Welt sind und meritiren eine doppelte Bestrafung.«
ein Stück wirklicher Staatsräson: Ritter, op. cit., p. 192.
Gott weiß, jeder rechtschaffene Patriot ...: Nach Herman von Petersdorff »Friedrich der Große ...«, 2. A., Berlin 1904, p. 493.
157 *So gebe Euch hierdurch auf:* Laut Preuss, op. cit., t. III., p. 503.
wider die in der Arnoldschen Sache: bei Preuss, op. cit., t. III., p. 519.
von äußerster, drohender Schärfe: Eberhard Schmidt »Staat und Recht ...«, p. 45, Anm. 134.
genötigt: Koser, op. cit., t. III., p. 415.
unzweifelhaften Querulanten, den der König ...: Ritter, op. cit., p. 191.
Hätte der König richtig gesehen: Koser, op. cit., t. III., p. 416.
willkürlichen und ungerechten Akt der Kabinettsjustiz: Gustav Schmoller, op. cit., p. 163.
Im Wachsfigurenkabinett zu Lissabon: so in »Friedrich der Große im Spiegel ...«, t. III., p. 179, nach Joachim Nettelbeck »Lebensbeschreibung«, 1. A., Leipzig (1821–1823).
158 *Derselbe Goethe:* aufgezeichnet als eine Gesprächsäußerung Goethes von dem Schriftsteller F. Rochlitz aus Leipzig aus dem Jahre 1829, in »Goethes Gespräche«, begründet von Woldemar Frhr. von Biedermann, 2. A., Leipzig 1910, t. IV., p. 131, No. 2698.

7. KAPITEL

159 *Ich habe nie:* Der Königlich Großbritannische Leibarzt und Hofrat Ritter von Zimmermann »Über Friedrich den Großen ...«, Leipzig 1788, p. 71.
die politischen Traditionen: Hierzu Gerhard Ritter, op. cit., 3. A., p. 12.
äußerster rationaler Konsequenz etc.: Ritter, op. cit., 3. A., p. 19.
letztes Höchstmaß: Ritter, op. cit., p. 183.
unvergleichliche Folgerichtigkeit: Ritter, op. cit., p. 245: »Da ist der erste Eindruck der einer unvergleichlichen Folgerichtigkeit des friderizianischen Regierungssystems. Alle Teile passen genau ineinander, nach einem streng durchdachten Plan ...«
160 *ob er dem Wunsche:* Bismarck »Gedanken und Erinnerungen«,

VA., t. II., Stuttgart/Berlin 1921, p. 316: »Die Eitelkeit kann bei Monarchen ein Sporn zu Thaten und zur Arbeit für das Glück ihrer Unterthanen sein. Friedrich der Große war nicht frei davon; sein erster Thatendrang entsprang dem Verlangen nach historischem Ruhm; ob diese Triebfeder gegen das Ende seiner Regirung, wie man sagt, degenerirte, ob er dem Wunsche innerlich Gehör gab, daß die Nachwelt den Unterschied zwischen seiner und der folgenden Regirung merken möge, lasse ich unerörtert.«
glänzendste Leistung etc.: Ritter, op. cit., pp. 217, 220, 216, 218.
161 *auf der Höhe seines Könnens* etc.: Ritter, op. cit., pp. 117 sq.
Friedrichs Wirtschaftspolitik: Ritter, op. cit., p. 213.
humanitäre Ideale: Ritter, op. cit., p. 17: »Humanitäre Ideale des Wohlfahrtsstaates, eine tiefe und echte Empfindung für das menschlich Grauenvolle jeder Kriegführung, ein deutliches Bewußtsein von den natürlichen Grenzen seiner Macht, vor allem aber das übermächtige Bedürfnis nach rationaler Klarheit in allen Lebensverhältnissen hinderten ihn, unbefangen dem blinden Machtinstinkt zu vertrauen.«
Jeder Krieg: Die zitierte Stelle in Friedrichs »Exposé du Gouvernement Prussien ...«, verfaßt 1775 oder 1776, Oe. 9, 189: »Comme les guerres sont un gouffre où les hommes s'abîment, il faut avoir l'œil à ce que le pays se peuple autant que possible, d'où il résulte encore un autre bien, c'est que les campagnes en sont mieux cultivées et les possesseurs mieux à leur aise.«
wie die Kolonien: Ernst Pfeiffer »Die Revuereisen Fr. d. Gr. ...«, Berlin 1904 (reprint Vaduz 1965), p. 130: »Es kam dem Schlesischen Minister und den Kammern meist nur darauf an, daß und nicht wie die Kolonien angelegt wurden.«
Hoym: Karl Georg Heinrich Graf von H. (1739 bis 1807), preußischer Staatsminister. Studium in Frankfurt a. O., 1761 Militärdienst, im gleichen Jahr Auskultator (Referendar) bei der Schlesischen Kriegs- und Domänenkammer. 1769 Kammerpräsident in Kleve, 1770 Provinzialminister in Schlesien. Verwirklichte ausschließlich die Absichten des Königs, gewann jedoch die Bevölkerung für sich. 1786 von Friedrich Wilhelm II. in den Grafenstand erhoben, von 1793–1798 Verwaltungschef im neu erworbenen (polnischen) Südpreußen. Nach dem Frieden von Tilsit 1807 pensioniert.
162 *von selbst*: Pfeiffer, op. cit., p. 132.
glänzende Leistung: Ritter, op. cit., 3. A., p. 217: »Die Leistungen Friedrichs als Kolonisator, glänzend und weithin sichtbar durch ihren Dauererfolg, haben von jeher am meisten dazu beigetragen, den Ruhm seiner Staatsverwaltung bei Zeitgenossen und Nachwelt zu begründen.«
wesentlich konservativer: Ritter, op. cit., p. 183.
einer durch Generäle: 1919 erschien der dritte, gegen Wilhelm II. gerichtete Band von Bismarcks Erinnerungen, »Erinnerung und Gedanke«, Stuttgart/Berlin 1919, p. 114 sq.: »... die heutige Politik eines Deutschen Reiches, mit freier Presse, parlamentarischer Verfassung, im Drange der europäischen Schwierigkeiten, läßt sich nicht im Stile einer durch Generäle ausgeführten Königlichen Ordre betreiben, auch wenn die Begabung des betheiligten Deutschen Kaisers und Königs von Preußen der Friedrich's II. mehr als ebenbürtig ist.«

163 *Pfllicht getan zu haben:* Cf. Oe. 19, 193: »Il n'est pas nécessaire que je vive, mais bien que je fasse mon devoir.«
Relatio at Regem: Die neue Instruktion für das Generaldirektorium von 1748 enthielt die Mahnung an die Minister: »Sie Sollen nicht ihre Zeit Mit wunderlichen Disputen zubringen und Wan Sie sich nicht in 6 Minuten vergleichen können, so Sol Sofort Relatio at Regem gemacht werden.« (Nach Herman von Petersdorff »Fr. d. Gr. ...«, Berlin 1902, p. 204.)
wenn Sie Sich aber Historien vertzehlen: loc. cit.
164 *nicht nach Willkür:* Ritter, op. cit., p. 186.
bewunderungswürdig: Ritter, op. cit., p. 188.
165 *unmöglich überall:* Ritter, op. cit., p. 189.
freilich etwas künstlichen: Ritter, op. cit., p. 211.
rasche persönliche Entscheidung: Ritter, op. cit., p. 187: »Der Vorzug dieser Regierungsform war, daß eine rasche persönliche Entscheidung an die Stelle umständlicher kollegialer Beratungen und Mehrheitsbeschlüsse trat.«
166 *daß ein Staat:* Äußerung zu Lucchesini am 9. Oktober 1780, nach der deutschen Auswahl »Gespräche Fr. d. Gr. ...«, ed. Bischoff, Leipzig 1885, p. 168.

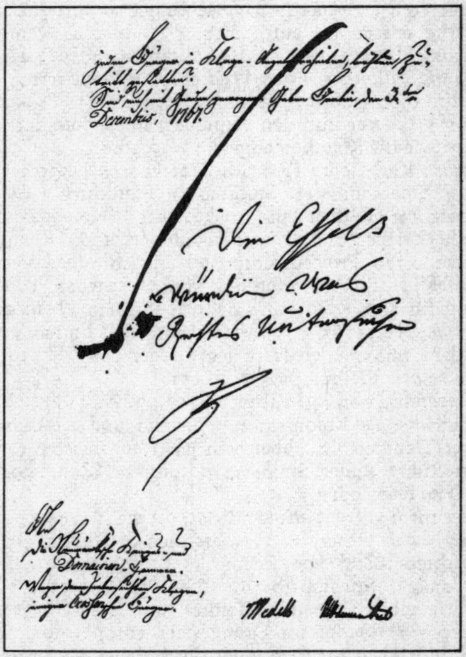

»Die Essels würden was Rechtes ...«: Marginalie Friedrichs auf einem Bericht der Neumärkischen Domänenkammer

Die Frau muß nicht alles wissen: In der Fußnote p. 166 Äußerung des Königs laut Preuss »Friedrich der Große ...«, t. I., Berlin 1832, p. 351.
Wenigstens sehr klug: Preuss, op. cit., t. I., p. 350.

167 *Wenn man gut ist:* Äußerung Eichels nach Edith Simon »Friedrich der Große«, Tübingen 1963, p. 261.
die selbst die Minister: Persönliches Testament vom 8. Januar 1769, deutscher Text nach »Die Werke ...«, t. VII., p. 290: »Ich empfehle ihm meine Privatsekretäre, ebenso alle, die in meinem Kabinett gearbeitet haben. Sie haben Übung in den Geschäften und können ihn im Anfang seiner Regierung über sehr viele Dinge aufklären, die ihnen bekannt sind und die selbst die Minister nicht wissen.«
Schlabrendorff: Ernst Wilhelm Freiherr von Sch. (1719 bis 1769), preußischer Staatsminister. War bis 1755 Kammerpräsident in Magdeburg und förderte die antisächsische Zollpolitik des Königs durch ein neues System von Transitzöllen. Seit 1755 Provinzialminister von Schlesien. Verdienste im Siebenjährigen Krieg um Verwaltung, Versorgung und Verteidigung Schlesiens, ebenso um Verpflegung und Ergänzung der Armee. Nach dem Krieg Förderung der Kleinbauernstellen, die geplante Reduktion der bäuerlichen Spann- und Frondienste konnte er gegen den Widerstand der Ritterschaft nicht durchsetzen.
Daß der Herr v. Schlabrendorff: Brief Eichels an den Generalleutnant von Winterfeldt vom 14. Dezember 1756, mitgeteilt in Preuss »Urkundenbuch zur Lebensgeschichte ...«, Fünfter Theil, Berlin 1834, p. 32.
mit Eichelen etc.: Brief Fredersdorfs an den König, in op. cit., ed. Richter, p. 254.
zu hoch über seinem Volk: d'Alembert schrieb am 25. Juli 1763 aus Potsdam an Mademoiselle de Lespinasse: »... er steht zu hoch über seinem Volke und hat keinen, der ihn in seiner unermüdlichen Arbeit unterstützt und ihm durch Unterhaltung eine Erholung von ihr bereitet.« Deutscher Text nach »Fr. d. Gr. im Spiegel ...«, t. III., p. 134.
höhnischen Bitterkeit: Max Jähns »Geschichte der Kriegswissenschaften ...«, Dritte Abteilung, München/Leipzig 1891, p. 2123: »... denn dieser (Friedrich) war gegen seine persönliche Umgebung oft nicht nur hart und rauh, sondern zuweilen auch von einer höhnischen Bitterkeit, die zu ertragen gerade ausgezeichnete Menschen am wenigsten geneigt und geeignet waren.«

168 *Finde ich Ihn:* Äußerung des Königs nach Eduard Vehse »Illustrierte Geschichte des preußischen Hofes ...«, t. I., Stuttgart o. J., p. 374.
die Geduld: Bismarck urteilte im dritten Band seiner Memoiren (»Erinnerung und Gedanke«, Stuttgart/Berlin 1919, p. 125): »Die Geduld, mit welcher er sich vor definitiven Entscheidungen über Rechts- und Sachfragen unterrichtete, die Gutachten competenter und sachkundiger Geschäftsleute hörte, gab seinen Marginalien ihre geschäftliche Autorität.«
muß immediate: Äußerung des Königs 1769 zu Hoym nach Pfeiffer »Die Revuereisen ...«, pp. 173 sq.
Der größte aller Fürsten: Nach einer Erzählung des Königs, der

zu de Catt über Mitchell sprach, cf. »Gespräche Fr. d. Gr. . . .«, ed Bischoff, Leipzig 1885, p. 48.
Glücklich die Fürsten: Deutscher Text nach »Die Werke . . .«, t. I., p. 99.
Ein Herrscher: Deutscher Text aus den »Denkwürdigkeiten . . .« in op. cit., t. I., p. 149. Original cf. Oe. I., p. 158: »Un prince qui écoute des conseils est capable de les suivre.«
Ich dirigiere das selber: Nach Hegemann, op. cit., 4. A., p. 166.
Ihr müsset Euch: Weisung des Königs nach Petersdorff, op. cit., p. 389.
169 *der eigentliche Schlesische Minister:* Urteil Pfeiffers in op. cit., p. 167: »Hoch über Woll- und Leinenindustrie, über Bauern und Städtern, Beamten und Adligen stand bald treibend, bald zurückhaltend, bald lobend, bald strafend, aber immer sorgend die Gestalt des eigentlichen Schlesischen Ministers, Friedrichs des Großen.«
in der Zeit von 1763: Pfeiffer, op. cit., pp. 153 sq.
Schlesien hat seinen Wohlstand: Hartmann bei Pfeiffer, op. cit., p. 154.
Hauptanteil an dem . . . Emporblühen: Pfeiffer, op. cit., p. 169: ». . . aber er schrieb sich – und ganz mit Recht – doch den Hauptanteil an dem wirtschaftlichen Emporblühen Schlesiens zu.«
Nehmt Euch in acht: Kabinettsordre des Königs vom 3. Januar 1767 an den Minister von Schlabrendorff bei Pfeiffer, op. Cit., p. 93[1].
im Grunde erlogen: Aus einer Kabinettsordre des Königs vom 9. August 1765, bei Pfeiffer, op. cit., p. 173.
170 *Wie könnt Ihr Euch unterstehen:* Nach Pfeiffer, op. cit., p. 178.
was S. M. auffallen könne: Nach Pfeiffer, op. cit., p. 136.
faule und schlechte Leute: bei Pfeiffer, op. cit., p. 176.
171 *Lumpengesindel:* Cf. Pfeiffer, op. cit., p. 128[5].
die störenden Geschöpfte: Bericht Teplers aus Landeshut von 1785, bei Pfeiffer, op. cit., p. 48[14]
An die Wege: Brief des Königs an den Landjägermeister von Lüderitz, bei Pfeiffer, op. cit., p. 174[18].
172 *Oh nein:* Bei Pfeiffer, op. cit., p. 173.
die Menschen wie Sclaven: loc. cit.
er selbst habe: Brief des Königs vom 16. Februar 1772 an Hoym, indirekt zitiert von Pfeiffer, op. cit., p. 175.
Wenn aber dem Herrn: Brief Hoyms 1780 an Domhardt, cf. Pfeiffer, op. cit., p. 100[18].
E. H. werden daraus ersehen: Brief Hoyms vom 5. August 1786 an den Prinzen von Preußen, bei Pfeiffer, op. cit., p. 101.
Wenn die Juden abgeschaffet: Brief des Königs an Hoym vom 7. Mai 1780 nach Petersdorff, op. cit., p. 478. Der Satz beginnt: »Aber auf meiner Seite denke Ich anders, denn . . .«
173 *Man kann wohl sagen:* Pfeiffer, op. cit., pp. 105 sq.
an ungleicher Behandlung: Hugo Rachel »Der Merkantilismus in Brandenburg-Preußen« in »Forschungen zur Brandenburgischen und Preußischen Geschichte«, ed. Melle Klinkenberg/Joh. Schultze, München und Berlin 1927, t. XL., p. 258.
Polen mußte für den Transit: Nach Rachel, op. cit., ibidem; cf. auch Anton Zottmann »Die Wirtschaftspolitik Friedrichs des Großen«, Leipzig und Wien 1937, p. 73.

Wir machen ihr Polnisches Geld: Nach Ernst Pfeiffer »Die Revuereisen Friedrichs des Grossen...«, Berlin 1904, reprint Vaduz 1965, p. 107, Anm. 18.
friderizianischen »Sozialismus«: Franz Mehring »Historische Aufsätze zur Preussisch-Deutschen Geschichte«, Stuttgart 1947, p. 72.
Nehmen Sie nur von denen: Nach Walther Schultze »Geschichte der Preussischen Regieverwaltung von 1766 bis 1786«, Erster Theil, in »Staats- und socialwissenschaftliche Forschungen«, ed. Gustav Schmoller, Leipzig 1888, t. VII., p. 183.
174 *Anwalt des Fabrikanten und Soldaten:* eigenhändiger Brief vom 16. März 1766: Nach Preuss, op. cit., p. 20, der auch den französischen Text anführt: »et ce sont le Manufacturier et le Soldat dont je me déclare l'avocat et dont je dois plaider la cause.« Zottmann, op. cit., p. 29 mit Anm. 4 übersetzt dies merkwürdigerweise mit »Anwalt des Arbeiters und des Soldaten«; ebenso Mehring, op. cit., p. 72. Nach Littré, Larousse und Langenscheidt ist »manufacturier« der Inhaber oder Leiter einer Manufaktur, nicht der in ihr tätige Arbeiter.
die Reichen mit ihrem Überfluß: Nach Mehring, op. cit., p. 72.
seine Taten: Mehring op. cit., p. 72.
Zu Ende des Krieges: Gustav Schmoller »Umrisse und Untersuchungen zur Verfassungs-, Verwaltungs- und Wirtschaftsgeschichte...«, Leipzig 1898, p. 182.
Wir sind in Rücksicht: Nach Preuss, op. cit., t. III., p. 11.
Der Stat, so Hamann: Nach Preuss, op. cit., t. III., p. 18, dort nach Jacobi »Werke«, t. 4, p. 415: »daß der Stat alle seine Unterthanen für unfähig erklärte, seinem Finanzwesen vorzustehen, und dafür einer Bande unwissender Spitzbuben sein Herz, den Beutel seiner Unterthanen anvertrauete.«
Raubmarquis: Gottfried August Bürger in seiner Ballade »Der Raubgraf«, datiert April 1773, Sämtliche Werke, t. I., Göttingen 1844.
175 *französisches Gesindel:* Johanna Schopenhauer »Jugendleben und Wanderbilder«, reprint 1958, p. 62.
Während Frankreich: Preuss, op. cit., t. III., p. 12.
französische Blutigel: cf. Schultze, op. cit., p. 113.
lauter solch Schurken-Zeug: Nach Preuss, op. cit., t. III., p. 19.
Jupiter: Brief Friedrichs an de Launay vom 16. März 1766, nach Preuss, op. cit., t. III., p. 20, dort nach De la Haye/de Launay »Justification du systême d'Économie politique et financière de Frédéric II. ...«, deutsch »Friedrichs des Zweiten, Königs von Preußen, ökonomisch-politisches Finanzsystem«, Berlin 1879, p. 107: »Ich sehe die Herren de la Haye und Candy als zwei Jupiter an, die es (gemeint: das Steuer-Chaos) glücklich entwirret haben.« »Mrs. de la Haye et de Candi sont les Jupiters qui l'ont debrouillé.«
Danach übernahm: Preuss, op. cit., t. III., pp. 12/13.
nicht ganz der Willkür: Franz Kugler »Geschichte Friedrichs des Großen«, Gedenkausgabe zum 150. Todestag, Leipzig 1936, p. 445.
weil die französischen Kapitalisten: »Gebhardts Handbuch der Deutschen Geschichte«, ed. Robert Holtzmann, 7. A., Stuttgart, Berlin, Leipzig 1931, t. II., p. 37.
176 *mit einer Machtvollkommenheit:* Herman von Petersdorff »Friedrich der Große...«, 2. A., Berlin 1904, p. 478.

Jeder seiner Regisseurs: Preuss, op. cit., t. III., p. 33.
fast unbeschränkte Gewalt etc.: Schultze, op. cit., p. 30
Für die Berechnung der Tantiemen: cf. Mehring, op. cit., pp. 73 sq.; Schultze, op. cit., p. 35.
Schultze vermag: Schultze, op. cit., p. 186.
177 *stark von sozialen Erwägungen:* Ludwig Reiners »Friedrich«, München 1952, p. 263.
Erst durch Edikt: Preuss, op. cit., t. III., p. 17, Anm. 1.
alle fremden Weine: Nach Schultze, op. cit., p. 185, Anm. 1: »Viande. Il m'est impossible de consentir à cet impôt qui est trop onéreux pour le peuple; pour la viande je consens qu'on la mette à un gros 7 fenins; mais pour l'impôt d'un écu par boeuf étranger, cela ne se peut pas, et il faut trouver quelque autre objet accisable, sur lequel il faut se refaire.
Bierre. N'impostez point bierres des lieux, elles payent 9 gros, mettez les à douze, mais non plus ultra. En révanche impostez tant que vous voudrez la bierre angloise, celle de Brunswic et Zerbst, et autres étrangères.
Eau de vie. Mettez l'eau de vie de France, au lieu de 14 à 10 gros, voilà à quoi je peux consentir.
Le poivre, la cannelle, les épices, je vous les abandonne, en un mot tout ce qui cest de luxe. Impostez les vins de Franconie, Neckar, Suabe, et de tout pays étranger; ce n'est pas le pauvre qui le paye, et c'est le manufacturier et le soldat dont je me déclare l'avocat, et dont je dois plaider la cause. D'ailleurs votre projet est admirable, et nous mettrons cette après-midi la main à l'oeuvre pour achever nos affaires radicalement.«
Eingangsakzise vom Getraide und Mehl: Preuss, op. cit., t. III., p. 12, Anm. 1.
178 *Die Regie hat aber:* Preuss, op. cit., t. III., p. 16, kommt auf insgesamt etwa 19 Millionen Taler.
bei steigender Kultur: Preuss, op. cit., t. III., p. 16.
Vielleicht ist kein Gedanke: Christian Wilhelm von Dohm, »Denkwürdigkeiten meiner Zeit ...«, t. IV., Lemgo und Hannover 1819, p. 512.
Pflichtmäßigen Anzeige: Nach Preuss, op. cit., t. III., Urkundenbuch, pp. 92 sqq.: »Pflichtmäßige Anzeige derer Behinderungen im Commercio in denen Königlichen Landen.«
ich erstaune: Nach Preuss, op. cit., t. III., Urkundenbuch, p. 102.
179 *wie allerhöchst Dieselbe:* Nach Preuss, op. cit., t. III., Urkundenbuch, pp. 102 sq.
Episode: Ritter, op. cit., p. 191.
Schändlichkeiten halber: Preuss, op. cit., t. III., p. 23.
ganz eigene Erfindung: Preuss, op. cit., t. III., p. 25: »das Tabacksgeschäft dagegen, welches einen bloßen Luxusartikel betraf, war Friedrichs ganz eigene Erfindung, welcher er auch immer neue Aufmerksamkeit widmete.«
ein bankbrüchiger marseiller Kaufmann: Preuss, op. cit. t. III., p. 24.
eine Million Thaler Pacht: loc. cit.
der Vertrag enthielt: Rudolph Stadelmann »Preussens Könige in ihrer Thätigkeit für die Landescultur«, in »Publicationen aus den

K. Preussischen Staatsarchiven«, t. II., 2. Theil: »Friedrich der Grosse«, Leipzig 1882, p. 184.
Nachforschungen wegen Contrebande: Nach Stadelmann, op. cit., p. 184.

180 *Der Kaffee:* cf. zum Folgenden Preuss, op. cit. t. III., pp. 27 sqq.
auch preußische Invaliden: Reiners, op. cit., p. 264: »Er (Friedrich) ließ 4000 Invaliden als ›Kaffeeriecher‹ abrichten; sie durften zu jeder Stunde in jedes Haus eindringen und nach dem Geruch von gebranntem Kaffee schnüffeln.«
die damals Mode gewordenen: J. Schopenhauer, op. cit., p. 62.

181 *der seinen Privilegierten:* Nach Preuss, op. cit., t. III., p. 29.
ein jeder Bauer und gemeiner Mensch: Nach Preuss, op. cit., t. III., p. 30: »Das macht, ein jeder Bauer und gemeiner Mensch gewöhnt sich jetzt zum Kaffee, weil solcher auf dem Lande so leicht zu haben ist. wird das ein Bisschen eingeschränkt, so müssen die Leute sich wieder an das Bier gewöhnen ... Übrigens sind Sr. K. M. Höchstselbst in der Jugend mit Biersuppe erzogen, mithin können die Leute dorten eben so gut mit Biersuppe erzogen werden. Das ist viel gesunder, wie der Kaffee.« (Koster schreibt »Coffee«.)
denen für beständig«: Nach Preuss, ibidem.
Ich trinke morgens: Nach »Mémoires des Négociations du Marquis de Valori«, ed. Comte H. de Valori, Paris 1820, t. I., p. 263: »Je n'en prends plus, me dit-il, que sept ou huit tasses le matin, et une seule cafetière l'après-dîner.«
Mad. Nothnaglin: »Die Briefe Friedrichs des Grossen an ... Fredersdorf«, ed. Johannes Richter, Berlin 1926, p. 262 (Brief vom Dezember 1753 an Fredersdorf).
weillen ich mihr aber: Brief von Mitte September 1753 an Fredersdorf, op. cit., p. 220.
wann sie mihr sprechen wil: Brief aus der zweiten Hälfte September 1753 an Fredersdorf, op. cit., p. 223.
traktire sie nicht übel: Brief aus der zweiten Hälfte September 1753 an Fredersdorf, op. cit., p. 224: »sie ist böße auf Dihr, Sie saget, Du gingst zu hart mit ihr um, ich habe sie gesagt, Du wärst krank, und lisest Dihr nicht gerne betrigen. ich habe sie von mihr gesagt, ich hätte mein-tage nicht daran geglaubet; und wehre gewis, daß sie nicht hätte betrigen wollen, aber hätte sich selber betrogen, in-dem sie sich mehr zugetrauet hätte, als sie köntte, sie wil einen abtreiber haben; traktire sie nicht übel, das arme mensch hat die Thorheiten im Kopf, und meint es guht.«
Divertiret: Brief aus der zweiten Hälfte September 1753 an Fredersdorf, op. cit., p. 227: »es ist ein angenehmer Traum, der einen Divertiret.«
würklich hoffnung: Brief aus der zweiten Hälfte September 1753 an Fredersdorf, op. cit., p. 226: »was du mihr Vergangen von der frau gesaget hast, gibt mihr würklich hoffnung.«
lauter Stürmische aspecten: Brief von Anfang November 1753 an Fredersdorf, op. cit., p. 242.
doch ohne mihr zu vergalopiren: Brief vom November 1753 an Fredersdorf, op. cit., p. 245: »ich bin schon im handel wegen Regimenter, doch ohne mihr zu vergalopiren so-baldt ich Clar sehe, So gehe ich ferme darauf loß. und Sol der Teufel den hollen, der an Preusen oder Frisland mit der Nasen an-Kömt!«

Er stellt in Gedanken: Eigenhändige Anlage des Königs zu einem Brief vom November 1753 an Fredersdorf, op. cit., pp. 246 sq.

182 *umb Deine bakenberen:* Brief vom November 1753 an Fredersdorf, op. cit., pp. 247 sq.

2 Sachen gereichen: Nach Fritz Hartung »Studien zur Geschichte der preußischen Verwaltung« in »Abhandlungen der Preußischen Akademie der Wissenschaften«, Jahrgang 1941 (Philosophisch-historische Klasse), Berlin 1942, p. 23.

Allen Ernstes glaubte er: Nach Mirabeau »Von der Preußischen Monarchie ...«, ed. Mauvillon, t. III., Braunschweig und Leipzig, 1794, pp. 78 sqq., insbesondere pp. 106, 107: »Allerdings, wenn man Friedrichen hat einreden können, daß die Kunstprodukte in seinem Lande dreyßig Millionen an Werth betragen, die Naturprodukte aber nur zehn, so ist es kein Wunder, daß er immer jene auf Kosten dieser empor zu heben gesucht hat; aber dann muß man auch gestehn, daß er vom Staatshaushalte auch nicht die allergeringste Kenntniß gehabt habe.«

Man hat zu seiner Verteidigung gesagt: cf. etwa Ritter, op. cit., pp. 212 sq.

183 *ohngeleckten Bären:* Nach Petersdorff, op. cit., p. 483: »Von den Ostpreußen sagte er 1780, in der Sache allerdings nicht ganz mit Unrecht: ›ohngeleckte Bären sind sie noch ein wenig in Städtesachen und in Manufakturen und Industrie gegen polizierte Provinzen.‹«

als zollpolitisches Ausland: Max Lehmann »Freiherr von Stein«, Leipzig t. I., 1902, pp. 53 sq.

tausenderlei Binnenzölle: Ritter, op. cit., p. 215.

ganz empfindliche Schrumpfung: Zottmann, op. cit., p. 71.

184 *wenn man den Fremden schadet:* Mirabeau, op. cit., t. III. p. 342.

ganz ungeheuer: Mirabeau, loc. cit.

nur im Kampf: Ritter, op. cit., p. 214.

Ein Denkmal für Friedrichs II.: Hegemann, op. cit., pp. 163 sq.: »Und es ist ein Denkmal für Friedrichs II. wirtschaftspolitische Weisheit, daß Danzig sich nicht entwickelt hat wie Amsterdam und Hamburg oder ...«.

der Preuß ist über Nacht ...: J. Schopenhauer, op. cit., p. 59.

185 *Johanna schildert uns:* J. Schopenhauer, op. cit., pp. 62 sq.

Unter Ausschaltung Danzigs: Nach Arthur Nußbaum »Die Preußische Seehandlung« in den »Annalen des Deutschen Reichs für Gesetzgebung, Verwaltung und Volkswirtschaft« (1905), p. 32.

rund 1 400 000 Taler beiseitegebracht: Nach Nußbaum, op. cit. p. 34.

verhaßte sächsische Konkurrenz: Ritter, op. cit., p. 212.

Aber auch die Ausfuhr folgender Gegenstände: cf. Ritter, op. cit., p. 212; Zottmann, op. cit., p. 68; Stadelmann, op. cit., p. 115; Rachel, op. cit., p. 250.

186 *Lebensstrafe:* Preuss, op. cit., t. III., p. 43: »ja den 3. April 1774 wurde, Wolle und Wollfelle auszuführen, bei Lebensstrafe untersagt.«

Die Einfuhrverbote gegen: Nach Mirabeau, op. cit., t. III., pp. 342 sq.

Mirabeau hat ihm vorgehalten: Mirabeau »De la Monarchie Prussienne sous Frédéric le Grand«, London 1788, t. II., p. 75.

zahlreiche Schäfereien verfielen: Nach Preuss, op. cit., t. III., pp. 43 sq.

187 *Volkswirtschaftlich und finanziell:* Gustav Schmoller »Preußische Verfassungs-, Verwaltungs- und Finanzgeschichte«, Berlin 1921, p. 168.

Auf daß das Brod im Lande: Martin Philippson »Geschichte des preußischen Staatswesens . . .«, Leipzig 1880, t. I., pp. 19 sq.

Eine weitere Schattenseite: Stadelmann, op. cit., p. 163.

188 *Ich war in Preußen:* Nach »Briefwechsel Friedrichs des Grossen mit Voltaire«, ed. Koser/H. Droysen, t. III., Leipzig 1911, p. 277: »J'ai été en Prusse abolir le servage, réformer des lois barbares . . .«

daß die Bauern freie Leute: Nach Eduard Vehse »Illustrierte Geschichte des preußischen Hofes . . .«, Stuttgart 1901, t. I., p. 357.

Der Ackerbau ist nun einmal: Nach Petersdorff, op. cit., p. 207.

Die glückliche Mäßigkeit: Brief an den Prinzen Heinrich 1781, deutsch nach »Briefe Friedrichs des Großen«, ed. Max Hein, Berlin 1914, t. II., p. 250: »Schweden und wir, wir leben in dieser glücklichen Mäßigkeit, und offen gestanden, lieber Bruder, ziehe ich sie den ungeheuren Reichtümern der Engländer, Holländer und Franzosen vor.«

Waren die Dienste: cf. Pfeiffer, op. cit., p. 123.

In einigen Urbarien: Nach Pfeiffer, op. cit., p. 121.

unablässig für den Bauernstand gesorgt: Pfeiffer, op. cit., p. 179.

Friedrich reiste: Pfeiffer, op. cit., pp. 57/58 mit Anm. 34.

189 *zu einigen Diensten herbeilassen:* Pfeiffer, op. cit., pp. 132/133 mit Anm. 22: »Es klang wie Hohn, wenn Hoym zum Schlusse schrieb: ›Aber diese Frage (der Handdienste) ist der Hauptpunkt, wo nach der Königlichen Intention die Dienstfreiheit besonders Platz greifen soll.‹«

Schlabrendorff erkannte: Nach Pfeiffer, op. cit., p. 142.

ohne Losbrief abziehen: Nach Pfeiffer, op. cit., p. 142.

Glogauer Kammer: Nach Pfeiffer, op. cit., p. 144.

wie 1783 in Neiße . . .: Nach Pfeiffer, op. cit., pp. 179 und 114; cf. auch Ritter, op. cit., p. 195.

der getreue Pfeiffer: Pfeiffer, op. cit., p. 179.

190 *Wart, wart, ich werde Euch:* Nach Pfeiffer, op. cit., p. 180.

in seiner Aufwallung: Pfeiffer, op. cit., p. 180.

der geringste Bauer: aus Friedrichs Protokoll über seine Vernehmung der drei Kammergerichtsräte, nach Preuss, op. cit., t. III., p. 494: »Denn sie müssen nur wissen, daß der geringste Bauer, ja was noch mehr ist, der Bettler eben sowohl ein Mensch ist, wie Seine Majestät sind, und dem alle Justiz muß widerfahren werden.«

8. KAPITEL

191 *Ja, sehn Sie:* Das Wort des preußischen Generals und Ministers von Canitz ist von Bismarck in den »Gedanken und Erinnerungen«, vollständige Ausgabe der drei Bände in einem Band, Stuttgart/Berlin o. J., p. 158, überliefert. Karl Ernst Wilhelm Freiherr von Canitz und Dallwitz (1787 bis 1850) trat 1806 in die preußi-

sche Armee ein und lehrte 1820 als Major Kriegsgeschichte an der Allgemeinen Kriegsschule zu Berlin. 1844 wurde er Generalleutnant und ein Jahr später von König Friedrich Wilhelm IV. zum preußischen Minister des Auswärtigen berufen. Am Tag der Märzrevolution 1848 trat C. als Minister zurück, blieb jedoch bis zu seinem Tode aktiver Offizier, zuletzt als Kommandeur der 5. Division in Frankfurt a. O.

zum ersten Mann des Jahrhunderts: Heinrich von Treitschke »Deutsche Geschichte ...«, t. I., Leipzig 1879, p. 63: »Dem verschüchterten Geschlechte ward die Seele weit bei dem Gedanken, daß der erste Mann des Jahrhunderts unser war, daß der Ruhm des großen Königs bis nach Marokko und Amerika drang.«

Reichsarmee: Die mitgeteilten Angaben nach Ludwig Reiners »Friedrich«, München 1952, p. 207.

Bedenken Sie: Brief des Königs an den Marquis d'Argens vom 1. März 1759, deutscher Text in »Briefe ...«, ed. Hein, t. II., Berlin 1914, p. 45.

193 *es kostet ihm seinen Kopf:* In Georg Heinrich von Berenhorst »Aus dem Nachlasse«, ed. Eduard von Bülow, Erste Abtheilung, Dessau 1845, p. XV: »Endlich, mehrere Tage nach der Schlacht, angeblich in Düben, kommt letzterer (Berenhorst) damit zu Stande und geht mit der angefertigten Liste in das Zimmer des Königs. Dieser, hinter dem Ofen vorkommend, reißt ihm das Papier aus der Hand, übersieht die Zahl des Verlustes, welcher sich, dem Vernehmen nach, in die 20 000 belief und sagt ihm mit Härte: ›Es kostet ihm seinen Kopf, wenn je die Anzahl ruchbar wird!‹«

einen guten Teil Schlesiens: Maxime des Königs für die Wiener Verhandlungen Anfang 1742 nach Herman von Petersdorff »Fr. d. Gr. ...«, Berlin 1902, p. 100.

Graf Gotter: Gustav Adolf Graf G. (1692 bis 1762), aus einer bürgerlichen Familie in Gotha, seit 1716 gothaischer Legationssekretär in Wien, glänzender Gesellschafter, Günstling des Prinzen Eugen und König Friedrich Wilhelms I., seit 1732 in preußischen Diensten als bevollmächtigter Minister in Wien, 1736 aus Gesundheitsgründen Rücktritt, 1740 von Friedrich II. zum Oberhofmarschall berufen, von Kaiser Karl VI. zum Reichsgrafen erhoben. Verhandelte 1741 und Anfang 1742 in Wien über die preußischen Ansprüche auf Schlesien. Später Generaldirektor der Berliner Oper, 1752 Generalpostmeister, 1753 Minister.

194 *Karl von Lothringen:* Karl Alexander Prinz von L. (1712 bis 1780), Schwager Maria Theresias, österreichischer Feldmarschall, wurde von Friedrich II. bei Chotusitz, Hohenfriedberg, Soor, Prag und Leuthen, vom Marschall von Sachsen bei Raucourt besiegt. Er bezwang (mit Daun) 1757 den Herzog von Braunschweig-Bevern bei Breslau, verlor jedoch nach Leuthen den Oberbefehl, blieb bis zu seinem Lebensende Generalgouverneur der österreichischen Niederlande.

Browne: Maximilian Ulysses Reichsgraf von B. (1705 bis 1757), österreichischer Feldmarschall, kämpfte bei Mollwitz und Chotusitz, erfolgreich in Italien, verlor die Schlacht bei Lobositz 1756, wurde bei Prag 1757 schwer verwundet, starb fünf Wochen später.

Laudon: Gideon Ernst Freiherr von L. (1716 bis 1790), Livländer, österreichischer Feldmarschall. Zuerst russischer Offizier, bot 1740 seine Dienste Friedrich II. vergebens an, ging 1742 nach Wien. Zeichnete sich bei Prag und Kolin aus, entschied den Sieg bei Kunersdorf und schlug 1760 Fouqué bei Landeshut, wurde jedoch bei Liegnitz von Friedrich besiegt. Nahm 1761 Schweidnitz durch Handstreich. Im Bayerischen Erbfolgekrieg operierte L. glücklich gegen die Armee des Prinzen Heinrich in Böhmen, obschon er nach dem Einmarsch der Preußen über das Lausitzer Gebirge den eigenen Rückzug zunächst für unvermeidlich gehalten hatte. Kämpfte später gegen die Türken und eroberte 1789 – wie Prinz Eugen 1717 – Belgrad.
Lacy (Lascy): Franz Moritz Graf von L. (1725 bis 1801), österreichischer Feldmarschall. Rettete bei Lobositz mit seinem Regiment die Armee, kämpfte bei Prag, Breslau und Leuthen. Reorganisierte 1758 die Armee und entwarf den Plan zum Überfall bei Hochkirch, bewog auch Daun, Finck bei Maxen anzugreifen. Drang im Oktober 1760 bis Berlin vor. Nach dem Krieg Marschall, Generalinspekteur, Präsident des Reichshofkriegsrats.
Apraxin: Stepan Fedorowitsch A. (1702 bis 1758), russischer Feldmarschall. Besiegte den preußischen Feldmarschall Lehwaldt 1757 bei Groß-Jägersdorf, zog sich dann jedoch, wie mit Großkanzler Besthushew verabredet, wieder nach Kurland zurück, wurde deswegen abgesetzt, eingekerkert und vor ein Kriegsgericht gestellt. Starb in Untersuchungshaft.
Fermor: Wilhelm Graf von F. (1704 bis 1771). Anstelle Apraxins Oberbefehlshaber. Verlor die Schlacht von Zorndorf (25. August 1758) gegen Friedrich II. und mußte den Oberbefehl an Graf Soltikow (Ssaltykow) abtreten.
Soltikow: Peter Semenowitsch Graf S. (1700 bis 1772) kommandierte seit 1759 die russische Armee in Preußen, besiegte im gleichen Jahr den General Wedell bei Kay und zusammen mit General Laudon den König bei Kunersdorf. Für diesen Sieg wurde er zum Feldmarschall ernannt. Nach dem Krieg wurde er Generalgouverneur von Moskau.
Hildburghausen: Joseph Friedrich Wilhelm Prinz von Sachsen-H. (1702 bis 1787), österreichischer Feldmarschall und Feldzeugmeister des Deutschen Reiches. Hatte sich in österreichischen Diensten ausgezeichnet und 1749 seinen Abschied genommen. Übernahm dann 1757 den Oberbefehl über die Reichsexekutionsarmee gegen Friedrich II. und wurde zusammen mit Soubise bei Roßbach (5. November 1757) besiegt. Zog sich daraufhin ins Privatleben zurück.
Franz Mehring: Der sozialdemokratische Publizist und Historiker Franz Mehring (1846 bis 1919) hatte in »Die Lessing-Legende« (Stuttgart 1909, p. 186) geschrieben: »Friedrich war der Chef, der selbst an der Börse spekulierte, während die Daun und Laudon nur die Prokuristen waren, die immer bei ihrem Chef anfragen mußten, ehe sie das Vermögen des Hauses auf eine Karte setzten.«
Thronfolger August Wilhelm: Der Augenzeuge Schmettau berichtete über das Rencontre vom 29. Juli 1757 bei Bautzen (abgedruckt bei Carlyle »Geschichte Friedrichs II. ...«, t. V., Berlin

1869, p. 143): »Es ward also sämmtlichen Generalen befohlen, sich um vier Uhr des Morgens im Hauptquartier zu versammeln, um ihm (dem König) entgegen zu reiten. Sie fanden sich alle ein; nur Winterfeld und Goltz fehlten. Nachdem sie der Prinz (August Wilhelm) eine ganze Stunde lang vergeblich erwartet hatte, ritt er endlich mit seinem übrigen Gefolge ab, und begegnete in der Entfernung einer Viertelmeile dem Könige, mit jenen zwei Generalen von der prinzlichen Armee zu seinen Seiten. Der Prinz Heinrich und Herzog Ferdinand von Braunschweig ritten mit seinem übrigen Gefolge hinter ihm. Als er sich dem Prinzen von Preußen auf ungefähr 300 Schritte genähert hatte, hielt er still. Der Prinz that ein Gleiches, indem er und seine Begleiter durch Abnehmen der Hüte grüßten, welches das Gefolge des Königs erwiederte. Dieser aber kehrte statt dessen sein Pferd um, stieg ab; legte sich auf die Erde nieder, als erwartete er die Tête seiner nachkommenden Truppen; Winterfeld und Goltz ließ er neben sich sitzen . . . Alle seine Offiziere stiegen ebenfalls von den Pferden, wie auch der Prinz nebst seinem Gefolge auf der anderen Seite. Zu diesem kam Goltz gleich nachher herüber und sagte ihm einige Worte, worauf der Prinz seine Generalität zusammen rief und von Goltz forderte, den Auftrag des Königs in ihrer Gegenwart zu wiederholen. Hierauf richtete Goltz in gehaltenem amtlichen Tone folgende ergreifende Worte an den Prinzen und die Generale: ›Se. Majestät lassen Ew. Königlichen Hoheit sagen, daß sie sehr unzufrieden mit Ihnen zu sein Ursache hätten; Sie verdienten, daß über Ihr Betragen ein Kriegsrecht gehalten würde, wo alsdann Sie und alle Ihre bei sich habende Generale die Köpfe verlieren müßten; jedoch wollten Se. Majestät die Sache nicht so weit treiben, weil sie im General auch der Bruder nicht vergessen würden!‹«
einen der schwersten Vorwürfe: Alfred Ritter von Arneth »Geschichte Maria Theresias«, t. V., Wien 1875, p. 166: »Daß Maria Theresia einen solchen Entschluß zum zweiten Male, und daß sie ihn faßte, nachdem Karl von Lothringen in dem Feldzuge des Jahres 1745 nicht nur unglücklich gefochten, sondern sich durchaus unzureichend bewiesen hatte, einem Heerführer wie Friedrich gegenübergestellt zu werden, ist einer der schwersten Vorwürfe, die mit Recht wider die Kaiserin erhoben werden können.«
Ich bin gewiß: Brief Maria Theresias am Jahrestag der Schlacht von Kolin an Daun: »Gott erhalte ihn mir noch lange Jahre zum Nutzen des Staates, des Militaire und meiner Person als meinen besten wahresten guten Freund. Ich bin gewiß so lang ich lebe seine gnädigste Frau Maria Theresia.« (Abgedruckt bei Arneth, op. cit., t. V., p. 200.)

195 *Mirakel des Hauses Brandenburg:* Brief des Königs an den Prinzen Heinrich vom 1. September 1759, in »Politische Correspondenz . . .«, (PC.) t. XVIII., p. 510: »J'ai reçu votre billet du 25, et je vous annonce le miracle de la maison de Brandebourg: Dans le temps que l'ennemi avait passé l'Oder, et qu'en hasardant une (seconde) bataille il pouvait finir la guerre, il est marché du Müllrose à Lieberose.«
Sie kennen Daun: Brief vom 25. Juli 1760 nach der Sammlung der Korrespondenz mit Prinz Heinrich und den Generalen »Der Siebenjährige Krieg . . .«, ed. Kurd Wolfgang v. Schöning, t. II.,

Potsdam 1851, p. 364: »Vous connoissez Daun, il n'aime pas donner des batailles du jour au lendemain, tout au contraire pour l'y porter il faut qu'on se serve du beaucoup d'industrie et de détours.«

196 *sonsten wäre es nicht möglich:* Der Brief Dauns an die Kaiserin vom 13. November 1760 bei Arneth, op. cit., t. VI., p. 456.

Wie oft er schon in der Bastille gesessen habe: Der Lebemann des Jahrhunderts, Louis François Armand Duc de Richelieu, kam 1711, mit 15 Jahren, auf Wunsch seines Vaters zum erstenmal in die Bastille, weil er die Herzogin von Burgund in aller Öffentlichkeit kompromittiert hatte. 1716, nach dem Duell mit dem Grafen de Gacé, mußte er zum zweitenmal für einige Monate in das Staatsgefängnis für Aristokratensöhne, 1719, wegen angeblicher Verschwörung gegen den Regenten (für den unmündigen Ludwig XV.) Herzog Philipp von Orléans, zum drittenmal.

Wir dürfen nicht vergessen: Der Pompadour-Günstling Abbé, später Kardinal de Bernis (1715 bis 1794) – über dessen Gesandtenleben in Venedig Casanova berichtet – schrieb als Außenminister an den Gesandten in Wien, den Grafen, später Herzog von Choiseul-Stainville, am 31. März 1758 einen Brief, dem die zitierte Stelle entnommen ist. (Abgedruckt in »Fr. d. Gr. im Spiegel...«, t. II., p. 197.)

Sogar aus seinen Fehlern: Der Abbé de Raynal (1713 bis 1796) ließ 1772 bis 1774 in sieben Bänden eine »Histoire philosophique et politique des établissements et du commerce des Européens dans les deux Indes« erscheinen, die in t. II., p. 182 sqq., eine Charakeristik Friedrichs II. enthält. Darin heißt es: »er zeigte einen moralischen Mut, für den ihm die Geschichte wohl keine Beispiele lieferte; er zog selbst aus seinen Fehlern mehr Vorteil als die anderen aus ihren Erfolgen; er hieß die ganze Erde vor Staunen schweigen oder vor Bewunderung reden...« (Nach dem deutschen Text in »Fr. d. Gr. im Spiegel...«, t. III., p. 149.)

197 *so oft er das nämlich tut:* Horace Walpole im Brief vom 13. Dezember 1759 an Sir Horace Mann: »As often as he does, indeed, he is apt to repair it.« (»The Letters of Horace Walpole«, ed. Cunningham, vol. III., Edinburg 1906, p. 270.)

wäre froh gewesen: Brief vom 5. Dezember 1760 an Sir Horace Mann: »It has been the fashion to cry down Daun; but as much as the King of Prussia may admire himself, I dare say he would have been glad to be matched with one much more like himself than one so opposite as the Marshal.« (op. cit., vol. III., p. 367.)

Maßnahmen eines Verzweifelnden: Bei Arneth, op. cit., t. VI., p. 291: »Die Vorschläge, welche der König, allerdings noch vor Empfang der Nachricht von dem Tode der Kaiserin von Rußland ihm (dem Prinzen Heinrich) machte, bezeichnet er als die eines Verzweifelnden.« Prinz Heinrich hatte dem König am 16. Januar 1762 geschrieben: »La résolution que vous êtes, en ce cas, intentionné de prendre me paraît une des plus désespérées ... mais comme il s'agit de périr, il est seulement nécessaire de savoir quelle est la mort la plus lente...« (Oe. 26, 235.)

Die theoretischen Äußerungen Friedrichs: Eberhard Kessel »Friedrich der Große im Wandel der kriegsgeschichtlichen Überlieferung«, in »Wissen und Wehr«, 1936, Heft 8, p. 509.

ein einziges Mal: Hans Delbrück »Geschichte der Kriegskunst ...«, reprint 1962, t. IV., p. 421: »Die schräge Schlachtordnung kann aufgefaßt werden als eine Unterart der Flügelschlacht, nämlich die Flügelschlacht mit, der Elementar-Taktik der Epoche entsprechender, einheitlicher, zusammenhängender Schlachtfront. Nur ein einziges Mal ist sie geglückt, oder, wie man vielleicht besser sagt, hat sie genügt.«
in die Schlinge seines eigenen Systems: Das Clausewitz-Zitat nach Delbrück, op. cit., t. IV., p. 413, im Blick auf die Schlacht bei Kunersdorf: »Clausewitz (X, 99) drückt das so aus: ›man kann wohl sagen, daß der König hier in die Schlinge seines eigenen Systems der schiefen Schlachtordnung gefallen ist‹, und das Generalstabswerk bestätigt das.«
subjektiver als die irgendeines anderen: Delbrück, op. cit., t. IV., p. 434: »Im Wesen der Ermattungs-Strategie liegt, wie wir gesehen haben, ein unausschaltbares Moment der Subjektivität; Friedrichs Heerführung ist, wie ich glaube sagen zu dürfen, subjektiver als die irgend eines anderen Feldherrn der Weltgeschichte.«
198 *einzige Bataille ohne Feldherrntalent:* Napoleon I. »Darstellung der Kriege Caesars, Turennes, Friedrichs des Großen«, ed. H. E. Friedrich, Darmstadt/Berlin 1943, p. 422: »In dieser Schlacht hat Friedrich sowohl im Entwurf des Planes als auch in seiner Ausführung die Kriegsgrundsätze verletzt: von allen seinen Schlachten ist es diese, in der er die meisten Fehler gemacht hat; es ist die einzige, in der er kein Feldherrntalent bewiesen hat.«
Die Schwierigkeit bei diesem Verfahren: Delbrück, op. cit., t. IV., pp. 421 sq.
Friedrich, meint Delbrück: Delbrück, op. cit., t. IV., p. 423: »Gewiß war es nicht unmöglich, daß Daun bei Torgau Zieten angreifen ließ, während noch der König auf seinem Umgehungsmarsch begriffen war. Aber die Wahrscheinlichkeit, daß Daun diesen Entschluß so schnell fassen und ausführen werde, war nicht so groß, daß Friedrich es daraufhin nicht hätte wagen dürfen.«
199 *nur noch wenige Tage zu leben:* Brief des Königs vom 30. Juli 1757 an den Prinzen von Preußen, Oe. 26, 141: »Qui n'a qu'un moment à vivre n'a rien à dissimuler.«
widerspruchsvoll und unsicher: Auf einem Brief des Königs vom 14. Dezember 1759 an ihn vermerkte Prinz Heinrich: »Je ne me fie nullement à ces nouvelles; elles sont toujours contradictoires et incertaines comme son caractère.« (Oe. 26, 203[b].) Die Übersetzung der gesamten Marginalie bei C. V. Easum »Prinz Heinrich von Preußen ...«, Göttingen o. J., pp. 173 sq.
Seitdem er zu meiner Armee gekommen: In der gleichen Bemerkung schrieb Prinz Heinrich: »C'est depuis le jour où il a joint mon armée qu'il y a mis le désordre et le malheur.«
die Person, unser Wüterich etc.: Die Ausdrücke aus den Briefen Heinrichs an seinen Bruder Ferdinand nach Otto Herrmann »Friedrich der Große im Spiegel seines Bruders Heinrich«, in HV. XXVI. (1931), p. 367.
Hätte es doch Gott: Herrmann, op. cit., p. 376.
der einzige, der keinen Fehler gemacht habe: Der Anekdote nach ein Trinkspruch, den der König im Dezember 1762 in seinem

Hauptquartier zu Leipzig auf seinen Bruder bei einem Bankett für die Generale ausbrachte. Cf. Easum, op. cit., p. 322[34].

Er hat uns in diesen Krieg gestürzt: In der Marginalie zum Brief des Königs vom 14. Dezember 1759: »Il nous a jetés dans cette cruelle guerre; la valeur des généraux et des soldats peut seule nous en tirer.« (Oe. 26, 203[b].)

Stark genung: Brief an den Generalleutnant von Winterfeldt vom 7. Dezember 1756: »Sonsten seind wir Stark genung, den Feind zu schlagen, aber zu schwach, was rechtes zu decidiren.« (PC. XIV., 112.)

200 *der große Streich gelingt:* Brief an Schwerin vom 11. April 1757: »Que 2000 hommes en désertent, cela n'y fait rien, pourvu que le grand coup réussisse, dont dépend la fortune de l'État, le sort de l'armée et la réputation de nous tous ensemble.« (PC. XIV., 490.)

eine Provinz: Bei Reinhold Koser »Geschichte Fr. d. Gr.«, reprint Darmstadt 1963, t. II., p. 531: »Heinrich entgegnete, daß er keinen Grund sähe, die Sache auf das Äußerste zu treiben. Der König würde nicht der erste Fürst sein, der sich gezwungen sähe, eine Provinz abzutreten.«

im Fluge handeln: In den »Denkwürdigkeiten zur Geschichte des Hauses Brandenburg« schrieb Friedrich über den Koalitionskrieg gegen Ludwig XIV., der 1672 die Niederlande angegriffen hatte: »In Wien entwarfen Minister, die nur Politiker waren, am grü-

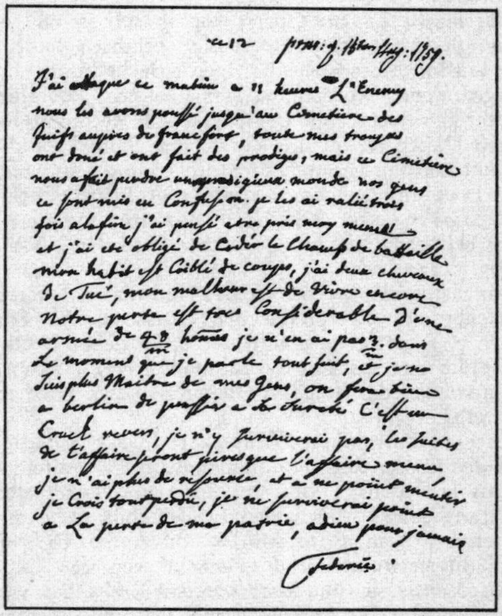
J'ai attaqué ce matin a 11 heures l'Enemy
nous les avons poussé jusqu'au Cimetière des
Juifs auprès de francfort, toutes mes troupes
ont donné et ont fait des prodiges, mais ce Cimetière
nous a fait perdre un prodigieux monde nos gens
se sont mis en Confusion. je les ai ralliés trois
fois a la fin j'ai pensé etre pris moy meme
et j'ai eté obligé de Ceder le Champ de bataille
mon habit est Criblé de coups, j'ai deux chevaux
de Tué, mon malheur est de vivre encore
Notre perte est tres Considerable d'une
armée de 48 m hommes je n'en ai pas 3 m. dans
Le moment que je parle tout fuit, et je ne
suis plus Maitre de mes Gens, on fera bien
a berlin de penser a sa sureté. C'est un
Cruel revers, je n'y survivrai pas, les suites
de l'affaire seront pires que l'affaire meme
je n'ai plus de resource, et a ne point mentir
je Crois tout perdu, je ne survivrai point
a La perte de ma patrie, adieu pour jamais

Federic.

Brief Friedrichs nach der verlorenen Schlacht von Kunersdorf (1759) an den Minister Finckenstein: ». . . adieu pour jamais.«

nen Tisch Feldzugspläne, die nichts weniger als militärisch waren, und erhoben den Anspruch, die Heerführer am Gängelband zu leiten, während es bei der Kriegsführung doch gilt, im Fluge zu handeln, wenn man seine Aufgabe erfüllen will.« Der deutsche Text nach »Die Werke . . .«, ed. Volz, t. I., Berlin 1913, p. 73.
Junker von Lemcke: Er lieferte über die Flucht des Königs aus der Schlacht von Lobositz einen Bericht, der in den »Urkundlichen Beiträgen und Forschungen zur Geschichte des preußischen Heeres, herausgegeben vom Großen Generalstab«, 4. Heft, Berlin 1902, abgedruckt wurde. Lemcke: »Der König befahl dem Herzog von Bevern, noch einmal sein Bestes zu versuchen, um alsdann zu retoriren. Der König selbst nahm ein Bataillon und ging damit zurück. Dem Könige wurde sogleich durch einen Major der Sieg benachrichtigt, welcher sogleich wieder umkehrte.«
Mollwitzer Schimmel: Über dieses Pferd berichtet die Sammlung »Anekdoten von König Friedrich II. . . .«, ed. Fr. Nicolai, Drittes Heft, Berlin/Stettin 1789, p. 50: »Als aber der König, auf Zureden des Feldmarschalls Schwerin, endlich das Schlachtfeld verließ, forderte er den langen Schimmel und bestieg ihn. Dieß Pferd machte in der Nacht den eiligen Ritt nach Oppeln und wieder zurück, nach aller Berechnung wohl an 14 Meilen, ohne Futter, und beynahe ohne auszuruhen.« Der damals schon »wenigstens sechzehn Jahre alte« Schimmel wurde »an 40 Jahr alt«; der König ließ ihm das Gnadenbrot geben, ohne ihn nach Mollwitz je wieder geritten zu haben.
201 *Balbi mußte büßen:* Oberst von B. sei, so will es de Catt von »une personne très réspectable« erfahren haben, längere Zeit vor Ausbruch des Siebenjährigen Krieges in die Gunst des Königs aufgenommen worden, weil er in einem königlichen Traum als Retter figuriert habe. Der König soll geträumt haben, er sei in einen Fluß gefallen, und der Oberst Balbi habe die Hand ausgestreckt und ihn gerettet; Friedrich konnte also wohl nicht schwimmen. »Unterhaltungen . . .«, ed. Koser, Leipzig 1894, p. 121.
Wir müssen hoffen: Die Warnung Keiths und die Antwort des Königs bei Franz Kugler »Geschichte Fr. d. Gr.«, VA., 4. A., Leipzig 1895, p. 270.
Aber wenn ich sie zurückziehe: Nach der vollständigen deutschen Ausgabe der »Gespräche mit Catt«, ed. W. Schüßler, Leipzig o. J., p. 293. De Catt gibt hier unter dem 21. Oktober 1758 ein Gespräch mit des Königs Adjutanten Hauptmann von der Marwitz wieder, der ihm den Dialog zwischen Friedrich und Seydlitz mitteilte.
fähigsten Unterführer . . . beraubt: In der Schlacht von Hochkirch fiel der Bruder des »Lordmarschalls«, Generalfeldmarschall James Keith (1696 bis 1758). Er wurde von den Österreichern unter Führung seines schottischen Landsmanns Lacy unter Tränen und Ehren begraben. Prinz Moritz von Anhalt-Dessau wurde in der Schlacht verwundet und gefangen, von den Österreichern nach Dessau entlassen und starb 1760 an Krebs. Der wegen des Lagers gemaßregelte Generalquartiermeister und Intendant Wolf Friedrich von Retzow erlag kurz nach Hochkirch der Ruhr, so daß der König 1759 klagte: »Meine Generale nehmen den Acheron in vollem Galopp.« Der Preußische General August Wilhelm Her-

zog von Braunschweig-Bevern (1715 bis 1781) hingegen hatte sich bei Lobositz, Prag und Kolin ausgezeichnet und geriet nach der unglücklichen, nur auf Befehl des Königs forcierten Schlacht von Breslau (22. November 1757) nicht unfreiwillig in österreichische Gefangenschaft, wurde im April 1758 freigelassen, vom König zum Gouverneur von Stettin ernannt, 1762 mit einem neuen Feldkommando betraut. Als er im Gefecht von Reichenbach siegte, erhielt er bis Kriegsende das Oberkommando in Schlesien.

Seydlitz bei Kunersdorf: Theodor v. Bernhardi »Friedrich der Große als Feldherr«, t. I., Berlin 1881, behauptet p. 396: »Von Seydlitz namentlich, der hier vor allen genannt wird, wissen wir mit Bestimmtheit, daß er im Laufe der Schlacht mit dem König gar nicht zusammengetroffen ist.« Hingegen Koser, op. cit., t. III., p. 30: »Seydlitz war nach seinem Reiterangriff zum König geritten, mit zwei Kugellöchern im Waffenrock; er hielt noch auf dem Kuhberg, als ihm durch eine Kugel der Degengriff in die Hand getrieben wurde, er mußte sich vom Kampfplatz fortschaffen lassen.« Und p. 31: »Andere wollten wissen, daß auch Seydlitz, ja alle Generale, den einzigen Wedell ausgenommen, die erlangten Vorteile als ausreichend angesehen hätten ...« Friedrich Wilhelm Freiherr von Seydlitz (1721 bis 1773) trat 1740 als Kürassier-Kornett in die preußische Armee ein, wurde 1743 Rittmeister und 1745 Major, als er bei Hohenfriedberg den sächsischen General von Schlichting gefangennahm. 1755 wurde er Oberst, 1757, nachdem er bei Kolin den Rückzug der Armee durch eine glänzende Attacke gedeckt hatte, Generalmajor. Am 7. September 1757 besiegte er bei Pegau österreichische Kavallerie, am 19. verjagte er Franzosen und Reichsarmee aus Gotha. Seine Attacke entschied den Sieg bei Roßbach, wo er verwundet und zum Generalleutnant befördert wurde. Deckte den Rückzug aus Mähren im Sommer 1758, besiegte die Österreicher bei Chlumetz. Entschied die Schlacht von Zorndorf, war dabei vor Hochkirch, wurde bei Kunersdorf schwer verwundet. Nach Genesung und Heirat in Berlin Rückkehr zur Armee, seit 1761 dem Prinzen Heinrich unterstellt. Nach dem Kriege Inspekteur der schlesischen Kavallerieregimenter, 1767 General der Kavallerie.

202 *Die Truppen hatten nur:* Brief an d'Argens vom 22. August 1759, deutsch nach »Briefe ...«, ed. Hein, t. II., Berlin 1914, p. 56.

General Schmettau: Carl Christoph Reichsgraf von Schm. (1696 bis 1774), jüngerer Bruder des Generalfeldmarschalls Samuel Graf von Schm. Zunächst in dänischen, seit 1720 in kaiserlichen Diensten. Seit 14. Juni 1741 in preußischen Diensten: Oberst und Generaladjutant des Königs. 1743 Generalmajor, nahm an den Schlachten von Chotusitz, Hohenfriedberg und Soor teil. 1754 Generalleutnant. Im Siebenjährigen Krieg: Lobositz, Prag, Kommandant von Dresden 1758. Nachdem er Dresden im September 1759 (nach Kunersdorf) übergeben hatte, Ungnade des Königs. Erhielt kein Kommando mehr. Wurde vom König auch für das Versagen des Prinzen von Preußen 1757 mit verantwortlich gemacht. Nach dem Krieg lehnte Friedrich jeden Annäherungsversuch und 1771 ein Gesuch um Erhöhung der Pension schroff ab.

Samuel Graf von Schm. (1684 bis 1751), 1741 kaiserlicher (Karl

VII.) und preußischer Generalfeldmarschall. Diente zunächst in der dänischen, holländischen und kursächsisch-polnischen Armee. Seit 1717 in Diensten des Habsburger Kaisers, Kampf gegen die Türken, 1735 Generalfeldzeugmeister. Dann preußische Dienste, Chotusitz, 12. Juni 1741 Generalfeldmarschall und Grand maître d'artillerie mit 10 000 Talern Gehalt, 1742 bevollm. Minister Fr.s II. in München, drängte Kaiser Karl VII. zum Marsch gegen Wien, 1743 Kurator der Preuß. Akademie der Wissenschaften, 1744/45 preuß. Gesandter in Paris. Als ein diplomatischer Kurier Schmettaus mit Berichten an Fr. II. und Kaiser Karl VII. von den Österreichern abgefangen und die Depeschen voll herber Kritik an der frz. Kriegsführung publiziert wurden, mußte Schm. als »persona non grata« Paris verlassen und blieb eine Zeitlang aus Berlin und Potsdam verbannt. Gehörte zu den ersten bedeutenden Kartographen in Preußen.

Hundes in einer fremden Küche: Am 19. November 1759 sandte der König in einem Brief ein Gedicht an den Marquis d'Argens, in dem es heißt, und zwar mit Anspielung auf Daun: »Comme un dogue étranger fuit, en hurlant de rage,/Le cuisinier qui l'a fessé.« (Oe. 19, 104.)

Er weiß: Äußerung des Königs nach Kugler, op. cit., p. 291.

Hat im Kleinkrieg: Nach Friedrichs »Generalprinzipien des Krieges«, deutsche Übersetzung in »Die Werke ...«, t. VI., p. 33.

kleinen Marlborough: Friedrichs Epigramm bei Petersdorff, op. cit., p. 308.

ein mediocrer General: Äußerung des Königs über Wobersnow bei Koser, op. cit., t. III., p. 23.

203 *meine Generale schaden mir mehr:* Brief an den General de la Motte-Fouqué vom 14. Juni 1760, eigenhändiger Zusatz: »Mes généraux me font plus de tort que l'ennemi, parce qu'ils manoeuvrent toujours de travers.« (PC. XIX., 421.)

Wenn ich nicht an alles denke: Äußerung von Ende Juli 1760 zu de Catt, in »Gespräche ...«, deutsche Auswahl, ed. Bischoff, Leipzig 1885, p. 121.

Sie halten zu wenig Gelände etc.: Zitiert nach C. V. Easum, op. cit., p. 303[4].

Ich bin ganz Ihrer Meinung: Brief des Prinzen Heinrich vom 11. Oktober 1762, in der Correspondenz-Sammlung »Der Siebenjährige Krieg«, ed. K. W. v. Schöning, t. III., Potsdam 1852, p. 472.

Ich habe niemals: Brief an den Prinzen Ferdinand vom 5. Oktober 1762, deutsch zitiert von Easum, op. cit., p. 3045.

204 *Man hat gut reden:* Urteil Montazets im Hauptquartier Dauns, mitgeteilt von Koser, op. cit., t. III., p. 84.

sah er, wie Karl XII., den Feind nicht eher: Äußerung des Königs in seiner Schrift »Betrachtungen über die militärischen Talente und den Charakter Karls XII.« Der deutsche Text in »Die Werke ...«, t. VI., p. 368.

205 *Ich habe bei Liegnitz:* Brief an d'Argens vom 18. September 1760. Der deutsche Text nach »Briefe ...«, t. II., p. 79.

meine Sache: Brief an den Marquis d'Argens vom 18. September 1760: »In dem jetzigen (Kriege) sinkt die Schlacht zum Scharmützel herab und überhaupt ist meine Sache nicht vorwärts gekommen.« (»Briefe ...«, t. II., p. 79 sq.)

Ich stehe hier: Brief an den Marquis d'Argens vom 17. September 1759, deutscher Text in »Briefe ...«, t. II., p. 58.
Unser Held: Friedrich in »Betrachtungen über die militärischen Talente ...«, der deutsche Text nach »Die Werke ...«, t. VI., p. 375.
206 *Le saigneur des nations:* Voltaire im Juli 1742 an den Friedrich der Zukunft, den III., den Großen: »V. M. a glissé dans sa lettre l'agréable mot de *paix*, ce mot qui est si harmonieux à mon oreille; voici une ode que je barbouillais contre tous vous autres monarques, qui sembliez alors acharnés à détruire mes confrères les humains. Le *saigneur* des nations, Frédéric III, Frédéric le Grand, a exaucé mes voeux ...« Die Kehler Ausgabe hat statt »saigneur« »seigneur«. (Zitiert nach »Briefwechsel Fr. d. Gr. mit Voltaire«, ed. Koser/H. Droysen, t. II., p. 134.)
eine Scheide zu legen: Friedrich Förster »Fr. d. Großen Jugendjahre ...«, Berlin 1823, pp. 458 sq., über Friedrichs Buch: »Diese Schrift scheint Friedrich in jener Zeit, wo ihm wenig Hoffnung zu einem siegreichen Ende geblieben war, geschrieben zu haben, als eine Rechtfertigung seines Krieges und dessen was er gewollt, damit man, wenn er untergehe, ihn nicht mit jenem schwedischen Abentheuer (zweifellos »Abenteurer«) verwechsle.«
Ich sehe voraus: Reiners, op. cit., pp. 217 sq., hielt den Brief ganz offensichtlich für echt.
dem hochmüthigen König: Brief von Kaunitz an Esterházy aus dem Jahr 1756 nach Arneth, op. cit., t. V., p. 158.
das bringt eine Nacht: Lucchesini notierte unter dem 18. Dezember 1780: »Abends erzählte er mir, als der Prinz von Condé in der Schlacht bei Senef Vorwürfe hören mußte, daß er sehr viel Leute geopfert habe, hätte er geantwortet: ›das bringt eine Nacht in Paris wieder ein.‹« (Nach der deutschen Auswahl »Gespräche Fr. d. Gr. mit H. de Catt und dem Marchese Lucchesini«, ed. Bischoff, Leipzig 1885, p. 192.)
kürzeres Schwert: Carlyle »Geschichte Friedrichs II. ...«, t. IV., Berlin 1866, p. 1: »›Manche Länder haben ein längeres Schwert als Preußen; aber keines kann es so schnell aus der Scheide ziehen‹: – auch, hoffen wir, ist es ziemlich scharf, wenn eine gewandte Hand es schwingt.«
Brief an Kaunitz: Brief des Kaisers an Kaunitz vom 21. August 1786, abgedruckt in »Fr. d. Gr. im Spiegel ...«, t. III., p. 221.
207 *keinen persönlichen Mut.* Äußerung des Brigade-Majors im Gefolge Friedrichs seit 1759, G. H. von Berenhorst, in der ersten Auflage seiner »Betrachtungen über die Kriegskunst ...« (1797). In der dritten Auflage von 1827 heißt es jedoch: »Wahr ist es, daß König Friedrich, während seiner beiden ersten Kriege, so wie im dritten, bis nach dem Zeitpuncte der Schlacht von Roßbach bei den Vorfällen sich mehrentheils in *der* Entfernung hielt, die einem Heerführer zugestanden werden muß, dessen Pflicht ins Große geht, und keineswegs erfordert, Angriffe in Person zu führen, oder Posten in Person zu vertheidigen. Als er aber nach dem angeführten Zeitpuncte wohl gewahr ward, daß der gegenwärtige Krieg – und auch die öffentliche Meinung – ihm andere Anstrengungen auferlegten, so setzte er sich mehreremale, sehr besonnener Weise, den Gefahren eines bloßen Brigadeführers aus. Solche Gelegenhei-

ten könnte ich verschiedene anführen und umständlich beschreiben.« (pp. 171 sq.)
Unruhe und eine gewisse Verlegenheit: Berenhorst op. cit., 3. A., Leipzig 1827, p. 107: »Wer ihn noch bei einem Gefecht gesehen hat, wird sich erinnern, daß, sobald selten ausbleibende Krisen eintraten, ihn Unruhe und eine gewisse Verlegenheit überfielen, die ihn ganz unkennbar machten.«
heiter, ruhig und gelassen: Auszug Tempelhoff in »Fr. d. Gr. im Spiegel ...«, t. II. Dort p. 110: »Und nun denke man sich diesen König bei allen Vorfällen des Krieges, bei den menschenwürgenden Schlachten allemal da, wo die größte Gefahr war, wo der Donner des Geschützes und das Feuer des kleinen Gewehrs ganze Glieder zerschmetterte, heiter, ruhig, gelassen, ganz mit der Ausführung seines Entwurfs beschäftigt ...«
von physischer Angst: Gerhard Ritter, op. cit., 3. A., p. 146: »Der Anblick des Königs, der alle Strapazen des Frontlebens wie selbstverständlich mit seinen Soldaten teilte, das schlechte Strohlager, Nässe, Kälte und schlaflose Nächte, der die gichtgeschwollenen Füße in den Reitstiefel zwängte, der fast in jeder größeren Schlacht mit ihnen ins Feuer ritt – das alles mußte Gefühle der Treue, der Kameradschaft wecken ...«
208 *Herrscher sollen zweifellos:* Friedrich in seiner Schrift über Karl XII., deutsch in »Die Werke ...«, t. VI., p. 378.
Prittwitz, ich bin verloren: Ausruf des Königs in der Schlacht bei Kunersdorf nach Koser, op. cit., t. III., p. 34.
unter seinem Leib erschossen: Über »blessirte und todtgeschoßne Pferde« im Kriege cf. »Anekdoten von König Friedrich II. ...«, ed. Nicolai, Drittes Heft, Berlin und Stettin 1789, pp. 64 sq.
Wir sind alle: Brief ar den Prinzen Heinrich vom 16. August 1759, deutscher Text nach »Briefe ...«, t. II., p. 52.
Mein Rock und meine Pferde: Brief an den Marquis d'Argens vom 17. August 1760, deutsch op. cit., t. II., p. 78.
Ich habe einen Streifschuß: Brief an den Marquis d'Argens vom 5. November 1760, deutsch op. cit., t. II., p. 84.
physische Einwirkungen: Koser, op. cit., t. III., p. 95, berichtete: »... eine Kartätschenkugel traf seine Brust: betäubt sank er zusammen, zwei Adjutanten rissen seine Kleider auf, der Pelz und das Samtfutter des Rockes hatten die Wirkung abgeschwächt, die Kugel war am Körper abgeprallt, ›Ce n'est rien‹, sagte er, schnell seiner Sinne wieder mächtig.« Über den einen der beiden Adjutanten, Georg Heinrich von Berenhorst, schrieb der Herausgeber seines Nachlasses, Eduard von Bülow, t. I., Dessau 1845, p. XIV: »Berenhorst behauptete, es sei dem Könige unangenehm gewesen, in seinem Zustande der Ohnmacht von seinem Begleiter mit Händen berührt und in seiner Garderobe, die er nicht sehr elegant schildert, entschält und aufgeknöpft worden zu sein.«
Liegnitz: Franz Kugler, op. cit., p. 301, bemerkt über die Nacht vor der Schlacht: »Friedrich befand sich auf dem linken Flügel, dessen sämtliche Truppen theils mit Ungeduld den Tag erwarteten, theils unter den Waffen schliefen. Friedrich selbst hatte sich, in seinen Mantel gehüllt, zur Seite eines kleinen Wachtfeuers hingelegt und schlief.«
vor Lobositz: Cf. Petersdorff, op. cit., p. 294.

209 *muß mit den Soldaten reden:* Aus Friedrichs Werk über die »Generalprinzipien des Krieges«, deutsch in »Die Werke ...«, t. VI., p. 33 u. p. 34.
mehr durch Laune: J. W. von Archenholtz »Geschichte des siebenjährigen Krieges ...«, 4. A., t. II., Berlin 1830, p. 9: »... so mag es erlaubt sein, durch die Natur der Dinge gerechtfertigt, an der Nutzbarkeit dieses Eislagers zu zweifeln, dessen Fortdauer wahrscheinlich mehr durch Laune als durch Absichten bestimmt wurde ...«
wie die Unsinnigen: Archenholtz, loc. cit.: »Die gemeinen Soldaten, um ihr von der Kälte erstarrtes Blut flüssig zu machen, liefen entweder wie die Unsinnigen im Lager herum, oder uneingedenk des Kochens verkrochen sie sich in ihren Zelten ...«
Schaarenweise: Archenholtz, op. cit., t. II., p. 10.
O ihr Schweine: Ausruf des Königs nach »Anekdoten ...«, ed. Nicolai, Drittes Heft, Berlin/Stettin 1789, p. 337.
Warnery: Der ehemals preußische Husarengeneral von Warnery publizierte 1788 in Wien »Campagnes de Frédéric II, Roi de Prusse de 1756 à 1762«, worin er p. 430 behauptete, der König habe den Befehl an die Ärzte und Wundärzte gegeben, »diejenigen umkommen zu lassen, welche auf solche Art blessirt waren, daß sie nach ihrer Heilung nicht mehr dienen konnten, und zwar deswegen, um die Kosten ihres Unterhalts zu sparen.« Nicolai erklärte dazu: »... Denn an der ganzen abscheulichen Beschuldigung ist auch nicht das geringste wahr.« (»Anekdoten ...«, Drittes Heft, p. 332 u. 333.) Die gleiche Beschuldigung erhob schon Sir James Harris, der britische Gesandte in Berlin nach dem Krieg, in einem Bericht vom 18. März 1776.
über den Zufall: Die Epistel »Über den Zufall« an seine Schwester Amalie korrigierte der König am 7. Januar 1760 in Pretzschendorf, Preuss darüber in der Schlußbemerkung zum Abdruck in den Oe. (12, 69): »Dans sa lettre à Voltaire, du 12 mars 1759, Frédéric appelle cette pièce ›une vieille Épître que j'ai faite il y un an‹; et Voltaire dit, dans sa réponse du 30 mars 1759: ›Il me paraît, par la date, que Votre Majesté s'amusa à faire ces vers quelques jours avant notre belle aventure à Rossbach.‹«
210 *Für diese armen Soldaten:* Ende Juli 1760 zu de Catt, nach der deutschen Auswahl »Gespräche ...«, ed. Bischoff, p. 124.
Ausgabe von Branntwein: Der König am 22. August 1759 an den Marquis d'Argens: »Ich werde den entmutigten Truppen Branntwein geben lassen und ihre Tapferkeit damit zu heben versuchen, aber ich verspreche mir keinen Erfolg.« Deutscher Text nach »Briefe ...«, t. II., p. 56.
Sie sollen nur kommen: Bericht de Catts, der den Grafen Henckel, Offizier beim Regiment Prinz von Preußen, über die Rufe der Soldaten befragte, vom 23. November 1759, op. cit., ed. Bischoff, p. 94.
mehr als den Feind: Äußerung des Königs nach Ritter, op. cit., 3. A., p. 147.
211 *Friedrich schätzt Gustav Adolf:* Bericht Lucchesinis über die Mittagstafel des Königs am 10. Juli 1783, cf. »Gespräche ...«, ed. Bischoff, p. 260.
Gustav II Adolf von Schweden: G. A. (1594 bis 1632) bestieg

1611 den Thron. Kriegte zunächst mit Rußland und Polen, entschied sich unter dem Eindruck der Erfolge Wallensteins zum Eingreifen in Deutschland, landete 1630 an der pommerschen Küste, schloß 1631 mit Richelieu gegen Habsburg ab, zwang Sachsen und Brandenburg auf seine Seite, schlug Tilly 1631 bei Breitenfeld und Wallenstein bei Lützen 1632, fiel jedoch in dieser Schlacht.
Scipio Africanus Minor: Sc. (185 bis 129 v. Chr.), Sohn des Lucius Ämilius Paullus Minor, kämpfte schon mit 17 Jahren unter dessen Kommando und wurde von Publius Cornelius Scipio, dem Sohn des Scipio Africanus Maior (der 202 v. Chr. Hannibal entscheidend geschlagen und damit den Zweiten Punischen Krieg zugunsten Roms entschieden hatte), adoptiert. Eroberte und zerstörte im Dritten Punischen Krieg (149 bis 146 v. Chr.) Karthago.
Ämilius Paullus der Jüngere: Ä. P. (um 230 bis 160 v. Chr.) wurde 182 Konsul, besiegte die Ligurer, schlug 168 Perseus von Makedonien bei Pydna entscheidend und brachte so viel Beute nach Rom, daß die regelmäßige Steuer der Bürger abgeschafft wurde.
Marc Aurel: Marcus Annius Verus Antoninus, bekannt als M. A. (121 bis 180), war römischer Kaiser von 161 bis 180, Mitregent seines Oheims und Adoptivvaters Antoninus Pius schon seit 147. Sein Mitregent Lucius Verus siegte über die Parther, beide führten an der Donau einen siegreichen Markomannenkrieg, während der Kaiser später von den Quaden eingeschlossen und zu einem noch leidlichen Frieden genötigt wurde. Kurz vor seinem Tode schlug er noch einmal zusammen mit seinem Sohn die Markomannen. Der Kaiser verfaßte in griechischer Sprache die Bibel der Stoiker, die »Selbstbetrachtungen«, ein Lieblingsbuch Friedrichs.
Gustav Adolf in Bayern und Schwaben: Lucchesini berichtet Anfang Dezember 1780: »Der König ist kein großer Verehrer Gustav Adolfs ... der König aber tadelt vornehmlich seine Politik, weil er in Schwaben und Baiern herumzog, statt geradeswegs nach Böhmen zu gehen, um den Kaiser zum Frieden zu zwingen.« (op. cit., ed. Bischoff, p. 190.)
Prinz Eugen: Lucchesini berichtet Friedrichs Meinung über den Prinzen Eugen am 10. April 1781. (op. cit., p. 207.)
durch große Zersplitterung der Kräfte: Hegemann, op. cit., 4. A., p. 389, nach den Beiheften zum Militärwochenblatt.
Napoleon: Äußerungen über Friedrich in op. cit., dt. Übs., ed. H. E. Friedrich, Darmstadt/Berlin 1943, p. 469: »Aber diese Fehler werden durch die großen Taten, schönen Manöver und kühnen Entschlüsse ausgemerzt, die ihm das Recht gegeben haben, als Sieger aus einem so ungleichen Kampfe hervorzugehen.« p. 341: »Aber er operierte schlecht: Er verkannte mehrere Kriegsgrundsätze, die man selten ungestraft verletzt; das war der Grund, aus dem er trotz einer gewonnenen Schlacht (N. meint Lobositz 1756) keinen rechten Erfolg hatte.« p. 378: »Die Schlacht von Leuthen ist ein Meisterwerk, was Bewegungen, Manöver und Entschlossenheit angeht; sie allein würde genügen, um Friedrich unsterblich zu machen und ihm einen Platz unter den größten Feldherrn zu sichern.« p. 475: »Dieser Sieg ist nur der Überraschung zu verdanken; er gehört in das Kapitel der Zufälle. Wenn der Prinz von Lothringen eine einzige Feldwache oder eine einzige Patrouille vor seiner Front gehabt hätte, so wäre ihm gemeldet worden, daß

der König nach rechts marschierte, einen anscheinend unzugänglichen Sumpf überschreite, um seinen linken Flügel anzugreifen; er hätte seine Reserve dorthin geworfen und hätte zu gleicher Zeit seinen rechten Flügel und sein Zentrum vorrücken lassen; er hätte die preußische Armee in der Flanke gefaßt, auf frischer Tat ertappt und hätte sie vernichtet.«

212 *die besten Heerführer:* Napoleon am 29. September 1817 auf St. Helena: »So groß Friedrich auch war, von der Artillerie verstand er nichts. Die besten ...« (Abgedruckt in »Fr. d. Gr. im Spiegel ...«, t. II., p. 202, nach Baron Gaspar Gourgaud »Sainte-Hélène. Journal inédit de 1815–1815«, ed. Grouchy/Gilleois, t. II., Paris 1898, p. 335.)

Mode ... zahlreicher Artillerie: Friedrich in »Essai sur les formes de gouvernement et sur les devoirs des souverains« (1777), Oe. 9, 202: »Maintenant, c'est la supériorité du feu qui décide de la victoire; les exercices, les règlements et la tactique ont été refondus pour les conformer à cet usage, et récemment, l'abus énorme des nombreuses artilleries qui appesantissent les armées nous force également d'adopter cette mode ...« Deutscher Text in »Die Werke ...«, t. VII., p. 231.

genau die Hälfte: Napoleon in op. cit., ed. Friedrich, p. 470.

Hochkirch: Napoleon, op. cit., p. 476: »Ein ähnlicher Fehler dürfte seit Erfindung des Pulvers sonst niemals gemacht worden sein.«

unverzeihlichste Fehler: Napoleon, op. cit., p. 424: »Der Verlust bei Maxen ist der beträchtlichste, den dieser große Feldherr erlitten hat, und er ist der unverzeihlichste Fehler, den er begangen hat.«

mehr Glück als Verstand: Napoleon, op. cit., p. 441: »Hier hatte er mehr Glück als Verstand.«

Napoleon stellt Turenne: Äußerungen Napoleons über Turenne cf. op. cit., p. 9 und 16 (Einleitung des Herausgebers mit Zitaten).

Turenne: Henri de Latour d'Auvergne, Vicomte de T. (1611 bis 1675), Marschall von Frankreich, wurde von seinem Onkel, dem Prinzen Moritz von Oranien, in Holland erzogen. 1630 französischer Oberst. 1640 Siege bei Casale und Turin, 1643 Marschall, entsetzte mit dem Herzog von Enghien (Condé) 1644 Freiburg i. Br., 1645 bei Mergentheim von Mercy geschlagen, im gleichen Jahr mit Condé Sieg bei Nördlingen. Als Feldherr der adligen Fronde 1650 mit den Spaniern Einfall in Frankreich, 1651 Aussöhnung mit Königin Anna, daraufhin Kampf gegen den Fronde-Feldherrn Condé, den er 1652 auf Flandern zurückdrängte. Bis zum Pyrenäenfrieden mit Spanien (1659) Eroberung von fast ganz Flandern. Ernennung zum Generalmarschall, Teilnahme am Krieg gegen Holland 1667, 1668 Übertritt zum Katholizismus auf Wunsch Ludwigs XIV. 1673 gegen den Großen Kurfürsten erfolgreich, 1674 Eroberung und Verwüstung der Pfalz. Sieg bei Bournonville, 1675 Rheinübergang, im Juli bei einer Erkundung getötet.

Condé: Ludwig II. von Bourbon, Prinz von C., »der große Condé« (1621 bis 1686), neben Turenne berühmtester französischer Feldherr des Jahrhunderts. 1643 Sieg bei Rocroi gegen die Spanier, 1646 Eroberung von Dünkirchen. 1650 von den Häuptern der Fronde verhaftet und nach Vincennes gebracht. Nach der Flucht

Mazarins an der Spitze der königlichen Partei, dann jedoch Feldherr der Fronde, die von Belgien aus Frankreich eroberte. Gegen einen Angriff des wieder königstreuen Turenne Behauptung von Paris, dann, nach Abfall der Bevölkerung, spanischer Generalissimus. Als Hochverräter verurteilt, nach dem Frieden von 1659 Pardonierung. Beim Angriff auf Holland 1672 Rheinübergang, 1674 Sieg bei Seneffe über Spanier, Österreicher und Holländer. Nach Turennes Tod Oberbefehlshaber, zog sich wegen seines Podagra aus dem aktiven Dienst zurück.

Napoleon wundert sich: Zu Gourgaud am 16. Mai 1817 auf St. Helena über den Feldzug von 1756: »In diesem Feldzug wie in dem von 1757 war er stets zahlenmäßig überlegen, und doch zog er den kürzeren, wenn er auf den Feind stieß.« (Deutsch in »Fr. d. Gr. im Spiegel ...«, t. II., p. 201, nach Gourgaud, op. cit.)

213 *Ferdinand von Braunschweig:* Gründe der Entzweiung mit dem König bei Carlyle, op. cit., t. VI., p. 581[1]: »Er hatte eine Art Zank mit Friedrich, im Jahre 1766 (rauhe Behandlung durch Adjutant von Anhalt, die ein jetzt so berühmt gewordener Feldherr sich nicht gefallen lassen konnte) und entfernte sich ruhig — verkehrt noch gelegentlich mit dem König, tritt aber nicht wieder in seinen Dienst.« Außerdem in den Tagebüchern des Kammerherrn der Königin, Reichsgrafen Heinrich Lehndorff, »Dreißig Jahre am Hofe Friedrichs des Großen«, Nachträge, t. II., ed. Schmidt-Lötzen, Gotha 1913, pp. 27 sq.: »Das Scheiden des Herzogs Ferdinand von Braunschweig aus unserem Dienst bietet reichlich Stoff zu allerhand Gerede, zumal die hohe Gunst, in der Herr v. Anhalt steht, den Prinzen zu diesem Schritt bewogen hat. Der König will den Prinzen nicht loslassen, aber die Leute, die den Ehrenpunkt betonen, sind der Ansicht, der Prinz könne unmöglich bleiben, wenn er nicht eine glänzende Genugtuung von seiten des Herrn v. Anhalt bekomme, und das wird nicht geschehen, denn Herr v. Anhalt ist ein Mann von Verdienst, den der König braucht.«

214 *wenn sie auch im ganzen Offizierkorps:* Ernst Pfeiffer »Die Revuereisen ...« Berlin 1904, reprint Vaduz 1965, p. 83[43]: »... Bataillone, die noch vom Kriege her übel angeschrieben waren, wenn sie auch im ganzen Offizierkorps verändert waren, konnten nichts zu Dank machen.« Äußerung Wedekinds in »Chronik der Grafschaft Glatz«.

ostpreußischen Truppenteile: Curt Jany »Geschichte der Preußischen Armee«, reprint Osnabrück 1967, t. II., p. 493[52]: »Die ostpreußischen Regimenter bleiben mit Ausnahme von Kanitz (Nr. 2) in Ungnade, obwohl bei der Revue von 1773 eine Art Versöhnung stattfand. Kaltenborn berichtet, daß der König noch bei der preußischen Revue von 1775, als ein Retirieren mißglückte, anzüglich zu dem Inspekteur sagte: o! laß er sie zum Teufel laufen! sie laufen hier noch ebenso wie bei Zorndorf vor den Russen!«

Die königliche Willkür: Pfeiffer, op. cit., p. 83[43]. Ausdruck Wedekinds, op. cit.

Mirabeau: Aus Mirabeaus Werk »De la monarchie prussienne sous Frédéric le Grand« in sieben Bänden (London 1788), hier t. I. Deutscher Text in »Fr. d. Gr. im Spiegel ...«, t. III., p. 159: »Der Feldzug wurde nicht gut geführt, und obwohl Friedrich II. zu verhindern vermochte, daß der Kaiser Bayern behielt, kann

man ihn als unglücklich ansehen, insofern er die preußische Armee entmutigte und ihr vielleicht etwas von dem hohen Selbstgefühl nahm, das sie bei Beginn des Feldzuges gehabt hatte.«
hohe Zahl von Deserteuren: Anders Curt Jany, op. cit., t. III., p. 123[22].
Besser als irgendwer: Bericht des Marquis de Pons deutsch in »Fr. d. Gr. im Spiegel . . .«, t. II., p. 246.
215 *mehr zu imponieren:* Bericht des Marquis de Pons: loc. cit.
Freiheit des Rückens: Gneisenau in seinem Aufsatz über das preußische Prügelwesen, nach Hans Delbrück »Leben des Feldmarschalls Grafen N. v. Gneisenau«, 4. A., t. I., Berlin 1920, p. 136.
So schwer das Geständnis . . . Max Lehmann nach Hegemann, op. cit., p. 405.

9. KAPITEL

216 *Die Fürsten zügeln:* Aus dem »Avant-Propos« zum ersten Entwurf der »Geschichte meiner Zeit«, 1742/43 verfaßt, deutsch in »Die Werke Friedrichs des Großen«, ed. Volz, t. II., Berlin 1913, p. 2.
weitaus am dringendsten: Gerhard Ritter »Fr. d. Gr.«, 3. A., Heidelberg 1954, p. 96: »Für Preußen, das weitaus am dringendsten der Vergrößerung seines Länderbestandes bedurfte, schien viel darauf anzukommen, daß es schneller als die anderen zur Stelle war.« Ritter spricht von der Situation nach dem Tod Kaiser Karls VI. 1740.
die vergeistigte Art: Ritter, op. cit., p. 12: »Die historische Stellung Friedrichs des Großen im Ganzen der europäischen und im Besonderen der deutschen Verfassungsentwicklung wird nun dadurch bezeichnet, daß er . . . vermöge eines Prozesses der Vergeistigung, der die Monarchie über den naiven Machtgenuß hinaushebt, die innere Entwicklung des fürstlichen Absolutismus zum Abschluß bringt und bereits über ihn hinausweist.«
das ewige Gebot der Pflicht: Ritter, op. cit., p. 77: »Was ihn aufrecht hielt, war das ganz einfache, ganz irrationale, aber unbedingt gebietende Bewußtsein der Pflicht.«
dieses stahlharte: Ritter, loc. cit.
den kategorischen Imperativ: Reinhold Koser »Geschichte Friedrichs des Großen«, reprint Darmstadt 1963 (Paginierung mit der 4. u. 5. wie 6. u. 7. A. übereinstimmend), t. I., p. IX: ». . . wohl aber hat er es vermocht, seine auseinanderstrebenden Neigungen unter die monarchische Herrschaft eines höchsten Triebes zu zwingen, unter den kategorischen Imperativ seiner Königspflicht.«
wie verabscheue ich: Äußerung zu de Catt, in »Unterhaltungen mit Fr. d. Gr.«, ed. Koser, Leipzig 1884, p. 190: »Que de braves gens je perds, mon ami, et que je déteste ce métier auquel m'a condamné l'aveugle harard de ma naissance; mais j'ai sur moi de quoi faire finir la pièce, quand elle me deviendra insupportable.«
217 *sehr unzulänglich:* Ritter, op. cit., p. 77: »Als Moralphilosoph hat Friedrich, noch ganz befangen in der rationalistischen Theorie, das sittliche Handeln sehr unzulänglich aus verfeinertem Egoismus zu erklären versucht.«

das geschehene Unglück: Brief vom 17. September 1757 an seine Schwester Wilhelmine, im Original in »Oeuvres de Frédéric le Grand« (Oe.), ed. Preuss, Berlin 1846 ff., t. 27 (1), p. 304: »Si je ne suivais que mon inclination, je me serais dépêché d'abord après la malheureuse bataille que j'ai perdue; mais j'ai senti que ce serait faiblesse, et que c'était mon devoir de réparer le mal qui était arrivé.«
Bei diesem ganzen Handel: Zu de Catt, cf. »Unterhaltungen . . .«, p. 435: »Cela n'est pas bien soyez sûr que dans toute cette affaire c'est l'honneur qui me dirige, le plaisir de me tirer de là, de m'être soutenu contre tant de gens qui voulaient m'accabler.«
Nachdem ich mit Erfolg: Brief an Voltaire vom 22. September 1759: »Après avoir combattu avec succès contre toute l'Europe, il serait bien honteux de perdre par un trait de plume ce que j'ai maintenu par l'épée.« (»Briefwechsel Friedrichs des Großen mit Voltaire«, ed. Koser/H. Droysen, t. III., Leipzig 1911, p. 74.)
für den Ruhm arbeiten: Am 31. Januar 1773 an Voltaire: »Nonobstant tout ce que je viens de vous exposer, je n'en travaillerai pas moins pour la gloire, dussé-je crever à la peine, parce qu'on est incorrigible à soixante et un ans, et parce qu'il est prouvé que celui qui ne désire pas l'estime de ses contemporains en est indigne. Voilà l'aveu sincère de ce que je suis, et de ce que la nature a voulu que je fusse.« (op. cit., t. III., p. 258.)
gern einem anderen überlassen: Brief an Voltaire vom 23. Dezember 1740: »Telles sont mes occupations, que je céderais volontiers à un autre, si ce fantôme nommé la Gloire ne m'apparaissait trop souvent. En vérité, c'est une grande folie, mais une folie dont il est très-difficile de se départir, lorsqu'une fois on en est entiché.« (op. cit. t. II., Leipzig 1909, p. 75.)
Man muß zugeben: Zu de Catt am 14. Juli 1760: »Il faut convenir que l'opiniâtreté de la Reine et la mienne font bien du mal.« (op. cit., pp. 430 sq.)
Oh weh, mein Lieber: Zu de Catt Anfang Mai 1758: »hélas, mon cher, je le vois, il faudra bien se battre encore – et pourquoi? Pour se faire un nom . . .« (op. cit., p. 51.)
218 *Es ist mein Stolz:* Brief an den Staatsminister Graf von Podewils vom 27. April 1745: »Je me suis fait un point d'honneur d'avoir contribué plus qu'aucun autre à l'agrandissement de ma maison; j'ai joué un rôle distingué parmi les têtes couronnées de l'Europe: ce sont autant d'engagements personnels que j'ai pris, et que je suis tout résolu de soutenir aux dépens de ma fortune et de ma vie.« (nach »Die Politische Correspondenz Friedrichs des Großen« [PC.], Berlin 1879 ff., t. IV., p. 134.)
nicht Kostbahr: Brief des Königs vom 6. Juli 1754 an Fredersdorf, in »Die Briefe Fr. d. Gr. an seinen vormaligen Kammerdiener Fredersdorf«, ed. Johannes Richter, Berlin 1926, p. 299.
In meinem Handwerk: Brief vom 8. Februar 1754 an den Lordmarschall Keith: ». . . si j'étais, aussi, maître de mes actions que vous l'êtes des vôtres, il y a longtemps que j'aurais pris un parti semblable, mais dans mon métier on est condamné à porter le joug toute sa vie.« (PC. X., 235.) In wörtlicher Übereinstimmung damit sagte Napoleon auf St. Helena zum Grafen de Las Cases, er sei nie Herr seiner eigenen Handlungen gewesen.

Das Glück, sich von den Geschäften zurückzuziehen: Am 31. März 1754 schrieb der König an Keith: »Je trouve hereux ceux qui, à un certain âge, peuvent se retirer des affaires, et ce bonheur me paraît d'autant plus grand que je crains fort de n'en jouir jamais.« (PC. X., 284.)

219 *König der Aushilfen:* Brief Walpoles vom 27. November 1758 an Sir Horace Mann: »We have been in great anxiety for twenty-four hours to learn the fate of Dresden, and of *the King of resources,* as Mr. Beckford called the King of Prussia the other day.« (»The Letters of Horace Walpole«, ed. Cunningham, vol. III., Edinburgh 1906, p. 192.)

niemals eine Katze angegriffen: Aus einem Brief Dargets an den französischen Gesandten in Berlin, Marquis de Valory, vom Dezember 1745. Darget war ursprünglich Sekretär Valorys, wurde jedoch nach der Schlacht von Hohenfriedberg vom König als Vorleser und Privatsekretär engagiert. Darget berichtete dem Gesandten als Äußerungen des Königs: »Je n'attaquerais pas désormais un chat, que pour me défendre. (Ce sont ses termes.) . . .« In »Mémoires des négociations du Marquis de Valori . . .«, ed. Comte H. de Valori, t. I., Paris 1820, p. 294.

Leute glücklich zu machen: Brief an den Lordmarschall Keith vom 31. März 1754: »Toutes nos peines n'aboutissent souvent qu'à vouloir rendre des gens heureux qui ne veulent point l'être . . .« (PC. X., 284.)

mannhaft zur Entsagung: Ritter, op. cit., p. 76: »Ein sprudelnd lebhaftes Temperament, eine sinnenfrohe Natur, die geschaffen scheint, das Glück mit vollen Zügen zu genießen, die das Gute dieser Welt, Freundschaft, Schönheit, Anmut des Geistes mit allen Fasern des Herzens liebt, zwingt sich mannhaft zur Entsagung . . .«

Ich will nicht wie die Römer: Äußerung des Königs nach Herman Petersdorff »Friedrich der Große . . .«, Berlin 1902, p. 530.

Ich lebe mit der Welt: Briefpassus 1763 an d'Alembert bei Petersdorff, op. cit., p. 464.

der ganze asiatische Luxus: Brief an den Lordmarschall Keith vom 1. September 1762: »Il est vrai que tout ce luxe asiatique, ce raffinement de bonne chère, de volupté et de mollesse, n'est point essentiel à notre conservation, et que nous pourrions vivre avec plus de simplicité et de frugalité que nous le faisons; mais pourquoi renoncer aux agréments de la vie, quand on en peut jouir? La véritable philosophie, ce me semble, est celle qui, sans interdire l'usage, se contente à condamner l'abus; il faut savoir se passer de tout, mais ne renoncer à rien.« (Oe. 19, 289.)

220 *lieber als preußische Erbsen:* Bericht des Kammerdieners Schöning an den Ritter von Zimmermann, der Friedrich während dessen letzter Krankheit behandelte, in Zimmermann »Über Friedrich den Großen . . .«, Leipzig 1788, p. 29.

die Sicherheit seines Landes: Louis Jules Barbon Mancini Mazarini, Herzog von Nivernais (1716 bis 1798), Pair von Frankreich, hielt sich von Mitte Januar bis Mitte April 1756 in Berlin und Potsdam auf, um mit dem König über die Verlängerung des französisch-preußischen Bündnisses zu verhandeln. Die Mission scheiterte, weil Friedrich mit England die Westminster-Konvention ab-

geschlossen hatte (Jan. 1756) und die Marquise de Pompadour die Allianz mit Österreich befürwortete, die am 1. Mai 1756 in Versailles geschlossen und ein Jahr später in ein Bündnis zur Unschädlichmachung Preußens verwandelt wurde. Kurz nach seiner Rückkehr in die Heimat verfaßte Nivernais für einen Verwandten ein »Portrait du roi de Prusse«, das 1796 im 6. Band seiner Werke, pp. 309 sqq., abgedruckt wurde. Daraus (deutsch in »Friedrich der Große im Spiegel seiner Zeit«, ed. Volz, t. I., pp. 284 sq.): ». . . denn nach seiner Meinung hängt die Sicherheit seines Landes und sein Ruhm, der ihm noch teurer ist, von der organischen Vollkommenheit seines Heerwesens ab, und er glaubt, daß die Bewegung, die er dieser Maschine gegeben hat, ohne dauernde Beharrlichkeit, Wachsamkeit und Beaufsichtigung seinerseits bald nachlassen wird.«
die Klingen gut zu schärfen: Brief an seinen Bruder, den Prinzen Heinrich, vom 1. Februar 1770: »Je me borne à préparer tout ce qui est nécessaire, d'arranger tout d'avance, de bien aiguiser les couteaux, d'amasser des ressources, et, par ces soins, je crois d'avoir rempli mon devoir, afin que ceux qui viennent après moi, ne puissent point se plaindre de ma négligence à leur assurer des succès pour l'avenir.« (PC. XXIX., 324.)
Wir exerzieren: Brief an Fouqué vom 6. Mai 1770: »Nous exerçons que c'est une merveille . . .« (Oe. 20, 168.)
Gutes tun: Brief an den Prinzen Heinrich vom 22. Dezember 1781: »Autre chose est faire le bien; c'est un devoir que tout homme doit remplir selon ses moyens, tandis qu'il végète; la société doit faire notre bien, et nous devons travailler réciproquement à son avantage.« (Oe. 26, 490.)
bisweilen sauer: Brief vom 12. Dezember 1770 an seine Schwester Ulrike, Königin von Schweden: »Je fais ce qui mon devoir exige dans ce pays, dont le militaire est l'unique soutien; je le fais gaîment, et quelquefois il m'en coûte.« (PC. XXX, 313.)
gerne einschränken: Brief an den Prinzen Heinrich vom 15. Mai 1774: »mes voyages et mes tournées dans les provinces sont si nécessaires que je ne saurais m'en dispenser; sans quoi, j'aurais volontiers pour cette année restreint mes courses.« (PC. XXXV., 324.)
Meine Rundreisen: Brief vom 27. September 1784: »Toute ma tournée de cette année achevée, et je commence à jouir de quelque repos, qui m'est d'autant plus nécessaire que mes forces se perdent d'année en année . . .« (Oe. 26, 509). Das Wort Marc Aurels: loc. cit.
222 *Nur Thiébault:* Cf. Dieudonné Thiébault »Fr. d. Gr. und sein Hof«, dt. Bearbeitung von H. Conrad, 6. A., t. I., Stuttgart o. J., pp. 116 sq.
seine Nasenspitze zeigte: Während seines Aufenthaltes in Ruppin äußerte Friedrich 1732: »Ich zeige meine Nasenspitze erst dann, wenn die Wachtparade aufzieht, und das geschieht erst um 11 Uhr, damit Monsieur genügend Zeit hat, bis in den hellen lichten Tag hinein zu schlafen.« Die Bemerkung des Kronprinzen bei Eduard Vehse »Friedrich der Große und sein Hof«, Stuttgart 1850, p. 83.
tief empört: Brief an seine Schwester Ulrike vom 20. Mai 1771: »Personne ne nous a demandé si nous voulions venir au monde;

on nous y plante, Dieu sait comment, pour souffrir du corps et de l'esprit et pour mourir, sans que nous sachions pourquoi il faillait que nous essuyassions ces métamorphoses et tant de situations cruelles, pour finir et descendre au tombeau, très fâchés du sot rôle qu'on nous a fait jouer.« (PC. XXXI., 159 sq.)
noch eine Reihe von Jahren: Brief des Staatsministers Hertzberg an den Gesandten F. W. v. Thulemeier vom 5. August 1786: »Der König hat die Wassersucht in ziemlich hohem Grade. Er glaubt, noch eine Reihe von Jahren leben zu können; doch geben ihm die Ärzte nur einige Monate Frist.« Am gleichen Tag an die Prinzessin von Oranien: »Er kuriert sich selbst und glaubt, noch ein paar Jahre zu leben.« (Beide Briefe deutsch nach »Fr. d. Gr. im Spiegel . . .«, t. III., p. 233.)
die unlaugbare Wahrheit: Zimmermann, op. cit., Anm. zu p. 37.
nach keiner Richtung hin: Ritter, op. cit., p. 38: »Sein Geschlechtsleben war (das läßt sich heute mit Sicherheit sagen) nach keiner Richtung hin abnorm; aber seine erotischen Bedürfnisse waren ungewöhnlich schwach entwickelt.«
Auf dem Andenken: Gustav Berthold Volz beginnt seine Arbeit »Friedrich der Große und seine sittlichen Ankläger« (in »Forschungen zur Brandenburgischen und Preußischen Geschichte«, 41. Band, München/Berlin 1928, p. 1) mit dem zitierten Satz.
die erste Spur der Verleumdung: Volz, op. cit., p. 9: »Fanden wir die erste Spur der Verleumdung Friedrichs in der ›Idée de la cour de Prusse‹, so begegnet (uns) die zweite in dem von Voltaire den Abenteuern der Jungfrau von Orléans gewidmeten Epos ›La Pucelle‹.«
wenig Wochen darauf: Der Bericht des hannöverschen Geh. Kriegsrates Baron August Wilhelm von Schwicheldt aus dem Februar und März 1742 rekapituliert dessen Eindrücke aus Berlin und dem Feldlager des Königs von März bis Oktober 1741. Auszüge in »Fr. d. Gr. im Spiegel . . .«, t. I., dort auf pp. 203 sq.: »Im abgewichenen Sommer fing sein (Fredersdorfs) Kredit an, plötzlich und stark zu fallen; denn der König warf seine Gunst auf einen Unteroffizier aus seiner Leibgarde, namens Georgii, und jener wurde bedeutet, nicht anders, als wenn er gerufen würde, in des Königs Zelt, wozu ihm bisher zu allen Augenblicken der Zutritt erlaubet worden war, zu treten. Nachdem aber gedachter Georgii wenig Wochen darauf sich selber vorsätzlicher Weise eine Kugel durch den Kopf gejaget (von welcher Tat so unterschiedene und zum Teil höchstvermessene Ursachen angegeben werden, daß ich solche anzuführen mich nicht einst erkühne), so behauptete ersterer die ehemalige Gunst und Gnade wiederum vollkommentlich.«
223 *die Pflicht der Fürsten:* Im Februar 1744 verfaßte der König für den vom Kaiser für mündig und also regierungsfähig erklärten Herzog Karl Eugen von Württemberg den »Miroir des Princes«, in dem es heißt: »Ne pensez point que le pays de Würtemberg a été fait pour vous; mais croyez que c'est vous que la Providence a fait venir au monde pour rendre ce peuple heureux.« (Oe. 9, 6.)
eine religiöse Hingabe: Brief an Wilhelmine vom 21. Februar 1756: »mais, ma chère soeur, en faisant un retour sur moimême, je n'y trouve qu'un pauvre individu composé d'un mé-

lange de bien et de mal, souvent très-mécontent de soi-même, et qui voudrait fort avoir plus de mérite qu'il n'en a, fait pour vivre en particulier, obligé de représenter, philosophe par inclination, politique par devoir, enfin qui est obligé d'être tout ce qu'il n'est pas, et qui n'a d'autre mérite qu'un attachement religieux à ses devoirs.« (Oe. 27 [1], 288.)

in dieser Form nicht dazusein: Johann Gottlieb Fichte (1762 bis 1814), der Philosoph des »Ich« und der »Tathandlung« im Deutschen Idealismus, der sich vom Anhänger der Französischen Revolution bis zum Staatskollektivismus eines »Zwingherrn zur Teutschheit« mauserte, schrieb 1813 in einem staatsphilosophischen Fragment, das sich unmittelbar auf den »Aufruf an mein Volk« des preußischen Königs Friedrich Wilhelm III. zur Erhebung gegen Napoleon bezog: »Pflichten der Fürsten? Sie denken Wunder, wie Großes sie sagen! Die erste wäre die, in dieser Form nicht dazusein.« (Joh. Gottl. Fichte »Werke«, Erster Ergänzungsband: Staatsphilosophische Schriften, ed. Strecker, Leipzig 1925, pp. 45 sq.)

echte politische Führergestalt: Ritter, op. cit., 1. A., Leipzig 1936, p. 252: »Wenigstens einem Teil der Deutschen (von dem Urteil des Auslands ganz zu schweigen) erschien er von jeher mehr als Dämon, denn als echte politische Führergestalt.«

populäre politische Führergestalt: Ritter, op. cit., 3. A., Heidelberg 1954, p. 246: »Wenigstens einem Teil der Deutschen (von dem Urteil des Auslands ganz zu schweigen) erschien er von jeher mehr als Dämon denn als populäre politische Führergestalt.«

ein geheimer Instinkt: Thomas Mann in »Friedrich und die große Koalition«: ». . . es ist durchaus eine deutsche Denkbarkeit, daß dieser geheime Instinkt, dies Element des Dämonischen in ihm überpersönlicher Art war: der Drang des Schicksals, der Geist der Geschichte.« (»Altes und Neues«, Frankfurt 1961, p. 96.)

224 *der erste deutsche Staatsmann:* Ritter, op. cit., 1. A., p. 261: »Er ist – alles in allem – der erste deutsche Staatsmann wirklich modernen Stils.«

unerhört und grenzenlos; der Arbeit aller anderen: Thomas Mann, op. cit., in »Altes und Neues«, p. 48: »Regierte er denn gut? Jedenfalls mit einem Eigensinn, einem Mißtrauen, einem Despotismus, der unerhört und grenzenlos zu nennen war, der sich auf alle Gebiete, auf das Kleinste wie auf das Wichtigste erstreckte und der Arbeit aller anderen die Würde entzog.«

die offenbar am besten: Ritter, op. cit., 1. A., p. 255.

Die despotischen Regierungsformen: op. cit., 1. A., p. 256.

ganz große politische Erfolge: op. cit., 3. A., p. 20.

den Begriff Genie: Gert Kalow »Hitler – Das gesamtdeutsche Trauma«, München 1967, p. 35: »Der Begriff ›Genie‹ enthält eine Konterbande, er ist ein Kassiber, ein Katapult, mittels welchem das autoritäre Abhängigkeitsmodell – hier von Natur oder von Gott zur Herrschaft Berufene, da zur Nachfolge verpflichtete ›einfache Leute‹, kurz: Herr und Knecht – vom feudalen Zeitalter ins bürgerliche hinübergeschmuggelt wurde – mit verhängnisvollsten Folgen.«

225 *den alten Unsinn:* Preuss »Friedrich der Große«, t. III., Berlin 1833, p. 243: »Das traf denn leider auch in so reichem Maße ein,

daß diese vernünftigen Kalender nicht gekauft wurden, und daß man sich genöthiget sahe, im folgenden Jahre den alten Unsinn herzustellen ...«

weniger verfolgungssüchtig: Cf. »Briefe ...«, t. II., Einleitung des Herausgebers zum Abschnitt »Der alte König« (mit Zitaten), p. 124. Original Oe. 18, 239 (Brief an die Herzogin von Sachsen-Gotha vom 26. April 1764): »A envisager les religions philosophiquement, elles sont bien à peu près égales; cependant celle dont le culte est le moins chargé de superstition doit, selon mon avis, être préférée aux autres. C'est sans contredit la protestante, qui, outre cet avantage, a encore celui de ne point être persécutrice.«

zu Martin Luthers Zeiten: loc. cit.

Schuhflicker wie Papst: Brief an d'Alembert vom 25. November 1769, deutsch in »Briefe ...«, t. II., p. 176.

Die Jesuiten, dies schädliche Ungeziefer: nach »Hinterlassene Werke«, Berlin 1789, t. XI., p. 4. Brief an d'Argens vom 25. September 1761: Oe. 19, 254.

armer, toleranter Ketzerfürst: Brief an d'Alembert vom 2. Juli 1769: »Aber rechtgläubige Potentaten und der Stellvertreter des Simon Petrus werden sich in ihren Nachlaß teilen, indes ein armer toleranter Ketzerfürst den Verfolgten eine Freistatt eröffnen wird.« Deutsch in »Briefe ...«, t. II., p. 174.

Die deutschen Bischöfe ... Trunkenbolde: Äußerung in einem Brief an die Herzogin von Sachsen-Gotha vom 18. Mai 1764; cf. Oe. 18, 241.

den bestehenden Glauben: Friedrich äußerte anläßlich der Vorfälle in Abbeville in einem Brief an Voltaire vom 13. August 1766 (Oe. 23, 103): »Vous ne contesterez pas que tout citoyen doit se conformer aux lois de son pays; or, il y a des punitions établies par les législateurs pour ceux qui troublent le culte adopté par la nation ...«

Abbeville: Cf. Preuss »Fr. d. Gr.«, t. III., Berlin 1833, p. 208.

unbegeisterten Denker: Im erwähnten Brief an Voltaire (loc. cit.) schrieb der König: »j'offre des asiles aux philosophes, pourvu qu'ils soient sages, qu'ils soient aussi pacifiques que le beau titre dont ils se parent le sousentend! car toutes les vérités ensemble qu'ils annoncent ne valent pas le repos de l'âme, seul bien dont les hommes puissent jouir sur l'atome qu'ils habitent. Pour moi, qui suis un raisonneur sans enthousiasme, je désirerais que les hommes fussent raisonnables, et surtout qu'ils fussent tranquilles.«

Damiens: Robert François D. (1715 bis 1757), aus einer ruinierten Bauernfamilie, wurde in Paris Bedienter und glaubte sich dazu bestimmt, Ludwig XV. an die Erfüllung seiner königlichen Pflichten durch ein harmloses Attentat zu erinnern. Am 5. Januar 1757 verwundete er den König durch einen Messerstich in die rechte Seite. Die öffentliche Hinrichtung des Attentäters am 28. März auf dem Pariser Grève-Platz dauerte vier Stunden, sie gehörte zu den schrecklichsten Akten neuzeitlicher Kriminaljustiz.

226 *Wir bedürfen Ihrer:* Im Jahre 1777 schrieb und veröffentlichte (es gab nur sechs oder acht gedruckte Exemplare für Voltaire, d'Alembert, Hertzberg etc.) der König den kurzen »Essai sur les formes

de gouvernement et sur les devoirs des souverains«. Darin heißt es (Oe. 9, 208): »Mais si l'on remonte à l'origine de la société, il est de toute évidence que le souverain n'a aucun droit sur la façon de penser des citoyens. Ne faudrait-il pas être en démence pour se figurer que des hommes ont dit à un homme leur semblable: Nous vous élevons au-dessus de nous, parce que nous aimons à être esclaves, et nous vous donnons la puissance de diriger nos pensées à votre volonté? Ils ont dit au contraire: Nous avons besoin de vous pour maintenir les lois auxquelles nous voulons obéir, pour nous gouverner sagement, pour nous défendre; du reste, nous exigeons de vous que vous respectiez notre liberté.«

Der Krieg ist eine Geißel: Brief des Königs vom 22. September 1765 an die Kurfürstin Maria Antonia von Sachsen, deutsch in »Briefe ...«, t. II., p. 148.

Sonst sagen Sie mir: Brief Lessings an Nicolai vom 25. August 1769, in Lessing »Sämmtliche Schriften«, t. XXIX., Berlin/Stettin 1828, pp. 261 sq.

Ich will von Wien: Brief Nicolais vom 29. August 1769 an Lessing, in op. cit., t. XXIX., p. 264.

227 *unglaublich:* Brief des Kaisers Joseph II. an seine Mutter Maria Theresia vom 29. August 1769, nach »Fr. d. Gr. im Spiegel ...«, t. II., p. 213.

Der Bauer, der Soldat: Bericht des Herzogs von Nivernais in op. cit., t. I., p. 282.

Wenn der König: Der Marquis Hippolyte Jean René d'Emskerque de Toulongeon (1739 bis 1801) war französischer Generalmajor und hielt sich von Mitte April bis Ende Mai 1786 in Berlin, Potsdam und Magdeburg auf, um die Revuen der preußischen Armeen zu inspizieren. Seine Tagebuchaufzeichnungen aus dieser Zeit in Finot/Galmiche »Une mission militaire en Prusse en 1786«, Paris 1881, pp. 125 sqq.

Ich will in Ihrem Garten: Brief Voltaires aus dem Jahre 1751 an Friedrich (Oe. 22, 273 sq.): »Je veux me promener et travailler dans votre jardin de Potsdam. Je crois que cela est permis; je me présente en rêvant, je trouve de grands diables de grenadiers qui me mettent des baïonettes dans le ventre, qui me crient *furt*, et *sacrament*, et *der König!* Et je m'enfuis, comme des Autrichiens et des Saxons feraient devant eux.«

Herzog von Lauzun: Armand Louis de Gontaut, Duc de L. (1747 bis 1793), von November 1774 bis Januar 1775 in Berlin, wurde vom König empfangen, schrieb in seinen Memoiren, er habe mehrere Denkschriften über Preußen an das Ministerium des Auswärtigen in Paris gesandt. Das »Mémoire sur la cour de Berlin« wurde von Volz im Archiv des Ministeriums in Paris benutzt und auszugsweise übersetzt. Darin heißt es (»Fr. d. Gr. im Spiegel ...«, t. II., p. 248): »Der König will allein über alles Bescheid wissen und sagt immerfort, die Leute, die er beschäftige, seien Esel.«

228 *kleinen Sieg:* Am 2. November 1762 schrieb der König über die Schlacht bei Freiberg an die Herzogin von Sachsen-Gotha: »J'apprends aujourd'hui une petite victoire que mon frève vient de remporter sur les Autrichiens auprès de Freyberg.« (Oe. 18, 198.)

vierzig Verträge: In seinen »Mémoires pour servir à l'histoire de la Maison de Brandebourg« schrieb der König (Oe. 1, 174): »Les ministres de Frédéric-Guillaume lui firent signer quarante traités ou conventions, que nous nous sommes dispensé de rapporter, à cause de leur frivolité.«
nach der Gepflogenheit: Friedrich in op. cit., Oe. 1, 149: »D'Ilgen ne cessait de lui représenter, selon l'usage des ministres, qu'il devait profiter de ses avantages ...« F. W. I. über Ilgen: nach Koser I., 235.
Ich habe den Esel: Nach »Der König ...«, ed. Mendelssohn Bartholdy, p. 479.
Der Dummkopf!: Thiébault, op. cit., ed. Conrad, t. I., p. 140.
ich habe ein Haufen: Nach Preuss, op. cit., t. II., p. 227. (Urkundenbuch.)
Brenckenhoff: Franz Balthasar Schönberg von B. oder Brenkenhof (1723 bis 1780), preußischer Staatsbeamter. Zunächst in dessauischen Diensten, Kammerdirektor und Mitvormund des jungen Fürsten Franz, Verbesserung des Ackerbaus, Urbarmachung großer Elbbrüche. Beträchtliches Vermögen durch Pferdehandel, Armeelieferungen und andere Spekulationen im Siebenjährigen Krieg. 1762 von Friedrich als Wirkl. Geh. Oberfinanz-, Kriegs- und Domänenrat in den preußischen Staatsdienst berufen. Kultivierungsarbeiten in Pommern, in der Neumark und im Netzedistrikt (Bau des Netzekanals), Gründung von Kolonien, Anlage von Fabriken, Trockenlegung von Sümpfen und Mooren. Zerrüttung des eigenen Vermögens und der ihm überlassenen Staatskassen, mußte auf seinem Sterbebett den König um Schonung bitten. Eine Untersuchung führte nach seinem Tode zur Beschlagnahme seiner Güter, die jedoch der Familie zum größten Teil nach einigen Jahren auf dem Gnadenwege zurückgegeben wurden.
229 *Domhardt:* Johann Friedrich von D. (1712 bis 1781), preußischer Verwaltungsbeamter. Seine Eltern wanderten aus dem Braunschweigischen in Preußen ein, er pachtete 1732 das Domänenamt Ragnit in Ostpreußen und wurde 1746 zum Kriegsrat bei der Kammer in Königsberg berufen, kurz darauf Versetzung nach Gumbinnen mit Aufsicht über die Gestüte in Trakehnen, 1755 zweiter Direktor der sogenannten Litauischen Kammer, ein Jahr später deren Präsident, 1763 Präsident der Kammern in der Provinz (Ost) Preußen, 1771 geadelt, 1772 Oberpräsident aller west- und ostpreußischen Kammern.
meine beiden Herren von Anhalt: Äußerung des Königs zum Fürsten von Ligne während der Zusammenkunft mit Kaiser Joseph II. in Mährisch-Neustadt 1770. Cf. Prince de Ligne »Mémoire sur le roi de Prusse ...«, Berlin 1789.
Tyrann der Armee: nach Koser, op. cit., t. III., p. 181.
neuen Turenne: Bei Koser, loc. cit., der sich hierzu t. IV., p. 94, auf den Bericht des österreichischen Gesandten in Berlin, Feldmarschalleutnant Freiherr von Ried, aus dem September 1763 an Kaiser Franz I. Stephan beruft. Ried schrieb: »Herr von Anhalt, zu Lebzeiten des Prinzen Moritz von Anhalt Bedienter (hierzu Volz: »Die Angabe ist falsch«), ist heute Oberstleutnant. Ihm sind alle Einzelheiten des Heerwesens anvertraut; von ihm sagt

er, er werde mit der Zeit ein zweiter Turenne werden.« (Nach »Fr. d. Gr. im Spiegel ...«, ed. Volz, t. II., p. 209.)
in den untersten Schichten Genies: Erwägung des Königs in einem Brief vom 10. Januar 1767 an die Kurfürstin Maria Antonia von Sachsen, der deutsche Text cf. »Briefe ...«, t. II., p. 160.
Fui, wohr er So: Marginalie des Königs nach Preuss, op. cit., t. II., p. 226 (Urkundenbuch.)
Wer wirdt alle hurkinder: Marginalie auf dem Gesuch des Artillerieleutnants Spangenberg, natürlichen Sohnes des soeben verstorbenen Obersten von Katte, 1767, bei Preuss, op. cit., t. II., p. 228. (Urkundenbuch.)
was wil ein Feuerspritzen: Marginalie des Königs nach Anton Friedrich Büsching »Beyträge zu der Lebensgeschichte denkwürdiger Personen ..., Fünfter Theil, der den Charakter Friedrichs des zweyten, Königs von Preussen, enthält«, Halle 1788, p. 107.
230 *Dieses Beyspiel:* loc. cit.
Ich habe erfahren: Brief an die Prinzessin von Oranien vom 20. März 1775, Original PC. XXXVI., 401.
Alle unsere Landtbaumeister: Instruktion von 1748, zitierte Stelle nach Petersdorff, op. cit., p. 207.
Nutrimentum spiritus: Thiébault: »Die unlateinische, gotisch-barbarische Inschrift: Nutrimentum spiritus stammt von Friedrich selbst, der sie gegen den Rat seines vom Latein mehr verstehenden Freundes Quintus Icilius so bestimmte.« (op. cit., ed. Conrad, t. I., p. 137.)
231 *Die Musik:* Das Zitat von Charles Burney nach Romain Rolland »Musikalische Reise ins Land der Vergangenheit«, Frankfurt a. M. 1921, p. 213.
der sich allein die Gesetze: Tagebuchnotiz Lucchesinis vom 23. Juni 1782 nach der Auswahl »Gespräche Fr. d. Gr. mit H. de Catt und dem Marchese Lucchesini«, ed. Bischoff, Leipzig 1885, p. 232, in etwas anderer Übersetzung.
Handel und Seefahrt: In seinem »Portrait du roi de Prusse« schrieb der Herzog von Nivernais: »Der Einfluß, den Handel und Seefahrt heute auf die politischen Systeme Europas haben, ist für ihn etwas völlig Unbekanntes. Er sieht ihn nicht und will nicht, daß man ihn darauf hinweist.« (deutsch in »Fr. d. Gr. im Spiegel ...«, t. I., p. 286.)
232 *Kann Er thun:* Marginalresolution aus dem Jahre 1775, nach Preuss, op. cit., t. II., p. 233. (Urkundenbuch.)
wird das milde Klima: Der König an seine Schwester Wilhelmine am 22. September 1754: »Je voudrais vous y porter sur mes mains, ma chère soeur, pour que vous y trouviez votre rétablissement. Selon toutes les apparences, la douceur du climat vous sera favorable ...« (Oe. 27 [1], 248.)
Es ist nicht nöthig: Kabinettsreskript vom 27. März 1781, das mit den Worten beginnt: »Sr. K. Majestät von Preußen, Unser Allergnädigster Herr, lassen dem Doktor Bloch auf seine allerunterthänigste Anzeige vom 25. dieses, und in Ansehung des darin gethanenen Antrages, hiedurch zu erkennen geben, daß es nicht nöthig ist ...« (Nach Preuss, op. cit., t. III., p. 287.)
Er kan hier: Marginalie des Königs aus dem Jahre 1772, nach Preuss, op. cit., t. II., p. 231. (Urkundenbuch.)

alten Schwätzer (vieux radoteur): Im Brief vom 25. Januar 1768 an seine Nichte, die Prinzessin von Oranien: »Bien des grâces, ma chère enfant, pour les jolies choses que vous dites à votre vieil oncle; il n'en mérite pas tant, c'est un vieux radoteur, flétri par les années et qu'il faut par le plus court envoyer radoter dans l'autre monde ...« (PC. XXVII., 24.)
Es ist bei manchen Leuten: Brief an die Kurfürstin Maria Antonia von Sachsen vom 12. Februar 1767, in etwas anderer Übersetzung cf. »Briefe ...«, t. III., p. 162.

233 *unfähigen Regierung:* 1793 erschien die erste deutsche Übersetzung von Mirabeaus Werk »De la Monarchie Prussienne« (London 1788). Die zitierte Stelle heißt hier: »Die preußische Monarchie ist so beschaffen, daß sie gar keinen Unfall ertragen kann, nicht einmal den, mit der Zeit unvermeidlichen, einer ungeschickten Regierung. Mit der ganzen Kunst des hochseligen Königs konnte diese verwickelte Maschine nicht ausdauern. Die falschen Maaßregeln eines gänzlich fiscalischen Systems saugten den Staat aus. Umsonst reichte ihm Friedrich II. herzstärkende Mittel; der politische Körper zehrte sich ab. Er braucht eine Radical-Cur, die, mitten in der Crisis, worin er sich befindet ... sehr schwer mit ihm auszuführen steht.« (»Von der Preußischen Monarchie unter Friedrich dem Großen«, ed. Mauvillon, t. I., Braunschweig/Leipzig 1793, pp. 153 sq.)
durch gutwillige Treue: Herder »Briefe zur Beförderung der Humanität«, verfaßt 1792, in »Sämmtliche Werke«, t. XVIII., Berlin 1883, pp. 314 sqq. Hieraus: »... welcher Regent in Deutschland dörfte fürchten und zweifeln? Der Zweifel selbst wäre eine Beleidigung der Nation, die sich durch gutwillige Treue und fast blinden Gehorsam gegen ihre Landesherren seit Jahrtausenden in der Geschichte bemerkbar gemacht hat, daher auch Deutschland selbst vom päpstlichen Hofe mit dem Ehrennamen eines *Landes des Gehorsams* vorzüglich benannt, und diesem Namen gemäß behandelt wurde –.«
geheimen und unmerklichen Gegenwirkungen: In der Übersetzung von 1793: »Allein der Mensch ist so bewundernswürdig geschaffen; er hat eine so große Kraft von Einsicht und Thätigkeit, und so dringende Bedürfnisse, daß er alle Hindernisse übersteigt, wenigstens in so weit, daß die geheimen und unmerklichen Vergütungsmittel, die die Privatbetriebsamkeit erzeuget, die immer verderblichen Folgen der großen Fehler in der Staatsverwaltung mäßigen.« (Mirabeau, op. cit., ed. Mauvillon, t. I., p. 151.)

234 *die letzte sittliche Kraft:* Heinrich von Treitschke »Deutsche Geschichte im Neunzehnten Jahrhundert«, t. I., Leipzig 1879, p. 86: »Als aber die Tage der Schande und der Prüfung kamen, da hat Preußen wieder die langnachwirkende segenspendende Macht des Genius erfahren; die Erinnerung an Roßbach und Leuthen war die letzte sittliche Kraft, welche das lecke Schiff der deutschen Monarchie noch über dem Wasser hielt ...«
bewußt oder unbewußt: Treitschke, op. cit., t. I., p. 433: »Die neuen politischen und sittlichen Ideale der erregten Jugend trugen das Gepräge norddeutscher Bildung; der alte deutsche Gott, zu dem sie betete, war der Gott der Protestanten, all ihr Thun und

Denken ruhte, bewußt oder unbewußt, auf dem sittlichen Grunde der strengen Kantischen Pflichtenlehre.«
über die vornehmste Maxime: Max Lehmann »Freiherr vom Stein«, t. I., Leipzig 1902, p. 91: »Über die vornehmste Maxime der fridericianischen Staatskunst, die sich auf die planmäßige Trennung der Geburtsstände richtete, war der Westen längst unwiderruflich hinweggeschritten.«
hitzige Feindschaft, System des dumpfen Druckes: Erich Marcks »Kaiser Wilhelm I.«, 5. A., Leipzig 1905, p. 108: »Das Ideal des Königs (Friedrich Wilhelm IV.) und seiner Freunde will nicht Wirklichkeit werden, eine organisch ständische Neubegründung von unten auf wird nicht durchgesetzt, bei eifriger Arbeit der Gesetzgebung und der Verwaltung kommt man doch über einen unlebendigen Widerstand, über eine hitzige Feindschaft gegen alle Forderungen und Menschen der neuen Zeit, über ein System des dumpfen Druckes und Zwanges nicht hinaus, das seiner selbst inmitten einer ganz anders gerichteten Welt nicht sicher bleibt.«
vergebliches Ringen: Marcks, loc. cit.: »Diese tiefe Unfruchtbarkeit und widerspruchsvolle Schwäche daheim und nach außen, dieses vergebliche Ringen mit den vorwärtsdrängenden gesellschaftlichen und staatlichen Kräften des Tages, mit dem Charakter des preußischen Königsstaates selber – das ist doch das Bild, das, bei aller überzeugenden persönlichen Ehrlichkeit und Innerlichkeit des Schreibenden selber und auch des Königs, die Aufzeichnungen Leopold Gerlachs dem Betrachter in unvergeßlichen und sicherlich in schmerzlichen Zügen vor die Seele halten; man blickt in eine dem Untergang rettungslos verfallene Welt.«
235 *Wir haben keine Grenzen:* Eine Äußerung des Prinzen Heinrich, die der französische Gesandte in Berlin seit 1782, Comte d'Esterno, in einem »Mémoire« an den Außenminister Graf Vergennes am 15. Juli 1786 nach Paris übermittelte. Der deutsche Text cf. C. V. Easum »Prinz Heinrich von Preußen«, Göttingen o. J., pp. 468 sq. und 469[4].
Wenn Sie nicht als Thronerbe: Brief der Kurfürstin Maria Antonia vom 7. Februar 1767 nach »Briefe ...«, t. II., p. 161[2].
Hätte ich nur mein persönliches Glück: Brief an die Kurfürstin Maria Antonia vom 12. Februar 1767, in »Briefe ...«, t. II., p. 162.
Trotz aller Vorschriften Epikurs: Antwort der Kurfürstin vom 28. März 1767 in op. cit., t. II., p. 163[1].
Gott würde ihn nicht auserwählt haben: Der vom König baronisierte Rheinsberg-Freund Bielfeld schrieb in »Lettres familières et autres ...«, à la Haye 1763, p. 28 (deutsch bei Reinhold Koser »Die Berichte der Zeitgenossen über die äußere Erscheinung Fr. d. Gr.«, Hohenzollern-Jahrbuch, Bd. 1, Berlin-Leipzig 1897, p. 90): »Er ist nicht von sehr hohem Wuchse, und Gott würde ihn nicht auserwählt haben, um an der Stelle des König Saul zu regieren.«
solch ein Paar Augen: Carlyle, op. cit., t. I., Berlin 1858, p. 94.
mehr schwarz als braun: Bericht des Barons von Schwicheldt 1742 bei »Fr. d. Gr. im Spiegel ...«, t. I., p. 176.
bald dunkler, bald heller: In seinem Buch »Die äußere Erscheinung Fr. d. Gr. ...«, Berlin 1891, p. 14*, kommentierte Adalbert

von Taysen die Behauptung Schwicheldts: »Das ist ein Irrthum, die Augen waren blau, erschienen aber bald dunkler, bald heller.«
durchdringenden Blick: Ritter, op. cit., p. 39.
Ungeheure Nase: Die Kindheitserinnerung der Gräfin Egloffstein nach »Fr. d. Gr. im Spiegel ...«, t. III., p. 198.
Augen von mittler Größe: Ausdruck von Preuss, op. cit., t. I., p. 419.
großes, offenes Auge: Waldeyer »Die Bildnisse Fr. d. Gr.«, Berlin 1900, p. 21.
236 *die Stirn:* op. cit.
Er neigt ziemlich: Oberst Marquis Louis Charles Antoine de Beauvau (1710 bis 1744) überbrachte 1740 die Glückwünsche des französischen Hofes zur Thronbesteigung und verfaßte für den Kardinal de Fleury über Preußen und den Charakter König Friedrichs II. ein Memorandum, das in der Einleitung zu den »Oeuvres posthumes« des Königs (Berlin 1789) gedruckt wurde. Der deutsche Text nach »Fr. d. Gr. im Spiegel ...«, ed. Volz, t. I., p. 151.
Sein Kopf hing schon früh: Beauvau schrieb »nach links«, Herausgeber Volz korrigierte, op. cit., t. I., p. 151[2]: »Diese Angabe steht im Widerspruch zu der Beobachtung aller übrigen Zeitgenossen.« Taysen bemerkt, op. cit., p. 24*: »In jüngeren Jahren soll der König den Kopf etwas nach links und erst später in Folge des vielen Flötenblasens mehr nach rechts geneigt haben. Ersteres wird u. A. durch eine Angabe Beauvaus bestätigt, welcher 1740 schrieb: ›Sa tête est un peu penchée sur l'épaule gauche, soit naturellement, soit par affectation.‹« Demgegenüber behauptete wiederum Volz, Beauvau habe im Entwurf seiner Denkschrift (»Anecdotes sur le roi de Prusse Frédéric II«) »nach rechts geneigt« geschrieben (loc. cit.).
Apollo, Mars oder Adonis: Brief an d'Alembert vom 14. Dezember 1774, deutsch in »Hinterlassene Werke Friedrichs II. ...«, t. XI., Berlin 1789, p. 159.
beständig Handschuhe: Bericht Schwicheldt in »Fr. d. Gr. im Spiegel ...«, t. I., p. 177.
6 Gläser von die Stärkst riechende pomade: Brief von Fredersdorf am 29. Oktober 1754, in op. cit., ed. Richter, p. 343.
vohr der bareitischen Reiße: Brief des Königs vom 7. August 1748, op. cit., p. 164.
Wegen die Wagens: Brief an Fredersdorf vom 2. März 1747, op. cit., p. 95.
237 *wozu seine Pferde gewöhnt waren:* »Anekdoten von König Friedrich II. ...«, ed. Fr. Nicolai, Viertes Heft, Berlin/Stettin 1789, pp. 41 sq: »Er trieb das Pferd bloß mit der Zunge und mit gelinden Hülfen an. War es nachläßig oder widerspenstig, so konnte Er es nicht mit dem Sporen strafen, weil Er keine Sporen trug, sondern mit dem Stocke und zwar zwischen die Ohren, wozu seine Pferde gewöhnt waren; doch geschah dieß nicht oft.«
238 *Die weiße Generalsfeder:* Generalleutnant Friedrich August Ludwig von der Marwitz (1777 bis 1839) zeichnete 1832 »Nachrichten aus meinem Leben« auf. Daraus ein Auszug in »Fr. d. Gr. im Spiegel ...«, t. III., pp. 198 sqq., die zitierte Stelle p. 200.
Sehe ich nicht: Äußerung zu de Catt nach der Auswahl »Gespräche Fr. d. Gr. mit H. de Catt ...«, ed. Bischoff, p. 32: »›Sagen Sie

selbst, sehe ich nicht ein bischen wie ein Schwein aus? sagen Sie es nur ruhig heraus.‹ ›Ich muß gestehen, Majestät, daß Ihr Gesicht, ebenso wie Ihre Uniform, recht voll Tabak ist.‹ ›Das nenne ich eben, mein Herr, ein bischen Schwein.‹«

Karl XII. übertrumpft er: Bericht Ried cf. »Fr. d. Gr. im Spiegel ...«, t. II., p. 210.

Man denke sich einen großen Hut: Tagebuchaufzeichnung des Generals Guibert in Potsdam vom 3. September 1773, deutsch in »Fr. d. Gr. im Spiegel ...«, t. II., pp. 239 sq.

gewiß seit seiner Thronbesteigung: Guibert, op. cit., t. II., p. 241.

Sein Wagen, sein Bett: loc. cit.

Er ist stets gestiefelt: Bericht des Herzogs von Lauzun cf. op. cit., t. II., p. 248.

239 *Anfangs war wohl bewußte Absicht:* Bericht Guibert cf. op. cit., t. II., p. 241.

Kan Sie Nicht: Fredersdorf am 10. August 1748 an den König, cf. op. cit., ed. Richter, p. 166.

ich Schike Dier: Brief an Fredersdorf von Mitte Oktober 1754, op. cit., p. 341.

umstoßen: Bemerkung des Herausgebers Richter über den Inhalt eines Briefes von Fredersdorf, op. cit., p. 278, mit einem wörtlichen Zitat.

240 *Du wirst schmälen:* Brief des Königs aus dem April 1754 an Fredersdorf, op. cit., pp. 276 sq.

210 000 Taler: Die Ziffer entnahm Hugo Conrat-London in seiner Serie »Friedrich der Große und die Mara« (»Neue Musik-Zeitung«, 24. Jahrgang, 1903, hier p. 102) dem Werk von L. Schneider »Geschichte der Oper«, Berlin 1852. Georg Thouret (»Friedrich der Große als Musikfreund und Musiker«, Leipzig 1898, p. 46) schrieb: »Durchschnittlich gingen jährlich zwei neue Opern in Szene, die rund 14 000 Thaler außer den laufenden Ausgaben kosteten.«

241 *wenn er denjenigen übel begegnete ...:* Äußerung Schönings in seinem nachgelassenen Buch »Friedrich der Zweite ...«, Berlin 1808, p. 46.

königliches Dasein: Thomas Mann, op. cit. (»Altes und Neues«, Frankfurt 1961, p. 94): »Ausgebrannt, öde und bös, liebte er niemanden, und niemand liebte ihn, sondern sein königliches Dasein bildete einen lastenden, entwürdigenden Druck für alle Welt.«

in einem Prozeß großartigster Selbsterziehung: Reiners, op. cit., p. 347.

Man geht immer fehl: Urteil des Königs in seinen »Denkwürdigkeiten zur Geschichte des Hauses Brandenburg«, deutsch in »Die Werke ...«, t. I., p. 99. Ähnlich im Brief vom 29. Dezember 1751 an seine Schwester Wilhelmine (Oe. 27 [1], 204): »Il faut bien peu de chose pour déranger notre rasion, et le sentiment est en nous toujours plus fort que le meilleur syllogisme.«

242 *Es bedurfte:* Edith Simon »Friedrich der Große«, Tübingen 1963, p. 13.

243 *das Schwein zur Infanterie:* Erwähnt von Edith Simon, op. cit., p. 278.

die männliche Ruthe: Am 6. Dezember 1790 gaben die drei Chirurgen Ollenroth, Rosenmeyer und Liebert, die zusammen mit dem Generalchirurgus Gottlieb Engel die Leiche des Königs am 17. August 1786 gewaschen und untersucht hatten, eine offizielle Erklärung ab, um den Behauptungen des Ritter von Zimmermann über eine angebliche Operation des Königs entgegenzutreten. Der zitierte Satz stammt aus dieser Erklärung, sie ist vollständig abgedruckt in Gaston Vorberg »Der Klatsch über das Geschlechtsleben Friedrichs II. . . .«, Bonn 1921, p. 14.

die geläufige psychologische Deutung: Edith Simon, op. cit., p. 308: »Die psychologische Bedeutung derartiger Spielereien (mit seinen Tabaksdosen) wie auch die der Flöte als des bevorzugten Musikinstruments ist zu geläufig, als daß man sie näher ausführen müßte.«

Anlaß und Symbol: loc. cit.

244 *mit außergewöhnlicher Energie:* Ernst Schullin »Walther Rathenau« (in »Der Monat« 237 [Juni 1968], p. 50): »Er wollte mit außergewöhnlicher Energie bestimmte Wesenszüge in sich unterdrücken, ein anderer werden als er war.«

ein künstlicher Mensch: Otto Heinrich v. d. Gablentz »Die Tragik des Preußentums«, München 1948, p. 43: »Aber was nun vor uns steht, ist nicht ein Wiedergeborener, der durch das Gottesgericht zum Frieden der Gnade geführt worden wäre, sondern ist *ein künstlicher Mensch.*«

als die Grenadiere: Äußerung des Königs am 25. April 1758 zu de Catt (»Unterhaltungen . . .«, ed. Koser, Leipzig 1884, p. 35.)

ungelösten Identitätskonflikt: In seinem Aufsatz »The transformation of Frederick the Great – A psychoanalytic study« schrieb Ernst Lewy: »The tragic split which runs through Frederick's life – an unresolved identity conflict, unnoticed and misunderstood by the world, a split that is perhaps even more tragic than his lack of a love life – is that he had to make war and live the life of a military hero, for he had always longed for peace and the rewards of a peaceful life.« (In »Psychoanalytic Study of Society«, vol. IV., New York 1967, p. 302.)

Motiviert sie strongly: Lewy, op. cit., p. 300: »Frederick's coolness toward women was a result of his frustration. This reaction, combined with a regressive reinforcement of other hostile aggressive tendencies, strongly motivated his warlike actions over the years.«

die rasenden Weiber: Lewy, loc cit.: »He had powerful and most legitimate reasons for waging war, but his hostile feelings for the ›three whores‹ as he termed them, supplied additional powerful emotional investment to his actions.«

245 *Akt magischer Einbildungskraft:* Lewy, op. cit., p. 297: »One also wonders if a magical fantasy of saving his sister through making a painful sacrifice played a role.«

246 *sogar als Zielscheibe:* Thiébault, op. cit., ed. Conrad, t. I., p. 140: »Seine Gesellschaft bildeten nur noch einige unbedeutende Männer, die sogar als Zielscheibe seiner Witzworte bereits abgenutzt waren, und einige alte Diener, die weniger durch sich selbst interessant waren, als dadurch, daß sie an die vergangenen besseren Zeiten erinnerten.«

247 *hat Goethe . . . einen rechten Weltmenschen:* Am 1. Juni 1787 schrieb Goethe aus Neapel an Frau von Stein einen Brief, den er

am 9. Juni in Rom aufgab: »Die Ankunft des Marquis Lucchesini hat meine Abreise auf einige Tage weiter verschoben, ich habe viel Freude gehabt ihn kennen zu lernen. Er scheint mir einer von denen Menschen zu seyn, die einen guten moralischen Magen haben, um an dem großen Welttische immer mitgenießen zu können. Anstatt daß unser einer, wie ein wiederkäuendes Thier ist, das sich zu Zeiten überfüllt und dann nichts wieder zu sich nehmen kann, biß es seine wiederhohlte Kauung und Verdauung geendigt hat.« (Goethe WW., Weimarer Ausgabe, IV.–8., Weimar 1890, p. 227). In der Fortsetzung aus Rom am 8. Juni 1787 notierte Goethe: »Auch kam Lucchesini noch an, um dessentwillen ich den 1. und 2. Juni noch in Neapel blieb. In ihm hab ich einen rechten Weltmenschen gesehen und recht gesehen, warum ich keiner seyn kann.« (Goethe, op. cit., W. A., IV.–8, p. 229.)
einen Wucherer und Hanswurst: Nach den von Ranke edierten Memoiren des preußischen Staatskanzlers Karl August Fürst von Hardenberg (1750 bis 1822), t. II., Leipzig 1877, p. 218: »›Cet usurier, ce pantalon‹ nannte er ihn.«
vertraulich von den Geschäften: Am 9. August 1786 schrieb Hertzberg dem Thronfolger aus Sanssouci: »Er sprach mit mir ebenso huldvoll wie vertraulich über alle europäischen Angelegenheiten, besonders über die beiden Kaiserhöfe und die Türkei, tatsächlich so, als wolle er mich um Rat fragen und mir sein Vertrauen wieder schenken.« Seit dem 9. Juli war H. als Gast in

Friedrich II., zeitgenössischer Scherenschnitt

Sanssouci, aber erst am 9. August in Privataudienz empfangen worden.
große aufgeschnittene Stiefel: Schon am 10. Juli hatte der Minister seinem Kollegen Finck von Finckenstein geschrieben: »Nach dem Aussehen des Königs kann ich mir kein Urteil (über seine Krankheit) bilden, denn er trägt große aufgeschnittene Stiefel ...« (Beide Briefe nach »Fr. d. Gr. im Spiegel ...«, t. III., pp. 235 und 229.)
Das Bedauern: Graf Sergej Romanzow, seit Juni 1786 russischer Gesandter in Berlin, berichtete am Todestag des Königs dem russischen Außenminister: »Die Todesnachricht hat hier nicht das Aufsehen gemacht, das man hätte erwarten können. In der Stadt herrscht die größte Ruhe, und das Bedauern scheint äußerst gering zu sein ...« (Deutsch nach dem Originalbericht im ehemaligen Hauptarchiv des Ministeriums der Auswärtigen Angelegenheiten in Moskau in »Fr. d. Gr. im Spiegel ...«, t. III., 256.)
248 *Friedrich hegte mehr Liebe:* Nach der Übersetzung von Mauvillon in Mirabeau »Von der Preußischen Monarchie ...«, t. I., Braunschweig/Leipzig 1793, p. 194: »Woher kam diese wilde Undankbarkeit? Weil Friedrich diejenigen mehr liebte, denen er zugehörte, als diejenigen, die ihm zugehörten; und diese allein umgaben seinen Sarg.«
Gewiß haßt der Mensch: Die Äußerung Mirabeaus bei Mauvillon: »Der Mensch haßt unstreitig die Bedrückung; allein er will beherrscht seyn.« Mirabeau, op. cit., t. I., p. 195.
alle diese Provinzen: Ausspruch der Berliner Prediger nach Ritter, op. cit., pp. 116 sq.
sprang fast an die Decke: D'Alembert an Mlle. de Lespinasse am 24. Juni 1763 während eines Besuchs in Sanssouci: »Der König sprang fast an die Decke vor Überraschung, als ich ihm den schönen Parlamentsbeschluß mitteilte.« Deutscher Text nach »Fr. d. Gr. im Spiegel ...«, t. III., p. 131.
Den Tod des großen Königs: Der revolutionär gesonnene Völkerkundler Johann Georg Forster (1754 bis 1794) am 4. Oktober 1786 an Spener (nach op. cit., t. III., p. 69) Fs. Begeisterung für die Französische Revolution trieb ihn 1793 als Abgeordneten der Mainzer Republik nach Paris, wo er die Vereinigung mit Frankreich beantragte.
249 *würden sie immer suchen:* die Verfügung vom 19. April 1786 nach Petersdorff, op. cit., p. 500.
koddrige Polenzeug: Nach Petersdorff, op. cit., p. 520.
250 *Feind der Menschheit:* Bei Th. Carlyle »Geschichte Friedrichs II. ...«, t. V., Berlin 1869, p. 3: »Selten ist eine Combination gegen einen Menschen dagewesen, wie die gegen Friedrich nach seinem Einschreiten in Sachsen 1756. Die Größe seines Vergehens ... wurde damals betrachtet als Etwas, was alle Berechnung überstiege und ihn zum allgemeinen Feind der Menschheit stempele, den man theilen, unterdrücken und fesseln müsse ...«
Graf Tessin: T. notierte in seinem Tagebuch 16. Januar 1763: »Wie schade, daß die hervorragenden Eigenschaften des Königs von Preußen und seine Erfolge das Vorbild seiner Laster und Ausschreitungen verewigen und sozusagen legitimieren. Nie war ein König größer; nie sollte aber auch ein König für das Glück und

die Ruhe der Welt weniger Nachahmung finden dürfen.« (Deutscher Text nach »Fr. d. Gr. im Spiegel . . .«, t. II., p. 193.)

251 *als ein protestierendes:* der Ausdruck »Deutschland das protestierende Reich« findet sich als Überschrift auf p. 422 von Dostojewskis »Tagebuch eines Schriftstellers«, ed. Eliasberg, t. III., München 1922.

Antireich: Im Sammelband »Preußen – Porträt einer politischen Kultur«, München 1968, ed. Netzer, schrieb Sebastian Haffner den Aufsatz »Preußens Krise und Wandlung«. Der Satz lautet: »Anders als Österreich, das tief in der Reichsgeschichte verwurzelt, aus dem Reich hervorgewachsen war, nie ganz von ihm zu trennen, war Preußen eher eine Gegengründung, ein Antireich; auch seinem Wesen nach.« (p. 107.)

Rom und Karthago: Die briefliche Äußerung des Königs nach Petersdorff, op. cit., p. 547.

Preußen der positive Pol: J. G. Droysen »Geschichte der Preußischen Politik«, V. - 2, Leipzig 1876, p. 658: »Ein Dualismus nicht bloß der militärischen Macht: Preußen so protestantisch und tolerant, wie Oestreich papistisch und intolerant, Preußen in seiner inneren Politik so weit voraus, wie Oestreich zurück, Preußen so monarchisch und concentrisch, wie Oestreich ständisch, um viele Mittelpunkte sich schließend und erst in den Anfängen, die bloße Personalunion zu staatlicher Einheit zu entwickeln; Preußen in allen seinen Territorien deutsch, in Oestreich deutsche, slavische, ungarische, wallonische, italienische Gebiete, und die undeutschen drei und viermal größer als die deutschen; mit einem Wort: Preußen der positive Pol der deutschen Entwicklung, Oestreich der negative.«

252 *mit seiner glasharten Sachlichkeit:* Reiners, op. cit., p. 269.

254 *Der Leutnant und zehn Mann:* Elard von Oldenburg-Januschau (1855 bis 1937), der preußische Ultra-Konservative und Berater des Reichspräsidenten Hindenburg, zitierte in seinen »Erinnerungen« (Leipzig 1936, 26-35. Tausend) eine Reichstagsrede, die er am 29. Januar 1910 gehalten hatte: »Der König von Preußen und der deutsche Kaiser muß jeden Moment imstande sein, zu einem Leutnant zu sagen: Nehmen Sie zehn Mann und schließen Sie den Reichstag!« (p. 110.)

255 *Seine Feldzüge:* Cf. Treitschke, op. cit., t. I., p. 62.

Was uns in Fleisch und Blut: Reinhold Koser über Friedrich 1912, abgedruckt in Koser »Zur preußischen und deutschen Geschichte – Aufsätze und Vorträge«, Stuttgart/Berlin 1921, p. 122.

Herder prophezeit: Cf. v. d. Gablentz »Die Tragik des Preußentums«, München 1948, pp. 50 sq.: »Herder verglich sein (Friedrichs) Reich mit dem des Pyrrhus. Er meinte: ›Die Staaten des Königs von Preußen werden nicht glücklich sein, bis sie in der Verbrüderung zerteilt werden.‹«

256 *gerechtfertigt:* Ritter, op. cit., 1. A., p. 100.

konnte . . . gerechtfertigt erscheinen: op. cit., 3. A., p. 102.

den Geist Friedrichs: Ritter, op. cit., 1. A., p. 269: »So haben wir Frontsoldaten den Geist Friedrichs des Großen lebendig in uns fortwirken gespürt.« Schlußsatz des Buches.

gläubige Gefolgschaft: Ritter, op. cit. I. A., p. 265: »Der ›seelenlose Mechanismus‹ des bloßen Untertanengehorsams in den

Schichten, in denen er noch die Stelle echter Staatsgesinnung vertrat, mußte ausgeräumt und ersetzt werden durch gläubige Gefolgschaft, durch freudige Hingabe für die Idee des ›Reiches‹ unter Einsatz aller sittlichen Kräfte.«
Schwächung unseres nationalen Selbstbewußtseins: Cf. Ritter, op. cit., 3. A., p. 7.

(Mitarbeit bei den Quellennachweisen: Rudolf Ringguth)

Bildnachweis

Herman von Petersdorff: Friedrich der Große (2). Ullstein-Bildarchiv. Kupferstichkabinett Berlin. Staatsbibliothek Berlin (Bildarchiv Handke)

Zeitgenossen

Ein armer Mann

(Aus dem Bericht des zwangsrekrutierten Schweizers Ulrich Braeker »Lebengeschichte und natürliche Ebenteuer des Armen Mannes im Tockenburg«)

Endlich kam der gewünschte Zeitpunkt, wo es hieß: Allons, ins Feld! Schon im Heumonat marschierten etliche Regimenter von Berlin ab und kamen hinwieder andre aus Preußen und Pommern an. Jetzt mußten sich alle Beurlaubten stellen, und in der großen Stadt wimmelte alles von Soldaten. Dennoch wußte noch niemand eigentlich, wohin alle diese Bewegungen zielten. Ich horchte wie ein Schwein am Gatter. Einiche sagten, wenn's ins Feld gehe, könnten wir neue Rekruten doch nicht mit, sondern würden unter ein Garnisonsregiment gesteckt. Das hätte mir himmelangst gemacht; aber ich glaubte es nicht. Indessen bot ich allen meinen Leibs- und Seelenkräften auf, mich bei allen Manövers als einen fertigen tapfern Soldaten zu zeigen (denn einige bei der Kompagnie, die älter waren als ich, mußten wirklich zurückbleiben). Und nun den 21. August, erst abends spät, kam die gewünschte Ordre, uns auf morgen marschfertig zu halten. Potz Wetter! Wie ging es da her mit Putzen und Packen! Einmal, wenn's mir auch an Geld nicht gebrochen, hätt' ich nicht mehr Zeit gehabt, einen Becker zwei geborgte Brote zu bezahlen. Auch hieß es, in diesem Fall dürfte kein Gläubiger mehr ans Mahnen denken; doch ich ließ mein Wäschkistgen zurück, und wenn es der Becker nicht abgefordert hat, hab ich heutigen Tages noch einen Kreditor in Berlin – auch etliche Debitoren für ein paar Batzen – und geht's ungefähr so wett auf. – Den 22. August morgens um drei Uhr ward Alarm geschlagen, und mit Anbruch des Tages stund unser Regiment (Isenblitz, ein herrlicher Name! sonst nannten's die Soldaten im Scherz auch Donner und Blitz, wegen unseres Obristen gewaltiger Schärfe) in der Krausenstraße schon Parade. Jede seiner zwölf Kompagnien war 150 Mann stark. Die in Berlin nächst um uns einquartierte Regimenter, deren ich mich erinnere, waren Vokat, Winterfeld, Meyring und Kalkstein; dann vier Prinzenregimenter: Prinz von Preußen, Prinz Ferdinand, Prinz Carl und Prinz von Würtenberg, die alle teils vor, teils nach uns abmarschierten, nachwärts aber im Feld meist wieder zu uns gestoßen sind. Itzt wurde Marsch geschlagen; Tränen von Bürgern, Soldatenweibern, H . . . und dergleichen flossen zu Haufen. Auch die Kriegsleute selber, die Landskinder nämlich, welche Weiber und Kinder zurückließen, waren ganz niedergeschlagen, voll Wehmut und Kummers; die Fremden hingegen jauchzten heimlich vor Freuden und riefen: Endlich gottlob ist unsre Erlösung da! Jeder war bebündelt wie ein Esel, erst mit einem Degengurt umschnallt, dann die Patrontasche über die Schulter mit einem fünf Zoll langen Riemen, über die andre Achsel den Tornister, mit Wäsche und so fort bepackt, item der Habersack, mit Brot und andrer Fourage gestopft. Hiernächst mußte jeder noch ein Stück Feldgerät tragen: Flasche, Kessel, Hacken oder so was, alles an Riemen; dann erst noch eine Flinte, auch an einem solchen. So waren wir alle fünfmal übereinander kreuzweis über die Brust geschlossen, daß anfangs jeder glaubte, unter solcher Last erstikken zu müssen. Dazu kam die enge gepreßte Montur und eine solche Hundstagshitze, daß mir's manchmal deuchte, ich geh auf glühenden Kohlen, und wenn ich meiner Brust ein wenig Luft machte, ein Dampf herauskam wie von einem siedenden Kessel. Oft hatt' ich keinen trockenen Faden mehr am Leib und verschmachtete bald vor Durst.

So marschierten wir den ersten Tag (22. Aug.) zum Köpenicker Tor aus und machten noch vier Stunden bis zum Städtchen Köpenick, wo wir zu dreißig bis fünfzig zu Burgern einquartiert waren, die uns vor einen Groschen traktieren mußten. Potz Plunder, wie ging's da her! Ha! da wurde gefressen. Aber denk' man sich nur so viele große hungrige Kerls! Immer hieß es da: Schaff her, Kanaille! was d' im hintersten Winkel hast. Des Nachts wurde die Stube mit Stroh gefüllt; da lagen wir alle in Reihen, den Wänden nach. Wahrlich, eine kuriose Wirtschaft! In jedem Haus befand sich ein Offizier, welcher auf guter Mannszucht halten sollte; sie waren aber oft die Fäulsten. – Den zweiten Tag (23.) ging's zehn Stunden bis auf Fürstenwald; da gab's schon Marode, die sich auf Wagen mußten packen lassen; das auch kein Wunder war, da wir diesen ganzen Tag nur ein einzig Mal haltmachten und stehnden Fußes etwas Erfrischung zu uns nehmen durften. An letztgedachtem Orte ging es wie an dem erstern, nur daß hier die meisten lieber soffen als fraßen und viele sich gar halbtot hinlegten. Den dritten Tag (24.) ging's sechs Stunden bis Jakobsdorf, wo wir nun (25., 26. und 27.) drei Rasttage hielten, aber desto schlimmer hantiert und die armen Bauern bis aufs Blut ausgesogen wurden. Den siebenten Tag (28.) marschierten wir bis Mühlrosen vier Stunden. Den achten (29.) bis Guben, vierzehn Stunden. Den neunten (30.) hielten wir dort Rasttag. Den zehnten (31.) bis Forste sechs Stunden. Den eilften (1. Sept.) bis Spremberg sechs Stunden. Den zwölften (2.) bis Hayerswerde sechs Stunden und da wieder Rasttag. Den vierzehnten (4.) bis Kamenz, dem letzten Örtchen, wo wir einquartiert wurden. Denn von da an kampierten wir im Felde und machten Märsche und Contremärsche, daß ich selbst nicht weiß wo wir all durchkamen,

da es oft bei dunkeler Nacht geschah. Nur so viel erinnr' ich mich noch, daß wir am fünfzehnten (5.) vier Stunden marschiert und bei Bilzem ein Lager aufgeschlagen, worin wir zwei Tage (6. u. 7.) Rasttag hielten; dann den achtzehnten (8.) wieder sechs Stunden machten, uns bei Stolp lagerten und dort einen Tag (9.) blieben; endlich am zwanzigsten Tag (10.) noch vier Stunden bis Pirna zurücklegten, wo noch etliche Regimenter zu uns stießen, und nun ein weites, fast unübersehbares Lager aufgeschlagen und das über Pirna gelegene Schloß Königstein dies- und Lilienstein jenseits der Elbe besetzt wurden. Denn in der Nähe dieses letztern befand sich die sächsische Armee. Wir konnten gerade übers Tal in ihr Lager hinübersehn; und unter uns im Tal an der Elbe lag Pirna, das jetzt ebenfalls von unserm Volke besetzt ward.
Bis hieher hat der Herr geholfen! Diese Worte waren der erste Text unsers Feldpredigers bei Pirna. O ja! dacht' ich, das hat er und wird ferner helfen — und zwar hoffentlich mir in mein Vaterland — denn was gehen mich eure Kriege an?
Mittlerweile ging's — wie's bei einer marschierenden Armee zu gehen pflegt — bunt übereck und kraus, daß ich alles zu beschreiben nicht imstand, auch solches, wie ich denke, zu wenig Dingen nütz wäre. Unser Major Lüderiz (denn die Offiziere gaben auf jeden Kerl besonders Achtung) mag mir oft meinen Unmut aus dem Gesicht gelesen haben. Dann drohete er mir mit dem Finger: »Nimm dich in acht, Kerl!« Schärern hingegen klopfte er bei den nämlichen Anlässen auf die Schulter und nannte ihn mit lächelnder Miene einen braven Bursch; denn der war immer lustig und wohlgemuts und sang bald seine Mäurerlieder; bald den Kühreih'n, obschon er im Herzen dachte wie ich, aber es besser verbergen konnte. Ein andermal freilich faßt' ich dann wieder Mut und dachte: Gott wird alles wohl machen! Wenn ich vollends Markoni — der doch keine geringe Schuld an meinem Unglück war — auf dem Marsch oder im Lager erblickte, war's mir immer, ich sehe meinen Vater oder meinen besten Freund; wenn er mir zumal vom Pferd herunter seine Hand bot, die meinige traulich schüttelte — mit mir liebreicher Wehmut gleichsam in die Seele 'neinguckte: »Wie geht's, Ollrich! wie geht's? 's wird schon besser kommen!« zu mir sagte und, ohne meine Antwort zu erwarten, dieselbe aus meinem tränenschimmernden Aug' lesen wollte. Oh! ich wünsche dem Mann, wo er immer tot oder lebendig sein mag, noch auf den heutigen Tag alles Gute; denn von Pirna weg ist er mir nie mehr zu Gesicht gekommen. — Mittlerweile hatten wir alle Morgen die gemessene Ordre erhalten, scharf zu laden; dieses veranlaßte unter den ältern Soldaten immer ein Gerede: »Heute gibt's was! Heut setzt's gewiß was ab!« Dann schwitzten wir Jungen freilich an allen Fingern, wenn wir irgend bei einem Gebüsch oder Gehölz vorbeimarschierten und uns verfaßt halten mußten. Da spitzte jeder stillschweigend die Ohren, erwartete

einen feurigen Hagel und seinen Tod und sah, sobald man wieder ins Freie kam, sich rechts und links um, wie er am schicklichsten entwischen konnte; denn wir hatten immer feindliche Küraßiers, Dragoner und Soldaten zu beiden Seiten. Als wir einst die halbe Nacht durch marschierten, versuchte Bachmann den Reißaus zu nehmen und irrte etliche Stunden im Wald herum; aber am Morgen war er wieder hart bei uns und kam noch eben recht mit der Ausflucht weg, er habe beim Hosenkehren in der Dunkelheit sich von uns verloren. Von da an sahen wir andern die Schwierigkeit, wegzukommen, alle Tag' deutlicher ein — und doch hatten wir fest im Sinn, keine Bataille abzuwarten, es koste auch, was es wolle.

Eine umständliche Beschreibung unsers Lagers zwischen Königstein und Pirna, sowohl als des gerade vor uns überliegenden sächsischen bei Lilienstein, wird man von mir nicht erwarten. Die kann man in der Helden-, Staats- und Lebensgeschichte des Großen Friedrichs suchen. Ich schreibe nur, was ich gesehen, was allernächst um mich her vor- und besonders was mich selbst anging. Von den wichtigsten Dingen wußten wir gemeine Hungerschlucker am allerwenigsten und kümmerten uns auch nicht viel darum. Mein und so vieler andrer ganzer Sinn war vollends allein auf: Fort, fort! Heim, ins Vaterland! gerichtet.

Von 11. bis 22. Sept. saßen wir in unserm Lager ganz stille, und wer gern Soldat war, dem mußt' es damals recht wohl sein. Denn da ging's vollkommen wie in einer Stadt zu. Da gab's Marketender und Feldschlächter zu Haufen. Den ganzen Tag, ganze lange Gassen durch, nichts als Sieden und Braten. Da konnte jeder haben, was er wollte, oder vielmehr, was er zu bezahlen vermochte: Fleisch, Butter, Käs, Brot, aller Gattung Baum- und Erdfrüchte und so fort. Die Wachten ausgenommen, mochte jeder machen, was ihm beliebte: kegeln, spielen, in und außer dem Lager spazierengehn, und so fort. Nur wenige hockten müßig in ihren Zelten; der eine beschäftigte sich mit Gewehrputzen, der andre mit Waschen, der dritte kochte, der vierte flickte Hosen, der fünfte Schuhe, der sechste schnifelte was von Holz und verkauft' es den Bauern. Jedes Zelt hatte seine sechs Mann und einen Überkompleten. Unter diesen sieben war immer einer gefreit, dieser mußte gute Mannszucht halten. Von den sechs übrigen ging einer auf die Wache, einer mußte kochten, einer Proviant herbeiholen, einer ging nach Holz, einer nach Stroh, und einer machte den Seckelmeister, alle zusammen aber *eine* Haushaltung, *ein* Tisch und *ein* Bett aus. Auf den Märschen stopfte jeder in seinen Habersack, was er — versteht sich in Feindes Land — erhaschen konnte: Mehl, Rüben, Erdbirn, Hühner, Enten und dergleichen, und wer nichts aufzutreiben vermochte, ward von den übrigen ausgeschimpft, wie denn mir das zum öftern begegnete. Was das vor ein Mordiogeschrei gab, wenn's durch ein Dorf ging, von

Weibern, Kindern, Gänsen, Spanferkeln und so fort. Da mußte alles mit, was sich tragen ließ. Husch! den Hals umgedreht und eingepackt. Da brach man in alle Ställ' und Gärten ein, prügelte auf alle Bäume los und riß die Äste mit den Früchten ab. Der Hände sind viel, hieß es da; was einer nicht kann, mag der ander. Da durfte keine Seel' Mux machen, wenn's nur der Offizier erlaubte oder auch bloß halb erlaubte. Da tat jeder sein Devoir zum Überfluß. Wir drei Schweizer, Schärer, Bachmann und ich (es gab unsrer Landsleute beim Regiment noch mehr, wir kannten sie aber nicht), kamen zwar keiner zum andern ins Zelt, auch nie zusammen auf die Wache. Hingegen spazierten wir oft miteinander außer das Lager bis auf die Vorposten, besonders auf einen gewissen Bühel, wo wir eine weite zierliche Aussicht über das sächsische und unser ganzes Lager und durchs Tal hinab bis auf Dresden hatten. Da hielten wir unsern Kriegsrat: Was wir machen, wo hinaus, welchen Weg wir nehmen, wo wir uns wieder treffen sollten. Aber zur Hauptsache, zum Hinaus fanden wir alle Löcher verstopft. Zudem wären Schärer und ich lieber einmal an einer schönen Nacht allein, ohne Bachmann davongeschlichen; denn wir trauten ihm nie ganz, und sahen dabei alle Tag' die Husaren Deserteurs einbringen, hörten Spießrutenmarsch schlagen und was es solcher Aufmunterungen mehr gab. Und doch sahen wir alle Stunden einem Treffen entgegen.

Endlich den 22. Sept. ward Alarm geschlagen und erhielten wir Ordre aufzubrechen. Augenblicklich war alles in Bewegung; in etlichen Minuten ein stundenweites Lager – wie die allergrößte Stadt – zerstört, aufgepackt und allons, marsch! Itzt zogen wir ins Tal hinab, schlugen bei Pirna eine Schiffbrücke und formierten oberhalb dem Städtchen, dem sächsischen Lager en front, eine Gasse, wie zum Spießrutenlaufen – was man doch im Schrecken nicht alles sieht! (Anm. d. Erstausg.) –, deren eines End' bis zum Pirnaer Tor ging und durch welche nun die ganze sächsische Armee zu vieren hoch spazieren, vorher aber das Gewehr ablegen und – man kann sich's einbilden – die ganze lange Straße durch Schimpf- und Stichelreden genug anhören mußten. Einiche gingen traurig, mit gesenktem Gesicht daher, andre trotzig und wild, und noch andre mit einem Lächeln, das den preußischen Spottvögeln gern nichts schuldig bleiben wollte. Weiter wußten ich und so viele tausend andre nichts von den Umständen der eigentlichen Übergabe dieses großen Heers. – An dem nämlichen Tage marschierten wir noch ein Stück Wegs fort und schlugen jetzt unser Lager bei Lilienstein auf. – Den 23. mußte unser Regiment die Proviantwagen decken. – Den 24. machten wir einen Contremarsch und kamen bei Nacht und Nebel an Ort und Stelle hin, daß der Henker nicht wußte, wo wir waren. – Den 25. früh ging's schon wieder fort, vier Meilen bis Aussig. Hier schlugen wir ein Lager, blieben da bis auf den 29. und mußten alle Tag' auf Fourage aus. Bei diesen Anlässen wurden wir oft von den kaiserlichen Panduren attackiert, oder es kam sonst aus einem Gebüsch ein Karabinerhagel auf uns los, so daß mancher tot auf der Stelle blieb und noch mehrere blessiert wurden. Wenn denn aber unsre Artilleristen nur etliche Kanonen gegen das Gebüsch richteten, so flog der Feind über Kopf und Hals davon. Dieser Plunder hat mich nie erschreckt, ich wäre sein bald gewohnt worden, und dacht' ich oft: Poh! wenn's nur denweg hergeht, ist's so übel nicht. — Den 30. marschierten wir wieder den ganzen Tag und kamen erst des Nachts auf einem Berg an, den ich und meinesgleichen abermals so wenig kannten als ein Blinder. Inzwischen bekamen wir Ordre, hier kein Gezelt aufzuschlagen, auch kein Gewehr niederzulegen, sondern immer mit scharfer Ladung parat zu stehn, weil der Feind in der Nähe sei. Endlich sahen und hörten wir mit anbrechendem Tag unten im Tal gewaltig blitzen und feuern. — In dieser bangen Nacht dersertierten viele, neben andern auch Bruder Bachmann. Für mich wollt' es sich noch nicht schicken, so wohl's mir sonst behagt hätte.

Sœur de Bareith

(Aus den »Memoiren der Königlich Preußischen Prinzessin Friederike Sophie Wilhelmine, Markgräfin von Bayreuth, Schwester Friedrichs des Großen, vom Jahre 1709–1742, von ihr selbst geschrieben«)

Der Markgraf hatte sich noch nicht huldigen lassen; diese Ceremonie fand also bei unsrer Rückkehr nach Bayreuth Statt, und sollte gleicher Gestalt in Erlangen vor sich gehen. Der Bischof von Bamberg und Würzburg, der sich damals auf seinem prächtigen Landhause Pommersfelden befand, das nur vier Meilen von Erlangen gelegen ist, hatte uns, so wie den Markgrafen und die Markgräfin von Ansbach, dahin eingeladen, um uns mit einander zu einer bessern Einigkeit zu verbinden.
Herr von Bremer, der ehemalige Hofmeister des Markgrafen von Ansbach, war in Bayreuth, ich trug ihm einen Gruß an meine Schwester auf, und ließ ihr sagen, ich sei benachrichtigt, daß der Bischof ungeheuer stolz sei, er würde über die Titel, die wir ihm geben sollten, lächerliche Ansprüche machen, und ich sähe voraus, daß es Händel geben würde. Da wir nun Schwestern wären, gleiche Vorrechte und Etiquette hätten, so wäre ich gesonnen, mich mit ihr zu vereinbaren, und bäte sie daher, mich ihre Absicht wissen zu lassen; alle Welt würde die Augen auf uns richten, und ich wäre der Meinung, von Allem, was uns zukäme, auch nicht ein Haar breit aufzugeben. Herr von Bremer gab meinem Vorhaben seinen ganzen Beifall. Wir gaben den Titel Ihr Liebden,

nur den Bischöfen und neuen Reichsfürsten; dieser Titel bedeutet nicht so viel wie Hoheit, und läßt sich unmöglich ins Französische übersetzen. Der Bischof machte auf einen ehrenvollen Titel Anspruch, er wollte Ihr Gnaden genannt sein, sonst wollte er uns die königliche Hoheit nicht geben. Das alles ward mir unter der Hand gesagt, ich hätte es wohl können zur Erklärung bringen, allein man rieth mir ab, und versicherte mich, er würde schon von selbst in seine Schranken zurücktreten.
Herr von Bremer ging nach Ansbach, und brachte mir eine sehr günstige Antwort von meiner Schwester, sie würde sich, ließ sie mir sagen, ganz nach mir richten, und wäre mit allem, was ich ihr durch Bremer hatte sagen lassen, vollkommen zufrieden. Ich habe meine Vorrechte als Königstochter immer behauptet, und der Markgraf hatte sie unterstützt, auch diesen Schritt hatte ich mit seinem Beifall gethan, und er sagte oft, daß er sehr wenig von den Leuten hielt, die selbst vergäßen, was sie wären.
Im November reisten wir also ab, und nahmen in Baierdorf unser Nachtlager; am folgenden Tage fand unser Einzug in Erlangen Statt. Man hatte verschiedene Triumphbogen errichtet, der Magistrat empfing den Markgrafen an den Thoren mit einer Rede und überreichte ihm die Schlüssel der Stadt, die Bürgerschaft und Miliz war längs den Straßen aufgestellt. Der Markgraf und ich saßen in einem drapirten Galawagen. Wegen der Trauer wurden wir durch die Reden, die man diesen Tag über an uns richtete, herzlich gelangweilt.
Am folgenden Tage ging die Huldigung vor sich, es war große Tafel, und am Abend Apartement; wir hielten uns einige Tage in Erlangen auf, und begaben uns alsdann nach Pommersfelden, wo wir Abends um fünf Uhr ankamen.
Der Bischof empfing uns mit seinem ganzen Hofstaat unten an der Treppe; nach der ersten Begrüßung stellte er mir seine Schwägerin vor, die Generalin Gräfin von Schönbrunn, und seine Nichte, die ebenso hieß, und Aebtissin eines Kapitels zu Würzburg war. Ich bitte, Ihre Königliche Hoheit, sagte er, sie als Ihre Dienerinnen zu betrachten, ich habe sie ausdrücklich kommen lassen, um die Wirthinnen in meinem Hause zu machen. Ich war ausnehmend höflich gegen diese Damen, worauf mich der Bischof in meine Zimmer führte. Er ließ Stühle geben, ich setzte mich in einen Armsessel, und das Gespräch fing an, in Gang zu kommen, als die zwei Gräfinnen eintraten. Zu meinem Erstaunen vermißte ich meine Hofmeisterin, ließ mir aber nichts merken, sondern, weil meine Kleidung sehr in Unordnung gekommen war, nahm ich diesen Vorwand, mich einen Augenblick wegzubegeben, worauf dann der Bischof und seine Damen auch fortgingen.
Sobald ich allein war, ließ ich meine Damen rufen, und fragte meine Hofmeisterin, warum sie mir nicht nachgefolgt sei? Weil ich mich keiner Beschimpfung aussetzen wollte, antwortete sie,

diese Gräfinnen sind mir wie einem Hunde begegnet, und haben kein Wort mit mir gesprochen, sie sind ohne sich umzusehen an mir vorbei gegangen, und ohne einen der Herren vom Hofe, den ich nicht kenne, hätte ich Ihre Zimmer nicht gefunden. Es ist mir recht lieb, daß ich das weiß, sagte ich, der Markgraf hat mir versprochen, auf meine Vorrechte zu halten; ich bin sehr wohl unterrichtet, daß meine Hofmeisterin höchstens den regierenden Reichsgräfinnen den Vorrang lassen soll, und das ist sie nicht, und kann es sich in keiner Rücksicht anmaßen.

Der Markgraf sagte mir, ich möchte mit Voit darüber reden, der als mein Oberkammerherr seines Amtes wegen, in meinem Namen sprechen, und Vorstellungen darüber machen müsse. Ich ließ ihn also holen, und setzte ihm meine Absicht auseinander; allein Herr von Voit war der größte Poltron auf Erden, immer voll Schrecken und Bedenklichkeiten. Er machte ein ellenlanges Gesicht. Ihre Königliche Hoheit, sagte er, begreifen die Wichtigkeit des Auftrags nicht, den sie mir geben; man ist hier versammelt, um die Einigkeit der verschiedenen Mitglieder des fränkischen Kreises zu befördern, ist das eine Zeit um Streit mit den Leuten zu suchen? Der Bischof wird diese Sache sehr hoch aufnehmen, er wird beleidigt sein, und sein Unternehmen nicht aufgeben, wollen Sie dann auf der Sache bestehen, so wird es eine Reichsangelegenheit. Ich lachte laut auf. Eine Reichsangelegenheit! desto besser, damit haben die Damen nie zu thun gehabt; das ist etwas Neues. Der Markgraf sah ihn mitleidig an, und zuckte die Schultern. Das mag nun aber sein wie es will, fügte ich hinzu, so bitte ich Sie, den Bischof wissen zu lassen, ich hätte so viel Achtung für ihn, daß es mir leid thun würde, ihn zu beleidigen, er hätte bessere Maßregeln nehmen sollen, um alle Schwierigkeiten zu vermeiden. Da er aber am Wiener Hofe erzogen sei, so würde er die Vorrechte der Königstöchter kennen, ich machte mir zwar eine Ehre daraus, mit dem Markgrafen vermählt zu sein, wäre aber gesonnen, auch nicht den kleinsten Theil dessen, was mir gebühre, zu verlieren. Herr von Voit machte noch viele Einwendungen, allein der Markgraf sagte, er möchte sich beeilen, es sei zu spät, und nothwendig, diese Sache bald ins Reine zu bringen.

Herr von Voit sprach also in meinem Namen mit des Bischofs Oberstallmeister, dem Baron von Rothenhahn, man stritt hin und her, und endlich ward beschlossen, daß die Gräfinnen gleich nach dem Empfang meiner Schwester abreisen sollten. Kaum war man darüber im Reinen, so langte der Ansbachische Hof an. Ich schickte sogleich zu meiner Schwester, und ließ ihr sagen, daß ich mich zu ihr begeben würde, sobald sie allein sei. Ich war gar nicht verbunden, ihr den ersten Besuch zu machen; mein Erstgeburtsrecht gab mir den Vorrang vor allen meinen Schwestern, und der Markgraf von Bayreuth hatte ihn über den von Ansbach, so hatte ich also doppelte Ansprüche; da wir aber aus einem

Blute sind, habe ich meine Vorrechte nie geltend gemacht. Meine Schwester ließ mir sagen, sie würde zu mir kommen, welches sie auch wenige Augenblicke nachher mit dem Markgrafen that. Beide schienen mir sehr kalt; meine Schwester war schwanger, ich bezeigte ihr meine Freude darüber, kam ihr aufs Aeußerste zuvor, allein sie vergalt es mir nicht mit Gleichem. Ich fragte sie, was ich gethan hätte; aber sie antwortete mir nichts. Als bald darauf der Bischof zu uns kam, schlich sie sich davon, und in ihre Zimmer, wo sie sich unterdessen die Herren vom Hofstaate des Bischofs vorstellen ließ. Sie erwähnte der Gräfinnen, und versicherte, sie verwerfe mein Betragen, sie sei nicht so hochmüthig wie ich, und würde das Vorgefallene, wäre sie gegenwärtig gewesen, nie gelitten haben. Alle Welt mißbilligte ihr Verfahren.

Wir holten sie ab, um zur Tafel zu gehen; man gab mir den ersten Platz; sie wollte nicht neben mir sitzen, sondern setzte den Bischof zwischen uns, und beehrte ihn, ungeachtet der unter uns getroffenen Abrede, rechts und links mit der Hoheit. Ich bestand meinerseits auf meinen Kopf und ging nicht davon ab, bezeigte dem Bischof und seinem ganzen Hofe alle mögliche Aufmerksamkeit, und hatte so viel Höflichkeit für beide, wie nur in meiner Macht stand. Es ist aber doch Zeit, daß ich sein Gemälde entwerfe.

Bekanntlich machen die Schönbrunner eine der ersten und glorreichsten Familien in Deutschland aus und gaben dem deutschen Reiche mehrere Churfürsten und Bischöfe. Der, von dem ich hier spreche, ward in Wien erzogen, sein Geist und seine Fähigkeiten machten ihn zum Reichskanzler, welche Stelle er sehr lange verwaltete. Als die Bisthümer Bamberg und Würzburg durch den Tod ihrer Bischöfe erledigt wurden, benutzte der Wiener Hof diese Gelegenheit, die Dienste des Vice-Kanzlers zu belohnen, und kaufte so viele Stimmen, daß er zum Bischof dieser zwei Bisthümer erwählt wurde. Mit Recht hält man ihn für einen ausgezeichneten Kopf und großen Politiker; sein Charakter entspricht dieser letzten Eigenschaft, denn er ist betrügerisch, hinterlistig und abgefeimt; er hat ein stolzes Wesen, gar keinen angenehmen Verstand, denn er ist pedantisch, doch wird man mit ihm fertig, wenn man ihn kennt, besonders wenn man sich Mühe giebt, seine Kenntnisse zu benutzen. Ich hatte das Glück, seinen Beifall zu gewinnen, oft schwatzten wir vier oder fünf Stunden ganz allein zusammen, wobei mir die Zeit nicht lang wurde, denn er theilte mir viele besondere Umstände mit, die mir unbekannt waren. Es giebt keinen Gegenstand, den wir nicht behandelt hätten.

Sobald wir von der Tafel aufgestanden waren, begleitete ich meine Schwester in ihr Zimmer, und der Bischof führte mich in das meinige. Es war fürchterlich kalt; ich legte mich sogleich nieder, und schlief ein; allein kaum hatte ich eine Stunde geruht, so weckte mich der Markgraf auf, und sagte mir, man wolle meine

Zimmerthür aufbrechen. Diese Thür ging in einen Gang, in dem ein Husar Schildwache stand. Ich horchte auf, und wie ich vernahm, daß man wirklich an der Thüre arbeitete, riefen wir ganz leise unsere Leute, um nachsehen zu lassen, was es gäbe, und sie fanden den Husaren wirklich noch bei seinem Geschäft. Er bat den Markgrafen um Gnade, und flehte um Gotteswillen, ihn nicht zu verrathen, was dieser auch großmüthig genug war, ihm zu versprechen.

Am folgenden Tag besah ich, gleich nachdem ich aufgestanden war, das ganze Schloß. Pommersfelden ist ein großes Gebäude, dessen Hauptgebäude von den Flügeln getrennt ist; dieses ist viereckig, und wenn man es von Weitem sieht, so scheint es eine Steinmasse. Die Außenseite ist voller Fehler, sobald man aber den Hof betritt, verändert sich der ganze Begriff, den man sich davon gemacht hatte, man nimmt ein Ansehen von Größe wahr, das man vorher nicht beobachtete. Man steigt eine Vortreppe von fünf oder sechs Stufen hinauf, um in ein niedergedrücktes schmales Portal einzutreten, durch welches das Gebäude sehr entstellt wird, nun erscheint eine prächtige Treppe, an der man die ganze Höhe des Palastes wahrnimmt, denn ihr Gewölbe, das nirgends überstützt wird, scheint auf eigenem Gleichgewicht zu beruhen. Die Decke ist auf Kalk gemalt, die Geländer von weißem Marmor mit Statuen geziert. Auf dieser Treppe gelangt man in eine große Vorhalle mit Marmor gepflastert, die in einen mit Vergoldung und Gemälden verzierten Saal führt. Hier findet man Werke der ersten Meister, von Rubens, Guido Reni, Paul Veronese, allein das ganze Arrangement gefällt mir doch nicht; der Saal sieht mehr wie eine Capelle aus, man gewahrt nicht die edle Architektur, welche Geschmack mit Pracht verbindet; dieser Saal führt in zwei Zimmerreihen, die alle mit Gemälden verziert sind. Eins dieser Zimmer enthält eine Tapete von Leder, auf die man sehr viel hält, weil sie von Raphael gemalt ist. Die Gemälde-Gallerie ist das Schönste; Liebhaber der Malerei können ihren Geschmack hier befriedigen; da ich sie sehr liebe, brachte ich mehrere Stunden damit zu, die Gemälde zu betrachten.

Diesen Tag und den folgenden speiste ich mit meiner Schwester, unseren Hofmeisterinnen und zwei Geheimderaths-Frauen aus Ansbach allein, weil der Markgraf alle Tage mit dem Bischof auf die Jagd ging, von der sie erst Abends um fünf Uhr nach Hause kamen. Da ich den ganzen Tag mit meiner Schwester, die mit mir schmollte, allein zubrachte, ward mir die Zeit recht lang. Wenn die Prinzen zurückgekommen waren, versammelte man sich im Saal, um dem, was man eine Serenade nannte, beizuwohnen. Solche Serenade ist ein Auszug aus einer Oper. Die Musik war abscheulich! Fünf oder sechs Katzen, und eben so viele deutsche Schreihälse schanden uns vier Stunden lang die Ohren, indeß man mit den Zähnen vor großer Kälte klapperte. Darauf ging man

zur Tafel, und erst am Morgen um drei Uhr, müde wie ein Hund, weil man den ganzen Tag nichts gethan hatte, zu Bett.
Man schlug uns eine neue Lustpartie vor, die recht nach dem Geistlichen schmeckte. Wir sollten in Bamberg zu Mittag speisen, und dort die Kirchen und Reliquien besehen. Ich ließ meiner Schwester sagen, wenn sie dahin ginge, wäre ich auch dabei, lehnte sie aber den Vorschlag ab, so würde ich ihr zu Gesellschaft auch gern zu Hause bleiben. Sie ließ mir antworten, daß sie recht gern nach Bamberg ginge, ich sollte also den Vorschlag nur annehmen. Da die Jagd auf dieser Seite war, so sollten die Prinzen zum Mittagessen dahin kommen. Um sieben Uhr in der Frühe weckte man mich, um mir zu sagen, ich möchte mich ankleiden und abreisen, Bamberg sei gute vier Stunden von hier entfernt, und da die Jagd nicht lange dauern sollte, würde ich kaum Zeit haben, etwas zu sehen, wenn ich mich nicht bald auf den Weg machte. Murrend stieg ich aus dem Bett; ich war krank, die Kälte und die Ermüdung störten gar leicht meine schlecht befestigte Gesundheit.
Sobald ich angekleidet war, begab ich mich zu meiner Schwester, die ich zu meinem größten Erstaunen zu Bette fand; sie sagte, daß sie unpäßlich sei, und nicht nach Bamberg gehen wollte. Dabei sah sie sehr wohl aus, und arbeitete im Bette. Ich sagte ihr, sie würde mir Vergnügen gemacht haben, mir das früher zu sagen, denn ich habe mich nach ihrem Befinden erkundigen lassen, und zur Antwort erhalten, sie sei sehr wohl. Ihre Hofmeisterin, Frau von Budenbrok, zuckte die Schultern und winkte mir, daß es eine bloße Laune sei. Sie wendete ihre Ueberredung auch wirklich so zweckmäßig an, daß meine Schwester das Bett verließ und sich ankleidete; – aber nie in meinem Leben habe ich eine längere Toilette gesehen! sie dauerte wenigstens zwei Stunden.
Man hatte zwei prächtige Paradekutschen angespannt, von denen eine für mich, die andere für meine Schwester bestimmt war. Ich fragte sie, ob wir nicht zusammen fahren wollten, und auf ihre Verneinung, bat ich sie, einzusteigen. Mein Gott nein, rief sie, du hast den Rang, und ich steige nicht zuerst ein. Mit meinen Schwestern habe ich keinen Rang, antwortete ich, und werde deshalb nie Streit mit ihnen haben. Der Obermarschall des Bischofs, ein ziemlich derber Herr, nahm mich bei der Hand, und sagte: »Hier ist die Kutsche Ihrer königlichen Hoheit, haben Sie die Gnade einzusteigen, denn sie ist für Sie bestimmt.« Ich stieg also mit meiner Hofmeisterin ein, und hatte nicht einmal Zeit, meinen Pelz zu fordern. Wir fuhren Schritt für Schritt und erstarrten vor Kälte; Finger und Füße waren so verklamt, daß wir sie nicht bewegen konnten; ich ließ also dem Kutscher befehlen, daß er schneller fahren sollte, was er denn auch so pünktlich befolgte, daß wir in drei Stunden in Bamberg anlangten.
Man führte mich unmittelbar in die Kirche, wo die Priester ihre

Reliquien ausgekramt hatten; ein Stück des Kreuzes in einer goldenen Kapsel, zwei der Krüge, die bei der Hochzeit zu Kanaan gedient hatten, Knochen der Jungfrau, ein kleiner Fetzen von Josephs Rocke, die Hirnschädel Kaiser Friedrichs und der Kaiserin Kunigunde, der Patrone von Bamberg und Gründer des Capitels. Die Zähne der Kaiserin schienen ihrer Länge nach Eberhauer zu sein.

Ich war so erfroren, daß ich nicht gehen konnte, stieg wieder in die Kutsche und begab mich ins Schloß. Man führte mich in das für mich bestimmte Zimmer, wo ich Schmerzen im Leib und an allen Gliedern bekam; meine Damen kleideten mich aus und rieben mich so lange, bis wieder ein bischen Gefühl in mich zurückkehrte.

Sobald meine Schwester angekommen war, ließ ich mich nach ihrem Befinden erkundigen, und mich entschuldigen, daß ich meiner Gesundheit wegen nicht zu ihr kommen könnte. Sie ließ mir antworten, da sie sehr müde wäre, wollte sie sich aufs Bett legen, und versuchen, zu schlafen, und bäte mich daher, nicht zu ihr zu kommen. Mehrmals, da ich zu ihr schickte, ließ man mir immer sagen, sie ruhe. Dank der vielen angewandten Sorgfalt, befand ich mich ein wenig besser, und da mir die Zeit sehr lang wurde, fing ich an, Toccadille zu spielen.

Die Prinzen kamen erst um sechs Uhr; sie speisten an einer besonderen Tafel, indeß die unsere in meinem Zimmer gedeckt wurde. Als meine Schwester kam, sah sie sehr ungehalten aus, ihr ganzer Hofstaat, besonders ihre Damen schmollten, und legten sich recht darauf, unverbindliche Dinge zu sagen. Ich that aber immer, als verstände ich sie nicht, und behandelte das alles als unter meiner Würde.

Nach der Tafel folgte mir meine Schwester in ein Kabinet, wo wir den Kaffee nahmen; hier sagte ich ihr, daß ich wohl wahrnehme, daß sie ungehalten über mich sei, sie daher bitte, mir zu sagen, was ihr fehle, denn hätte ich das Unglück gehabt, sie zu beleidigen, so sei ich zu jeder möglichen Genugthuung bereit. Sie antwortete mir sehr kalt, daß sie nichts gegen mich habe, sie sei krank und könne nicht guter Laune sein; zugleich stützte sie sich auf einen Tisch, und verfiel in Nachdenken. Ich setzte mich ihr gegenüber und that ebenso.

Der Bischof befreite mich von diesem stummen Gespräch; er führte mich in meine Kutsche zurück, die ich wieder mit meiner Hofmeisterin bestieg. Ich bin in Verzweiflung, sagte diese zu mir, an dem Ansbacher Hofe ist der Teufel los. Man hat meine Schwester und die Marwitz auf eine schreckliche Art beleidigt, Frau von Zoch hat ihr tausend Unverschämtheiten gesagt, ich habe sie noch zur rechten Zeit auseinander gebracht, sonst wären sie sich, glaube ich, in die Haare gerathen. Sie haben öffentlich gesagt, Ihre königliche Hoheit habe dem Kutscher der Markgräfin von Ansbach

so schnell zu fahren befohlen, damit sie sich ein vorzeitiges Kindbett zuziehe, und beklagen diese arme Prinzessin, weil sie von den Stößen des Wagens zerquetscht sei.
Beim Anhören dieser schönen Neuigkeiten ward ich ganz wüthend. Ich wollte über die gegen mich vorgebrachte Verläumdung Genugthuung haben; allein meine Hofmeisterin machte mir so viele Vorstellungen, daß ich endlich einwilligte, zu thun, als wenn ich sie nicht wüßte.
Da meine Schwester nicht zu Abend speisen wollte, ließ ich mich auch bei dem Bischofe entschuldigen. Meine Damen kamen nun, um mir die ganze Geschichte zu erzählen, und ich sah wohl, daß wir die klügeren sein müßten, wenn das Publikum nicht etwas zu schwätzen bekommen sollte. Ich befahl also ihnen allen, die Sache ruhen zu lassen, und auch in Zukunft den Ansbacher Damen alle Höflichkeit zu bezeigen, denn ich wußte sehr gut, daß der Tadel über alle Klatschereien, die sie veranlaßt hatten, auf sie zurückfallen mußte. Darin irrte ich mich auch nicht, denn der ganze Hof war am andern Tage von dem Vorgange unterrichtet, und man sagte sich ins Ohr, die Ansbacher Geheimderäthinnen hätten den Wein gut gefunden und ein bischen mehr getrunken, wie es ihnen gebührte. Der Markgraf von Ansbach selbst war über die Unverschämtheiten, die man über mich gesagt hatte, sehr zornig und ließ sie ihren Urhebern recht derb verweisen.

Ich weis nicht was Herrn von Berghofen vermochte, dem Markgrafen vorzustellen, daß es nicht anständig sei, wenn ich, ohne die Kaiserin zu sehen, Frankfurt verließ. Dieser Mensch, der viel Verstand hatte, war bei dem Markgrafen durch die ihm geleisteten Dienste, und die angeblichen Vortheile, die er ihm durch den Traktat verschafft hatte, in ein großes Ansehen gekommen; mein Gemahl erlaubte ihm, mir diese Zusammenkunft vorzuschlagen, wobei er mir aber dennoch Freiheit ließ, meinem Willen zu folgen. Ich schlug sie rund ab; die Etiquette verhindert die Fürsten, sich zu besuchen. Als die Tochter eines Königs durfte ich die Ehre meines Hauses nicht in's Gedränge bringen, und da es kein Beispiel gab, daß die Tochter eines Königs und die Kaiserin zusammengekommen wären, wußte ich nicht, was ich für Ansprüche machen sollte. Berghofen erzürnte sich dergestalt gegen mich, daß er sogar die Ehrfurcht aus den Augen verlor; er schrie, daß ich den Markgrafen zu Grunde richte, indem ich die Kaiserin beleidige, daß die Weiber zu nichts taugten, als Händel anzustiften, daß ich viel besser gethan hätte, in Bayreuth zu bleiben, als nach Frankfurt zu kommen, wo ich die Angelegenheiten des Markgrafen hindern, und seinen Plänen durch meinen Hochmuth im Wege sei. Seine Schreierei änderte nichts in meinem Entschlusse, ich lachte nur darüber, allein um ihn zu besänftigen, machte ich meine Bedingungen; ich forderte erstlich unten an der Treppe vom

Hofstaat der Kaiserin empfangen zu werden; zweitens, daß sie mir bis vor die Thür ihres Schlafzimmers entgegen käme, und drittens den Armsessel. Er versprach, darüber mit der Oberhofmeisterin dieser Fürstin zu sprechen, und Alles in der Welt zu meiner Befriedigung zu thun. Ich wagte bei den Vorschlägen, die ich gethan hatte, gar nichts; erhielt ich sie, so behauptete ich meinen Charakter, und schlug man mir sie ab, so hatte ich einen sichern Vorwand, um diesen Besuch zu vermeiden.
In der Zwischenzeit hatte ich Gelegenheit Herrn von Schwerin und Herrn von Klingräve, die Minister des Königs, zu Rathe zu ziehen, der letzte galt viel am kaiserlichen Hofe; beide meinten, daß ich auf dem Armsessel nicht bestehen könnte, dennoch wollten sie darauf halten, daß man mir ihn gäbe, oder eine andere Auskunft zur Festsetzung des Ceremoniels finden; da der König genau mit dem Bayrischen Hause verbunden sei, und der Markgraf alle Ursache habe, es zu schonen, so fänden sich hierin hinreichende Ursachen, meine Aufführung zu entschuldigen; ich sollte ja als Gräfin von Reuß, welches schon ein Incognito voraussetzte, zur Kaiserin gehen; unter diesem Titel könne ich nicht alle die Auszeichnungen fordern, die mir als Kronprinzessin von Preußen und Markgräfin von Bayreuth zukämen.
Hätte ich Zeit gehabt, dem Könige zu schreiben, so würde ich es seiner Entscheidung überlassen haben; aber hätte ich auch einen Courier geschickt, so wäre die Antwort doch zu spät gekommen, ich mußte mich also ergeben. Man stritt den ganzen Tag über die Artikel, welche ich ausbedungen hatte; die zwei ersten wurden mir zugestanden, alles, was man in Ansehung des dritten erhalten konnte, war, daß die Kaiserin sich eines ganz kleinen Armsessels bedienen, und mir einen Lehnstuhl geben sollte.
Den Tag darauf sah ich diese Fürstin. Ich gestehe, an ihren Platz hätte ich alle Etiquetten und alle Ceremonien der Welt gesucht, um nur nicht erscheinen zu dürfen. Sie ist von sehr kleinem Wuchs, und so dick, daß sie kugelrund scheint, häßlich so viel wie möglich, ohne Anstand und Ansehen. Ihr Geist ist ihrer Gestalt angemessen; äußerst bigott bringt sie Tag und Nacht vor ihrem Betpulte zu. Die Alten und Häßlichen machen gewöhnlich den Antheil des Herrgotts aus. Sie empfing mich mit Zittern, und so außer Fassung, daß sie kein Wort vorzubringen vermochte; indessen setzten wir uns nieder. Nach einigen Stillschweigen fing ich das Gespräch auf französisch an; sie antwortete mir in ihrem österreichischen Kauderwälsch, daß sie diese Sprache nicht gut verstände, und mich deutsch zu sprechen bäte. Die Unterhaltung dauerte nicht lange; die österreichische und niedersächsische Mundart sind so verschieden, daß man sich, ohne daran sehr gewöhnt zu sein, gar nicht versteht. So ging es auch uns. Ein Dritter hätte über unsere Mißverständnisse herzlich lachen müssen, denn wir verstanden einander nur hie und da ein Wort,

aus dem wir das Uebrige erriethen. Die arme Kaiserin war der Etiquette so sclavisch unterworfen, daß sie geglaubt hätte, ein Staatsverbrechen zu begehen, hätte sie in einer fremden Sprache mit mir gesprochen, denn sie verstand die französische sehr gut.

Biribi, Barbari

(Ein Fragebogen Voltaires mit Anmerkungen Friedrichs, 1743)

Voltaires Memorial:	*Friedrichs Marginalien:*
Wollen Ew. Majestät so gütig sein, Ihre Gedanken und Befehle auf den Rand zu bemerken.	
1. Ew. Majestät sei zu wissen, daß der Sieur Bassecour (zu deutsch: Hinterhof), Ober-Bürgermeister von Amsterdam, neulich M. de la Ville, französischen Minister daselbst, aufgefordert hat, Friedensvorschläge zu machen. La Ville antwortete: Wenn die Holländer Anträge zu machen hätten, so könnte der König, sein Herr, sie anhören.	1. Dieser Bassecour, oder Hinterhof, scheint wohl der Ehrenmann zu sein, der damit betrauet ist, die Kapaunen und Truthähne für Ihre Hochmögenden fett zu machen?
2. Ist es nicht klar, daß die Friedenspartei unfehlbar in Holland den Sieg davon tragen wird, — da Bassecour, Einer der Entschiedensten für den Krieg, anfängt von Frieden zu sprechen? Ist es nicht klar, daß Frankreich Kraft und Weisheit zeigt?	2. Ich bewundere die Weisheit Frankreichs; aber Gott bewahre mich davor, ihr je nachzuahmen!
3. Wenn, unter diesen Umständen, Ew. Majestät den Ton eines Gebieters annähmen, den Fürsten des Reichs durch das Aufstellen einer Neutralitätsarmee mit einem Beispiele vorangingen, — würden Sie nicht das Scepter Europa's den Engländern entreißen, die Ihnen jetzt Trotz bieten, und auf eine freche empörende Weise von Ew. Majestät reden, wie auch	3. Dies würde sich schöner in einer Ode, als in der Wirklichkeit ausnehmen. Ich frage wenig danach, was die Holländer und Engländer sagen, umsoweniger, da ich nichts von ihrem Patois verstehe.

in Holland die Partei der Bentinks, der Fagels, der Opdams thut? Ich habe sie selbst gehört, und berichte Nichts als Wahres.

4. Bedecken Sie sich nicht mit unsterblichem Ruhme, indem Sie sich mit Nachdruck zum Beschützer des Reichs erklären? Und ist es nicht von dringendster Wichtigkeit für Ew. Majestät, die Engländer zu verhindern, daß sie Ihren Feind, den Großherzog (Maria Theresias Mann) zum König der Römer machen?

4. Frankreich hat ein größeres Interesse daran, als Preußen, Das zu verhindern. Uebrigens sind Sie, mein lieber Voltaire, schlecht in diesen Stücken unterrichtet; denn ein König der Römer kann nur mittels einstimmiger Wahl sämmtlicher Churfürsten ernannt werden; — so daß dies, wie Sie sehen, allezeit von mir abhängt.

5. Wer auch nur eine Viertelstunde lang mit dem Herzog von Ahremberg oder mit dem Grafen Harrach mit Lord Stair, oder mit irgendeinem der Parteigänge Oestreichs, gesprochen hat, der hat sie sagen hören, daß sie vor Verlangen brennen, den Feldzug in Schlesien wieder zu eröffnen.. Haben Sie in diesem Falle, Sire, einen andern Bundesgenossen, als Frankreich? Und wie mächtig Sie auch seien, ist ein solcher Bundesgenosse ohne Belang für Sie? Sie kennen die Hülfsquellen des Hauses Oestreich, und wie viele Fürsten mit demselben verbündet sind. Aber würden sie Ihrer Macht im Verein mit derjenigen des Hauses Bourbon zu widerstehen vermögen?

5. Wir wollen Sie empfangen,
Dideldumdei,
Nach Art der Berberei.
(On les y recevra, Biribi,
A la façon de Barbari,
Mon ami.)

6. Würden Sie nicht, indem Sie blos ein Truppencorps in's Clevesche marschiren lassen, Schrecken und Respect einflößen, ohne Gefahr, daß irgendeiner es wage, Krieg mit Ihnen anzufangen? Ist es nicht im Gegentheil der einzige Weg, die Holländer zu zwingen, unter

6. Sie wollen also, daß ich als wahrer Deus ex machina Erscheine um den Knoten zu lösen? Daß ich den Engländern, den Panduren, den aufsätzigen Leuten, Raison lehre?
Aber sehen Sie mein Gesicht doch genauer an;
So boshaft bin ich nicht.

Ihren Befehlen in der Pacification des Reichs und der Wiederherstellung des Kaisers mitzuwirken, der Ihnen alsdann zum zweiten Mal seinen Thron zu verdanken haben, und zum Glanze des Ihrigen beitragen würde?

7. Wollen Ew. Majestät geruhen, was immer der Entschluß sei, den Sie fassen, mir solchen anzuvertrauen, und das Resultat – Ihrem Diener, ihm, der gern sein Leben an Ihrem Hofe verbringen möchte, mitzutheilen? Darf ich die Ehre haben, Ew. Majestät nach Baireuth zu begleiten; und wenn Ew. Majestät Güte so weit geht, wollen Sie so gewogen sein, es auszusprechen, damit ich Zeit zur Vorbereitung für die Reise habe? Ein günstiges Wort in dem Briefe bei dieser Gelegenheit an mich gerichtet. Ein Wort würde hinreichen, mir das Glück, nach dem ich seit sechs Jahren gestrebt habe, an Ihrer Seite zu leben, verschaffen.

7. Wenn Sie Lust haben, nach Baireuth zu kommen, so soll es mir lieb sein, Sie dort zu sehen, vorausgesetzt, daß die Reise Ihrer Gesundheit nicht schade. Es steht daher ganz bei Ihnen, was für Maßregeln Sie nehmen wollen.

8. Wenn ich während meines jetzigen kurzen Aufenthalts bei Ew. Majestät der Ueberbringer irgendeiner meinem Hofe angenehmen Nachricht werden könnte, so möchte ich Sie bitten, mich mit einem solchen Auftrage zu beehren.

8. Ich stehe in keinerlei Verbindung mit Frankreich; ich habe nichts von Frankreich zu fürchten noch zu hoffen. Wenn Sie wollen, will ich eine Lobschrift auf Ludwig XV. ohne ein Wort der Wahrheit verfassen: aber was politische Geschäfte anbelangt, so liegen deren jetzt keine gemeinschaftliche zwischen uns vor; auch ist es nicht an mir, das erste Wort zu sprechen. Wenn man mich fragt, wird es Zeit sein, zu antworten: aber ein so verständiger Mann, wie Sie, muß wohl einsehen, wie lächerlich es aussehen würde, wenn ich, ohne

9. Was Ihnen auch immer zu thun belieben mag, so werde ich Ew. Majestät stets von ganzem Herzen lieben.

gegebenen Anlaß, mich herbeiließe, Frankreich politische Pläne vorzuschreiben, und sie sogar mit eigener Hand zu Papier zu bringen!

9. Ich liebe Sie von ganzem Herzen; ich schätze Sie: ich will Alles für Sie thun, außer Thorheiten und Dinge, die mich durch ganz Europa für immer lächerlich machen würden, und im Grunde gegen meine Interessen und meinen Ruhm wären. Der einzige Auftrag, den ich Ihnen für Frankreich geben kann, ist demselben zu rathen, sich weiser zu benehmen, als bisher geschehen. Diese Monarchie ist ein sehr starker Körper, ohne Seele und ohne Thatkraft (nerf).

Dichterfreundschaft

Friedrich über Voltaire (1753)

Keiner, dem die Musen mehr,
All die Schwestern neun, gewogen,
Keiner, der unwürdger wär:
Endlich wurde dem Voltaire
Seine Maske abgezogen!
Sein Paris verabscheut ihn,
Rom hat ihn verflucht, gebannt;
Schmählich hat man ihn verbrannt
in Berlin.
Wenn es, um in beiden Welten
Als ein großer Mann zu gelten,
schon genügt,
Daß man sich als Schuft erweist,
Als ein Mensch, der schamlos dreist
Lügt und trügt –
Nun, dann ist er auf derselben Höh'
Wie Madame de Brinvilliers*.

* Giftmörderin am Hofe Ludwig XIV.

Voltaire über Friedrich (1776)

Epiktet hat am Rande des Grabes
Dies Geschenk von Mark Aurel empfangen.
Er hat gesagt: Mein Geschick ist zu schön;
Für ihn werde ich gelebt haben, ihm treu werde ich sterben.

Wir haben beide die gleichen Künste gepflegt
Und die gleiche Philosophie;
Ich als Untertan, er als Monarch und Günstling des Mars,
Und dennoch beide bisweilen ein wenig beneidet.

Er machte mehr als einen König auf seine Taten neidisch;
Ich wurde von den Lumpenkerlen des Parnaß gequält.
Er hatte Feinde, er zerstreut sie alle;
Meiner Feinde Schwarm quakt im Schlamm.

Mich haben die Frömmler verfolgt;
Zu seinen Füßen zitterten sie schweigend.
Er auf dem Throne, ich in der Dunkelheit,
Predigten wir beide die Toleranz.

Wir verehrten beide den Gott der Welten
(Denn ihn gibt es, was immer man sage),
Aber wir begingen nicht die Narrheit,
Ihn durch unnatürliche Kulte herabzuwürdigen.

Wir werden beide in die himmlischen Sphären eingehen,
Er sehr spät, ich schon bald. Er erhält, glaube ich,
Einen Thron nahe Achill und auch nahe Homer;
Und ich will dort um einen Schemel für mich bitten.

Aktenraub in Dresden

(Vorfall und Bericht des österreichischen Gesandten Graf von Sternberg zitiert aus »Geschichte Friedrichs II. von Preußen genannt Friedrich der Große« von Thomas Carlyle. Der Rapport des Majors von Wangenheim ist wiedergegeben nach den »Preußischen Staatsschriften aus der Regierungszeit Friedrich II.«)

Bericht des Gesandten

Die diplomatische Welt in Dresden ist in großer Aufregung, namentlich eben jetzt. Heute früh vor dem Abmarsch hat Friedrich etwas sehr Strenges vollziehen müssen: nämlich die Beschlagnahme jener Menzel'schen Urkunden*. Die Originale sind ihm zur

* Menzel, sächsischer Kanzleibeamter, hatte den Briefwechsel Sachsens mit Petersburg und Wien jahrelang an Preußen verraten; wurde 1757 in Warschau entdeckt und auf Lebenszeit eingekerkert.

Rechtfertigung seines neuen Verfahrens gegen Sachsen unentbehrlich. Und so fiel denn heute früh im Schloß ein sehr heftiger und mißtönender Auftritt vor — »Marschall Keith« sei dabei betheiligt gewesen, »Marschall Keith, der einen zweiten Besuch abstattete« (besagen einige lockere und falsche Berichte); — Die Thatsachen aber verhalten sich genau wie folgt.

Jene preußischen Schildwachen, über die man sich gestern Nacht beklagte, wurden nicht nur nicht entfernt, sondern ihre Stärke scheint heute früh verdoppelt zu sein. Und Ihre polnische Majestät, eine strenge alte Dame mit harten Gesichtszügen, wurde durch einen preußischen Offizier mit zornvollem Staunen erfüllt, — Major von Wangenheim ist es glaube ich, — der im Namen des Königs von Preußen die Schlüssel jener Archivkammer verlangte, indem preußische Majestät durchaus gewisse, dort verwahrte, Schriften eine kurze Zeit in Augenschein nehmen müsse. »Jenes Cabinet betreten? Das Archiv eines gekrönten Hauptes? Ich will den lebendigen Sterblichen sehen, der es sich untersteht!« — man denkt sich die Antwort der erzürnten polnischen Majestät, und wie sie Petschaft, Licht und Siegellack kommen ließ, und in Wangenheim's Gegenwart »öffentlich die Thüre des besagten Cabinets versiegelte.« Da dies ein berühmter Vorgang ist, der verschiedenartig locker erzählt worden ist, so wollen wir ihn aus der Urquelle mitsamt dem Kanzleistyl schöpfen. Graf von Sternberg, österreichischer Gesandter, von Ort und Stelle aus und in derselbigen Stunde schreibend, unterrichtet seinen eigenen Hof, und durch diesen alle Höfe, in folgenden feierlich amtlichen Ausdrücken:

»Dresden, den 10. September 1756. Der Königin Majestät haben heut Vormittag alle hier befindliche fremde Ministers zu sich berufen lassen, und uns in höchster Person zu erkennen gegeben, wasmaßen uns zwar alle bisherige preußische Zudringungen und Feindseligkeiten bekannt seien, wollte uns dahero nur ohnverhalten, was Ihro ferner heut begegnet:

»Höchstdieselbe nämlich hätten den König in Preußen eigens ersuchen lassen, in Gefolg seiner Versicherungen« (durch Keith gestern Abend), »allen Egard für Sie und gesammte Königliche Familie haben zu wollen, die in dem Palais und auf denen Gängen« — Gängen, welche zu dem geheimen Archiv führen, das für Einige von uns von Wichtigkeit ist! — »gestellten preußischen Wachten wegzunehmen: Anstatt dessen aber hätte besagter König nicht nur sothane Wachten verdoppeln, sondern auch durch einen Offizier die Schlüssel von obbemeldetem Cabinet« (d. i. ›dem geheimen Cabinet, worinnen die geheimen und auswärtigen Affairen expediert werden‹) »fordern lassen! Da aber der Königin Majestät sich erboten, zur Sicherheit der darinnen enthaltenen Schriften die Thüre mit ihrem Siegel zu versiegeln, gleich auch wirklich geschehen, — hätte der Offizier so wenig Zutrauen und Respect gehabt, daß er sein eigenes daneben gedruckt.

Man hätte sich aber noch mit deme nicht begnügt«, — keineswegs! — »sondern es seie dieser Offizier« (nachdem er bei Wylich, dem Commandanten, gewesen), »wenige Zeit hernach zurückgekommen, und die Thüre eröffnen wollen. Als solches aber Ihro der Königin Majestät gemeldet worden, wäre Höchstdieselbe in eigener Person hinausgegangen, und Selbst vor der Thüre stehend, demselben gemeldet: ›wie Höchstdieselbe auf obige des Königs in Preußen gegebene Versicherung allzuvieles baueten, als daß Sie glauben könnten, dergleichen Ordre von ihrem König gegeben zu sein.‹ Als aber der Offizier hinwiederum versetzte: ›wie es ihm leid sei, daß ihm diese Ordre zu exequiren aufgetragen; selbige aber sei so ernstlich und präcis, daß er auf nicht Befolgungsfall sich der größten Verantwortung aussetzen würde‹, wären Ihre Majestät vor der Cabinetsthür stehen geblieben, und ihm dem Offizier gesagt: ›Wann er dann Gewalt gebrauchen wollte, so möchte er an Ihr den Anfang machen.‹ Und hätte gleichwohlen selbiger hierauf sich hinweg begeben, um dem Könige« (ich denke, nur Wylich, dem Commandanten; denn der König ist nun einige Meilen weit und es ist nicht so leicht, ihm zu berichten, auch sein Wille bekannt) »mehrmalen hievon Bericht zu erstatten; wo inmittelst der Königin Majestät den preußischen und englischen Gesandten zu sich rufen lassen«, (Maltzahn und Stormont; bedauern sehr, allebeide, können aber durchaus nichts thun, — besonders Maltzahn!) »selbigen Obiges vorgestellt und wiederholt, mit Ersuchen, durch ihre Vorstellungen den König in Preußen zu vermögen, in Gefolg versicherter Egards mit solchen Gewaltthätigkeiten einzuhalten. Anstatt aber, daß auch diese Vorstellungen etwas gefruchtet, wäre der schließliche Befehl gekommen: ›der Königin Majestät eigener höchster Person ohngehindert, Gewalt zu gebrauchen.‹
Es hätten mithin Ihro Majestät, um sich ferner keiner Gewalt und unangenehmen Thathandlungen auszusetzen« — passiv werden und da keine Schlüssel von ihr zu erhalten waren, zusehen müssen, wie ein Schlosser mit seinen Schlüsselhaken diesen Preußen Eingang verschaffte. Legationssecretair Pleßmann war gegenwärtig (Menzel denkt man sich etwas blaß in einem anstoßenden Zimmer sitzen) und sie wissen was sie zu thun haben. Ihr Schlosser öffnet die betreffenden Schränke für sie (die Briefschaften ›lagen gepackt da, um nach Warschau abzugehen‹, sagt Friedrich), aus welchen sie bald herausnahmen, was sie bedurften; hierauf begaben sich Wangenheim und Wylich mit ihrer Beute hinweg, und die Leser haben bis auf den heutigen Tag die Frucht davon.
»Ihro Majestät ersucheten mithin uns, dieses alles an unsere Höfe zu berichten.«
Arme alte Dame, welch' eine Situation! Und ich glaube sie sah ihren armen alten Gemahl niemals wieder. Am Tag da derselbe nach Pirna abging (gestern früh, 9. September, und Friedrich zog

am Abend ein) hatte dieses arme Ehepaar, wie wenig sie es ahnten, auf ewig Abschied von einander genommen.

Rapport des Majors

Als ich den 9. Septembris 1756 zwischen 10 und 11 Uhr unter Commando des Herrn Generalmajor Baron von Wylich mit meinem unterhabenden Bataillon in Dresden einrückte, mußte ich von dem Bataillon die Haupt- und Schloßwacht besetzen. Auf letzterer blieben nebst meinen Grenadier auf inständiges Bitten Ihro Majestät der Königin von Polen auch 2 Schweizer von denen Trabanten stehen, um meinen Grenadiers diejenigen Leute, welche auf dem Schlosse zu thun hatten, anzuzeigen. Übrigens wurden alle Posten von denen Grenadiers besetzt. Ihro Hoheiten der Churprinz schickten eine Stunde hernach Selbst Ihren Adjutanten und ließen sich 3 Mann Wache vor Ihre Zimmers ausbitten. Des Abends zwischen 8 und 9 Uhr wurde ich von dem Herrn Generalmajor Baron von Wylich beordert, auf das Königliche Schloß zu gehen, alle Geheimte Cabinets-Räthe und Secretairs zusammenberufen zu lassen und von denenselben alle Schlüssels zu denen Thüren und Schränken des Geheimten Cabinets in Empfang zu nehmen. Nachdem sich nun alle hier seiende Cabinets-Bediente in der Conferenzstube versammlet, so proponirte ich ihnen die aufgetragene Comission. Sie ertheilten mir zur Antwort, daß sie solches ohne Erlaubniss der Königin Majestät nicht thun dürften; ich möchte ihnen soviel Zeit gestatten, sich dieserhalb bei der Königin zu befragen: welches mit dem Beding geschahe, daß sich einer von ihnen dahin verfügen, die andern aber bei mir im Zimmer bleiben sollten. Der Geheimte Cabinets- und Particulier-Secretair Herr Just begab sich also zu Sr. Majestät der Königin und brachte nach langem Aufenthalt zur Resolution, daß Se. Majestät die Königin zwar in die Abgabe derer Schlüssel quaest. consentiren müßten, jedoch unter keiner andren Bedingung, als daß Höchstdenselben die Thüren des Cabinets mit Ihrem hohen Wappen zu versiegeln erlaubt würde und die dahin gestellten 3 Unterofficiers zur Wache abgenommen würden. Ich replicirte, daß die Versiegelung des Cabinets unnöthig wäre, indem ich ja die Schlüssel davon hätte, und meine Wache nach des Herrn General von Wylich Versprechen abgehen sollte. Worüber Se. Majestät die Königin abermals angefragt wurden. Weilen aber Höchstdieselben auf der Versiegelung und Abnahme derer Schildwachten bestanden, so consentirte ich auch darein, doch mit dem Beding, daß ich unter dem Königlichen hohen Petschaft das meinige mit drücken könnte. Nach nochmaliger Anfrage und vielen dieshalb gehabten Debatten wurde dieses endlich genehmiget; und nachdeme ich also die Schlüssel in Empfang genommen, wurde selbigen Tag

weiter nichts vorgenommen, als daß der Bericht an Se. Königl. Majestät in Preußen davon abgestattet wurde.
Den 10. des Morgens zwischen 5 und 6 Uhr erhielte ich abermals Ordre vom Herrn General von Wylich, mich auf das Königliche Schloß zu begeben, die Entsiegelung zu entamiren und mich der geheimten Depeschen des wiener und russischen Hofes zu versichern. Nachdem ich nun zu solchem Ende benannten Herrn p. Just rufen ließ, um der Königin Siegel abzunehmen, lief solcher auf den gethanen Antrag eilends zu der Königin Majestät, welche Sich bereits in der Schloßcapelle befand. Gedachter Herr Just kam alsobald zurück, sagende: »Ich habe die Königin von Ihren Knien aus der Kirche geholet; Sie wird alsobald kommen und verlangt den Herrn Major Selbsten zu sprechen.« Eine kleine Weile hernach kam Ihro Majestät die Königin würklich, stelleten Sich vor die eine Thüre des versiegelten Cabinets und redeten mich folgender Gestalt an: »Herr Major! was wollen Sie machen? Sie wollen in Mein Cabinet, welches Mir Mein Herr zu verwahren hinterlassen; wollen Sie dieses thun, so nehmen Sie Mich mit!« Ich trat hierauf mit der größten Submission einige Schritte zurück und antwortete, daß ich keine Ordre habe, mich an der geheiligten Person Ihro Majestät der Königin zu vergreifen; ich wäre ein Officier, der dem Könige von Preußen, als seinem gnädigsten Herrn, treu diente, und dessen Befehl ich mit aller Exactitude befolgen müßte, und hoffte also, Ihro Majestät die Königin würden mir diesen Schritt vor mein particulier nicht zur Ungnade rechnen. Bei dieser Antwort traten Se. Majestät die Königin einige Schritte näher an mir, nahmen und drückten mich bei der Hand, welche ich nach dem sächsischen und österreichischen Hof-Ceremoniel in tiefster Submission küßte, sagten: »Lieber Herr Major! So geben Sie Mir nur so viel Zeit: Ich will Meinen Oberhofmeister Graf Wessenberg zu Sr. Majestät dem Könige von Preußen schicken und dieserhalb Vorstellung thun lassen.« Ich replicirte: »Ew. Königl. Majestät halten mir zu Allerhöchsten Gnaden: Dieses läuft schnurstracks wider meine stricte Ordre. Ueberdeme sind Se. Majestät der König von Preußen bereits auf dem Marsch, und Dero Oberhofmeister wird Denselben schwerlich finden. Alles, was ich thun kann, da mir Ew. Königl. Majestät Dero höchste Person vor die Thüre setzen, bestehet darin, daß ich fernere Verhaltungsbefehle dieserhalb von meinem General einhole; und damit Ew. Königl. Majestät von dessen Ordre desto mehr versichert sind, so geben Sie ein paar von Dero Ministres oder Officiers zu deren Anhörung mit.« Dieses Anerbieten wurde von Sr. Majestät der Königin genehmiget und mir der Oberstlieutenant Weisbach von der Schweizergarde und der Geheimte Cabinets-Secretair Just zugegeben, welche nebst mir zu dem Herrn General von Wylich gingen, und nachdem ich demselben von dem vorgefallenen gehörigen Rapport abstattete, wurde eine Stunde Zeit zugestanden,

in welcher Frist unser Gesandter, der Geheimte Rath von Maltzahn, und der sächsische Ministre Herr von Schönberg zu der Königin Majestät geschickt wurden, um Höchstdenselben die Vorstellung zu thun, daß Se. Königl. Majestät es nicht dahin kommen lassen möchte, Sich den Ordres Sr. Preußischen Majestät zu widersetzen und Dero hohe Person zu exponiren; außerdem man unangenehme Maassregeln wider seinen Willen zu ergreifen gezwungen sein würde. Nachdeme dieses geschehen, gingen der Herr General Wylich nebst mir selbst nach Hofe, da denn nach Aufenthalt von einer Stunde von dem Ministre von Schönberg die Resolution gegeben wurde, daß, wenn es ja nicht anders sein könnte, Sich Se. Majestät die Königin von Polen gefallen lassen müßten, was man Königlich Preußischer Seits dieserhalb vornähme, und würden Sie zu dem Ende Dero Kammerdiener befehlen, Dero vorgedrucktes Siegel abzunehmen, welches auch immediate von demselben bewerkstelliget wurde, und ich riß das meinige ab. Worauf der Herr General von Wylich nebst mir in das Cabinet gingen. Weil aber zu einigen Schränken, als des Herrn Geheimten Kriegs-Rath Saul und mehrern andern, die (Schlüssel) nicht gegenwärtig waren, sondern mit dem Könige von Polen im Lager, so mußten diese Schränke durch einen Schlosser geöffnet werden; alsdann wir dieses Nachmittags und des darauf folgenden Tages mit der Untersuchung continuirten und, nachdem man gefunden, was man gesuchet, diese Scene beschlossen.

Personenregister

Seitenzahl mit: biographische Daten*